最新

行政法及司法解释全编

（含行政诉讼法）

U0531033

中国法治出版社
CHINA LEGAL PUBLISHING HOUSE

图书在版编目（CIP）数据

最新行政法及司法解释全编 ：含行政诉讼法 ：2025年版 / 中国法治出版社编. -- 北京 ：中国法治出版社，2025. 1. --（条文速查小红书系列）. -- ISBN 978-7-5216-4923-9

Ⅰ. D922. 105；D925. 305

中国国家版本馆 CIP 数据核字第 2024S4S611 号

责任编辑：刘晓霞　　　　封面设计：杨泽江

最新行政法及司法解释全编：含行政诉讼法：2025 年版

ZUI XIN XINGZHENGFA JI SIFA JIESHI QUANBIAN：HAN HANGZHENG SUSONGFA：2025 NIANBAN

经销/新华书店

印刷/三河市紫恒印装有限公司

开本/880 毫米×1230 毫米　32 开　　　　印张/ 20. 25　字数/ 518 千

版次/2025 年 1 月第 1 版　　　　2025 年 1 月第 1 次印刷

中国法治出版社出版

书号 ISBN 978-7-5216-4923-9　　　　定价：58. 00 元

北京市西城区西便门西里甲 16 号西便门办公区

邮政编码：100053　　　　传真：010-63141600

网址：http：//www. zgfzs. com　　　　**编辑部电话：010-63141664**

市场营销部电话：010-63141612　　　　**印务部电话：010-63141606**

（如有印装质量问题，请与本社印务部联系。）

编辑说明

法律会适时修改，而与之相关的配套规定难以第一时间调整引用的旧法条文序号。此时，我们难免会有这样的困扰：(1) 不知其中仍是旧法条文序号而误用；(2) 知道其中是旧法条文序号，却找不到或找错对应的新法条文序号；(3) 为找到旧法对应最新条款，来回翻找，浪费很多宝贵时间。本丛书针对性地为读者朋友们解决这一问题，独具以下特色：

1. 标注变动后的最新条文序号

本丛书以页边码（如 12 ）的形式，在出现条文序号已发生变化的条款同一行的左右侧空白位置——标注变动后的最新条文序号；如果一行有两个以上条款的序号已发生变化，分先后顺序上下标注变动后的最新条文序号（如 51/92 ）； × 表示该条已被删除。

需要说明的是：《民法通则》《物权法》《合同法》《担保法》《婚姻法》《继承法》《收养法》《侵权责任法》对应的是《民法典》最新条文序号，而《民法总则》和《民法典》总则编条文序号无变化，没有再行标注。

本分册以最新的《行政许可法》(2019 年 4 月 23 日修正)、《行政处罚法》(2021 年 1 月 22 日修订)、《行政复议法》(2023 年 9 月 1 日修订)、《行政强制法》(2011 年 6 月 30 日)、《行政诉讼法》(2017 年 6 月 27 日修正) 等为基准。

2. 附录历年条文序号对照表

如果你想参考适用其他规定或司法案例时遇到旧法，可利用历年条文序号对照表，快速准确定位最新条款。试举一例，你在阅读司法案例时，发现该案例裁判于 2005 年，其援引的行政处罚法是 1996 年版的，行政处罚法历经2009年、2017年、2021年几次修改，条文序号已发生重大变化，从1996年版的条款定位到2021年版的条款，实属不易，但是只要查阅该表，就可以轻松快速定位到最新对应条款。

3. 内容全面，文本权威

本丛书将各个领域的核心法律作为“主法”，围绕“主法”全面收录相关司法解释及配套法律法规；收录文件均为经过清理修改的现行有效标准文本，以供读者全面掌握权威法律文件。

4. 精选指导案例，以案释法

本丛书收录各领域最高人民法院的指导案例、典型案例，方便读者以案例为指导进一步掌握如何适用法律及司法解释。

目　　录*

一、综　合

* 编者按：本目录中的时间为法律文件的公布时间或最后一次修正、修订公布时间。

二、行政立法

三、行政许可

四、行政处罚

五、行政强制

六、行政复议

七、行政诉讼

1. 综合

八、行政赔偿

典型案例

附　录

历年条文序号对照表

中华人民共和国行政许可法

（2003 年 8 月 27 日第十届全国人民代表大会常务委员会第四次会议通过　根据 2019 年 4 月 23 日第十三届全国人民代表大会常务委员会第十次会议《关于修改〈中华人民共和国建筑法〉等八部法律的决定》修正）

目　　录

第一章　总　　则

第一条　【立法目的】[*] 为了规范行政许可的设定和实施，保护公民、法人和其他组织的合法权益，维护公共利益和社会秩序，保障和监督行政

---

* 条文主旨为编者所加，全书同。

机关有效实施行政管理，根据宪法，制定本法。

第二条　【行政许可的含义】本法所称行政许可，是指行政机关根据公民、法人或者其他组织的申请，经依法审查，准予其从事特定活动的行为。

第三条　【适用范围】行政许可的设定和实施，适用本法。

有关行政机关对其他机关或者对其直接管理的事业单位的人事、财务、外事等事项的审批，不适用本法。

第四条　【合法原则】设定和实施行政许可，应当依照法定的权限、范围、条件和程序。

第五条　【公开、公平、公正、非歧视原则】设定和实施行政许可，应当遵循公开、公平、公正、非歧视的原则。

有关行政许可的规定应当公布；未经公布的，不得作为实施行政许可的依据。行政许可的实施和结果，除涉及国家秘密、商业秘密或者个人隐私的外，应当公开。未经申请人同意，行政机关及其工作人员、参与专家评审等的人员不得披露申请人提交的商业秘密、未披露信息或者保密商务信息，法律另有规定或者涉及国家安全、重大社会公共利益的除外；行政机关依法公开申请人前述信息的，允许申请人在合理期限内提出异议。

符合法定条件、标准的，申请人有依法取得行政许可的平等权利，行政机关不得歧视任何人。

第六条　【便民原则】实施行政许可，应当遵循便民的原则，提高办事效率，提供优质服务。

第七条　【陈述权、申辩权和救济权】公民、法人或者其他组织对行政机关实施行政许可，享有陈述权、申辩权；有权依法申请行政复议或者提起行政诉讼；其合法权益因行政机关违法实施行政许可受到损害的，有权依法要求赔偿。

第八条　【信赖保护原则】公民、法人或者其他组织依法取得的行政许可受法律保护，行政机关不得擅自改变已经生效的行政许可。

行政许可所依据的法律、法规、规章修改或者废止，或者准予行政许可所依据的客观情况发生重大变化的，为了公共利益的需要，行政机关可以依法变更或者撤回已经生效的行政许可。由此给公民、法人或者其他组织造成财产损失的，行政机关应当依法给予补偿。

第九条　【行政许可的转让】依法取得的行政许可，除法律、法规规定依照法定条件和程序可以转让的外，不得转让。

第十条　【行政许可监督】县级以上人民政府应当建立健全对行政机关实施行政许可的监督制度，加强对行政机关实施行政许可的监督检查。

行政机关应当对公民、法人或者其他组织从事行政许可事项的活动实施有效监督。

第二章　行政许可的设定

第十一条　【行政许可设定原则】设定行政许可，应当遵循经济和社会发展规律，有利于发挥公民、法人或者其他组织的积极性、主动性，维护公共利益和社会秩序，促进经济、社会和生态环境协调发展。

第十二条　【行政许可的设定事项】下列事项可以设定行政许可：

（一）直接涉及国家安全、公共安全、经济宏观调控、生态环境保护以及直接关系人身健康、生命财产安全等特定活动，需要按照法定条件予以批准的事项；

（二）有限自然资源开发利用、公共资源配置以及直接关系公共利益的特定行业的市场准入等，需要赋予特定权利的事项；

（三）提供公众服务并且直接关系公共利益的职业、行业，需要确定具备特殊信誉、特殊条件或者特殊技能等资格、资质的事项；

（四）直接关系公共安全、人身健康、生命财产安全的重要设备、设施、产品、物品，需要按照技术标准、技术规范，通过检验、检测、检疫等方式进行审定的事项；

（五）企业或者其他组织的设立等，需要确定主体资格的事项；

（六）法律、行政法规规定可以设定行政许可的其他事项。

第十三条　【不设定行政许可的事项】本法第十二条所列事项，通过下列方式能够予以规范的，可以不设行政许可：

（一）公民、法人或者其他组织能够自主决定的；

（二）市场竞争机制能够有效调节的；

（三）行业组织或者中介机构能够自律管理的；

（四）行政机关采用事后监督等其他行政管理方式能够解决的。

第十四条　【法律、行政法规、国务院决定的行政许可设定权】本法

第十二条所列事项，法律可以设定行政许可。尚未制定法律的，行政法规可以设定行政许可。

必要时，国务院可以采用发布决定的方式设定行政许可。实施后，除临时性行政许可事项外，国务院应当及时提请全国人民代表大会及其常务委员会制定法律，或者自行制定行政法规。

第十五条　【地方性法规、省级政府规章的行政许可设定权】本法第十二条所列事项，尚未制定法律、行政法规的，地方性法规可以设定行政许可；尚未制定法律、行政法规和地方性法规的，因行政管理的需要，确需立即实施行政许可的，省、自治区、直辖市人民政府规章可以设定临时性的行政许可。临时性的行政许可实施满一年需要继续实施的，应当提请本级人民代表大会及其常务委员会制定地方性法规。

地方性法规和省、自治区、直辖市人民政府规章，不得设定应当由国家统一确定的公民、法人或者其他组织的资格、资质的行政许可；不得设定企业或者其他组织的设立登记及其前置性行政许可。其设定的行政许可，不得限制其他地区的个人或者企业到本地区从事生产经营和提供服务，不得限制其他地区的商品进入本地区市场。

第十六条　【行政许可规定权】行政法规可以在法律设定的行政许可事项范围内，对实施该行政许可作出具体规定。

地方性法规可以在法律、行政法规设定的行政许可事项范围内，对实施该行政许可作出具体规定。

规章可以在上位法设定的行政许可事项范围内，对实施该行政许可作出具体规定。

法规、规章对实施上位法设定的行政许可作出的具体规定，不得增设行政许可；对行政许可条件作出的具体规定，不得增设违反上位法的其他条件。

第十七条　【行政许可设立禁止】除本法第十四条、第十五条规定的外，其他规范性文件一律不得设定行政许可。

第十八条　【行政许可应当明确规定的事项】设定行政许可，应当规定行政许可的实施机关、条件、程序、期限。

第十九条　【设定行政许可应当听取意见、说明理由】起草法律草案、法规草案和省、自治区、直辖市人民政府规章草案，拟设定行政许可的，起草单位应当采取听证会、论证会等形式听取意见，并向制定机关说明设定该行政许可的必要性、对经济和社会可能产生的影响以及听取和采纳意见的情况。

第二十条 【行政许可评价制度】行政许可的设定机关应当定期对其设定的行政许可进行评价；对已设定的行政许可，认为通过本法第十三条所列方式能够解决的，应当对设定该行政许可的规定及时予以修改或者废止。

行政许可的实施机关可以对已设定的行政许可的实施情况及存在的必要性适时进行评价，并将意见报告该行政许可的设定机关。

公民、法人或者其他组织可以向行政许可的设定机关和实施机关就行政许可的设定和实施提出意见和建议。

第二十一条 【停止实施行政许可】省、自治区、直辖市人民政府对行政法规设定的有关经济事务的行政许可，根据本行政区域经济和社会发展情况，认为通过本法第十三条所列方式能够解决的，报国务院批准后，可以在本行政区域内停止实施该行政许可。

第三章 行政许可的实施机关

第二十二条 【行政许可实施主体的一般规定】行政许可由具有行政许可权的行政机关在其法定职权范围内实施。

第二十三条 【法律、法规授权组织实施行政许可】法律、法规授权的具有管理公共事务职能的组织，在法定授权范围内，以自己的名义实施行政许可。被授权的组织适用本法有关行政机关的规定。

第二十四条 【委托实施行政许可的主体】行政机关在其法定职权范围内，依照法律、法规、规章的规定，可以委托其他行政机关实施行政许可。委托机关应当将受委托行政机关和受委托实施行政许可的内容予以公告。

委托行政机关对受委托行政机关实施行政许可的行为应当负责监督，并对该行为的后果承担法律责任。

受委托行政机关在委托范围内，以委托行政机关名义实施行政许可；不得再委托其他组织或者个人实施行政许可。

第二十五条 【相对集中行政许可权】经国务院批准，省、自治区、直辖市人民政府根据精简、统一、效能的原则，可以决定一个行政机关行使有关行政机关的行政许可权。

第二十六条　【一个窗口对外、统一办理或者联合办理、集中办理】 行政许可需要行政机关内设的多个机构办理的，该行政机关应当确定一个机构统一受理行政许可申请，统一送达行政许可决定。

行政许可依法由地方人民政府两个以上部门分别实施的，本级人民政府可以确定一个部门受理行政许可申请并转告有关部门分别提出意见后统一办理，或者组织有关部门联合办理、集中办理。

第二十七条　【行政机关及其工作人员的纪律约束】 行政机关实施行政许可，不得向申请人提出购买指定商品、接受有偿服务等不正当要求。

行政机关工作人员办理行政许可，不得索取或者收受申请人的财物，不得谋取其他利益。

第二十八条　【授权专业组织实施的指导性规定】 对直接关系公共安全、人身健康、生命财产安全的设备、设施、产品、物品的检验、检测、检疫，除法律、行政法规规定由行政机关实施的外，应当逐步由符合法定条件的专业技术组织实施。专业技术组织及其有关人员对所实施的检验、检测、检疫结论承担法律责任。

第四章　行政许可的实施程序

第一节　申请与受理

第二十九条　【行政许可申请】 公民、法人或者其他组织从事特定活动，依法需要取得行政许可的，应当向行政机关提出申请。申请书需要采用格式文本的，行政机关应当向申请人提供行政许可申请书格式文本。申请书格式文本中不得包含与申请行政许可事项没有直接关系的内容。

申请人可以委托代理人提出行政许可申请。但是，依法应当由申请人到行政机关办公场所提出行政许可申请的除外。

行政许可申请可以通过信函、电报、电传、传真、电子数据交换和电子邮件等方式提出。

第三十条　【行政机关公示义务】 行政机关应当将法律、法规、规章规定的有关行政许可的事项、依据、条件、数量、程序、期限以及需要提交的全部材料的目录和申请书示范文本等在办公场所公示。

申请人要求行政机关对公示内容予以说明、解释的，行政机关应当说明、解释，提供准确、可靠的信息。

第三十一条　【申请人提交有关材料、反映真实情况义务】申请人申请行政许可，应当如实向行政机关提交有关材料和反映真实情况，并对其申请材料实质内容的真实性负责。行政机关不得要求申请人提交与其申请的行政许可事项无关的技术资料和其他材料。

行政机关及其工作人员不得以转让技术作为取得行政许可的条件；不得在实施行政许可的过程中，直接或者间接地要求转让技术。

第三十二条　【行政许可申请的处理】行政机关对申请人提出的行政许可申请，应当根据下列情况分别作出处理：

（一）申请事项依法不需要取得行政许可的，应当即时告知申请人不受理；

（二）申请事项依法不属于本行政机关职权范围的，应当即时作出不予受理的决定，并告知申请人向有关行政机关申请；

（三）申请材料存在可以当场更正的错误的，应当允许申请人当场更正；

（四）申请材料不齐全或者不符合法定形式的，应当当场或者在5日内一次告知申请人需要补正的全部内容，逾期不告知的，自收到申请材料之日起即为受理；

（五）申请事项属于本行政机关职权范围，申请材料齐全、符合法定形式，或者申请人按照本行政机关的要求提交全部补正申请材料的，应当受理行政许可申请。

行政机关受理或者不予受理行政许可申请，应当出具加盖本行政机关专用印章和注明日期的书面凭证。

第三十三条　【鼓励行政机关发展电子政务实施行政许可】行政机关应当建立和完善有关制度，推行电子政务，在行政机关的网站上公布行政许可事项，方便申请人采取数据电文等方式提出行政许可申请；应当与其他行政机关共享有关行政许可信息，提高办事效率。

第二节 审查与决定

第三十四条 【审查行政许可材料】 行政机关应当对申请人提交的申请材料进行审查。

申请人提交的申请材料齐全、符合法定形式，行政机关能够当场作出决定的，应当当场作出书面的行政许可决定。

根据法定条件和程序，需要对申请材料的实质内容进行核实的，行政机关应当指派两名以上工作人员进行核查。

第三十五条 【多层级行政机关实施行政许可的审查程序】 依法应当先经下级行政机关审查后报上级行政机关决定的行政许可，下级行政机关应当在法定期限内将初步审查意见和全部申请材料直接报送上级行政机关。上级行政机关不得要求申请人重复提供申请材料。

第三十六条 【直接关系他人重大利益的行政许可审查程序】 行政机关对行政许可申请进行审查时，发现行政许可事项直接关系他人重大利益的，应当告知该利害关系人。申请人、利害关系人有权进行陈述和申辩。行政机关应当听取申请人、利害关系人的意见。

第三十七条 【行政机关依法作出行政许可决定】 行政机关对行政许可申请进行审查后，除当场作出行政许可决定的外，应当在法定期限内按照规定程序作出行政许可决定。

第三十八条 【行政机关许可和不予许可应当履行的义务】 申请人的申请符合法定条件、标准的，行政机关应当依法作出准予行政许可的书面决定。

行政机关依法作出不予行政许可的书面决定的，应当说明理由，并告知申请人享有依法申请行政复议或者提起行政诉讼的权利。

第三十九条 【颁发行政许可证件】 行政机关作出准予行政许可的决定，需要颁发行政许可证件的，应当向申请人颁发加盖本行政机关印章的下列行政许可证件：

（一）许可证、执照或者其他许可证书；

（二）资格证、资质证或者其他合格证书；

（三）行政机关的批准文件或者证明文件；

（四）法律、法规规定的其他行政许可证件。

行政机关实施检验、检测、检疫的，可以在检验、检测、检疫合格的设备、设施、产品、物品上加贴标签或者加盖检验、检测、检疫印章。

第四十条　【准予行政许可决定的公开义务】行政机关作出的准予行政许可决定，应当予以公开，公众有权查阅。

第四十一条　【行政许可的地域效力】法律、行政法规设定的行政许可，其适用范围没有地域限制的，申请人取得的行政许可在全国范围内有效。

第三节　期　　限

第四十二条　【行政许可一般期限】除可以当场作出行政许可决定的外，行政机关应当自受理行政许可申请之日起 20 日内作出行政许可决定。20 日内不能作出决定的，经本行政机关负责人批准，可以延长 10 日，并应当将延长期限的理由告知申请人。但是，法律、法规另有规定的，依照其规定。

依照本法第二十六条的规定，行政许可采取统一办理或者联合办理、集中办理的，办理的时间不得超过 45 日；45 日内不能办结的，经本级人民政府负责人批准，可以延长 15 日，并应当将延长期限的理由告知申请人。

第四十三条　【多层级许可的审查期限】依法应当先经下级行政机关审查后报上级行政机关决定的行政许可，下级行政机关应当自其受理行政许可申请之日起 20 日内审查完毕。但是，法律、法规另有规定的，依照其规定。

第四十四条　【许可证章颁发期限】行政机关作出准予行政许可的决定，应当自作出决定之日起 10 日内向申请人颁发、送达行政许可证件，或者加贴标签、加盖检验、检测、检疫印章。

第四十五条　【不纳入许可期限的事项】行政机关作出行政许可决定，依法需要听证、招标、拍卖、检验、检测、检疫、鉴定和专家评审的，所需时间不计算在本节规定的期限内。行政机关应当将所需时间书面告知申请人。

第四节　听　　证

第四十六条　【行政机关主动举行听证的行政许可事项】法律、法规、规章规定实施行政许可应当听证的事项，或者行政机关认为需要听证的其他涉及公共利益的重大行政许可事项，行政机关应当向社会公告，并举行听证。

第四十七条　【行政机关应申请举行听证的行政许可事项】行政许可直接涉及申请人与他人之间重大利益关系的，行政机关在作出行政许可决定前，应当告知申请人、利害关系人享有要求听证的权利；申请人、利害关系人在被告知听证权利之日起5日内提出听证申请的，行政机关应当在20日内组织听证。

申请人、利害关系人不承担行政机关组织听证的费用。

第四十八条　【行政许可听证程序规则】听证按照下列程序进行：

（一）行政机关应当于举行听证的7日前将举行听证的时间、地点通知申请人、利害关系人，必要时予以公告；

（二）听证应当公开举行；

（三）行政机关应当指定审查该行政许可申请的工作人员以外的人员为听证主持人，申请人、利害关系人认为主持人与该行政许可事项有直接利害关系的，有权申请回避；

（四）举行听证时，审查该行政许可申请的工作人员应当提供审查意见的证据、理由，申请人、利害关系人可以提出证据，并进行申辩和质证；

（五）听证应当制作笔录，听证笔录应当交听证参加人确认无误后签字或者盖章。

行政机关应当根据听证笔录，作出行政许可决定。

第五节　变更与延续

第四十九条　【变更行政许可的程序】被许可人要求变更行政许可事项的，应当向作出行政许可决定的行政机关提出申请；符合法定条件、标准的，行政机关应当依法办理变更手续。

第五十条　【延续行政许可的程序】被许可人需要延续依法取得的行政许可的有效期的，应当在该行政许可有效期届满30日前向作出行政许可决定的行政机关提出申请。但是，法律、法规、规章另有规定的，依照其规定。

行政机关应当根据被许可人的申请，在该行政许可有效期届满前作出是否准予延续的决定；逾期未作决定的，视为准予延续。

第六节 特别规定

第五十一条 【其他规定适用规则】实施行政许可的程序，本节有规定的，适用本节规定；本节没有规定的，适用本章其他有关规定。

第五十二条 【国务院实施行政许可程序】国务院实施行政许可的程序，适用有关法律、行政法规的规定。

第五十三条 【通过招标拍卖作出行政许可决定】实施本法第十二条第二项所列事项的行政许可的，行政机关应当通过招标、拍卖等公平竞争的方式作出决定。但是，法律、行政法规另有规定的，依照其规定。

行政机关通过招标、拍卖等方式作出行政许可决定的具体程序，依照有关法律、行政法规的规定。

行政机关按照招标、拍卖程序确定中标人、买受人后，应当作出准予行政许可的决定，并依法向中标人、买受人颁发行政许可证件。

行政机关违反本条规定，不采用招标、拍卖方式，或者违反招标、拍卖程序，损害申请人合法权益的，申请人可以依法申请行政复议或者提起行政诉讼。

第五十四条 【通过考试考核方式作出行政许可决定】实施本法第十二条第三项所列事项的行政许可，赋予公民特定资格，依法应当举行国家考试的，行政机关根据考试成绩和其他法定条件作出行政许可决定；赋予法人或者其他组织特定的资格、资质的，行政机关根据申请人的专业人员构成、技术条件、经营业绩和管理水平等的考核结果作出行政许可决定。但是，法律、行政法规另有规定的，依照其规定。

公民特定资格的考试依法由行政机关或者行业组织实施，公开举行。行政机关或者行业组织应当事先公布资格考试的报名条件、报考办法、考试科目以及考试大纲。但是，不得组织强制性的资格考试的考前培训，不得指定教材或者其他助考材料。

第五十五条 【根据技术标准、技术规范作出行政许可决定】实施本法第十二条第四项所列事项的行政许可的，应当按照技术标准、技术规范依法进行检验、检测、检疫，行政机关根据检验、检测、检疫的结果作出行政许可决定。

行政机关实施检验、检测、检疫，应当自受理申请之日起5日内指派两名以上工作人员按照技术标准、技术规范进行检验、检测、检疫。不需要对检验、检测、检疫结果作进一步技术分析即可认定设备、设施、产品、物品是否符合技术标准、技术规范的，行政机关应当当场作出行政许可决定。

行政机关根据检验、检测、检疫结果，作出不予行政许可决定的，应当书面说明不予行政许可所依据的技术标准、技术规范。

第五十六条　【当场许可的特别规定】 实施本法第十二条第五项所列事项的行政许可，申请人提交的申请材料齐全、符合法定形式的，行政机关应当当场予以登记。需要对申请材料的实质内容进行核实的，行政机关依照本法第三十四条第三款的规定办理。

第五十七条　【有数量限制的行政许可】 有数量限制的行政许可，两个或者两个以上申请人的申请均符合法定条件、标准的，行政机关应当根据受理行政许可申请的先后顺序作出准予行政许可的决定。但是，法律、行政法规另有规定的，依照其规定。

第五章　行政许可的费用

第五十八条　【收费原则和经费保障】 行政机关实施行政许可和对行政许可事项进行监督检查，不得收取任何费用。但是，法律、行政法规另有规定的，依照其规定。

行政机关提供行政许可申请书格式文本，不得收费。

行政机关实施行政许可所需经费应当列入本行政机关的预算，由本级财政予以保障，按照批准的预算予以核拨。

第五十九条　【收费规则以及对收费所得款项的处理】 行政机关实施行政许可，依照法律、行政法规收取费用的，应当按照公布的法定项目和标准收费；所收取的费用必须全部上缴国库，任何机关或者个人不得以任何形式截留、挪用、私分或者变相私分。财政部门不得以任何形式向行政机关返还或者变相返还实施行政许可所收取的费用。

第六章　监督检查

第六十条　【行政许可层级监督】 上级行政机关应当加强对下级行政机关实施行政许可的监督检查，及时纠正行政许可实施中的违法行为。

第六十一条　【书面检查原则】行政机关应当建立健全监督制度，通过核查反映被许可人从事行政许可事项活动情况的有关材料，履行监督责任。

行政机关依法对被许可人从事行政许可事项的活动进行监督检查时，应当将监督检查的情况和处理结果予以记录，由监督检查人员签字后归档。公众有权查阅行政机关监督检查记录。

行政机关应当创造条件，实现与被许可人、其他有关行政机关的计算机档案系统互联，核查被许可人从事行政许可事项活动情况。

第六十二条　【抽样检查、检验、检测和实地检查、定期检验权适用的情形及程序】行政机关可以对被许可人生产经营的产品依法进行抽样检查、检验、检测，对其生产经营场所依法进行实地检查。检查时，行政机关可以依法查阅或者要求被许可人报送有关材料；被许可人应当如实提供有关情况和材料。

行政机关根据法律、行政法规的规定，对直接关系公共安全、人身健康、生命财产安全的重要设备、设施进行定期检验。对检验合格的，行政机关应当发给相应的证明文件。

第六十三条　【行政机关实施监督检查时应当遵守的纪律】行政机关实施监督检查，不得妨碍被许可人正常的生产经营活动，不得索取或者收受被许可人的财物，不得谋取其他利益。

第六十四条　【行政许可监督检查的属地管辖与协作】被许可人在作出行政许可决定的行政机关管辖区域外违法从事行政许可事项活动的，违法行为发生地的行政机关应当依法将被许可人的违法事实、处理结果抄告作出行政许可决定的行政机关。

第六十五条　【个人、组织对违法从事行政许可活动的监督】个人和组织发现违法从事行政许可事项的活动，有权向行政机关举报，行政机关应当及时核实、处理。

第六十六条　【依法开发利用资源】被许可人未依法履行开发利用自然资源义务或者未依法履行利用公共资源义务的，行政机关应当责令限期改正；被许可人在规定期限内不改正的，行政机关应当依照有关法律、行政法规的规定予以处理。

第六十七条　【特定行业市场准入被许可人的义务和法律责任】取得

直接关系公共利益的特定行业的市场准入行政许可的被许可人，应当按照国家规定的服务标准、资费标准和行政机关依法规定的条件，向用户提供安全、方便、稳定和价格合理的服务，并履行普遍服务的义务；未经作出行政许可决定的行政机关批准，不得擅自停业、歇业。

被许可人不履行前款规定的义务的，行政机关应当责令限期改正，或者依法采取有效措施督促其履行义务。

第六十八条　【自检制度】对直接关系公共安全、人身健康、生命财产安全的重要设备、设施，行政机关应当督促设计、建造、安装和使用单位建立相应的自检制度。

行政机关在监督检查时，发现直接关系公共安全、人身健康、生命财产安全的重要设备、设施存在安全隐患的，应当责令停止建造、安装和使用，并责令设计、建造、安装和使用单位立即改正。

第六十九条　【撤销行政许可的情形】有下列情形之一的，作出行政许可决定的行政机关或者其上级行政机关，根据利害关系人的请求或者依据职权，可以撤销行政许可：

（一）行政机关工作人员滥用职权、玩忽职守作出准予行政许可决定的；

（二）超越法定职权作出准予行政许可决定的；

（三）违反法定程序作出准予行政许可决定的；

（四）对不具备申请资格或者不符合法定条件的申请人准予行政许可的；

（五）依法可以撤销行政许可的其他情形。

被许可人以欺骗、贿赂等不正当手段取得行政许可的，应当予以撤销。

依照前两款的规定撤销行政许可，可能对公共利益造成重大损害的，不予撤销。

依照本条第一款的规定撤销行政许可，被许可人的合法权益受到损害的，行政机关应当依法给予赔偿。依照本条第二款的规定撤销行政许可的，被许可人基于行政许可取得的利益不受保护。

第七十条　【注销行政许可的情形】有下列情形之一的，行政机关应当依法办理有关行政许可的注销手续：

（一）行政许可有效期届满未延续的；

（二）赋予公民特定资格的行政许可，该公民死亡或者丧失行为能力的；

（三）法人或者其他组织依法终止的；

（四）行政许可依法被撤销、撤回，或者行政许可证件依法被吊销的；

（五）因不可抗力导致行政许可事项无法实施的；

（六）法律、法规规定的应当注销行政许可的其他情形。

第七章　法律责任

第七十一条　【规范性文件违法设定行政许可的法律责任】 违反本法第十七条规定设定的行政许可，有关机关应当责令设定该行政许可的机关改正，或者依法予以撤销。

第七十二条　【行政机关及其工作人员违反行政许可程序应当承担的法律责任】 行政机关及其工作人员违反本法的规定，有下列情形之一的，由其上级行政机关或者监察机关责令改正；情节严重的，对直接负责的主管人员和其他直接责任人员依法给予行政处分：

（一）对符合法定条件的行政许可申请不予受理的；

（二）不在办公场所公示依法应当公示的材料的；

（三）在受理、审查、决定行政许可过程中，未向申请人、利害关系人履行法定告知义务的；

（四）申请人提交的申请材料不齐全、不符合法定形式，不一次告知申请人必须补正的全部内容的；

（五）违法披露申请人提交的商业秘密、未披露信息或者保密商务信息的；

（六）以转让技术作为取得行政许可的条件，或者在实施行政许可的过程中直接或者间接地要求转让技术的；

（七）未依法说明不受理行政许可申请或者不予行政许可的理由的；

（八）依法应当举行听证而不举行听证的。

第七十三条　【行政机关工作人员索取或者收受他人财物及利益应当承担的法律责任】 行政机关工作人员办理行政许可、实施监督检查，索取或者收受他人财物或者谋取其他利益，构成犯罪的，依法追究刑事责任；尚不构成犯罪的，依法给予行政处分。

第七十四条　【行政机关及其工作人员实体违法的法律责任】行政机关实施行政许可，有下列情形之一的，由其上级行政机关或者监察机关责令改正，对直接负责的主管人员和其他直接责任人员依法给予行政处分；构成犯罪的，依法追究刑事责任：

（一）对不符合法定条件的申请人准予行政许可或者超越法定职权作出准予行政许可决定的；

（二）对符合法定条件的申请人不予行政许可或者不在法定期限内作出准予行政许可决定的；

（三）依法应当根据招标、拍卖结果或者考试成绩择优作出准予行政许可决定，未经招标、拍卖或者考试，或者不根据招标、拍卖结果或者考试成绩择优作出准予行政许可决定的。

第七十五条　【行政机关及其工作人员违反收费规定的法律责任】行政机关实施行政许可，擅自收费或者不按照法定项目和标准收费的，由其上级行政机关或者监察机关责令退还非法收取的费用；对直接负责的主管人员和其他直接责任人员依法给予行政处分。

截留、挪用、私分或者变相私分实施行政许可依法收取的费用的，予以追缴；对直接负责的主管人员和其他直接责任人员依法给予行政处分；构成犯罪的，依法追究刑事责任。

第七十六条　【行政机关违法实施许可的赔偿责任】行政机关违法实施行政许可，给当事人的合法权益造成损害的，应当依照国家赔偿法的规定给予赔偿。

第七十七条　【行政机关不依法履行监督责任或者监督不力的法律责任】行政机关不依法履行监督职责或者监督不力，造成严重后果的，由其上级行政机关或者监察机关责令改正，对直接负责的主管人员和其他直接责任人员依法给予行政处分；构成犯罪的，依法追究刑事责任。

第七十八条　【申请人申请不实应承担的法律责任】行政许可申请人隐瞒有关情况或者提供虚假材料申请行政许可的，行政机关不予受理或者不予行政许可，并给予警告；行政许可申请属于直接关系公共安全、人身健康、生命财产安全事项的，申请人在一年内不得再次申请该行政许可。

第七十九条　【申请人以欺骗、贿赂等不正当手段取得行政许可应当承担的法律责任】被许可人以欺骗、贿赂等不正当手段取得行政许可的，行政机关应当依法给予行政处罚；取得的行政许可属于直接关系公共安全、人身健康、生命财产安全事项的，申请人在 3 年内不得再次申请该行政许可；构成犯罪的，依法追究刑事责任。

第八十条　【被许可人违法从事行政许可活动的法律责任】被许可人有下列行为之一的，行政机关应当依法给予行政处罚；构成犯罪的，依法追究刑事责任：

（一）涂改、倒卖、出租、出借行政许可证件，或者以其他形式非法转让行政许可的；

（二）超越行政许可范围进行活动的；

（三）向负责监督检查的行政机关隐瞒有关情况、提供虚假材料或者拒绝提供反映其活动情况的真实材料的；

（四）法律、法规、规章规定的其他违法行为。

第八十一条　【公民、法人或者其他组织未经行政许可从事应当取得行政许可活动的法律责任】公民、法人或者其他组织未经行政许可，擅自从事依法应当取得行政许可的活动的，行政机关应当依法采取措施予以制止，并依法给予行政处罚；构成犯罪的，依法追究刑事责任。

第八章　附　　则

第八十二条　【行政许可的期限计算】本法规定的行政机关实施行政许可的期限以工作日计算，不含法定节假日。

第八十三条　【施行日期及对现行行政许可进行清理的规定】本法自 2004 年 7 月 1 日起施行。

本法施行前有关行政许可的规定，制定机关应当依照本法规定予以清理；不符合本法规定的，自本法施行之日起停止执行。

中华人民共和国行政处罚法

（1996年3月17日第八届全国人民代表大会第四次会议通过　根据2009年8月27日第十一届全国人民代表大会常务委员会第十次会议《关于修改部分法律的决定》第一次修正　根据2017年9月1日第十二届全国人民代表大会常务委员会第二十九次会议《关于修改〈中华人民共和国法官法〉等八部法律的决定》第二次修正　2021年1月22日第十三届全国人民代表大会常务委员会第二十五次会议修订　2021年1月22日中华人民共和国主席令第70号公布　自2021年7月15日起施行）

目　　录

第一章　总　　则

第一条　【立法目的】为了规范行政处罚的设定和实施，保障和监督行政机关有效实施行政管理，维护公共利益和社会秩序，保护公民、法人或者其他组织的合法权益，根据宪法，制定本法。

第二条　【行政处罚的定义】行政处罚是指行政机关依法对违反行政管理秩序的公民、法人或者其他组织，以减损权益或者增加义务的方式予以惩戒的行为。

第三条　【适用范围】行政处罚的设定和实施，适用本法。

第四条　【适用对象】公民、法人或者其他组织违反行政管理秩序的行为，应当给予行政处罚的，依照本法由法律、法规、规章规定，并由行政机关依照本法规定的程序实施。

第五条　【适用原则】行政处罚遵循公正、公开的原则。

设定和实施行政处罚必须以事实为依据，与违法行为的事实、性质、情节以及社会危害程度相当。

对违法行为给予行政处罚的规定必须公布；未经公布的，不得作为行政处罚的依据。

第六条　【适用目的】实施行政处罚，纠正违法行为，应当坚持处罚与教育相结合，教育公民、法人或者其他组织自觉守法。

第七条　【被处罚者权利】公民、法人或者其他组织对行政机关所给予的行政处罚，享有陈述权、申辩权；对行政处罚不服的，有权依法申请行政复议或者提起行政诉讼。

公民、法人或者其他组织因行政机关违法给予行政处罚受到损害的，有权依法提出赔偿要求。

第八条　【被处罚者承担的其他法律责任】公民、法人或者其他组织因违法行为受到行政处罚，其违法行为对他人造成损害的，应当依法承担民事责任。

违法行为构成犯罪，应当依法追究刑事责任的，不得以行政处罚代替刑事处罚。

第二章　行政处罚的种类和设定

第九条　【处罚的种类】行政处罚的种类：

（一）警告、通报批评；

（二）罚款、没收违法所得、没收非法财物；

（三）暂扣许可证件、降低资质等级、吊销许可证件；

（四）限制开展生产经营活动、责令停产停业、责令关闭、限制从业；

（五）行政拘留；

（六）法律、行政法规规定的其他行政处罚。

第十条　【法律对处罚的设定】法律可以设定各种行政处罚。

限制人身自由的行政处罚，只能由法律设定。

第十一条　【行政法规对处罚的设定】行政法规可以设定除限制人身自由以外的行政处罚。

法律对违法行为已经作出行政处罚规定，行政法规需要作出具体规定的，必须在法律规定的给予行政处罚的行为、种类和幅度的范围内规定。

法律对违法行为未作出行政处罚规定，行政法规为实施法律，可以补充设定行政处罚。拟补充设定行政处罚的，应当通过听证会、论证会等形式广泛听取意见，并向制定机关作出书面说明。行政法规报送备案时，应当说明补充设定行政处罚的情况。

第十二条　【地方性法规对处罚的设定】地方性法规可以设定除限制人身自由、吊销营业执照以外的行政处罚。

法律、行政法规对违法行为已经作出行政处罚规定，地方性法规需要作出具体规定的，必须在法律、行政法规规定的给予行政处罚的行为、种类和幅度的范围内规定。

法律、行政法规对违法行为未作出行政处罚规定，地方性法规为实施法律、行政法规，可以补充设定行政处罚。拟补充设定行政处罚的，应当通过听证会、论证会等形式广泛听取意见，并向制定机关作出书面说明。地方性法规报送备案时，应当说明补充设定行政处罚的情况。

第十三条　【国务院部门规章对处罚的设定】国务院部门规章可以在法律、行政法规规定的给予行政处罚的行为、种类和幅度的范围内作出具体规定。

尚未制定法律、行政法规的，国务院部门规章对违反行政管理秩序的行为，可以设定警告、通报批评或者一定数额罚款的行政处罚。罚款的限额由国务院规定。

第十四条　【地方政府规章对处罚的设定】地方政府规章可以在法律、法规规定的给予行政处罚的行为、种类和幅度的范围内作出具体规定。

尚未制定法律、法规的，地方政府规章对违反行政管理秩序的行为，可以设定警告、通报批评或者一定数额罚款的行政处罚。罚款的限额由省、自治区、直辖市人民代表大会常务委员会规定。

第十五条　【对行政处罚定期评估】国务院部门和省、自治区、直辖市人民政府及其有关部门应当定期组织评估行政处罚的实施情况和必要性，对不适当的行政处罚事项及种类、罚款数额等，应当提出修改或者废止的建议。

第十六条　【其他规范性文件不得设定处罚】除法律、法规、规章外，其他规范性文件不得设定行政处罚。

第三章　行政处罚的实施机关

第十七条　【处罚的实施】行政处罚由具有行政处罚权的行政机关在法定职权范围内实施。

第十八条　【处罚的权限】国家在城市管理、市场监管、生态环境、文化市场、交通运输、应急管理、农业等领域推行建立综合行政执法制度，相对集中行政处罚权。

国务院或者省、自治区、直辖市人民政府可以决定一个行政机关行使有关行政机关的行政处罚权。

限制人身自由的行政处罚权只能由公安机关和法律规定的其他机关行使。

第十九条　【授权实施处罚】法律、法规授权的具有管理公共事务职能的组织可以在法定授权范围内实施行政处罚。

第二十条　【委托实施处罚】行政机关依照法律、法规、规章的规定，可以在其法定权限内书面委托符合本法第二十一条规定条件的组织实施行政处罚。行政机关不得委托其他组织或者个人实施行政处罚。

委托书应当载明委托的具体事项、权限、期限等内容。委托行政机关和受委托组织应当将委托书向社会公布。

委托行政机关对受委托组织实施行政处罚的行为应当负责监督，并对该行为的后果承担法律责任。

受委托组织在委托范围内，以委托行政机关名义实施行政处罚；不得再委托其他组织或者个人实施行政处罚。

第二十一条　【受托组织的条件】受委托组织必须符合以下条件：

（一）依法成立并具有管理公共事务职能；

（二）有熟悉有关法律、法规、规章和业务并取得行政执法资格的工作人员；

（三）需要进行技术检查或者技术鉴定的，应当有条件组织进行相应的技术检查或者技术鉴定。

第四章　行政处罚的管辖和适用

第二十二条　【地域管辖】行政处罚由违法行为发生地的行政机关管辖。法律、行政法规、部门规章另有规定的，从其规定。

第二十三条　【级别管辖】行政处罚由县级以上地方人民政府具有行政处罚权的行政机关管辖。法律、行政法规另有规定的，从其规定。

第二十四条　【行政处罚权的承接】省、自治区、直辖市根据当地实际情况，可以决定将基层管理迫切需要的县级人民政府部门的行政处罚权交由能够有效承接的乡镇人民政府、街道办事处行使，并定期组织评估。决定应当公布。

承接行政处罚权的乡镇人民政府、街道办事处应当加强执法能力建设，按照规定范围、依照法定程序实施行政处罚。

有关地方人民政府及其部门应当加强组织协调、业务指导、执法监督，建立健全行政处罚协调配合机制，完善评议、考核制度。

第二十五条　【共同管辖及指定管辖】两个以上行政机关都有管辖权的，由最先立案的行政机关管辖。

对管辖发生争议的，应当协商解决，协商不成的，报请共同的上一级行政机关指定管辖；也可以直接由共同的上一级行政机关指定管辖。

第二十六条　【行政协助】行政机关因实施行政处罚的需要，可以向有关机关提出协助请求。协助事项属于被请求机关职权范围内的，应当依法予以协助。

第二十七条　【刑事责任优先】违法行为涉嫌犯罪的，行政机关应当及时将案件移送司法机关，依法追究刑事责任。对依法不需要追究刑事责任或者免予刑事处罚，但应当给予行政处罚的，司法机关应当及时将案件移送有关行政机关。

行政处罚实施机关与司法机关之间应当加强协调配合，建立健全案件移送制度，加强证据材料移交、接收衔接，完善案件处理信息通报机制。

第二十八条　【责令改正与责令退赔】行政机关实施行政处罚时，应当责令当事人改正或者限期改正违法行为。

当事人有违法所得，除依法应当退赔的外，应当予以没收。违法所得是指实施违法行为所取得的款项。法律、行政法规、部门规章对违法所得的计算另有规定的，从其规定。

第二十九条　【一事不二罚】对当事人的同一个违法行为，不得给予两次以上罚款的行政处罚。同一个违法行为违反多个法律规范应当给予罚款处罚的，按照罚款数额高的规定处罚。

第三十条　【未成年人处罚的限制】不满十四周岁的未成年人有违法行为的，不予行政处罚，责令监护人加以管教；已满十四周岁不满十八周岁的未成年人有违法行为的，应当从轻或者减轻行政处罚。

第三十一条　【精神病人及限制性精神病人处罚的限制】精神病人、智力残疾人在不能辨认或者不能控制自己行为时有违法行为的，不予行政处罚，但应当责令其监护人严加看管和治疗。间歇性精神病人在精神正常时有违法行为的，应当给予行政处罚。尚未完全丧失辨认或者控制自己行为能力的精神病人、智力残疾人有违法行为的，可以从轻或者减轻行政处罚。

第三十二条　【从轻、减轻处罚的情形】当事人有下列情形之一，应当从轻或者减轻行政处罚：

（一）主动消除或者减轻违法行为危害后果的；

（二）受他人胁迫或者诱骗实施违法行为的；

（三）主动供述行政机关尚未掌握的违法行为的；

（四）配合行政机关查处违法行为有立功表现的；

（五）法律、法规、规章规定其他应当从轻或者减轻行政处罚的。

第三十三条　【不予行政处罚的条件】违法行为轻微并及时改正，没有造成危害后果的，不予行政处罚。初次违法且危害后果轻微并及时改正的，可以不予行政处罚。

当事人有证据足以证明没有主观过错的，不予行政处罚。法律、行政法规另有规定的，从其规定。

对当事人的违法行为依法不予行政处罚的，行政机关应当对当事人进行教育。

第三十四条　【行政处罚裁量基准】行政机关可以依法制定行政处罚

裁量基准，规范行使行政处罚裁量权。行政处罚裁量基准应当向社会公布。

第三十五条　【刑罚的折抵】违法行为构成犯罪，人民法院判处拘役或者有期徒刑时，行政机关已经给予当事人行政拘留的，应当依法折抵相应刑期。

违法行为构成犯罪，人民法院判处罚金时，行政机关已经给予当事人罚款的，应当折抵相应罚金；行政机关尚未给予当事人罚款的，不再给予罚款。

第三十六条　【处罚的时效】违法行为在二年内未被发现的，不再给予行政处罚；涉及公民生命健康安全、金融安全且有危害后果的，上述期限延长至五年。法律另有规定的除外。

前款规定的期限，从违法行为发生之日起计算；违法行为有连续或者继续状态的，从行为终了之日起计算。

第三十七条　【法不溯及既往】实施行政处罚，适用违法行为发生时的法律、法规、规章的规定。但是，作出行政处罚决定时，法律、法规、规章已被修改或者废止，且新的规定处罚较轻或者不认为是违法的，适用新的规定。

第三十八条　【行政处罚无效】行政处罚没有依据或者实施主体不具有行政主体资格的，行政处罚无效。

违反法定程序构成重大且明显违法的，行政处罚无效。

第五章　行政处罚的决定

第一节　一般规定

第三十九条　【信息公示】行政处罚的实施机关、立案依据、实施程序和救济渠道等信息应当公示。

第四十条　【处罚的前提】公民、法人或者其他组织违反行政管理秩序的行为，依法应当给予行政处罚的，行政机关必须查明事实；违法事实不清、证据不足的，不得给予行政处罚。

第四十一条　【信息化手段的运用】行政机关依照法律、行政法规规定利用电子技术监控设备收集、固定违法事实的，应当经过法制和技术审核，确保电子技术监控设备符合标准、设置合理、标志明显，设置地点应当向社会公布。

电子技术监控设备记录违法事实应当真实、清晰、完整、准确。行政机关应当审核记录内容是否符合要求；未经审核或者经审核不符合要求的，不得作为行政处罚的证据。

行政机关应当及时告知当事人违法事实，并采取信息化手段或者其他措施，为当事人查询、陈述和申辩提供便利。不得限制或者变相限制当事人享有的陈述权、申辩权。

第四十二条　【执法人员要求】行政处罚应当由具有行政执法资格的执法人员实施。执法人员不得少于两人，法律另有规定的除外。

执法人员应当文明执法，尊重和保护当事人合法权益。

第四十三条　【回避】执法人员与案件有直接利害关系或者有其他关系可能影响公正执法的，应当回避。

当事人认为执法人员与案件有直接利害关系或者有其他关系可能影响公正执法的，有权申请回避。

当事人提出回避申请的，行政机关应当依法审查，由行政机关负责人决定。决定作出之前，不停止调查。

第四十四条　【告知义务】行政机关在作出行政处罚决定之前，应当告知当事人拟作出的行政处罚内容及事实、理由、依据，并告知当事人依法享有的陈述、申辩、要求听证等权利。

第四十五条　【当事人的陈述权和申辩权】当事人有权进行陈述和申辩。行政机关必须充分听取当事人的意见，对当事人提出的事实、理由和证据，应当进行复核；当事人提出的事实、理由或者证据成立的，行政机关应当采纳。

行政机关不得因当事人陈述、申辩而给予更重的处罚。

第四十六条　【证据】证据包括：

（一）书证；

（二）物证；

（三）视听资料；

（四）电子数据；

（五）证人证言；

（六）当事人的陈述；

（七）鉴定意见；

（八）勘验笔录、现场笔录。

证据必须经查证属实，方可作为认定案件事实的根据。

以非法手段取得的证据，不得作为认定案件事实的根据。

第四十七条　【执法全过程记录制度】行政机关应当依法以文字、音像等形式，对行政处罚的启动、调查取证、审核、决定、送达、执行等进行全过程记录，归档保存。

第四十八条　【行政处罚决定公示制度】具有一定社会影响的行政处罚决定应当依法公开。

公开的行政处罚决定被依法变更、撤销、确认违法或者确认无效的，行政机关应当在三日内撤回行政处罚决定信息并公开说明理由。

第四十九条　【应急处罚】发生重大传染病疫情等突发事件，为了控制、减轻和消除突发事件引起的社会危害，行政机关对违反突发事件应对措施的行为，依法快速、从重处罚。

第五十条　【保密义务】行政机关及其工作人员对实施行政处罚过程中知悉的国家秘密、商业秘密或者个人隐私，应当依法予以保密。

第二节　简易程序

第五十一条　【当场处罚的情形】违法事实确凿并有法定依据，对公民处以二百元以下、对法人或者其他组织处以三千元以下罚款或者警告的行政处罚的，可以当场作出行政处罚决定。法律另有规定的，从其规定。

第五十二条　【当场处罚的程序】执法人员当场作出行政处罚决定的，应当向当事人出示执法证件，填写预定格式、编有号码的行政处罚决定书，并当场交付当事人。当事人拒绝签收的，应当在行政处罚决定书上注明。

前款规定的行政处罚决定书应当载明当事人的违法行为，行政处罚的种类和依据、罚款数额、时间、地点，申请行政复议、提起行政诉讼的途径和期限以及行政机关名称，并由执法人员签名或者盖章。

执法人员当场作出的行政处罚决定，应当报所属行政机关备案。

第五十三条　【当场处罚的履行】对当场作出的行政处罚决定，当事人应当依照本法第六十七条至第六十九条的规定履行。

第三节 普通程序

第五十四条 【调查取证与立案】除本法第五十一条规定的可以当场作出的行政处罚外，行政机关发现公民、法人或者其他组织有依法应当给予行政处罚的行为的，必须全面、客观、公正地调查，收集有关证据；必要时，依照法律、法规的规定，可以进行检查。

符合立案标准的，行政机关应当及时立案。

第五十五条 【出示证件与协助调查】执法人员在调查或者进行检查时，应当主动向当事人或者有关人员出示执法证件。当事人或者有关人员有权要求执法人员出示执法证件。执法人员不出示执法证件的，当事人或者有关人员有权拒绝接受调查或者检查。

当事人或者有关人员应当如实回答询问，并协助调查或者检查，不得拒绝或者阻挠。询问或者检查应当制作笔录。

第五十六条 【证据的收集原则】行政机关在收集证据时，可以采取抽样取证的方法；在证据可能灭失或者以后难以取得的情况下，经行政机关负责人批准，可以先行登记保存，并应当在七日内及时作出处理决定，在此期间，当事人或者有关人员不得销毁或者转移证据。

第五十七条 【处罚决定】调查终结，行政机关负责人应当对调查结果进行审查，根据不同情况，分别作出如下决定：

（一）确有应受行政处罚的违法行为的，根据情节轻重及具体情况，作出行政处罚决定；

（二）违法行为轻微，依法可以不予行政处罚的，不予行政处罚；

（三）违法事实不能成立的，不予行政处罚；

（四）违法行为涉嫌犯罪的，移送司法机关。

对情节复杂或者重大违法行为给予行政处罚，行政机关负责人应当集体讨论决定。

第五十八条 【法制审核】有下列情形之一，在行政机关负责人作出行政处罚的决定之前，应当由从事行政处罚决定法制审核的人员进行法制审核；未经法制审核或者审核未通过的，不得作出决定：

（一）涉及重大公共利益的；

（二）直接关系当事人或者第三人重大权益，经过听证程序的；

（三）案件情况疑难复杂、涉及多个法律关系的；

（四）法律、法规规定应当进行法制审核的其他情形。

行政机关中初次从事行政处罚决定法制审核的人员，应当通过国家统一法律职业资格考试取得法律职业资格。

第五十九条　【行政处罚决定书的内容】行政机关依照本法第五十七条的规定给予行政处罚，应当制作行政处罚决定书。行政处罚决定书应当载明下列事项：

（一）当事人的姓名或者名称、地址；

（二）违反法律、法规、规章的事实和证据；

（三）行政处罚的种类和依据；

（四）行政处罚的履行方式和期限；

（五）申请行政复议、提起行政诉讼的途径和期限；

（六）作出行政处罚决定的行政机关名称和作出决定的日期。

行政处罚决定书必须盖有作出行政处罚决定的行政机关的印章。

第六十条　【决定期限】行政机关应当自行政处罚案件立案之日起九十日内作出行政处罚决定。法律、法规、规章另有规定的，从其规定。

第六十一条　【送达】行政处罚决定书应当在宣告后当场交付当事人；当事人不在场的，行政机关应当在七日内依照《中华人民共和国民事诉讼法》的有关规定，将行政处罚决定书送达当事人。

当事人同意并签订确认书的，行政机关可以采用传真、电子邮件等方式，将行政处罚决定书等送达当事人。

第六十二条　【处罚的成立条件】行政机关及其执法人员在作出行政处罚决定之前，未依照本法第四十四条、第四十五条的规定向当事人告知拟作出的行政处罚内容及事实、理由、依据，或者拒绝听取当事人的陈述、申辩，不得作出行政处罚决定；当事人明确放弃陈述或者申辩权利的除外。

第四节　听证程序

第六十三条　【听证权】行政机关拟作出下列行政处罚决定，应当告知当事人有要求听证的权利，当事人要求听证的，行政机关应当组织听证：

（一）较大数额罚款；

（二）没收较大数额违法所得、没收较大价值非法财物；

（三）降低资质等级、吊销许可证件；

（四）责令停产停业、责令关闭、限制从业；

（五）其他较重的行政处罚；

（六）法律、法规、规章规定的其他情形。

当事人不承担行政机关组织听证的费用。

第六十四条　【听证程序】听证应当依照以下程序组织：

（一）当事人要求听证的，应当在行政机关告知后五日内提出；

（二）行政机关应当在举行听证的七日前，通知当事人及有关人员听证的时间、地点；

（三）除涉及国家秘密、商业秘密或者个人隐私依法予以保密外，听证公开举行；

（四）听证由行政机关指定的非本案调查人员主持；当事人认为主持人与本案有直接利害关系的，有权申请回避；

（五）当事人可以亲自参加听证，也可以委托一至二人代理；

（六）当事人及其代理人无正当理由拒不出席听证或者未经许可中途退出听证的，视为放弃听证权利，行政机关终止听证；

（七）举行听证时，调查人员提出当事人违法的事实、证据和行政处罚建议，当事人进行申辩和质证；

（八）听证应当制作笔录。笔录应当交当事人或者其代理人核对无误后签字或者盖章。当事人或者其代理人拒绝签字或者盖章的，由听证主持人在笔录中注明。

第六十五条　【听证笔录】听证结束后，行政机关应当根据听证笔录，依照本法第五十七条的规定，作出决定。

第六章　行政处罚的执行

第六十六条　【履行义务及分期履行】行政处罚决定依法作出后，当事人应当在行政处罚决定书载明的期限内，予以履行。

当事人确有经济困难，需要延期或者分期缴纳罚款的，经当事人申请和行政机关批准，可以暂缓或者分期缴纳。

第六十七条　【罚缴分离原则】作出罚款决定的行政机关应当与收缴罚款的机构分离。

除依照本法第六十八条、第六十九条的规定当场收缴的罚款外，作出行政处罚决定的行政机关及其执法人员不得自行收缴罚款。

当事人应当自收到行政处罚决定书之日起十五日内，到指定的银行或者通过电子支付系统缴纳罚款。银行应当收受罚款，并将罚款直接上缴国库。

第六十八条　【当场收缴罚款范围】依照本法第五十一条的规定当场作出行政处罚决定，有下列情形之一，执法人员可以当场收缴罚款：

（一）依法给予一百元以下罚款的；

（二）不当场收缴事后难以执行的。

第六十九条　【边远地区当场收缴罚款】在边远、水上、交通不便地区，行政机关及其执法人员依照本法第五十一条、第五十七条的规定作出罚款决定后，当事人到指定的银行或者通过电子支付系统缴纳罚款确有困难，经当事人提出，行政机关及其执法人员可以当场收缴罚款。

第七十条　【罚款票据】行政机关及其执法人员当场收缴罚款的，必须向当事人出具国务院财政部门或者省、自治区、直辖市人民政府财政部门统一制发的专用票据；不出具财政部门统一制发的专用票据的，当事人有权拒绝缴纳罚款。

第七十一条　【罚款交纳期】执法人员当场收缴的罚款，应当自收缴罚款之日起二日内，交至行政机关；在水上当场收缴的罚款，应当自抵岸之日起二日内交至行政机关；行政机关应当在二日内将罚款缴付指定的银行。

第七十二条　【执行措施】当事人逾期不履行行政处罚决定的，作出行政处罚决定的行政机关可以采取下列措施：

（一）到期不缴纳罚款的，每日按罚款数额的百分之三加处罚款，加处罚款的数额不得超出罚款的数额；

（二）根据法律规定，将查封、扣押的财物拍卖、依法处理或者将冻结的存款、汇款划拨抵缴罚款；

（三）根据法律规定，采取其他行政强制执行方式；

（四）依照《中华人民共和国行政强制法》的规定申请人民法院强制执行。

行政机关批准延期、分期缴纳罚款的，申请人民法院强制执行的期限，自暂缓或者分期缴纳罚款期限结束之日起计算。

第七十三条　【不停止执行及暂缓执行】 当事人对行政处罚决定不服，申请行政复议或者提起行政诉讼的，行政处罚不停止执行，法律另有规定的除外。

当事人对限制人身自由的行政处罚决定不服，申请行政复议或者提起行政诉讼的，可以向作出决定的机关提出暂缓执行申请。符合法律规定情形的，应当暂缓执行。

当事人申请行政复议或者提起行政诉讼的，加处罚款的数额在行政复议或者行政诉讼期间不予计算。

第七十四条　【没收的非法财物的处理】 除依法应当予以销毁的物品外，依法没收的非法财物必须按照国家规定公开拍卖或者按照国家有关规定处理。

罚款、没收的违法所得或者没收非法财物拍卖的款项，必须全部上缴国库，任何行政机关或者个人不得以任何形式截留、私分或者变相私分。

罚款、没收的违法所得或者没收非法财物拍卖的款项，不得同作出行政处罚决定的行政机关及其工作人员的考核、考评直接或者变相挂钩。除依法应当退还、退赔的外，财政部门不得以任何形式向作出行政处罚决定的行政机关返还罚款、没收的违法所得或者没收非法财物拍卖的款项。

第七十五条　【监督检查】 行政机关应当建立健全对行政处罚的监督制度。县级以上人民政府应当定期组织开展行政执法评议、考核，加强对行政处罚的监督检查，规范和保障行政处罚的实施。

行政机关实施行政处罚应当接受社会监督。公民、法人或者其他组织对行政机关实施行政处罚的行为，有权申诉或者检举；行政机关应当认真审查，发现有错误的，应当主动改正。

第七章　法律责任

第七十六条　【上级行政机关的监督】 行政机关实施行政处罚，有下列情形之一，由上级行政机关或者有关机关责令改正，对直接负责的主管人员和其他直接责任人员依法给予处分：

（一）没有法定的行政处罚依据的；

（二）擅自改变行政处罚种类、幅度的；

（三）违反法定的行政处罚程序的；

（四）违反本法第二十条关于委托处罚的规定的；

（五）执法人员未取得执法证件的。

行政机关对符合立案标准的案件不及时立案的，依照前款规定予以处理。

第七十七条　【当事人的拒绝处罚权及检举权】行政机关对当事人进行处罚不使用罚款、没收财物单据或者使用非法定部门制发的罚款、没收财物单据的，当事人有权拒绝，并有权予以检举，由上级行政机关或者有关机关对使用的非法单据予以收缴销毁，对直接负责的主管人员和其他直接责任人员依法给予处分。

第七十八条　【自行收缴罚款的处理】行政机关违反本法第六十七条的规定自行收缴罚款的，财政部门违反本法第七十四条的规定向行政机关返还罚款、没收的违法所得或者拍卖款项的，由上级行政机关或者有关机关责令改正，对直接负责的主管人员和其他直接责任人员依法给予处分。

第七十九条　【私分罚没财物的处理】行政机关截留、私分或者变相私分罚款、没收的违法所得或者财物的，由财政部门或者有关机关予以追缴，对直接负责的主管人员和其他直接责任人员依法给予处分；情节严重构成犯罪的，依法追究刑事责任。

执法人员利用职务上的便利，索取或者收受他人财物、将收缴罚款据为己有，构成犯罪的，依法追究刑事责任；情节轻微不构成犯罪的，依法给予处分。

第八十条　【行政机关的赔偿责任及对有关人员的处理】行政机关使用或者损毁查封、扣押的财物，对当事人造成损失的，应当依法予以赔偿，对直接负责的主管人员和其他直接责任人员依法给予处分。

第八十一条　【违法实行检查或执行措施的赔偿责任】行政机关违法实施检查措施或者执行措施，给公民人身或者财产造成损害、给法人或者其他组织造成损失的，应当依法予以赔偿，对直接负责的主管人员和其他直接责任人员依法给予处分；情节严重构成犯罪的，依法追究刑事责任。

第八十二条　【以行代刑的责任】行政机关对应当依法移交司法机关追究刑事责任的案件不移交，以行政处罚代替刑事处罚，由上级行政机关或者有关机关责令改正，对直接负责的主管人员和其他直接责任人员依法给予处分；情节严重构成犯罪的，依法追究刑事责任。

第八十三条　【失职责任】行政机关对应当予以制止和处罚的违法行为不予制止、处罚，致使公民、法人或者其他组织的合法权益、公共利益和社会秩序遭受损害的，对直接负责的主管人员和其他直接责任人员依法给予处分；情节严重构成犯罪的，依法追究刑事责任。

第八章　附　　则

第八十四条　【属地原则】外国人、无国籍人、外国组织在中华人民共和国领域内有违法行为，应当给予行政处罚的，适用本法，法律另有规定的除外。

第八十五条　【工作日】本法中“二日”“三日”“五日”“七日”的规定是指工作日，不含法定节假日。

第八十六条　【施行日期】本法自2021年7月15日起施行。

中华人民共和国行政强制法

（2011年6月30日第十一届全国人民代表大会常务委员会第二十一次会议通过　2011年6月30日中华人民共和国主席令第49号公布　自2012年1月1日起施行）

目　　录

第一章　总　　则

第一条　【立法目的】为了规范行政强制的设定和实施，保障和监督行政机关依法履行职责，维护公共利益和社会秩序，保护公民、法人和其他组织的合法权益，根据宪法，制定本法。

第二条　【行政强制的定义】本法所称行政强制，包括行政强制措施和行政强制执行。

行政强制措施，是指行政机关在行政管理过程中，为制止违法行为、防止证据损毁、避免危害发生、控制危险扩大等情形，依法对公民的人身自由实施暂时性限制，或者对公民、法人或者其他组织的财物实施暂时性控制的行为。

行政强制执行，是指行政机关或者行政机关申请人民法院，对不履行行政决定的公民、法人或者其他组织，依法强制履行义务的行为。

第三条　【适用范围】行政强制的设定和实施，适用本法。

发生或者即将发生自然灾害、事故灾难、公共卫生事件或者社会安全事件等突发事件，行政机关采取应急措施或者临时措施，依照有关法律、行政法规的规定执行。

行政机关采取金融业审慎监管措施、进出境货物强制性技术监控措施，依照有关法律、行政法规的规定执行。

第四条　【合法性原则】行政强制的设定和实施，应当依照法定的权限、范围、条件和程序。

第五条　【适当原则】行政强制的设定和实施，应当适当。采用非强制手段可以达到行政管理目的的，不得设定和实施行政强制。

第六条　【教育与强制相结合原则】实施行政强制，应当坚持教育与强制相结合。

第七条　【不得利用行政强制谋利】行政机关及其工作人员不得利用行政强制权为单位或者个人谋取利益。

第八条　【相对人的权利与救济】公民、法人或者其他组织对行政机关实施行政强制，享有陈述权、申辩权；有权依法申请行政复议或者提起行政诉讼；因行政机关违法实施行政强制受到损害的，有权依法要求赔偿。

公民、法人或者其他组织因人民法院在强制执行中有违法行为或者扩大强制执行范围受到损害的，有权依法要求赔偿。

第二章　行政强制的种类和设定

第九条　【行政强制措施种类】行政强制措施的种类：

（一）限制公民人身自由；

（二）查封场所、设施或者财物；

（三）扣押财物；

（四）冻结存款、汇款；

（五）其他行政强制措施。

第十条　【行政强制措施设定权】行政强制措施由法律设定。

尚未制定法律，且属于国务院行政管理职权事项的，行政法规可以设定除本法第九条第一项、第四项和应当由法律规定的行政强制措施以外的其他行政强制措施。

尚未制定法律、行政法规，且属于地方性事务的，地方性法规可以设定本法第九条第二项、第三项的行政强制措施。

法律、法规以外的其他规范性文件不得设定行政强制措施。

第十一条　【行政强制措施设定的统一性】法律对行政强制措施的对象、条件、种类作了规定的，行政法规、地方性法规不得作出扩大规定。

法律中未设定行政强制措施的，行政法规、地方性法规不得设定行政强制措施。但是，法律规定特定事项由行政法规规定具体管理措施的，行政法规可以设定除本法第九条第一项、第四项和应当由法律规定的行政强制措施以外的其他行政强制措施。

第十二条　【行政强制执行方式】行政强制执行的方式：

（一）加处罚款或者滞纳金；

（二）划拨存款、汇款；

（三）拍卖或者依法处理查封、扣押的场所、设施或者财物；

（四）排除妨碍、恢复原状；

（五）代履行；

（六）其他强制执行方式。

第十三条 【行政强制执行设定权】行政强制执行由法律设定。

法律没有规定行政机关强制执行的，作出行政决定的行政机关应当申请人民法院强制执行。

第十四条 【听取社会意见、说明必要性及影响】起草法律草案、法规草案，拟设定行政强制的，起草单位应当采取听证会、论证会等形式听取意见，并向制定机关说明设定该行政强制的必要性、可能产生的影响以及听取和采纳意见的情况。

第十五条 【已设定的行政强制的评价制度】行政强制的设定机关应当定期对其设定的行政强制进行评价，并对不适当的行政强制及时予以修改或者废止。

行政强制的实施机关可以对已设定的行政强制的实施情况及存在的必要性适时进行评价，并将意见报告该行政强制的设定机关。

公民、法人或者其他组织可以向行政强制的设定机关和实施机关就行政强制的设定和实施提出意见和建议。有关机关应当认真研究论证，并以适当方式予以反馈。

第三章 行政强制措施实施程序

第一节 一般规定

第十六条 【实施行政强制措施的条件】行政机关履行行政管理职责，依照法律、法规的规定，实施行政强制措施。

违法行为情节显著轻微或者没有明显社会危害的，可以不采取行政强制措施。

第十七条 【行政强制措施的实施主体】行政强制措施由法律、法规规定的行政机关在法定职权范围内实施。行政强制措施权不得委托。

依据《中华人民共和国行政处罚法》的规定行使相对集中行政处罚权的行政机关，可以实施法律、法规规定的与行政处罚权有关的行政强制措施。

行政强制措施应当由行政机关具备资格的行政执法人员实施，其他人员不得实施。

第十八条 【一般程序】 行政机关实施行政强制措施应当遵守下列规定：

（一）实施前须向行政机关负责人报告并经批准；

（二）由两名以上行政执法人员实施；

（三）出示执法身份证件；

（四）通知当事人到场；

（五）当场告知当事人采取行政强制措施的理由、依据以及当事人依法享有的权利、救济途径；

（六）听取当事人的陈述和申辩；

（七）制作现场笔录；

（八）现场笔录由当事人和行政执法人员签名或者盖章，当事人拒绝的，在笔录中予以注明；

（九）当事人不到场的，邀请见证人到场，由见证人和行政执法人员在现场笔录上签名或者盖章；

（十）法律、法规规定的其他程序。

第十九条 【情况紧急时的程序】 情况紧急，需要当场实施行政强制措施的，行政执法人员应当在二十四小时内向行政机关负责人报告，并补办批准手续。行政机关负责人认为不应当采取行政强制措施的，应当立即解除。

第二十条 【限制人身自由行政强制措施的程序】 依照法律规定实施限制公民人身自由的行政强制措施，除应当履行本法第十八条规定的程序外，还应当遵守下列规定：

（一）当场告知或者实施行政强制措施后立即通知当事人家属实施行政强制措施的行政机关、地点和期限；

（二）在紧急情况下当场实施行政强制措施的，在返回行政机关后，立即向行政机关负责人报告并补办批准手续；

（三）法律规定的其他程序。

实施限制人身自由的行政强制措施不得超过法定期限。实施行政强制措施的目的已经达到或者条件已经消失，应当立即解除。

第二十一条 【涉嫌犯罪案件的移送】 违法行为涉嫌犯罪应当移送司法机关的，行政机关应当将查封、扣押、冻结的财物一并移送，并书面告知当事人。

第二节　查封、扣押

第二十二条　【查封、扣押实施主体】查封、扣押应当由法律、法规规定的行政机关实施，其他任何行政机关或者组织不得实施。

第二十三条　【查封、扣押对象】查封、扣押限于涉案的场所、设施或者财物，不得查封、扣押与违法行为无关的场所、设施或者财物；不得查封、扣押公民个人及其所扶养家属的生活必需品。

当事人的场所、设施或者财物已被其他国家机关依法查封的，不得重复查封。

第二十四条　【查封、扣押实施程序】行政机关决定实施查封、扣押的，应当履行本法第十八条规定的程序，制作并当场交付查封、扣押决定书和清单。

查封、扣押决定书应当载明下列事项：

（一）当事人的姓名或者名称、地址；

（二）查封、扣押的理由、依据和期限；

（三）查封、扣押场所、设施或者财物的名称、数量等；

（四）申请行政复议或者提起行政诉讼的途径和期限；

（五）行政机关的名称、印章和日期。

查封、扣押清单一式二份，由当事人和行政机关分别保存。

第二十五条　【查封、扣押期限】查封、扣押的期限不得超过三十日；情况复杂的，经行政机关负责人批准，可以延长，但是延长期限不得超过三十日。法律、行政法规另有规定的除外。

延长查封、扣押的决定应当及时书面告知当事人，并说明理由。

对物品需要进行检测、检验、检疫或者技术鉴定的，查封、扣押的期间不包括检测、检验、检疫或者技术鉴定的期间。检测、检验、检疫或者技术鉴定的期间应当明确，并书面告知当事人。检测、检验、检疫或者技术鉴定的费用由行政机关承担。

第二十六条　【对查封、扣押财产的保管】对查封、扣押的场所、设施或者财物，行政机关应当妥善保管，不得使用或者损毁；造成损失的，应当承担赔偿责任。

对查封的场所、设施或者财物，行政机关可以委托第三人保管，第三人不得损毁或者擅自转移、处置。因第三人的原因造成的损失，行政机关先行赔付后，有权向第三人追偿。

因查封、扣押发生的保管费用由行政机关承担。

第二十七条　【查封、扣押后的处理】行政机关采取查封、扣押措施后，应当及时查清事实，在本法第二十五条规定的期限内作出处理决定。对违法事实清楚，依法应当没收的非法财物予以没收；法律、行政法规规定应当销毁的，依法销毁；应当解除查封、扣押的，作出解除查封、扣押的决定。

第二十八条　【解除查封、扣押的情形】有下列情形之一的，行政机关应当及时作出解除查封、扣押决定：

（一）当事人没有违法行为；

（二）查封、扣押的场所、设施或者财物与违法行为无关；

（三）行政机关对违法行为已经作出处理决定，不再需要查封、扣押；

（四）查封、扣押期限已经届满；

（五）其他不再需要采取查封、扣押措施的情形。

解除查封、扣押应当立即退还财物；已将鲜活物品或者其他不易保管的财物拍卖或者变卖的，退还拍卖或者变卖所得款项。变卖价格明显低于市场价格，给当事人造成损失的，应当给予补偿。

第三节　冻　　结

第二十九条　【冻结的实施主体、数额限制、不得重复冻结】冻结存款、汇款应当由法律规定的行政机关实施，不得委托给其他行政机关或者组织；其他任何行政机关或者组织不得冻结存款、汇款。

冻结存款、汇款的数额应当与违法行为涉及的金额相当；已被其他国家机关依法冻结的，不得重复冻结。

第三十条　【冻结的程序、金融机构的配合义务】行政机关依照法律规定决定实施冻结存款、汇款的，应当履行本法第十八条第一项、第二项、第三项、第七项规定的程序，并向金融机构交付冻结通知书。

金融机构接到行政机关依法作出的冻结通知书后，应当立即予以冻结，不得拖延，不得在冻结前向当事人泄露信息。

法律规定以外的行政机关或者组织要求冻结当事人存款、汇款的，金融机构应当拒绝。

第三十一条　【冻结决定书交付期限及内容】依照法律规定冻结存款、汇款的，作出决定的行政机关应当在三日内向当事人交付冻结决定书。冻结决定书应当载明下列事项：

（一）当事人的姓名或者名称、地址；

（二）冻结的理由、依据和期限；

（三）冻结的账号和数额；

（四）申请行政复议或者提起行政诉讼的途径和期限；

（五）行政机关的名称、印章和日期。

第三十二条　【冻结期限及其延长】自冻结存款、汇款之日起三十日内，行政机关应当作出处理决定或者作出解除冻结决定；情况复杂的，经行政机关负责人批准，可以延长，但是延长期限不得超过三十日。法律另有规定的除外。

延长冻结的决定应当及时书面告知当事人，并说明理由。

第三十三条　【解除冻结的情形】有下列情形之一的，行政机关应当及时作出解除冻结决定：

（一）当事人没有违法行为；

（二）冻结的存款、汇款与违法行为无关；

（三）行政机关对违法行为已经作出处理决定，不再需要冻结；

（四）冻结期限已经届满；

（五）其他不再需要采取冻结措施的情形。

行政机关作出解除冻结决定的，应当及时通知金融机构和当事人。金融机构接到通知后，应当立即解除冻结。

行政机关逾期未作出处理决定或者解除冻结决定的，金融机构应当自冻结期满之日起解除冻结。

第四章　行政机关强制执行程序

第一节　一般规定

第三十四条　【行政机关强制执行】行政机关依法作出行政决定后，当事人在行政机关决定的期限内不履行义务的，具有行政强制执行权的行政机关依照本章规定强制执行。

第三十五条　【催告】行政机关作出强制执行决定前，应当事先催告当事人履行义务。催告应当以书面形式作出，并载明下列事项：

（一）履行义务的期限；

（二）履行义务的方式；

（三）涉及金钱给付的，应当有明确的金额和给付方式；

（四）当事人依法享有的陈述权和申辩权。

第三十六条　【陈述、申辩权】当事人收到催告书后有权进行陈述和申辩。行政机关应当充分听取当事人的意见，对当事人提出的事实、理由和证据，应当进行记录、复核。当事人提出的事实、理由或者证据成立的，行政机关应当采纳。

第三十七条　【强制执行决定】经催告，当事人逾期仍不履行行政决定，且无正当理由的，行政机关可以作出强制执行决定。

强制执行决定应当以书面形式作出，并载明下列事项：

（一）当事人的姓名或者名称、地址；

（二）强制执行的理由和依据；

（三）强制执行的方式和时间；

（四）申请行政复议或者提起行政诉讼的途径和期限；

（五）行政机关的名称、印章和日期。

在催告期间，对有证据证明有转移或者隐匿财物迹象的，行政机关可以作出立即强制执行决定。

第三十八条　【催告书、行政强制决定书送达】催告书、行政强制执行决定书应当直接送达当事人。当事人拒绝接收或者无法直接送达当事人的，应当依照《中华人民共和国民事诉讼法》的有关规定送达。

第三十九条　【中止执行】有下列情形之一的，中止执行：

（一）当事人履行行政决定确有困难或者暂无履行能力的；

（二）第三人对执行标的主张权利，确有理由的；

（三）执行可能造成难以弥补的损失，且中止执行不损害公共利益的；

（四）行政机关认为需要中止执行的其他情形。

中止执行的情形消失后，行政机关应当恢复执行。对没有明显社会危害，当事人确无能力履行，中止执行满三年未恢复执行的，行政机关不再执行。

第四十条　【终结执行】有下列情形之一的，终结执行：

（一）公民死亡，无遗产可供执行，又无义务承受人的；

（二）法人或者其他组织终止，无财产可供执行，又无义务承受人的；

（三）执行标的灭失的；

（四）据以执行的行政决定被撤销的；

（五）行政机关认为需要终结执行的其他情形。

第四十一条　【执行回转】在执行中或者执行完毕后，据以执行的行政决定被撤销、变更，或者执行错误的，应当恢复原状或者退还财物；不能恢复原状或者退还财物的，依法给予赔偿。

第四十二条　【执行和解】实施行政强制执行，行政机关可以在不损害公共利益和他人合法权益的情况下，与当事人达成执行协议。执行协议可以约定分阶段履行；当事人采取补救措施的，可以减免加处的罚款或者滞纳金。

执行协议应当履行。当事人不履行执行协议的，行政机关应当恢复强制执行。

第四十三条　【文明执法】行政机关不得在夜间或者法定节假日实施行政强制执行。但是，情况紧急的除外。

行政机关不得对居民生活采取停止供水、供电、供热、供燃气等方式迫使当事人履行相关行政决定。

第四十四条　【强制拆除】对违法的建筑物、构筑物、设施等需要强制拆除的，应当由行政机关予以公告，限期当事人自行拆除。当事人在法定期限内不申请行政复议或者提起行政诉讼，又不拆除的，行政机关可以依法强制拆除。

第二节　金钱给付义务的执行

第四十五条　【加处罚款或滞纳金】行政机关依法作出金钱给付义务的行政决定，当事人逾期不履行的，行政机关可以依法加处罚款或者滞纳金。加处罚款或者滞纳金的标准应当告知当事人。

加处罚款或者滞纳金的数额不得超出金钱给付义务的数额。

第四十六条　【金钱给付义务的直接强制执行】行政机关依照本法第

四十五条规定实施加处罚款或者滞纳金超过三十日，经催告当事人仍不履行的，具有行政强制执行权的行政机关可以强制执行。

行政机关实施强制执行前，需要采取查封、扣押、冻结措施的，依照本法第三章规定办理。

没有行政强制执行权的行政机关应当申请人民法院强制执行。但是，当事人在法定期限内不申请行政复议或者提起行政诉讼，经催告仍不履行的，在实施行政管理过程中已经采取查封、扣押措施的行政机关，可以将查封、扣押的财物依法拍卖抵缴罚款。

第四十七条　【划拨存款、汇款】划拨存款、汇款应当由法律规定的行政机关决定，并书面通知金融机构。金融机构接到行政机关依法作出划拨存款、汇款的决定后，应当立即划拨。

法律规定以外的行政机关或者组织要求划拨当事人存款、汇款的，金融机构应当拒绝。

第四十八条　【委托拍卖】依法拍卖财物，由行政机关委托拍卖机构依照《中华人民共和国拍卖法》的规定办理。

第四十九条　【划拨的存款、汇款的管理】划拨的存款、汇款以及拍卖和依法处理所得的款项应当上缴国库或者划入财政专户。任何行政机关或者个人不得以任何形式截留、私分或者变相私分。

第三节　代　履　行

第五十条　【代履行】行政机关依法作出要求当事人履行排除妨碍、恢复原状等义务的行政决定，当事人逾期不履行，经催告仍不履行，其后果已经或者将危害交通安全、造成环境污染或者破坏自然资源的，行政机关可以代履行，或者委托没有利害关系的第三人代履行。

第五十一条　【实施程序、费用、手段】代履行应当遵守下列规定：

（一）代履行前送达决定书，代履行决定书应当载明当事人的姓名或者名称、地址，代履行的理由和依据、方式和时间、标的、费用预算以及代履行人；

（二）代履行三日前，催告当事人履行，当事人履行的，停止代履行；

（三）代履行时，作出决定的行政机关应当派员到场监督；

（四）代履行完毕，行政机关到场监督的工作人员、代履行人和当事人或者见证人应当在执行文书上签名或者盖章。

代履行的费用按照成本合理确定，由当事人承担。但是，法律另有规定的除外。

代履行不得采用暴力、胁迫以及其他非法方式。

第五十二条　【立即实施代履行】 需要立即清除道路、河道、航道或者公共场所的遗洒物、障碍物或者污染物，当事人不能清除的，行政机关可以决定立即实施代履行；当事人不在场的，行政机关应当在事后立即通知当事人，并依法作出处理。

第五章　申请人民法院强制执行

第五十三条　【非诉行政执行】 当事人在法定期限内不申请行政复议或者提起行政诉讼，又不履行行政决定的，没有行政强制执行权的行政机关可以自期限届满之日起三个月内，依照本章规定申请人民法院强制执行。

第五十四条　【催告与执行管辖】 行政机关申请人民法院强制执行前，应当催告当事人履行义务。催告书送达十日后当事人仍未履行义务的，行政机关可以向所在地有管辖权的人民法院申请强制执行；执行对象是不动产的，向不动产所在地有管辖权的人民法院申请强制执行。

第五十五条　【申请执行的材料】 行政机关向人民法院申请强制执行，应当提供下列材料：

（一）强制执行申请书；

（二）行政决定书及作出决定的事实、理由和依据；

（三）当事人的意见及行政机关催告情况；

（四）申请强制执行标的情况；

（五）法律、行政法规规定的其他材料。

强制执行申请书应当由行政机关负责人签名，加盖行政机关的印章，并注明日期。

第五十六条　【申请受理与救济】 人民法院接到行政机关强制执行的申请，应当在五日内受理。

行政机关对人民法院不予受理的裁定有异议的，可以在十五日内向上一级人民法院申请复议，上一级人民法院应当自收到复议申请之日起十五日内作出是否受理的裁定。

第五十七条　【书面审查】人民法院对行政机关强制执行的申请进行书面审查，对符合本法第五十五条规定，且行政决定具备法定执行效力的，除本法第五十八条规定的情形外，人民法院应当自受理之日起七日内作出执行裁定。

第五十八条　【实质审查】人民法院发现有下列情形之一的，在作出裁定前可以听取被执行人和行政机关的意见：

（一）明显缺乏事实根据的；

（二）明显缺乏法律、法规依据的；

（三）其他明显违法并损害被执行人合法权益的。

人民法院应当自受理之日起三十日内作出是否执行的裁定。裁定不予执行的，应当说明理由，并在五日内将不予执行的裁定送达行政机关。

行政机关对人民法院不予执行的裁定有异议的，可以自收到裁定之日起十五日内向上一级人民法院申请复议，上一级人民法院应当自收到复议申请之日起三十日内作出是否执行的裁定。

第五十九条　【申请立即执行】因情况紧急，为保障公共安全，行政机关可以申请人民法院立即执行。经人民法院院长批准，人民法院应当自作出执行裁定之日起五日内执行。

第六十条　【执行费用】行政机关申请人民法院强制执行，不缴纳申请费。强制执行的费用由被执行人承担。

人民法院以划拨、拍卖方式强制执行的，可以在划拨、拍卖后将强制执行的费用扣除。

依法拍卖财物，由人民法院委托拍卖机构依照《中华人民共和国拍卖法》的规定办理。

划拨的存款、汇款以及拍卖和依法处理所得的款项应当上缴国库或者划入财政专户，不得以任何形式截留、私分或者变相私分。

第六章　法律责任

第六十一条　【实施行政强制违法责任】行政机关实施行政强制，有下列情形之一的，由上级行政机关或者有关部门责令改正，对直接负责的主管人员和其他直接责任人员依法给予处分：

（一）没有法律、法规依据的；

（二）改变行政强制对象、条件、方式的；

（三）违反法定程序实施行政强制的；

（四）违反本法规定，在夜间或者法定节假日实施行政强制执行的；

（五）对居民生活采取停止供水、供电、供热、供燃气等方式迫使当事人履行相关行政决定的；

（六）有其他违法实施行政强制情形的。

第六十二条　【违法查封、扣押、冻结的责任】违反本法规定，行政机关有下列情形之一的，由上级行政机关或者有关部门责令改正，对直接负责的主管人员和其他直接责任人员依法给予处分：

（一）扩大查封、扣押、冻结范围的；

（二）使用或者损毁查封、扣押场所、设施或者财物的；

（三）在查封、扣押法定期间不作出处理决定或者未依法及时解除查封、扣押的；

（四）在冻结存款、汇款法定期间不作出处理决定或者未依法及时解除冻结的。

第六十三条　【截留、私分或变相私分查封、扣押的财物、划拨的存款、汇款和拍卖、依法处理所得款项的法律责任】行政机关将查封、扣押的财物或者划拨的存款、汇款以及拍卖和依法处理所得的款项，截留、私分或者变相私分的，由财政部门或者有关部门予以追缴；对直接负责的主管人员和其他直接责任人员依法给予记大过、降级、撤职或者开除的处分。

行政机关工作人员利用职务上的便利，将查封、扣押的场所、设施或者财物据为己有的，由上级行政机关或者有关部门责令改正，依法给予记大过、降级、撤职或者开除的处分。

第六十四条　【利用行政强制权谋利的法律责任】行政机关及其工作人员利用行政强制权为单位或者个人谋取利益的，由上级行政机关或者有关部门责令改正，对直接负责的主管人员和其他直接责任人员依法给予处分。

第六十五条　【金融机构违反冻结、划拨规定的法律责任】违反本法规定，金融机构有下列行为之一的，由金融业监督管理机构责令改正，对直接负责的主管人员和其他直接责任人员依法给予处分：

（一）在冻结前向当事人泄露信息的；

（二）对应当立即冻结、划拨的存款、汇款不冻结或者不划拨，致使存款、汇款转移的；

（三）将不应当冻结、划拨的存款、汇款予以冻结或者划拨的；

（四）未及时解除冻结存款、汇款的。

第六十六条　【执行款项未划入规定账户的法律责任】违反本法规定，金融机构将款项划入国库或者财政专户以外的其他账户的，由金融业监督管理机构责令改正，并处以违法划拨款项二倍的罚款；对直接负责的主管人员和其他直接责任人员依法给予处分。

违反本法规定，行政机关、人民法院指令金融机构将款项划入国库或者财政专户以外的其他账户的，对直接负责的主管人员和其他直接责任人员依法给予处分。

第六十七条　【人民法院及其工作人员强制执行违法的责任】人民法院及其工作人员在强制执行中有违法行为或者扩大强制执行范围的，对直接负责的主管人员和其他直接责任人员依法给予处分。

第六十八条　【赔偿和刑事责任】违反本法规定，给公民、法人或者其他组织造成损失的，依法给予赔偿。

违反本法规定，构成犯罪的，依法追究刑事责任。

第七章　附　　则

第六十九条　【期限的界定】本法中十日以内期限的规定是指工作日，不含法定节假日。

第七十条　【法律、行政法规授权的组织实施行政强制受本法调整】法律、行政法规授权的具有管理公共事务职能的组织在法定授权范围内，以自己的名义实施行政强制，适用本法有关行政机关的规定。

第七十一条　【施行时间】本法自2012年1月1日起施行。

中华人民共和国行政复议法

（1999 年 4 月 29 日第九届全国人民代表大会常务委员会第九次会议通过　根据 2009 年 8 月 27 日第十一届全国人民代表大会常务委员会第十次会议《关于修改部分法律的决定》第一次修正　根据 2017 年 9 月 1 日第十二届全国人民代表大会常务委员会第二十九次会议《关于修改〈中华人民共和国法官法〉等八部法律的决定》第二次修正　2023 年 9 月 1 日第十四届全国人民代表大会常务委员会第五次会议修订　2023 年 9 月 1 日中华人民共和国主席令第 9 号公布　自 2024 年 1 月 1 日起施行）

第一章　总　　则

第一条　【立法目的】为了防止和纠正违法的或者不当的行政行为，保护公民、法人和其他组织的合法权益，监督和保障行政机关依法行使职权，发挥行政复议化解行政争议的主渠道作用，推进法治政府建设，根据宪法，制定本法。

第二条　【适用范围】公民、法人或者其他组织认为行政机关的行政行为侵犯其合法权益，向行政复议机关提出行政复议申请，行政复议机关办理行政复议案件，适用本法。

前款所称行政行为，包括法律、法规、规章授权的组织的行政行为。

第三条　【工作原则】行政复议工作坚持中国共产党的领导。

行政复议机关履行行政复议职责，应当遵循合法、公正、公开、高效、便民、为民的原则，坚持有错必纠，保障法律、法规的正确实施。

第四条　【行政复议机关、机构及其职责】县级以上各级人民政府以及其他依照本法履行行政复议职责的行政机关是行政复议机关。

行政复议机关办理行政复议事项的机构是行政复议机构。行政复议机构同时组织办理行政复议机关的行政应诉事项。

行政复议机关应当加强行政复议工作，支持和保障行政复议机构依法履行职责。上级行政复议机构对下级行政复议机构的行政复议工作进行指导、监督。

国务院行政复议机构可以发布行政复议指导性案例。

第五条 【行政复议调解】行政复议机关办理行政复议案件，可以进行调解。

调解应当遵循合法、自愿的原则，不得损害国家利益、社会公共利益和他人合法权益，不得违反法律、法规的强制性规定。

第六条 【行政复议人员】国家建立专业化、职业化行政复议人员队伍。

行政复议机构中初次从事行政复议工作的人员，应当通过国家统一法律职业资格考试取得法律职业资格，并参加统一职前培训。

国务院行政复议机构应当会同有关部门制定行政复议人员工作规范，加强对行政复议人员的业务考核和管理。

第七条 【行政复议保障】行政复议机关应当确保行政复议机构的人员配备与所承担的工作任务相适应，提高行政复议人员专业素质，根据工作需要保障办案场所、装备等设施。县级以上各级人民政府应当将行政复议工作经费列入本级预算。

第八条 【行政复议信息化建设】行政复议机关应当加强信息化建设，运用现代信息技术，方便公民、法人或者其他组织申请、参加行政复议，提高工作质量和效率。

第九条 【表彰和奖励】对在行政复议工作中做出显著成绩的单位和个人，按照国家有关规定给予表彰和奖励。

第十条 【行政复议与诉讼衔接】公民、法人或者其他组织对行政复议决定不服的，可以依照《中华人民共和国行政诉讼法》的规定向人民法院提起行政诉讼，但是法律规定行政复议决定为最终裁决的除外。

第二章 行政复议申请

第一节 行政复议范围

第十一条 【行政复议范围】有下列情形之一的，公民、法人或者其他组织可以依照本法申请行政复议：

（一）对行政机关作出的行政处罚决定不服；

（二）对行政机关作出的行政强制措施、行政强制执行决定不服；

（三）申请行政许可，行政机关拒绝或者在法定期限内不予答复，或者对行政机关作出的有关行政许可的其他决定不服；

（四）对行政机关作出的确认自然资源的所有权或者使用权的决定不服；

（五）对行政机关作出的征收征用决定及其补偿决定不服；

（六）对行政机关作出的赔偿决定或者不予赔偿决定不服；

（七）对行政机关作出的不予受理工伤认定申请的决定或者工伤认定结论不服；

（八）认为行政机关侵犯其经营自主权或者农村土地承包经营权、农村土地经营权；

（九）认为行政机关滥用行政权力排除或者限制竞争；

（十）认为行政机关违法集资、摊派费用或者违法要求履行其他义务；

（十一）申请行政机关履行保护人身权利、财产权利、受教育权利等合法权益的法定职责，行政机关拒绝履行、未依法履行或者不予答复；

（十二）申请行政机关依法给付抚恤金、社会保险待遇或者最低生活保障等社会保障，行政机关没有依法给付；

（十三）认为行政机关不依法订立、不依法履行、未按照约定履行或者违法变更、解除政府特许经营协议、土地房屋征收补偿协议等行政协议；

（十四）认为行政机关在政府信息公开工作中侵犯其合法权益；

（十五）认为行政机关的其他行政行为侵犯其合法权益。

第十二条　【不属于行政复议范围的事项】下列事项不属于行政复议范围：

（一）国防、外交等国家行为；

（二）行政法规、规章或者行政机关制定、发布的具有普遍约束力的决定、命令等规范性文件；

（三）行政机关对行政机关工作人员的奖惩、任免等决定；

（四）行政机关对民事纠纷作出的调解。

第十三条　【行政复议附带审查申请范围】公民、法人或者其他组织认为行政机关的行政行为所依据的下列规范性文件不合法，在对行政行为申请行政复议时，可以一并向行政复议机关提出对该规范性文件的附带审查申请：

（一）国务院部门的规范性文件；

（二）县级以上地方各级人民政府及其工作部门的规范性文件；

（三）乡、镇人民政府的规范性文件；

（四）法律、法规、规章授权的组织的规范性文件。

前款所列规范性文件不含规章。规章的审查依照法律、行政法规办理。

第二节 行政复议参加人

第十四条 【申请人】依照本法申请行政复议的公民、法人或者其他组织是申请人。

有权申请行政复议的公民死亡的，其近亲属可以申请行政复议。有权申请行政复议的法人或者其他组织终止的，其权利义务承受人可以申请行政复议。

有权申请行政复议的公民为无民事行为能力人或者限制民事行为能力人的，其法定代理人可以代为申请行政复议。

第十五条 【代表人】同一行政复议案件申请人人数众多的，可以由申请人推选代表人参加行政复议。

代表人参加行政复议的行为对其所代表的申请人发生效力，但是代表人变更行政复议请求、撤回行政复议申请、承认第三人请求的，应当经被代表的申请人同意。

第十六条 【第三人】申请人以外的同被申请行政复议的行政行为或者行政复议案件处理结果有利害关系的公民、法人或者其他组织，可以作为第三人申请参加行政复议，或者由行政复议机构通知其作为第三人参加行政复议。

第三人不参加行政复议，不影响行政复议案件的审理。

第十七条 【委托代理人】申请人、第三人可以委托一至二名律师、基层法律服务工作者或者其他代理人代为参加行政复议。

申请人、第三人委托代理人的，应当向行政复议机构提交授权委托书、委托人及被委托人的身份证明文件。授权委托书应当载明委托事项、权限和期限。申请人、第三人变更或者解除代理人权限的，应当书面告知行政复议机构。

第十八条　【法律援助】符合法律援助条件的行政复议申请人申请法律援助的，法律援助机构应当依法为其提供法律援助。

第十九条　【被申请人】公民、法人或者其他组织对行政行为不服申请行政复议的，作出行政行为的行政机关或者法律、法规、规章授权的组织是被申请人。

两个以上行政机关以共同的名义作出同一行政行为的，共同作出行政行为的行政机关是被申请人。

行政机关委托的组织作出行政行为的，委托的行政机关是被申请人。

作出行政行为的行政机关被撤销或者职权变更的，继续行使其职权的行政机关是被申请人。

第三节　申请的提出

第二十条　【申请期限】公民、法人或者其他组织认为行政行为侵犯其合法权益的，可以自知道或者应当知道该行政行为之日起六十日内提出行政复议申请；但是法律规定的申请期限超过六十日的除外。

因不可抗力或者其他正当理由耽误法定申请期限的，申请期限自障碍消除之日起继续计算。

行政机关作出行政行为时，未告知公民、法人或者其他组织申请行政复议的权利、行政复议机关和申请期限的，申请期限自公民、法人或者其他组织知道或者应当知道申请行政复议的权利、行政复议机关和申请期限之日起计算，但是自知道或者应当知道行政行为内容之日起最长不得超过一年。

第二十一条　【不动产行政复议申请期限】因不动产提出的行政复议申请自行政行为作出之日起超过二十年，其他行政复议申请自行政行为作出之日起超过五年的，行政复议机关不予受理。

第二十二条　【申请形式】申请人申请行政复议，可以书面申请；书面申请有困难的，也可以口头申请。

书面申请的，可以通过邮寄或者行政复议机关指定的互联网渠道等方式提交行政复议申请书，也可以当面提交行政复议申请书。行政机关通过互联网渠道送达行政行为决定书的，应当同时提供提交行政复议申请书的互联网渠道。

口头申请的，行政复议机关应当当场记录申请人的基本情况、行政复议请求、申请行政复议的主要事实、理由和时间。

申请人对两个以上行政行为不服的，应当分别申请行政复议。

第二十三条　【行政复议前置】有下列情形之一的，申请人应当先向行政复议机关申请行政复议，对行政复议决定不服的，可以再依法向人民法院提起行政诉讼：

（一）对当场作出的行政处罚决定不服；

（二）对行政机关作出的侵犯其已经依法取得的自然资源的所有权或者使用权的决定不服；

（三）认为行政机关存在本法第十一条规定的未履行法定职责情形；

（四）申请政府信息公开，行政机关不予公开；

（五）法律、行政法规规定应当先向行政复议机关申请行政复议的其他情形。

对前款规定的情形，行政机关在作出行政行为时应当告知公民、法人或者其他组织先向行政复议机关申请行政复议。

第四节　行政复议管辖

第二十四条　【县级以上地方人民政府管辖】县级以上地方各级人民政府管辖下列行政复议案件：

（一）对本级人民政府工作部门作出的行政行为不服的；

（二）对下一级人民政府作出的行政行为不服的；

（三）对本级人民政府依法设立的派出机关作出的行政行为不服的；

（四）对本级人民政府或者其工作部门管理的法律、法规、规章授权的组织作出的行政行为不服的。

除前款规定外，省、自治区、直辖市人民政府同时管辖对本机关作出的行政行为不服的行政复议案件。

省、自治区人民政府依法设立的派出机关参照设区的市级人民政府的职责权限，管辖相关行政复议案件。

对县级以上地方各级人民政府工作部门依法设立的派出机构依照法律、法规、规章规定，以派出机构的名义作出的行政行为不服的行政复议案件，由本级人民政府管辖；其中，对直辖市、设区的市人民政府工作部门按照行政区划设立的派出机构作出的行政行为不服的，也可以由其所在地的人民政府管辖。

第二十五条　【国务院部门管辖】国务院部门管辖下列行政复议案件：

（一）对本部门作出的行政行为不服的；

（二）对本部门依法设立的派出机构依照法律、行政法规、部门规章规定，以派出机构的名义作出的行政行为不服的；

（三）对本部门管理的法律、行政法规、部门规章授权的组织作出的行政行为不服的。

第二十六条　【原级行政复议决定的救济途径】对省、自治区、直辖市人民政府依照本法第二十四条第二款的规定、国务院部门依照本法第二十五条第一项的规定作出的行政复议决定不服的，可以向人民法院提起行政诉讼；也可以向国务院申请裁决，国务院依照本法的规定作出最终裁决。

第二十七条　【垂直领导行政机关等管辖】对海关、金融、外汇管理等实行垂直领导的行政机关、税务和国家安全机关的行政行为不服的，向上一级主管部门申请行政复议。

第二十八条　【司法行政部门的管辖】对履行行政复议机构职责的地方人民政府司法行政部门的行政行为不服的，可以向本级人民政府申请行政复议，也可以向上一级司法行政部门申请行政复议。

第二十九条　【行政复议和行政诉讼的选择】公民、法人或者其他组织申请行政复议，行政复议机关已经依法受理的，在行政复议期间不得向人民法院提起行政诉讼。

公民、法人或者其他组织向人民法院提起行政诉讼，人民法院已经依法受理的，不得申请行政复议。

第三章　行政复议受理

第三十条　【受理条件】行政复议机关收到行政复议申请后，应当在五日内进行审查。对符合下列规定的，行政复议机关应当予以受理：

（一）有明确的申请人和符合本法规定的被申请人；

（二）申请人与被申请行政复议的行政行为有利害关系；

（三）有具体的行政复议请求和理由；

（四）在法定申请期限内提出；

（五）属于本法规定的行政复议范围；

（六）属于本机关的管辖范围；

（七）行政复议机关未受理过该申请人就同一行政行为提出的行政复议申请，并且人民法院未受理过该申请人就同一行政行为提起的行政诉讼。

对不符合前款规定的行政复议申请，行政复议机关应当在审查期限内决定不予受理并说明理由；不属于本机关管辖的，还应当在不予受理决定中告知申请人有管辖权的行政复议机关。

行政复议申请的审查期限届满，行政复议机关未作出不予受理决定的，审查期限届满之日起视为受理。

第三十一条　【申请材料补正】行政复议申请材料不齐全或者表述不清楚，无法判断行政复议申请是否符合本法第三十条第一款规定的，行政复议机关应当自收到申请之日起五日内书面通知申请人补正。补正通知应当一次性载明需要补正的事项。

申请人应当自收到补正通知之日起十日内提交补正材料。有正当理由不能按期补正的，行政复议机关可以延长合理的补正期限。无正当理由逾期不补正的，视为申请人放弃行政复议申请，并记录在案。

行政复议机关收到补正材料后，依照本法第三十条的规定处理。

第三十二条　【部分案件的复核处理】对当场作出或者依据电子技术监控设备记录的违法事实作出的行政处罚决定不服申请行政复议的，可以通过作出行政处罚决定的行政机关提交行政复议申请。

行政机关收到行政复议申请后，应当及时处理；认为需要维持行政处罚决定的，应当自收到行政复议申请之日起五日内转送行政复议机关。

第三十三条　【程序性驳回】行政复议机关受理行政复议申请后，发现该行政复议申请不符合本法第三十条第一款规定的，应当决定驳回申请并说明理由。

第三十四条　【复议前置等情形的诉讼衔接】法律、行政法规规定应当先向行政复议机关申请行政复议、对行政复议决定不服再向人民法院提起行政诉讼的，行政复议机关决定不予受理、驳回申请或者受理后超过行政复议期限不作答复的，公民、法人或者其他组织可以自收到决定书之日起或者行政复议期限届满之日起十五日内，依法向人民法院提起行政诉讼。

第三十五条　【对行政复议受理的监督】公民、法人或者其他组织依法提出行政复议申请，行政复议机关无正当理由不予受理、驳回申请或者受理后超过行政复议期限不作答复的，申请人有权向上级行政机关反映，上级行政机关应当责令其纠正；必要时，上级行政复议机关可以直接受理。

第四章　行政复议审理

第一节　一般规定

第三十六条　【审理程序及要求】行政复议机关受理行政复议申请后，依照本法适用普通程序或者简易程序进行审理。行政复议机构应当指定行政复议人员负责办理行政复议案件。

行政复议人员对办理行政复议案件过程中知悉的国家秘密、商业秘密和个人隐私，应当予以保密。

第三十七条　【审理依据】行政复议机关依照法律、法规、规章审理行政复议案件。

行政复议机关审理民族自治地方的行政复议案件，同时依照该民族自治地方的自治条例和单行条例。

第三十八条　【提级审理】上级行政复议机关根据需要，可以审理下级行政复议机关管辖的行政复议案件。

下级行政复议机关对其管辖的行政复议案件，认为需要由上级行政复议机关审理的，可以报请上级行政复议机关决定。

第三十九条　【中止情形】行政复议期间有下列情形之一的，行政复议中止：

（一）作为申请人的公民死亡，其近亲属尚未确定是否参加行政复议；

（二）作为申请人的公民丧失参加行政复议的行为能力，尚未确定法定代理人参加行政复议；

（三）作为申请人的公民下落不明；

（四）作为申请人的法人或者其他组织终止，尚未确定权利义务承受人；

（五）申请人、被申请人因不可抗力或者其他正当理由，不能参加行政复议；

（六）依照本法规定进行调解、和解，申请人和被申请人同意中止；

（七）行政复议案件涉及的法律适用问题需要有权机关作出解释或者确认；

（八）行政复议案件审理需要以其他案件的审理结果为依据，而其他案件尚未审结；

（九）有本法第五十六条或者第五十七条规定的情形；

（十）需要中止行政复议的其他情形。

行政复议中止的原因消除后，应当及时恢复行政复议案件的审理。

行政复议机关中止、恢复行政复议案件的审理，应当书面告知当事人。

第四十条　【对无正当理由中止的监督】行政复议期间，行政复议机关无正当理由中止行政复议的，上级行政机关应当责令其恢复审理。

第四十一条　【终止情形】行政复议期间有下列情形之一的，行政复议机关决定终止行政复议：

（一）申请人撤回行政复议申请，行政复议机构准予撤回；

（二）作为申请人的公民死亡，没有近亲属或者其近亲属放弃行政复议权利；

（三）作为申请人的法人或者其他组织终止，没有权利义务承受人或者其权利义务承受人放弃行政复议权利；

（四）申请人对行政拘留或者限制人身自由的行政强制措施不服申请行政复议后，因同一违法行为涉嫌犯罪，被采取刑事强制措施；

（五）依照本法第三十九条第一款第一项、第二项、第四项的规定中止行政复议满六十日，行政复议中止的原因仍未消除。

第四十二条　【行政行为停止执行情形】行政复议期间行政行为不停止执行；但是有下列情形之一的，应当停止执行：

（一）被申请人认为需要停止执行；

（二）行政复议机关认为需要停止执行；

（三）申请人、第三人申请停止执行，行政复议机关认为其要求合理，决定停止执行；

（四）法律、法规、规章规定停止执行的其他情形。

第二节 行政复议证据

第四十三条 【行政复议证据种类】行政复议证据包括：

（一）书证；

（二）物证；

（三）视听资料；

（四）电子数据；

（五）证人证言；

（六）当事人的陈述；

（七）鉴定意见；

（八）勘验笔录、现场笔录。

以上证据经行政复议机构审查属实，才能作为认定行政复议案件事实的根据。

第四十四条 【举证责任分配】被申请人对其作出的行政行为的合法性、适当性负有举证责任。

有下列情形之一的，申请人应当提供证据：

（一）认为被申请人不履行法定职责的，提供曾经要求被申请人履行法定职责的证据，但是被申请人应当依职权主动履行法定职责或者申请人因正当理由不能提供的除外；

（二）提出行政赔偿请求的，提供受行政行为侵害而造成损害的证据，但是因被申请人原因导致申请人无法举证的，由被申请人承担举证责任；

（三）法律、法规规定需要申请人提供证据的其他情形。

第四十五条 【行政复议机关调查取证】行政复议机关有权向有关单位和个人调查取证，查阅、复制、调取有关文件和资料，向有关人员进行询问。

调查取证时，行政复议人员不得少于两人，并应当出示行政复议工作证件。

被调查取证的单位和个人应当积极配合行政复议人员的工作，不得拒绝或者阻挠。

第四十六条 【被申请人收集和补充证据限制】行政复议期间，被申请人不得自行向申请人和其他有关单位或者个人收集证据；自行收集的证据不作为认定行政行为合法性、适当性的依据。

行政复议期间，申请人或者第三人提出被申请行政复议的行政行为作出时没有提出的理由或者证据的，经行政复议机构同意，被申请人可以补充证据。

第四十七条　【申请人等查阅、复制权利】行政复议期间，申请人、第三人及其委托代理人可以按照规定查阅、复制被申请人提出的书面答复、作出行政行为的证据、依据和其他有关材料，除涉及国家秘密、商业秘密、个人隐私或者可能危及国家安全、公共安全、社会稳定的情形外，行政复议机构应当同意。

第三节　普通程序

第四十八条　【被申请人书面答复】行政复议机构应当自行政复议申请受理之日起七日内，将行政复议申请书副本或者行政复议申请笔录复印件发送被申请人。被申请人应当自收到行政复议申请书副本或者行政复议申请笔录复印件之日起十日内，提出书面答复，并提交作出行政行为的证据、依据和其他有关材料。

第四十九条　【听取意见程序】适用普通程序审理的行政复议案件，行政复议机构应当当面或者通过互联网、电话等方式听取当事人的意见，并将听取的意见记录在案。因当事人原因不能听取意见的，可以书面审理。

第五十条　【听证情形和人员组成】审理重大、疑难、复杂的行政复议案件，行政复议机构应当组织听证。

行政复议机构认为有必要听证，或者申请人请求听证的，行政复议机构可以组织听证。

听证由一名行政复议人员任主持人，两名以上行政复议人员任听证员，一名记录员制作听证笔录。

第五十一条　【听证程序和要求】行政复议机构组织听证的，应当于举行听证的五日前将听证的时间、地点和拟听证事项书面通知当事人。

申请人无正当理由拒不参加听证的，视为放弃听证权利。

被申请人的负责人应当参加听证。不能参加的，应当说明理由并委托相应的工作人员参加听证。

第五十二条　【行政复议委员会组成和职责】县级以上各级人民政府

应当建立相关政府部门、专家、学者等参与的行政复议委员会，为办理行政复议案件提供咨询意见，并就行政复议工作中的重大事项和共性问题研究提出意见。行政复议委员会的组成和开展工作的具体办法，由国务院行政复议机构制定。

审理行政复议案件涉及下列情形之一的，行政复议机构应当提请行政复议委员会提出咨询意见：

（一）案情重大、疑难、复杂；

（二）专业性、技术性较强；

（三）本法第二十四条第二款规定的行政复议案件；

（四）行政复议机构认为有必要。

行政复议机构应当记录行政复议委员会的咨询意见。

第四节 简易程序

第五十三条 【简易程序适用情形】 行政复议机关审理下列行政复议案件，认为事实清楚、权利义务关系明确、争议不大的，可以适用简易程序：

（一）被申请行政复议的行政行为是当场作出；

（二）被申请行政复议的行政行为是警告或者通报批评；

（三）案件涉及款额三千元以下；

（四）属于政府信息公开案件。

除前款规定以外的行政复议案件，当事人各方同意适用简易程序的，可以适用简易程序。

第五十四条 【简易程序书面答复】 适用简易程序审理的行政复议案件，行政复议机构应当自受理行政复议申请之日起三日内，将行政复议申请书副本或者行政复议申请笔录复印件发送被申请人。被申请人应当自收到行政复议申请书副本或者行政复议申请笔录复印件之日起五日内，提出书面答复，并提交作出行政行为的证据、依据和其他有关材料。

适用简易程序审理的行政复议案件，可以书面审理。

第五十五条 【简易程序向普通程序转换】 适用简易程序审理的行政复议案件，行政复议机构认为不宜适用简易程序的，经行政复议机构的负责人批准，可以转为普通程序审理。

第五节 行政复议附带审查

第五十六条 【规范性文件审查处理】 申请人依照本法第十三条的规定提出对有关规范性文件的附带审查申请，行政复议机关有权处理的，应当在三十日内依法处理；无权处理的，应当在七日内转送有权处理的行政机关依法处理。

第五十七条 【行政行为依据审查处理】 行政复议机关在对被申请人作出的行政行为进行审查时，认为其依据不合法，本机关有权处理的，应当在三十日内依法处理；无权处理的，应当在七日内转送有权处理的国家机关依法处理。

第五十八条 【附带审查处理程序】 行政复议机关依照本法第五十六条、第五十七条的规定有权处理有关规范性文件或者依据的，行政复议机构应当自行政复议中止之日起三日内，书面通知规范性文件或者依据的制定机关就相关条款的合法性提出书面答复。制定机关应当自收到书面通知之日起十日内提交书面答复及相关材料。

行政复议机构认为必要时，可以要求规范性文件或者依据的制定机关当面说明理由，制定机关应当配合。

第五十九条 【附带审查处理结果】 行政复议机关依照本法第五十六条、第五十七条的规定有权处理有关规范性文件或者依据，认为相关条款合法的，在行政复议决定书中一并告知；认为相关条款超越权限或者违反上位法的，决定停止该条款的执行，并责令制定机关予以纠正。

第六十条 【接受转送机关的职责】 依照本法第五十六条、第五十七条的规定接受转送的行政机关、国家机关应当自收到转送之日起六十日内，将处理意见回复转送的行政复议机关。

第五章 行政复议决定

第六十一条 【行政复议决定程序】 行政复议机关依照本法审理行政复议案件，由行政复议机构对行政行为进行审查，提出意见，经行政复议机关的负责人同意或者集体讨论通过后，以行政复议机关的名义作出行政复议决定。

经过听证的行政复议案件，行政复议机关应当根据听证笔录、审查认定的事实和证据，依照本法作出行政复议决定。

提请行政复议委员会提出咨询意见的行政复议案件，行政复议机关应当将咨询意见作为作出行政复议决定的重要参考依据。

第六十二条　【行政复议审理期限】适用普通程序审理的行政复议案件，行政复议机关应当自受理申请之日起六十日内作出行政复议决定；但是法律规定的行政复议期限少于六十日的除外。情况复杂，不能在规定期限内作出行政复议决定的，经行政复议机构的负责人批准，可以适当延长，并书面告知当事人；但是延长期限最多不得超过三十日。

适用简易程序审理的行政复议案件，行政复议机关应当自受理申请之日起三十日内作出行政复议决定。

第六十三条　【变更决定】行政行为有下列情形之一的，行政复议机关决定变更该行政行为：

（一）事实清楚，证据确凿，适用依据正确，程序合法，但是内容不适当；

（二）事实清楚，证据确凿，程序合法，但是未正确适用依据；

（三）事实不清、证据不足，经行政复议机关查清事实和证据。

行政复议机关不得作出对申请人更为不利的变更决定，但是第三人提出相反请求的除外。

第六十四条　【撤销或者部分撤销、责令重作】行政行为有下列情形之一的，行政复议机关决定撤销或者部分撤销该行政行为，并可以责令被申请人在一定期限内重新作出行政行为：

（一）主要事实不清、证据不足；

（二）违反法定程序；

（三）适用的依据不合法；

（四）超越职权或者滥用职权。

行政复议机关责令被申请人重新作出行政行为的，被申请人不得以同一事实和理由作出与被申请行政复议的行政行为相同或者基本相同的行政行为，但是行政复议机关以违反法定程序为由决定撤销或者部分撤销的除外。

第六十五条　【确认违法】行政行为有下列情形之一的，行政复议机关不撤销该行政行为，但是确认该行政行为违法：

（一）依法应予撤销，但是撤销会给国家利益、社会公共利益造成重大损害；

（二）程序轻微违法，但是对申请人权利不产生实际影响。

行政行为有下列情形之一，不需要撤销或者责令履行的，行政复议机关确认该行政行为违法：

（一）行政行为违法，但是不具有可撤销内容；

（二）被申请人改变原违法行政行为，申请人仍要求撤销或者确认该行政行为违法；

（三）被申请人不履行或者拖延履行法定职责，责令履行没有意义。

第六十六条　【责令履行】被申请人不履行法定职责的，行政复议机关决定被申请人在一定期限内履行。

第六十七条　【确认无效】行政行为有实施主体不具有行政主体资格或者没有依据等重大且明显违法情形，申请人申请确认行政行为无效的，行政复议机关确认该行政行为无效。

第六十八条　【维持决定】行政行为认定事实清楚，证据确凿，适用依据正确，程序合法，内容适当的，行政复议机关决定维持该行政行为。

第六十九条　【驳回行政复议请求】行政复议机关受理申请人认为被申请人不履行法定职责的行政复议申请后，发现被申请人没有相应法定职责或者在受理前已经履行法定职责的，决定驳回申请人的行政复议请求。

第七十条　【被申请人不提交书面答复等情形的处理】被申请人不按照本法第四十八条、第五十四条的规定提出书面答复、提交作出行政行为的证据、依据和其他有关材料的，视为该行政行为没有证据、依据，行政复议机关决定撤销、部分撤销该行政行为，确认该行政行为违法、无效或者决定被申请人在一定期限内履行，但是行政行为涉及第三人合法权益，第三人提供证据的除外。

第七十一条　【行政协议案件处理】被申请人不依法订立、不依法履行、未按照约定履行或者违法变更、解除行政协议的，行政复议机关决定被申请人承担依法订立、继续履行、采取补救措施或者赔偿损失等责任。

被申请人变更、解除行政协议合法，但是未依法给予补偿或者补偿不合理的，行政复议机关决定被申请人依法给予合理补偿。

第七十二条　【行政复议期间赔偿请求的处理】申请人在申请行政复议时一并提出行政赔偿请求，行政复议机关对依照《中华人民共和国国家赔偿法》的有关规定应当不予赔偿的，在作出行政复议决定时，应当同时决定驳回行政赔偿请求；对符合《中华人民共和国国家赔偿法》的有关规定应当给予赔偿的，在决定撤销或者部分撤销、变更行政行为或者确认行政行为违法、无效时，应当同时决定被申请人依法给予赔偿；确认行政行为违法的，还可以同时责令被申请人采取补救措施。

申请人在申请行政复议时没有提出行政赔偿请求的，行政复议机关在依法决定撤销或者部分撤销、变更罚款，撤销或者部分撤销违法集资、没收财物、征收征用、摊派费用以及对财产的查封、扣押、冻结等行政行为时，应当同时责令被申请人返还财产，解除对财产的查封、扣押、冻结措施，或者赔偿相应的价款。

第七十三条　【行政复议调解处理】当事人经调解达成协议的，行政复议机关应当制作行政复议调解书，经各方当事人签字或者签章，并加盖行政复议机关印章，即具有法律效力。

调解未达成协议或者调解书生效前一方反悔的，行政复议机关应当依法审查或者及时作出行政复议决定。

第七十四条　【行政复议和解处理】当事人在行政复议决定作出前可以自愿达成和解，和解内容不得损害国家利益、社会公共利益和他人合法权益，不得违反法律、法规的强制性规定。

当事人达成和解后，由申请人向行政复议机构撤回行政复议申请。行政复议机构准予撤回行政复议申请、行政复议机关决定终止行政复议的，申请人不得再以同一事实和理由提出行政复议申请。但是，申请人能够证明撤回行政复议申请违背其真实意愿的除外。

第七十五条　【行政复议决定书】行政复议机关作出行政复议决定，应当制作行政复议决定书，并加盖行政复议机关印章。

行政复议决定书一经送达，即发生法律效力。

第七十六条　【行政复议意见书】行政复议机关在办理行政复议案件过程中，发现被申请人或者其他下级行政机关的有关行政行为违法或者不当的，可以向其制发行政复议意见书。有关机关应当自收到行政复议意见书之日起六十日内，将纠正相关违法或者不当行政行为的情况报送行政复议机关。

第七十七条　【被申请人履行义务】被申请人应当履行行政复议决定

书、调解书、意见书。

被申请人不履行或者无正当理由拖延履行行政复议决定书、调解书、意见书的，行政复议机关或者有关上级行政机关应当责令其限期履行，并可以约谈被申请人的有关负责人或者予以通报批评。

第七十八条　【行政复议决定书、调解书的强制执行】 申请人、第三人逾期不起诉又不履行行政复议决定书、调解书的，或者不履行最终裁决的行政复议决定的，按照下列规定分别处理：

（一）维持行政行为的行政复议决定书，由作出行政行为的行政机关依法强制执行，或者申请人民法院强制执行；

（二）变更行政行为的行政复议决定书，由行政复议机关依法强制执行，或者申请人民法院强制执行；

（三）行政复议调解书，由行政复议机关依法强制执行，或者申请人民法院强制执行。

第七十九条　【行政复议决定书公开和文书抄告】 行政复议机关根据被申请行政复议的行政行为的公开情况，按照国家有关规定将行政复议决定书向社会公开。

县级以上地方各级人民政府办理以本级人民政府工作部门为被申请人的行政复议案件，应当将发生法律效力的行政复议决定书、意见书同时抄告被申请人的上一级主管部门。

第六章　法律责任

第八十条　【行政复议机关不依法履职的法律责任】 行政复议机关不依照本法规定履行行政复议职责，对负有责任的领导人员和直接责任人员依法给予警告、记过、记大过的处分；经有权监督的机关督促仍不改正或者造成严重后果的，依法给予降级、撤职、开除的处分。

第八十一条　【行政复议机关工作人员法律责任】 行政复议机关工作人员在行政复议活动中，徇私舞弊或者有其他渎职、失职行为的，依法给予警告、记过、记大过的处分；情节严重的，依法给予降级、撤职、开除的处分；构成犯罪的，依法追究刑事责任。

第八十二条　【被申请人不书面答复等行为的法律责任】 被申请人违反本法规定，不提出书面答复或者不提交作出行政行为的证据、依据和其他有关材料，或者阻挠、变相阻挠公民、法人或者其他组织依法申请行政复议的，对负有责任的领导人员和直接责任人员依法给予警告、记过、记大过的处分；进行报复陷害的，依法给予降级、撤职、开除的处分；构成犯罪的，依法追究刑事责任。

第八十三条　【被申请人不履行有关文书的法律责任】被申请人不履行或者无正当理由拖延履行行政复议决定书、调解书、意见书的，对负有责任的领导人员和直接责任人员依法给予警告、记过、记大过的处分；经责令履行仍拒不履行的，依法给予降级、撤职、开除的处分。

第八十四条　【拒绝、阻挠调查取证等行为的法律责任】拒绝、阻挠行政复议人员调查取证，故意扰乱行政复议工作秩序的，依法给予处分、治安管理处罚；构成犯罪的，依法追究刑事责任。

第八十五条　【违法事实材料移送】行政机关及其工作人员违反本法规定的，行政复议机关可以向监察机关或者公职人员任免机关、单位移送有关人员违法的事实材料，接受移送的监察机关或者公职人员任免机关、单位应当依法处理。

第八十六条　【职务违法犯罪线索移送】行政复议机关在办理行政复议案件过程中，发现公职人员涉嫌贪污贿赂、失职渎职等职务违法或者职务犯罪的问题线索，应当依照有关规定移送监察机关，由监察机关依法调查处置。

第七章　附　　则

第八十七条　【受理申请不收费】行政复议机关受理行政复议申请，不得向申请人收取任何费用。

第八十八条　【期间计算和文书送达】行政复议期间的计算和行政复议文书的送达，本法没有规定的，依照《中华人民共和国民事诉讼法》关于期间、送达的规定执行。

本法关于行政复议期间有关“三日”、“五日”、“七日”、“十日”的规定是指工作日，不含法定休假日。

第八十九条　【外国人等法律适用】外国人、无国籍人、外国组织在中华人民共和国境内申请行政复议，适用本法。

第九十条　【施行日期】本法自2024年1月1日起施行。

中华人民共和国行政诉讼法

（1989年4月4日第七届全国人民代表大会第二次会议通过　根据2014年11月1日第十二届全国人民代表大会常务委员会第十一次会议《关于修改〈中华人民共和国行政诉讼法〉的决定》第一次修正　根据2017年6月27日第十二届全国人民代表大会常务委员会第二十八次会议《关于修改〈中华人民共和国民事诉讼法〉和〈中华人民共和国行政诉讼法〉的决定》第二次修正）

目　　录

第一章　总　　则

第一条　【立法目的】为保证人民法院公正、及时审理行政案件，解决行政争议，保护公民、法人和其他组织的合法权益，监督行政机关依法行使职权，根据宪法，制定本法。

第二条　【诉权】公民、法人或者其他组织认为行政机关和行政机关工作人员的行政行为侵犯其合法权益，有权依照本法向人民法院提起诉讼。

前款所称行政行为，包括法律、法规、规章授权的组织作出的行政行为。

第三条　【行政机关负责人出庭应诉】人民法院应当保障公民、法人和其他组织的起诉权利，对应当受理的行政案件依法受理。

行政机关及其工作人员不得干预、阻碍人民法院受理行政案件。

被诉行政机关负责人应当出庭应诉。不能出庭的，应当委托行政机关相应的工作人员出庭。

第四条　【独立行使审判权】人民法院依法对行政案件独立行使审判权，不受行政机关、社会团体和个人的干涉。

人民法院设行政审判庭，审理行政案件。

第五条　【以事实为根据，以法律为准绳原则】人民法院审理行政案件，以事实为根据，以法律为准绳。

第六条　【合法性审查原则】人民法院审理行政案件，对行政行为是否合法进行审查。

第七条　【合议、回避、公开审判和两审终审原则】人民法院审理行政案件，依法实行合议、回避、公开审判和两审终审制度。

第八条　【法律地位平等原则】当事人在行政诉讼中的法律地位平等。

第九条　【本民族语言文字原则】各民族公民都有用本民族语言、文字进行行政诉讼的权利。

在少数民族聚居或者多民族共同居住的地区，人民法院应当用当地民族通用的语言、文字进行审理和发布法律文书。

人民法院应当对不通晓当地民族通用的语言、文字的诉讼参与人提供翻译。

第十条　【辩论原则】当事人在行政诉讼中有权进行辩论。

第十一条　【法律监督原则】人民检察院有权对行政诉讼实行法律监督。

第二章 受案范围

第十二条 【行政诉讼受案范围】 人民法院受理公民、法人或者其他组织提起的下列诉讼：

（一）对行政拘留、暂扣或者吊销许可证和执照、责令停产停业、没收违法所得、没收非法财物、罚款、警告等行政处罚不服的；

（二）对限制人身自由或者对财产的查封、扣押、冻结等行政强制措施和行政强制执行不服的；

（三）申请行政许可，行政机关拒绝或者在法定期限内不予答复，或者对行政机关作出的有关行政许可的其他决定不服的；

（四）对行政机关作出的关于确认土地、矿藏、水流、森林、山岭、草原、荒地、滩涂、海域等自然资源的所有权或者使用权的决定不服的；

（五）对征收、征用决定及其补偿决定不服的；

（六）申请行政机关履行保护人身权、财产权等合法权益的法定职责，行政机关拒绝履行或者不予答复的；

（七）认为行政机关侵犯其经营自主权或者农村土地承包经营权、农村土地经营权的；

（八）认为行政机关滥用行政权力排除或者限制竞争的；

（九）认为行政机关违法集资、摊派费用或者违法要求履行其他义务的；

（十）认为行政机关没有依法支付抚恤金、最低生活保障待遇或者社会保险待遇的；

（十一）认为行政机关不依法履行、未按照约定履行或者违法变更、解除政府特许经营协议、土地房屋征收补偿协议等协议的；

（十二）认为行政机关侵犯其他人身权、财产权等合法权益的。

除前款规定外，人民法院受理法律、法规规定可以提起诉讼的其他行政案件。

第十三条 【受案范围的排除】 人民法院不受理公民、法人或者其他组织对下列事项提起的诉讼：

（一）国防、外交等国家行为；

（二）行政法规、规章或者行政机关制定、发布的具有普遍约束力的决定、命令；

（三）行政机关对行政机关工作人员的奖惩、任免等决定；

（四）法律规定由行政机关最终裁决的行政行为。

第三章　管　　辖

第十四条　【基层人民法院管辖第一审行政案件】基层人民法院管辖第一审行政案件。

第十五条　【中级人民法院管辖的第一审行政案件】中级人民法院管辖下列第一审行政案件：

（一）对国务院部门或者县级以上地方人民政府所作的行政行为提起诉讼的案件；

（二）海关处理的案件；

（三）本辖区内重大、复杂的案件；

（四）其他法律规定由中级人民法院管辖的案件。

第十六条　【高级人民法院管辖的第一审行政案件】高级人民法院管辖本辖区内重大、复杂的第一审行政案件。

第十七条　【最高人民法院管辖的第一审行政案件】最高人民法院管辖全国范围内重大、复杂的第一审行政案件。

第十八条　【一般地域管辖和法院跨行政区域管辖】行政案件由最初作出行政行为的行政机关所在地人民法院管辖。经复议的案件，也可以由复议机关所在地人民法院管辖。

经最高人民法院批准，高级人民法院可以根据审判工作的实际情况，确定若干人民法院跨行政区域管辖行政案件。

第十九条　【限制人身自由行政案件的管辖】对限制人身自由的行政强制措施不服提起的诉讼，由被告所在地或者原告所在地人民法院管辖。

第二十条　【不动产行政案件的管辖】因不动产提起的行政诉讼，由不动产所在地人民法院管辖。

第二十一条　【选择管辖】两个以上人民法院都有管辖权的案件，原告可以选择其中一个人民法院提起诉讼。原告向两个以上有管辖权的人民法院提起诉讼的，由最先立案的人民法院管辖。

第二十二条　【移送管辖】人民法院发现受理的案件不属于本院管辖

的，应当移送有管辖权的人民法院，受移送的人民法院应当受理。受移送的人民法院认为受移送的案件按照规定不属于本院管辖的，应当报请上级人民法院指定管辖，不得再自行移送。

第二十三条　【指定管辖】有管辖权的人民法院由于特殊原因不能行使管辖权的，由上级人民法院指定管辖。

人民法院对管辖权发生争议，由争议双方协商解决。协商不成的，报它们的共同上级人民法院指定管辖。

第二十四条　【管辖权转移】上级人民法院有权审理下级人民法院管辖的第一审行政案件。

下级人民法院对其管辖的第一审行政案件，认为需要由上级人民法院审理或者指定管辖的，可以报请上级人民法院决定。

第四章　诉讼参加人

第二十五条　【原告资格】行政行为的相对人以及其他与行政行为有利害关系的公民、法人或者其他组织，有权提起诉讼。

有权提起诉讼的公民死亡，其近亲属可以提起诉讼。

有权提起诉讼的法人或者其他组织终止，承受其权利的法人或者其他组织可以提起诉讼。

人民检察院在履行职责中发现生态环境和资源保护、食品药品安全、国有财产保护、国有土地使用权出让等领域负有监督管理职责的行政机关违法行使职权或者不作为，致使国家利益或者社会公共利益受到侵害的，应当向行政机关提出检察建议，督促其依法履行职责。行政机关不依法履行职责的，人民检察院依法向人民法院提起诉讼。

第二十六条　【被告资格】公民、法人或者其他组织直接向人民法院提起诉讼的，作出行政行为的行政机关是被告。

经复议的案件，复议机关决定维持原行政行为的，作出原行政行为的行政机关和复议机关是共同被告；复议机关改变原行政行为的，复议机关是被告。

复议机关在法定期限内未作出复议决定，公民、法人或者其他组织起诉原行政行为的，作出原行政行为的行政机关是被告；起诉复议机关不作为的，复议机关是被告。

两个以上行政机关作出同一行政行为的，共同作出行政行为的行政机关是共同被告。

行政机关委托的组织所作的行政行为，委托的行政机关是被告。

行政机关被撤销或者职权变更的，继续行使其职权的行政机关是被告。

第二十七条　【共同诉讼】 当事人一方或者双方为二人以上，因同一行政行为发生的行政案件，或者因同类行政行为发生的行政案件、人民法院认为可以合并审理并经当事人同意的，为共同诉讼。

第二十八条　【代表人诉讼】 当事人一方人数众多的共同诉讼，可以由当事人推选代表人进行诉讼。代表人的诉讼行为对其所代表的当事人发生效力，但代表人变更、放弃诉讼请求或者承认对方当事人的诉讼请求，应当经被代表的当事人同意。

第二十九条　【诉讼第三人】 公民、法人或者其他组织同被诉行政行为有利害关系但没有提起诉讼，或者同案件处理结果有利害关系的，可以作为第三人申请参加诉讼，或者由人民法院通知参加诉讼。

人民法院判决第三人承担义务或者减损第三人权益的，第三人有权依法提起上诉。

第三十条　【法定代理人】 没有诉讼行为能力的公民，由其法定代理人代为诉讼。法定代理人互相推诿代理责任的，由人民法院指定其中一人代为诉讼。

第三十一条　【委托代理人】 当事人、法定代理人，可以委托一至二人作为诉讼代理人。

下列人员可以被委托为诉讼代理人：

（一）律师、基层法律服务工作者；

（二）当事人的近亲属或者工作人员；

（三）当事人所在社区、单位以及有关社会团体推荐的公民。

第三十二条　【当事人及诉讼代理人权利】 代理诉讼的律师，有权按照规定查阅、复制本案有关材料，有权向有关组织和公民调查，收集与本案有关的证据。对涉及国家秘密、商业秘密和个人隐私的材料，应当依照法律规定保密。

当事人和其他诉讼代理人有权按照规定查阅、复制本案庭审材料，但涉及国家秘密、商业秘密和个人隐私的内容除外。

第五章　证　　据

第三十三条　【证据种类】证据包括：

（一）书证；

（二）物证；

（三）视听资料；

（四）电子数据；

（五）证人证言；

（六）当事人的陈述；

（七）鉴定意见；

（八）勘验笔录、现场笔录。

以上证据经法庭审查属实，才能作为认定案件事实的根据。

第三十四条　【被告举证责任】被告对作出的行政行为负有举证责任，应当提供作出该行政行为的证据和所依据的规范性文件。

被告不提供或者无正当理由逾期提供证据，视为没有相应证据。但是，被诉行政行为涉及第三人合法权益，第三人提供证据的除外。

第三十五条　【行政机关收集证据的限制】在诉讼过程中，被告及其诉讼代理人不得自行向原告、第三人和证人收集证据。

第三十六条　【被告延期提供证据和补充证据】被告在作出行政行为时已经收集了证据，但因不可抗力等正当事由不能提供的，经人民法院准许，可以延期提供。

原告或者第三人提出了其在行政处理程序中没有提出的理由或者证据的，经人民法院准许，被告可以补充证据。

第三十七条　【原告可以提供证据】原告可以提供证明行政行为违法的证据。原告提供的证据不成立的，不免除被告的举证责任。

第三十八条　【原告举证责任】在起诉被告不履行法定职责的案件中，原告应当提供其向被告提出申请的证据。但有下列情形之一的除外：

（一）被告应当依职权主动履行法定职责的；

（二）原告因正当理由不能提供证据的。

在行政赔偿、补偿的案件中，原告应当对行政行为造成的损害提供证据。因被告的原因导致原告无法举证的，由被告承担举证责任。

第三十九条　【法院要求当事人提供或者补充证据】人民法院有权要求当事人提供或者补充证据。

第四十条　【法院调取证据】人民法院有权向有关行政机关以及其他组织、公民调取证据。但是，不得为证明行政行为的合法性调取被告作出行政行为时未收集的证据。

第四十一条　【申请法院调取证据】与本案有关的下列证据，原告或者第三人不能自行收集的，可以申请人民法院调取：

（一）由国家机关保存而须由人民法院调取的证据；

（二）涉及国家秘密、商业秘密和个人隐私的证据；

（三）确因客观原因不能自行收集的其他证据。

第四十二条　【证据保全】在证据可能灭失或者以后难以取得的情况下，诉讼参加人可以向人民法院申请保全证据，人民法院也可以主动采取保全措施。

第四十三条　【证据适用规则】证据应当在法庭上出示，并由当事人互相质证。对涉及国家秘密、商业秘密和个人隐私的证据，不得在公开开庭时出示。

人民法院应当按照法定程序，全面、客观地审查核实证据。对未采纳的证据应当在裁判文书中说明理由。

以非法手段取得的证据，不得作为认定案件事实的根据。

第六章　起诉和受理

第四十四条　【行政复议与行政诉讼的关系】对属于人民法院受案范围的行政案件，公民、法人或者其他组织可以先向行政机关申请复议，对复议决定不服的，再向人民法院提起诉讼；也可以直接向人民法院提起诉讼。

法律、法规规定应当先向行政机关申请复议，对复议决定不服再向人民法院提起诉讼的，依照法律、法规的规定。

第四十五条　【经行政复议的起诉期限】公民、法人或者其他组织不服复议决定的，可以在收到复议决定书之日起十五日内向人民法院提起诉讼。复议机关逾期不作决定的，申请人可以在复议期满之日起十五日内向人民法院提起诉讼。法律另有规定的除外。

第四十六条　【起诉期限】公民、法人或者其他组织直接向人民法院提起诉讼的，应当自知道或者应当知道作出行政行为之日起六个月内提出。法律另有规定的除外。

因不动产提起诉讼的案件自行政行为作出之日起超过二十年，其他案件自行政行为作出之日起超过五年提起诉讼的，人民法院不予受理。

第四十七条　【行政机关不履行法定职责的起诉期限】公民、法人或者其他组织申请行政机关履行保护其人身权、财产权等合法权益的法定职责，行政机关在接到申请之日起两个月内不履行的，公民、法人或者其他组织可以向人民法院提起诉讼。法律、法规对行政机关履行职责的期限另有规定的，从其规定。

公民、法人或者其他组织在紧急情况下请求行政机关履行保护其人身权、财产权等合法权益的法定职责，行政机关不履行的，提起诉讼不受前款规定期限的限制。

第四十八条　【起诉期限的扣除和延长】公民、法人或者其他组织因不可抗力或者其他不属于其自身的原因耽误起诉期限的，被耽误的时间不计算在起诉期限内。

公民、法人或者其他组织因前款规定以外的其他特殊情况耽误起诉期限的，在障碍消除后十日内，可以申请延长期限，是否准许由人民法院决定。

第四十九条　【起诉条件】提起诉讼应当符合下列条件：

（一）原告是符合本法第二十五条规定的公民、法人或者其他组织；

（二）有明确的被告；

（三）有具体的诉讼请求和事实根据；

（四）属于人民法院受案范围和受诉人民法院管辖。

第五十条　【起诉方式】起诉应当向人民法院递交起诉状，并按照被告人数提出副本。

书写起诉状确有困难的，可以口头起诉，由人民法院记入笔录，出具注明日期的书面凭证，并告知对方当事人。

第五十一条　【登记立案】人民法院在接到起诉状时对符合本法规定的起诉条件的，应当登记立案。

对当场不能判定是否符合本法规定的起诉条件的，应当接收起诉状，出具注明收到日期的书面凭证，并在七日内决定是否立案。不符合起诉条件的，作出不予立案的裁定。裁定书应当载明不予立案的理由。原告对裁定不服的，可以提起上诉。

起诉状内容欠缺或者有其他错误的，应当给予指导和释明，并一次性告知当事人需要补正的内容。不得未经指导和释明即以起诉不符合条件为由不接收起诉状。

对于不接收起诉状、接收起诉状后不出具书面凭证，以及不一次性告知当事人需要补正的起诉状内容的，当事人可以向上级人民法院投诉，上级人民法院应当责令改正，并对直接负责的主管人员和其他直接责任人员依法给予处分。

第五十二条　【法院不立案的救济】人民法院既不立案，又不作出不予立案裁定的，当事人可以向上一级人民法院起诉。上一级人民法院认为符合起诉条件的，应当立案、审理，也可以指定其他下级人民法院立案、审理。

第五十三条　【规范性文件的附带审查】公民、法人或者其他组织认为行政行为所依据的国务院部门和地方人民政府及其部门制定的规范性文件不合法，在对行政行为提起诉讼时，可以一并请求对该规范性文件进行审查。

前款规定的规范性文件不含规章。

第七章　审理和判决

第一节　一般规定

第五十四条　【公开审理原则】人民法院公开审理行政案件，但涉及国家秘密、个人隐私和法律另有规定的除外。

涉及商业秘密的案件，当事人申请不公开审理的，可以不公开审理。

第五十五条　【回避】当事人认为审判人员与本案有利害关系或者有其他关系可能影响公正审判，有权申请审判人员回避。

审判人员认为自己与本案有利害关系或者有其他关系，应当申请回避。

前两款规定，适用于书记员、翻译人员、鉴定人、勘验人。

院长担任审判长时的回避，由审判委员会决定；审判人员的回避，由院长决定；其他人员的回避，由审判长决定。当事人对决定不服的，可以申请复议一次。

第五十六条　【诉讼不停止执行】诉讼期间，不停止行政行为的执行。但有下列情形之一的，裁定停止执行：

（一）被告认为需要停止执行的；

（二）原告或者利害关系人申请停止执行，人民法院认为该行政行为的执行会造成难以弥补的损失，并且停止执行不损害国家利益、社会公共利益的；

（三）人民法院认为该行政行为的执行会给国家利益、社会公共利益造成重大损害的；

（四）法律、法规规定停止执行的。

当事人对停止执行或者不停止执行的裁定不服的，可以申请复议一次。

第五十七条　【先予执行】人民法院对起诉行政机关没有依法支付抚恤金、最低生活保障金和工伤、医疗社会保险金的案件，权利义务关系明确、不先予执行将严重影响原告生活的，可以根据原告的申请，裁定先予执行。

当事人对先予执行裁定不服的，可以申请复议一次。复议期间不停止裁定的执行。

第五十八条　【拒不到庭或中途退庭的法律后果】经人民法院传票传唤，原告无正当理由拒不到庭，或者未经法庭许可中途退庭的，可以按照撤诉处理；被告无正当理由拒不到庭，或者未经法庭许可中途退庭的，可以缺席判决。

第五十九条　【妨害行政诉讼强制措施】诉讼参与人或者其他人有下列行为之一的，人民法院可以根据情节轻重，予以训诫、责令具结悔过或者处一万元以下的罚款、十五日以下的拘留；构成犯罪的，依法追究刑事责任：

（一）有义务协助调查、执行的人，对人民法院的协助调查决定、协助执行通知书，无故推拖、拒绝或者妨碍调查、执行的；

（二）伪造、隐藏、毁灭证据或者提供虚假证明材料，妨碍人民法院审理案件的；

（三）指使、贿买、胁迫他人作伪证或者威胁、阻止证人作证的；

（四）隐藏、转移、变卖、毁损已被查封、扣押、冻结的财产的；

（五）以欺骗、胁迫等非法手段使原告撤诉的；

（六）以暴力、威胁或者其他方法阻碍人民法院工作人员执行职务，或者以哄闹、冲击法庭等方法扰乱人民法院工作秩序的；

（七）对人民法院审判人员或者其他工作人员、诉讼参与人、协助调查和执行的人员恐吓、侮辱、诽谤、诬陷、殴打、围攻或者打击报复的。

人民法院对有前款规定的行为之一的单位，可以对其主要负责人或者直接责任人员依照前款规定予以罚款、拘留；构成犯罪的，依法追究刑事责任。

罚款、拘留须经人民法院院长批准。当事人不服的，可以向上一级人民法院申请复议一次。复议期间不停止执行。

第六十条　【调解】人民法院审理行政案件，不适用调解。但是，行政赔偿、补偿以及行政机关行使法律、法规规定的自由裁量权的案件可以调解。

调解应当遵循自愿、合法原则，不得损害国家利益、社会公共利益和他人合法权益。

第六十一条　【民事争议和行政争议交叉】在涉及行政许可、登记、征收、征用和行政机关对民事争议所作的裁决的行政诉讼中，当事人申请一并解决相关民事争议的，人民法院可以一并审理。

在行政诉讼中，人民法院认为行政案件的审理需以民事诉讼的裁判为依据的，可以裁定中止行政诉讼。

第六十二条　【撤诉】人民法院对行政案件宣告判决或者裁定前，原告申请撤诉的，或者被告改变其所作的行政行为，原告同意并申请撤诉的，是否准许，由人民法院裁定。

第六十三条　【审理依据】人民法院审理行政案件，以法律和行政法规、地方性法规为依据。地方性法规适用于本行政区域内发生的行政案件。

人民法院审理民族自治地方的行政案件，并以该民族自治地方的自治条例和单行条例为依据。

人民法院审理行政案件，参照规章。

第六十四条　【规范性文件审查和处理】人民法院在审理行政案件中，经审查认为本法第五十三条规定的规范性文件不合法的，不作为认定行政行为合法的依据，并向制定机关提出处理建议。

第六十五条　【裁判文书公开】人民法院应当公开发生法律效力的判决书、裁定书，供公众查阅，但涉及国家秘密、商业秘密和个人隐私的内容除外。

第六十六条　【有关行政机关工作人员和被告的处理】人民法院在审理行政案件中，认为行政机关的主管人员、直接责任人员违法违纪的，应当将有关材料移送监察机关、该行政机关或者其上一级行政机关；认为有犯罪行为的，应当将有关材料移送公安、检察机关。

人民法院对被告经传票传唤无正当理由拒不到庭，或者未经法庭许可中途退庭的，可以将被告拒不到庭或者中途退庭的情况予以公告，并可以向监察机关或者被告的上一级行政机关提出依法给予其主要负责人或者直接责任人员处分的司法建议。

第二节　第一审普通程序

第六十七条　【发送起诉状和提出答辩状】人民法院应当在立案之日起五日内，将起诉状副本发送被告。被告应当在收到起诉状副本之日起十五日内向人民法院提交作出行政行为的证据和所依据的规范性文件，并提出答辩状。人民法院应当在收到答辩状之日起五日内，将答辩状副本发送原告。

被告不提出答辩状的，不影响人民法院审理。

第六十八条　【审判组织形式】人民法院审理行政案件，由审判员组成合议庭，或者由审判员、陪审员组成合议庭。合议庭的成员，应当是三人以上的单数。

第六十九条　【驳回原告诉讼请求判决】行政行为证据确凿，适用法律、法规正确，符合法定程序的，或者原告申请被告履行法定职责或者给付义务理由不成立的，人民法院判决驳回原告的诉讼请求。

第七十条　【撤销判决和重作判决】行政行为有下列情形之一的，人民法院判决撤销或者部分撤销，并可以判决被告重新作出行政行为：

（一）主要证据不足的；

（二）适用法律、法规错误的；

（三）违反法定程序的；

（四）超越职权的；

（五）滥用职权的；

（六）明显不当的。

第七十一条　【重作判决对被告的限制】人民法院判决被告重新作出行政行为的，被告不得以同一的事实和理由作出与原行政行为基本相同的行政行为。

第七十二条　【履行判决】人民法院经过审理，查明被告不履行法定职责的，判决被告在一定期限内履行。

第七十三条　【给付判决】人民法院经过审理，查明被告依法负有给付义务的，判决被告履行给付义务。

第七十四条　【确认违法判决】行政行为有下列情形之一的，人民法院判决确认违法，但不撤销行政行为：

（一）行政行为依法应当撤销，但撤销会给国家利益、社会公共利益造成重大损害的；

（二）行政行为程序轻微违法，但对原告权利不产生实际影响的。

行政行为有下列情形之一，不需要撤销或者判决履行的，人民法院判决确认违法：

（一）行政行为违法，但不具有可撤销内容的；

（二）被告改变原违法行政行为，原告仍要求确认原行政行为违法的；

（三）被告不履行或者拖延履行法定职责，判决履行没有意义的。

第七十五条　【确认无效判决】行政行为有实施主体不具有行政主体资格或者没有依据等重大且明显违法情形，原告申请确认行政行为无效的，人民法院判决确认无效。

第七十六条　【确认违法和无效判决的补充规定】人民法院判决确认违法或者无效的，可以同时判决责令被告采取补救措施；给原告造成损失的，依法判决被告承担赔偿责任。

第七十七条　【变更判决】行政处罚明显不当，或者其他行政行为涉及对款额的确定、认定确有错误的，人民法院可以判决变更。

人民法院判决变更，不得加重原告的义务或者减损原告的权益。但利害关系人同为原告，且诉讼请求相反的除外。

第七十八条　【行政协议履行及补偿判决】被告不依法履行、未按照约定履行或者违法变更、解除本法第十二条第一款第十一项规定的协议的，人民法院判决被告承担继续履行、采取补救措施或者赔偿损失等责任。

被告变更、解除本法第十二条第一款第十一项规定的协议合法，但未依法给予补偿的，人民法院判决给予补偿。

第七十九条　【复议决定和原行政行为一并裁判】复议机关与作出原行政行为的行政机关为共同被告的案件，人民法院应当对复议决定和原行政行为一并作出裁判。

第八十条　【公开宣判】人民法院对公开审理和不公开审理的案件，一律公开宣告判决。

当庭宣判的，应当在十日内发送判决书；定期宣判的，宣判后立即发给判决书。

宣告判决时，必须告知当事人上诉权利、上诉期限和上诉的人民法院。

第八十一条　【第一审审限】人民法院应当在立案之日起六个月内作出第一审判决。有特殊情况需要延长的，由高级人民法院批准，高级人民法院审理第一审案件需要延长的，由最高人民法院批准。

第三节　简易程序

第八十二条　【简易程序适用情形】人民法院审理下列第一审行政案件，认为事实清楚、权利义务关系明确、争议不大的，可以适用简易程序：

（一）被诉行政行为是依法当场作出的；

（二）案件涉及款额二千元以下的；

（三）属于政府信息公开案件的。

除前款规定以外的第一审行政案件，当事人各方同意适用简易程序的，可以适用简易程序。

发回重审、按照审判监督程序再审的案件不适用简易程序。

第八十三条　【简易程序的审判组织形式和审限】适用简易程序审理的行政案件，由审判员一人独任审理，并应当在立案之日起四十五日内审结。

第八十四条　【简易程序与普通程序的转换】人民法院在审理过程中，发现案件不宜适用简易程序的，裁定转为普通程序。

第四节　第二审程序

第八十五条　【上诉】当事人不服人民法院第一审判决的，有权在判决书送达之日起十五日内向上一级人民法院提起上诉。当事人不服人民法院第一审裁定的，有权在裁定书送达之日起十日内向上一级人民法院提起上诉。逾期不提起上诉的，人民法院的第一审判决或者裁定发生法律效力。

第八十六条　【二审审理方式】人民法院对上诉案件，应当组成合议庭，开庭审理。经过阅卷、调查和询问当事人，对没有提出新的事实、证据或者理由，合议庭认为不需要开庭审理的，也可以不开庭审理。

第八十七条　【二审审查范围】人民法院审理上诉案件，应当对原审人民法院的判决、裁定和被诉行政行为进行全面审查。

第八十八条　【二审审限】人民法院审理上诉案件，应当在收到上诉状之日起三个月内作出终审判决。有特殊情况需要延长的，由高级人民法院批准，高级人民法院审理上诉案件需要延长的，由最高人民法院批准。

第八十九条　【二审裁判】人民法院审理上诉案件，按照下列情形，分别处理：

（一）原判决、裁定认定事实清楚，适用法律、法规正确的，判决或者裁定驳回上诉，维持原判决、裁定；

（二）原判决、裁定认定事实错误或者适用法律、法规错误的，依法改判、撤销或者变更；

（三）原判决认定基本事实不清、证据不足的，发回原审人民法院重审，或者查清事实后改判；

（四）原判决遗漏当事人或者违法缺席判决等严重违反法定程序的，裁定撤销原判决，发回原审人民法院重审。

原审人民法院对发回重审的案件作出判决后，当事人提起上诉的，第二审人民法院不得再次发回重审。

人民法院审理上诉案件，需要改变原审判决的，应当同时对被诉行政行为作出判决。

第五节　审判监督程序

第九十条　【当事人申请再审】当事人对已经发生法律效力的判决、裁定，认为确有错误的，可以向上一级人民法院申请再审，但判决、裁定不停止执行。

第九十一条　【再审事由】当事人的申请符合下列情形之一的，人民法院应当再审：

（一）不予立案或者驳回起诉确有错误的；

（二）有新的证据，足以推翻原判决、裁定的；

（三）原判决、裁定认定事实的主要证据不足、未经质证或者系伪造的；

（四）原判决、裁定适用法律、法规确有错误的；

（五）违反法律规定的诉讼程序，可能影响公正审判的；

（六）原判决、裁定遗漏诉讼请求的；

（七）据以作出原判决、裁定的法律文书被撤销或者变更的；

（八）审判人员在审理该案件时有贪污受贿、徇私舞弊、枉法裁判行为的。

第九十二条　【人民法院依职权再审】各级人民法院院长对本院已经发生法律效力的判决、裁定，发现有本法第九十一条规定情形之一，或者发现调解违反自愿原则或者调解书内容违法，认为需要再审的，应当提交审判委员会讨论决定。

最高人民法院对地方各级人民法院已经发生法律效力的判决、裁定，上级人民法院对下级人民法院已经发生法律效力的判决、裁定，发现有本法第九十一条规定情形之一，或者发现调解违反自愿原则或者调解书内容违法的，有权提审或者指令下级人民法院再审。

第九十三条　【抗诉和检察建议】最高人民检察院对各级人民法院已经发生法律效力的判决、裁定，上级人民检察院对下级人民法院已经发生法律效力的判决、裁定，发现有本法第九十一条规定情形之一，或者发现调解书损害国家利益、社会公共利益的，应当提出抗诉。

地方各级人民检察院对同级人民法院已经发生法律效力的判决、裁定，发现有本法第九十一条规定情形之一，或者发现调解书损害国家利益、社会公共利益的，可以向同级人民法院提出检察建议，并报上级人民检察院备案；也可以提请上级人民检察院向同级人民法院提出抗诉。

各级人民检察院对审判监督程序以外的其他审判程序中审判人员的违法行为，有权向同级人民法院提出检察建议。

第八章　执　　行

第九十四条　【生效裁判和调解书的执行】当事人必须履行人民法院发生法律效力的判决、裁定、调解书。

第九十五条　【申请强制执行和执行管辖】公民、法人或者其他组织拒绝履行判决、裁定、调解书的，行政机关或者第三人可以向第一审人民法院申请强制执行，或者由行政机关依法强制执行。

第九十六条　【对行政机关拒绝履行的执行措施】行政机关拒绝履行判决、裁定、调解书的，第一审人民法院可以采取下列措施：

（一）对应当归还的罚款或者应当给付的款额，通知银行从该行政机关的账户内划拨；

（二）在规定期限内不履行的，从期满之日起，对该行政机关负责人按日处五十元至一百元的罚款；

（三）将行政机关拒绝履行的情况予以公告；

（四）向监察机关或者该行政机关的上一级行政机关提出司法建议。接受司法建议的机关，根据有关规定进行处理，并将处理情况告知人民法院；

（五）拒不履行判决、裁定、调解书，社会影响恶劣的，可以对该行政机关直接负责的主管人员和其他直接责任人员予以拘留；情节严重，构成犯罪的，依法追究刑事责任。

第九十七条　【非诉执行】公民、法人或者其他组织对行政行为在法定期限内不提起诉讼又不履行的，行政机关可以申请人民法院强制执行，或者依法强制执行。

第九章　涉外行政诉讼

第九十八条　【涉外行政诉讼的法律适用原则】外国人、无国籍人、外国组织在中华人民共和国进行行政诉讼，适用本法。法律另有规定的除外。

第九十九条　【同等与对等原则】外国人、无国籍人、外国组织在中华人民共和国进行行政诉讼，同中华人民共和国公民、组织有同等的诉讼权利和义务。

外国法院对中华人民共和国公民、组织的行政诉讼权利加以限制的，人民法院对该国公民、组织的行政诉讼权利，实行对等原则。

第一百条　【中国律师代理】外国人、无国籍人、外国组织在中华人民共和国进行行政诉讼，委托律师代理诉讼的，应当委托中华人民共和国律师机构的律师。

第十章　附　　则

第一百零一条　【适用民事诉讼法规定】人民法院审理行政案件，关于期间、送达、财产保全、开庭审理、调解、中止诉讼、终结诉讼、简易程序、执行等，以及人民检察院对行政案件受理、审理、裁判、执行的监督，本法没有规定的，适用《中华人民共和国民事诉讼法》的相关规定。

第一百零二条　【诉讼费用】人民法院审理行政案件，应当收取诉讼费用。诉讼费用由败诉方承担，双方都有责任的由双方分担。收取诉讼费用的具体办法另行规定。

第一百零三条　【施行日期】本法自 1990 年 10 月 1 日起施行。

一、综　合

中华人民共和国监察法

（2018年3月20日第十三届全国人民代表大会第一次会议通过　根据2024年12月25日第十四届全国人民代表大会常务委员会第十三次会议《关于修改〈中华人民共和国监察法〉的决定》修正）

目　　录

第一章　总　　则

第一条　为了深入开展廉政建设和反腐败工作，加强对所有行使公权力的公职人员的监督，实现国家监察全面覆盖，持续深化国家监察体制改革，推进国家治理体系和治理能力现代化，根据宪法，制定本法。

第二条　坚持中国共产党对国家监察工作的领导，以马克思列宁主义、毛泽东思想、邓小平理论、“三个代表”重要思想、科学发展观、习近平新时代中国特色社会主义思想为指导，构建集中统一、权威高效的中国特色国家监察体制。

第三条 各级监察委员会是行使国家监察职能的专责机关，依照本法对所有行使公权力的公职人员（以下称公职人员）进行监察，调查职务违法和职务犯罪，开展廉政建设和反腐败工作，维护宪法和法律的尊严。

第四条 监察委员会依照法律规定独立行使监察权，不受行政机关、社会团体和个人的干涉。

监察机关办理职务违法和职务犯罪案件，应当与审判机关、检察机关、执法部门互相配合，互相制约。

监察机关在工作中需要协助的，有关机关和单位应当根据监察机关的要求依法予以协助。

第五条 国家监察工作严格遵照宪法和法律，以事实为根据，以法律为准绳；权责对等，严格监督；遵守法定程序，公正履行职责；尊重和保障人权，在适用法律上一律平等，保障监察对象及相关人员的合法权益；惩戒与教育相结合，宽严相济。

第六条 国家监察工作坚持标本兼治、综合治理，强化监督问责，严厉惩治腐败；深化改革、健全法治，有效制约和监督权力；加强法治教育和道德教育，弘扬中华优秀传统文化，构建不敢腐、不能腐、不想腐的长效机制。

第二章 监察机关及其职责

第七条 中华人民共和国国家监察委员会是最高监察机关。

省、自治区、直辖市、自治州、县、自治县、市、市辖区设立监察委员会。

第八条 国家监察委员会由全国人民代表大会产生，负责全国监察工作。

国家监察委员会由主任、副主任若干人、委员若干人组成，主任由全国人民代表大会选举，副主任、委员由国家监察委员会主任提请全国人民代表大会常务委员会任免。

国家监察委员会主任每届任期同全国人民代表大会每届任期相同，连续任职不得超过两届。

国家监察委员会对全国人民代表大会及其常务委员会负责，并接受其监督。

第九条 地方各级监察委员会由本级人民代表大会产生，负责本行政区域内的监察工作。

地方各级监察委员会由主任、副主任若干人、委员若干人组成，主任由本级人民代表大会选举，副主任、委员由监察委员会主任提请本级人民代表大会常务委员会任免。

地方各级监察委员会主任每届任期同本级人民代表大会每届任期相同。

地方各级监察委员会对本级人民代表大会及其常务委员会和上一级监察委员会负责，并接受其监督。

第十条 国家监察委员会领导地方各级监察委员会的工作，上级监察委员会领导下级监察委员会的工作。

第十一条 监察委员会依照本法和有关法律规定履行监督、调查、处置职责：

（一）对公职人员开展廉政教育，对其依法履职、秉公用权、廉洁从政从业以及道德操守情况进行监督检查；

（二）对涉嫌贪污贿赂、滥用职权、玩忽职守、权力寻租、利益输送、徇私舞弊以及浪费国家资财等职务违法和职务犯罪进行调查；

（三）对违法的公职人员依法作出政务处分决定；对履行职责不力、失职失责的领导人员进行问责；对涉嫌职务犯罪的，将调查结果移送人民检察院依法审查、提起公诉；向监察对象所在单位提出监察建议。

第十二条 各级监察委员会可以向本级中国共产党机关、国家机关、中国人民政治协商会议委员会机关、法律法规授权或者委托管理公共事务的组织和单位以及辖区内特定区域、国有企业、事业单位等派驻或者派出监察机构、监察专员。

经国家监察委员会批准，国家监察委员会派驻本级实行垂直管理或者双重领导并以上级单位领导为主的单位、国有企业的监察机构、监察专员，可以向驻在单位的下一级单位再派出。

经国家监察委员会批准，国家监察委员会派驻监察机构、监察专员，可以向驻在单位管理领导班子的普通高等学校再派出；国家监察委员会派驻国务院国有资产监督管理机构的监察机构，可以向驻在单位管理领导班子的国有企业再派出。

监察机构、监察专员对派驻或者派出它的监察委员会或者监察机构、监察专员负责。

第十三条 派驻或者派出的监察机构、监察专员根据授权，按照管理权限依法对公职人员进行监督，提出监察建议，依法对公职人员进行调查、处置。

第十四条 国家实行监察官制度，依法确定监察官的等级设置、任免、考评和晋升等制度。

第三章 监察范围和管辖

第十五条 监察机关对下列公职人员和有关人员进行监察：

（一）中国共产党机关、人民代表大会及其常务委员会机关、人民政府、监察委员会、人民法院、人民检察院、中国人民政治协商会议各级委员会机关、民主党派机关和工商业联合会机关的公务员，以及参照《中华人民共和国公务员法》管理的人员；

（二）法律、法规授权或者受国家机关依法委托管理公共事务的组织中从事公务的人员；

（三）国有企业管理人员；

（四）公办的教育、科研、文化、医疗卫生、体育等单位中从事管理的人员；

（五）基层群众性自治组织中从事管理的人员；

（六）其他依法履行公职的人员。

第十六条 各级监察机关按照管理权限管辖本辖区内本法第十五条规定的人员所涉监察事项。

上级监察机关可以办理下一级监察机关管辖范围内的监察事项，必要时也可以办理所辖各级监察机关管辖范围内的监察事项。

监察机关之间对监察事项的管辖有争议的，由其共同的上级监察机关确定。

第十七条 上级监察机关可以将其所管辖的监察事项指定下级监察机关管辖，也可以将下级监察机关有管辖权的监察事项指定给其他监察机关管辖。

监察机关认为所管辖的监察事项重大、复杂，需要由上级监察机关管辖的，可以报请上级监察机关管辖。

第四章　监察权限

第十八条　监察机关行使监督、调查职权，有权依法向有关单位和个人了解情况，收集、调取证据。有关单位和个人应当如实提供。

监察机关及其工作人员对监督、调查过程中知悉的国家秘密、工作秘密、商业秘密、个人隐私和个人信息，应当保密。

任何单位和个人不得伪造、隐匿或者毁灭证据。

第十九条　对可能发生职务违法的监察对象，监察机关按照管理权限，可以直接或者委托有关机关、人员进行谈话，或者进行函询，要求说明情况。

第二十条　在调查过程中，对涉嫌职务违法的被调查人，监察机关可以进行谈话，要求其就涉嫌违法行为作出陈述，必要时向被调查人出具书面通知。

对涉嫌贪污贿赂、失职渎职等职务犯罪的被调查人，监察机关可以进行讯问，要求其如实供述涉嫌犯罪的情况。

第二十一条　监察机关根据案件情况，经依法审批，可以强制涉嫌严重职务违法或者职务犯罪的被调查人到案接受调查。

第二十二条　在调查过程中，监察机关可以询问证人等人员。

第二十三条　被调查人涉嫌严重职务违法或者职务犯罪，并有下列情形之一的，经监察机关依法审批，可以对其采取责令候查措施：

（一）不具有本法第二十四条第一款所列情形的；

（二）符合留置条件，但患有严重疾病、生活不能自理的，系怀孕或者正在哺乳自己婴儿的妇女，或者生活不能自理的人的唯一扶养人；

（三）案件尚未办结，但留置期限届满或者对被留置人员不需要继续采取留置措施的；

（四）符合留置条件，但因为案件的特殊情况或者办理案件的需要，采取责令候查措施更为适宜的。

被责令候查人员应当遵守以下规定：

（一）未经监察机关批准不得离开所居住的直辖市、设区的市的城市市区或者不设区的市、县的辖区；

（二）住址、工作单位和联系方式发生变动的，在二十四小时以内向监察机关报告；

（三）在接到通知的时候及时到案接受调查；

（四）不得以任何形式干扰证人作证；

（五）不得串供或者伪造、隐匿、毁灭证据。

被责令候查人员违反前款规定，情节严重的，可以依法予以留置。

第二十四条 被调查人涉嫌贪污贿赂、失职渎职等严重职务违法或者职务犯罪，监察机关已经掌握其部分违法犯罪事实及证据，仍有重要问题需要进一步调查，并有下列情形之一的，经监察机关依法审批，可以将其留置在特定场所：

（一）涉及案情重大、复杂的；

（二）可能逃跑、自杀的；

（三）可能串供或者伪造、隐匿、毁灭证据的；

（四）可能有其他妨碍调查行为的。

对涉嫌行贿犯罪或者共同职务犯罪的涉案人员，监察机关可以依照前款规定采取留置措施。

留置场所的设置、管理和监督依照国家有关规定执行。

第二十五条 对于未被留置的下列人员，监察机关发现存在逃跑、自杀等重大安全风险的，经依法审批，可以进行管护：

（一）涉嫌严重职务违法或者职务犯罪的自动投案人员；

（二）在接受谈话、函询、询问过程中，交代涉嫌严重职务违法或者职务犯罪问题的人员；

（三）在接受讯问过程中，主动交代涉嫌重大职务犯罪问题的人员。

采取管护措施后，应当立即将被管护人员送留置场所，至迟不得超过二十四小时。

第二十六条 监察机关调查涉嫌贪污贿赂、失职渎职等严重职务违法或者职务犯罪，根据工作需要，可以依照规定查询、冻结涉案单位和个人的存款、汇款、债券、股票、基金份额等财产。有关单位和个人应当配合。

冻结的财产经查明与案件无关的，应当在查明后三日内解除冻结，予以退还。

第二十七条 监察机关可以对涉嫌职务犯罪的被调查人以及可能隐藏被调查人或者犯罪证据的人的身体、物品、住处和其他有关地方进行搜查。

在搜查时，应当出示搜查证，并有被搜查人或者其家属等见证人在场。

搜查女性身体，应当由女性工作人员进行。

监察机关进行搜查时，可以根据工作需要提请公安机关配合。公安机关应当依法予以协助。

第二十八条 监察机关在调查过程中，可以调取、查封、扣押用以证明被调查人涉嫌违法犯罪的财物、文件和电子数据等信息。采取调取、查封、扣押措施，应当收集原物原件，会同持有人或者保管人、见证人，当面逐一拍照、登记、编号，开列清单，由在场人员当场核对、签名，并将清单副本交财物、文件的持有人或者保管人。

对调取、查封、扣押的财物、文件，监察机关应当设立专用账户、专门场所，确定专门人员妥善保管，严格履行交接、调取手续，定期对账核实，不得毁损或者用于其他目的。对价值不明物品应当及时鉴定，专门封存保管。

查封、扣押的财物、文件经查明与案件无关的，应当在查明后三日内解除查封、扣押，予以退还。

第二十九条 监察机关在调查过程中，可以直接或者指派、聘请具有专门知识的人在调查人员主持下进行勘验检查。勘验检查情况应当制作笔录，由参加勘验检查的人员和见证人签名或者盖章。

必要时，监察机关可以进行调查实验。调查实验情况应当制作笔录，由参加实验的人员签名或者盖章。

第三十条 监察机关在调查过程中，对于案件中的专门性问题，可以指派、聘请有专门知识的人进行鉴定。鉴定人进行鉴定后，应当出具鉴定意见，并且签名。

第三十一条 监察机关调查涉嫌重大贪污贿赂等职务犯罪，根据需要，经过严格的批准手续，可以采取技术调查措施，按照规定交有关机关执行。

批准决定应当明确采取技术调查措施的种类和适用对象，自签发之日起三个月以内有效；对于复杂、疑难案件，期限届满仍有必要继续采取技术调查措施的，经过批准，有效期可以延长，每次不得超过三个月。对于不需要继续采取技术调查措施的，应当及时解除。

第三十二条 依法应当留置的被调查人如果在逃，监察机关可以决定在本行政区域内通缉，由公安机关发布通缉令，追捕归案。通缉范围超出本行政区域的，应当报请有权决定的上级监察机关决定。

第三十三条 监察机关为防止被调查人及相关人员逃匿境外，经省级以上监察机关批准，可以对被调查人及相关人员采取限制出境措施，由公安机关依法执行。对于不需要继续采取限制出境措施的，应当及时解除。

第三十四条 涉嫌职务犯罪的被调查人主动认罪认罚，有下列情形之一的，监察机关经领导人员集体研究，并报上一级监察机关批准，可以在移送人民检察院时提出从宽处罚的建议：

（一）自动投案，真诚悔罪悔过的；

（二）积极配合调查工作，如实供述监察机关还未掌握的违法犯罪行为的；

（三）积极退赃，减少损失的；

（四）具有重大立功表现或者案件涉及国家重大利益等情形的。

第三十五条 职务违法犯罪的涉案人员揭发有关被调查人职务违法犯罪行为，查证属实的，或者提供重要线索，有助于调查其他案件的，监察机关经领导人员集体研究，并报上一级监察机关批准，可以在移送人民检察院时提出从宽处罚的建议。

第三十六条 监察机关依照本法规定收集的物证、书证、证人证言、被调查人供述和辩解、视听资料、电子数据等证据材料，在刑事诉讼中可以作为证据使用。

监察机关在收集、固定、审查、运用证据时，应当与刑事审判关于证据的要求和标准相一致。

以非法方法收集的证据应当依法予以排除，不得作为案件处置的依据。

第三十七条 人民法院、人民检察院、公安机关、审计机关等国家机关在工作中发现公职人员涉嫌贪污贿赂、失职渎职等职务违法或者职务犯罪的问题线索，应当移送监察机关，由监察机关依法调查处置。

被调查人既涉嫌严重职务违法或者职务犯罪，又涉嫌其他违法犯罪的，一般应当由监察机关为主调查，其他机关予以协助。

第五章 监察程序

第三十八条 监察机关对于报案或者举报，应当接受并按照有关规定处理。对于不属于本机关管辖的，应当移送主管机关处理。

第三十九条 监察机关应当严格按照程序开展工作，建立问题线索处置、调查、审理各部门相互协调、相互制约的工作机制。

监察机关应当加强对调查、处置工作全过程的监督管理，设立相应的工作部门履行线索管理、监督检查、督促办理、统计分析等管理协调职能。

第四十条 监察机关对监察对象的问题线索，应当按照有关规定提出处置意见，履行审批手续，进行分类办理。线索处置情况应当定期汇总、通报，定期检查、抽查。

第四十一条 需要采取初步核实方式处置问题线索的，监察机关应当依法履行审批程序，成立核查组。初步核实工作结束后，核查组应当撰写初步核实情况报告，提出处理建议。承办部门应当提出分类处理意见。初步核实情况报告和分类处理意见报监察机关主要负责人审批。

第四十二条 经过初步核实，对监察对象涉嫌职务违法犯罪，需要追究法律责任的，监察机关应当按照规定的权限和程序办理立案手续。

监察机关主要负责人依法批准立案后，应当主持召开专题会议，研究确定调查方案，决定需要采取的调查措施。

立案调查决定应当向被调查人宣布，并通报相关组织。涉嫌严重职务违法或者职务犯罪的，应当通知被调查人家属，并向社会公开发布。

第四十三条 监察机关对职务违法和职务犯罪案件，应当进行调查，收集被调查人有无违法犯罪以及情节轻重的证据，查明违法犯罪事实，形成相互印证、完整稳定的证据链。

调查人员应当依法文明规范开展调查工作。严禁以暴力、威胁、引诱、欺骗及其他非法方式收集证据，严禁侮辱、打骂、虐待、体罚或者变相体罚被调查人和涉案人员。

监察机关及其工作人员在履行职责过程中应当依法保护企业产权和自主经营权，严禁利用职权非法干扰企业生产经营。需要企业经营者协助调查的，应当保障其人身权利、财产权利和其他合法权益，避免或者尽量减少对企业正常生产经营活动的影响。

第四十四条 调查人员采取讯问、询问、强制到案、责令候查、管护、留置、搜查、调取、查封、扣押、勘验检查等调查措施，均应当依照规定出示证件，出具书面通知，由二人以上进行，形成笔录、报告等书面材料，并由相关人员签名、盖章。

调查人员进行讯问以及搜查、查封、扣押等重要取证工作，应当对全过程进行录音录像，留存备查。

第四十五条 调查人员应当严格执行调查方案，不得随意扩大调查范围、变更调查对象和事项。

对调查过程中的重要事项，应当集体研究后按程序请示报告。

第四十六条 采取强制到案、责令候查或者管护措施，应当按照规定的权限和程序，经监察机关主要负责人批准。

强制到案持续的时间不得超过十二小时；需要采取管护或者留置措施的，强制到案持续的时间不得超过二十四小时。不得以连续强制到案的方式变相拘禁被调查人。

责令候查最长不得超过十二个月。

监察机关采取管护措施的，应当在七日以内依法作出留置或者解除管护的决定，特殊情况下可以延长一日至三日。

第四十七条 监察机关采取留置措施，应当由监察机关领导人员集体研究决定。设区的市级以下监察机关采取留置措施，应当报上一级监察机关批准。省级监察机关采取留置措施，应当报国家监察委员会备案。

第四十八条 留置时间不得超过三个月。在特殊情况下，可以延长一次，延长时间不得超过三个月。省级以下监察机关采取留置措施的，延长留置时间应当报上一级监察机关批准。监察机关发现采取留置措施不当或者不需要继续采取留置措施的，应当及时解除或者变更为责令候查措施。

对涉嫌职务犯罪的被调查人可能判处十年有期徒刑以上刑罚，监察机关依照前款规定延长期限届满，仍不能调查终结的，经国家监察委员会批准或者决定，可以再延长二个月。

省级以上监察机关在调查期间，发现涉嫌职务犯罪的被调查人另有与留置时的罪行不同种的重大职务犯罪或者同种的影响罪名认定、量刑档次的重大职务犯罪，经国家监察委员会批准或者决定，自发现之日起依照本条第一款的规定重新计算留置时间。留置时间重新计算以一次为限。

第四十九条 监察机关采取强制到案、责令候查、管护、留置措施，可以根据工作需要提请公安机关配合。公安机关应当依法予以协助。

省级以下监察机关留置场所的看护勤务由公安机关负责，国家监察委员会留置场所的看护勤务由国家另行规定。留置看护队伍的管理依照国家有关规定执行。

第五十条 采取管护或者留置措施后，应当在二十四小时以内，通知被管护人员、被留置人员所在单位和家属，但有可能伪造、隐匿、毁灭证据，干扰证人作证或者串供等有碍调查情形的除外。有碍调查的情形消失后，应当立即通知被管护人员、被留置人员所在单位和家属。解除管护或者留置的，应当及时通知被管护人员、被留置人员所在单位和家属。

被管护人员、被留置人员及其近亲属有权申请变更管护、留置措施。监察机关收到申请后，应当在三日以内作出决定；不同意变更措施的，应当告知申请人，并说明不同意的理由。

监察机关应当保障被强制到案人员、被管护人员以及被留置人员的饮食、休息和安全，提供医疗服务。对其谈话、讯问的，应当合理安排时间和时长，谈话笔录、讯问笔录由被谈话人、被讯问人阅看后签名。

被管护人员、被留置人员涉嫌犯罪移送司法机关后，被依法判处管制、拘役或者有期徒刑的，管护、留置一日折抵管制二日，折抵拘役、有期徒刑一日。

第五十一条 监察机关在调查工作结束后，应当依法对案件事实和证据、性质认定、程序手续、涉案财物等进行全面审理，形成审理报告，提请集体审议。

第五十二条 监察机关根据监督、调查结果，依法作出如下处置：

（一）对有职务违法行为但情节较轻的公职人员，按照管理权限，直接或者委托有关机关、人员，进行谈话提醒、批评教育、责令检查，或者予以诫勉；

（二）对违法的公职人员依照法定程序作出警告、记过、记大过、降级、撤职、开除等政务处分决定；

（三）对不履行或者不正确履行职责负有责任的领导人员，按照管理权限对其直接作出问责决定，或者向有权作出问责决定的机关提出问责建议；

（四）对涉嫌职务犯罪的，监察机关经调查认为犯罪事实清楚，证据确实、充分的，制作起诉意见书，连同案卷材料、证据一并移送人民检察院依法审查、提起公诉；

（五）对监察对象所在单位廉政建设和履行职责存在的问题等提出监

察建议。

监察机关经调查，对没有证据证明被调查人存在违法犯罪行为的，应当撤销案件，并通知被调查人所在单位。

第五十三条 监察机关经调查，对违法取得的财物，依法予以没收、追缴或者责令退赔；对涉嫌犯罪取得的财物，应当随案移送人民检察院。

第五十四条 对监察机关移送的案件，人民检察院依照《中华人民共和国刑事诉讼法》对被调查人采取强制措施。

人民检察院经审查，认为犯罪事实已经查清，证据确实、充分，依法应当追究刑事责任的，应当作出起诉决定。

人民检察院经审查，认为需要补充核实的，应当退回监察机关补充调查，必要时可以自行补充侦查。对于补充调查的案件，应当在一个月内补充调查完毕。补充调查以二次为限。

人民检察院对于有《中华人民共和国刑事诉讼法》规定的不起诉的情形的，经上一级人民检察院批准，依法作出不起诉的决定。监察机关认为不起诉的决定有错误的，可以向上一级人民检察院提请复议。

第五十五条 监察机关在调查贪污贿赂、失职渎职等职务犯罪案件过程中，被调查人逃匿或者死亡，有必要继续调查的，应当继续调查并作出结论。被调查人逃匿，在通缉一年后不能到案，或者死亡的，由监察机关提请人民检察院依照法定程序，向人民法院提出没收违法所得的申请。

第五十六条 监察对象对监察机关作出的涉及本人的处理决定不服的，可以在收到处理决定之日起一个月内，向作出决定的监察机关申请复审，复审机关应当在一个月内作出复审决定；监察对象对复审决定仍不服的，可以在收到复审决定之日起一个月内，向上一级监察机关申请复核，复核机关应当在二个月内作出复核决定。复审、复核期间，不停止原处理决定的执行。复核机关经审查，认定处理决定有错误的，原处理机关应当及时予以纠正。

第六章 反腐败国际合作

第五十七条 国家监察委员会统筹协调与其他国家、地区、国际组织开展的反腐败国际交流、合作，组织反腐败国际条约实施工作。

第五十八条 国家监察委员会会同有关单位加强与有关国家、地区、国际组织在反腐败方面开展引渡、移管被判刑人、遣返、联合调查、调查取证、资产追缴和信息交流等执法司法合作和司法协助。

第五十九条 国家监察委员会加强对反腐败国际追逃追赃和防逃工作的组织协调，督促有关单位做好相关工作：

（一）对于重大贪污贿赂、失职渎职等职务犯罪案件，被调查人逃匿到国（境）外，掌握证据比较确凿的，通过开展境外追逃合作，追捕归案；

（二）向赃款赃物所在国请求查询、冻结、扣押、没收、追缴、返还涉案资产；

（三）查询、监控涉嫌职务犯罪的公职人员及其相关人员进出国（境）和跨境资金流动情况，在调查案件过程中设置防逃程序。

第七章 对监察机关和监察人员的监督

第六十条 各级监察委员会应当接受本级人民代表大会及其常务委员会的监督。

各级人民代表大会常务委员会听取和审议本级监察委员会的专项工作报告，组织执法检查。

县级以上各级人民代表大会及其常务委员会举行会议时，人民代表大会代表或者常务委员会组成人员可以依照法律规定的程序，就监察工作中的有关问题提出询问或者质询。

第六十一条 监察机关应当依法公开监察工作信息，接受民主监督、社会监督、舆论监督。

第六十二条 监察机关根据工作需要，可以从各方面代表中聘请特约监察员。特约监察员按照规定对监察机关及其工作人员履行职责情况实行监督。

第六十三条 监察机关通过设立内部专门的监督机构等方式，加强对监察人员执行职务和遵守法律情况的监督，建设忠诚、干净、担当的监察队伍。

第六十四条 监察人员涉嫌严重职务违法或者职务犯罪，为防止造成更为严重的后果或者恶劣影响，监察机关经依法审批，可以对其采取禁闭措施。禁闭的期限不得超过七日。

被禁闭人员应当配合监察机关调查。监察机关经调查发现被禁闭人员符合管护或者留置条件的，可以对其采取管护或者留置措施。

本法第五十条的规定，适用于禁闭措施。

第六十五条 监察人员必须模范遵守宪法和法律，忠于职守、秉公执法，清正廉洁、保守秘密；必须具有良好的政治素质，熟悉监察业务，具备运用法律、法规、政策和调查取证等能力，自觉接受监督。

第六十六条 对于监察人员打听案情、过问案件、说情干预的，办理监察事项的监察人员应当及时报告。有关情况应当登记备案。

发现办理监察事项的监察人员未经批准接触被调查人、涉案人员及其特定关系人，或者存在交往情形的，知情人应当及时报告。有关情况应当登记备案。

第六十七条 办理监察事项的监察人员有下列情形之一的，应当自行回避，监察对象、检举人及其他有关人员也有权要求其回避：

（一）是监察对象或者检举人的近亲属的；

（二）担任过本案的证人的；

（三）本人或者其近亲属与办理的监察事项有利害关系的；

（四）有可能影响监察事项公正处理的其他情形的。

第六十八条 监察机关涉密人员离岗离职后，应当遵守脱密期管理规定，严格履行保密义务，不得泄露相关秘密。

监察人员辞职、退休三年内，不得从事与监察和司法工作相关联且可能发生利益冲突的职业。

第六十九条 监察机关及其工作人员有下列行为之一的，被调查人及其近亲属、利害关系人有权向该机关申诉：

（一）采取强制到案、责令候查、管护、留置或者禁闭措施法定期限届满，不予以解除或者变更的；

（二）查封、扣押、冻结与案件无关或者明显超出涉案范围的财物的；

（三）应当解除查封、扣押、冻结措施而不解除的；

（四）贪污、挪用、私分、调换或者违反规定使用查封、扣押、冻结的财物的；

（五）利用职权非法干扰企业生产经营或者侵害企业经营者人身权利、财产权利和其他合法权益的；

（六）其他违反法律法规、侵害被调查人合法权益的行为。

受理申诉的监察机关应当在受理申诉之日起一个月内作出处理决定。申诉人对处理决定不服的，可以在收到处理决定之日起一个月内向上一级监察机关申请复查，上一级监察机关应当在收到复查申请之日起二个月内作出处理决定，情况属实的，及时予以纠正。

第七十条 对调查工作结束后发现立案依据不充分或者失实，案件处置出现重大失误，监察人员严重违法的，应当追究负有责任的领导人员和直接责任人员的责任。

第八章 法律责任

第七十一条 有关单位拒不执行监察机关作出的处理决定，或者无正当理由拒不采纳监察建议的，由其主管部门、上级机关责令改正，对单位给予通报批评；对负有责任的领导人员和直接责任人员依法给予处理。

第七十二条 有关人员违反本法规定，有下列行为之一的，由其所在单位、主管部门、上级机关或者监察机关责令改正，依法给予处理：

（一）不按要求提供有关材料，拒绝、阻碍调查措施实施等拒不配合监察机关调查的；

（二）提供虚假情况，掩盖事实真相的；

（三）串供或者伪造、隐匿、毁灭证据的；

（四）阻止他人揭发检举、提供证据的；

（五）其他违反本法规定的行为，情节严重的。

第七十三条 监察对象对控告人、检举人、证人或者监察人员进行报复陷害的；控告人、检举人、证人捏造事实诬告陷害监察对象的，依法给予处理。

第七十四条 监察机关及其工作人员有下列行为之一的，对负有责任的领导人员和直接责任人员依法给予处理：

（一）未经批准、授权处置问题线索，发现重大案情隐瞒不报，或者私自留存、处理涉案材料的；

（二）利用职权或者职务上的影响干预调查工作、以案谋私的；

（三）违法窃取、泄露调查工作信息，或者泄露举报事项、举报受理情况以及举报人信息的；

（四）对被调查人或者涉案人员逼供、诱供，或者侮辱、打骂、虐待、体罚或者变相体罚的；

（五）违反规定处置查封、扣押、冻结的财物的；

（六）违反规定发生办案安全事故，或者发生安全事故后隐瞒不报、报告失实、处置不当的；

（七）违反规定采取强制到案、责令候查、管护、留置或者禁闭措施，或者法定期限届满，不予以解除或者变更的；

（八）违反规定采取技术调查、限制出境措施，或者不按规定解除技术调查、限制出境措施的；

（九）利用职权非法干扰企业生产经营或者侵害企业经营者人身权利、财产权利和其他合法权益的；

（十）其他滥用职权、玩忽职守、徇私舞弊的行为。

第七十五条 违反本法规定，构成犯罪的，依法追究刑事责任。

第七十六条 监察机关及其工作人员行使职权，侵犯公民、法人和其他组织的合法权益造成损害的，依法给予国家赔偿。

第九章 附 则

第七十七条 中国人民解放军和中国人民武装警察部队开展监察工作，由中央军事委员会根据本法制定具体规定。

第七十八条 本法自公布之日起施行。《中华人民共和国行政监察法》同时废止。

中华人民共和国监察法实施条例

（2021年7月20日国家监察委员会全体会议决定 2021年9月20日中华人民共和国国家监察委员会公告第1号公布 自2021年9月20日起施行）

目 录

第一章　总　　则

第一条　为了推动监察工作法治化、规范化，根据《中华人民共和国监察法》（以下简称监察法），结合工作实际，制定本条例。

第二条　坚持中国共产党对监察工作的全面领导，增强政治意识、大局意识、核心意识、看齐意识，坚定中国特色社会主义道路自信、理论自信、制度自信、文化自信，坚决维护习近平总书记党中央的核心、全党的核心地位，坚决维护党中央权威和集中统一领导，把党的领导贯彻到监察工作各方面和全过程。

第三条　监察机关与党的纪律检查机关合署办公，坚持法治思维和法治方式，促进执纪执法贯通、有效衔接司法，实现依纪监督和依法监察、适用纪律和适用法律有机融合。

第四条　监察机关应当依法履行监督、调查、处置职责，坚持实事求是，坚持惩前毖后、治病救人，坚持惩戒与教育相结合，实现政治效果、法律效果和社会效果相统一。

第五条　监察机关应当坚定不移惩治腐败，推动深化改革、完善制度，规范权力运行，加强思想道德教育、法治教育、廉洁教育，引导公职人员提高觉悟、担当作为、依法履职，一体推进不敢腐、不能腐、不想腐体制机制建设。

第六条　监察机关坚持民主集中制，对于线索处置、立案调查、案件审理、处置执行、复审复核中的重要事项应当集体研究，严格按照权限履行请示报告程序。

第七条　监察机关应当在适用法律上一律平等，充分保障监察对象以及相关人员的人身权、知情权、财产权、申辩权、申诉权以及申请复审复核权等合法权益。

第八条 监察机关办理职务犯罪案件，应当与人民法院、人民检察院互相配合、互相制约，在案件管辖、证据审查、案件移送、涉案财物处置等方面加强沟通协调，对于人民法院、人民检察院提出的退回补充调查、排除非法证据、调取同步录音录像、要求调查人员出庭等意见依法办理。

第九条 监察机关开展监察工作，可以依法提请组织人事、公安、国家安全、审计、统计、市场监管、金融监管、财政、税务、自然资源、银行、证券、保险等有关部门、单位予以协助配合。

有关部门、单位应当根据监察机关的要求，依法协助采取有关措施、共享相关信息、提供相关资料和专业技术支持，配合开展监察工作。

第二章　监察机关及其职责

第一节　领导体制

第十条 国家监察委员会在党中央领导下开展工作。地方各级监察委员会在同级党委和上级监察委员会双重领导下工作，监督执法调查工作以上级监察委员会领导为主，线索处置和案件查办在向同级党委报告的同时应当一并向上一级监察委员会报告。

上级监察委员会应当加强对下级监察委员会的领导。下级监察委员会对上级监察委员会的决定必须执行，认为决定不当的，应当在执行的同时向上级监察委员会反映。上级监察委员会对下级监察委员会作出的错误决定，应当按程序予以纠正，或者要求下级监察委员会予以纠正。

第十一条 上级监察委员会可以依法统一调用所辖各级监察机关的监察人员办理监察事项。调用决定应当以书面形式作出。

监察机关办理监察事项应当加强互相协作和配合，对于重要、复杂事项可以提请上级监察机关予以协调。

第十二条 各级监察委员会依法向本级中国共产党机关、国家机关、法律法规授权或者受委托管理公共事务的组织和单位以及所管辖的国有企业事业单位等派驻或者派出监察机构、监察专员。

省级和设区的市级监察委员会依法向地区、盟、开发区等不设置人民代表大会的区域派出监察机构或者监察专员。县级监察委员会和直辖市所辖区（县）监察委员会可以向街道、乡镇等区域派出监察机构或者监察专员。

监察机构、监察专员开展监察工作，受派出机关领导。

第十三条 派驻或者派出的监察机构、监察专员根据派出机关授权，按照管理权限依法对派驻或者派出监督单位、区域等的公职人员开展监督，对职务违法和职务犯罪进行调查、处置。监察机构、监察专员可以按规定与地方监察委员会联合调查严重职务违法、职务犯罪，或者移交地方监察委员会调查。

未被授予职务犯罪调查权的监察机构、监察专员发现监察对象涉嫌职务犯罪线索的，应当及时向派出机关报告，由派出机关调查或者依法移交有关地方监察委员会调查。

第二节 监察监督

第十四条 监察机关依法履行监察监督职责，对公职人员政治品行、行使公权力和道德操守情况进行监督检查，督促有关机关、单位加强对所属公职人员的教育、管理、监督。

第十五条 监察机关应当坚决维护宪法确立的国家指导思想，加强对公职人员特别是领导人员坚持党的领导、坚持中国特色社会主义制度，贯彻落实党和国家路线方针政策、重大决策部署，履行从严管理监督职责，依法行使公权力等情况的监督。

第十六条 监察机关应当加强对公职人员理想教育、为人民服务教育、宪法法律法规教育、优秀传统文化教育，弘扬社会主义核心价值观，深入开展警示教育，教育引导公职人员树立正确的权力观、责任观、利益观，保持为民务实清廉本色。

第十七条 监察机关应当结合公职人员的职责加强日常监督，通过收集群众反映、座谈走访、查阅资料、召集或者列席会议、听取工作汇报和述责述廉、开展监督检查等方式，促进公职人员依法用权、秉公用权、廉洁用权。

第十八条 监察机关可以与公职人员进行谈心谈话，发现政治品行、行使公权力和道德操守方面有苗头性、倾向性问题的，及时进行教育提醒。

第十九条 监察机关对于发现的系统性、行业性的突出问题，以及群众反映强烈的问题，可以通过专项检查进行深入了解，督促有关机关、单位强化治理，促进公职人员履职尽责。

第二十条 监察机关应当以办案促进整改、以监督促进治理，在查清问题、依法处置的同时，剖析问题发生的原因，发现制度建设、权力配置、监督机制等方面存在的问题，向有关机关、单位提出改进工作的意见或者监察建议，促进完善制度，提高治理效能。

第二十一条 监察机关开展监察监督，应当与纪律监督、派驻监督、巡视监督统筹衔接，与人大监督、民主监督、行政监督、司法监督、审计监督、财会监督、统计监督、群众监督和舆论监督等贯通协调，健全信息、资源、成果共享等机制，形成监督合力。

第三节 监察调查

第二十二条 监察机关依法履行监察调查职责，依据监察法、《中华人民共和国公职人员政务处分法》（以下简称政务处分法）和《中华人民共和国刑法》（以下简称刑法）等规定对职务违法和职务犯罪进行调查。

第二十三条 监察机关负责调查的职务违法是指公职人员实施的与其职务相关联，虽不构成犯罪但依法应当承担法律责任的下列违法行为：

（一）利用职权实施的违法行为；

（二）利用职务上的影响实施的违法行为；

（三）履行职责不力、失职失责的违法行为；

（四）其他违反与公职人员职务相关的特定义务的违法行为。

第二十四条 监察机关发现公职人员存在其他违法行为，具有下列情形之一的，可以依法进行调查、处置：

（一）超过行政违法追究时效，或者超过犯罪追诉时效、未追究刑事责任，但需要依法给予政务处分的；

（二）被追究行政法律责任，需要依法给予政务处分的；

（三）监察机关调查职务违法或者职务犯罪时，对被调查人实施的事实简单、清楚，需要依法给予政务处分的其他违法行为一并查核的。

监察机关发现公职人员成为监察对象前有前款规定的违法行为的，依照前款规定办理。

第二十五条 监察机关依法对监察法第十一条第二项规定的职务犯罪

进行调查。

第二十六条 监察机关依法调查涉嫌贪污贿赂犯罪，包括贪污罪，挪用公款罪，受贿罪，单位受贿罪，利用影响力受贿罪，行贿罪，对有影响力的人行贿罪，对单位行贿罪，介绍贿赂罪，单位行贿罪，巨额财产来源不明罪，隐瞒境外存款罪，私分国有资产罪，私分罚没财物罪，以及公职人员在行使公权力过程中实施的职务侵占罪，挪用资金罪，对外国公职人员、国际公共组织官员行贿罪，非国家工作人员受贿罪和相关联的对非国家工作人员行贿罪。

第二十七条 监察机关依法调查公职人员涉嫌滥用职权犯罪，包括滥用职权罪，国有公司、企业、事业单位人员滥用职权罪，滥用管理公司、证券职权罪，食品、药品监管渎职罪，故意泄露国家秘密罪，报复陷害罪，阻碍解救被拐卖、绑架妇女、儿童罪，帮助犯罪分子逃避处罚罪，违法发放林木采伐许可证罪，办理偷越国（边）境人员出入境证件罪，放行偷越国（边）境人员罪，挪用特定款物罪，非法剥夺公民宗教信仰自由罪，侵犯少数民族风俗习惯罪，打击报复会计、统计人员罪，以及司法工作人员以外的公职人员利用职权实施的非法拘禁罪、虐待被监管人罪、非法搜查罪。

第二十八条 监察机关依法调查公职人员涉嫌玩忽职守犯罪，包括玩忽职守罪，国有公司、企业、事业单位人员失职罪，签订、履行合同失职被骗罪，国家机关工作人员签订、履行合同失职被骗罪，环境监管失职罪，传染病防治失职罪，商检失职罪，动植物检疫失职罪，不解救被拐卖、绑架妇女、儿童罪，失职造成珍贵文物损毁、流失罪，过失泄露国家秘密罪。

第二十九条 监察机关依法调查公职人员涉嫌徇私舞弊犯罪，包括徇私舞弊低价折股、出售国有资产罪，非法批准征收、征用、占用土地罪，非法低价出让国有土地使用权罪，非法经营同类营业罪，为亲友非法牟利罪，枉法仲裁罪，徇私舞弊发售发票、抵扣税款、出口退税罪，商检徇私舞弊罪，动植物检疫徇私舞弊罪，放纵走私罪，放纵制售伪劣商品犯罪行为罪，招收公务员、学生徇私舞弊罪，徇私舞弊不移交刑事案件罪，违法提供出口退税凭证罪，徇私舞弊不征、少征税款罪。

第三十条 监察机关依法调查公职人员在行使公权力过程中涉及的重大责任事故犯罪，包括重大责任事故罪，教育设施重大安全事故罪，消防责任事故罪，重大劳动安全事故罪，强令、组织他人违章冒险作业罪，危险作业罪，不报、谎报安全事故罪，铁路运营安全事故罪，重大飞行事故罪，大型群众性活动重大安全事故罪，危险物品肇事罪，工程重大安全事故罪。

第三十一条 监察机关依法调查公职人员在行使公权力过程中涉及的其他犯罪，包括破坏选举罪，背信损害上市公司利益罪，金融工作人员购买假币、以假币换取货币罪，利用未公开信息交易罪，诱骗投资者买卖证券、期货合约罪，背信运用受托财产罪，违法运用资金罪，违法发放贷款罪，吸收客户资金不入账罪，违规出具金融票证罪，对违法票据承兑、付款、保证罪，非法转让、倒卖土地使用权罪，私自开拆、隐匿、毁弃邮件、电报罪，故意延误投递邮件罪，泄露不应公开的案件信息罪，披露、报道不应公开的案件信息罪，接送不合格兵员罪。

第三十二条 监察机关发现依法由其他机关管辖的违法犯罪线索，应当及时移送有管辖权的机关。

监察机关调查结束后，对于应当给予被调查人或者涉案人员行政处罚等其他处理的，依法移送有关机关。

第四节 监察处置

第三十三条 监察机关对违法的公职人员，依据监察法、政务处分法等规定作出政务处分决定。

第三十四条 监察机关在追究违法的公职人员直接责任的同时，依法对履行职责不力、失职失责，造成严重后果或者恶劣影响的领导人员予以问责。

监察机关应当组成调查组依法开展问责调查。调查结束后经集体讨论形成调查报告，需要进行问责的按照管理权限作出问责决定，或者向有权作出问责决定的机关、单位书面提出问责建议。

第三十五条 监察机关对涉嫌职务犯罪的人员，经调查认为犯罪事实清楚，证据确实、充分，需要追究刑事责任的，依法移送人民检察院审查起诉。

第三十六条 监察机关根据监督、调查结果，发现监察对象所在单位在廉政建设、权力制约、监督管理、制度执行以及履行职责等方面存在问题需要整改纠正的，依法提出监察建议。

监察机关应当跟踪了解监察建议的采纳情况，指导、督促有关单位限期整改，推动监察建议落实到位。

第三章　监察范围和管辖

第一节　监察对象

第三十七条　监察机关依法对所有行使公权力的公职人员进行监察，实现国家监察全面覆盖。

第三十八条　监察法第十五条第一项所称公务员范围，依据《中华人民共和国公务员法》（以下简称公务员法）确定。

监察法第十五条第一项所称参照公务员法管理的人员，是指有关单位中经批准参照公务员法进行管理的工作人员。

第三十九条　监察法第十五条第二项所称法律、法规授权或者受国家机关依法委托管理公共事务的组织中从事公务的人员，是指在上述组织中，除参照公务员法管理的人员外，对公共事务履行组织、领导、管理、监督等职责的人员，包括具有公共事务管理职能的行业协会等组织中从事公务的人员，以及法定检验检测、检疫等机构中从事公务的人员。

第四十条　监察法第十五条第三项所称国有企业管理人员，是指国家出资企业中的下列人员：

（一）在国有独资、全资公司、企业中履行组织、领导、管理、监督等职责的人员；

（二）经党组织或者国家机关，国有独资、全资公司、企业，事业单位提名、推荐、任命、批准等，在国有控股、参股公司及其分支机构中履行组织、领导、管理、监督等职责的人员；

（三）经国家出资企业中负有管理、监督国有资产职责的组织批准或者研究决定，代表其在国有控股、参股公司及其分支机构中从事组织、领导、管理、监督等工作的人员。

第四十一条　监察法第十五条第四项所称公办的教育、科研、文化、医疗卫生、体育等单位中从事管理的人员，是指国家为了社会公益目的，由国家机关举办或者其他组织利用国有资产举办的教育、科研、文化、医疗卫生、体育等事业单位中，从事组织、领导、管理、监督等工作的人员。

第四十二条 监察法第十五条第五项所称基层群众性自治组织中从事管理的人员，是指该组织中的下列人员：

（一）从事集体事务和公益事业管理的人员；

（二）从事集体资金、资产、资源管理的人员；

（三）协助人民政府从事行政管理工作的人员，包括从事救灾、防疫、抢险、防汛、优抚、帮扶、移民、救济款物的管理，社会捐助公益事业款物的管理，国有土地的经营和管理，土地征收、征用补偿费用的管理，代征、代缴税款，有关计划生育、户籍、征兵工作，协助人民政府等国家机关在基层群众性自治组织中从事的其他管理工作。

第四十三条 下列人员属于监察法第十五条第六项所称其他依法履行公职的人员：

（一）履行人民代表大会职责的各级人民代表大会代表，履行公职的中国人民政治协商会议各级委员会委员、人民陪审员、人民监督员；

（二）虽未列入党政机关人员编制，但在党政机关中从事公务的人员；

（三）在集体经济组织等单位、组织中，由党组织或者国家机关，国有独资、全资公司、企业，国家出资企业中负有管理监督国有和集体资产职责的组织，事业单位提名、推荐、任命、批准等，从事组织、领导、管理、监督等工作的人员；

（四）在依法组建的评标、谈判、询价等组织中代表国家机关，国有独资、全资公司、企业，事业单位，人民团体临时履行公共事务组织、领导、管理、监督等职责的人员；

（五）其他依法行使公权力的人员。

第四十四条 有关机关、单位、组织集体作出的决定违法或者实施违法行为的，监察机关应当对负有责任的领导人员和直接责任人员中的公职人员依法追究法律责任。

第二节 管 辖

第四十五条 监察机关开展监督、调查、处置，按照管理权限与属地管辖相结合的原则，实行分级负责制。

第四十六条 设区的市级以上监察委员会按照管理权限，依法管辖同级党委管理的公职人员涉嫌职务违法和职务犯罪案件。

县级监察委员会和直辖市所辖区（县）监察委员会按照管理权限，依法管辖本辖区内公职人员涉嫌职务违法和职务犯罪案件。

地方各级监察委员会按照本条例第十三条、第四十九条规定，可以依法管辖工作单位在本辖区内的有关公职人员涉嫌职务违法和职务犯罪案件。

监察机关调查公职人员涉嫌职务犯罪案件，可以依法对涉嫌行贿犯罪、介绍贿赂犯罪或者共同职务犯罪的涉案人员中的非公职人员一并管辖。非公职人员涉嫌利用影响力受贿罪的，按照其所利用的公职人员的管理权限确定管辖。

第四十七条 上级监察机关对于下一级监察机关管辖范围内的职务违法和职务犯罪案件，具有下列情形之一的，可以依法提级管辖：

（一）在本辖区有重大影响的；

（二）涉及多个下级监察机关管辖的监察对象，调查难度大的；

（三）其他需要提级管辖的重大、复杂案件。

上级监察机关对于所辖各级监察机关管辖范围内有重大影响的案件，必要时可以依法直接调查或者组织、指挥、参与调查。

地方各级监察机关所管辖的职务违法和职务犯罪案件，具有第一款规定情形的，可以依法报请上一级监察机关管辖。

第四十八条 上级监察机关可以依法将其所管辖的案件指定下级监察机关管辖。

设区的市级监察委员会将同级党委管理的公职人员涉嫌职务违法或者职务犯罪案件指定下级监察委员会管辖的，应当报省级监察委员会批准；省级监察委员会将同级党委管理的公职人员涉嫌职务违法或者职务犯罪案件指定下级监察委员会管辖的，应当报国家监察委员会相关监督检查部门备案。

上级监察机关对于下级监察机关管辖的职务违法和职务犯罪案件，具有下列情形之一，认为由其他下级监察机关管辖更为适宜的，可以依法指定给其他下级监察机关管辖：

（一）管辖有争议的；

（二）指定管辖有利于案件公正处理的；

（三）下级监察机关报请指定管辖的；

（四）其他有必要指定管辖的。

被指定的下级监察机关未经指定管辖的监察机关批准，不得将案件再行指定管辖。发现新的职务违法或者职务犯罪线索，以及其他重要情况、重大问题，应当及时向指定管辖的监察机关请示报告。

第四十九条　工作单位在地方、管理权限在主管部门的公职人员涉嫌职务违法和职务犯罪，一般由驻在主管部门、有管辖权的监察机构、监察专员管辖；经协商，监察机构、监察专员可以按规定移交公职人员工作单位所在地的地方监察委员会调查，或者与地方监察委员会联合调查。地方监察委员会在工作中发现上述公职人员有关问题线索，应当向驻在主管部门、有管辖权的监察机构、监察专员通报，并协商确定管辖。

前款规定单位的其他公职人员涉嫌职务违法和职务犯罪，可以由地方监察委员会管辖；驻在主管部门的监察机构、监察专员自行立案调查的，应当及时通报地方监察委员会。

地方监察委员会调查前两款规定案件，应当将立案、留置、移送审查起诉、撤销案件等重要情况向驻在主管部门的监察机构、监察专员通报。

第五十条　监察机关办理案件中涉及无隶属关系的其他监察机关的监察对象，认为需要立案调查的，应当商请有管理权限的监察机关依法立案调查。商请立案时，应当提供涉案人员基本情况、已经查明的涉嫌违法犯罪事实以及相关证据材料。

承办案件的监察机关认为由其一并调查更为适宜的，可以报请有权决定的上级监察机关指定管辖。

第五十一条　公职人员既涉嫌贪污贿赂、失职渎职等严重职务违法和职务犯罪，又涉嫌公安机关、人民检察院等机关管辖的犯罪，依法由监察机关为主调查的，应当由监察机关和其他机关分别依职权立案，监察机关承担组织协调职责，协调调查和侦查工作进度、重要调查和侦查措施使用等重要事项。

第五十二条　监察机关必要时可以依法调查司法工作人员利用职权实施的涉嫌非法拘禁、刑讯逼供、非法搜查等侵犯公民权利、损害司法公正的犯罪，并在立案后及时通报同级人民检察院。

监察机关在调查司法工作人员涉嫌贪污贿赂等职务犯罪中，可以对其涉嫌的前款规定的犯罪一并调查，并及时通报同级人民检察院。人民检察院在办理直接受理侦查的案件中，发现犯罪嫌疑人同时涉嫌监察机关管辖的其他职务犯罪，经沟通全案移送监察机关管辖的，监察机关应当依法进行调查。

第五十三条 监察机关对于退休公职人员在退休前或者退休后，或者离职、死亡的公职人员在履职期间实施的涉嫌职务违法或者职务犯罪行为，可以依法进行调查。

对前款规定人员，按照其原任职务的管辖规定确定管辖的监察机关；由其他监察机关管辖更为适宜的，可以依法指定或者交由其他监察机关管辖。

第四章 监察权限

第一节 一般要求

第五十四条 监察机关应当加强监督执法调查工作规范化建设，严格按规定对监察措施进行审批和监管，依照法定的范围、程序和期限采取相关措施，出具、送达法律文书。

第五十五条 监察机关在初步核实中，可以依法采取谈话、询问、查询、调取、勘验检查、鉴定措施；立案后可以采取讯问、留置、冻结、搜查、查封、扣押、通缉措施。需要采取技术调查、限制出境措施的，应当按照规定交有关机关依法执行。设区的市级以下监察机关在初步核实中不得采取技术调查措施。

开展问责调查，根据具体情况可以依法采取相关监察措施。

第五十六条 开展讯问、搜查、查封、扣押以及重要的谈话、询问等调查取证工作，应当全程同步录音录像，并保持录音录像资料的完整性。录音录像资料应当妥善保管、及时归档，留存备查。

人民检察院、人民法院需要调取同步录音录像的，监察机关应当予以配合，经审批依法予以提供。

第五十七条 需要商请其他监察机关协助收集证据材料的，应当依法出具《委托调查函》；商请其他监察机关对采取措施提供一般性协助的，应当依法出具《商请协助采取措施函》。商请协助事项涉及协助地监察机关管辖的监察对象的，应当由协助地监察机关按照所涉人员的管理权限报批。协助地监察机关对于协助请求，应当依法予以协助配合。

第五十八条 采取监察措施需要告知、通知相关人员的，应当依法办理。告知包括口头、书面两种方式，通知应当采取书面方式。采取口头方式告知的，应当将相关情况制作工作记录；采取书面方式告知、通知的，可以通过直接送交、邮寄、转交等途径送达，将有关回执或者凭证附卷。

无法告知、通知，或者相关人员拒绝接收的，调查人员应当在工作记录或者有关文书上记明。

第二节 证 据

第五十九条 可以用于证明案件事实的材料都是证据，包括：

（一）物证；

（二）书证；

（三）证人证言；

（四）被害人陈述；

（五）被调查人陈述、供述和辩解；

（六）鉴定意见；

（七）勘验检查、辨认、调查实验等笔录；

（八）视听资料、电子数据。

监察机关向有关单位和个人收集、调取证据时，应当告知其必须依法如实提供证据。对于不按要求提供有关材料，泄露相关信息，伪造、隐匿、毁灭证据，提供虚假情况或者阻止他人提供证据的，依法追究法律责任。

监察机关依照监察法和本条例规定收集的证据材料，经审查符合法定要求的，在刑事诉讼中可以作为证据使用。

第六十条 监察机关认定案件事实应当以证据为根据，全面、客观地收集、固定被调查人有无违法犯罪以及情节轻重的各种证据，形成相互印证、完整稳定的证据链。

只有被调查人陈述或者供述，没有其他证据的，不能认定案件事实；没有被调查人陈述或者供述，证据符合法定标准的，可以认定案件事实。

第六十一条 证据必须经过查证属实，才能作为定案的根据。审查认定证据，应当结合案件的具体情况，从证据与待证事实的关联程度、各证据之间的联系、是否依照法定程序收集等方面进行综合判断。

第六十二条 监察机关调查终结的职务违法案件，应当事实清楚、证据确凿。证据确凿，应当符合下列条件：

（一）定性处置的事实都有证据证实；

（二）定案证据真实、合法；

（三）据以定案的证据之间不存在无法排除的矛盾；

（四）综合全案证据，所认定事实清晰且令人信服。

第六十三条 监察机关调查终结的职务犯罪案件，应当事实清楚，证据确实、充分。证据确实、充分，应当符合下列条件：

（一）定罪量刑的事实都有证据证明；

（二）据以定案的证据均经法定程序查证属实；

（三）综合全案证据，对所认定事实已排除合理怀疑。

证据不足的，不得移送人民检察院审查起诉。

第六十四条 严禁以暴力、威胁、引诱、欺骗以及非法限制人身自由等非法方法收集证据，严禁侮辱、打骂、虐待、体罚或者变相体罚被调查人、涉案人员和证人。

第六十五条 对于调查人员采用暴力、威胁以及非法限制人身自由等非法方法收集的被调查人供述、证人证言、被害人陈述，应当依法予以排除。

前款所称暴力的方法，是指采用殴打、违法使用戒具等方法或者变相肉刑的恶劣手段，使人遭受难以忍受的痛苦而违背意愿作出供述、证言、陈述；威胁的方法，是指采用以暴力或者严重损害本人及其近亲属合法权益等进行威胁的方法，使人遭受难以忍受的痛苦而违背意愿作出供述、证言、陈述。

收集物证、书证不符合法定程序，可能严重影响案件公正处理的，应当予以补正或者作出合理解释；不能补正或者作出合理解释的，对该证据应当予以排除。

第六十六条 监察机关监督检查、调查、案件审理、案件监督管理等部门发现监察人员在办理案件中，可能存在以非法方法收集证据情形的，应当依据职责进行调查核实。对于被调查人控告、举报调查人员采用非法方法收集证据，并提供涉嫌非法取证的人员、时间、地点、方式和内容等材料或者线索的，应当受理并进行审核。根据现有材料无法证明证据收集合法性的，应当进行调查核实。

经调查核实，确认或者不能排除以非法方法收集证据的，对有关证据依法予以排除，不得作为案件定性处置、移送审查起诉的依据。认定调查人员非法取证的，应当依法处理，另行指派调查人员重新调查取证。

监察机关接到对下级监察机关调查人员采用非法方法收集证据的控告、举报，可以直接进行调查核实，也可以交由下级监察机关调查核实。交由下级监察机关调查核实的，下级监察机关应当及时将调查结果报告上级监察机关。

第六十七条 对收集的证据材料及扣押的财物应当妥善保管，严格履行交接、调用手续，定期对账核实，不得违规使用、调换、损毁或者自行处理。

第六十八条 监察机关对行政机关在行政执法和查办案件中收集的物证、书证、视听资料、电子数据，勘验、检查等笔录，以及鉴定意见等证据材料，经审查符合法定要求的，可以作为证据使用。

根据法律、行政法规规定行使国家行政管理职权的组织在行政执法和查办案件中收集的证据材料，视为行政机关收集的证据材料。

第六十九条 监察机关对人民法院、人民检察院、公安机关、国家安全机关等在刑事诉讼中收集的物证、书证、视听资料、电子数据，勘验、检查、辨认、侦查实验等笔录，以及鉴定意见等证据材料，经审查符合法定要求的，可以作为证据使用。

监察机关办理职务违法案件，对于人民法院生效刑事判决、裁定和人民检察院不起诉决定采信的证据材料，可以直接作为证据使用。

第三节 谈　　话

第七十条 监察机关在问题线索处置、初步核实和立案调查中，可以依法对涉嫌职务违法的监察对象进行谈话，要求其如实说明情况或者作出陈述。

谈话应当个别进行。负责谈话的人员不得少于二人。

第七十一条 对一般性问题线索的处置，可以采取谈话方式进行，对监察对象给予警示、批评、教育。谈话应当在工作地点等场所进行，明确告知谈话事项，注重谈清问题、取得教育效果。

第七十二条 采取谈话方式处置问题线索的，经审批可以由监察人员或者委托被谈话人所在单位主要负责人等进行谈话。

监察机关谈话应当形成谈话笔录或者记录。谈话结束后，可以根据需要要求被谈话人在十五个工作日以内作出书面说明。被谈话人应当在书面说明每页签名，修改的地方也应当签名。

委托谈话的，受委托人应当在收到委托函后的十五个工作日以内进行谈话。谈话结束后及时形成谈话情况材料报送监察机关，必要时附被谈话人的书面说明。

第七十三条 监察机关开展初步核实工作，一般不与被核查人接触；确有需要与被核查人谈话的，应当按规定报批。

第七十四条 监察机关对涉嫌职务违法的被调查人立案后，可以依法进行谈话。

与被调查人首次谈话时，应当出示《被调查人权利义务告知书》，由其签名、捺指印。被调查人拒绝签名、捺指印的，调查人员应当在文书上记明。对于被调查人未被限制人身自由的，应当在首次谈话时出具《谈话通知书》。

与涉嫌严重职务违法的被调查人进行谈话的，应当全程同步录音录像，并告知被调查人。告知情况应当在录音录像中予以反映，并在笔录中记明。

第七十五条 立案后，与未被限制人身自由的被调查人谈话的，应当在具备安全保障条件的场所进行。

调查人员按规定通知被调查人所在单位派员或者被调查人家属陪同被调查人到指定场所的，应当与陪同人员办理交接手续，填写《陪送交接单》。

第七十六条 调查人员与被留置的被调查人谈话的，按照法定程序在留置场所进行。

与在押的犯罪嫌疑人、被告人谈话的，应当持以监察机关名义出具的介绍信、工作证件，商请有关案件主管机关依法协助办理。

与在看守所、监狱服刑的人员谈话的，应当持以监察机关名义出具的介绍信、工作证件办理。

第七十七条 与被调查人进行谈话，应当合理安排时间、控制时长，保证其饮食和必要的休息时间。

第七十八条 谈话笔录应当在谈话现场制作。笔录应当详细具体，如实反映谈话情况。笔录制作完成后，应当交给被调查人核对。被调查人没有阅读能力的，应当向其宣读。

笔录记载有遗漏或者差错的，应当补充或者更正，由被调查人在补充或者更正处捺指印。被调查人核对无误后，应当在笔录中逐页签名、捺指印。被调查人拒绝签名、捺指印的，调查人员应当在笔录中记明。调查人员也应当在笔录中签名。

第七十九条 被调查人请求自行书写说明材料的，应当准许。必要时，调查人员可以要求被调查人自行书写说明材料。

被调查人应当在说明材料上逐页签名、捺指印，在末页写明日期。对说明材料有修改的，在修改之处应当捺指印。说明材料应当由二名调查人员接收，在首页记明接收的日期并签名。

第八十条 本条例第七十四条至第七十九条的规定，也适用于在初步核实中开展的谈话。

第四节 讯 问

第八十一条 监察机关对涉嫌职务犯罪的被调查人，可以依法进行讯问，要求其如实供述涉嫌犯罪的情况。

第八十二条 讯问被留置的被调查人，应当在留置场所进行。

第八十三条 讯问应当个别进行，调查人员不得少于二人。

首次讯问时，应当向被讯问人出示《被调查人权利义务告知书》，由其签名、捺指印。被讯问人拒绝签名、捺指印的，调查人员应当在文书上记明。被讯问人未被限制人身自由的，应当在首次讯问时向其出具《讯问通知书》。

讯问一般按照下列顺序进行：

（一）核实被讯问人的基本情况，包括姓名、曾用名、出生年月日、户籍地、身份证件号码、民族、职业、政治面貌、文化程度、工作单位及职务、住所、家庭情况、社会经历，是否属于党代表大会代表、人大代表、政协委员，是否受到过党纪政务处分，是否受到过刑事处罚等；

（二）告知被讯问人如实供述自己罪行可以依法从宽处理和认罪认罚的法律规定；

（三）讯问被讯问人是否有犯罪行为，让其陈述有罪的事实或者无罪的辩解，应当允许其连贯陈述。

调查人员的提问应当与调查的案件相关。被讯问人对调查人员的提问应当如实回答。调查人员对被讯问人的辩解，应当如实记录，认真查核。

讯问时，应当告知被讯问人将进行全程同步录音录像。告知情况应当在录音录像中予以反映，并在笔录中记明。

第八十四条 本条例第七十五条至第七十九条的要求，也适用于讯问。

第五节 询　　问

第八十五条 监察机关按规定报批后，可以依法对证人、被害人等人员进行询问，了解核实有关问题或者案件情况。

第八十六条 证人未被限制人身自由的，可以在其工作地点、住所或者其提出的地点进行询问，也可以通知其到指定地点接受询问。到证人提出的地点或者调查人员指定的地点进行询问的，应当在笔录中记明。

调查人员认为有必要或者证人提出需要由所在单位派员或者其家属陪同到询问地点的，应当办理交接手续并填写《陪送交接单》。

第八十七条 询问应当个别进行。负责询问的调查人员不得少于二人。

首次询问时，应当向证人出示《证人权利义务告知书》，由其签名、捺指印。证人拒绝签名、捺指印的，调查人员应当在文书上记明。证人未被限制人身自由的，应当在首次询问时向其出具《询问通知书》。

询问时，应当核实证人身份，问明证人的基本情况，告知证人应当如实提供证据、证言，以及作伪证或者隐匿证据应当承担的法律责任。不得向证人泄露案情，不得采用非法方法获取证言。

询问重大或者有社会影响案件的重要证人，应当对询问过程全程同步录音录像，并告知证人。告知情况应当在录音录像中予以反映，并在笔录中记明。

第八十八条 询问未成年人，应当通知其法定代理人到场。无法通知或者法定代理人不能到场的，应当通知未成年人的其他成年亲属或者所在学校、居住地基层组织的代表等有关人员到场。询问结束后，由法定代理人或者有关人员在笔录中签名。调查人员应当将到场情况记录在案。

询问聋、哑人，应当有通晓聋、哑手势的人员参加。调查人员应当在笔录中记明证人的聋、哑情况，以及翻译人员的姓名、工作单位和职业。询问不通晓当地通用语言、文字的证人，应当有翻译人员。询问结束后，由翻译人员在笔录中签名。

第八十九条 凡是知道案件情况的人，都有如实作证的义务。对故意提供虚假证言的证人，应当依法追究法律责任。

证人或者其他任何人不得帮助被调查人隐匿、毁灭、伪造证据或者串供，不得实施其他干扰调查活动的行为。

第九十条 证人、鉴定人、被害人因作证，本人或者近亲属人身安全面临危险，向监察机关请求保护的，监察机关应当受理并及时进行审查；对于确实存在人身安全危险的，监察机关应当采取必要的保护措施。监察机关发现存在上述情形的，应当主动采取保护措施。

监察机关可以采取下列一项或者多项保护措施：

（一）不公开真实姓名、住址和工作单位等个人信息；

（二）禁止特定的人员接触证人、鉴定人、被害人及其近亲属；

（三）对人身和住宅采取专门性保护措施；

（四）其他必要的保护措施。

依法决定不公开证人、鉴定人、被害人的真实姓名、住址和工作单位等个人信息的，可以在询问笔录等法律文书、证据材料中使用化名。但是应当另行书面说明使用化名的情况并标明密级，单独成卷。

监察机关采取保护措施需要协助的，可以提请公安机关等有关单位和要求有关个人依法予以协助。

第九十一条 本条例第七十六条至第七十九条的要求，也适用于询问。询问重要涉案人员，根据情况适用本条例第七十五条的规定。

询问被害人，适用询问证人的规定。

第六节 留　　置

第九十二条 监察机关调查严重职务违法或者职务犯罪，对于符合监察法第二十二条第一款规定的，经依法审批，可以对被调查人采取留置措施。

监察法第二十二条第一款规定的严重职务违法，是指根据监察机关已经掌握的事实及证据，被调查人涉嫌的职务违法行为情节严重，可能被给予撤职以上政务处分；重要问题，是指对被调查人涉嫌的职务违法或者职务犯罪，在定性处置、定罪量刑等方面有重要影响的事实、情节及证据。

监察法第二十二条第一款规定的已经掌握其部分违法犯罪事实及证据，是指同时具备下列情形：

（一）有证据证明发生了违法犯罪事实；

（二）有证据证明该违法犯罪事实是被调查人实施；

（三）证明被调查人实施违法犯罪行为的证据已经查证属实。

部分违法犯罪事实，既可以是单一违法犯罪行为的事实，也可以是数个违法犯罪行为中任何一个违法犯罪行为的事实。

第九十三条 被调查人具有下列情形之一的，可以认定为监察法第二十二条第一款第二项所规定的可能逃跑、自杀：

（一）着手准备自杀、自残或者逃跑的；

（二）曾经有自杀、自残或者逃跑行为的；

（三）有自杀、自残或者逃跑意图的；

（四）其他可能逃跑、自杀的情形。

第九十四条 被调查人具有下列情形之一的，可以认定为监察法第二十二条第一款第三项所规定的可能串供或者伪造、隐匿、毁灭证据：

（一）曾经或者企图串供，伪造、隐匿、毁灭、转移证据的；

（二）曾经或者企图威逼、恐吓、利诱、收买证人，干扰证人作证的；

（三）有同案人或者与被调查人存在密切关联违法犯罪的涉案人员在逃，重要证据尚未收集完成的；

（四）其他可能串供或者伪造、隐匿、毁灭证据的情形。

第九十五条 被调查人具有下列情形之一的，可以认定为监察法第二十二条第一款第四项所规定的可能有其他妨碍调查行为：

（一）可能继续实施违法犯罪行为的；

（二）有危害国家安全、公共安全等现实危险的；

（三）可能对举报人、控告人、被害人、证人、鉴定人等相关人员实施打击报复的；

（四）无正当理由拒不到案，严重影响调查的；

（五）其他可能妨碍调查的行为。

第九十六条 对下列人员不得采取留置措施：

（一）患有严重疾病、生活不能自理的；

（二）怀孕或者正在哺乳自己婴儿的妇女；

（三）系生活不能自理的人的唯一扶养人。

上述情形消除后，根据调查需要可以对相关人员采取留置措施。

第九十七条 采取留置措施时，调查人员不得少于二人，应当向被留置人员宣布《留置决定书》，告知被留置人员权利义务，要求其在《留置决定书》上签名、捺指印。被留置人员拒绝签名、捺指印的，调查人员应当在文书上记明。

第九十八条 采取留置措施后，应当在二十四小时以内通知被留置人员所在单位和家属。当面通知的，由有关人员在《留置通知书》上签名。无法当面通知的，可以先以电话等方式通知，并通过邮寄、转交等方式送达《留置通知书》，要求有关人员在《留置通知书》上签名。

因可能毁灭、伪造证据，干扰证人作证或者串供等有碍调查情形而不宜通知的，应当按规定报批，记录在案。有碍调查的情形消失后，应当立即通知被留置人员所在单位和家属。

第九十九条 县级以上监察机关需要提请公安机关协助采取留置措施的，应当按规定报批，请同级公安机关依法予以协助。提请协助时，应当出具《提请协助采取留置措施函》，列明提请协助的具体事项和建议，协助采取措施的时间、地点等内容，附《留置决定书》复印件。

因保密需要，不适合在采取留置措施前向公安机关告知留置对象姓名的，可以作出说明，进行保密处理。

需要提请异地公安机关协助采取留置措施的，应当按规定报批，向协作地同级监察机关出具协作函件和相关文书，由协作地监察机关提请当地公安机关依法予以协助。

第一百条 留置过程中，应当保障被留置人员的合法权益，尊重其人格和民族习俗，保障饮食、休息和安全，提供医疗服务。

第一百零一条 留置时间不得超过三个月，自向被留置人员宣布之日起算。具有下列情形之一的，经审批可以延长一次，延长时间不得超过三个月：

（一）案情重大，严重危害国家利益或者公共利益的；

（二）案情复杂，涉案人员多、金额巨大，涉及范围广的；

（三）重要证据尚未收集完成，或者重要涉案人员尚未到案，导致违法犯罪的主要事实仍须继续调查的；

（四）其他需要延长留置时间的情形。

省级以下监察机关采取留置措施的，延长留置时间应当报上一级监察机关批准。

延长留置时间的，应当在留置期满前向被留置人员宣布延长留置时间的决定，要求其在《延长留置时间决定书》上签名、捺指印。被留置人员拒绝签名、捺指印的，调查人员应当在文书上记明。

延长留置时间的，应当通知被留置人员家属。

第一百零二条 对被留置人员不需要继续采取留置措施的，应当按规定报批，及时解除留置。

调查人员应当向被留置人员宣布解除留置措施的决定，由其在《解除留置决定书》上签名、捺指印。被留置人员拒绝签名、捺指印的，调查人员应当在文书上记明。

解除留置措施的，应当及时通知被留置人员所在单位或者家属。调查人员应当与交接人办理交接手续，并由其在《解除留置通知书》上签名。无法通知或者有关人员拒绝签名的，调查人员应当在文书上记明。

案件依法移送人民检察院审查起诉的，留置措施自犯罪嫌疑人被执行拘留时自动解除，不再办理解除法律手续。

第一百零三条 留置场所应当建立健全保密、消防、医疗、餐饮及安保等安全工作责任制，制定紧急突发事件处置预案，采取安全防范措施。

留置期间发生被留置人员死亡、伤残、脱逃等办案安全事故、事件的，应当及时做好处置工作。相关情况应当立即报告监察机关主要负责人，并在二十四小时以内逐级上报至国家监察委员会。

第七节　查询、冻结

第一百零四条 监察机关调查严重职务违法或者职务犯罪，根据工作需要，按规定报批后，可以依法查询、冻结涉案单位和个人的存款、汇款、债券、股票、基金份额等财产。

第一百零五条 查询、冻结财产时，调查人员不得少于二人。调查人员应当出具《协助查询财产通知书》或者《协助冻结财产通知书》，送交银行或者其他金融机构、邮政部门等单位执行。有关单位和个人应当予以配合，并严格保密。

查询财产应当在《协助查询财产通知书》中填写查询账号、查询内容等信息。没有具体账号的，应当填写足以确定账户或者权利人的自然人姓名、身份证件号码或者企业法人名称、统一社会信用代码等信息。

冻结财产应当在《协助冻结财产通知书》中填写冻结账户名称、冻结账号、冻结数额、冻结期限起止时间等信息。冻结数额应当具体、明确，暂时无法确定具体数额的，应当在《协助冻结财产通知书》上明确写明“只收不付”。冻结证券和交易结算资金时，应当明确冻结的范围是否及于孳息。

冻结财产，应当为被调查人及其所扶养的亲属保留必需的生活费用。

第一百零六条 调查人员可以根据需要对查询结果进行打印、抄录、复制、拍照，要求相关单位在有关材料上加盖证明印章。对查询结果有疑问的，可以要求相关单位进行书面解释并加盖印章。

第一百零七条 监察机关对查询信息应当加强管理，规范信息交接、调阅、使用程序和手续，防止滥用和泄露。

调查人员不得查询与案件调查工作无关的信息。

第一百零八条 冻结财产的期限不得超过六个月。冻结期限到期未办理续冻手续的，冻结自动解除。

有特殊原因需要延长冻结期限的，应当在到期前按原程序报批，办理续冻手续。每次续冻期限不得超过六个月。

第一百零九条 已被冻结的财产可以轮候冻结，不得重复冻结。轮候冻结的，监察机关应当要求有关银行或者其他金融机构等单位在解除冻结或者作出处理前予以通知。

监察机关接受司法机关、其他监察机关等国家机关移送的涉案财物后，该国家机关采取的冻结期限届满，监察机关续行冻结的顺位与该国家机关冻结的顺位相同。

第一百一十条 冻结财产应当通知权利人或者其法定代理人、委托代理人，要求其在《冻结财产告知书》上签名。冻结股票、债券、基金份额等财产，应当告知权利人或者其法定代理人、委托代理人有权申请出售。

对于被冻结的股票、债券、基金份额等财产，权利人或者其法定代理人、委托代理人申请出售，不损害国家利益、被害人利益，不影响调查正常进行的，经审批可以在案件办结前由相关机构依法出售或者变现。对于被冻结的汇票、本票、支票即将到期的，经审批可以在案件办结前由相关机构依法出售或者变现。出售上述财产的，应当出具《许可出售冻结财产通知书》。

出售或者变现所得价款应当继续冻结在其对应的银行账户中；没有对应的银行账户的，应当存入监察机关指定的专用账户保管，并将存款凭证送监察机关登记。监察机关应当及时向权利人或者其法定代理人、委托代理人出具《出售冻结财产通知书》，并要求其签名。拒绝签名的，调查人员应当在文书上记明。

第一百一十一条 对于冻结的财产，应当及时核查。经查明与案件无关的，经审批，应当在查明后三日以内将《解除冻结财产通知书》送交有关单位执行。解除情况应当告知被冻结财产的权利人或者其法定代理人、委托代理人。

第八节 搜 查

第一百一十二条 监察机关调查职务犯罪案件，为了收集犯罪证据、查获被调查人，按规定报批后，可以依法对被调查人以及可能隐藏被调查人或者犯罪证据的人的身体、物品、住处、工作地点和其他有关地方进行搜查。

第一百一十三条 搜查应当在调查人员主持下进行，调查人员不得少于二人。搜查女性的身体，由女性工作人员进行。

搜查时，应当有被搜查人或者其家属、其所在单位工作人员或者其他见证人在场。监察人员不得作为见证人。调查人员应当向被搜查人或者其家属、见证人出示《搜查证》，要求其签名。被搜查人或者其家属不在场，或者拒绝签名的，调查人员应当在文书上记明。

第一百一十四条 搜查时，应当要求在场人员予以配合，不得进行阻碍。对以暴力、威胁等方法阻碍搜查的，应当依法制止。对阻碍搜查构成违法犯罪的，依法追究法律责任。

第一百一十五条 县级以上监察机关需要提请公安机关依法协助采取搜查措施的，应当按规定报批，请同级公安机关予以协助。提请协助时，应当出具《提请协助采取搜查措施函》，列明提请协助的具体事项和建议，搜查时间、地点、目的等内容，附《搜查证》复印件。

需要提请异地公安机关协助采取搜查措施的，应当按规定报批，向协作地同级监察机关出具协作函件和相关文书，由协作地监察机关提请当地公安机关予以协助。

第一百一十六条 对搜查取证工作，应当全程同步录音录像。

对搜查情况应当制作《搜查笔录》，由调查人员和被搜查人或者其家属、见证人签名。被搜查人或者其家属不在场，或者拒绝签名的，调查人员应当在笔录中记明。

对于查获的重要物证、书证、视听资料、电子数据及其放置、存储位置应当拍照，并在《搜查笔录》中作出文字说明。

第一百一十七条 搜查时，应当避免未成年人或者其他不适宜在搜查现场的人在场。

搜查人员应当服从指挥、文明执法，不得擅自变更搜查对象和扩大搜查范围。搜查的具体时间、方法，在实施前应当严格保密。

第一百一十八条 在搜查过程中查封、扣押财物和文件的，按照查封、扣押的有关规定办理。

第九节 调　　取

第一百一十九条 监察机关按规定报批后，可以依法向有关单位和个人调取用以证明案件事实的证据材料。

第一百二十条 调取证据材料时，调查人员不得少于二人。调查人员应当依法出具《调取证据通知书》，必要时附《调取证据清单》。

有关单位和个人配合监察机关调取证据，应当严格保密。

第一百二十一条 调取物证应当调取原物。原物不便搬运、保存，或者依法应当返还，或者因保密工作需要不能调取原物的，可以将原物封存，并拍照、录像。对原物拍照或者录像时，应当足以反映原物的外形、内容。

调取书证、视听资料应当调取原件。取得原件确有困难或者因保密工作需要不能调取原件的，可以调取副本或者复制件。

调取物证的照片、录像和书证、视听资料的副本、复制件的，应当书面记明不能调取原物、原件的原因，原物、原件存放地点，制作过程，是否与原物、原件相符，并由调查人员和物证、书证、视听资料原持有人签名或者盖章。持有人无法签名、盖章或者拒绝签名、盖章的，应当在笔录中记明，由见证人签名。

第一百二十二条 调取外文材料作为证据使用的，应当交由具有资质的机构和人员出具中文译本。中文译本应当加盖翻译机构公章。

第一百二十三条 收集、提取电子数据，能够扣押原始存储介质的，应当予以扣押、封存并在笔录中记录封存状态。无法扣押原始存储介质的，可以提取电子数据，但应当在笔录中记明不能扣押的原因、原始存储介质的存放地点或者电子数据的来源等情况。

由于客观原因无法或者不宜采取前款规定方式收集、提取电子数据的，可以采取打印、拍照或者录像等方式固定相关证据，并在笔录中说明原因。

收集、提取的电子数据，足以保证完整性，无删除、修改、增加等情形的，可以作为证据使用。

收集、提取电子数据，应当制作笔录，记录案由、对象、内容，收集、提取电子数据的时间、地点、方法、过程，并附电子数据清单，注明类别、文件格式、完整性校验值等，由调查人员、电子数据持有人（提供人）签名或者盖章；电子数据持有人（提供人）无法签名或者拒绝签名的，应当在笔录中记明，由见证人签名或者盖章。有条件的，应当对相关活动进行录像。

第一百二十四条 调取的物证、书证、视听资料等原件，经查明与案件无关的，经审批，应当在查明后三日以内退还，并办理交接手续。

第十节　查封、扣押

第一百二十五条 监察机关按规定报批后，可以依法查封、扣押用以证明被调查人涉嫌违法犯罪以及情节轻重的财物、文件、电子数据等证据材料。

对于被调查人到案时随身携带的物品，以及被调查人或者其他相关人员主动上交的财物和文件，依法需要扣押的，依照前款规定办理。对于被调查人随身携带的与案件无关的个人用品，应当逐件登记，随案移交或者退还。

第一百二十六条 查封、扣押时，应当出具《查封/扣押通知书》，调查人员不得少于二人。持有人拒绝交出应当查封、扣押的财物和文件的，可以依法强制查封、扣押。

调查人员对于查封、扣押的财物和文件，应当会同在场见证人和被查封、扣押财物持有人进行清点核对，开列《查封/扣押财物、文件清单》，由调查人员、见证人和持有人签名或者盖章。持有人不在场或者拒绝签名、盖章的，调查人员应当在清单上记明。

查封、扣押财物，应当为被调查人及其所扶养的亲属保留必需的生活费用和物品。

第一百二十七条 查封、扣押不动产和置于该不动产上不宜移动的设施、家具和其他相关财物，以及车辆、船舶、航空器和大型机械、设备等财物，必要时可以依法扣押其权利证书，经拍照或者录像后原地封存。调查人员应当在查封清单上记明相关财物的所在地址和特征，已经拍照或者录像及其权利证书被扣押的情况，由调查人员、见证人和持有人签名或者盖章。持有人不在场或者拒绝签名、盖章的，调查人员应当在清单上记明。

查封、扣押前款规定财物的，必要时可以将被查封财物交给持有人或者其近亲属保管。调查人员应当告知保管人妥善保管，不得对被查封财物进行转移、变卖、毁损、抵押、赠予等处理。

调查人员应当将《查封/扣押通知书》送达不动产、生产设备或者车辆、船舶、航空器等财物的登记、管理部门，告知其在查封期间禁止办理抵押、转让、出售等权属关系变更、转移登记手续。相关情况应当在查封清单上记明。被查封、扣押的财物已经办理抵押登记的，监察机关在执行没收、追缴、责令退赔等决定时应当及时通知抵押权人。

第一百二十八条 查封、扣押下列物品，应当依法进行相应的处理：

（一）查封、扣押外币、金银珠宝、文物、名贵字画以及其他不易辨别真伪的贵重物品，具备当场密封条件的，应当当场密封，由二名以上调查人员在密封材料上签名并记明密封时间。不具备当场密封条件的，应当在笔录中记明，以拍照、录像等方法加以保全后进行封存。查封、扣押的贵重物品需要鉴定的，应当及时鉴定。

（二）查封、扣押存折、银行卡、有价证券等支付凭证和具有一定特征能够证明案情的现金，应当记明特征、编号、种类、面值、张数、金额等，当场密封，由二名以上调查人员在密封材料上签名并记明密封时间。

（三）查封、扣押易损毁、灭失、变质等不宜长期保存的物品以及有消费期限的卡、券，应当在笔录中记明，以拍照、录像等方法加以保全后进行封存，或者经审批委托有关机构变卖、拍卖。变卖、拍卖的价款存入专用账户保管，待调查终结后一并处理。

（四）对于可以作为证据使用的录音录像、电子数据存储介质，应当记明案由、对象、内容，录制、复制的时间、地点、规格、类别、应用长度、文件格式及长度等，制作清单。具备查封、扣押条件的电子设备、存储介质应当密封保存。必要时，可以请有关机关协助。

（五）对被调查人使用违法犯罪所得与合法收入共同购置的不可分割的财产，可以先行查封、扣押。对无法分割退还的财产，涉及违法的，可以在结案后委托有关单位拍卖、变卖，退还不属于违法所得的部分及孳息；涉及职务犯罪的，依法移送司法机关处置。

（六）查封、扣押危险品、违禁品，应当及时送交有关部门，或者根据工作需要严格封存保管。

第一百二十九条 对于需要启封的财物和文件，应当由二名以上调查人员共同办理。重新密封时，由二名以上调查人员在密封材料上签名、记明时间。

第一百三十条 查封、扣押涉案财物，应当按规定将涉案财物详细信息、《查封/扣押财物、文件清单》录入并上传监察机关涉案财物信息管理系统。

对于涉案款项，应当在采取措施后十五日以内存入监察机关指定的专用账户。对于涉案物品，应当在采取措施后三十日以内移交涉案财物保管部门保管。因特殊原因不能按时存入专用账户或者移交保管的，应当按规定报批，将保管情况录入涉案财物信息管理系统，在原因消除后及时存入或者移交。

第一百三十一条 对于已移交涉案财物保管部门保管的涉案财物，根据调查工作需要，经审批可以临时调用，并应当确保完好。调用结束后，应当及时归还。调用和归还时，调查人员、保管人员应当当面清点查验。保管部门应当对调用和归还情况进行登记，全程录像并上传涉案财物信息管理系统。

第一百三十二条 对于被扣押的股票、债券、基金份额等财产，以及即将到期的汇票、本票、支票，依法需要出售或者变现的，按照本条例关于出售冻结财产的规定办理。

第一百三十三条 监察机关接受司法机关、其他监察机关等国家机关移送的涉案财物后，该国家机关采取的查封、扣押期限届满，监察机关续行查封、扣押的顺位与该国家机关查封、扣押的顺位相同。

第一百三十四条 对查封、扣押的财物和文件，应当及时进行核查。经查明与案件无关的，经审批，应当在查明后三日以内解除查封、扣押，予以退还。解除查封、扣押的，应当向有关单位、原持有人或者近亲属送达《解除查封/扣押通知书》，附《解除查封/扣押财物、文件清单》，要求其签名或者盖章。

第一百三十五条 在立案调查之前，对监察对象及相关人员主动上交的涉案财物，经审批可以接收。

接收时，应当由二名以上调查人员，会同持有人和见证人进行清点核对，当场填写《主动上交财物登记表》。调查人员、持有人和见证人应当在登记表上签名或者盖章。

对于主动上交的财物，应当根据立案及调查情况及时决定是否依法查封、扣押。

第十一节 勘验检查

第一百三十六条 监察机关按规定报批后，可以依法对与违法犯罪有关的场所、物品、人身、尸体、电子数据等进行勘验检查。

第一百三十七条 依法需要勘验检查的，应当制作《勘验检查证》；需要委托勘验检查的，应当出具《委托勘验检查书》，送具有专门知识、勘验检查资格的单位（人员）办理。

第一百三十八条 勘验检查应当由二名以上调查人员主持，邀请与案件无关的见证人在场。勘验检查情况应当制作笔录，并由参加勘验检查人员和见证人签名。

勘验检查现场、拆封电子数据存储介质应当全程同步录音录像。对现场情况应当拍摄现场照片、制作现场图，并由勘验检查人员签名。

第一百三十九条 为了确定被调查人或者相关人员的某些特征、伤害情况或者生理状态，可以依法对其人身进行检查。必要时可以聘请法医或者医师进行人身检查。检查女性身体，应当由女性工作人员或者医师进行。被调查人拒绝检查的，可以依法强制检查。

人身检查不得采用损害被检查人生命、健康或者贬低其名誉、人格的方法。对人身检查过程中知悉的个人隐私，应当严格保密。

对人身检查的情况应当制作笔录，由参加检查的调查人员、检查人员、被检查人员和见证人签名。被检查人员拒绝签名的，调查人员应当在笔录中记明。

第一百四十条 为查明案情，在必要的时候，经审批可以依法进行调查实验。调查实验，可以聘请有关专业人员参加，也可以要求被调查人、被害人、证人参加。

进行调查实验，应当全程同步录音录像，制作调查实验笔录，由参加实验的人签名。进行调查实验，禁止一切足以造成危险、侮辱人格的行为。

第一百四十一条 调查人员在必要时，可以依法让被害人、证人和被调查人对与违法犯罪有关的物品、文件、尸体或者场所进行辨认；也可以让被害人、证人对被调查人进行辨认，或者让被调查人对涉案人员进行辨认。

辨认工作应当由二名以上调查人员主持进行。在辨认前，应当向辨认人详细询问辨认对象的具体特征，避免辨认人见到辨认对象，并告知辨认人作虚假辨认应当承担的法律责任。几名辨认人对同一辨认对象进行辨认时，应当由辨认人个别进行。辨认应当形成笔录，并由调查人员、辨认人签名。

第一百四十二条 辨认人员时，被辨认的人数不得少于七人，照片不得少于十张。

辨认人不愿公开进行辨认时，应当在不暴露辨认人的情况下进行辨认，并为其保守秘密。

第一百四十三条 组织辨认物品时一般应当辨认实物。被辨认的物品系名贵字画等贵重物品或者存在不便搬运等情况的，可以对实物照片进行辨认。辨认人进行辨认时，应当在辨认出的实物照片与附纸骑缝上捺指印予以确认，在附纸上写明该实物涉案情况并签名、捺指印。

辨认物品时，同类物品不得少于五件，照片不得少于五张。

对于难以找到相似物品的特定物，可以将该物品照片交由辨认人进行确认后，在照片与附纸骑缝上捺指印，在附纸上写明该物品涉案情况并签名、捺指印。在辨认人确认前，应当向其详细询问物品的具体特征，并对确认过程和结果形成笔录。

第一百四十四条 辨认笔录具有下列情形之一的，不得作为认定案件的依据：

（一）辨认开始前使辨认人见到辨认对象的；

（二）辨认活动没有个别进行的；

（三）辨认对象没有混杂在具有类似特征的其他对象中，或者供辨认的对象数量不符合规定的，但特定辨认对象除外；

（四）辨认中给辨认人明显暗示或者明显有指认嫌疑的；

（五）辨认不是在调查人员主持下进行的；

（六）违反有关规定，不能确定辨认笔录真实性的其他情形。

辨认笔录存在其他瑕疵的，应当结合全案证据审查其真实性和关联性，作出综合判断。

第十二节　鉴　　定

第一百四十五条 监察机关为解决案件中的专门性问题，按规定报批后，可以依法进行鉴定。

鉴定时应当出具《委托鉴定书》，由二名以上调查人员送交具有鉴定资格的鉴定机构、鉴定人进行鉴定。

第一百四十六条 监察机关可以依法开展下列鉴定：

（一）对笔迹、印刷文件、污损文件、制成时间不明的文件和以其他形式表现的文件等进行鉴定；

（二）对案件中涉及的财务会计资料及相关财物进行会计鉴定；

（三）对被调查人、证人的行为能力进行精神病鉴定；

（四）对人体造成的损害或者死因进行人身伤亡医学鉴定；

（五）对录音录像资料进行鉴定；

（六）对因电子信息技术应用而出现的材料及其派生物进行电子证据鉴定；

（七）其他可以依法进行的专业鉴定。

第一百四十七条 监察机关应当为鉴定提供必要条件，向鉴定人送交有关检材和对比样本等原始材料，介绍与鉴定有关的情况。调查人员应当明确提出要求鉴定事项，但不得暗示或者强迫鉴定人作出某种鉴定意见。

监察机关应当做好检材的保管和送检工作，记明检材送检环节的责任人，确保检材在流转环节的同一性和不被污染。

第一百四十八条 鉴定人应当在出具的鉴定意见上签名，并附鉴定机构和鉴定人的资质证明或者其他证明文件。多个鉴定人的鉴定意见不一致的，应当在鉴定意见上记明分歧的内容和理由，并且分别签名。

监察机关对于法庭审理中依法决定鉴定人出庭作证的，应当予以协调。

鉴定人故意作虚假鉴定的，应当依法追究法律责任。

第一百四十九条 调查人员应当对鉴定意见进行审查。对经审查作为证据使用的鉴定意见，应当告知被调查人及相关单位、人员，送达《鉴定意见告知书》。

被调查人或者相关单位、人员提出补充鉴定或者重新鉴定申请，经审查符合法定要求的，应当按规定报批，进行补充鉴定或者重新鉴定。

对鉴定意见告知情况可以制作笔录，载明告知内容和被告知人的意见等。

第一百五十条 经审查具有下列情形之一的，应当补充鉴定：

（一）鉴定内容有明显遗漏的；

（二）发现新的有鉴定意义的证物的；

（三）对鉴定证物有新的鉴定要求的；

（四）鉴定意见不完整，委托事项无法确定的；

（五）其他需要补充鉴定的情形。

第一百五十一条 经审查具有下列情形之一的，应当重新鉴定：

（一）鉴定程序违法或者违反相关专业技术要求的；

（二）鉴定机构、鉴定人不具备鉴定资质和条件的；

（三）鉴定人故意作出虚假鉴定或者违反回避规定的；

（四）鉴定意见依据明显不足的；

（五）检材虚假或者被损坏的；

（六）其他应当重新鉴定的情形。

决定重新鉴定的，应当另行确定鉴定机构和鉴定人。

第一百五十二条 因无鉴定机构，或者根据法律法规等规定，监察机关可以指派、聘请具有专门知识的人就案件的专门性问题出具报告。

第十三节 技术调查

第一百五十三条 监察机关根据调查涉嫌重大贪污贿赂等职务犯罪需要，依照规定的权限和程序报经批准，可以依法采取技术调查措施，按照规定交公安机关或者国家有关执法机关依法执行。

前款所称重大贪污贿赂等职务犯罪，是指具有下列情形之一：

（一）案情重大复杂，涉及国家利益或者重大公共利益的；

（二）被调查人可能被判处十年以上有期徒刑、无期徒刑或者死刑的；

（三）案件在全国或者本省、自治区、直辖市范围内有较大影响的。

第一百五十四条 依法采取技术调查措施的，监察机关应当出具《采取技术调查措施委托函》《采取技术调查措施决定书》和《采取技术调查措施适用对象情况表》，送交有关机关执行。其中，设区的市级以下监察机关委托有关执行机关采取技术调查措施，还应当提供《立案决定书》。

第一百五十五条 技术调查措施的期限按照监察法的规定执行，期限届满前未办理延期手续的，到期自动解除。

对于不需要继续采取技术调查措施的，监察机关应当按规定及时报批，将《解除技术调查措施决定书》送交有关机关执行。

需要依法变更技术调查措施种类或者增加适用对象的，监察机关应当重新办理报批和委托手续，依法送交有关机关执行。

第一百五十六条 对于采取技术调查措施收集的信息和材料，依法需要作为刑事诉讼证据使用的，监察机关应当按规定报批，出具《调取技术调查证据材料通知书》向有关执行机关调取。

对于采取技术调查措施收集的物证、书证及其他证据材料，监察机关应当制作书面说明，写明获取证据的时间、地点、数量、特征以及采取技术调查措施的批准机关、种类等。调查人员应当在书面说明上签名。

对于采取技术调查措施获取的证据材料，如果使用该证据材料可能危及有关人员的人身安全，或者可能产生其他严重后果的，应当采取不暴露有关人员身份、技术方法等保护措施。必要时，可以建议由审判人员在庭外进行核实。

第一百五十七条 调查人员对采取技术调查措施过程中知悉的国家秘密、商业秘密、个人隐私，应当严格保密。

采取技术调查措施获取的证据、线索及其他有关材料，只能用于对违法犯罪的调查、起诉和审判，不得用于其他用途。

对采取技术调查措施获取的与案件无关的材料，应当经审批及时销毁。对销毁情况应当制作记录，由调查人员签名。

第十四节　通　　缉

第一百五十八条　县级以上监察机关对在逃的应当被留置人员，依法决定在本行政区域内通缉的，应当按规定报批，送交同级公安机关执行。送交执行时，应当出具《通缉决定书》，附《留置决定书》等法律文书和被通缉人员信息，以及承办单位、承办人员等有关情况。

通缉范围超出本行政区域的，应当报有决定权的上级监察机关出具《通缉决定书》，并附《留置决定书》及相关材料，送交同级公安机关执行。

第一百五十九条　国家监察委员会依法需要提请公安部对在逃人员发布公安部通缉令的，应当先提请公安部采取网上追逃措施。如情况紧急，可以向公安部同时出具《通缉决定书》和《提请采取网上追逃措施函》。

省级以下监察机关报请国家监察委员会提请公安部发布公安部通缉令的，应当先提请本地公安机关采取网上追逃措施。

第一百六十条　监察机关接到公安机关抓获被通缉人员的通知后，应当立即核实被抓获人员身份，并在接到通知后二十四小时以内派员办理交接手续。边远或者交通不便地区，至迟不得超过三日。

公安机关在移交前，将被抓获人员送往当地监察机关留置场所临时看管的，当地监察机关应当接收，并保障临时看管期间的安全，对工作信息严格保密。

监察机关需要提请公安机关协助将被抓获人员带回的，应当按规定报批，请本地同级公安机关依法予以协助。提请协助时，应当出具《提请协助采取留置措施函》，附《留置决定书》复印件及相关材料。

第一百六十一条　监察机关对于被通缉人员已经归案、死亡，或者依法撤销留置决定以及发现有其他不需要继续采取通缉措施情形的，应当经审批出具《撤销通缉通知书》，送交协助采取原措施的公安机关执行。

第十五节 限制出境

第一百六十二条 监察机关为防止被调查人及相关人员逃匿境外，按规定报批后，可以依法决定采取限制出境措施，交由移民管理机构依法执行。

第一百六十三条 监察机关采取限制出境措施应当出具有关函件，与《采取限制出境措施决定书》一并送交移民管理机构执行。其中，采取边控措施的，应当附《边控对象通知书》；采取法定不批准出境措施的，应当附《法定不准出境人员报备表》。

第一百六十四条 限制出境措施有效期不超过三个月，到期自动解除。

到期后仍有必要继续采取措施的，应当按原程序报批。承办部门应当出具有关函件，在到期前与《延长限制出境措施期限决定书》一并送交移民管理机构执行。延长期限每次不得超过三个月。

第一百六十五条 监察机关接到口岸移民管理机构查获被决定采取留置措施的边控对象的通知后，应当于二十四小时以内到达口岸办理移交手续。无法及时到达的，应当委托当地监察机关及时前往口岸办理移交手续。当地监察机关应当予以协助。

第一百六十六条 对于不需要继续采取限制出境措施的，应当按规定报批，及时予以解除。承办部门应当出具有关函件，与《解除限制出境措施决定书》一并送交移民管理机构执行。

第一百六十七条 县级以上监察机关在重要紧急情况下，经审批可以依法直接向口岸所在地口岸移民管理机构提请办理临时限制出境措施。

第五章 监察程序

第一节 线索处置

第一百六十八条 监察机关应当对问题线索归口受理、集中管理、分类处置、定期清理。

第一百六十九条 监察机关对于报案或者举报应当依法接受。属于本级监察机关管辖的，依法予以受理；属于其他监察机关管辖的，应当在五个工作日以内予以转送。

监察机关可以向下级监察机关发函交办检举控告，并进行督办，下级监察机关应当按期回复办理结果。

第一百七十条 对于涉嫌职务违法或者职务犯罪的公职人员主动投案的，应当依法接待和办理。

第一百七十一条 监察机关对于执法机关、司法机关等其他机关移送的问题线索，应当及时审核，并按照下列方式办理：

（一）本单位有管辖权的，及时研究提出处置意见；

（二）本单位没有管辖权但其他监察机关有管辖权的，在五个工作日以内转送有管辖权的监察机关；

（三）本单位对部分问题线索有管辖权的，对有管辖权的部分提出处置意见，并及时将其他问题线索转送有管辖权的机关；

（四）监察机关没有管辖权的，及时退回移送机关。

第一百七十二条 信访举报部门归口受理本机关管辖监察对象涉嫌职务违法和职务犯罪问题的检举控告，统一接收有关监察机关以及其他单位移送的相关检举控告，移交本机关监督检查部门或者相关部门，并将移交情况通报案件监督管理部门。

案件监督管理部门统一接收巡视巡察机构和审计机关、执法机关、司法机关等其他机关移送的职务违法和职务犯罪问题线索，按程序移交本机关监督检查部门或者相关部门办理。

监督检查部门、调查部门在工作中发现的相关问题线索，属于本部门受理范围的，应当报送案件监督管理部门备案；属于本机关其他部门受理范围的，经审批后移交案件监督管理部门分办。

第一百七十三条 案件监督管理部门应当对问题线索实行集中管理、动态更新，定期汇总、核对问题线索及处置情况，向监察机关主要负责人报告，并向相关部门通报。

问题线索承办部门应当指定专人负责管理线索，逐件编号登记、建立管理台账。线索管理处置各环节应当由经手人员签名，全程登记备查，及时与案件监督管理部门核对。

第一百七十四条 监督检查部门应当结合问题线索所涉及地区、部门、单位总体情况进行综合分析，提出处置意见并制定处置方案，经审批按照谈话、函询、初步核实、暂存待查、予以了结等方式进行处置，或者按照职责移送调查部门处置。

函询应当以监察机关办公厅（室）名义发函给被反映人，并抄送其所在单位和派驻监察机构主要负责人。被函询人应当在收到函件后十五个工作日以内写出说明材料，由其所在单位主要负责人签署意见后发函回复。被函询人为所在单位主要负责人的，或者被函询人所作说明涉及所在单位主要负责人的，应当直接发函回复监察机关。

被函询人已经退休的，按照第二款规定程序办理。

监察机关根据工作需要，经审批可以对谈话、函询情况进行核实。

第一百七十五条 检举控告人使用本人真实姓名或者本单位名称，有电话等具体联系方式的，属于实名检举控告。监察机关对实名检举控告应当优先办理、优先处置，依法给予答复。虽有署名但不是检举控告人真实姓名（单位名称）或者无法验证的检举控告，按照匿名检举控告处理。

信访举报部门对属于本机关受理的实名检举控告，应当在收到检举控告之日起十五个工作日以内按规定告知实名检举控告人受理情况，并做好记录。

调查人员应当将实名检举控告的处理结果在办结之日起十五个工作日以内向检举控告人反馈，并记录反馈情况。对检举控告人提出异议的应当如实记录，并向其进行说明；对提供新证据材料的，应当依法核查处理。

第二节 初步核实

第一百七十六条 监察机关对具有可查性的职务违法和职务犯罪问题线索，应当按规定报批后，依法开展初步核实工作。

第一百七十七条 采取初步核实方式处置问题线索，应当确定初步核实对象，制定工作方案，明确需要核实的问题和采取的措施，成立核查组。

在初步核实中应当注重收集客观性证据，确保真实性和准确性。

第一百七十八条 在初步核实中发现或者受理被核查人新的具有可查性的问题线索的，应当经审批纳入原初核方案开展核查。

第一百七十九条 核查组在初步核实工作结束后应当撰写初步核实情况报告，列明被核查人基本情况、反映的主要问题、办理依据、初步核实结果、存在疑点、处理建议，由全体人员签名。

承办部门应当综合分析初步核实情况，按照拟立案调查、予以了结、谈话提醒、暂存待查，或者移送有关部门、机关处理等方式提出处置建议，按照批准初步核实的程序报批。

第三节　立　　案

第一百八十条　监察机关经过初步核实，对于已经掌握监察对象涉嫌职务违法或者职务犯罪的部分事实和证据，认为需要追究其法律责任的，应当按规定报批后，依法立案调查。

第一百八十一条　监察机关立案调查职务违法或者职务犯罪案件，需要对涉嫌行贿犯罪、介绍贿赂犯罪或者共同职务犯罪的涉案人员立案调查的，应当一并办理立案手续。需要交由下级监察机关立案的，经审批交由下级监察机关办理立案手续。

对单位涉嫌受贿、行贿等职务犯罪，需要追究法律责任的，依法对该单位办理立案调查手续。对事故（事件）中存在职务违法或者职务犯罪问题，需要追究法律责任，但相关责任人员尚不明确的，可以以事立案。对单位立案或者以事立案后，经调查确定相关责任人员的，按照管理权限报批确定被调查人。

监察机关根据人民法院生效刑事判决、裁定和人民检察院不起诉决定认定的事实，需要对监察对象给予政务处分的，可以由相关监督检查部门依据司法机关的生效判决、裁定、决定及其认定的事实、性质和情节，提出给予政务处分的意见，按程序移送审理。对依法被追究行政法律责任的监察对象，需要给予政务处分的，应当依法办理立案手续。

第一百八十二条　对案情简单、经过初步核实已查清主要职务违法事实，应当追究监察对象法律责任，不再需要开展调查的，立案和移送审理可以一并报批，履行立案程序后再移送审理。

第一百八十三条　上级监察机关需要指定下级监察机关立案调查的，应当按规定报批，向被指定管辖的监察机关出具《指定管辖决定书》，由其办理立案手续。

第一百八十四条　批准立案后，应当由二名以上调查人员出示证件，向被调查人宣布立案决定。宣布立案决定后，应当及时向被调查人所在单位等相关组织送达《立案通知书》，并向被调查人所在单位主要负责人通报。

对涉嫌严重职务违法或者职务犯罪的公职人员立案调查并采取留置措施的，应当按规定通知被调查人家属，并向社会公开发布。

第四节 调 查

第一百八十五条 监察机关对已经立案的职务违法或者职务犯罪案件应当依法进行调查，收集证据查明违法犯罪事实。

调查职务违法或者职务犯罪案件，对被调查人没有采取留置措施的，应当在立案后一年以内作出处理决定；对被调查人解除留置措施的，应当在解除留置措施后一年以内作出处理决定。案情重大复杂的案件，经上一级监察机关批准，可以适当延长，但延长期限不得超过六个月。

被调查人在监察机关立案调查以后逃匿的，调查期限自被调查人到案之日起重新计算。

第一百八十六条 案件立案后，监察机关主要负责人应当依照法定程序批准确定调查方案。

监察机关应当组成调查组依法开展调查。调查工作应当严格按照批准的方案执行，不得随意扩大调查范围、变更调查对象和事项，对重要事项应当及时请示报告。调查人员在调查工作期间，未经批准不得单独接触任何涉案人员及其特定关系人，不得擅自采取调查措施。

第一百八十七条 调查组应当将调查认定的涉嫌违法犯罪事实形成书面材料，交给被调查人核对，听取其意见。被调查人应当在书面材料上签署意见。对被调查人签署不同意见或者拒不签署意见的，调查组应当作出说明或者注明情况。对被调查人提出申辩的事实、理由和证据应当进行核实，成立的予以采纳。

调查组对于立案调查的涉嫌行贿犯罪、介绍贿赂犯罪或者共同职务犯罪的涉案人员，在查明其涉嫌犯罪问题后，依照前款规定办理。

对于按照本条例规定，对立案和移送审理一并报批的案件，应当在报批前履行本条第一款规定的程序。

第一百八十八条 调查组在调查工作结束后应当集体讨论，形成调查报告。调查报告应当列明被调查人基本情况、问题线索来源及调查依据、调查过程，涉嫌的主要职务违法或者职务犯罪事实，被调查人的态度和认识，处置建议及法律依据，并由调查组组长以及有关人员签名。

对调查过程中发现的重要问题和形成的意见建议，应当形成专题报告。

第一百八十九条 调查组对被调查人涉嫌职务犯罪拟依法移送人民检察院审查起诉的，应当起草《起诉建议书》。《起诉建议书》应当载明被调查人基本情况，调查简况，认罪认罚情况，采取留置措施的时间，涉嫌职务犯罪事实以及证据，对被调查人从重、从轻、减轻或者免除处罚等情节，提出对被调查人移送起诉的理由和法律依据，采取强制措施的建议，并注明移送案卷数及涉案财物等内容。

调查组应当形成被调查人到案经过及量刑情节方面的材料，包括案件来源、到案经过，自动投案、如实供述、立功等量刑情节，认罪悔罪态度、退赃、避免和减少损害结果发生等方面的情况说明及相关材料。被检举揭发的问题已被立案、查破，被检举揭发人已被采取调查措施或者刑事强制措施、起诉或者审判的，还应当附有关法律文书。

第一百九十条 经调查认为被调查人构成职务违法或者职务犯罪的，应当区分不同情况提出相应处理意见，经审批将调查报告、职务违法或者职务犯罪事实材料、涉案财物报告、涉案人员处理意见等材料，连同全部证据和文书手续移送审理。

对涉嫌职务犯罪的案件材料应当按照刑事诉讼要求单独立卷，与《起诉建议书》、涉案财物报告、同步录音录像资料及其自查报告等材料一并移送审理。

调查全过程形成的材料应当案结卷成、事毕归档。

第五节　审　　理

第一百九十一条 案件审理部门收到移送审理的案件后，应当审核材料是否齐全、手续是否完备。对被调查人涉嫌职务犯罪的，还应当审核相关案卷材料是否符合职务犯罪案件立卷要求，是否在调查报告中单独表述已查明的涉嫌犯罪问题，是否形成《起诉建议书》。

经审核符合移送条件的，应当予以受理；不符合移送条件的，经审批可以暂缓受理或者不予受理，并要求调查部门补充完善材料。

第一百九十二条 案件审理部门受理案件后，应当成立由二人以上组成的审理组，全面审理案卷材料。

案件审理部门对于受理的案件，应当以监察法、政务处分法、刑法、

《中华人民共和国刑事诉讼法》等法律法规为准绳，对案件事实证据、性质认定、程序手续、涉案财物等进行全面审理。

案件审理部门应当强化监督制约职能，对案件严格审核把关，坚持实事求是、独立审理，依法提出审理意见。坚持调查与审理相分离的原则，案件调查人员不得参与审理。

第一百九十三条 审理工作应当坚持民主集中制原则，经集体审议形成审理意见。

第一百九十四条 审理工作应当在受理之日起一个月以内完成，重大复杂案件经批准可以适当延长。

第一百九十五条 案件审理部门根据案件审理情况，经审批可以与被调查人谈话，告知其在审理阶段的权利义务，核对涉嫌违法犯罪事实，听取其辩解意见，了解有关情况。与被调查人谈话时，案件审理人员不得少于二人。

具有下列情形之一的，一般应当与被调查人谈话：

（一）对被调查人采取留置措施，拟移送起诉的；

（二）可能存在以非法方法收集证据情形的；

（三）被调查人对涉嫌违法犯罪事实材料签署不同意见或者拒不签署意见的；

（四）被调查人要求向案件审理人员当面陈述的；

（五）其他有必要与被调查人进行谈话的情形。

第一百九十六条 经审理认为主要违法犯罪事实不清、证据不足的，应当经审批将案件退回承办部门重新调查。

有下列情形之一，需要补充完善证据的，经审批可以退回补充调查：

（一）部分事实不清、证据不足的；

（二）遗漏违法犯罪事实的；

（三）其他需要进一步查清案件事实的情形。

案件审理部门将案件退回重新调查或者补充调查的，应当出具审核意见，写明调查事项、理由、调查方向、需要补充收集的证据及其证明作用等，连同案卷材料一并送交承办部门。

承办部门补充调查结束后，应当经审批将补证情况报告及相关证据材料，连同案卷材料一并移送案件审理部门；对确实无法查明的事项或者无法补充的证据，应当作出书面说明。重新调查终结后，应当重新形成调查报告，依法移送审理。

重新调查完毕移送审理的，审理期限重新计算。补充调查期间不计入审理期限。

第一百九十七条 审理工作结束后应当形成审理报告，载明被调查人基本情况、调查简况、涉嫌违法或者犯罪事实、被调查人态度和认识、涉案财物处置、承办部门意见、审理意见等内容，提请监察机关集体审议。

对被调查人涉嫌职务犯罪需要追究刑事责任的，应当形成《起诉意见书》，作为审理报告附件。《起诉意见书》应当忠实于事实真象，载明被调查人基本情况，调查简况，采取留置措施的时间，依法查明的犯罪事实和证据，从重、从轻、减轻或者免除处罚等情节，涉案财物情况，涉嫌罪名和法律依据，采取强制措施的建议，以及其他需要说明的情况。

案件审理部门经审理认为现有证据不足以证明被调查人存在违法犯罪行为，且通过退回补充调查仍无法达到证明标准的，应当提出撤销案件的建议。

第一百九十八条 上级监察机关办理下级监察机关管辖案件的，可以经审理后按程序直接进行处置，也可以经审理形成处置意见后，交由下级监察机关办理。

第一百九十九条 被指定管辖的监察机关在调查结束后应当将案件移送审理，提请监察机关集体审议。

上级监察机关将其所管辖的案件指定管辖的，被指定管辖的下级监察机关应当按照前款规定办理后，将案件报上级监察机关依法作出政务处分决定。上级监察机关在作出决定前，应当进行审理。

上级监察机关将下级监察机关管辖的案件指定其他下级监察机关管辖的，被指定管辖的监察机关应当按照第一款规定办理后，将案件送交有管理权限的监察机关依法作出政务处分决定。有管理权限的监察机关应当进行审理，审理意见与被指定管辖的监察机关意见不一致的，双方应当进行沟通；经沟通不能取得一致意见的，报请有权决定的上级监察机关决定。经协商，有管理权限的监察机关在被指定管辖的监察机关审理阶段可以提前阅卷，沟通了解情况。

对于前款规定的重大、复杂案件，被指定管辖的监察机关经集体审议后将处理意见报有权决定的上级监察机关审核同意的，有管理权限的监察机关可以经集体审议后依法处置。

第六节　处　　置

第二百条　监察机关根据监督、调查结果，依据监察法、政务处分法等规定进行处置。

第二百零一条　监察机关对于公职人员有职务违法行为但情节较轻的，可以依法进行谈话提醒、批评教育、责令检查，或者予以诫勉。上述方式可以单独使用，也可以依据规定合并使用。

谈话提醒、批评教育应当由监察机关相关负责人或者承办部门负责人进行，可以由被谈话提醒、批评教育人所在单位有关负责人陪同；经批准也可以委托其所在单位主要负责人进行。对谈话提醒、批评教育情况应当制作记录。

被责令检查的公职人员应当作出书面检查并进行整改。整改情况在一定范围内通报。

诫勉由监察机关以谈话或者书面方式进行。以谈话方式进行的，应当制作记录。

第二百零二条　对违法的公职人员依法需要给予政务处分的，应当根据情节轻重作出警告、记过、记大过、降级、撤职、开除的政务处分决定，制作政务处分决定书。

第二百零三条　监察机关应当将政务处分决定书在作出后一个月以内送达被处分人和被处分人所在机关、单位，并依法履行宣布、书面告知程序。

政务处分决定自作出之日起生效。有关机关、单位、组织应当依法及时执行处分决定，并将执行情况向监察机关报告。处分决定应当在作出之日起一个月以内执行完毕，特殊情况下经监察机关批准可以适当延长办理期限，最迟不得超过六个月。

第二百零四条　监察机关对不履行或者不正确履行职责造成严重后果或者恶劣影响的领导人员，可以按照管理权限采取通报、诫勉、政务处分等方式进行问责；提出组织处理的建议。

第二百零五条　监察机关依法向监察对象所在单位提出监察建议的，

应当经审批制作监察建议书。

监察建议书一般应当包括下列内容：

（一）监督调查情况；

（二）调查中发现的主要问题及其产生的原因；

（三）整改建议、要求和期限；

（四）向监察机关反馈整改情况的要求。

第二百零六条 监察机关经调查，对没有证据证明或者现有证据不足以证明被调查人存在违法犯罪行为的，应当依法撤销案件。省级以下监察机关撤销案件后，应当在七个工作日以内向上一级监察机关报送备案报告。上一级监察机关监督检查部门负责备案工作。

省级以下监察机关拟撤销上级监察机关指定管辖或者交办案件的，应当将《撤销案件意见书》连同案卷材料，在法定调查期限到期七个工作日前报指定管辖或者交办案件的监察机关审查。对于重大、复杂案件，在法定调查期限到期十个工作日前报指定管辖或者交办案件的监察机关审查。

指定管辖或者交办案件的监察机关由监督检查部门负责审查工作。指定管辖或者交办案件的监察机关同意撤销案件的，下级监察机关应当作出撤销案件决定，制作《撤销案件决定书》；指定管辖或者交办案件的监察机关不同意撤销案件的，下级监察机关应当执行该决定。

监察机关对于撤销案件的决定应当向被调查人宣布，由其在《撤销案件决定书》上签名、捺指印，立即解除留置措施，并通知其所在机关、单位。

撤销案件后又发现重要事实或者有充分证据，认为被调查人有违法犯罪事实需要追究法律责任的，应当重新立案调查。

第二百零七条 对于涉嫌行贿等犯罪的非监察对象，案件调查终结后依法移送起诉。综合考虑行为性质、手段、后果、时间节点、认罪悔罪态度等具体情况，对于情节较轻，经审批不予移送起诉的，应当采取批评教育、责令具结悔过等方式处置；应当给予行政处罚的，依法移送有关行政执法部门。

对于有行贿行为的涉案单位和人员，按规定记入相关信息记录，可以作为信用评价的依据。

对于涉案单位和人员通过行贿等非法手段取得的财物及孳息，应当依法予以没收、追缴或者责令退赔。对于违法取得的其他不正当利益，依照法律法规及有关规定予以纠正处理。

第二百零八条 对查封、扣押、冻结的涉嫌职务犯罪所得财物及孳息应当妥善保管，并制作《移送司法机关涉案财物清单》随案移送人民检察院。对作为证据使用的实物应当随案移送；对不宜移送的，应当将清单、照片和其他证明文件随案移送。

对于移送人民检察院的涉案财物，价值不明的，应当在移送起诉前委托进行价格认定。在价格认定过程中，需要对涉案财物先行作出真伪鉴定或者出具技术、质量检测报告的，应当委托有关鉴定机构或者检测机构进行真伪鉴定或者技术、质量检测。

对不属于犯罪所得但属于违法取得的财物及孳息，应当依法予以没收、追缴或者责令退赔，并出具有关法律文书。

对经认定不属于违法所得的财物及孳息，应当及时予以返还，并办理签收手续。

第二百零九条 监察机关经调查，对违法取得的财物及孳息决定追缴或者责令退赔的，可以依法要求公安、自然资源、住房城乡建设、市场监管、金融监管等部门以及银行等机构、单位予以协助。

追缴涉案财物以追缴原物为原则，原物已经转化为其他财物的，应当追缴转化后的财物；有证据证明依法应当追缴、没收的涉案财物无法找到、被他人善意取得、价值灭失减损或者与其他合法财产混合且不可分割的，可以依法追缴、没收其他等值财产。

追缴或者责令退赔应当自处置决定作出之日起一个月以内执行完毕。因被调查人的原因逾期执行的除外。

人民检察院、人民法院依法将不认定为犯罪所得的相关涉案财物退回监察机关的，监察机关应当依法处理。

第二百一十条 监察对象对监察机关作出的涉及本人的处理决定不服的，可以在收到处理决定之日起一个月以内，向作出决定的监察机关申请复审。复审机关应当依法受理，并在受理后一个月以内作出复审决定。监察对象对复审决定仍不服的，可以在收到复审决定之日起一个月以内，向上一级监察机关申请复核。复核机关应当依法受理，并在受理后二个月以内作出复核决定。

上一级监察机关的复核决定和国家监察委员会的复审、复核决定为最终决定。

第二百一十一条 复审、复核机关承办部门应当成立工作组，调阅原案卷宗，必要时可以进行调查取证。承办部门应当集体研究，提出办理意见，经审批作出复审、复核决定。决定应当送达申请人，抄送相关单位，并在一定范围内宣布。

复审、复核期间，不停止原处理决定的执行。复审、复核机关经审查认定处理决定有错误或者不当的，应当依法撤销、变更原处理决定，或者责令原处理机关及时予以纠正。复审、复核机关经审查认定处理决定事实清楚、适用法律正确的，应当予以维持。

坚持复审复核与调查审理分离，原案调查、审理人员不得参与复审复核。

第七节　移送审查起诉

第二百一十二条 监察机关决定对涉嫌职务犯罪的被调查人移送起诉的，应当出具《起诉意见书》，连同案卷材料、证据等，一并移送同级人民检察院。

监察机关案件审理部门负责与人民检察院审查起诉的衔接工作，调查、案件监督管理等部门应当予以协助。

国家监察委员会派驻或者派出的监察机构、监察专员调查的职务犯罪案件，应当依法移送省级人民检察院审查起诉。

第二百一十三条 涉嫌职务犯罪的被调查人和涉案人员符合监察法第三十一条、第三十二条规定情形的，结合其案发前的一贯表现、违法犯罪行为的情节、后果和影响等因素，监察机关经综合研判和集体审议，报上一级监察机关批准，可以在移送人民检察院时依法提出从轻、减轻或者免除处罚等从宽处罚建议。报请批准时，应当一并提供主要证据材料、忏悔反思材料。

上级监察机关相关监督检查部门负责审查工作，重点审核拟认定的从宽处罚情形、提出的从宽处罚建议，经审批在十五个工作日以内作出批复。

第二百一十四条 涉嫌职务犯罪的被调查人有下列情形之一，如实交代自己主要犯罪事实的，可以认定为监察法第三十一条第一项规定的自动投案，真诚悔罪悔过：

（一）职务犯罪问题未被监察机关掌握，向监察机关投案的；

（二）在监察机关谈话、函询过程中，如实交代监察机关未掌握的涉嫌职务犯罪问题的；

（三）在初步核实阶段，尚未受到监察机关谈话时投案的；

（四）职务犯罪问题虽被监察机关立案，但尚未受到讯问或者采取留置措施，向监察机关投案的；

（五）因伤病等客观原因无法前往投案，先委托他人代为表达投案意愿，或者以书信、网络、电话、传真等方式表达投案意愿，后到监察机关接受处理的；

（六）涉嫌职务犯罪潜逃后又投案，包括在被通缉、抓捕过程中投案的；

（七）经查实确已准备去投案，或者正在投案途中被有关机关抓获的；

（八）经他人规劝或者在他人陪同下投案的；

（九）虽未向监察机关投案，但向其所在党组织、单位或者有关负责人员投案，向有关巡视巡察机构投案，以及向公安机关、人民检察院、人民法院投案的；

（十）具有其他应当视为自动投案的情形的。

被调查人自动投案后不能如实交代自己的主要犯罪事实，或者自动投案并如实供述自己的罪行后又翻供的，不能适用前款规定。

第二百一十五条 涉嫌职务犯罪的被调查人有下列情形之一的，可以认定为监察法第三十一条第二项规定的积极配合调查工作，如实供述监察机关还未掌握的违法犯罪行为：

（一）监察机关所掌握线索针对的犯罪事实不成立，在此范围外被调查人主动交代其他罪行的；

（二）主动交代监察机关尚未掌握的犯罪事实，与监察机关已掌握的犯罪事实属不同种罪行的；

（三）主动交代监察机关尚未掌握的犯罪事实，与监察机关已掌握的犯罪事实属同种罪行的；

（四）监察机关掌握的证据不充分，被调查人如实交代有助于收集定案证据的。

前款所称同种罪行和不同种罪行，一般以罪名区分。被调查人如实供述其他罪行的罪名与监察机关已掌握犯罪的罪名不同，但属选择性罪名或者在法律、事实上密切关联的，应当认定为同种罪行。

第二百一十六条　涉嫌职务犯罪的被调查人有下列情形之一的，可以认定为监察法第三十一条第三项规定的积极退赃，减少损失：

（一）全额退赃的；

（二）退赃能力不足，但被调查人及其亲友在监察机关追缴赃款赃物过程中积极配合，且大部分已追缴到位的；

（三）犯罪后主动采取措施避免损失发生，或者积极采取有效措施减少、挽回大部分损失的。

第二百一十七条　涉嫌职务犯罪的被调查人有下列情形之一的，可以认定为监察法第三十一条第四项规定的具有重大立功表现：

（一）检举揭发他人重大犯罪行为且经查证属实的；

（二）提供其他重大案件的重要线索且经查证属实的；

（三）阻止他人重大犯罪活动的；

（四）协助抓捕其他重大职务犯罪案件被调查人、重大犯罪嫌疑人（包括同案犯）的；

（五）为国家挽回重大损失等对国家和社会有其他重大贡献的。

前款所称重大犯罪一般是指依法可能被判处无期徒刑以上刑罚的犯罪行为；重大案件一般是指在本省、自治区、直辖市或者全国范围内有较大影响的案件；查证属实一般是指有关案件已被监察机关或者司法机关立案调查、侦查，被调查人、犯罪嫌疑人被监察机关采取留置措施或者被司法机关采取强制措施，或者被告人被人民法院作出有罪判决，并结合案件事实、证据进行判断。

监察法第三十一条第四项规定的案件涉及国家重大利益，是指案件涉及国家主权和领土完整、国家安全、外交、社会稳定、经济发展等情形。

第二百一十八条　涉嫌行贿等犯罪的涉案人员有下列情形之一的，可以认定为监察法第三十二条规定的揭发有关被调查人职务违法犯罪行为，查证属实或者提供重要线索，有助于调查其他案件：

（一）揭发所涉案件以外的被调查人职务犯罪行为，经查证属实的；

（二）提供的重要线索指向具体的职务犯罪事实，对调查其他案件起到实质性推动作用的；

（三）提供的重要线索有助于加快其他案件办理进度，或者对其他案件固定关键证据、挽回损失、追逃追赃等起到积极作用的。

第二百一十九条 从宽处罚建议一般应当在移送起诉时作为《起诉意见书》内容一并提出，特殊情况下也可以在案件移送后、人民检察院提起公诉前，单独形成从宽处罚建议书移送人民检察院。对于从宽处罚建议所依据的证据材料，应当一并移送人民检察院。

监察机关对于被调查人在调查阶段认罪认罚，但不符合监察法规定的提出从宽处罚建议条件，在移送起诉时没有提出从宽处罚建议的，应当在《起诉意见书》中写明其自愿认罪认罚的情况。

第二百二十条 监察机关一般应当在正式移送起诉十日前，向拟移送的人民检察院采取书面通知等方式预告移送事宜。对于已采取留置措施的案件，发现被调查人因身体等原因存在不适宜羁押等可能影响刑事强制措施执行情形的，应当通报人民检察院。对于未采取留置措施的案件，可以根据案件具体情况，向人民检察院提出对被调查人采取刑事强制措施的建议。

第二百二十一条 监察机关办理的职务犯罪案件移送起诉，需要指定起诉、审判管辖的，应当与同级人民检察院协商有关程序事宜。需要由同级人民检察院的上级人民检察院指定管辖的，应当商请同级人民检察院办理指定管辖事宜。

监察机关一般应当在移送起诉二十日前，将商请指定管辖函送交同级人民检察院。商请指定管辖函应当附案件基本情况，对于被调查人已被其他机关立案侦查的犯罪认为需要并案审查起诉的，一并进行说明。

派驻或者派出的监察机构、监察专员调查的职务犯罪案件需要指定起诉、审判管辖的，应当报派出机关办理指定管辖手续。

第二百二十二条 上级监察机关指定下级监察机关进行调查，移送起诉时需要人民检察院依法指定管辖的，应当在移送起诉前由上级监察机关与同级人民检察院协商有关程序事宜。

第二百二十三条 监察机关对已经移送起诉的职务犯罪案件，发现遗漏被调查人罪行需要补充移送起诉的，应当经审批出具《补充起诉意见书》，连同相关案卷材料、证据等一并移送同级人民检察院。

对于经人民检察院指定管辖的案件需要补充移送起诉的，可以直接移送原受理移送起诉的人民检察院；需要追加犯罪嫌疑人、被告人的，应当再次商请人民检察院办理指定管辖手续。

第二百二十四条 对于涉嫌行贿犯罪、介绍贿赂犯罪或者共同职务犯罪等关联案件的涉案人员，移送起诉时一般应当随主案确定管辖。

主案与关联案件由不同监察机关立案调查的，调查关联案件的监察机关在移送起诉前，应当报告或者通报调查主案的监察机关，由其统一协调案件管辖事宜。因特殊原因，关联案件不宜随主案确定管辖的，调查主案的监察机关应当及时通报和协调有关事项。

第二百二十五条 监察机关对于人民检察院在审查起诉中书面提出的下列要求应当予以配合：

（一）认为可能存在以非法方法收集证据情形，要求监察机关对证据收集的合法性作出说明或者提供相关证明材料的；

（二）排除非法证据后，要求监察机关另行指派调查人员重新取证的；

（三）对物证、书证、视听资料、电子数据及勘验检查、辨认、调查实验等笔录存在疑问，要求调查人员提供获取、制作的有关情况的；

（四）要求监察机关对案件中某些专门性问题进行鉴定，或者对勘验检查进行复验、复查的；

（五）认为主要犯罪事实已经查清，仍有部分证据需要补充完善，要求监察机关补充提供证据的；

（六）人民检察院依法提出的其他工作要求。

第二百二十六条 监察机关对于人民检察院依法退回补充调查的案件，应当向主要负责人报告，并积极开展补充调查工作。

第二百二十七条 对人民检察院退回补充调查的案件，经审批分别作出下列处理：

（一）认定犯罪事实的证据不够充分的，应当在补充证据后，制作补充调查报告书，连同相关材料一并移送人民检察院审查，对无法补充完善的证据，应当作出书面情况说明，并加盖监察机关或者承办部门公章；

（二）在补充调查中发现新的同案犯或者增加、变更犯罪事实，需要追究刑事责任的，应当重新提出处理意见，移送人民检察院审查；

（三）犯罪事实的认定出现重大变化，认为不应当追究被调查人刑事责任的，应当重新提出处理意见，将处理结果书面通知人民检察院并说明理由；

（四）认为移送起诉的犯罪事实清楚，证据确实、充分的，应当说明理由，移送人民检察院依法审查。

第二百二十八条 人民检察院在审查起诉过程中发现新的职务违法或者职务犯罪问题线索并移送监察机关的，监察机关应当依法处置。

第二百二十九条 在案件审判过程中，人民检察院书面要求监察机关补充提供证据，对证据进行补正、解释，或者协助人民检察院补充侦查的，监察机关应当予以配合。监察机关不能提供有关证据材料的，应当书面说明情况。

人民法院在审判过程中就证据收集合法性问题要求有关调查人员出庭说明情况时，监察机关应当依法予以配合。

第二百三十条 监察机关认为人民检察院不起诉决定有错误的，应当在收到不起诉决定书后三十日以内，依法向其上一级人民检察院提请复议。监察机关应当将上述情况及时向上一级监察机关书面报告。

第二百三十一条 对于监察机关移送起诉的案件，人民检察院作出不起诉决定，人民法院作出无罪判决，或者监察机关经人民检察院退回补充调查后不再移送起诉，涉及对被调查人已生效政务处分事实认定的，监察机关应当依法对政务处分决定进行审核。认为原政务处分决定认定事实清楚、适用法律正确的，不再改变；认为原政务处分决定确有错误或者不当的，依法予以撤销或者变更。

第二百三十二条 对于贪污贿赂、失职渎职等职务犯罪案件，被调查人逃匿，在通缉一年后不能到案，或者被调查人死亡，依法应当追缴其违法所得及其他涉案财产的，承办部门在调查终结后应当依法移送审理。

监察机关应当经集体审议，出具《没收违法所得意见书》，连同案卷材料、证据等，一并移送人民检察院依法提出没收违法所得的申请。

监察机关将《没收违法所得意见书》移送人民检察院后，在逃的被调查人自动投案或者被抓获的，监察机关应当及时通知人民检察院。

第二百三十三条 监察机关立案调查拟适用缺席审判程序的贪污贿赂犯罪案件，应当逐级报送国家监察委员会同意。

监察机关承办部门认为在境外的被调查人犯罪事实已经查清，证据确实、充分，依法应当追究刑事责任的，应当依法移送审理。

监察机关应当经集体审议，出具《起诉意见书》，连同案卷材料、证据等，一并移送人民检察院审查起诉。

在审查起诉或者缺席审判过程中，犯罪嫌疑人、被告人向监察机关自动投案或者被抓获的，监察机关应当立即通知人民检察院、人民法院。

第六章　反腐败国际合作

第一节　工作职责和领导体制

第二百三十四条　国家监察委员会统筹协调与其他国家、地区、国际组织开展反腐败国际交流、合作。

国家监察委员会组织《联合国反腐败公约》等反腐败国际条约的实施以及履约审议等工作，承担《联合国反腐败公约》司法协助中央机关有关工作。

国家监察委员会组织协调有关单位建立集中统一、高效顺畅的反腐败国际追逃追赃和防逃协调机制，统筹协调、督促指导各级监察机关反腐败国际追逃追赃等涉外案件办理工作，具体履行下列职责：

（一）制定反腐败国际追逃追赃和防逃工作计划，研究工作中的重要问题；

（二）组织协调反腐败国际追逃追赃等重大涉外案件办理工作；

（三）办理由国家监察委员会管辖的涉外案件；

（四）指导地方各级监察机关依法开展涉外案件办理工作；

（五）汇总和通报全国职务犯罪外逃案件信息和追逃追赃工作信息；

（六）建立健全反腐败国际追逃追赃和防逃合作网络；

（七）承担监察机关开展国际刑事司法协助的主管机关职责；

（八）承担其他与反腐败国际追逃追赃等涉外案件办理工作相关的职责。

第二百三十五条　地方各级监察机关在国家监察委员会领导下，统筹协调、督促指导本地区反腐败国际追逃追赃等涉外案件办理工作，具体履行下列职责：

（一）落实上级监察机关关于反腐败国际追逃追赃和防逃工作部署，

制定工作计划；

（二）按照管辖权限或者上级监察机关指定管辖，办理涉外案件；

（三）按照上级监察机关要求，协助配合其他监察机关开展涉外案件办理工作；

（四）汇总和通报本地区职务犯罪外逃案件信息和追逃追赃工作信息；

（五）承担本地区其他与反腐败国际追逃追赃等涉外案件办理工作相关的职责。

省级监察委员会应当会同有关单位，建立健全本地区反腐败国际追逃追赃和防逃协调机制。

国家监察委员会派驻或者派出的监察机构、监察专员统筹协调、督促指导本部门反腐败国际追逃追赃等涉外案件办理工作，参照第一款规定执行。

第二百三十六条 国家监察委员会国际合作局归口管理监察机关反腐败国际追逃追赃等涉外案件办理工作。地方各级监察委员会应当明确专责部门，归口管理本地区涉外案件办理工作。

国家监察委员会派驻或者派出的监察机构、监察专员和地方各级监察机关办理涉外案件中有关执法司法国际合作事项，应当逐级报送国家监察委员会审批。由国家监察委员会依法直接或者协调有关单位与有关国家（地区）相关机构沟通，以双方认可的方式实施。

第二百三十七条 监察机关应当建立追逃追赃和防逃工作内部联络机制。承办部门在调查过程中，发现被调查人或者重要涉案人员外逃、违法所得及其他涉案财产被转移到境外的，可以请追逃追赃部门提供工作协助。监察机关将案件移送人民检察院审查起诉后，仍有重要涉案人员外逃或者未追缴的违法所得及其他涉案财产的，应当由追逃追赃部门继续办理，或者由追逃追赃部门指定协调有关单位办理。

第二节 国（境）内工作

第二百三十八条 监察机关应当将防逃工作纳入日常监督内容，督促相关机关、单位建立健全防逃责任机制。

监察机关在监督、调查工作中，应当根据情况制定对监察对象、重要涉案人员的防逃方案，防范人员外逃和资金外流风险。监察机关应当会同同级组织人事、外事、公安、移民管理等单位健全防逃预警机制，对存在外逃风险的监察对象早发现、早报告、早处置。

第二百三十九条 监察机关应当加强与同级人民银行、公安等单位的沟通协作，推动预防、打击利用离岸公司和地下钱庄等向境外转移违法所得及其他涉案财产，对涉及职务违法和职务犯罪的行为依法进行调查。

第二百四十条 国家监察委员会派驻或者派出的监察机构、监察专员和地方各级监察委员会发现监察对象出逃、失踪、出走，或者违法所得及其他涉案财产被转移至境外的，应当在二十四小时以内将有关信息逐级报送至国家监察委员会国际合作局，并迅速开展相关工作。

第二百四十一条 监察机关追逃追赃部门统一接收巡视巡察机构、审计机关、行政执法部门、司法机关等单位移交的外逃信息。

监察机关对涉嫌职务违法和职务犯罪的外逃人员，应当明确承办部门，建立案件档案。

第二百四十二条 监察机关应当依法全面收集外逃人员涉嫌职务违法和职务犯罪证据。

第二百四十三条 开展反腐败国际追逃追赃等涉外案件办理工作，应当把思想教育贯穿始终，落实宽严相济刑事政策，依法适用认罪认罚从宽制度，促使外逃人员回国投案或者配合调查、主动退赃。开展相关工作，应当尊重所在国家（地区）的法律规定。

第二百四十四条 外逃人员归案、违法所得及其他涉案财产被追缴后，承办案件的监察机关应当将情况逐级报送国家监察委员会国际合作局。监察机关应当依法对涉案人员和违法所得及其他涉案财产作出处置，或者请有关单位依法处置。对不需要继续采取相关措施的，应当及时解除或者撤销。

第三节 对外合作

第二百四十五条 监察机关对依法应当留置或者已经决定留置的外逃人员，需要申请发布国际刑警组织红色通报的，应当逐级报送国家监察委员会审核。国家监察委员会审核后，依法通过公安部向国际刑警组织提出申请。

需要延期、暂停、撤销红色通报的，申请发布红色通报的监察机关应当逐级报送国家监察委员会审核，由国家监察委员会依法通过公安部联系国际刑警组织办理。

第二百四十六条 地方各级监察机关通过引渡方式办理相关涉外案件的，应当按照引渡法、相关双边及多边国际条约等规定准备引渡请求书及相关材料，逐级报送国家监察委员会审核。由国家监察委员会依法通过外交等渠道向外国提出引渡请求。

第二百四十七条 地方各级监察机关通过刑事司法协助方式办理相关涉外案件的，应当按照国际刑事司法协助法、相关双边及多边国际条约等规定准备刑事司法协助请求书及相关材料，逐级报送国家监察委员会审核。由国家监察委员会依法直接或者通过对外联系机关等渠道，向外国提出刑事司法协助请求。

国家监察委员会收到外国提出的刑事司法协助请求书及所附材料，经审查认为符合有关规定的，作出决定并交由省级监察机关执行，或者转交其他有关主管机关。省级监察机关应当立即执行，或者交由下级监察机关执行，并将执行结果或者妨碍执行的情形及时报送国家监察委员会。在执行过程中，需要依法采取查询、调取、查封、扣押、冻结等措施或者需要返还涉案财物的，根据我国法律规定和国家监察委员会的执行决定办理有关法律手续。

第二百四十八条 地方各级监察机关通过执法合作方式办理相关涉外案件的，应当将合作事项及相关材料逐级报送国家监察委员会审核。由国家监察委员会依法直接或者协调有关单位，向有关国家（地区）相关机构提交并开展合作。

第二百四十九条 地方各级监察机关通过境外追诉方式办理相关涉外案件的，应当提供外逃人员相关违法线索和证据，逐级报送国家监察委员会审核。由国家监察委员会依法直接或者协调有关单位向有关国家（地区）相关机构提交，请其依法对外逃人员调查、起诉和审判，并商有关国家（地区）遣返外逃人员。

第二百五十条 监察机关对依法应当追缴的境外违法所得及其他涉案财产，应当责令涉案人员以合法方式退赔。涉案人员拒不退赔的，可以依法通过下列方式追缴：

（一）在开展引渡等追逃合作时，随附请求有关国家（地区）移交相关违法所得及其他涉案财产；

（二）依法启动违法所得没收程序，由人民法院对相关违法所得及其他涉案财产作出冻结、没收裁定，请有关国家（地区）承认和执行，并予以返还；

（三）请有关国家（地区）依法追缴相关违法所得及其他涉案财产，并予以返还；

（四）通过其他合法方式追缴。

第七章　对监察机关和监察人员的监督

第二百五十一条　监察机关和监察人员必须自觉坚持党的领导，在党组织的管理、监督下开展工作，依法接受本级人民代表大会及其常务委员会的监督，接受民主监督、司法监督、社会监督、舆论监督，加强内部监督制约机制建设，确保权力受到严格的约束和监督。

第二百五十二条　各级监察委员会应当按照监察法第五十三条第二款规定，由主任在本级人民代表大会常务委员会全体会议上报告专项工作。

在报告专项工作前，应当与本级人民代表大会有关专门委员会沟通协商，并配合开展调查研究等工作。各级人民代表大会常务委员会审议专项工作报告时，本级监察委员会应当根据要求派出领导成员列席相关会议，听取意见。

各级监察委员会应当认真研究办理本级人民代表大会常务委员会反馈的审议意见，并按照要求书面报告办理情况。

第二百五十三条　各级监察委员会应当积极接受、配合本级人民代表大会常务委员会组织的执法检查。对本级人民代表大会常务委员会的执法检查报告，应当认真研究处理，并向其报告处理情况。

第二百五十四条　各级监察委员会在本级人民代表大会常务委员会会议审议与监察工作有关的议案和报告时，应当派相关负责人到会听取意见，回答询问。

监察机关对依法交由监察机关答复的质询案应当按照要求进行答复。口头答复的，由监察机关主要负责人或者委派相关负责人到会答复。书面答复的，由监察机关主要负责人签署。

第二百五十五条　各级监察机关应当通过互联网政务媒体、报刊、广播、电视等途径，向社会及时准确公开下列监察工作信息：

（一）监察法规；

（二）依法应当向社会公开的案件调查信息；

（三）检举控告地址、电话、网站等信息；

（四）其他依法应当公开的信息。

第二百五十六条 各级监察机关可以根据工作需要，按程序选聘特约监察员履行监督、咨询等职责。特约监察员名单应当向社会公布。

监察机关应当为特约监察员依法开展工作提供必要条件和便利。

第二百五十七条 监察机关实行严格的人员准入制度，严把政治关、品行关、能力关、作风关、廉洁关。监察人员必须忠诚坚定、担当尽责、遵纪守法、清正廉洁。

第二百五十八条 监察机关应当建立监督检查、调查、案件监督管理、案件审理等部门相互协调制约的工作机制。

监督检查和调查部门实行分工协作、相互制约。监督检查部门主要负责联系地区、部门、单位的日常监督检查和对涉嫌一般违法问题线索处置。调查部门主要负责对涉嫌严重职务违法和职务犯罪问题线索进行初步核实和立案调查。

案件监督管理部门负责对监督检查、调查工作全过程进行监督管理，做好线索管理、组织协调、监督检查、督促办理、统计分析等工作。案件监督管理部门发现监察人员在监督检查、调查中有违规办案行为的，及时督促整改；涉嫌违纪违法的，根据管理权限移交相关部门处理。

第二百五十九条 监察机关应当对监察权运行关键环节进行经常性监督检查，适时开展专项督查。案件监督管理、案件审理等部门应当按照各自职责，对问题线索处置、调查措施使用、涉案财物管理等进行监督检查，建立常态化、全覆盖的案件质量评查机制。

第二百六十条 监察机关应当加强对监察人员执行职务和遵纪守法情况的监督，按照管理权限依法对监察人员涉嫌违法犯罪问题进行调查处置。

第二百六十一条 监察机关及其监督检查、调查部门负责人应当定期检查调查期间的录音录像、谈话笔录、涉案财物登记资料，加强对调查全过程的监督，发现问题及时纠正并报告。

第二百六十二条 对监察人员打听案情、过问案件、说情干预的，办理监察事项的监察人员应当及时向上级负责人报告。有关情况应当登记备案。

发现办理监察事项的监察人员未经批准接触被调查人、涉案人员及其特定关系人，或者存在交往情形的，知情的监察人员应当及时向上级负责人报告。有关情况应当登记备案。

第二百六十三条 办理监察事项的监察人员有监察法第五十八条所列情形之一的，应当自行提出回避；没有自行提出回避的，监察机关应当依法决定其回避，监察对象、检举人及其他有关人员也有权要求其回避。

选用借调人员、看护人员、调查场所，应当严格执行回避制度。

第二百六十四条 监察人员自行提出回避，或者监察对象、检举人及其他有关人员要求监察人员回避的，应当书面或者口头提出，并说明理由。口头提出的，应当形成记录。

监察机关主要负责人的回避，由上级监察机关主要负责人决定；其他监察人员的回避，由本级监察机关主要负责人决定。

第二百六十五条 上级监察机关应当通过专项检查、业务考评、开展复查等方式，强化对下级监察机关及监察人员执行职务和遵纪守法情况的监督。

第二百六十六条 监察机关应当对监察人员有计划地进行政治、理论和业务培训。培训应当坚持理论联系实际、按需施教、讲求实效，突出政治机关特色，建设高素质专业化监察队伍。

第二百六十七条 监察机关应当严格执行保密制度，控制监察事项知悉范围和时间。监察人员不准私自留存、隐匿、查阅、摘抄、复制、携带问题线索和涉案资料，严禁泄露监察工作秘密。

监察机关应当建立健全检举控告保密制度，对检举控告人的姓名（单位名称）、工作单位、住址、电话和邮箱等有关情况以及检举控告内容必须严格保密。

第二百六十八条 监察机关涉密人员离岗离职后，应当遵守脱密期管理规定，严格履行保密义务，不得泄露相关秘密。

第二百六十九条 监察人员离任三年以内，不得从事与监察和司法工作相关联且可能发生利益冲突的职业。

监察人员离任后，不得担任原任职监察机关办理案件的诉讼代理人或者辩护人，但是作为当事人的监护人或者近亲属代理诉讼或者进行辩护的除外。

第二百七十条 监察人员应当严格遵守有关规范领导干部配偶、子女及其配偶经商办企业行为的规定。

第二百七十一条 监察机关在履行职责过程中应当依法保护企业产权和自主经营权，严禁利用职权非法干扰企业生产经营。需要企业经营者协助调查的，应当依法保障其合法的人身、财产等权益，避免或者减少对涉案企业正常生产、经营活动的影响。

查封企业厂房、机器设备等生产资料，企业继续使用对该财产价值无重大影响的，可以允许其使用。对于正在运营或者正在用于科技创新、产品研发的设备和技术资料等，一般不予查封、扣押，确需调取违法犯罪证据的，可以采取拍照、复制等方式。

第二百七十二条 被调查人及其近亲属认为监察机关及监察人员存在监察法第六十条第一款规定的有关情形，向监察机关提出申诉的，由监察机关案件监督管理部门依法受理，并按照法定的程序和时限办理。

第二百七十三条 监察机关在维护监督执法调查工作纪律方面失职失责的，依法追究责任。监察人员涉嫌严重职务违法、职务犯罪或者对案件处置出现重大失误的，既应当追究直接责任，还应当严肃追究负有责任的领导人员责任。

监察机关应当建立办案质量责任制，对滥用职权、失职失责造成严重后果的，实行终身责任追究。

第八章 法律责任

第二百七十四条 有关单位拒不执行监察机关依法作出的下列处理决定的，应当由其主管部门、上级机关责令改正，对单位给予通报批评，对负有责任的领导人员和直接责任人员依法给予处理：

（一）政务处分决定；

（二）问责决定；

（三）谈话提醒、批评教育、责令检查，或者予以诫勉的决定；

（四）采取调查措施的决定；

（五）复审、复核决定；

（六）监察机关依法作出的其他处理决定。

第二百七十五条 监察对象对控告人、申诉人、批评人、检举人、证人、监察人员进行打击、压制等报复陷害的，监察机关应当依法给予政务处分。构成犯罪的，依法追究刑事责任。

第二百七十六条 控告人、检举人、证人采取捏造事实、伪造材料等方式诬告陷害的，监察机关应当依法给予政务处分，或者移送有关机关处理。构成犯罪的，依法追究刑事责任。

监察人员因依法履行职责遭受不实举报、诬告陷害、侮辱诽谤，致使名誉受到损害的，监察机关应当会同有关部门及时澄清事实，消除不良影响，并依法追究相关单位或者个人的责任。

第二百七十七条 监察机关应当建立健全办案安全责任制。承办部门主要负责人和调查组组长是调查安全第一责任人。调查组应当指定专人担任安全员。

地方各级监察机关履行管理、监督职责不力发生严重办案安全事故的，或者办案中存在严重违规违纪违法行为的，省级监察机关主要负责人应当向国家监察委员会作出检讨，并予以通报、严肃追责问责。

案件监督管理部门应当对办案安全责任制落实情况组织经常性检查和不定期抽查，发现问题及时报告并督促整改。

第二百七十八条 监察人员在履行职责中有下列行为之一的，依法严肃处理；构成犯罪的，依法追究刑事责任：

（一）贪污贿赂、徇私舞弊的；

（二）不履行或者不正确履行监督职责，应当发现的问题没有发现，或者发现问题不报告、不处置，造成严重影响的；

（三）未经批准、授权处置问题线索，发现重大案情隐瞒不报，或者私自留存、处理涉案材料的；

（四）利用职权或者职务上的影响干预调查工作的；

（五）违法窃取、泄露调查工作信息，或者泄露举报事项、举报受理情况以及举报人信息的；

（六）对被调查人或者涉案人员逼供、诱供，或者侮辱、打骂、虐待、体罚或者变相体罚的；

（七）违反规定处置查封、扣押、冻结的财物的；

（八）违反规定导致发生办案安全事故，或者发生安全事故后隐瞒不报、报告失实、处置不当的；

（九）违反规定采取留置措施的；

（十）违反规定限制他人出境，或者不按规定解除出境限制的；

（十一）其他职务违法和职务犯罪行为。

第二百七十九条 对监察人员在履行职责中存在违法行为的，可以根据情节轻重，依法进行谈话提醒、批评教育、责令检查、诫勉，或者给予政务处分。构成犯罪的，依法追究刑事责任。

第二百八十条 监察机关及其工作人员在行使职权时，有下列情形之一的，受害人可以申请国家赔偿：

（一）采取留置措施后，决定撤销案件的；

（二）违法没收、追缴或者违法查封、扣押、冻结财物造成损害的；

（三）违法行使职权，造成被调查人、涉案人员或者证人身体伤害或者死亡的；

（四）非法剥夺他人人身自由的；

（五）其他侵犯公民、法人和其他组织合法权益造成损害的。

受害人死亡的，其继承人和其他有扶养关系的亲属有权要求赔偿；受害的法人或者其他组织终止的，其权利承受人有权要求赔偿。

第二百八十一条 监察机关及其工作人员违法行使职权侵犯公民、法人和其他组织的合法权益造成损害的，该机关为赔偿义务机关。申请赔偿应当向赔偿义务机关提出，由该机关负责复审复核工作的部门受理。

赔偿以支付赔偿金为主要方式。能够返还财产或者恢复原状的，予以返还财产或者恢复原状。

第九章　附　　则

第二百八十二条 本条例所称监察机关，包括各级监察委员会及其派驻或者派出监察机构、监察专员。

第二百八十三条 本条例所称“近亲属”，是指夫、妻、父、母、子、女、同胞兄弟姊妹。

第二百八十四条 本条例所称以上、以下、以内，包括本级、本数。

第二百八十五条 期间以时、日、月、年计算，期间开始的时和日不算在期间以内。本条例另有规定的除外。

按照年、月计算期间的，到期月的对应日为期间的最后一日；没有对应日的，月末日为期间的最后一日。

期间的最后一日是法定休假日的，以法定休假日结束的次日为期间的最后一日。但被调查人留置期间应当至到期之日为止，不得因法定休假日而延长。

第二百八十六条 本条例由国家监察委员会负责解释。

第二百八十七条 本条例自发布之日起施行。

中华人民共和国公职人员政务处分法

（2020年6月20日第十三届全国人民代表大会常务委员会第十九次会议通过 2020年6月20日中华人民共和国主席令第46号公布 自2020年7月1日起施行）

目 录

第一章 总 则

第一条 为了规范政务处分，加强对所有行使公权力的公职人员的监督，促进公职人员依法履职、秉公用权、廉洁从政从业、坚持道德操守，根据《中华人民共和国监察法》，制定本法。

第二条 本法适用于监察机关对违法的公职人员给予政务处分的活动。

本法第二章、第三章适用于公职人员任免机关、单位对违法的公职人员给予处分。处分的程序、申诉等适用其他法律、行政法规、国务院部门规章和国家有关规定。

本法所称公职人员，是指《中华人民共和国监察法》第十五条规定的人员。

第三条 监察机关应当按照管理权限，加强对公职人员的监督，依法给予违法的公职人员政务处分。

公职人员任免机关、单位应当按照管理权限，加强对公职人员的教育、管理、监督，依法给予违法的公职人员处分。

监察机关发现公职人员任免机关、单位应当给予处分而未给予，或者给予的处分违法、不当的，应当及时提出监察建议。

第四条 给予公职人员政务处分，坚持党管干部原则，集体讨论决定；坚持法律面前一律平等，以事实为根据，以法律为准绳，给予的政务处分与违法行为的性质、情节、危害程度相当；坚持惩戒与教育相结合，宽严相济。

第五条 给予公职人员政务处分，应当事实清楚、证据确凿、定性准确、处理恰当、程序合法、手续完备。

第六条 公职人员依法履行职责受法律保护，非因法定事由、非经法定程序，不受政务处分。

第二章 政务处分的种类和适用

第七条 政务处分的种类为：

（一）警告；

（二）记过；

（三）记大过；

（四）降级；

（五）撤职；

（六）开除。

第八条 政务处分的期间为：

（一）警告，六个月；

（二）记过，十二个月；

（三）记大过，十八个月；

（四）降级、撤职，二十四个月。

政务处分决定自作出之日起生效，政务处分期自政务处分决定生效之日起计算。

第九条 公职人员二人以上共同违法，根据各自在违法行为中所起的作用和应当承担的法律责任，分别给予政务处分。

第十条 有关机关、单位、组织集体作出的决定违法或者实施违法行为的，对负有责任的领导人员和直接责任人员中的公职人员依法给予政务处分。

第十一条 公职人员有下列情形之一的，可以从轻或者减轻给予政务处分：

（一）主动交代本人应当受到政务处分的违法行为的；

（二）配合调查，如实说明本人违法事实的；

（三）检举他人违纪违法行为，经查证属实的；

（四）主动采取措施，有效避免、挽回损失或者消除不良影响的；

（五）在共同违法行为中起次要或者辅助作用的；

（六）主动上交或者退赔违法所得的；

（七）法律、法规规定的其他从轻或者减轻情节。

第十二条 公职人员违法行为情节轻微，且具有本法第十一条规定的情形之一的，可以对其进行谈话提醒、批评教育、责令检查或者予以诫勉，免予或者不予政务处分。

公职人员因不明真相被裹挟或者被胁迫参与违法活动，经批评教育后确有悔改表现的，可以减轻、免予或者不予政务处分。

第十三条 公职人员有下列情形之一的，应当从重给予政务处分：

（一）在政务处分期内再次故意违法，应当受到政务处分的；

（二）阻止他人检举、提供证据的；

（三）串供或者伪造、隐匿、毁灭证据的；

（四）包庇同案人员的；

（五）胁迫、唆使他人实施违法行为的；

（六）拒不上交或者退赔违法所得的；

（七）法律、法规规定的其他从重情节。

第十四条 公职人员犯罪，有下列情形之一的，予以开除：

（一）因故意犯罪被判处管制、拘役或者有期徒刑以上刑罚（含宣告缓刑）的；

（二）因过失犯罪被判处有期徒刑，刑期超过三年的；

（三）因犯罪被单处或者并处剥夺政治权利的。

因过失犯罪被判处管制、拘役或者三年以下有期徒刑的，一般应当予以开除；案件情况特殊，予以撤职更为适当的，可以不予开除，但是应当报请上一级机关批准。

公职人员因犯罪被单处罚金，或者犯罪情节轻微，人民检察院依法作出不起诉决定或者人民法院依法免予刑事处罚的，予以撤职；造成不良影响的，予以开除。

第十五条 公职人员有两个以上违法行为的，应当分别确定政务处分。应当给予两种以上政务处分的，执行其中最重的政务处分；应当给予撤职以下多个相同政务处分的，可以在一个政务处分期以上、多个政务处分期之和以下确定政务处分期，但是最长不得超过四十八个月。

第十六条 对公职人员的同一违法行为，监察机关和公职人员任免机关、单位不得重复给予政务处分和处分。

第十七条 公职人员有违法行为，有关机关依照规定给予组织处理的，监察机关可以同时给予政务处分。

第十八条 担任领导职务的公职人员有违法行为，被罢免、撤销、免去或者辞去领导职务的，监察机关可以同时给予政务处分。

第十九条 公务员以及参照《中华人民共和国公务员法》管理的人员在政务处分期内，不得晋升职务、职级、衔级和级别；其中，被记过、记大过、降级、撤职的，不得晋升工资档次。被撤职的，按照规定降低职务、职级、衔级和级别，同时降低工资和待遇。

第二十条 法律、法规授权或者受国家机关依法委托管理公共事务的组织中从事公务的人员，以及公办的教育、科研、文化、医疗卫生、体育等单位中从事管理的人员，在政务处分期内，不得晋升职务、岗位和职员等级、职称；其中，被记过、记大过、降级、撤职的，不得晋升薪酬待遇等级。被撤职的，降低职务、岗位或者职员等级，同时降低薪酬待遇。

第二十一条 国有企业管理人员在政务处分期内，不得晋升职务、岗位等级和职称；其中，被记过、记大过、降级、撤职的，不得晋升薪酬待遇等级。被撤职的，降低职务或者岗位等级，同时降低薪酬待遇。

第二十二条 基层群众性自治组织中从事管理的人员有违法行为的，监察机关可以予以警告、记过、记大过。

基层群众性自治组织中从事管理的人员受到政务处分的，应当由县级或者乡镇人民政府根据具体情况减发或者扣发补贴、奖金。

第二十三条 《中华人民共和国监察法》第十五条第六项规定的人员有违法行为的，监察机关可以予以警告、记过、记大过。情节严重的，由所在单位直接给予或者监察机关建议有关机关、单位给予降低薪酬待遇、调离岗位、解除人事关系或者劳动关系等处理。

《中华人民共和国监察法》第十五条第二项规定的人员，未担任公务员、参照《中华人民共和国公务员法》管理的人员、事业单位工作人员或者国有企业人员职务的，对其违法行为依照前款规定处理。

第二十四条 公职人员被开除，或者依照本法第二十三条规定，受到解除人事关系或者劳动关系处理的，不得录用为公务员以及参照《中华人民共和国公务员法》管理的人员。

第二十五条 公职人员违法取得的财物和用于违法行为的本人财物，除依法应当由其他机关没收、追缴或者责令退赔的，由监察机关没收、追缴或者责令退赔；应当退还原所有人或者原持有人的，依法予以退还；属于国家财产或者不应当退还以及无法退还的，上缴国库。

公职人员因违法行为获得的职务、职级、衔级、级别、岗位和职员等级、职称、待遇、资格、学历、学位、荣誉、奖励等其他利益，监察机关应当建议有关机关、单位、组织按规定予以纠正。

第二十六条 公职人员被开除的，自政务处分决定生效之日起，应当解除其与所在机关、单位的人事关系或者劳动关系。

公职人员受到开除以外的政务处分，在政务处分期内有悔改表现，并且没有再发生应当给予政务处分的违法行为的，政务处分期满后自动解除，晋升职务、职级、衔级、级别、岗位和职员等级、职称、薪酬待遇不再受原政务处分影响。但是，解除降级、撤职的，不恢复原职务、职级、衔级、级别、岗位和职员等级、职称、薪酬待遇。

第二十七条 已经退休的公职人员退休前或者退休后有违法行为的，不再给予政务处分，但是可以对其立案调查；依法应当予以降级、撤职、开除的，应当按照规定相应调整其享受的待遇，对其违法取得的财物和用于违法行为的本人财物依照本法第二十五条的规定处理。

已经离职或者死亡的公职人员在履职期间有违法行为的，依照前款规定处理。

第三章　违法行为及其适用的政务处分

第二十八条　有下列行为之一的，予以记过或者记大过；情节较重的，予以降级或者撤职；情节严重的，予以开除：

（一）散布有损宪法权威、中国共产党领导和国家声誉的言论的；

（二）参加旨在反对宪法、中国共产党领导和国家的集会、游行、示威等活动的；

（三）拒不执行或者变相不执行中国共产党和国家的路线方针政策、重大决策部署的；

（四）参加非法组织、非法活动的；

（五）挑拨、破坏民族关系，或者参加民族分裂活动的；

（六）利用宗教活动破坏民族团结和社会稳定的；

（七）在对外交往中损害国家荣誉和利益的。

有前款第二项、第四项、第五项和第六项行为之一的，对策划者、组织者和骨干分子，予以开除。

公开发表反对宪法确立的国家指导思想，反对中国共产党领导，反对社会主义制度，反对改革开放的文章、演说、宣言、声明等的，予以开除。

第二十九条　不按照规定请示、报告重大事项，情节较重的，予以警告、记过或者记大过；情节严重的，予以降级或者撤职。

违反个人有关事项报告规定，隐瞒不报，情节较重的，予以警告、记过或者记大过。

篡改、伪造本人档案资料的，予以记过或者记大过；情节严重的，予以降级或者撤职。

第三十条　有下列行为之一的，予以警告、记过或者记大过；情节严重的，予以降级或者撤职：

（一）违反民主集中制原则，个人或者少数人决定重大事项，或者拒不执行、擅自改变集体作出的重大决定的；

（二）拒不执行或者变相不执行、拖延执行上级依法作出的决定、命令的。

第三十一条 违反规定出境或者办理因私出境证件的，予以记过或者记大过；情节严重的，予以降级或者撤职。

违反规定取得外国国籍或者获取境外永久居留资格、长期居留许可的，予以撤职或者开除。

第三十二条 有下列行为之一的，予以警告、记过或者记大过；情节较重的，予以降级或者撤职；情节严重的，予以开除：

（一）在选拔任用、录用、聘用、考核、晋升、评选等干部人事工作中违反有关规定的；

（二）弄虚作假，骗取职务、职级、衔级、级别、岗位和职员等级、职称、待遇、资格、学历、学位、荣誉、奖励或者其他利益的；

（三）对依法行使批评、申诉、控告、检举等权利的行为进行压制或者打击报复的；

（四）诬告陷害，意图使他人受到名誉损害或者责任追究等不良影响的；

（五）以暴力、威胁、贿赂、欺骗等手段破坏选举的。

第三十三条 有下列行为之一的，予以警告、记过或者记大过；情节较重的，予以降级或者撤职；情节严重的，予以开除：

（一）贪污贿赂的；

（二）利用职权或者职务上的影响为本人或者他人谋取私利的；

（三）纵容、默许特定关系人利用本人职权或者职务上的影响谋取私利的。

拒不按照规定纠正特定关系人违规任职、兼职或者从事经营活动，且不服从职务调整的，予以撤职。

第三十四条 收受可能影响公正行使公权力的礼品、礼金、有价证券等财物的，予以警告、记过或者记大过；情节较重的，予以降级或者撤职；情节严重的，予以开除。

向公职人员及其特定关系人赠送可能影响公正行使公权力的礼品、礼金、有价证券等财物，或者接受、提供可能影响公正行使公权力的宴请、旅游、健身、娱乐等活动安排，情节较重的，予以警告、记过或者记大过；

情节严重的，予以降级或者撤职。

第三十五条 有下列行为之一，情节较重的，予以警告、记过或者记大过；情节严重的，予以降级或者撤职：

（一）违反规定设定、发放薪酬或者津贴、补贴、奖金的；

（二）违反规定，在公务接待、公务交通、会议活动、办公用房以及其他工作生活保障等方面超标准、超范围的；

（三）违反规定公款消费的。

第三十六条 违反规定从事或者参与营利性活动，或者违反规定兼任职务、领取报酬的，予以警告、记过或者记大过；情节较重的，予以降级或者撤职；情节严重的，予以开除。

第三十七条 利用宗族或者黑恶势力等欺压群众，或者纵容、包庇黑恶势力活动的，予以撤职；情节严重的，予以开除。

第三十八条 有下列行为之一，情节较重的，予以警告、记过或者记大过；情节严重的，予以降级或者撤职：

（一）违反规定向管理服务对象收取、摊派财物的；

（二）在管理服务活动中故意刁难、吃拿卡要的；

（三）在管理服务活动中态度恶劣粗暴，造成不良后果或者影响的；

（四）不按照规定公开工作信息，侵犯管理服务对象知情权，造成不良后果或者影响的；

（五）其他侵犯管理服务对象利益的行为，造成不良后果或者影响的。

有前款第一项、第二项和第五项行为，情节特别严重的，予以开除。

第三十九条 有下列行为之一，造成不良后果或者影响的，予以警告、记过或者记大过；情节较重的，予以降级或者撤职；情节严重的，予以开除：

（一）滥用职权，危害国家利益、社会公共利益或者侵害公民、法人、其他组织合法权益的；

（二）不履行或者不正确履行职责，玩忽职守，贻误工作的；

（三）工作中有形式主义、官僚主义行为的；

（四）工作中有弄虚作假，误导、欺骗行为的；

（五）泄露国家秘密、工作秘密，或者泄露因履行职责掌握的商业秘密、个人隐私的。

第四十条 有下列行为之一的，予以警告、记过或者记大过；情节较重的，予以降级或者撤职；情节严重的，予以开除：

（一）违背社会公序良俗，在公共场所有不当行为，造成不良影响的；

（二）参与或者支持迷信活动，造成不良影响的；

（三）参与赌博的；

（四）拒不承担赡养、抚养、扶养义务的；

（五）实施家庭暴力，虐待、遗弃家庭成员的；

（六）其他严重违反家庭美德、社会公德的行为。

吸食、注射毒品，组织赌博，组织、支持、参与卖淫、嫖娼、色情淫乱活动的，予以撤职或者开除。

第四十一条 公职人员有其他违法行为，影响公职人员形象，损害国家和人民利益的，可以根据情节轻重给予相应政务处分。

第四章　政务处分的程序

第四十二条 监察机关对涉嫌违法的公职人员进行调查，应当由二名以上工作人员进行。监察机关进行调查时，有权依法向有关单位和个人了解情况，收集、调取证据。有关单位和个人应当如实提供情况。

严禁以威胁、引诱、欺骗及其他非法方式收集证据。以非法方式收集的证据不得作为给予政务处分的依据。

第四十三条 作出政务处分决定前，监察机关应当将调查认定的违法事实及拟给予政务处分的依据告知被调查人，听取被调查人的陈述和申辩，并对其陈述的事实、理由和证据进行核实，记录在案。被调查人提出的事实、理由和证据成立的，应予采纳。不得因被调查人的申辩而加重政务处分。

第四十四条 调查终结后，监察机关应当根据下列不同情况，分别作出处理：

（一）确有应受政务处分的违法行为的，根据情节轻重，按照政务处分决定权限，履行规定的审批手续后，作出政务处分决定；

（二）违法事实不能成立的，撤销案件；

（三）符合免予、不予政务处分条件的，作出免予、不予政务处分决定；

（四）被调查人涉嫌其他违法或者犯罪行为的，依法移送主管机关处理。

第四十五条 决定给予政务处分的，应当制作政务处分决定书。

政务处分决定书应当载明下列事项：

（一）被处分人的姓名、工作单位和职务；

（二）违法事实和证据；

（三）政务处分的种类和依据；

（四）不服政务处分决定，申请复审、复核的途径和期限；

（五）作出政务处分决定的机关名称和日期。

政务处分决定书应当盖有作出决定的监察机关的印章。

第四十六条 政务处分决定书应当及时送达被处分人和被处分人所在机关、单位，并在一定范围内宣布。

作出政务处分决定后，监察机关应当根据被处分人的具体身份书面告知相关的机关、单位。

第四十七条 参与公职人员违法案件调查、处理的人员有下列情形之一的，应当自行回避，被调查人、检举人及其他有关人员也有权要求其回避：

（一）是被调查人或者检举人的近亲属的；

（二）担任过本案的证人的；

（三）本人或者其近亲属与调查的案件有利害关系的；

（四）可能影响案件公正调查、处理的其他情形。

第四十八条 监察机关负责人的回避，由上级监察机关决定；其他参与违法案件调查、处理人员的回避，由监察机关负责人决定。

监察机关或者上级监察机关发现参与违法案件调查、处理人员有应当回避情形的，可以直接决定该人员回避。

第四十九条 公职人员依法受到刑事责任追究的，监察机关应当根据司法机关的生效判决、裁定、决定及其认定的事实和情节，依照本法规定给予政务处分。

公职人员依法受到行政处罚，应当给予政务处分的，监察机关可以根据行政处罚决定认定的事实和情节，经立案调查核实后，依照本法给予政务处分。

监察机关根据本条第一款、第二款的规定作出政务处分后，司法机关、行政机关依法改变原生效判决、裁定、决定等，对原政务处分决定产生影响的，监察机关应当根据改变后的判决、裁定、决定等重新作出相应处理。

第五十条 监察机关对经各级人民代表大会、县级以上各级人民代表大会常务委员会选举或者决定任命的公职人员予以撤职、开除的，应当先依法罢免、撤销或者免去其职务，再依法作出政务处分决定。

监察机关对经中国人民政治协商会议各级委员会全体会议或者其常务委员会选举或者决定任命的公职人员予以撤职、开除的，应当先依章程免去其职务，再依法作出政务处分决定。

监察机关对各级人民代表大会代表、中国人民政治协商会议各级委员会委员给予政务处分的，应当向有关的人民代表大会常务委员会，乡、民族乡、镇的人民代表大会主席团或者中国人民政治协商会议委员会常务委员会通报。

第五十一条 下级监察机关根据上级监察机关的指定管辖决定进行调查的案件，调查终结后，对不属于本监察机关管辖范围内的监察对象，应当交有管理权限的监察机关依法作出政务处分决定。

第五十二条 公职人员涉嫌违法，已经被立案调查，不宜继续履行职责的，公职人员任免机关、单位可以决定暂停其履行职务。

公职人员在被立案调查期间，未经监察机关同意，不得出境、辞去公职；被调查公职人员所在机关、单位及上级机关、单位不得对其交流、晋升、奖励、处分或者办理退休手续。

第五十三条 监察机关在调查中发现公职人员受到不实检举、控告或者诬告陷害，造成不良影响的，应当按照规定及时澄清事实，恢复名誉，消除不良影响。

第五十四条 公职人员受到政务处分的，应当将政务处分决定书存入其本人档案。对于受到降级以上政务处分的，应当由人事部门按照管理权限在作出政务处分决定后一个月内办理职务、工资及其他有关待遇等的变更手续；特殊情况下，经批准可以适当延长办理期限，但是最长不得超过六个月。

第五章 复审、复核

第五十五条 公职人员对监察机关作出的涉及本人的政务处分决定不

服的，可以依法向作出决定的监察机关申请复审；公职人员对复审决定仍不服的，可以向上一级监察机关申请复核。

监察机关发现本机关或者下级监察机关作出的政务处分决定确有错误的，应当及时予以纠正或者责令下级监察机关及时予以纠正。

第五十六条 复审、复核期间，不停止原政务处分决定的执行。

公职人员不因提出复审、复核而被加重政务处分。

第五十七条 有下列情形之一的，复审、复核机关应当撤销原政务处分决定，重新作出决定或者责令原作出决定的监察机关重新作出决定：

（一）政务处分所依据的违法事实不清或者证据不足的；

（二）违反法定程序，影响案件公正处理的；

（三）超越职权或者滥用职权作出政务处分决定的。

第五十八条 有下列情形之一的，复审、复核机关应当变更原政务处分决定，或者责令原作出决定的监察机关予以变更：

（一）适用法律、法规确有错误的；

（二）对违法行为的情节认定确有错误的；

（三）政务处分不当的。

第五十九条 复审、复核机关认为政务处分决定认定事实清楚，适用法律正确的，应当予以维持。

第六十条 公职人员的政务处分决定被变更，需要调整该公职人员的职务、职级、衔级、级别、岗位和职员等级或者薪酬待遇等的，应当按照规定予以调整。政务处分决定被撤销的，应当恢复该公职人员的级别、薪酬待遇，按照原职务、职级、衔级、岗位和职员等级安排相应的职务、职级、衔级、岗位和职员等级，并在原政务处分决定公布范围内为其恢复名誉。没收、追缴财物错误的，应当依法予以返还、赔偿。

公职人员因有本法第五十七条、第五十八条规定的情形被撤销政务处分或者减轻政务处分的，应当对其薪酬待遇受到的损失予以补偿。

第六章 法律责任

第六十一条 有关机关、单位无正当理由拒不采纳监察建议的，由其上级机关、主管部门责令改正，对该机关、单位给予通报批评，对负有责任的领导人员和直接责任人员依法给予处理。

第六十二条 有关机关、单位、组织或者人员有下列情形之一的，由其上级机关，主管部门，任免机关、单位或者监察机关责令改正，依法给予处理：

（一）拒不执行政务处分决定的；

（二）拒不配合或者阻碍调查的；

（三）对检举人、证人或者调查人员进行打击报复的；

（四）诬告陷害公职人员的；

（五）其他违反本法规定的情形。

第六十三条 监察机关及其工作人员有下列情形之一的，对负有责任的领导人员和直接责任人员依法给予处理：

（一）违反规定处置问题线索的；

（二）窃取、泄露调查工作信息，或者泄露检举事项、检举受理情况以及检举人信息的；

（三）对被调查人或者涉案人员逼供、诱供，或者侮辱、打骂、虐待、体罚或者变相体罚的；

（四）收受被调查人或者涉案人员的财物以及其他利益的；

（五）违反规定处置涉案财物的；

（六）违反规定采取调查措施的；

（七）利用职权或者职务上的影响干预调查工作、以案谋私的；

（八）违反规定发生办案安全事故，或者发生安全事故后隐瞒不报、报告失实、处置不当的；

（九）违反回避等程序规定，造成不良影响的；

（十）不依法受理和处理公职人员复审、复核的；

（十一）其他滥用职权、玩忽职守、徇私舞弊的行为。

第六十四条 违反本法规定，构成犯罪的，依法追究刑事责任。

第七章 附 则

第六十五条 国务院及其相关主管部门根据本法的原则和精神，结合事业单位、国有企业等的实际情况，对事业单位、国有企业等的违法的公职人员处分事宜作出具体规定。

第六十六条 中央军事委员会可以根据本法制定相关具体规定。

第六十七条 本法施行前，已结案的案件如果需要复审、复核，适用当时的规定。尚未结案的案件，如果行为发生时的规定不认为是违法的，适用当时的规定；如果行为发生时的规定认为是违法的，依照当时的规定处理，但是如果本法不认为是违法或者根据本法处理较轻的，适用本法。

第六十八条 本法自2020年7月1日起施行。

中共中央关于全面推进依法治国若干重大问题的决定（节录）

（2014年10月23日中国共产党第十八届中央委员会第四次全体会议通过）

……

三、深入推进依法行政，加快建设法治政府

法律的生命力在于实施，法律的权威也在于实施。各级政府必须坚持在党的领导下、在法治轨道上开展工作，创新执法体制，完善执法程序，推进综合执法，严格执法责任，建立权责统一、权威高效的依法行政体制，加快建设职能科学、权责法定、执法严明、公开公正、廉洁高效、守法诚信的法治政府。

（一）依法全面履行政府职能。完善行政组织和行政程序法律制度，推进机构、职能、权限、程序、责任法定化。行政机关要坚持法定职责必须为、法无授权不可为，勇于负责、敢于担当，坚决纠正不作为、乱作为，坚决克服懒政、怠政，坚决惩处失职、渎职。行政机关不得法外设定权力，没有法律法规依据不得作出减损公民、法人和其他组织合法权益或者增加其义务的决定。推行政府权力清单制度，坚决消除权力设租寻租空间。

推进各级政府事权规范化、法律化，完善不同层级政府特别是中央和地方政府事权法律制度，强化中央政府宏观管理、制度设定职责和必要的执法权，强化省级政府统筹推进区域内基本公共服务均等化职责，强化市县政府执行职责。

（二）健全依法决策机制。把公众参与、专家论证、风险评估、合法性审查、集体讨论决定确定为重大行政决策法定程序，确保决策制度科学、程序正当、过程公开、责任明确。建立行政机关内部重大决策合法性审查机制，未经合法性审查或经审查不合法的，不得提交讨论。

积极推行政府法律顾问制度，建立政府法制机构人员为主体、吸收专家和律师参加的法律顾问队伍，保证法律顾问在制定重大行政决策、推进依法行政中发挥积极作用。

建立重大决策终身责任追究制度及责任倒查机制，对决策严重失误或者依法应该及时作出决策但久拖不决造成重大损失、恶劣影响的，严格追究行政首长、负有责任的其他领导人员和相关责任人员的法律责任。

（三）深化行政执法体制改革。根据不同层级政府的事权和职能，按照减少层次、整合队伍、提高效率的原则，合理配置执法力量。

推进综合执法，大幅减少市县两级政府执法队伍种类，重点在食品药品安全、工商质检、公共卫生、安全生产、文化旅游、资源环境、农林水利、交通运输、城乡建设、海洋渔业等领域内推行综合执法，有条件的领域可以推行跨部门综合执法。

完善市县两级政府行政执法管理，加强统一领导和协调。理顺行政强制执行体制。理顺城管执法体制，加强城市管理综合执法机构建设，提高执法和服务水平。

严格实行行政执法人员持证上岗和资格管理制度，未经执法资格考试合格，不得授予执法资格，不得从事执法活动。严格执行罚缴分离和收支两条线管理制度，严禁收费罚没收入同部门利益直接或者变相挂钩。

健全行政执法和刑事司法衔接机制，完善案件移送标准和程序，建立行政执法机关、公安机关、检察机关、审判机关信息共享、案情通报、案件移送制度，坚决克服有案不移、有案难移、以罚代刑现象，实现行政处罚和刑事处罚无缝对接。

（四）坚持严格规范公正文明执法。依法惩处各类违法行为，加大关系群众切身利益的重点领域执法力度。完善执法程序，建立执法全过程记录制度。明确具体操作流程，重点规范行政许可、行政处罚、行政强制、行政征收、行政收费、行政检查等执法行为。严格执行重大执法决定法制审核制度。

建立健全行政裁量权基准制度，细化、量化行政裁量标准，规范裁量范围、种类、幅度。加强行政执法信息化建设和信息共享，提高执法效率和规范化水平。

全面落实行政执法责任制，严格确定不同部门及机构、岗位执法人员执法责任和责任追究机制，加强执法监督，坚决排除对执法活动的干预，防止和克服地方和部门保护主义，惩治执法腐败现象。

（五）强化对行政权力的制约和监督。加强党内监督、人大监督、民主监督、行政监督、司法监督、审计监督、社会监督、舆论监督制度建设，努力形成科学有效的权力运行制约和监督体系，增强监督合力和实效。

加强对政府内部权力的制约，是强化对行政权力制约的重点。对财政资金分配使用、国有资产监管、政府投资、政府采购、公共资源转让、公共工程建设等权力集中的部门和岗位实行分事行权、分岗设权、分级授权，定期轮岗，强化内部流程控制，防止权力滥用。完善政府内部层级监督和专门监督，改进上级机关对下级机关的监督，建立常态化监督制度。完善纠错问责机制，健全责令公开道歉、停职检查、引咎辞职、责令辞职、罢免等问责方式和程序。

完善审计制度，保障依法独立行使审计监督权。对公共资金、国有资产、国有资源和领导干部履行经济责任情况实行审计全覆盖。强化上级审计机关对下级审计机关的领导。探索省以下地方审计机关人财物统一管理。推进审计职业化建设。

（六）全面推进政务公开。坚持以公开为常态、不公开为例外原则，推进决策公开、执行公开、管理公开、服务公开、结果公开。各级政府及其工作部门依据权力清单，向社会全面公开政府职能、法律依据、实施主体、职责权限、管理流程、监督方式等事项。重点推进财政预算、公共资源配置、重大建设项目批准和实施、社会公益事业建设等领域的政府信息公开。

涉及公民、法人或其他组织权利和义务的规范性文件，按照政府信息公开要求和程序予以公布。推行行政执法公示制度。推进政务公开信息化，加强互联网政务信息数据服务平台和便民服务平台建设。

……

法治中国建设规划
(2020—2025年)(节录)

(2021年1月10日)

法治是人类文明进步的重要标志，是治国理政的基本方式，是中国共产党和中国人民的不懈追求。法治兴则国兴，法治强则国强。为统筹推进法治中国建设各项工作，制定本规划。

一、坚定不移走中国特色社会主义法治道路，奋力建设良法善治的法治中国

党的十八大以来，以习近平同志为核心的党中央从坚持和发展中国特色社会主义的全局和战略高度定位法治、布局法治、厉行法治，将全面依法治国纳入“四个全面”战略布局，加强党对全面依法治国的集中统一领导，全面推进科学立法、严格执法、公正司法、全民守法，形成了习近平法治思想，开创了全面依法治国新局面，为在新的起点上建设法治中国奠定了坚实基础。

当今世界正经历百年未有之大变局，我国正处于实现中华民族伟大复兴关键时期，改革发展稳定任务艰巨繁重，全面对外开放深入推进，人民群众在民主、法治、公平、正义、安全、环境等方面的要求日益增长，需要更好发挥法治固根本、稳预期、利长远的保障作用。在统揽伟大斗争、伟大工程、伟大事业、伟大梦想，全面建设社会主义现代化国家新征程上，必须把全面依法治国摆在全局性、战略性、基础性、保障性位置，向着全面建成法治中国不断前进。

(一)指导思想

高举中国特色社会主义伟大旗帜，坚持以马克思列宁主义、毛泽东思想、邓小平理论、“三个代表”重要思想、科学发展观、习近平新时代中国特色社会主义思想为指导，全面贯彻党的十九大和十九届二中、三中、四中、五中全会精神，全面贯彻习近平法治思想，增强“四个意识”、坚定“四个自信”、做到“两个维护”，坚持党的领导、人民当家作主、依法治国有机统一，坚定不移走中国特色社会主义法治道路，培育和践行社会主义核心价值观，以解决法治领域突出问题为着力点，建设中国特色社会主义法治体系，建设社会主义法治国家，在法治轨道上推进国家治理体系和治理能力现代化，提高党依法治国、依法执政能力，为全面建设社会主义现代化国家、实现中华民族伟大复兴的中国梦提供有力法治保障。

（二）主要原则

——坚持党的集中统一领导。牢牢把握党的领导是社会主义法治最根本的保证，坚持党领导立法、保证执法、支持司法、带头守法，充分发挥党总揽全局、协调各方的领导核心作用，确保法治中国建设的正确方向。

——坚持贯彻中国特色社会主义法治理论。深入贯彻习近平法治思想，系统总结运用新时代中国特色社会主义法治建设的鲜活经验，不断推进理论和实践创新发展。

——坚持以人民为中心。坚持法治建设为了人民、依靠人民，促进人的全面发展，努力让人民群众在每一项法律制度、每一个执法决定、每一宗司法案件中都感受到公平正义，加强人权法治保障，非因法定事由、非经法定程序不得限制、剥夺公民、法人和其他组织的财产和权利。

——坚持统筹推进。坚持依法治国、依法执政、依法行政共同推进，坚持法治国家、法治政府、法治社会一体建设，坚持依法治国和以德治国相结合，坚持依法治国和依规治党有机统一，全面推进科学立法、严格执法、公正司法、全民守法。

——坚持问题导向和目标导向。聚焦党中央关注、人民群众反映强烈的突出问题和法治建设薄弱环节，着眼推进国家治理体系和治理能力现代化，固根基、扬优势、补短板、强弱项，切实增强法治中国建设的时代性、针对性、实效性。

——坚持从中国实际出发。立足我国基本国情，统筹考虑经济社会发展状况、法治建设总体进程、人民群众需求变化等综合因素，汲取中华法律文化精华，借鉴国外法治有益经验，循序渐进、久久为功，确保各项制度设计行得通、真管用。

（三）总体目标

建设法治中国，应当实现法律规范科学完备统一，执法司法公正高效权威，权力运行受到有效制约监督，人民合法权益得到充分尊重保障，法治信仰普遍确立，法治国家、法治政府、法治社会全面建成。

到2025年，党领导全面依法治国体制机制更加健全，以宪法为核心的中国特色社会主义法律体系更加完备，职责明确、依法行政的政府治理体系日益健全，相互配合、相互制约的司法权运行机制更加科学有效，法治社会建设取得重大进展，党内法规体系更加完善，中国特色社会主义法治体系初步形成。

到2035年，法治国家、法治政府、法治社会基本建成，中国特色社会主义法治体系基本形成，人民平等参与、平等发展权利得到充分保障，国家治理体系和治理能力现代化基本实现。

二、全面贯彻实施宪法，坚定维护宪法尊严和权威

建设法治中国，必须高度重视宪法在治国理政中的重要地位和作用，坚持依宪治国、依宪执政，把全面贯彻实施宪法作为首要任务，健全保证宪法全面实施的体制机制，将宪法实施和监督提高到新水平。

（四）坚持把宪法作为根本活动准则。全国各族人民、一切国家机关和武装力量、各政党和各社会团体、各企业事业组织，都负有维护宪法尊严、保证宪法实施的职责，都不得有超越宪法法律的特权。坚持宪法法律至上，维护国家法制统一、尊严、权威，一切法律法规规章规范性文件都不得同宪法相抵触，一切违反宪法法律的行为都必须予以追究。党带头尊崇和执行宪法，把党领导人民制定和实施宪法法律同党坚持在宪法法律范围内活动统一起来，保障宪法法律的有效实施。

（五）加强宪法实施和监督。全国人大及其常委会要切实担负起宪法监督职责，加强宪法实施和监督，并将其作为全国人大常委会年度工作报告的重要事项。全国人大及其常委会通过的法律和作出的决定决议，应当确保符合宪法规定、宪法精神。推进合宪性审查工作，健全合宪性审查制度，明确合宪性审查的原则、内容、程序。建立健全涉及宪法问题的事先审查和咨询制度，有关方面拟出台的行政法规、军事法规、监察法规、地方性法规、经济特区法规、自治条例和单行条例、部门规章、地方政府规章、司法解释以及其他规范性文件和重要政策、重大举措，凡涉及宪法有关规定如何理解、实施、适用问题的，都应当依照有关规定向全国人大常委会书面提出合宪性审查请求。在备案审查工作中，应当注重审查是否存在不符合宪法规定和宪法精神的内容。加强宪法解释工作，落实宪法解释程序机制，回应涉及宪法有关问题的关切。

（六）推进宪法学习宣传教育。在全社会深入开展尊崇宪法、学习宪法、遵守宪法、维护宪法、运用宪法的宪法学习宣传教育活动，普及宪法知识，弘扬宪法精神。抓住领导干部这个“关键少数”，把宪法法律学习列为党委（党组）理论学习中心组学习的重要内容，纳入党和国家工作人员培训教育体系。全面落实宪法宣誓制度。加强青少年宪法法律教育，增强青少年的规则意识、法治观念。在“五四宪法”历史资料陈列馆基础上建设国家宪法宣传教育馆。加强宪法理论研究和教材编写、修订、使用，凝练我国宪法的时代特色和实践特色，形成中国特色社会主义宪法理论和宪法话语体系。

三、建设完备的法律规范体系，以良法促进发展、保障善治

建设法治中国，必须加强和改进立法工作，深入推进科学立法、民主立法、依法立法，不断提高立法质量和效率，以高质量立法保障高质量发展、推动全面深化改革、维护社会大局稳定。

（七）完善立法工作格局。加强党对立法工作的领导，完善党委领导、人大主导、政府依托、各方参与的立法工作格局。党中央领导全国立法工作、研究决定国家立法工作中的重大问题，有立法权地方的党委按照党中央大政方针领导本地区立法工作。

完善人大主导立法工作的体制机制。加强人大对立法工作的组织协调，发挥人大及其常委会的审议把关作用。健全全国人大相关专门委员会、全国人大常委会工作机构牵头起草重要法律草案机制。更好发挥人大代表在起草和修改法律法规中的作用，人民代表大会会议一般都应当安排审议法律法规案。研究完善人大常委会会议制度，探索增加人大常委会审议法律法规案的会次安排。充分发挥人大常委会组成人员在立法中的作用，逐步提高人大常委会专职委员特别是有法治实践经验的专职委员比例。

注重发挥政府在立法工作中的重要作用。做好有关法律、地方性法规草案的起草工作，加强政府部门间立法协调。严格按照法定权限和程序制定行政法规、规章，保证行政法规、规章质量。

拓宽社会各方有序参与立法的途径和方式。加强立法协商，充分发挥政协委员、民主党派、工商联、无党派人士、人民团体、社会组织在立法协商中的作用。

（八）坚持立改废释并举。加强重点领域、新兴领域、涉外领域立法。推动贯彻新发展理念、构建新发展格局，加快完善深化供给侧结构性改革、促进创新驱动发展、防范化解金融风险等急需的法律法规。加强对权力运行的制约和监督，健全规范共同行政行为的法律法规，研究制定行政程序法。围绕加强社会主义文化建设，完善发展文化事业和文化产业、保护知识产权等方面的法律法规。加强保障和改善民生、创新社会治理方面的法律制度建设，为推进教育现代化、实施健康中国战略、维护社会治安等提供有力保障。加强疫情防控相关立法和配套制度建设，完善有关处罚程序，强化公共安全保障，构建系统完备、科学规范、运行有效的突发公共卫生事件应对法律体系。加强同民法典相关联、相配套的法律制度建设。加强国家安全领域立法。健全军民融合发展法律制度。加强信息技术领域立法，及时跟进研究数字经济、互联网金融、人工智能、大数据、云计算等相关法律制度，抓紧补齐短板。加强区域协调发展法律制度建设。制定和修改法律法规要着力解决违法成本过低、处罚力度不足问题。统筹解决食品药品、生态环境、安全生产等领域法律法规存在的该硬不硬、该严不严、该重不重问题。

针对法律规定之间不一致、不协调、不适应问题，及时组织清理。对某一领域有多部法律的，条件成熟时进行法典编纂。加强立法的协同配套工作，实行法律草案与配套规定同步研究、同步起草，增强法律规范整体功效。加强立法评估论证工作。加强法律法规解释工作。建设全国统一的法律、法规、规章、行政规范性文件、司法解释和党内法规信息平台。

坚持立法和改革相衔接相促进，做到重大改革于法有据，充分发挥立法的引领和推动作用。对改革急需、立法条件成熟的，抓紧出台；对立法条件还不成熟、需要先行先试的，依法及时作出授权决定或者改革决定。授权决定或者改革决定涉及的改革举措，实践证明可行的，及时按照程序制定修改相关法律法规。

完善弘扬社会主义核心价值观的法律政策体系，把社会主义核心价值观要求融入法治建设和社会治理。

加强京津冀协同发展、长江经济带发展、粤港澳大湾区建设、长三角一体化发展、黄河流域生态保护和高质量发展、推进海南全面深化改革开放等国家重大发展战略的法治保障。

（九）健全立法工作机制。健全立法立项、起草、论证、协调、审议机制，提高立法的针对性、及时性、系统性、可操作性。健全立法规划计划编制制度，充分发挥立法规划计划的统筹引领作用。健全立法征求意见机制，扩大公众参与的覆盖面和代表性，增强立法透明度。对与企业生产经营密切相关的立法项目，充分听取有关企业和行业协会商会意见。健全立法征求公众意见采纳反馈机制，对相对集中的意见未予采纳的，应当进行说明。充分利用大数据分析，为立法中的重大事项提供统计分析和决策依据。对立法涉及的重大利益调整事项加强论证咨询，推进对争议较大的重要立法事项引入第三方评估工作。建立健全重要立法争议事项协调机制，防止立法项目久拖不决。完善立法技术规范，加强立法指引。

（十）加强地方立法工作。有立法权的地方应当紧密结合本地发展需要和实际，突出地方特色和针对性、实效性，创造性做好地方立法工作。健全地方立法工作机制，提高立法质量，确保不与上位法相抵触，切实避免越权立法、重复立法、盲目立法。建立健全区域协同立法工作机制，加强全国人大常委会对跨区域地方立法的统一指导。2025年年底前，完成对全国地方立法工作人员的轮训。

四、建设高效的法治实施体系，深入推进严格执法、公正司法、全民守法

建设法治中国，必须深入推进严格执法、公正司法、全民守法，健全社会公平正义法治保障制度，织密法治之网，强化法治之力，不断增强人民群众的获得感、幸福感、安全感。

（十一）构建职责明确、依法行政的政府治理体系。各级政府必须坚持依法行政，恪守法定职责必须为、法无授权不可为，把政府活动全面纳入法治轨道。

依法全面履行政府职能，着力厘清政府和市场、政府和社会的关系，更加注重用法律和制度遏制不当干预经济活动的行为。深入推进简政放权，持续整治变相设置行政许可事项的违法违规行为。大力推行清单制度并实行动态管理，编制完成并公布中央层面设定的行政许可事项清单、备案管理事项清单，国务院部门权责清单于2022年上半年前编制完成并公布。

严格落实重大行政决策程序制度，切实防止违法决策、不当决策、拖延决策。充分发挥法律顾问、公职律师在重大行政决策中的作用。建立健全重大行政决策跟踪反馈和评估制度。全面推行行政规范性文件合法性审核机制，凡涉及公民、法人或其他组织权利和义务的行政规范性文件均应经过合法性审核。

深化行政执法体制改革，统筹配置行政执法职能和执法资源，最大限度减少不必要的行政执法事项。进一步整合行政执法队伍，继续探索实行跨领域跨部门综合执法。推动执法重心向市县两级政府下移，加大执法人员、经费、资源、装备等向基层倾斜力度。健全事前事中事后监管有效衔接、信息互联互通共享、协同配合工作机制。完善行政执法权限协调机制。健全行政执法和刑事司法衔接机制，全面推进“两法衔接”信息平台建设和应用。完善行政强制执行体制机制。建立健全军地联合执法机制。

坚持严格规范公正文明执法，全面推行行政执法公示制度、执法全过程记录制度、重大执法决定法制审核制度。加大食品药品、公共卫生、生态环境、安全生产、劳动保障、野生动物保护等关系群众切身利益的重点领域执法力度。推进统一的行政执法人员资格和证件管理、行政执法文书基本标准、行政执法综合管理监督信息系统建设。全面推行行政裁量权基准制度，规范执法自由裁量权。改进和创新执法方式，加强行政指导、行政奖励、行政和解等非强制行政手段的运用。建立行政执法案例指导制度。建立健全行政执法风险防控机制。严格执行突发事件应对有关法律法规，依法实施应急处置措施，全面提高依法应对突发事件能力和水平。

加强和创新事中事后监管，推进“双随机、一公开”跨部门联合监管，强化重点领域重点监管，探索信用监管、大数据监管、包容审慎监管等新型监管方式，努力形成全覆盖、零容忍、更透明、重实效、保安全的事中事后监管体系。持续开展“减证便民”行动，推行证明事项告知承诺制。

持续营造法治化营商环境，实施统一的市场准入负面清单制度，清理破除隐性准入壁垒，普遍落实“非禁即入”。全面清理、废止对非公有制经济的各种形式不合理规定，坚决纠正滥用行政权力排除、限制竞争行为。全面清理违法违规的涉企收费、检查、摊派事项和评比达标表彰活动。加强政务诚信建设，重点治理政府失信行为，加大惩处和曝光力度。实行知识产权侵权惩罚性赔偿制度，激励和保护科技创新。

加快推进“互联网+政务服务”，政务服务重点领域和高频事项基本实现“一网、一门、一次”。2022年年底前建成全国一体化政务服务平台，除法律法规另有规定或涉及国家秘密等外，政务服务事项全部纳入平台办理，全面实现“一网通办”。

（十二）建设公正高效权威的中国特色社会主义司法制度。紧紧抓住影响司法公正、制约司法能力的深层次问题，坚持符合国情和遵循司法规律相结合，坚持和加强党对司法工作的绝对领导。健全公安机关、检察机关、审判机关、司法行政机关各司其职，侦查权、检察权、审判权、执行权相互配合、相互制约的体制机制。深化司法体制综合配套改革，全面落实司法责任制。

明确四级法院职能定位，充分发挥审级监督功能。完善民事再审程序，探索将具有普遍法律适用指导意义、关乎社会公共利益的案件交由较高层级法院审理。完善最高人民法院巡回法庭工作机制，健全综合配套措施。完善知识产权、金融、海事等专门法院建设，加强互联网法院建设。深化与行政区划适当分离的司法管辖制度改革。健全未成年人司法保护体系。

坚持“让审理者裁判、由裁判者负责”，依法赋权独任庭、合议庭。健全重大、疑难、复杂案件由院庭长直接审理机制。坚持“谁办案谁负责、谁决定谁负责”，落实检察官办案主体地位。健全担任领导职务的检察官直接办案制度。加强办案团队建设，推动司法人员专业化分工、类案专业化办理。健全专业法官会议、检察官联席会议制度，切实发挥为办案组织提供法律咨询的功能。加强和完善指导性案例制度，确保法律适用统一。

深化以审判为中心的刑事诉讼制度改革。健全侦查机关调查收集证据制度，规范补充侦查、不起诉、撤回起诉制度。完善庭前会议、非法证据排除制度，规范法庭调查和庭审量刑程序，落实证人、鉴定人、侦查人员出庭作证制度，完善技术侦查证据的法庭调查和使用规则。完善认罪认罚从宽制度，落实宽严相济刑事政策。改革刑事申诉制度，对不服司法机关生效裁判和决定的申诉，逐步实行由律师代理制度。健全落实法律援助值班律师制度，实现刑事案件律师辩护、法律帮助全覆盖。健全有关工作机制，依法从严从快惩处妨碍突发事件应对的违法犯罪行为。

完善民事诉讼制度体系。探索扩大小额诉讼程序适用范围，完善其与简易程序、普通程序的转换适用机制。探索扩大独任制适用范围。优化司法确认程序适用。改革诉讼收费制度。全面建设集约高效、多元解纷、便民利民、智慧精准、开放互动、交融共享的现代化诉讼服务体系。加快推进跨域立案诉讼服务改革，2022年年底前实现诉讼服务就近能办、同城通办、异地可办。

深化执行体制改革，加强执行难综合治理、源头治理。深入推进审执分离，优化执行权配置，落实统一管理、统一指挥、统一协调的执行工作机制。完善刑罚执行制度，统一刑罚执行体制。深化监狱体制机制改革，实行罪犯分类、监狱分级制度。完善社区矫正制度。完善监狱、看守所与社区矫正和安置帮教机构之间的工作对接机制。

（十三）深入推进全民守法。全面依法治国需要全社会共同参与，必须大力弘扬社会主义法治精神，建设社会主义法治文化，引导全体人民做社会主义法治的忠实崇尚者、自觉遵守者、坚定捍卫者。

改进创新普法工作，加大全民普法力度，增强全民法治观念。建立健全立法工作宣传报道常态化机制，对立法热点问题主动发声、解疑释惑。全面落实“谁执法谁普法”普法责任制。深入开展法官、检察官、行政复议人员、行政执法人员、律师等以案释法活动。加强突发事件应对法治宣传教育和法律服务。

广泛推动人民群众参与社会治理，打造共建共治共享的社会治理格局。完善群众参与基层社会治理的制度化渠道。加快推进市域社会治理现代化。健全社会治理规范体系。发挥工会、共青团、妇联等群团组织引领联系群众参与社会治理的作用。加快推进社会信用立法，完善失信惩戒机制。规范失信惩戒对象名单制度，依法依规明确制定依据、适用范围、惩治标准和救济机制，在加强失信惩戒的同时保护公民、企业合法权益。加强对产权的执法司法保护，健全涉产权错案甄别纠正机制。完善对暴力袭警行为的刑事责任追究制度。加大对暴力伤害医务人员犯罪行为打击力度。

紧紧围绕人民日益增长的美好生活需要加强公共法律服务，加快整合律师、公证、调解、仲裁、法律援助、司法鉴定等公共法律服务资源，到2022年基本形成覆盖城乡、便捷高效、均等普惠的现代公共法律服务体系。构建公共法律服务评价指标体系，以群众满意度来检验公共法律服务工作成效。推动建设一支高素质涉外法律服务队伍、建设一批高水平涉外法律服务机构。

积极引导人民群众依法维权和化解矛盾纠纷，坚持和发展新时代“枫桥经验”。充分发挥人民调解的第一道防线作用，完善人民调解、行政调解、司法调解联动工作体系。全面开展律师调解工作。完善调解、信访、仲裁、行政裁决、行政复议、诉讼等社会矛盾纠纷多元预防调处化解综合机制，整合基层矛盾纠纷化解资源和力量，充分发挥非诉纠纷解决机制作用。深化法律援助制度改革，扩大法律援助覆盖面。有序推进行政裁决工作，探索扩大行政裁决适用范围。

五、建设严密的法治监督体系，切实加强对立法、执法、司法工作的监督

建设法治中国，必须抓紧完善权力运行制约和监督机制，规范立法、执法、司法机关权力行使，构建党统一领导、全面覆盖、权威高效的法治监督体系。

（十四）推进对法治工作的全面监督。加强党对法治监督工作的集中统一领导，把法治监督作为党和国家监督体系的重要内容，保证行政权、监察权、审判权、检察权得到依法正确行使，保证公民、法人和其他组织合法权益得到切实保障。加强国家机关监督、民主监督、群众监督和舆论监督，形成法治监督合力，发挥整体监督效能。推进执纪执法贯通、有效衔接司法。完善人民监督员制度。坚持以公开为常态、不公开为例外，全面推进立法公开、执法公开、司法公开，逐步扩大公开范围，提升公开服务水平，主动接受新闻媒体舆论监督和社会监督。党委政法委应当指导、推动政法单位建立健全与执法司法权运行机制相适应的制约监督体系，构建权责清晰的执法司法责任体系，健全政治督察、综治督导、执法监督、纪律作风督查巡查等制度机制。

（十五）加强立法监督工作。建立健全立法监督工作机制，完善监督程序。推进法律法规规章起草征求人大代表、政协委员意见工作。依法处理国家机关和社会团体、企业事业组织、公民对法规规章等书面提出的审查要求或者审查建议。

加强备案审查制度和能力建设，实现有件必备、有备必审、有错必纠。完善备案审查程序，明确审查范围、标准和纠正措施。强化对地方各级政府和县级以上政府部门行政规范性文件、地方各级监察委员会监察规范性文件的备案审查。加强对司法解释的备案监督。将地方法院、检察院制定的规范性文件纳入本级人大常委会备案审查范围。加快建立全国统一的备案审查信息平台。建立健全党委、人大常委会、政府、军队等之间的备案审查衔接联动机制。建立健全备案审查工作年度报告制度。

（十六）加强对执法工作监督。加强省市县乡四级全覆盖的行政执法协调监督工作体系建设，强化全方位、全流程监督，提高执法质量。加大对执法不作为、乱作为、选择性执法、逐利执法等有关责任人的追责力度，落实行政执法责任制和责任追究制度。完善行政执法投诉举报和处理机制。

加强和改进行政复议工作，强化行政复议监督功能，加大对违法和不当行政行为的纠错力度。推进行政复议体制改革，整合行政复议职责，畅通行政复议渠道，2022年前基本形成公正权威、统一高效的行政复议工作体制。健全行政复议案件审理机制，加强行政复议规范化、专业化、信息化建设。规范和加强行政应诉工作。

（十七）加强对司法活动监督。健全对法官、检察官办案的制约和监督制度，促进司法公正。全面推行法官、检察官办案责任制，统一规范法官、检察官办案权限。加强审判权、检察权运行监督管理，明确法院院长、庭长和检察院检察长、业务部门负责人监督管理权力和责任，健全审判人员、检察人员权责清单。完善对担任领导职务的法官、检察官办案情况的考核监督机制，配套建立内部公示、定期通报机制。健全落实司法机关内部人员过问案件记录追责、规范司法人员与律师和当事人等接触交往行为的制度。构建科学合理的司法责任认定和追究制度。完善司法人员惩戒制度，明确惩戒情形和程序。

完善民事、行政检察监督和检察公益诉讼案件办理机制。健全对最高人民法院巡回法庭、知识产权法院、金融法院、互联网法院等的法律监督机制。拓展公益诉讼案件范围，完善公益诉讼法律制度，探索建立民事公益诉讼惩罚性赔偿制度。完善检察建议制度。

完善刑事立案监督和侦查监督工作机制。健全刑事案件统一审核、统一出口工作机制，规范证据审查判断与运用。健全侦查机关办理重大案件听取检察机关意见建议制度。完善对查封、扣押、冻结等侦查措施的监督机制。健全刑事申诉案件受理、移送、复查机制。推动在市县公安机关建设执法办案管理中心。

加强人权司法保障。建立重大案件侦查终结前对讯问合法性进行核查制度。健全讯问犯罪嫌疑人、听取辩护人意见工作机制。建立对监狱、看守所的巡回检察制度。完善看守所管理制度。完善有效防范和及时发现、纠正冤假错案工作机制。健全辩护人、诉讼代理人行使诉讼权利保障机制。

六、建设有力的法治保障体系，筑牢法治中国建设的坚实后盾

建设法治中国，必须加强政治、组织、队伍、人才、科技、信息等保障，为全面依法治国提供重要支撑。

（十八）加强政治和组织保障。各级党委（党组）和领导干部要支持立法、执法、司法机关开展工作，支持司法机关依法独立公正行使职权。党的各级组织部门等要发挥职能作用，保障推进法治中国建设。中央和省级党政部门要明确负责本部门法治工作的机构。各级立法、执法、司法机关党组（党委）要加强领导、履职尽责，机关基层党组织和党员要充分发挥战斗堡垒和先锋模范作用，保障宪法法律实施。严格执行《领导干部干预司法活动、插手具体案件处理的记录、通报和责任追究规定》。

（十九）加强队伍和人才保障。牢牢把握忠于党、忠于国家、忠于人民、忠于法律的总要求，大力提高法治工作队伍思想政治素质、业务工作能力、职业道德水准，努力建设一支德才兼备的高素质法治工作队伍。

建设革命化、正规化、专业化、职业化的法治专门队伍。坚持把政治标准放在首位，加强科学理论武装，深入开展理想信念教育。完善法律职业准入、资格管理制度，建立法律职业人员统一职前培训制度和在职法官、检察官、警官、律师同堂培训制度。完善从符合条件的律师、法学专家中招录立法工作者、法官、检察官、行政复议人员制度。加强立法工作队伍建设。建立健全立法、执法、司法部门干部和人才常态化交流机制，加大法治专门队伍与其他部门具备条件的干部和人才交流力度。加强边疆地区、民族地区和基层法治专门队伍建设。健全法官、检察官员额管理制度，规范遴选标准、程序。加强执法司法辅助人员队伍建设。建立健全符合职业特点的法治工作人员管理制度，完善职业保障体系。健全执法司法人员依法履职免责、履行职务受侵害保障救济、不实举报澄清等制度。加强法治专门队伍教育培训。

加快发展律师、公证、司法鉴定、仲裁、调解等法律服务队伍。健全职业道德准则、执业行为规范，完善职业道德评价机制。把拥护中国共产党领导、拥护我国社会主义法治作为法律服务人员从业的基本要求。坚持和加强党对律师工作的领导，推动律师行业党的建设。完善律师执业权利保障制度机制。健全法官、检察官、律师等法律职业人员惩戒机制，建立律师不良执业信息记录披露和查询制度。发展公职律师、公司律师和党政机关、企事业单位、村（居）法律顾问队伍。

构建凸显时代特征、体现中国特色的法治人才培养体系。坚持以习近平新时代中国特色社会主义思想为指导，坚持立德树人、德法兼修，解决好为谁教、教什么、教给谁、怎样教的问题。推动以马克思主义为指导的法学学科体系、学术体系、教材体系、话语体系建设。深化高等法学教育改革，优化法学课程体系，强化法学实践教学，培养信念坚定、德法兼修、明法笃行的高素质法治人才。推进教师队伍法治教育培训。加强法学专业教师队伍建设。完善高等学校涉外法学专业学科设置。加大涉外法治人才培养力度，创新涉外法治人才培养模式。建立健全法学教育、法学研究工作者和法治实践工作者之间双向交流机制。

（二十）加强科技和信息化保障。充分运用大数据、云计算、人工智能等现代科技手段，全面建设“智慧法治”，推进法治中国建设的数据化、网络化、智能化。优化整合法治领域各类信息、数据、网络平台，推进全国法治信息化工程建设。加快公共法律服务实体平台、热线平台、网络平台有机融合，建设覆盖全业务、全时空的公共法律服务网络。

七、建设完善的党内法规体系，坚定不移推进依规治党

建设法治中国，必须坚持依法治国和依规治党有机统一，加快形成覆盖党的领导和党的建设各方面的党内法规体系，增强党依法执政本领，提高管党治党水平，确保党始终成为中国特色社会主义事业的坚强领导核心。

（二十一）健全党内法规体系。坚持和加强党的全面领导，坚持党要管党、全面从严治党，以党章为根本，以民主集中制为核心，不断完善党的组织法规、党的领导法规、党的自身建设法规、党的监督保障法规，构建内容科学、程序严密、配套完备、运行有效的党内法规体系。坚持立改废释并举，与时俱进做好党内法规制定修订工作，完善清理工作机制，加大解释力度，提高党内法规质量。健全党内法规备案审查制度，坚持有件必备、有备必审、有错必纠，维护党内法规体系统一性和权威性。注重党内法规同国家法律的衔接和协调，努力形成国家法律和党内法规相辅相成、相互促进、相互保障的格局。

（二十二）抓好党内法规实施。把提高党内法规执行力摆在更加突出位置，把抓“关键少数”和管“绝大多数”统一起来，以各级领导机关和党员领导干部带头尊规学规守规用规，带动全党遵规守纪。加强学习教育，把重要党内法规列为党委（党组）理论学习中心组学习的重要内容，列为党校（行政学院）、干部学院重要教学内容，列入法治宣传教育规划重要任务。加大党内法规公开力度，提高党内法规的普及度和知晓率。落实党内法规执行责任制，做到有规必执、执规必严。开展党内法规实施评估工作，推动党内法规实施。强化监督检查和追责问责，将党内法规执行情况作为各级党委督促检查、巡视巡察重要内容，严肃查处违反党内法规的各种行为。

（二十三）强化党内法规制度建设保障。加强党内法规专门工作队伍建设，突出政治标准，加强专业化建设，充实各级党内法规工作机构人员力量。加快补齐党内法规理论研究方面短板，重点建设一批党内法规研究高端智库和研究教育基地，推动形成一批高质量研究成果，引领和聚集一批党内法规研究人才。健全后备人才培养机制，继续推进在部分高校开展党内法规研究方向的研究生教育，加强学科建设，为党内法规事业持续发展提供人才支撑。

八、紧紧围绕新时代党和国家工作大局，依法维护国家主权、安全、发展利益

建设法治中国，必须高度重视依法保障“一国两制”实践、巩固和深化两岸关系和平发展，运用法治思维和法治方式处理好国际经济、政治、社会事务，深入推进依法治军从严治军，更好维护和实现我国和平发展的战略目标。

（二十四）依法保障“一国两制”实践和推进祖国统一。坚持宪法的最高法律地位和最高法律效力，坚定不移并全面准确贯彻“一国两制”、“港人治港”、“澳人治澳”、高度自治的方针，坚持依法治港治澳，维护宪法和基本法确定的特别行政区宪制秩序，把维护中央对特别行政区全面管治权和保障特别行政区高度自治权有机统一起来，完善特别行政区同宪法和基本法实施相关的制度和机制。支持特别行政区行政长官和政府依法施政、积极作为，履行维护国家主权、安全、发展利益的宪制责任。健全落实特别行政区维护国家安全的法律制度和执行机制，确保“一国两制”行稳致远。防范和反对外部势力干预香港、澳门事务，保持香港、澳门长期繁荣稳定。

探索"一国两制"台湾方案，推进祖国和平统一进程。推动两岸就和平发展达成制度性安排，完善促进两岸交流合作、深化两岸融合发展、保障台湾同胞福祉的制度安排和政策措施。支持两岸法学法律界交流交往。运用法治方式捍卫一个中国原则、坚决反对"台独"，坚定维护国家主权、安全、发展利益。

依法保护港澳同胞、台湾同胞权益。全面推进内地同香港、澳门互利合作，完善便利香港、澳门居民在内地发展的政策措施。加强内地同香港和澳门、大陆同台湾的执法合作和司法协助，共同打击跨境违法犯罪活动。

（二十五）加强涉外法治工作。适应高水平对外开放工作需要，完善涉外法律和规则体系，补齐短板，提高涉外工作法治化水平。

积极参与国际规则制定，推动形成公正合理的国际规则体系。加快推进我国法域外适用的法律体系建设。围绕促进共建"一带一路"国际合作，推进国际商事法庭建设与完善。推动我国仲裁机构与共建"一带一路"国家仲裁机构合作建立联合仲裁机制。强化涉外法律服务，维护我国公民、法人在海外及外国公民、法人在我国的正当权益。建立涉外工作法务制度。引导对外经贸合作企业加强合规管理，提高法律风险防范意识。建立健全域外法律查明机制。推进对外法治宣传，讲好中国法治故事。加强国际法研究和运用。

加强多双边法治对话，推进对外法治交流。深化国际司法交流合作。完善我国司法协助体制机制，推进引渡、遣返犯罪嫌疑人和被判刑人移管等司法协助领域国际合作。积极参与执法安全国际合作，共同打击暴力恐怖势力、民族分裂势力、宗教极端势力和贩毒走私、跨国有组织犯罪。加强反腐败国际合作，加大海外追逃追赃、遣返引渡力度。

（二十六）深入推进依法治军从严治军。深入贯彻习近平强军思想，坚持党对人民军队绝对领导，全面深入贯彻军委主席负责制，围绕实现党在新时代的强军目标，加快构建完善的中国特色军事法治体系，推动治军方式根本性转变。

加快推进改革急需、备战急用、官兵急盼重点立法项目。有力有序推进军事政策制度改革。完善军事立法计划管理制度。健全军事规范性文件审查和备案制度。完善军事法规制度定期清理机制。推动军事法制信息化建设，推进法规制度建设集成化、军事法规法典化。2020年年底前，完成国防和军队建设各系统各领域主干法规制度改革，构建起中国特色社会主义军事法规制度体系基本框架；到2022年，健全各领域配套法规制度，构建起比较完备的中国特色社会主义军事法规制度体系。

明确军事法规执行责任和程序，落实执法责任制。强化官兵法治信仰和法治思维，深化法治军营创建活动。持续实施军事法治理论研究工程，组织编写全军统一的军事法治理论教材。加强军事法治国际交流，积极参与国际军事规则创制。综合运用党内监督、层级监督、专门监督等方式，构建常态化规范化军事法治监督体系。

构建依法治军组织领导体系，成立军委依法治军组织领导机构及其办事机构。健全军事法制工作体制，建立和调整完善专门的军事法制工作机构。建立军事法律顾问制度。健全党领导军队政法工作机制，强化军委政法委功能作用。完善军事司法制度。

九、加强党对法治中国建设的集中统一领导，充分发挥党总揽全局、协调各方的领导核心作用

建设法治中国，必须始终把党的领导作为社会主义法治最根本的保证，把加强党的领导贯彻落实到全面依法治国全过程和各方面。

（二十七）深入学习宣传贯彻习近平法治思想。习近平法治思想是全面依法治国的根本遵循和行动指南。要加强部署安排，持续推动广大干部群众深入学习贯彻习近平法治思想，深刻领会蕴含其中的马克思主义立场观点方法，全面准确把握精神实质、丰富内涵和核心要义，增强学习贯彻的自觉性和坚定性。各级党委（党组）理论学习中心组要将习近平法治思想作为重点内容，党校（行政学院）和干部学院要作为重点课程。各地区各部门要组织党员、干部进行系统学习和培训。法治工作部门要开展全战线、全覆盖的培训轮训。要把习近平法治思想融入学校教育，纳入高校法治理论教学体系，做好进教材、进课堂、进头脑工作。要开展深入研究和宣传，拓展学习宣传的广度深度。运用新媒体新技术，加强网上宣讲。

（二十八）推进依法执政。健全党的全面领导制度。推进党的领导入法入规，着力实现党的领导制度化、法治化。完善党领导人大、政府、政协、监察机关、审判机关、检察机关、武装力量、人民团体、企事业单位、基层群众自治组织、社会组织等制度。将坚持党的全面领导的要求载入国家机构组织法，载入政协、民主党派、工商联、人民团体、国有企业、高等学校、有关社会组织等的章程。完善党委依法决策机制，健全议事规则和决策程序。

建立领导干部应知应会法律法规清单制度，推动领导干部做尊法学法守法用法的模范。把法治素养和依法履职情况纳入考核评价干部的重要内容。各级领导干部要全面提高运用法治思维和法治方式深化改革、推动发展、化解矛盾、维护稳定、应对风险能力，绝不允许以言代法、以权压法、逐利违法、徇私枉法。

（二十九）加强中国特色社会主义法治理论研究，加快中国特色社会主义法治体系建设。立足我国国情和实际，加强对社会主义法治建设的理论研究，尽快构建体现我国社会主义性质，具有鲜明中国特色、实践特色、时代特色的法治理论体系和话语体系。坚持和发展我国法律制度建设的显著优势，深入研究和总结我国法律制度体系建设的成功经验，推进中国特色社会主义法治体系创新发展。挖掘和传承中华优秀传统法律文化，研究、总结和提炼党领导人民推进法治建设实践和理论成果。组织和推动高等学校、科研院所以及法学专家学者加强中国特色社会主义法治理论研究，为建设法治中国提供学理支撑。

（三十）加强党对全面依法治国的统一领导、统一部署、统筹协调。健全党领导立法、保证执法、支持司法、带头守法的制度机制。党政主要负责人要切实履行推进法治建设第一责任人职责，将履行推进法治建设第一责任人职责情况列入年终述职内容。各级党委要将法治建设与经济社会发展同部署、同推进、同督促、同考核、同奖惩。研究制定法治建设指标体系和考核标准。加强对重大法治问题的法治督察。

中央全面依法治国委员会做好法治中国建设的顶层设计、总体布局、统筹协调、整体推进、督促落实，实现集中领导、高效决策、统一部署。地方各级党委法治建设议事协调机构要加强对本地区法治建设的牵头抓总、运筹谋划、督促落实等工作。

各地区各部门要全面准确贯彻落实本规划精神和要求，结合实际制定实施方案，明确分工、压实责任，狠抓落实、务求实效，力戒形式主义、官僚主义。中央依法治国办要强化统筹协调，加强督办、推进落实，确保规划各项任务措施落到实处。

法治社会建设实施纲要（2020—2025年）

（2020年12月7日）

法治社会是构筑法治国家的基础，法治社会建设是实现国家治理体系和治理能力现代化的重要组成部分。建设信仰法治、公平正义、保障权利、守法诚信、充满活力、和谐有序的社会主义法治社会，是增强人民群众获得感、幸福感、安全感的重要举措。党的十九大把法治社会基本建成确立为到2035年基本实现社会主义现代化的重要目标之一，意义重大，影响深远，任务艰巨。为加快推进法治社会建设，制定本纲要。

一、总体要求

（一）指导思想。高举中国特色社会主义伟大旗帜，坚持以马克思列宁主义、毛泽东思想、邓小平理论、“三个代表”重要思想、科学发展观、习近平新时代中国特色社会主义思想为指导，全面贯彻党的十九大和十九届二中、三中、四中、五中全会精神，全面贯彻习近平法治思想，增强“四个意识”、坚定“四个自信”、做到“两个维护”，坚定不移走中国特色社会主义法治道路，坚持法治国家、法治政府、法治社会一体建设，培育和践行社会主义核心价值观，弘扬社会主义法治精神，建设社会主义法治文化，增强全社会厉行法治的积极性和主动性，推动全社会尊法学法守法用法，健全社会公平正义法治保障制度，保障人民权利，提高社会治理法治化水平，为全面建设社会主义现代化国家、实现中华民族伟大复兴的中国梦筑牢坚实法治基础。

（二）主要原则。坚持党的集中统一领导；坚持以中国特色社会主义法治理论为指导；坚持以人民为中心；坚持尊重和维护宪法法律权威；坚持法律面前人人平等；坚持权利与义务相统一；坚持法治、德治、自治相结合；坚持社会治理共建共治共享。

（三）总体目标。到2025年，“八五”普法规划实施完成，法治观念深入人心，社会领域制度规范更加健全，社会主义核心价值观要求融入法治建设和社会治理成效显著，公民、法人和其他组织合法权益得到切实保障，社会治理法治化水平显著提高，形成符合国情、体现时代特征、人民群众满意的法治社会建设生动局面，为2035年基本建成法治社会奠定坚实基础。

二、推动全社会增强法治观念

全民守法是法治社会的基础工程。树立宪法法律至上、法律面前人人平等的法治理念，培育全社会法治信仰，增强法治宣传教育针对性和实效性，引导全体人民做社会主义法治的忠实崇尚者、自觉遵守者、坚定捍卫者，使法治成为社会共识和基本原则。

（四）维护宪法权威。深入宣传宪法，弘扬宪法精神，增强宪法意识，推动形成尊崇宪法、学习宪法、遵守宪法、维护宪法、运用宪法的社会氛围。切实加强对国家工作人员特别是各级领导干部的宪法教育，组织推动国家工作人员原原本本学习宪法文本。全面落实宪法宣誓制度，国家工作人员就职时应当依照法律规定进行宪法宣誓。持续开展全国学生“学宪法讲宪法”活动。推动“12·4”国家宪法日和“宪法宣传周”集中宣传活动制度化，实现宪法宣传教育常态化。

（五）增强全民法治观念。深入学习宣传习近平法治思想，深入宣传以宪法为核心的中国特色社会主义法律体系，广泛宣传与经济社会发展和人民群众利益密切相关的法律法规，使人民群众自觉尊崇、信仰和遵守法律。广泛开展民法典普法工作，让民法典走到群众身边、走进群众心里。积极组织疫病防治、野生动物保护、公共卫生安全等方面法律法规和相关知识的宣传教育活动。引导全社会尊重司法裁判，维护司法权威。充分发挥领导干部带头尊法学法守法用法对全社会的示范带动作用，进一步落实国家工作人员学法用法制度，健全日常学法制度，强化法治培训，完善考核评估机制，不断增强国家工作人员特别是各级领导干部依法办事的意识和能力。加强青少年法治教育，全面落实《青少年法治教育大纲》，把法治教育纳入国民教育体系。加强对教师的法治教育培训，配齐配强法治课教师、法治辅导员队伍，完善法治副校长制度，健全青少年参与法治实践机制。引导企业树立合规意识，切实增强企业管理者和职工的法治观念。加强对社会热点案（事）件的法治解读评论，传播法治正能量。运用新媒体新技术普法，推进“智慧普法”平台建设。研究制定法治宣传教育法。

（六）健全普法责任制。坚持法治宣传教育与法治实践相结合。认真落实“谁执法谁普法”普法责任制，2020 年年底前基本实现国家机关普法责任制清单全覆盖，把案（事）件依法处理的过程变成普法公开课。完善法官、检察官、行政复议人员、行政执法人员、律师等以案释法制度，注重加强对诉讼参与人、行政相对人、利害关系人等的法律法规和政策宣讲。引导社会各方面广泛参与立法，把立法过程变为宣传法律法规的过程。创新运用多种形式，加强对新出台法律法规规章的解读。充分发挥法律服务队伍在普法宣传教育中的重要作用，为人民群众提供专业、精准、高效的法治宣传。健全媒体公益普法制度，引导报社、电台、电视台、网站、融媒体中心等媒体自觉履行普法责任。培育壮大普法志愿者队伍，形成人民群众广泛参与普法活动的实践格局。

（七）建设社会主义法治文化。弘扬社会主义法治精神，传播法治理念，恪守法治原则，注重对法治理念、法治思维的培育，充分发挥法治文化的引领、熏陶作用，形成守法光荣、违法可耻的社会氛围。丰富法治文化产品，培育法治文化精品，扩大法治文化的覆盖面和影响力。利用重大纪念日、传统节日等契机开展群众性法治文化活动，组织各地青年普法志愿者、法治文艺团体开展法治文化基层行活动，推动法治文化深入人心。大力加强法治文化阵地建设，有效促进法治文化与传统文化、红色文化、地方文化、行业文化、企业文化融合发展。2020 年年底前制定加强社会主义法治文化建设的意见。

三、健全社会领域制度规范

加快建立健全社会领域法律制度，完善多层次多领域社会规范，强化道德规范建设，深入推进诚信建设制度化，以良法促进社会建设、保障社会善治。

（八）完善社会重要领域立法。完善教育、劳动就业、收入分配、社会保障、医疗卫生、食品药品、安全生产、道路交通、扶贫、慈善、社会救助等领域和退役军人、妇女、未成年人、老年人、残疾人正当权益保护等方面的法律法规，不断保障和改善民生。完善疫情防控相关立法，全面加强公共卫生领域相关法律法规建设。健全社会组织、城乡社区、社会工作等方面的法律制度，进一步加强和创新社会治理。完善弘扬社会主义核心价值观的法律政策体系，加强见义勇为、尊崇英烈、志愿服务、孝老爱亲等方面立法。

（九）促进社会规范建设。充分发挥社会规范在协调社会关系、约束社会行为、维护社会秩序等方面的积极作用。加强居民公约、村规民约、行业规章、社会组织章程等社会规范建设，推动社会成员自我约束、自我管理、自我规范。深化行风建设，规范行业行为。加强对社会规范制订和实施情况的监督，制订自律性社会规范的示范文本，使社会规范制订和实施符合法治原则和精神。

（十）加强道德规范建设。坚持依法治国和以德治国相结合，把法律规范和道德规范结合起来，以道德滋养法治精神。倡导助人为乐、见义勇为、诚实守信、敬业奉献、孝老爱亲等美德善行，完善激励机制，褒奖善行义举，形成好人好报、德者有得的正向效应。推进社会公德、职业道德建设，深入开展家庭美德和个人品德教育，增强法治的道德底蕴。强化道德规范的教育、评价、监督等功能，努力形成良好的社会风尚和社会秩序。深入开展道德领域突出问题专项教育和治理，依法惩处公德失范的违法行为。大力倡导科学健康文明的生活方式，革除滥食野生动物陋习，增强公民公共卫生安全和疫病防治意识。依法规范捐赠、受赠行为。注重把符合社会主义核心价值观要求的基本道德规范转化为法律规范，用法律的权威来增强人们培育和践行社会主义核心价值观的自觉性。

（十一）推进社会诚信建设。加快推进社会信用体系建设，提高全社会诚信意识和信用水平。完善企业社会责任法律制度，增强企业社会责任意识，促进企业诚实守信、合法经营。健全公民和组织守法信用记录，建立以公民身份证号码和组织机构代码为基础的统一社会信用代码制度。完善诚信建设长效机制，健全覆盖全社会的征信体系，建立完善失信惩戒制度。结合实际建立信用修复机制和异议制度，鼓励和引导失信主体主动纠正违法失信行为。加强行业协会商会诚信建设，完善诚信管理和诚信自律机制。完善全国信用信息共享平台和国家企业信用信息公示系统，进一步强化和规范信用信息归集共享。加强诚信理念宣传教育，组织诚信主题实践活动，为社会信用体系建设创造良好环境。推动出台信用方面的法律。

四、加强权利保护

切实保障公民基本权利，有效维护各类社会主体合法权益。坚持权利与义务相统一，社会主体要履行法定义务和承担社会责任。

（十二）健全公众参与重大公共决策机制。制定与人民生产生活和现实利益密切相关的经济社会政策和出台重大改革措施，要充分体现公平正义和社会责任，畅通公众参与重大公共决策的渠道，采取多种形式广泛听取群众意见，切实保障公民、法人和其他组织合法权益。没有法律和行政法规依据，不得设定减损公民、法人和其他组织权利或者增加其义务的规范。落实法律顾问、公职律师在重大公共决策中发挥积极作用的制度机制。健全企业、职工、行业协会商会等参与涉企法律法规及政策制定机制，依法平等保护企业、职工合法权益。

（十三）保障行政执法中当事人合法权益。规范执法行为，完善执法程序，改进执法方式，尊重和维护人民群众合法权益。建立人民群众监督评价机制，促进食品药品、公共卫生、生态环境、安全生产、劳动保障、野生动物保护等关系群众切身利益的重点领域执法力度和执法效果不断提高。建立健全产权保护统筹协调工作机制，持续加强政务诚信和营商环境建设，将产权保护列为专项治理、信用示范、城市创建、营商环境建设的重要内容。推进政府信息公开，涉及公民、法人或其他组织权利和义务的行政规范性文件、行政许可决定、行政处罚决定、行政强制决定、行政征收决定等，依法予以公开。

（十四）加强人权司法保障。加强对公民合法权益的司法保护。加大涉民生案件查办力度，通过具体案件办理，保障人民群众合法权益。探索建立消费者权益保护集体诉讼制度。完善律师制度。强化诉讼参与人诉讼权利制度保障。加强对非法取证行为的源头预防，严格执行非法证据排除规则，建立健全案件纠错机制，有效防范和纠正冤假错案。健全执行工作长效机制，依法保障胜诉当事人及时实现合法权益。加强检察机关对民事、行政、刑事诉讼活动的法律监督，维护司法公正。在司法调解、司法听证等司法活动中保障人民群众参与。落实人民陪审员制度，完善人民监督员制度。推动大数据、人工智能等科技创新成果同司法工作深度融合，完善“互联网+诉讼”模式，加强诉讼服务设施建设，全面建设集约高效、多元解纷、便民利民、智慧精准、开放互动、交融共享的现代化诉讼服务体系。

（十五）为群众提供便捷高效的公共法律服务。到2022年，基本形成覆盖城乡、便捷高效、均等普惠的现代公共法律服务体系，保证人民群众获得及时有效的法律帮助。加强对欠发达地区专业法律服务人才和社会工作者、志愿者的政策扶持，大力推广运用远程网络等法律服务模式，促进城市优质法律服务资源向农村辐射，有效缓解法律服务专业力量不足问题。健全公民权利救济渠道和方式，完善法律援助制度和国家司法救助制度，制定出台法律援助法，保障困难群体、特殊群众的基本公共法律服务权益。加快律师、公证、仲裁、司法鉴定等行业改革发展，完善公共法律服务管理体制和工作机制，推进公共法律服务标准化、规范化、精准化，有效满足人民群众日益增长的高品质、多元化法律服务需求。健全村（居）法律顾问制度，充分发挥村（居）法律顾问作用。加强公共法律服务实体、热线、网络三大平台建设，推动公共法律服务与科技创新手段深度融合，尽快建成覆盖全业务、全时空的公共法律服务网络。

（十六）引导社会主体履行法定义务承担社会责任。公民、法人和其他组织享有宪法和法律规定的权利，同时必须履行宪法和法律规定的义务。强化规则意识，倡导契约精神，维护公序良俗，引导公民理性表达诉求，自觉履行法定义务、社会责任、家庭责任。引导和推动企业和其他组织履行法定义务、承担社会责任，促进社会健康有序运行。强化政策引领作用，为企业更好履行社会责任营造良好环境，推动企业与社会建立良好的互助互信关系。支持社会组织建立社会责任标准体系，引导社会资源向积极履行社会责任的社会组织倾斜。

五、推进社会治理法治化

全面提升社会治理法治化水平，依法维护社会秩序、解决社会问题、协调利益关系、推动社会事业发展，培育全社会办事依法、遇事找法、解决问题用法、化解矛盾靠法的法治环境，促进社会充满活力又和谐有序。

（十七）完善社会治理体制机制。完善党委领导、政府负责、民主协商、社会协同、公众参与、法治保障、科技支撑的社会治理体系，打造共建共治共享的社会治理格局。健全地方党委在本地区发挥总揽全局、协调各方领导作用的机制，完善政府社会治理考核问责机制。引领和推动社会力量参与社会治理，建设人人有责、人人尽责、人人享有的社会治理共同体，确保社会治理过程人民参与、成效人民评判、成果人民共享。加强社会治理制度建设，推进社会治理制度化、规范化、程序化。

（十八）推进多层次多领域依法治理。推进市域治理创新，依法加快市级层面实名登记、社会信用管理、产权保护等配套制度建设，开展市域社会治理现代化试点，使法治成为市域经济社会发展的核心竞争力。深化城乡社区依法治理，在党组织领导下实现政府治理和社会调节、居民自治良性互动。区县职能部门、乡镇政府（街道办事处）按照减负赋能原则，制定和落实在社区治理方面的权责清单。健全村级议事协商制度，鼓励农村开展村民说事、民情恳谈等活动。实施村级事务阳光工程，完善党务、村务、财务“三公开”制度，梳理村级事务公开清单，推广村级事务“阳光公开”监管平台。开展法治乡村创建活动。加强基层群众性自治组织规范化建设，修改城市居民委员会组织法和村民委员会组织法。全面推进基层单位依法治理，企业、学校等基层单位普遍完善业务和管理活动各项规章制度，建立运用法治方式解决问题的平台和机制。广泛开展行业依法治理，推进业务标准程序完善、合法合规审查到位、防范化解风险及时和法律监督有效的法治化治理方式。依法妥善处置涉及民族、宗教等因素的社会问题，促进民族关系、宗教关系和谐。

（十九）发挥人民团体和社会组织在法治社会建设中的作用。人民团体要在党的领导下，教育和组织团体成员和所联系群众依照宪法和法律的规定，通过各种途径和形式参与管理国家事务，管理经济文化事业，管理社会事务。促进社会组织健康有序发展，推进社会组织明确权责、依法自治、发挥作用。坚持党对社会组织的领导，加强社会组织党的建设，确保社会组织发展的正确政治方向。加大培育社会组织力度，重点培育、优先发展行业协会商会类、科技类、公益慈善类、城乡社区服务类社会组织。推动和支持志愿服务组织发展，开展志愿服务标准化建设。发挥行业协会商会自律功能，探索建立行业自律组织。发挥社区社会组织在创新基层社会治理中的积极作用。完善政府购买公共服务机制，促进社会组织在提供公共服务中发挥更大作用。

（二十）增强社会安全感。加快对社会安全体系的整体设计和战略规划，贯彻落实加快推进社会治理现代化开创平安中国建设新局面的意见。完善平安中国建设协调机制、责任分担机制，健全平安建设指标体系和考核标准。2020年年底前制定“互联网+公共安全”行动计划。推动扫黑除恶常态化，依法严厉打击和惩治暴力伤害医务人员、破坏野生动物资源、暴力恐怖、黄赌毒黑拐骗、高科技犯罪、网络犯罪等违法犯罪活动，遏制和预防严重犯罪行为的发生。强化突发事件应急体系建设，提升疫情防控、防灾减灾救灾能力。依法强化危害食品药品安全、影响生产安全、破坏交通安全等重点问题治理。健全社会心理服务体系和疏导机制、危机干预机制，建立健全基层社会心理服务工作站，发展心理工作者、社会工作者等社会心理服务人才队伍，加强对贫困人口、精神障碍患者、留守儿童、妇女、老年人等的人文关怀、精神慰藉和心理健康服务。健全执法司法机关与社会心理服务机构的工作衔接，加强对执法司法所涉人群的心理疏导。推进"青少年维权岗"、"青少年零犯罪零受害社区（村）"创建，强化预防青少年犯罪工作的基层基础。

（二十一）依法有效化解社会矛盾纠纷。坚持和发展新时代"枫桥经验"，畅通和规范群众诉求表达、利益协调、权益保障通道，加强矛盾排查和风险研判，完善社会矛盾纠纷多元预防调处化解综合机制，努力将矛盾纠纷化解在基层。全面落实诉讼与信访分离制度，深入推进依法分类处理信访诉求。充分发挥人民调解的第一道防线作用，完善人民调解、行政调解、司法调解联动工作体系。充分发挥律师在调解中的作用，建立健全律师调解经费保障机制。县（市、区、旗）探索在矛盾纠纷多发领域建立"一站式"纠纷解决机制。加强农村土地承包经营纠纷调解仲裁、劳动人事争议调解仲裁工作。加强行政复议、行政调解、行政裁决工作，发挥行政机关化解纠纷的"分流阀"作用。推动仲裁委员会积极参与基层社会纠纷解决，支持仲裁融入基层社会治理。

六、依法治理网络空间

网络空间不是法外之地。推动社会治理从现实社会向网络空间覆盖，建立健全网络综合治理体系，加强依法管网、依法办网、依法上网，全面推进网络空间法治化，营造清朗的网络空间。

（二十二）完善网络法律制度。通过立改废释并举等方式，推动现有法律法规延伸适用到网络空间。完善网络信息服务方面的法律法规，修订互联网信息服务管理办法，研究制定互联网信息服务严重失信主体信用信息管理办法，制定完善对网络直播、自媒体、知识社区问答等新媒体业态和算法推荐、深度伪造等新技术应用的规范管理办法。完善网络安全法配套规定和标准体系，建立健全关键信息基础设施安全保护、数据安全管理和网络安全审查等网络安全管理制度，加强对大数据、云计算和人工智能等新技术研发应用的规范引导。研究制定个人信息保护法。健全互联网技术、商业模式、大数据等创新成果的知识产权保护方面的法律法规。修订预防未成年人犯罪法，制定未成年人网络保护条例。完善跨境电商制度，规范跨境电子商务经营者行为。积极参与数字经济、电子商务、信息技术、网络安全等领域国际规则和标准制定。

（二十三）培育良好的网络法治意识。坚持依法治网和以德润网相结合，弘扬时代主旋律和社会正能量。加强和创新互联网内容建设，实施社会主义核心价值观、中华文化新媒体传播等工程。提升网络媒介素养，推动互联网信息服务领域严重失信“黑名单”制度和惩戒机制，推动网络诚信制度化建设。坚决依法打击谣言、淫秽、暴力、迷信、邪教等有害信息在网络空间传播蔓延，建立健全互联网违法和不良信息举报一体化受理处置体系。加强全社会网络法治和网络素养教育，制定网络素养教育指南。加强青少年网络安全教育，引导青少年理性上网。深入实施中国好网民工程和网络公益工程，引导网民文明上网、理性表达，营造风清气正的网络环境。

（二十四）保障公民依法安全用网。牢固树立正确的网络安全观，依法防范网络安全风险。落实网络安全责任制，明确管理部门和网信企业的网络安全责任。建立完善统一高效的网络安全风险报告机制、研判处置机制，健全网络安全检查制度。加强对网络空间通信秘密、商业秘密、个人隐私以及名誉权、财产权等合法权益的保护。严格规范收集使用用户身份、通信内容等个人信息行为，加大对非法获取、泄露、出售、提供公民个人信息的违法犯罪行为的惩处力度。督促网信企业落实主体责任，履行法律规定的安全管理责任。健全网络与信息突发安全事件应急机制，完善网络安全和信息化执法联动机制。加强网络违法犯罪监控和查处能力建设，依法查处网络金融犯罪、网络诽谤、网络诈骗、网络色情、攻击窃密等违法犯罪行为。建立健全信息共享机制，积极参与国际打击互联网违法犯罪活动。

七、加强组织保障

坚持党对法治社会建设的集中统一领导，凝聚全社会力量，扎实有序推进法治社会建设。

（二十五）强化组织领导。党的领导是全面推进依法治国、加快建设社会主义法治国家最根本的保证。地方各级党委要落实推进本地区法治社会建设的领导责任，推动解决法治社会建设过程中的重点难点问题。地方各级政府要在党委统一领导下，将法治社会建设摆在重要位置，纳入经济社会发展总体规划，落实好法治社会建设各项任务。充分发挥基层党组织在法治社会建设中的战斗堡垒作用。

（二十六）加强统筹协调。坚持法治社会与法治国家、法治政府建设相协调，坚持法治社会建设与新时代经济社会发展、人民日益增长的美好生活需要相适应。地方各级党委法治建设议事协调机构要加强对本地区法治社会建设统筹谋划，形成上下协调、部门联动的工作机制。充分调动全社会各方力量采取多种形式参与法治社会建设，进一步发挥公民、企事业单位、人民团体、社会组织等在推进法治社会建设中的积极作用，形成法治社会建设最大合力。

（二十七）健全责任落实和考核评价机制。建立健全对法治社会建设的督促落实机制，确保党中央关于法治社会建设各项决策部署落到实处。充分发挥考核评价对法治社会建设的重要推动作用，制定法治社会建设评价指标体系。健全群众满意度测评制度，将群众满意度作为检验法治社会建设工作成效的重要指标。

（二十八）加强理论研究和舆论引导。加强中国特色社会主义法治理论与实践研究，为法治社会建设提供学理支撑和智力支持。充分发挥高等学校、科研院所等智库作用，大力打造法治社会建设理论研究基地。加强舆论引导，充分发挥先进典型的示范带动作用，凝聚社会共识，营造全民关心、支持和参与法治社会建设的良好氛围。适时发布法治社会建设白皮书。

各地区各部门要全面贯彻本纲要精神和要求，结合实际制定落实举措。中央依法治国办要抓好督促落实，确保纲要各项任务措施落到实处。

法治政府建设实施纲要（2021—2025年）

（2021年8月2日）

法治政府建设是全面依法治国的重点任务和主体工程，是推进国家治理体系和治理能力现代化的重要支撑。为在新发展阶段持续深入推进依法行政，全面建设法治政府，根据当前法治政府建设实际，制定本纲要。

一、深入学习贯彻习近平法治思想，努力实现法治政府建设全面突破

党的十八大以来，特别是《法治政府建设实施纲要（2015—2020年）》贯彻落实5年来，各地区各部门多措并举、改革创新，法治政府建设取得重大进展。党对法治政府建设的领导不断加强，责任督察和示范创建活动深入实施，法治政府建设推进机制基本形成；“放管服”改革纵深推进，营商环境大幅优化；依法行政制度体系日益健全，重大行政决策程序制度初步建立，行政决策公信力持续提升；行政执法体制机制改革大力推进，严格规范公正文明执法水平普遍提高；行政权力制约和监督全面加强，违法行政行为能够被及时纠正查处；社会矛盾纠纷依法及时有效化解，行政争议预防化解机制更加完善；各级公务员法治意识显著增强，依法行政能力明显提高。当前，我国已经开启全面建设社会主义现代化国家、向第二个百年奋斗目标进军的新征程，统筹中华民族伟大复兴战略全局和世界百年未有之大变局，推进国家治理体系和治理能力现代化，适应人民日益增长的美好生活需要，都对法治政府建设提出了新的更高要求，必须立足全局、着眼长远、补齐短板、开拓进取，推动新时代法治政府建设再上新台阶。

（一）指导思想。高举中国特色社会主义伟大旗帜，坚持以马克思列宁主义、毛泽东思想、邓小平理论、“三个代表”重要思想、科学发展观、习近平新时代中国特色社会主义思想为指导，全面贯彻党的十九大和十九届二中、三中、四中、五中全会精神，全面贯彻习近平法治思想，增强“四个意识”、坚定“四个自信”、做到“两个维护”，把法治政府建设放在党和国家事业发展全局中统筹谋划，加快构建职责明确、依法行政的政府治理体系，全面建设职能科学、权责法定、执法严明、公开公正、智能高效、廉洁诚信、人民满意的法治政府，为全面建设社会主义现代化国家、实现中华民族伟大复兴的中国梦提供有力法治保障。

（二）主要原则。坚持党的全面领导，确保法治政府建设正确方向；坚持以人民为中心，一切行政机关必须为人民服务、对人民负责、受人民监督；坚持问题导向，用法治给行政权力定规矩、划界限，切实解决制约法治政府建设的突出问题；坚持改革创新，积极探索具有中国特色的法治政府建设模式和路径；坚持统筹推进，强化法治政府建设的整体推动、协同发展。

（三）总体目标。到 2025 年，政府行为全面纳入法治轨道，职责明确、依法行政的政府治理体系日益健全，行政执法体制机制基本完善，行政执法质量和效能大幅提升，突发事件应对能力显著增强，各地区各层级法治政府建设协调并进，更多地区实现率先突破，为到 2035 年基本建成法治国家、法治政府、法治社会奠定坚实基础。

二、健全政府机构职能体系，推动更好发挥政府作用

坚持法定职责必须为、法无授权不可为，着力实现政府职能深刻转变，把该管的事务管好、管到位，基本形成边界清晰、分工合理、权责一致、运行高效、法治保障的政府机构职能体系。

（四）推进政府机构职能优化协同高效。坚持优化政府组织结构与促进政府职能转变、理顺部门职责关系统筹结合，使机构设置更加科学、职能更加优化、权责更加协同。完善经济调节、市场监管、社会管理、公共服务、生态环境保护等职能，厘清政府和市场、政府和社会关系，推动有效市场和有为政府更好结合。强化制定实施发展战略、规划、政策、标准等职能，更加注重运用法律和制度遏制不当干预微观经济活动的行为。构建简约高效的基层管理体制，实行扁平化和网格化管理。推进编制资源向基层倾斜，鼓励、支持从上往下跨层级调剂使用行政和事业编制。

全面实行政府权责清单制度，推动各级政府高效履职尽责。2022 年上半年编制完成国务院部门权责清单，建立公开、动态调整、考核评估、衔接规范等配套机制和办法。调整完善地方各级政府部门权责清单，加强标准化建设，实现同一事项的规范统一。严格执行市场准入负面清单，普遍落实“非禁即入”。

（五）深入推进“放管服”改革。分级分类推进行政审批制度改革。依托全国一体化政务服务平台等渠道，全面推行审批服务“马上办、网上办、就近办、一次办、自助办”。坚决防止以备案、登记、行政确认、征求意见等方式变相设置行政许可事项。推行行政审批告知承诺制。大力归并减少各类资质资格许可事项，降低准入门槛。有序推进“证照分离”改革全覆盖，将更多涉企经营许可事项纳入改革。积极推进“一业一证”改革，探索实现“一证准营”、跨地互认通用。深化投资审批制度改革，推进投资领域行政执法监督，全面改善投资环境。全面落实证明事项告知承诺制，新设证明事项必须有法律法规或者国务院决定依据。

推动政府管理依法进行，把更多行政资源从事前审批转到事中事后监管上来。健全以“双随机、一公开”监管和“互联网+监管”为基本手段、以重点监管为补充、以信用监管为基础的新型监管机制，推进线上线下一体化监管，完善与创新创造相适应的包容审慎监管方式。根据不同领域特点和风险程度确定监管内容、方式和频次，提高监管精准化水平。分领域制定全国统一、简明易行的监管规则和标准，做到标准公开、规则公平、预期合理、各负其责。

加快建设服务型政府，提高政务服务效能。全面提升政务服务水平，完善首问负责、一次告知、一窗受理、自助办理等制度。加快推进政务服务“跨省通办”，到2021年年底前基本实现高频事项“跨省通办”。大力推行“一件事一次办”，提供更多套餐式、主题式集成服务。推进线上线下深度融合，增强全国一体化政务服务平台服务能力，优化整合提升各级政务大厅“一站式”功能，全面实现政务服务事项全城通办、就近能办、异地可办。坚持传统服务与智能创新相结合，充分保障老年人基本服务需要。

（六）持续优化法治化营商环境。紧紧围绕贯彻新发展理念、构建新发展格局，打造稳定公平透明、可预期的法治化营商环境。深入实施《优化营商环境条例》。及时总结各地优化营商环境可复制可推广的经验做法，适时上升为法律法规制度。依法平等保护各种所有制企业产权和自主经营权，切实防止滥用行政权力排除、限制竞争行为。健全外商投资准入前国民待遇加负面清单管理制度，推动规则、规制、管理、标准等制度型开放。加强政企沟通，在制定修改行政法规、规章、行政规范性文件过程中充分听取企业和行业协会商会意见。加强和改进反垄断与反不正当竞争执法。强化公平竞争审查制度刚性约束，及时清理废除妨碍统一市场和公平竞争的各种规定和做法，推动形成统一开放、竞争有序、制度完备、治理完善的高标准市场体系。

三、健全依法行政制度体系，加快推进政府治理规范化程序化法治化

坚持科学立法、民主立法、依法立法，着力实现政府立法质量和效率并重并进，增强针对性、及时性、系统性、可操作性，努力使政府治理各方面制度更加健全、更加完善。

（七）加强重要领域立法。积极推进国家安全、科技创新、公共卫生、文化教育、民族宗教、生物安全、生态文明、防范风险、反垄断、涉外法治等重要领域立法，健全国家治理急需的法律制度、满足人民日益增长的美好生活需要必备的法律制度。制定修改传染病防治法、突发公共卫生事件应对法、国境卫生检疫法等法律制度。及时跟进研究数字经济、互联网金融、人工智能、大数据、云计算等相关法律制度，抓紧补齐短板，以良法善治保障新业态新模式健康发展。

加强规范共同行政行为立法，推进机构、职能、权限、程序、责任法定化。修改国务院组织法、地方各级人民代表大会和地方各级人民政府组织法。修改行政复议法、行政许可法，完善行政程序法律制度。研究制定行政备案条例、行政执法监督条例。

（八）完善立法工作机制。增强政府立法与人大立法的协同性，统筹安排相关联相配套的法律法规规章的立改废释工作。聚焦实践问题和立法需求，提高立法精细化精准化水平。完善立法论证评估制度，加大立法前评估力度，认真论证评估立法项目必要性、可行性。建立健全立法风险防范机制，将风险评估贯穿立法全过程。丰富立法形式，注重解决实际问题。积极运用新媒体新技术拓宽立法公众参与渠道，完善立法听证、民意调查机制。修改法规规章备案条例，推进政府规章层级监督，强化省级政府备案审查职责。推进区域协同立法，强化计划安排衔接、信息资源共享、联合调研论证、同步制定修改。

（九）加强行政规范性文件制定监督管理。依法制定行政规范性文件，严禁越权发文、严控发文数量、严格制发程序。建立健全行政规范性文件制定协调机制，防止政出多门、政策效应相互抵消。健全行政规范性文件动态清理工作机制。加强对行政规范性文件制定和管理工作的指导监督，推动管理制度化规范化。全面落实行政规范性文件合法性审核机制，明确审核范围，统一审核标准。严格落实行政规范性文件备案审查制度。

四、健全行政决策制度体系，不断提升行政决策公信力和执行力

坚持科学决策、民主决策、依法决策，着力实现行政决策程序规定严格落实、决策质量和效率显著提高，切实避免因决策失误产生矛盾纠纷、引发社会风险、造成重大损失。

（十）强化依法决策意识。各级行政机关负责人要牢固树立依法决策意识，严格遵循法定权限和程序作出决策，确保决策内容符合法律法规规定。行政机关主要负责人作出重大决策前，应当听取合法性审查机构的意见，注重听取法律顾问、公职律师或者有关专家的意见。把是否遵守决策程序制度、做到依法决策作为对政府部门党组（党委）开展巡视巡察和对行政机关主要负责人开展考核督察、经济责任审计的重要内容，防止个人专断、搞“一言堂”。

（十一）严格落实重大行政决策程序。严格执行《重大行政决策程序暂行条例》，增强公众参与实效，提高专家论证质量，充分发挥风险评估功能，确保所有重大行政决策都严格履行合法性审查和集体讨论决定程序。推行重大行政决策事项年度目录公开制度。涉及社会公众切身利益的重要规划、重大公共政策和措施、重大公共建设项目等，应当通过举办听证会等形式加大公众参与力度，深入开展风险评估，认真听取和反映利益相关群体的意见建议。建立健全决策过程记录和材料归档制度。

（十二）加强行政决策执行和评估。完善行政决策执行机制，决策机关应当在决策中明确执行主体、执行时限、执行反馈等内容。建立健全重大行政决策跟踪反馈制度。依法推进决策后评估工作，将决策后评估结果作为调整重大行政决策的重要依据。重大行政决策一经作出，未经法定程序不得随意变更或者停止执行。严格落实重大行政决策终身责任追究制度和责任倒查机制。

五、健全行政执法工作体系，全面推进严格规范公正文明执法

着眼提高人民群众满意度，着力实现行政执法水平普遍提升，努力让人民群众在每一个执法行为中都能看到风清气正、从每一项执法决定中都能感受到公平正义。

（十三）深化行政执法体制改革。完善权责清晰、运转顺畅、保障有力、廉洁高效的行政执法体制机制，大力提高执法执行力和公信力。继续深化综合行政执法体制改革，坚持省（自治区）原则上不设行政执法队伍，设区市与市辖区原则上只设一个行政执法层级，县（市、区、旗）一般实行“局队合一”体制，乡镇（街道）逐步实现“一支队伍管执法”的改革原则和要求。加强综合执法、联合执法、协作执法的组织指挥和统筹协调。在行政许可权、行政处罚权改革中，健全审批、监管、处罚衔接机制，防止相互脱节。稳步将基层管理迫切需要且能有效承接的行政执法事项下放给基层，坚持依法下放、试点先行，坚持权随事转、编随事转、钱随事转，确保放得下、接得住、管得好、有监督。建立健全乡镇（街道）

与上一级相关部门行政执法案件移送及协调协作机制。大力推进跨领域跨部门联合执法，实现违法线索互联、执法标准互通、处理结果互认。完善行政执法与刑事司法衔接机制，加强“两法衔接”信息平台建设，推进信息共享机制化、案件移送标准和程序规范化。加快制定不同层级行政执法装备配备标准。

（十四）加大重点领域执法力度。加大食品药品、公共卫生、自然资源、生态环境、安全生产、劳动保障、城市管理、交通运输、金融服务、教育培训等关系群众切身利益的重点领域执法力度。分领域梳理群众反映强烈的突出问题，开展集中专项整治。对潜在风险大、可能造成严重不良后果的，加强日常监管和执法巡查，从源头上预防和化解违法风险。建立完善严重违法惩罚性赔偿和巨额罚款制度、终身禁入机制，让严重违法者付出应有代价。畅通违法行为投诉举报渠道，对举报严重违法违规行为和重大风险隐患的有功人员依法予以奖励和严格保护。

（十五）完善行政执法程序。全面严格落实行政执法公示、执法全过程记录、重大执法决定法制审核制度。统一行政执法人员资格管理，除中央垂直管理部门外由省级政府统筹本地区行政执法人员资格考试、证件制发、在岗轮训等工作，国务院有关业务主管部门加强对本系统执法人员的专业培训，完善相关规范标准。统一行政执法案卷、文书基本标准，提高执法案卷、文书规范化水平。完善行政执法文书送达制度。全面落实行政裁量权基准制度，细化量化本地区各行政执法行为的裁量范围、种类、幅度等并对外公布。全面梳理、规范和精简执法事项，凡没有法律法规规章依据的一律取消。规范涉企行政检查，着力解决涉企现场检查事项多、频次高、随意检查等问题。按照行政执法类型，制定完善行政执法程序规范。全面严格落实告知制度，依法保障行政相对人陈述、申辩、提出听证申请等权利。除有法定依据外，严禁地方政府采取要求特定区域或者行业、领域的市场主体普遍停产停业的措施。行政机关内部会议纪要不得作为行政执法依据。

（十六）创新行政执法方式。广泛运用说服教育、劝导示范、警示告诫、指导约谈等方式，努力做到宽严相济、法理相融，让执法既有力度又有温度。全面推行轻微违法行为依法免予处罚清单。建立行政执法案例指导制度，国务院有关部门和省级政府要定期发布指导案例。全面落实“谁执法谁普法”普法责任制，加强以案释法。

六、健全突发事件应对体系，依法预防处置重大突发事件

坚持运用法治思维和法治方式应对突发事件，着力实现越是工作重要、事情紧急越要坚持依法行政，严格依法实施应急举措，在处置重大突发事件中推进法治政府建设。

（十七）完善突发事件应对制度。修改突发事件应对法，系统梳理和修改应急管理相关法律法规，提高突发事件应对法治化规范化水平。健全国家应急预案体系，完善国家突发公共事件总体和专项应急预案，以及与之相衔接配套的各级各类突发事件应急预案。加强突发事件监测预警、信息报告、应急响应、恢复重建、调查评估等机制建设。健全突发事件应对征收、征用、救助、补偿制度，规范相关审批、实施程序和救济途径。完善特大城市风险治理机制，增强风险管控能力。健全规范应急处置收集、使用个人信息机制制度，切实保护公民个人信息。加快推进突发事件行政手段应用的制度化规范化，规范行政权力边界。

（十八）提高突发事件依法处置能力。增强风险防范意识，强化各地区各部门防范化解本地区本领域重大风险责任。推进应急管理综合行政执法改革，强化执法能力建设。强化突发事件依法分级分类施策，增强应急处置的针对性实效性。按照平战结合原则，完善各类突发事件应急响应处置程序和协调联动机制。定期开展应急演练，注重提升依法预防突发事件、先期处置和快速反应能力。加强突发事件信息公开和危机沟通，完善公共舆情应对机制。依法严厉打击利用突发事件哄抬物价、囤积居奇、造谣滋事、制假售假等扰乱社会秩序行为。加强突发事件应急处置法律法规教育培训，增强应急处置法治意识。

（十九）引导、规范基层组织和社会力量参与突发事件应对。完善乡镇（街道）、村（社区）应急处置组织体系，推动村（社区）依法参与预防、应对突发事件。明确社会组织、慈善组织、社会工作者、志愿者等参与突发事件应对的法律地位及其权利义务，完善激励保障措施。健全社会应急力量备案登记、调用补偿、保险保障等方面制度。

七、健全社会矛盾纠纷行政预防调处化解体系，不断促进社会公平正义

坚持将矛盾纠纷化解在萌芽状态、化解在基层，着力实现人民群众权益受到公平对待、尊严获得应有尊重，推动完善信访、调解、仲裁、行政裁决、行政复议、诉讼等社会矛盾纠纷多元预防调处化解综合机制。

（二十）加强行政调解工作。依法加强消费者权益保护、交通损害赔偿、治安管理、环境污染、社会保障、房屋土地征收、知识产权等方面的行政调解，及时妥善推进矛盾纠纷化解。各职能部门要规范行政调解范围和程序，组织做好教育培训，提升行政调解工作水平。坚持“三调”联动，推进行政调解与人民调解、司法调解有效衔接。

（二十一）有序推进行政裁决工作。发挥行政裁决化解民事纠纷的“分流阀”作用，建立体系健全、渠道畅通、公正便捷、裁诉衔接的裁决机制。推行行政裁决权利告知制度，规范行政裁决程序，推动有关行政机关切实履行行政裁决职责。全面梳理行政裁决事项，明确行政裁决适用范围，稳妥推进行政裁决改革试点。强化案例指导和业务培训，提升行政裁决能力。研究推进行政裁决法律制度建设。

（二十二）发挥行政复议化解行政争议主渠道作用。全面深化行政复议体制改革，整合地方行政复议职责，按照事编匹配、优化节约、按需调剂的原则，合理调配编制资源，2022 年年底前基本形成公正权威、统一高效的行政复议体制。全面推进行政复议规范化、专业化、信息化建设，不断提高办案质量和效率。健全优化行政复议审理机制。县级以上各级政府建立行政复议委员会，为重大、疑难、复杂的案件提供咨询意见。建立行政复议决定书以及行政复议意见书、建议书执行监督机制，实现个案监督纠错与倒逼依法行政的有机结合。全面落实行政复议决定书网上公开制度。

（二十三）加强和规范行政应诉工作。认真执行行政机关负责人出庭应诉制度。健全行政争议实质性化解机制，推动诉源治理。支持法院依法受理和审理行政案件，切实履行生效裁判。支持检察院开展行政诉讼监督工作和行政公益诉讼，积极主动履行职责或者纠正违法行为。认真做好司法建议、检察建议落实和反馈工作。

八、健全行政权力制约和监督体系，促进行政权力规范透明运行

坚持有权必有责、有责要担当、失责必追究，着力实现行政决策、执行、组织、监督既相互制约又相互协调，确保对行政权力制约和监督全覆盖、无缝隙，使党和人民赋予的权力始终用来为人民谋幸福。

（二十四）形成监督合力。坚持将行政权力制约和监督体系纳入党和国家监督体系全局统筹谋划，突出党内监督主导地位。推动党内监督与人大监督、民主监督、行政监督、司法监督、群众监督、舆论监督等各类监督有机贯通、相互协调。积极发挥审计监督、财会监督、统计监督、执法监督、行政复议等监督作用。自觉接受纪检监察机关监督，对行政机关公职人员违法行为严格追究法律责任，依规依法给予处分。

坚持严管和厚爱结合、激励和约束并重，做到依规依纪依法严肃问责、规范问责、精准问责、慎重问责，既要防止问责不力，也要防止问责泛化、简单化。落实“三个区分开来”要求，建立健全担当作为的激励和保护机制，切实调动各级特别是基层政府工作人员的积极性，充分支持从实际出发担当作为、干事创业。

（二十五）加强和规范政府督查工作。县级以上政府依法组织开展政府督查工作，重点对党中央、国务院重大决策部署落实情况、上级和本级政府重要工作部署落实情况、督查对象法定职责履行情况、本级政府所属部门和下级政府的行政效能开展监督检查，保障政令畅通，督促提高行政效能、推进廉政建设、健全行政监督制度。积极发挥政府督查的激励鞭策作用，坚持奖惩并举，对成效明显的按规定加大表扬和政策激励力度，对不作为乱作为的依规依法严肃问责。进一步明确政府督查的职责、机构、程序和责任，增强政府督查工作的科学性、针对性、实效性。

（二十六）加强对行政执法制约和监督。加强行政执法监督机制和能力建设，充分发挥行政执法监督统筹协调、规范保障、督促指导作用，2024年年底前基本建成省市县乡全覆盖的比较完善的行政执法协调监督工作体系。全面落实行政执法责任，严格按照权责事项清单分解执法职权、确定执法责任。加强和完善行政执法案卷管理和评查、行政执法机关处理投诉举报、行政执法考核评议等制度建设。大力整治重点领域行政执法不作为乱作为、执法不严格不规范不文明不透明等突出问题，围绕中心工作部署开展行政执法监督专项行动。严禁下达或者变相下达罚没指标，严禁将罚没收入同作出行政处罚的行政机关及其工作人员的考核、考评直接或者变相挂钩。建立并实施行政执法监督员制度。

（二十七）全面主动落实政务公开。坚持以公开为常态、不公开为例外，用政府更加公开透明赢得人民群众更多理解、信任和支持。大力推进决策、执行、管理、服务和结果公开，做到法定主动公开内容全部公开到位。加强公开制度化、标准化、信息化建设，提高政务公开能力和水平。全面提升政府信息公开申请办理工作质量，依法保障人民群众合理信息需求。鼓励开展政府开放日、网络问政等主题活动，增进与公众的互动交流。加快构建具有中国特色的公共企事业单位信息公开制度。

（二十八）加快推进政务诚信建设。健全政府守信践诺机制。建立政务诚信监测治理机制，建立健全政务失信记录制度，将违约毁约、拖欠账款、拒不履行司法裁判等失信信息纳入全国信用信息共享平台并向社会公开。建立健全政府失信责任追究制度，加大失信惩戒力度，重点治理债务融资、政府采购、招标投标、招商引资等领域的政府失信行为。

九、健全法治政府建设科技保障体系，全面建设数字法治政府

坚持运用互联网、大数据、人工智能等技术手段促进依法行政，着力实现政府治理信息化与法治化深度融合，优化革新政府治理流程和方式，大力提升法治政府建设数字化水平。

（二十九）加快推进信息化平台建设。各省（自治区、直辖市）统筹建成本地区各级互联、协同联动的政务服务平台，实现从省（自治区、直辖市）到村（社区）网上政务全覆盖。加快推进政务服务向移动端延伸，实现更多政务服务事项“掌上办”。分级分类推进新型智慧城市建设，促进城市治理转型升级。加强政府信息平台建设的统筹规划，优化整合各类数据、网络平台，防止重复建设。

建设法规规章行政规范性文件统一公开查询平台，2022 年年底前实现现行有效的行政法规、部门规章、国务院及其部门行政规范性文件的统一公开查询；2023 年年底前各省（自治区、直辖市）实现本地区现行有效地方性法规、规章、行政规范性文件统一公开查询。

（三十）加快推进政务数据有序共享。建立健全政务数据共享协调机制，进一步明确政务数据提供、使用、管理等各相关方的权利和责任，推动数据共享和业务协同，形成高效运行的工作机制，构建全国一体化政务大数据体系，加强政务信息系统优化整合。加快推进身份认证、电子印章、电子证照等统一认定使用，优化政务服务流程。加强对大数据的分析、挖掘、处理和应用，善于运用大数据辅助行政决策、行政立法、行政执法工作。建立健全运用互联网、大数据、人工智能等技术手段进行行政管理的制度规则。在依法保护国家安全、商业秘密、自然人隐私和个人信息的同时，推进政府和公共服务机构数据开放共享，优先推动民生保障、公共服务、市场监管等领域政府数据向社会有序开放。

（三十一）深入推进“互联网+”监管执法。加强国家“互联网+监管”系统建设，2022年年底前实现各方面监管平台数据的联通汇聚。积极推进智慧执法，加强信息化技术、装备的配置和应用。推行行政执法APP掌上执法。探索推行以远程监管、移动监管、预警防控为特征的非现场监管，解决人少事多的难题。加快建设全国行政执法综合管理监督信息系统，将执法基础数据、执法程序流转、执法信息公开等汇聚一体，建立全国行政执法数据库。

十、加强党的领导，完善法治政府建设推进机制

党的领导是全面依法治国、建设法治政府的根本保证，必须坚持党总揽全局、协调各方，发挥各级党委的领导作用，把法治政府建设摆到工作全局更加突出的位置。

（三十二）加强党对法治政府建设的领导。各级党委和政府要深入学习领会习近平法治思想，把习近平法治思想贯彻落实到法治政府建设全过程和各方面。各级党委要切实履行推进法治建设领导职责，安排听取有关工作汇报，及时研究解决影响法治政府建设重大问题。各级政府要在党委统一领导下，履行法治政府建设主体责任，谋划落实好法治政府建设各项任务，主动向党委报告法治政府建设中的重大问题。各级政府及其部门主要负责人要切实履行推进本地区本部门法治政府建设第一责任人职责，作为重要工作定期部署推进、抓实抓好。各地区党委法治建设议事协调机构及其办事机构要加强法治政府建设的协调督促推动。

（三十三）完善法治政府建设推进机制。深入推进法治政府建设督察工作，2025年前实现对地方各级政府督察全覆盖。扎实做好法治政府建设示范创建活动，以创建促提升、以示范带发展，不断激发法治政府建设的内生动力。严格执行法治政府建设年度报告制度，按时向社会公开。建立健全法治政府建设指标体系，强化指标引领。加大考核力度，提升考核权重，将依法行政情况作为对地方政府、政府部门及其领导干部综合绩效考核的重要内容。

（三十四）全面加强依法行政能力建设。推动行政机关负责人带头遵守执行宪法法律，建立行政机关工作人员应知应会法律法规清单。坚持把民法典作为行政决策、行政管理、行政监督的重要标尺，不得违背法律法规随意作出减损公民、法人和其他组织合法权益或增加其义务的决定。健全领导干部学法用法机制，国务院各部门根据职能开展本部门本系统法治专题培训，县级以上地方各级政府负责本地区领导干部法治专题培训，地方各级政府领导班子每年应当举办两期以上法治专题讲座。市县政府承担行政执法职能的部门负责人任期内至少接受一次法治专题脱产培训。加强各部门和市县政府法治机构建设，优化基层司法所职能定位，保障人员力量、经费等与其职责任务相适应。把法治教育纳入各级政府工作人员初任培训、任职培训的必训内容。对在法治政府建设中作出突出贡献的单位和个人，按规定给予表彰奖励。

加强政府立法能力建设，有计划组织开展专题培训，做好政府立法人才培养和储备。加强行政执法队伍专业化职业化建设，在完成政治理论教育和党性教育学时的基础上，确保每人每年接受不少于60学时的业务知识和法律法规培训。加强行政复议工作队伍专业化职业化建设，完善管理办法。加强行政复议能力建设，制定行政复议执业规范。加强法律顾问和公职律师队伍建设，提升法律顾问和公职律师参与重大决策的能力水平。加强行政裁决工作队伍建设。

（三十五）加强理论研究和舆论宣传。加强中国特色社会主义法治政府理论研究。鼓励、推动高等法学院校成立法治政府建设高端智库和研究教育基地。建立法治政府建设评估专家库，提升评估专业化水平。加大法治政府建设成就经验宣传力度，传播中国政府法治建设的时代强音。

各地区各部门要全面准确贯彻本纲要精神和要求，压实责任、狠抓落实，力戒形式主义、官僚主义。中央依法治国办要抓好督促落实，确保纲要各项任务措施落到实处。

中华人民共和国政府信息公开条例

（2007年4月5日中华人民共和国国务院令第492号公布　2019年4月3日中华人民共和国国务院令第711号修订　自2019年5月15日起施行）

第一章　总　　则

第一条　为了保障公民、法人和其他组织依法获取政府信息，提高政府工作的透明度，建设法治政府，充分发挥政府信息对人民群众生产、生活和经济社会活动的服务作用，制定本条例。

第二条 本条例所称政府信息，是指行政机关在履行行政管理职能过程中制作或者获取的，以一定形式记录、保存的信息。

第三条 各级人民政府应当加强对政府信息公开工作的组织领导。

国务院办公厅是全国政府信息公开工作的主管部门，负责推进、指导、协调、监督全国的政府信息公开工作。

县级以上地方人民政府办公厅（室）是本行政区域的政府信息公开工作主管部门，负责推进、指导、协调、监督本行政区域的政府信息公开工作。

实行垂直领导的部门的办公厅（室）主管本系统的政府信息公开工作。

第四条 各级人民政府及县级以上人民政府部门应当建立健全本行政机关的政府信息公开工作制度，并指定机构（以下统称政府信息公开工作机构）负责本行政机关政府信息公开的日常工作。

政府信息公开工作机构的具体职能是：

（一）办理本行政机关的政府信息公开事宜；

（二）维护和更新本行政机关公开的政府信息；

（三）组织编制本行政机关的政府信息公开指南、政府信息公开目录和政府信息公开工作年度报告；

（四）组织开展对拟公开政府信息的审查；

（五）本行政机关规定的与政府信息公开有关的其他职能。

第五条 行政机关公开政府信息，应当坚持以公开为常态、不公开为例外，遵循公正、公平、合法、便民的原则。

第六条 行政机关应当及时、准确地公开政府信息。

行政机关发现影响或者可能影响社会稳定、扰乱社会和经济管理秩序的虚假或者不完整信息的，应当发布准确的政府信息予以澄清。

第七条 各级人民政府应当积极推进政府信息公开工作，逐步增加政府信息公开的内容。

第八条 各级人民政府应当加强政府信息资源的规范化、标准化、信息化管理，加强互联网政府信息公开平台建设，推进政府信息公开平台与政务服务平台融合，提高政府信息公开在线办理水平。

第九条 公民、法人和其他组织有权对行政机关的政府信息公开工作进行监督，并提出批评和建议。

第二章 公开的主体和范围

第十条 行政机关制作的政府信息，由制作该政府信息的行政机关负责公开。行政机关从公民、法人和其他组织获取的政府信息，由保存该政府信息的行政机关负责公开；行政机关获取的其他行政机关的政府信息，由制作或者最初获取该政府信息的行政机关负责公开。法律、法规对政府信息公开的权限另有规定的，从其规定。

行政机关设立的派出机构、内设机构依照法律、法规对外以自己名义履行行政管理职能的，可以由该派出机构、内设机构负责与所履行行政管理职能有关的政府信息公开工作。

两个以上行政机关共同制作的政府信息，由牵头制作的行政机关负责公开。

第十一条 行政机关应当建立健全政府信息公开协调机制。行政机关公开政府信息涉及其他机关的，应当与有关机关协商、确认，保证行政机关公开的政府信息准确一致。

行政机关公开政府信息依照法律、行政法规和国家有关规定需要批准的，经批准予以公开。

第十二条 行政机关编制、公布的政府信息公开指南和政府信息公开目录应当及时更新。

政府信息公开指南包括政府信息的分类、编排体系、获取方式和政府信息公开工作机构的名称、办公地址、办公时间、联系电话、传真号码、互联网联系方式等内容。

政府信息公开目录包括政府信息的索引、名称、内容概述、生成日期等内容。

第十三条 除本条例第十四条、第十五条、第十六条规定的政府信息外，政府信息应当公开。

行政机关公开政府信息，采取主动公开和依申请公开的方式。

第十四条 依法确定为国家秘密的政府信息，法律、行政法规禁止公开的政府信息，以及公开后可能危及国家安全、公共安全、经济安全、社会稳定的政府信息，不予公开。

第十五条 涉及商业秘密、个人隐私等公开会对第三方合法权益造成损害的政府信息，行政机关不得公开。但是，第三方同意公开或者行政机关认为不公开会对公共利益造成重大影响的，予以公开。

第十六条 行政机关的内部事务信息，包括人事管理、后勤管理、内部工作流程等方面的信息，可以不予公开。

行政机关在履行行政管理职能过程中形成的讨论记录、过程稿、磋商信函、请示报告等过程性信息以及行政执法案卷信息，可以不予公开。法律、法规、规章规定上述信息应当公开的，从其规定。

第十七条 行政机关应当建立健全政府信息公开审查机制，明确审查的程序和责任。

行政机关应当依照《中华人民共和国保守国家秘密法》以及其他法律、法规和国家有关规定对拟公开的政府信息进行审查。

行政机关不能确定政府信息是否可以公开的，应当依照法律、法规和国家有关规定报有关主管部门或者保密行政管理部门确定。

第十八条 行政机关应当建立健全政府信息管理动态调整机制，对本行政机关不予公开的政府信息进行定期评估审查，对因情势变化可以公开的政府信息应当公开。

第三章 主动公开

第十九条 对涉及公众利益调整、需要公众广泛知晓或者需要公众参与决策的政府信息，行政机关应当主动公开。

第二十条 行政机关应当依照本条例第十九条的规定，主动公开本行政机关的下列政府信息：

（一）行政法规、规章和规范性文件；

（二）机关职能、机构设置、办公地址、办公时间、联系方式、负责人姓名；

（三）国民经济和社会发展规划、专项规划、区域规划及相关政策；

（四）国民经济和社会发展统计信息；

（五）办理行政许可和其他对外管理服务事项的依据、条件、程序以及办理结果；

（六）实施行政处罚、行政强制的依据、条件、程序以及本行政机关认为具有一定社会影响的行政处罚决定；

（七）财政预算、决算信息；

（八）行政事业性收费项目及其依据、标准；

（九）政府集中采购项目的目录、标准及实施情况；

（十）重大建设项目的批准和实施情况；

（十一）扶贫、教育、医疗、社会保障、促进就业等方面的政策、措施及其实施情况；

（十二）突发公共事件的应急预案、预警信息及应对情况；

（十三）环境保护、公共卫生、安全生产、食品药品、产品质量的监督检查情况；

（十四）公务员招考的职位、名额、报考条件等事项以及录用结果；

（十五）法律、法规、规章和国家有关规定规定应当主动公开的其他政府信息。

第二十一条 除本条例第二十条规定的政府信息外，设区的市级、县级人民政府及其部门还应当根据本地方的具体情况，主动公开涉及市政建设、公共服务、公益事业、土地征收、房屋征收、治安管理、社会救助等方面的政府信息；乡（镇）人民政府还应当根据本地方的具体情况，主动公开贯彻落实农业农村政策、农田水利工程建设运营、农村土地承包经营权流转、宅基地使用情况审核、土地征收、房屋征收、筹资筹劳、社会救助等方面的政府信息。

第二十二条 行政机关应当依照本条例第二十条、第二十一条的规定，确定主动公开政府信息的具体内容，并按照上级行政机关的部署，不断增加主动公开的内容。

第二十三条 行政机关应当建立健全政府信息发布机制，将主动公开的政府信息通过政府公报、政府网站或者其他互联网政务媒体、新闻发布会以及报刊、广播、电视等途径予以公开。

第二十四条 各级人民政府应当加强依托政府门户网站公开政府信息的工作，利用统一的政府信息公开平台集中发布主动公开的政府信息。政府信息公开平台应当具备信息检索、查阅、下载等功能。

第二十五条 各级人民政府应当在国家档案馆、公共图书馆、政务服务场所设置政府信息查阅场所，并配备相应的设施、设备，为公民、法人和其他组织获取政府信息提供便利。

行政机关可以根据需要设立公共查阅室、资料索取点、信息公告栏、电子信息屏等场所、设施，公开政府信息。

行政机关应当及时向国家档案馆、公共图书馆提供主动公开的政府信息。

第二十六条 属于主动公开范围的政府信息，应当自该政府信息形成或者变更之日起 20 个工作日内及时公开。法律、法规对政府信息公开的期限另有规定的，从其规定。

第四章 依申请公开

第二十七条 除行政机关主动公开的政府信息外，公民、法人或者其他组织可以向地方各级人民政府、对外以自己名义履行行政管理职能的县级以上人民政府部门（含本条例第十条第二款规定的派出机构、内设机构）申请获取相关政府信息。

第二十八条 本条例第二十七条规定的行政机关应当建立完善政府信息公开申请渠道，为申请人依法申请获取政府信息提供便利。

第二十九条 公民、法人或者其他组织申请获取政府信息的，应当向行政机关的政府信息公开工作机构提出，并采用包括信件、数据电文在内的书面形式；采用书面形式确有困难的，申请人可以口头提出，由受理该申请的政府信息公开工作机构代为填写政府信息公开申请。

政府信息公开申请应当包括下列内容：

（一）申请人的姓名或者名称、身份证明、联系方式；

（二）申请公开的政府信息的名称、文号或者便于行政机关查询的其他特征性描述；

（三）申请公开的政府信息的形式要求，包括获取信息的方式、途径。

第三十条 政府信息公开申请内容不明确的，行政机关应当给予指导和释明，并自收到申请之日起 7 个工作日内一次性告知申请人作出补正，说明需要补正的事项和合理的补正期限。答复期限自行政机关收到补正的申请之日起计算。申请人无正当理由逾期不补正的，视为放弃申请，行政机关不再处理该政府信息公开申请。

第三十一条 行政机关收到政府信息公开申请的时间，按照下列规定确定：

（一）申请人当面提交政府信息公开申请的，以提交之日为收到申请之日；

（二）申请人以邮寄方式提交政府信息公开申请的，以行政机关签收之日为收到申请之日；以平常信函等无需签收的邮寄方式提交政府信息公开申请的，政府信息公开工作机构应当于收到申请的当日与申请人确认，确认之日为收到申请之日；

（三）申请人通过互联网渠道或者政府信息公开工作机构的传真提交政府信息公开申请的，以双方确认之日为收到申请之日。

第三十二条 依申请公开的政府信息公开会损害第三方合法权益的，行政机关应当书面征求第三方的意见。第三方应当自收到征求意见书之日起15个工作日内提出意见。第三方逾期未提出意见的，由行政机关依照本条例的规定决定是否公开。第三方不同意公开且有合理理由的，行政机关不予公开。行政机关认为不公开可能对公共利益造成重大影响的，可以决定予以公开，并将决定公开的政府信息内容和理由书面告知第三方。

第三十三条 行政机关收到政府信息公开申请，能够当场答复的，应当当场予以答复。

行政机关不能当场答复的，应当自收到申请之日起20个工作日内予以答复；需要延长答复期限的，应当经政府信息公开工作机构负责人同意并告知申请人，延长的期限最长不得超过20个工作日。

行政机关征求第三方和其他机关意见所需时间不计算在前款规定的期限内。

第三十四条 申请公开的政府信息由两个以上行政机关共同制作的，牵头制作的行政机关收到政府信息公开申请后可以征求相关行政机关的意见，被征求意见机关应当自收到征求意见书之日起15个工作日内提出意见，逾期未提出意见的视为同意公开。

第三十五条 申请人申请公开政府信息的数量、频次明显超过合理范围，行政机关可以要求申请人说明理由。行政机关认为申请理由不合理的，告知申请人不予处理；行政机关认为申请理由合理，但是无法在本条例第三十三条规定的期限内答复申请人的，可以确定延迟答复的合理期限并告知申请人。

第三十六条 对政府信息公开申请，行政机关根据下列情况分别作出答复：

（一）所申请公开信息已经主动公开的，告知申请人获取该政府信息的方式、途径；

（二）所申请公开信息可以公开的，向申请人提供该政府信息，或者告知申请人获取该政府信息的方式、途径和时间；

（三）行政机关依据本条例的规定决定不予公开的，告知申请人不予公开并说明理由；

（四）经检索没有所申请公开信息的，告知申请人该政府信息不存在；

（五）所申请公开信息不属于本行政机关负责公开的，告知申请人并说明理由；能够确定负责公开该政府信息的行政机关的，告知申请人该行政机关的名称、联系方式；

（六）行政机关已就申请人提出的政府信息公开申请作出答复、申请人重复申请公开相同政府信息的，告知申请人不予重复处理；

（七）所申请公开信息属于工商、不动产登记资料等信息，有关法律、行政法规对信息的获取有特别规定的，告知申请人依照有关法律、行政法规的规定办理。

第三十七条 申请公开的信息中含有不应当公开或者不属于政府信息的内容，但是能够作区分处理的，行政机关应当向申请人提供可以公开的政府信息内容，并对不予公开的内容说明理由。

第三十八条 行政机关向申请人提供的信息，应当是已制作或者获取的政府信息。除依照本条例第三十七条的规定能够作区分处理的外，需要行政机关对现有政府信息进行加工、分析的，行政机关可以不予提供。

第三十九条 申请人以政府信息公开申请的形式进行信访、投诉、举报等活动，行政机关应当告知申请人不作为政府信息公开申请处理并可以告知通过相应渠道提出。

申请人提出的申请内容为要求行政机关提供政府公报、报刊、书籍等公开出版物的，行政机关可以告知获取的途径。

第四十条 行政机关依申请公开政府信息，应当根据申请人的要求及行政机关保存政府信息的实际情况，确定提供政府信息的具体形式；按照申请人要求的形式提供政府信息，可能危及政府信息载体安全或者公开成本过高的，可以通过电子数据以及其他适当形式提供，或者安排申请人查阅、抄录相关政府信息。

第四十一条 公民、法人或者其他组织有证据证明行政机关提供的与其自身相关的政府信息记录不准确的，可以要求行政机关更正。有权更正的行政机关审核属实的，应当予以更正并告知申请人；不属于本行政机关职能范围的，行政机关可以转送有权更正的行政机关处理并告知申请人，或者告知申请人向有权更正的行政机关提出。

第四十二条 行政机关依申请提供政府信息，不收取费用。但是，申请人申请公开政府信息的数量、频次明显超过合理范围的，行政机关可以收取信息处理费。

行政机关收取信息处理费的具体办法由国务院价格主管部门会同国务院财政部门、全国政府信息公开工作主管部门制定。

第四十三条 申请公开政府信息的公民存在阅读困难或者视听障碍的，行政机关应当为其提供必要的帮助。

第四十四条 多个申请人就相同政府信息向同一行政机关提出公开申请，且该政府信息属于可以公开的，行政机关可以纳入主动公开的范围。

对行政机关依申请公开的政府信息，申请人认为涉及公众利益调整、需要公众广泛知晓或者需要公众参与决策的，可以建议行政机关将该信息纳入主动公开的范围。行政机关经审核认为属于主动公开范围的，应当及时主动公开。

第四十五条 行政机关应当建立健全政府信息公开申请登记、审核、办理、答复、归档的工作制度，加强工作规范。

第五章 监督和保障

第四十六条 各级人民政府应当建立健全政府信息公开工作考核制度、社会评议制度和责任追究制度，定期对政府信息公开工作进行考核、评议。

第四十七条 政府信息公开工作主管部门应当加强对政府信息公开工作的日常指导和监督检查，对行政机关未按照要求开展政府信息公开工作的，予以督促整改或者通报批评；需要对负有责任的领导人员和直接责任人员追究责任的，依法向有权机关提出处理建议。

公民、法人或者其他组织认为行政机关未按照要求主动公开政府信息或者对政府信息公开申请不依法答复处理的，可以向政府信息公开工作主管部门提出。政府信息公开工作主管部门查证属实的，应当予以督促整改或者通报批评。

第四十八条 政府信息公开工作主管部门应当对行政机关的政府信息公开工作人员定期进行培训。

第四十九条 县级以上人民政府部门应当在每年 1 月 31 日前向本级政府信息公开工作主管部门提交本行政机关上一年度政府信息公开工作年度报告并向社会公布。

县级以上地方人民政府的政府信息公开工作主管部门应当在每年 3 月 31 日前向社会公布本级政府上一年度政府信息公开工作年度报告。

第五十条 政府信息公开工作年度报告应当包括下列内容：

（一）行政机关主动公开政府信息的情况；

（二）行政机关收到和处理政府信息公开申请的情况；

（三）因政府信息公开工作被申请行政复议、提起行政诉讼的情况；

（四）政府信息公开工作存在的主要问题及改进情况，各级人民政府的政府信息公开工作年度报告还应当包括工作考核、社会评议和责任追究结果情况；

（五）其他需要报告的事项。

全国政府信息公开工作主管部门应当公布政府信息公开工作年度报告统一格式，并适时更新。

第五十一条 公民、法人或者其他组织认为行政机关在政府信息公开工作中侵犯其合法权益的，可以向上一级行政机关或者政府信息公开工作主管部门投诉、举报，也可以依法申请行政复议或者提起行政诉讼。

第五十二条 行政机关违反本条例的规定，未建立健全政府信息公开有关制度、机制的，由上一级行政机关责令改正；情节严重的，对负有责任的领导人员和直接责任人员依法给予处分。

第五十三条 行政机关违反本条例的规定，有下列情形之一的，由上一级行政机关责令改正；情节严重的，对负有责任的领导人员和直接责任人员依法给予处分；构成犯罪的，依法追究刑事责任：

（一）不依法履行政府信息公开职能；

（二）不及时更新公开的政府信息内容、政府信息公开指南和政府信息公开目录；

（三）违反本条例规定的其他情形。

第六章　附　　则

第五十四条　法律、法规授权的具有管理公共事务职能的组织公开政府信息的活动，适用本条例。

第五十五条　教育、卫生健康、供水、供电、供气、供热、环境保护、公共交通等与人民群众利益密切相关的公共企事业单位，公开在提供社会公共服务过程中制作、获取的信息，依照相关法律、法规和国务院有关主管部门或者机构的规定执行。全国政府信息公开工作主管部门根据实际需要可以制定专门的规定。

前款规定的公共企事业单位未依照相关法律、法规和国务院有关主管部门或者机构的规定公开在提供社会公共服务过程中制作、获取的信息，公民、法人或者其他组织可以向有关主管部门或者机构申诉，接受申诉的部门或者机构应当及时调查处理并将处理结果告知申诉人。

第五十六条　本条例自2019年5月15日起施行。

政府督查工作条例

（2020年12月1日国务院第116次常务会议通过　2020年12月26日中华人民共和国国务院令第733号公布　自2021年2月1日起施行）

第一条　为了加强和规范政府督查工作，保障政令畅通，提高行政效能，推进廉政建设，健全行政监督制度，制定本条例。

第二条　本条例所称政府督查，是指县级以上人民政府在法定职权范围内根据工作需要组织开展的监督检查。

第三条　政府督查工作应当坚持和加强党的领导，以人民为中心，服务大局、实事求是，推进依法行政，推动政策落实和问题解决，力戒形式主义、官僚主义。

第四条 政府督查内容包括：

（一）党中央、国务院重大决策部署落实情况；

（二）上级和本级人民政府重要工作部署落实情况；

（三）督查对象法定职责履行情况；

（四）本级人民政府所属部门和下级人民政府的行政效能。

第五条 政府督查对象包括：

（一）本级人民政府所属部门；

（二）下级人民政府及其所属部门；

（三）法律、法规授权的具有管理公共事务职能的组织；

（四）受行政机关委托管理公共事务的组织。

上级人民政府可以对下一级人民政府及其所属部门开展督查，必要时可以对所辖各级人民政府及其所属部门开展督查。

第六条 国务院办公厅指导全国政府督查工作，组织实施国务院督查工作。国务院办公厅督查机构承担国务院督查有关具体工作。

县级以上地方人民政府督查机构组织实施本级人民政府督查工作。县级以上地方人民政府督查机构设置的形式和规格，按照机构编制管理有关规定办理。

国务院办公厅督查机构和县级以上地方人民政府督查机构统称政府督查机构。

第七条 县级以上人民政府可以指定所属部门按照指定的事项、范围、职责、期限开展政府督查。

县级以上人民政府所属部门未经本级人民政府指定，不得开展政府督查。

第八条 县级以上人民政府根据工作需要，可以派出督查组。督查组按照本级人民政府确定的督查事项、范围、职责、期限开展政府督查。督查组对本级人民政府负责。

督查组实行组长负责制，组长由本级人民政府确定。

可以邀请人大代表、政协委员、政府参事和专家学者等参加督查组。

第九条 督查人员应当具备与其从事的督查工作相适应的政治素质、工作作风、专业知识、业务能力和法律素养，遵守宪法和法律，忠于职守、秉公持正，清正廉洁、保守秘密，自觉接受监督。

政府督查机构应当对督查人员进行政治、理论和业务培训。

第十条 政府督查机构履行职责所必需的经费，应当列入本级预算。

第十一条 政府督查机构根据本级人民政府的决定或者本级人民政府行政首长在职权范围内作出的指令，确定督查事项。

政府督查机构根据党中央、国务院重大决策部署，上级和本级人民政府重要工作部署，以及掌握的线索，可以提出督查工作建议，经本级人民政府行政首长批准后，确定督查事项。

第十二条 政府督查可以采取以下方式：

（一）要求督查对象自查、说明情况；

（二）听取督查对象汇报；

（三）开展检查、访谈、暗访；

（四）组织座谈、听证、统计、评估；

（五）调阅、复制与督查事项有关的资料；

（六）通过信函、电话、媒体等渠道收集线索；

（七）约谈督查对象负责人或者相关责任人；

（八）运用现代信息技术手段开展“互联网+督查”。

第十三条 政府督查工作需要协助的，有关行政机关应当在职权范围内予以协助。

第十四条 县级以上人民政府可以组织开展综合督查、专项督查、事件调查、日常督办、线索核查等政府督查工作。

第十五条 开展政府督查工作应当制定督查方案，明确督查内容、对象和范围；应当严格控制督查频次和时限，科学运用督查方式，严肃督查纪律，提前培训督查人员。

政府督查工作应当严格执行督查方案，不得随意扩大督查范围、变更督查对象和内容，不得干预督查对象的正常工作，严禁重复督查、多头督查、越权督查。

第十六条 县级以上人民政府在政府督查工作结束后应当作出督查结论。与督查对象有关的督查结论应当向督查对象反馈。

督查结论应当事实清楚，证据充分，客观公正。

第十七条 督查对象对督查结论有异议的，可以自收到该督查结论之日起30日内，向作出该督查结论的人民政府申请复核。收到申请的人民政府应当在30日内作出复核决定。参与作出督查结论的工作人员在复核中应当回避。

第十八条 对于督查结论中要求整改的事项，督查对象应当按要求整改。政府督查机构可以根据工作需要，对整改情况进行核查。

第十九条 政府督查机构可以根据督查结论，提出改变或者撤销本级或者下级人民政府及其所属部门不适当的决定、命令等规范性文件的建议，报本级人民政府或者本级人民政府行政首长。

第二十条 政府督查机构可以针对督查结论中反映的突出问题开展调查研究，真实准确地向本级人民政府或者本级人民政府行政首长报告调查研究情况。

第二十一条 政府督查机构可以根据督查结论或者整改核查结果，提出对督查对象依法依规进行表扬、激励、批评等建议，经本级人民政府或者本级人民政府行政首长批准后组织实施。

政府督查机构可以根据督查结论或者整改核查结果，提出对督查对象依法依规追究责任的建议，经本级人民政府或者本级人民政府行政首长批准后，交有权机关调查处理。

第二十二条 政府督查应当加强与行政执法监督、备案审查监督等的协调衔接。

第二十三条 督查工作中发现公职人员涉嫌贪污贿赂、失职渎职等职务违法或者职务犯罪的问题线索，政府督查机构应当移送监察机关，由监察机关依法调查处置；发现涉嫌其他犯罪的问题线索，移送司法机关依法处理。

第二十四条 政府督查机构及督查人员违反本条例规定，滥用职权、徇私舞弊、玩忽职守的，泄露督查过程中所知悉的国家秘密、商业秘密、个人隐私的，或者违反廉政规定的，对负有责任的领导人员和直接责任人员依法依规给予处理；构成犯罪的，依法追究刑事责任。

第二十五条 督查对象及其工作人员不得阻碍督查工作，不得隐瞒实情、弄虚作假，不得伪造、隐匿、毁灭证据。有上述情形的，由政府督查机构责令改正；情节严重的，依法依规追究责任。

第二十六条 对督查人员或者提供线索、反映情况的单位和个人进行威胁、打击、报复、陷害的，依法依规追究责任。

第二十七条 县级以上人民政府及其所属部门依照有关法律法规开展的其他监督检查，按照有关法律法规规定执行。

第二十八条 本条例自 2021 年 2 月 1 日起施行。

二、行政立法

中华人民共和国立法法

（2000年3月15日第九届全国人民代表大会第三次会议通过　根据2015年3月15日第十二届全国人民代表大会第三次会议《关于修改〈中华人民共和国立法法〉的决定》第一次修正　根据2023年3月13日第十四届全国人民代表大会第一次会议《关于修改〈中华人民共和国立法法〉的决定》第二次修正）

目　　录

第一章　总　　则

第一条　为了规范立法活动，健全国家立法制度，提高立法质量，完善中国特色社会主义法律体系，发挥立法的引领和推动作用，保障和发展社会主义民主，全面推进依法治国，建设社会主义法治国家，根据宪法，制定本法。

第二条 法律、行政法规、地方性法规、自治条例和单行条例的制定、修改和废止，适用本法。

国务院部门规章和地方政府规章的制定、修改和废止，依照本法的有关规定执行。

第三条 立法应当坚持中国共产党的领导，坚持以马克思列宁主义、毛泽东思想、邓小平理论、“三个代表”重要思想、科学发展观、习近平新时代中国特色社会主义思想为指导，推进中国特色社会主义法治体系建设，保障在法治轨道上全面建设社会主义现代化国家。

第四条 立法应当坚持以经济建设为中心，坚持改革开放，贯彻新发展理念，保障以中国式现代化全面推进中华民族伟大复兴。

第五条 立法应当符合宪法的规定、原则和精神，依照法定的权限和程序，从国家整体利益出发，维护社会主义法制的统一、尊严、权威。

第六条 立法应当坚持和发展全过程人民民主，尊重和保障人权，保障和促进社会公平正义。

立法应当体现人民的意志，发扬社会主义民主，坚持立法公开，保障人民通过多种途径参与立法活动。

第七条 立法应当从实际出发，适应经济社会发展和全面深化改革的要求，科学合理地规定公民、法人和其他组织的权利与义务、国家机关的权力与责任。

法律规范应当明确、具体，具有针对性和可执行性。

第八条 立法应当倡导和弘扬社会主义核心价值观，坚持依法治国和以德治国相结合，铸牢中华民族共同体意识，推动社会主义精神文明建设。

第九条 立法应当适应改革需要，坚持在法治下推进改革和在改革中完善法治相统一，引导、推动、规范、保障相关改革，发挥法治在国家治理体系和治理能力现代化中的重要作用。

第二章　法　　律

第一节　立法权限

第十条　全国人民代表大会和全国人民代表大会常务委员会根据宪法规定行使国家立法权。

全国人民代表大会制定和修改刑事、民事、国家机构的和其他的基本法律。

全国人民代表大会常务委员会制定和修改除应当由全国人民代表大会制定的法律以外的其他法律；在全国人民代表大会闭会期间，对全国人民代表大会制定的法律进行部分补充和修改，但是不得同该法律的基本原则相抵触。

全国人民代表大会可以授权全国人民代表大会常务委员会制定相关法律。

第十一条　下列事项只能制定法律：

（一）国家主权的事项；

（二）各级人民代表大会、人民政府、监察委员会、人民法院和人民检察院的产生、组织和职权；

（三）民族区域自治制度、特别行政区制度、基层群众自治制度；

（四）犯罪和刑罚；

（五）对公民政治权利的剥夺、限制人身自由的强制措施和处罚；

（六）税种的设立、税率的确定和税收征收管理等税收基本制度；

（七）对非国有财产的征收、征用；

（八）民事基本制度；

（九）基本经济制度以及财政、海关、金融和外贸的基本制度；

（十）诉讼制度和仲裁基本制度；

（十一）必须由全国人民代表大会及其常务委员会制定法律的其他事项。

第十二条　本法第十一条规定的事项尚未制定法律的，全国人民代表大会及其常务委员会有权作出决定，授权国务院可以根据实际需要，对其中的部分事项先制定行政法规，但是有关犯罪和刑罚、对公民政治权利的剥夺和限制人身自由的强制措施和处罚、司法制度等事项除外。

第十三条 授权决定应当明确授权的目的、事项、范围、期限以及被授权机关实施授权决定应当遵循的原则等。

授权的期限不得超过五年，但是授权决定另有规定的除外。

被授权机关应当在授权期限届满的六个月以前，向授权机关报告授权决定实施的情况，并提出是否需要制定有关法律的意见；需要继续授权的，可以提出相关意见，由全国人民代表大会及其常务委员会决定。

第十四条 授权立法事项，经过实践检验，制定法律的条件成熟时，由全国人民代表大会及其常务委员会及时制定法律。法律制定后，相应立法事项的授权终止。

第十五条 被授权机关应当严格按照授权决定行使被授予的权力。

被授权机关不得将被授予的权力转授给其他机关。

第十六条 全国人民代表大会及其常务委员会可以根据改革发展的需要，决定就特定事项授权在规定期限和范围内暂时调整或者暂时停止适用法律的部分规定。

暂时调整或者暂时停止适用法律的部分规定的事项，实践证明可行的，由全国人民代表大会及其常务委员会及时修改有关法律；修改法律的条件尚不成熟的，可以延长授权的期限，或者恢复施行有关法律规定。

第二节 全国人民代表大会立法程序

第十七条 全国人民代表大会主席团可以向全国人民代表大会提出法律案，由全国人民代表大会会议审议。

全国人民代表大会常务委员会、国务院、中央军事委员会、国家监察委员会、最高人民法院、最高人民检察院、全国人民代表大会各专门委员会，可以向全国人民代表大会提出法律案，由主席团决定列入会议议程。

第十八条 一个代表团或者三十名以上的代表联名，可以向全国人民代表大会提出法律案，由主席团决定是否列入会议议程，或者先交有关的专门委员会审议、提出是否列入会议议程的意见，再决定是否列入会议议程。

专门委员会审议的时候，可以邀请提案人列席会议，发表意见。

第十九条 向全国人民代表大会提出的法律案，在全国人民代表大会闭会期间，可以先向常务委员会提出，经常务委员会会议依照本法第二章第三节规定的有关程序审议后，决定提请全国人民代表大会审议，由常务委员会向大会全体会议作说明，或者由提案人向大会全体会议作说明。

常务委员会依照前款规定审议法律案，应当通过多种形式征求全国人民代表大会代表的意见，并将有关情况予以反馈；专门委员会和常务委员会工作机构进行立法调研，可以邀请有关的全国人民代表大会代表参加。

第二十条 常务委员会决定提请全国人民代表大会会议审议的法律案，应当在会议举行的一个月前将法律草案发给代表，并可以适时组织代表研读讨论，征求代表的意见。

第二十一条 列入全国人民代表大会会议议程的法律案，大会全体会议听取提案人的说明后，由各代表团进行审议。

各代表团审议法律案时，提案人应当派人听取意见，回答询问。

各代表团审议法律案时，根据代表团的要求，有关机关、组织应当派人介绍情况。

第二十二条 列入全国人民代表大会会议议程的法律案，由有关的专门委员会进行审议，向主席团提出审议意见，并印发会议。

第二十三条 列入全国人民代表大会会议议程的法律案，由宪法和法律委员会根据各代表团和有关的专门委员会的审议意见，对法律案进行统一审议，向主席团提出审议结果报告和法律草案修改稿，对涉及的合宪性问题以及重要的不同意见应当在审议结果报告中予以说明，经主席团会议审议通过后，印发会议。

第二十四条 列入全国人民代表大会会议议程的法律案，必要时，主席团常务主席可以召开各代表团团长会议，就法律案中的重大问题听取各代表团的审议意见，进行讨论，并将讨论的情况和意见向主席团报告。

主席团常务主席也可以就法律案中的重大的专门性问题，召集代表团推选的有关代表进行讨论，并将讨论的情况和意见向主席团报告。

第二十五条 列入全国人民代表大会会议议程的法律案，在交付表决前，提案人要求撤回的，应当说明理由，经主席团同意，并向大会报告，对该法律案的审议即行终止。

第二十六条 法律案在审议中有重大问题需要进一步研究的，经主席团提出，由大会全体会议决定，可以授权常务委员会根据代表的意见进一步审议，作出决定，并将决定情况向全国人民代表大会下次会议报告；也可以授权常务委员会根据代表的意见进一步审议，提出修改方案，提请全国人民代表大会下次会议审议决定。

第二十七条 法律草案修改稿经各代表团审议，由宪法和法律委员会根据各代表团的审议意见进行修改，提出法律草案表决稿，由主席团提请大会全体会议表决，由全体代表的过半数通过。

第二十八条 全国人民代表大会通过的法律由国家主席签署主席令予以公布。

第三节 全国人民代表大会常务委员会立法程序

第二十九条 委员长会议可以向常务委员会提出法律案，由常务委员会会议审议。

国务院、中央军事委员会、国家监察委员会、最高人民法院、最高人民检察院、全国人民代表大会各专门委员会，可以向常务委员会提出法律案，由委员长会议决定列入常务委员会会议议程，或者先交有关的专门委员会审议、提出报告，再决定列入常务委员会会议议程。如果委员长会议认为法律案有重大问题需要进一步研究，可以建议提案人修改完善后再向常务委员会提出。

第三十条 常务委员会组成人员十人以上联名，可以向常务委员会提出法律案，由委员长会议决定是否列入常务委员会会议议程，或者先交有关的专门委员会审议、提出是否列入会议议程的意见，再决定是否列入常务委员会会议议程。不列入常务委员会会议议程的，应当向常务委员会会议报告或者向提案人说明。

专门委员会审议的时候，可以邀请提案人列席会议，发表意见。

第三十一条 列入常务委员会会议议程的法律案，除特殊情况外，应当在会议举行的七日前将法律草案发给常务委员会组成人员。

常务委员会会议审议法律案时，应当邀请有关的全国人民代表大会代表列席会议。

第三十二条 列入常务委员会会议议程的法律案，一般应当经三次常务委员会会议审议后再交付表决。

常务委员会会议第一次审议法律案，在全体会议上听取提案人的说明，由分组会议进行初步审议。

常务委员会会议第二次审议法律案，在全体会议上听取宪法和法律委员会关于法律草案修改情况和主要问题的汇报，由分组会议进一步审议。

常务委员会会议第三次审议法律案，在全体会议上听取宪法和法律委员会关于法律草案审议结果的报告，由分组会议对法律草案修改稿进行审议。

常务委员会审议法律案时，根据需要，可以召开联组会议或者全体会议，对法律草案中的主要问题进行讨论。

第三十三条 列入常务委员会会议议程的法律案，各方面的意见比较一致的，可以经两次常务委员会会议审议后交付表决；调整事项较为单一或者部分修改的法律案，各方面的意见比较一致，或者遇有紧急情形的，也可以经一次常务委员会会议审议即交付表决。

第三十四条 常务委员会分组会议审议法律案时，提案人应当派人听取意见，回答询问。

常务委员会分组会议审议法律案时，根据小组的要求，有关机关、组织应当派人介绍情况。

第三十五条 列入常务委员会会议议程的法律案，由有关的专门委员会进行审议，提出审议意见，印发常务委员会会议。

有关的专门委员会审议法律案时，可以邀请其他专门委员会的成员列席会议，发表意见。

第三十六条 列入常务委员会会议议程的法律案，由宪法和法律委员会根据常务委员会组成人员、有关的专门委员会的审议意见和各方面提出的意见，对法律案进行统一审议，提出修改情况的汇报或者审议结果报告和法律草案修改稿，对涉及的合宪性问题以及重要的不同意见应当在修改情况的汇报或者审议结果报告中予以说明。对有关的专门委员会的审议意见没有采纳的，应当向有关的专门委员会反馈。

宪法和法律委员会审议法律案时，应当邀请有关的专门委员会的成员列席会议，发表意见。

第三十七条 专门委员会审议法律案时，应当召开全体会议审议，根据需要，可以要求有关机关、组织派有关负责人说明情况。

第三十八条 专门委员会之间对法律草案的重要问题意见不一致时，

应当向委员长会议报告。

第三十九条 列入常务委员会会议议程的法律案，宪法和法律委员会、有关的专门委员会和常务委员会工作机构应当听取各方面的意见。听取意见可以采取座谈会、论证会、听证会等多种形式。

法律案有关问题专业性较强，需要进行可行性评价的，应当召开论证会，听取有关专家、部门和全国人民代表大会代表等方面的意见。论证情况应当向常务委员会报告。

法律案有关问题存在重大意见分歧或者涉及利益关系重大调整，需要进行听证的，应当召开听证会，听取有关基层和群体代表、部门、人民团体、专家、全国人民代表大会代表和社会有关方面的意见。听证情况应当向常务委员会报告。

常务委员会工作机构应当将法律草案发送相关领域的全国人民代表大会代表、地方人民代表大会常务委员会以及有关部门、组织和专家征求意见。

第四十条 列入常务委员会会议议程的法律案，应当在常务委员会会议后将法律草案及其起草、修改的说明等向社会公布，征求意见，但是经委员长会议决定不公布的除外。向社会公布征求意见的时间一般不少于三十日。征求意见的情况应当向社会通报。

第四十一条 列入常务委员会会议议程的法律案，常务委员会工作机构应当收集整理分组审议的意见和各方面提出的意见以及其他有关资料，分送宪法和法律委员会、有关的专门委员会，并根据需要，印发常务委员会会议。

第四十二条 拟提请常务委员会会议审议通过的法律案，在宪法和法律委员会提出审议结果报告前，常务委员会工作机构可以对法律草案中主要制度规范的可行性、法律出台时机、法律实施的社会效果和可能出现的问题等进行评估。评估情况由宪法和法律委员会在审议结果报告中予以说明。

第四十三条 列入常务委员会会议议程的法律案，在交付表决前，提案人要求撤回的，应当说明理由，经委员长会议同意，并向常务委员会报告，对该法律案的审议即行终止。

第四十四条 法律草案修改稿经常务委员会会议审议，由宪法和法律委员会根据常务委员会组成人员的审议意见进行修改，提出法律草案表决稿，由委员长会议提请常务委员会全体会议表决，由常务委员会全体组成人员的过半数通过。

法律草案表决稿交付常务委员会会议表决前，委员长会议根据常务委员会会议审议的情况，可以决定将个别意见分歧较大的重要条款提请常务委员会会议单独表决。

单独表决的条款经常务委员会会议表决后，委员长会议根据单独表决的情况，可以决定将法律草案表决稿交付表决，也可以决定暂不付表决，交宪法和法律委员会、有关的专门委员会进一步审议。

第四十五条 列入常务委员会会议审议的法律案，因各方面对制定该法律的必要性、可行性等重大问题存在较大意见分歧搁置审议满两年的，或者因暂不付表决经过两年没有再次列入常务委员会会议议程审议的，委员长会议可以决定终止审议，并向常务委员会报告；必要时，委员长会议也可以决定延期审议。

第四十六条 对多部法律中涉及同类事项的个别条款进行修改，一并提出法律案的，经委员长会议决定，可以合并表决，也可以分别表决。

第四十七条 常务委员会通过的法律由国家主席签署主席令予以公布。

第四节 法律解释

第四十八条 法律解释权属于全国人民代表大会常务委员会。

法律有以下情况之一的，由全国人民代表大会常务委员会解释：

（一）法律的规定需要进一步明确具体含义的；

（二）法律制定后出现新的情况，需要明确适用法律依据的。

第四十九条 国务院、中央军事委员会、国家监察委员会、最高人民法院、最高人民检察院、全国人民代表大会各专门委员会，可以向全国人民代表大会常务委员会提出法律解释要求或者提出相关法律案。

省、自治区、直辖市的人民代表大会常务委员会可以向全国人民代表大会常务委员会提出法律解释要求。

第五十条 常务委员会工作机构研究拟订法律解释草案，由委员长会议决定列入常务委员会会议议程。

第五十一条 法律解释草案经常务委员会会议审议，由宪法和法律委员会根据常务委员会组成人员的审议意见进行审议、修改，提出法律解释草案表决稿。

第五十二条 法律解释草案表决稿由常务委员会全体组成人员的过半数通过，由常务委员会发布公告予以公布。

第五十三条 全国人民代表大会常务委员会的法律解释同法律具有同等效力。

第五节 其他规定

第五十四条 全国人民代表大会及其常务委员会加强对立法工作的组织协调，发挥在立法工作中的主导作用。

第五十五条 全国人民代表大会及其常务委员会坚持科学立法、民主立法、依法立法，通过制定、修改、废止、解释法律和编纂法典等多种形式，增强立法的系统性、整体性、协同性、时效性。

第五十六条 全国人民代表大会常务委员会通过立法规划和年度立法计划、专项立法计划等形式，加强对立法工作的统筹安排。编制立法规划和立法计划，应当认真研究代表议案和建议，广泛征集意见，科学论证评估，根据经济社会发展和民主法治建设的需要，按照加强重点领域、新兴领域、涉外领域立法的要求，确定立法项目。立法规划和立法计划由委员长会议通过并向社会公布。

全国人民代表大会常务委员会工作机构负责编制立法规划、拟订立法计划，并按照全国人民代表大会常务委员会的要求，督促立法规划和立法计划的落实。

第五十七条 全国人民代表大会有关的专门委员会、常务委员会工作机构应当提前参与有关方面的法律草案起草工作；综合性、全局性、基础性的重要法律草案，可以由有关的专门委员会或者常务委员会工作机构组织起草。

专业性较强的法律草案，可以吸收相关领域的专家参与起草工作，或者委托有关专家、教学科研单位、社会组织起草。

第五十八条 提出法律案，应当同时提出法律草案文本及其说明，并提供必要的参阅资料。修改法律的，还应当提交修改前后的对照文本。法律草案的说明应当包括制定或者修改法律的必要性、可行性和主要内容，涉及合宪性问题的相关意见以及起草过程中对重大分歧意见的协调处理情况。

第五十九条 向全国人民代表大会及其常务委员会提出的法律案，在列入会议议程前，提案人有权撤回。

第六十条 交付全国人民代表大会及其常务委员会全体会议表决未获得通过的法律案，如果提案人认为必须制定该法律，可以按照法律规定的程序重新提出，由主席团、委员长会议决定是否列入会议议程；其中，未获得全国人民代表大会通过的法律案，应当提请全国人民代表大会审议决定。

第六十一条 法律应当明确规定施行日期。

第六十二条 签署公布法律的主席令载明该法律的制定机关、通过和施行日期。

法律签署公布后，法律文本以及法律草案的说明、审议结果报告等，应当及时在全国人民代表大会常务委员会公报和中国人大网以及在全国范围内发行的报纸上刊载。

在常务委员会公报上刊登的法律文本为标准文本。

第六十三条 法律的修改和废止程序，适用本章的有关规定。

法律被修改的，应当公布新的法律文本。

法律被废止的，除由其他法律规定废止该法律的以外，由国家主席签署主席令予以公布。

第六十四条 法律草案与其他法律相关规定不一致的，提案人应当予以说明并提出处理意见，必要时应当同时提出修改或者废止其他法律相关规定的议案。

宪法和法律委员会、有关的专门委员会审议法律案时，认为需要修改或者废止其他法律相关规定的，应当提出处理意见。

第六十五条 法律根据内容需要，可以分编、章、节、条、款、项、目。

编、章、节、条的序号用中文数字依次表述，款不编序号，项的序号用中文数字加括号依次表述，目的序号用阿拉伯数字依次表述。

法律标题的题注应当载明制定机关、通过日期。经过修改的法律，应当依次载明修改机关、修改日期。

全国人民代表大会常务委员会工作机构编制立法技术规范。

第六十六条 法律规定明确要求有关国家机关对专门事项作出配套的具体规定的，有关国家机关应当自法律施行之日起一年内作出规定，法律对配套的具体规定制定期限另有规定的，从其规定。有关国家机关未能在期限内作出配套的具体规定的，应当向全国人民代表大会常务委员会说明情况。

第六十七条 全国人民代表大会有关的专门委员会、常务委员会工作机构可以组织对有关法律或者法律中有关规定进行立法后评估。评估情况应当向常务委员会报告。

第六十八条 全国人民代表大会及其常务委员会作出有关法律问题的决定，适用本法的有关规定。

第六十九条 全国人民代表大会常务委员会工作机构可以对有关具体问题的法律询问进行研究予以答复，并报常务委员会备案。

第七十条 全国人民代表大会常务委员会工作机构根据实际需要设立基层立法联系点，深入听取基层群众和有关方面对法律草案和立法工作的意见。

第七十一条 全国人民代表大会常务委员会工作机构加强立法宣传工作，通过多种形式发布立法信息、介绍情况、回应关切。

第三章 行政法规

第七十二条 国务院根据宪法和法律，制定行政法规。

行政法规可以就下列事项作出规定：

（一）为执行法律的规定需要制定行政法规的事项；

（二）宪法第八十九条规定的国务院行政管理职权的事项。

应当由全国人民代表大会及其常务委员会制定法律的事项，国务院根据全国人民代表大会及其常务委员会的授权决定先制定的行政法规，经过实践检验，制定法律的条件成熟时，国务院应当及时提请全国人民代表大会及其常务委员会制定法律。

第七十三条 国务院法制机构应当根据国家总体工作部署拟订国务院年度立法计划，报国务院审批。国务院年度立法计划中的法律项目应当与全国人民代表大会常务委员会的立法规划和立法计划相衔接。国务院法制机构应当及时跟踪了解国务院各部门落实立法计划的情况，加强组织协调和督促指导。

国务院有关部门认为需要制定行政法规的，应当向国务院报请立项。

第七十四条 行政法规由国务院有关部门或者国务院法制机构具体负责起草，重要行政管理的法律、行政法规草案由国务院法制机构组织起草。行政法规在起草过程中，应当广泛听取有关机关、组织、人民代表大会代表和社会公众的意见。听取意见可以采取座谈会、论证会、听证会等多种形式。

行政法规草案应当向社会公布，征求意见，但是经国务院决定不公布的除外。

第七十五条 行政法规起草工作完成后，起草单位应当将草案及其说明、各方面对草案主要问题的不同意见和其他有关资料送国务院法制机构进行审查。

国务院法制机构应当向国务院提出审查报告和草案修改稿，审查报告应当对草案主要问题作出说明。

第七十六条 行政法规的决定程序依照中华人民共和国国务院组织法的有关规定办理。

第七十七条 行政法规由总理签署国务院令公布。

有关国防建设的行政法规，可以由国务院总理、中央军事委员会主席共同签署国务院、中央军事委员会令公布。

第七十八条 行政法规签署公布后，及时在国务院公报和中国政府法制信息网以及在全国范围内发行的报纸上刊载。

在国务院公报上刊登的行政法规文本为标准文本。

第七十九条 国务院可以根据改革发展的需要，决定就行政管理等领域的特定事项，在规定期限和范围内暂时调整或者暂时停止适用行政法规的部分规定。

第四章　地方性法规、自治条例和单行条例、规章

第一节　地方性法规、自治条例和单行条例

第八十条 省、自治区、直辖市的人民代表大会及其常务委员会根据本行政区域的具体情况和实际需要，在不同宪法、法律、行政法规相抵触

的前提下，可以制定地方性法规。

第八十一条 设区的市的人民代表大会及其常务委员会根据本市的具体情况和实际需要，在不同宪法、法律、行政法规和本省、自治区的地方性法规相抵触的前提下，可以对城乡建设与管理、生态文明建设、历史文化保护、基层治理等方面的事项制定地方性法规，法律对设区的市制定地方性法规的事项另有规定的，从其规定。设区的市的地方性法规须报省、自治区的人民代表大会常务委员会批准后施行。省、自治区的人民代表大会常务委员会对报请批准的地方性法规，应当对其合法性进行审查，认为同宪法、法律、行政法规和本省、自治区的地方性法规不抵触的，应当在四个月内予以批准。

省、自治区的人民代表大会常务委员会在对报请批准的设区的市的地方性法规进行审查时，发现其同本省、自治区的人民政府的规章相抵触的，应当作出处理决定。

除省、自治区的人民政府所在地的市，经济特区所在地的市和国务院已经批准的较大的市以外，其他设区的市开始制定地方性法规的具体步骤和时间，由省、自治区的人民代表大会常务委员会综合考虑本省、自治区所辖的设区的市的人口数量、地域面积、经济社会发展情况以及立法需求、立法能力等因素确定，并报全国人民代表大会常务委员会和国务院备案。

自治州的人民代表大会及其常务委员会可以依照本条第一款规定行使设区的市制定地方性法规的职权。自治州开始制定地方性法规的具体步骤和时间，依照前款规定确定。

省、自治区的人民政府所在地的市，经济特区所在地的市和国务院已经批准的较大的市已经制定的地方性法规，涉及本条第一款规定事项范围以外的，继续有效。

第八十二条 地方性法规可以就下列事项作出规定：

（一）为执行法律、行政法规的规定，需要根据本行政区域的实际情况作具体规定的事项；

（二）属于地方性事务需要制定地方性法规的事项。

除本法第十一条规定的事项外，其他事项国家尚未制定法律或者行政法规的，省、自治区、直辖市和设区的市、自治州根据本地方的具体情况和实际需要，可以先制定地方性法规。在国家制定的法律或者行政法规生效后，地方性法规同法律或者行政法规相抵触的规定无效，制定机关应当及时予以修改或者废止。

设区的市、自治州根据本条第一款、第二款制定地方性法规，限于本法第八十一条第一款规定的事项。

制定地方性法规，对上位法已经明确规定的内容，一般不作重复性规定。

第八十三条 省、自治区、直辖市和设区的市、自治州的人民代表大会及其常务委员会根据区域协调发展的需要，可以协同制定地方性法规，在本行政区域或者有关区域内实施。

省、自治区、直辖市和设区的市、自治州可以建立区域协同立法工作机制。

第八十四条 经济特区所在地的省、市的人民代表大会及其常务委员会根据全国人民代表大会的授权决定，制定法规，在经济特区范围内实施。

上海市人民代表大会及其常务委员会根据全国人民代表大会常务委员会的授权决定，制定浦东新区法规，在浦东新区实施。

海南省人民代表大会及其常务委员会根据法律规定，制定海南自由贸易港法规，在海南自由贸易港范围内实施。

第八十五条 民族自治地方的人民代表大会有权依照当地民族的政治、经济和文化的特点，制定自治条例和单行条例。自治区的自治条例和单行条例，报全国人民代表大会常务委员会批准后生效。自治州、自治县的自治条例和单行条例，报省、自治区、直辖市的人民代表大会常务委员会批准后生效。

自治条例和单行条例可以依照当地民族的特点，对法律和行政法规的规定作出变通规定，但不得违背法律或者行政法规的基本原则，不得对宪法和民族区域自治法的规定以及其他有关法律、行政法规专门就民族自治地方所作的规定作出变通规定。

第八十六条 规定本行政区域特别重大事项的地方性法规，应当由人民代表大会通过。

第八十七条 地方性法规案、自治条例和单行条例案的提出、审议和表决程序，根据中华人民共和国地方各级人民代表大会和地方各级人民政府组织法，参照本法第二章第二节、第三节、第五节的规定，由本级人民代表大会规定。

地方性法规草案由负责统一审议的机构提出审议结果的报告和草案修改稿。

第八十八条 省、自治区、直辖市的人民代表大会制定的地方性法规由大会主席团发布公告予以公布。

省、自治区、直辖市的人民代表大会常务委员会制定的地方性法规由常务委员会发布公告予以公布。

设区的市、自治州的人民代表大会及其常务委员会制定的地方性法规报经批准后，由设区的市、自治州的人民代表大会常务委员会发布公告予以公布。

自治条例和单行条例报经批准后，分别由自治区、自治州、自治县的人民代表大会常务委员会发布公告予以公布。

第八十九条 地方性法规、自治条例和单行条例公布后，其文本以及草案的说明、审议结果报告等，应当及时在本级人民代表大会常务委员会公报和中国人大网、本地方人民代表大会网站以及在本行政区域范围内发行的报纸上刊载。

在常务委员会公报上刊登的地方性法规、自治条例和单行条例文本为标准文本。

第九十条 省、自治区、直辖市和设区的市、自治州的人民代表大会常务委员会根据实际需要设立基层立法联系点，深入听取基层群众和有关方面对地方性法规、自治条例和单行条例草案的意见。

第二节 规　　章

第九十一条 国务院各部、委员会、中国人民银行、审计署和具有行政管理职能的直属机构以及法律规定的机构，可以根据法律和国务院的行政法规、决定、命令，在本部门的权限范围内，制定规章。

部门规章规定的事项应当属于执行法律或者国务院的行政法规、决定、命令的事项。没有法律或者国务院的行政法规、决定、命令的依据，部门规章不得设定减损公民、法人和其他组织权利或者增加其义务的规范，不得增加本部门的权力或者减少本部门的法定职责。

第九十二条 涉及两个以上国务院部门职权范围的事项，应当提请国务院制定行政法规或者由国务院有关部门联合制定规章。

第九十三条 省、自治区、直辖市和设区的市、自治州的人民政府，可以根据法律、行政法规和本省、自治区、直辖市的地方性法规，制定规章。

地方政府规章可以就下列事项作出规定：

（一）为执行法律、行政法规、地方性法规的规定需要制定规章的事项；

（二）属于本行政区域的具体行政管理事项。

设区的市、自治州的人民政府根据本条第一款、第二款制定地方政府规章，限于城乡建设与管理、生态文明建设、历史文化保护、基层治理等方面的事项。已经制定的地方政府规章，涉及上述事项范围以外的，继续有效。

除省、自治区的人民政府所在地的市，经济特区所在地的市和国务院已经批准的较大的市以外，其他设区的市、自治州的人民政府开始制定规章的时间，与本省、自治区人民代表大会常务委员会确定的本市、自治州开始制定地方性法规的时间同步。

应当制定地方性法规但条件尚不成熟的，因行政管理迫切需要，可以先制定地方政府规章。规章实施满两年需要继续实施规章所规定的行政措施的，应当提请本级人民代表大会或者其常务委员会制定地方性法规。

没有法律、行政法规、地方性法规的依据，地方政府规章不得设定减损公民、法人和其他组织权利或者增加其义务的规范。

第九十四条 国务院部门规章和地方政府规章的制定程序，参照本法第三章的规定，由国务院规定。

第九十五条 部门规章应当经部务会议或者委员会会议决定。

地方政府规章应当经政府常务会议或者全体会议决定。

第九十六条 部门规章由部门首长签署命令予以公布。

地方政府规章由省长、自治区主席、市长或者自治州州长签署命令予以公布。

第九十七条 部门规章签署公布后，及时在国务院公报或者部门公报和中国政府法制信息网以及在全国范围内发行的报纸上刊载。

地方政府规章签署公布后，及时在本级人民政府公报和中国政府法制信息网以及在本行政区域范围内发行的报纸上刊载。

在国务院公报或者部门公报和地方人民政府公报上刊登的规章文本为标准文本。

第五章　适用与备案审查

第九十八条　宪法具有最高的法律效力，一切法律、行政法规、地方性法规、自治条例和单行条例、规章都不得同宪法相抵触。

第九十九条　法律的效力高于行政法规、地方性法规、规章。

行政法规的效力高于地方性法规、规章。

第一百条　地方性法规的效力高于本级和下级地方政府规章。

省、自治区的人民政府制定的规章的效力高于本行政区域内的设区的市、自治州的人民政府制定的规章。

第一百零一条　自治条例和单行条例依法对法律、行政法规、地方性法规作变通规定的，在本自治地方适用自治条例和单行条例的规定。

经济特区法规根据授权对法律、行政法规、地方性法规作变通规定的，在本经济特区适用经济特区法规的规定。

第一百零二条　部门规章之间、部门规章与地方政府规章之间具有同等效力，在各自的权限范围内施行。

第一百零三条　同一机关制定的法律、行政法规、地方性法规、自治条例和单行条例、规章，特别规定与一般规定不一致的，适用特别规定；新的规定与旧的规定不一致的，适用新的规定。

第一百零四条　法律、行政法规、地方性法规、自治条例和单行条例、规章不溯及既往，但为了更好地保护公民、法人和其他组织的权利和利益而作的特别规定除外。

第一百零五条　法律之间对同一事项的新的一般规定与旧的特别规定不一致，不能确定如何适用时，由全国人民代表大会常务委员会裁决。

行政法规之间对同一事项的新的一般规定与旧的特别规定不一致，不能确定如何适用时，由国务院裁决。

第一百零六条　地方性法规、规章之间不一致时，由有关机关依照下列规定的权限作出裁决：

（一）同一机关制定的新的一般规定与旧的特别规定不一致时，由制定机关裁决；

（二）地方性法规与部门规章之间对同一事项的规定不一致，不能确定如何适用时，由国务院提出意见，国务院认为应当适用地方性法规的，应当决定在该地方适用地方性法规的规定；认为应当适用部门规章的，应当提请全国人民代表大会常务委员会裁决；

（三）部门规章之间、部门规章与地方政府规章之间对同一事项的规定不一致时，由国务院裁决。

根据授权制定的法规与法律规定不一致，不能确定如何适用时，由全国人民代表大会常务委员会裁决。

第一百零七条 法律、行政法规、地方性法规、自治条例和单行条例、规章有下列情形之一的，由有关机关依照本法第一百零八条规定的权限予以改变或者撤销：

（一）超越权限的；

（二）下位法违反上位法规定的；

（三）规章之间对同一事项的规定不一致，经裁决应当改变或者撤销一方的规定的；

（四）规章的规定被认为不适当，应当予以改变或者撤销的；

（五）违背法定程序的。

第一百零八条 改变或者撤销法律、行政法规、地方性法规、自治条例和单行条例、规章的权限是：

（一）全国人民代表大会有权改变或者撤销它的常务委员会制定的不适当的法律，有权撤销全国人民代表大会常务委员会批准的违背宪法和本法第八十五条第二款规定的自治条例和单行条例；

（二）全国人民代表大会常务委员会有权撤销同宪法和法律相抵触的行政法规，有权撤销同宪法、法律和行政法规相抵触的地方性法规，有权撤销省、自治区、直辖市的人民代表大会常务委员会批准的违背宪法和本法第八十五条第二款规定的自治条例和单行条例；

（三）国务院有权改变或者撤销不适当的部门规章和地方政府规章；

（四）省、自治区、直辖市的人民代表大会有权改变或者撤销它的常务委员会制定的和批准的不适当的地方性法规；

（五）地方人民代表大会常务委员会有权撤销本级人民政府制定的不

适当的规章；

（六）省、自治区的人民政府有权改变或者撤销下一级人民政府制定的不适当的规章；

（七）授权机关有权撤销被授权机关制定的超越授权范围或者违背授权目的的法规，必要时可以撤销授权。

第一百零九条 行政法规、地方性法规、自治条例和单行条例、规章应当在公布后的三十日内依照下列规定报有关机关备案：

（一）行政法规报全国人民代表大会常务委员会备案；

（二）省、自治区、直辖市的人民代表大会及其常务委员会制定的地方性法规，报全国人民代表大会常务委员会和国务院备案；设区的市、自治州的人民代表大会及其常务委员会制定的地方性法规，由省、自治区的人民代表大会常务委员会报全国人民代表大会常务委员会和国务院备案；

（三）自治州、自治县的人民代表大会制定的自治条例和单行条例，由省、自治区、直辖市的人民代表大会常务委员会报全国人民代表大会常务委员会和国务院备案；自治条例、单行条例报送备案时，应当说明对法律、行政法规、地方性法规作出变通的情况；

（四）部门规章和地方政府规章报国务院备案；地方政府规章应当同时报本级人民代表大会常务委员会备案；设区的市、自治州的人民政府制定的规章应当同时报省、自治区的人民代表大会常务委员会和人民政府备案；

（五）根据授权制定的法规应当报授权决定规定的机关备案；经济特区法规、浦东新区法规、海南自由贸易港法规报送备案时，应当说明变通的情况。

第一百一十条 国务院、中央军事委员会、国家监察委员会、最高人民法院、最高人民检察院和各省、自治区、直辖市的人民代表大会常务委员会认为行政法规、地方性法规、自治条例和单行条例同宪法或者法律相抵触，或者存在合宪性、合法性问题的，可以向全国人民代表大会常务委员会书面提出进行审查的要求，由全国人民代表大会有关的专门委员会和常务委员会工作机构进行审查、提出意见。

前款规定以外的其他国家机关和社会团体、企业事业组织以及公民认为行政法规、地方性法规、自治条例和单行条例同宪法或者法律相抵触的，可以向全国人民代表大会常务委员会书面提出进行审查的建议，由常务委员会工作机构进行审查；必要时，送有关的专门委员会进行审查、提出意见。

第一百一十一条 全国人民代表大会专门委员会、常务委员会工作机构可以对报送备案的行政法规、地方性法规、自治条例和单行条例等进行主动审查，并可以根据需要进行专项审查。

国务院备案审查工作机构可以对报送备案的地方性法规、自治条例和单行条例，部门规章和省、自治区、直辖市的人民政府制定的规章进行主动审查，并可以根据需要进行专项审查。

第一百一十二条 全国人民代表大会专门委员会、常务委员会工作机构在审查中认为行政法规、地方性法规、自治条例和单行条例同宪法或者法律相抵触，或者存在合宪性、合法性问题的，可以向制定机关提出书面审查意见；也可以由宪法和法律委员会与有关的专门委员会、常务委员会工作机构召开联合审查会议，要求制定机关到会说明情况，再向制定机关提出书面审查意见。制定机关应当在两个月内研究提出是否修改或者废止的意见，并向全国人民代表大会宪法和法律委员会、有关的专门委员会或者常务委员会工作机构反馈。

全国人民代表大会宪法和法律委员会、有关的专门委员会、常务委员会工作机构根据前款规定，向制定机关提出审查意见，制定机关按照所提意见对行政法规、地方性法规、自治条例和单行条例进行修改或者废止的，审查终止。

全国人民代表大会宪法和法律委员会、有关的专门委员会、常务委员会工作机构经审查认为行政法规、地方性法规、自治条例和单行条例同宪法或者法律相抵触，或者存在合宪性、合法性问题需要修改或者废止，而制定机关不予修改或者废止的，应当向委员长会议提出予以撤销的议案、建议，由委员长会议决定提请常务委员会会议审议决定。

第一百一十三条 全国人民代表大会有关的专门委员会、常务委员会工作机构应当按照规定要求，将审查情况向提出审查建议的国家机关、社会团体、企业事业组织以及公民反馈，并可以向社会公开。

第一百一十四条 其他接受备案的机关对报送备案的地方性法规、自治条例和单行条例、规章的审查程序，按照维护法制统一的原则，由接受备案的机关规定。

第一百一十五条 备案审查机关应当建立健全备案审查衔接联动机制，对应当由其他机关处理的审查要求或者审查建议，及时移送有关机关处理。

第一百一十六条 对法律、行政法规、地方性法规、自治条例和单行条例、规章和其他规范性文件，制定机关根据维护法制统一的原则和改革发展的需要进行清理。

第六章 附 则

第一百一十七条 中央军事委员会根据宪法和法律，制定军事法规。

中国人民解放军各战区、军兵种和中国人民武装警察部队，可以根据法律和中央军事委员会的军事法规、决定、命令，在其权限范围内，制定军事规章。

军事法规、军事规章在武装力量内部实施。

军事法规、军事规章的制定、修改和废止办法，由中央军事委员会依照本法规定的原则规定。

第一百一十八条 国家监察委员会根据宪法和法律、全国人民代表大会常务委员会的有关决定，制定监察法规，报全国人民代表大会常务委员会备案。

第一百一十九条 最高人民法院、最高人民检察院作出的属于审判、检察工作中具体应用法律的解释，应当主要针对具体的法律条文，并符合立法的目的、原则和原意。遇有本法第四十八条第二款规定情况的，应当向全国人民代表大会常务委员会提出法律解释的要求或者提出制定、修改有关法律的议案。

最高人民法院、最高人民检察院作出的属于审判、检察工作中具体应用法律的解释，应当自公布之日起三十日内报全国人民代表大会常务委员会备案。

最高人民法院、最高人民检察院以外的审判机关和检察机关，不得作出具体应用法律的解释。

第一百二十条 本法自2000年7月1日起施行。

行政法规制定程序条例

（2001年11月16日中华人民共和国国务院令第321号公布 根据2017年12月22日《国务院关于修改〈行政法规制定程序条例〉的决定》修订）

第一章 总 则

第一条 为了规范行政法规制定程序，保证行政法规质量，根据宪法、立法法和国务院组织法的有关规定，制定本条例。

第二条 行政法规的立项、起草、审查、决定、公布、解释，适用本条例。

第三条 制定行政法规，应当贯彻落实党的路线方针政策和决策部署，符合宪法和法律的规定，遵循立法法确定的立法原则。

第四条 制定政治方面法律的配套行政法规，应当按照有关规定及时报告党中央。

制定经济、文化、社会、生态文明等方面重大体制和重大政策调整的重要行政法规，应当将行政法规草案或者行政法规草案涉及的重大问题按照有关规定及时报告党中央。

第五条 行政法规的名称一般称“条例”，也可以称“规定”、“办法”等。国务院根据全国人民代表大会及其常务委员会的授权决定制定的行政法规，称“暂行条例”或者“暂行规定”。

国务院各部门和地方人民政府制定的规章不得称“条例”。

第六条 行政法规应当备而不繁，逻辑严密，条文明确、具体，用语准确、简洁，具有可操作性。

行政法规根据内容需要，可以分章、节、条、款、项、目。章、节、条的序号用中文数字依次表述，款不编序号，项的序号用中文数字加括号依次表述，目的序号用阿拉伯数字依次表述。

第二章 立 项

第七条 国务院于每年年初编制本年度的立法工作计划。

第八条 国务院有关部门认为需要制定行政法规的，应当于国务院编制年度立法工作计划前，向国务院报请立项。

国务院有关部门报送的行政法规立项申请，应当说明立法项目所要解决的主要问题、依据的党的路线方针政策和决策部署，以及拟确立的主要制度。

国务院法制机构应当向社会公开征集行政法规制定项目建议。

第九条 国务院法制机构应当根据国家总体工作部署，对行政法规立项申请和公开征集的行政法规制定项目建议进行评估论证，突出重点，统筹兼顾，拟订国务院年度立法工作计划，报党中央、国务院批准后向社会公布。

列入国务院年度立法工作计划的行政法规项目应当符合下列要求：

（一）贯彻落实党的路线方针政策和决策部署，适应改革、发展、稳定的需要；

（二）有关的改革实践经验基本成熟；

（三）所要解决的问题属于国务院职权范围并需要国务院制定行政法规的事项。

第十条 对列入国务院年度立法工作计划的行政法规项目，承担起草任务的部门应当抓紧工作，按照要求上报国务院；上报国务院前，应当与国务院法制机构沟通。

国务院法制机构应当及时跟踪了解国务院各部门落实国务院年度立法工作计划的情况，加强组织协调和督促指导。

国务院年度立法工作计划在执行中可以根据实际情况予以调整。

第三章 起 草

第十一条 行政法规由国务院组织起草。国务院年度立法工作计划确定行政法规由国务院的一个部门或者几个部门具体负责起草工作，也可以确定由国务院法制机构起草或者组织起草。

第十二条 起草行政法规，应当符合本条例第三条、第四条的规定，并符合下列要求：

（一）弘扬社会主义核心价值观；

（二）体现全面深化改革精神，科学规范行政行为，促进政府职能向宏观调控、市场监管、社会管理、公共服务、环境保护等方面转变；

（三）符合精简、统一、效能的原则，相同或者相近的职能规定由一个行政机关承担，简化行政管理手续；

（四）切实保障公民、法人和其他组织的合法权益，在规定其应当履行的义务的同时，应当规定其相应的权利和保障权利实现的途径；

（五）体现行政机关的职权与责任相统一的原则，在赋予有关行政机关必要的职权的同时，应当规定其行使职权的条件、程序和应承担的责任。

第十三条 起草行政法规，起草部门应当深入调查研究，总结实践经验，广泛听取有关机关、组织和公民的意见。涉及社会公众普遍关注的热点难点问题和经济社会发展遇到的突出矛盾，减损公民、法人和其他组织权利或者增加其义务，对社会公众有重要影响等重大利益调整事项的，应当进行论证咨询。听取意见可以采取召开座谈会、论证会、听证会等多种形式。

起草行政法规，起草部门应当将行政法规草案及其说明等向社会公布，征求意见，但是经国务院决定不公布的除外。向社会公布征求意见的期限一般不少于30日。

起草专业性较强的行政法规，起草部门可以吸收相关领域的专家参与起草工作，或者委托有关专家、教学科研单位、社会组织起草。

第十四条 起草行政法规，起草部门应当就涉及其他部门的职责或者与其他部门关系紧密的规定，与有关部门充分协商，涉及部门职责分工、行政许可、财政支持、税收优惠政策的，应当征得机构编制、财政、税务等相关部门同意。

第十五条 起草行政法规，起草部门应当对涉及有关管理体制、方针政策等需要国务院决策的重大问题提出解决方案，报国务院决定。

第十六条 起草部门向国务院报送的行政法规草案送审稿（以下简称行政法规送审稿），应当由起草部门主要负责人签署。

起草行政法规，涉及几个部门共同职责需要共同起草的，应当共同起草，达成一致意见后联合报送行政法规送审稿。几个部门共同起草的行政法规送审稿，应当由该几个部门主要负责人共同签署。

第十七条 起草部门将行政法规送审稿报送国务院审查时，应当一并报送行政法规送审稿的说明和有关材料。

行政法规送审稿的说明应当对立法的必要性，主要思路，确立的主要制度，征求有关机关、组织和公民意见的情况，各方面对送审稿主要问题的不同意见及其协调处理情况，拟设定、取消或者调整行政许可、行政强制的情况等作出说明。有关材料主要包括所规范领域的实际情况和相关数据、实践中存在的主要问题、国内外的有关立法资料、调研报告、考察报告等。

第四章　审　　查

第十八条　报送国务院的行政法规送审稿，由国务院法制机构负责审查。

国务院法制机构主要从以下方面对行政法规送审稿进行审查：

（一）是否严格贯彻落实党的路线方针政策和决策部署，是否符合宪法和法律的规定，是否遵循立法法确定的立法原则；

（二）是否符合本条例第十二条的要求；

（三）是否与有关行政法规协调、衔接；

（四）是否正确处理有关机关、组织和公民对送审稿主要问题的意见；

（五）其他需要审查的内容。

第十九条　行政法规送审稿有下列情形之一的，国务院法制机构可以缓办或者退回起草部门：

（一）制定行政法规的基本条件尚不成熟或者发生重大变化的；

（二）有关部门对送审稿规定的主要制度存在较大争议，起草部门未征得机构编制、财政、税务等相关部门同意的；

（三）未按照本条例有关规定公开征求意见的；

（四）上报送审稿不符合本条例第十五条、第十六条、第十七条规定的。

第二十条　国务院法制机构应当将行政法规送审稿或者行政法规送审稿涉及的主要问题发送国务院有关部门、地方人民政府、有关组织和专家等各方面征求意见。国务院有关部门、地方人民政府应当在规定期限内反馈书面意见，并加盖本单位或者本单位办公厅（室）印章。

国务院法制机构可以将行政法规送审稿或者修改稿及其说明等向社会公布，征求意见。向社会公布征求意见的期限一般不少于30日。

第二十一条 国务院法制机构应当就行政法规送审稿涉及的主要问题，深入基层进行实地调查研究，听取基层有关机关、组织和公民的意见。

第二十二条 行政法规送审稿涉及重大利益调整的，国务院法制机构应当进行论证咨询，广泛听取有关方面的意见。论证咨询可以采取座谈会、论证会、听证会、委托研究等多种形式。

行政法规送审稿涉及重大利益调整或者存在重大意见分歧，对公民、法人或者其他组织的权利义务有较大影响，人民群众普遍关注的，国务院法制机构可以举行听证会，听取有关机关、组织和公民的意见。

第二十三条 国务院有关部门对行政法规送审稿涉及的主要制度、方针政策、管理体制、权限分工等有不同意见的，国务院法制机构应当进行协调，力求达成一致意见。对有较大争议的重要立法事项，国务院法制机构可以委托有关专家、教学科研单位、社会组织进行评估。

经过充分协调不能达成一致意见的，国务院法制机构、起草部门应当将争议的主要问题、有关部门的意见以及国务院法制机构的意见及时报国务院领导协调，或者报国务院决定。

第二十四条 国务院法制机构应当认真研究各方面的意见，与起草部门协商后，对行政法规送审稿进行修改，形成行政法规草案和对草案的说明。

第二十五条 行政法规草案由国务院法制机构主要负责人提出提请国务院常务会议审议的建议；对调整范围单一、各方面意见一致或者依据法律制定的配套行政法规草案，可以采取传批方式，由国务院法制机构直接提请国务院审批。

第五章 决定与公布

第二十六条 行政法规草案由国务院常务会议审议，或者由国务院审批。

国务院常务会议审议行政法规草案时，由国务院法制机构或者起草部门作说明。

第二十七条 国务院法制机构应当根据国务院对行政法规草案的审议意见，对行政法规草案进行修改，形成草案修改稿，报请总理签署国务院令公布施行。

签署公布行政法规的国务院令载明该行政法规的施行日期。

第二十八条 行政法规签署公布后，及时在国务院公报和中国政府法制信息网以及在全国范围内发行的报纸上刊载。国务院法制机构应当及时汇编出版行政法规的国家正式版本。

在国务院公报上刊登的行政法规文本为标准文本。

第二十九条 行政法规应当自公布之日起30日后施行；但是，涉及国家安全、外汇汇率、货币政策的确定以及公布后不立即施行将有碍行政法规施行的，可以自公布之日起施行。

第三十条 行政法规在公布后的30日内由国务院办公厅报全国人民代表大会常务委员会备案。

第六章 行政法规解释

第三十一条 行政法规有下列情形之一的，由国务院解释：

（一）行政法规的规定需要进一步明确具体含义的；

（二）行政法规制定后出现新的情况，需要明确适用行政法规依据的。

国务院法制机构研究拟订行政法规解释草案，报国务院同意后，由国务院公布或者由国务院授权国务院有关部门公布。

行政法规的解释与行政法规具有同等效力。

第三十二条 国务院各部门和省、自治区、直辖市人民政府可以向国务院提出行政法规解释要求。

第三十三条 对属于行政工作中具体应用行政法规的问题，省、自治区、直辖市人民政府法制机构以及国务院有关部门法制机构请求国务院法制机构解释的，国务院法制机构可以研究答复；其中涉及重大问题的，由国务院法制机构提出意见，报国务院同意后答复。

第七章 附 则

第三十四条 拟订国务院提请全国人民代表大会或者全国人民代表大会常务委员会审议的法律草案，参照本条例的有关规定办理。

第三十五条 国务院可以根据全面深化改革、经济社会发展需要，就行政管理等领域的特定事项，决定在一定期限内在部分地方暂时调整或者暂时停止适用行政法规的部分规定。

第三十六条 国务院法制机构或者国务院有关部门应当根据全面深化改革、经济社会发展需要以及上位法规定，及时组织开展行政法规清理工作。对不适应全面深化改革和经济社会发展要求、不符合上位法规定的行政法规，应当及时修改或者废止。

第三十七条 国务院法制机构或者国务院有关部门可以组织对有关行政法规或者行政法规中的有关规定进行立法后评估，并把评估结果作为修改、废止有关行政法规的重要参考。

第三十八条 行政法规的修改、废止程序适用本条例的有关规定。

行政法规修改、废止后，应当及时公布。

第三十九条 行政法规的外文正式译本和民族语言文本，由国务院法制机构审定。

第四十条 本条例自2002年1月1日起施行。1987年4月21日国务院批准、国务院办公厅发布的《行政法规制定程序暂行条例》同时废止。

规章制定程序条例

（2001年11月16日中华人民共和国国务院令第322号公布 根据2017年12月22日《国务院关于修改〈规章制定程序条例〉的决定》修订）

第一章 总 则

第一条 为了规范规章制定程序，保证规章质量，根据立法法的有关规定，制定本条例。

第二条 规章的立项、起草、审查、决定、公布、解释，适用本条例。

违反本条例规定制定的规章无效。

第三条 制定规章，应当贯彻落实党的路线方针政策和决策部署，遵循立法法确定的立法原则，符合宪法、法律、行政法规和其他上位法的规定。

没有法律或者国务院的行政法规、决定、命令的依据，部门规章不得设定减损公民、法人和其他组织权利或者增加其义务的规范，不得增加本部门的权力或者减少本部门的法定职责。没有法律、行政法规、地方性法规的依据，地方政府规章不得设定减损公民、法人和其他组织权利或者增加其义务的规范。

第四条 制定政治方面法律的配套规章，应当按照有关规定及时报告党中央或者同级党委（党组）。

制定重大经济社会方面的规章，应当按照有关规定及时报告同级党委（党组）。

第五条 制定规章，应当切实保障公民、法人和其他组织的合法权益，在规定其应当履行的义务的同时，应当规定其相应的权利和保障权利实现的途径。

制定规章，应当体现行政机关的职权与责任相统一的原则，在赋予有关行政机关必要的职权的同时，应当规定其行使职权的条件、程序和应承担的责任。

第六条 制定规章，应当体现全面深化改革精神，科学规范行政行为，促进政府职能向宏观调控、市场监管、社会管理、公共服务、环境保护等方面转变。

制定规章，应当符合精简、统一、效能的原则，相同或者相近的职能应当规定由一个行政机关承担，简化行政管理手续。

第七条 规章的名称一般称"规定"、"办法"，但不得称"条例"。

第八条 规章用语应当准确、简洁，条文内容应当明确、具体，具有可操作性。

法律、法规已经明确规定的内容，规章原则上不作重复规定。

除内容复杂的外，规章一般不分章、节。

第九条 涉及国务院两个以上部门职权范围的事项，制定行政法规条件尚不成熟，需要制定规章的，国务院有关部门应当联合制定规章。

有前款规定情形的，国务院有关部门单独制定的规章无效。

第二章　立　　项

第十条 国务院部门内设机构或者其他机构认为需要制定部门规章的，应当向该部门报请立项。

省、自治区、直辖市和设区的市、自治州的人民政府所属工作部门或者下级人民政府认为需要制定地方政府规章的，应当向该省、自治区、直辖市或者设区的市、自治州的人民政府报请立项。

国务院部门，省、自治区、直辖市和设区的市、自治州的人民政府，可以向社会公开征集规章制定项目建议。

第十一条 报送制定规章的立项申请，应当对制定规章的必要性、所要解决的主要问题、拟确立的主要制度等作出说明。

第十二条 国务院部门法制机构，省、自治区、直辖市和设区的市、自治州的人民政府法制机构（以下简称法制机构），应当对制定规章的立项申请和公开征集的规章制定项目建议进行评估论证，拟订本部门、本级人民政府年度规章制定工作计划，报本部门、本级人民政府批准后向社会公布。

年度规章制定工作计划应当明确规章的名称、起草单位、完成时间等。

第十三条 国务院部门，省、自治区、直辖市和设区的市、自治州的人民政府，应当加强对执行年度规章制定工作计划的领导。对列入年度规章制定工作计划的项目，承担起草工作的单位应当抓紧工作，按照要求上报本部门或者本级人民政府决定。

法制机构应当及时跟踪了解本部门、本级人民政府年度规章制定工作计划执行情况，加强组织协调和督促指导。

年度规章制定工作计划在执行中，可以根据实际情况予以调整，对拟增加的规章项目应当进行补充论证。

第三章 起 草

第十四条 部门规章由国务院部门组织起草，地方政府规章由省、自治区、直辖市和设区的市、自治州的人民政府组织起草。

国务院部门可以确定规章由其一个或者几个内设机构或者其他机构具体负责起草工作，也可以确定由其法制机构起草或者组织起草。

省、自治区、直辖市和设区的市、自治州的人民政府可以确定规章由其一个部门或者几个部门具体负责起草工作，也可以确定由其法制机构起草或者组织起草。

第十五条 起草规章，应当深入调查研究，总结实践经验，广泛听取有关机关、组织和公民的意见。听取意见可以采取书面征求意见、座谈会、论证会、听证会等多种形式。

起草规章，除依法需要保密的外，应当将规章草案及其说明等向社会公布，征求意见。向社会公布征求意见的期限一般不少于30日。

起草专业性较强的规章，可以吸收相关领域的专家参与起草工作，或者委托有关专家、教学科研单位、社会组织起草。

第十六条 起草规章，涉及社会公众普遍关注的热点难点问题和经济社会发展遇到的突出矛盾，减损公民、法人和其他组织权利或者增加其义务，对社会公众有重要影响等重大利益调整事项的，起草单位应当进行论证咨询，广泛听取有关方面的意见。

起草的规章涉及重大利益调整或者存在重大意见分歧，对公民、法人或者其他组织的权利义务有较大影响，人民群众普遍关注，需要进行听证的，起草单位应当举行听证会听取意见。听证会依照下列程序组织：

（一）听证会公开举行，起草单位应当在举行听证会的30日前公布听证会的时间、地点和内容；

（二）参加听证会的有关机关、组织和公民对起草的规章，有权提问和发表意见；

（三）听证会应当制作笔录，如实记录发言人的主要观点和理由；

（四）起草单位应当认真研究听证会反映的各种意见，起草的规章在报送审查时，应当说明对听证会意见的处理情况及其理由。

第十七条 起草部门规章，涉及国务院其他部门的职责或者与国务院其他部门关系紧密的，起草单位应当充分征求国务院其他部门的意见。

起草地方政府规章，涉及本级人民政府其他部门的职责或者与其他部门关系紧密的，起草单位应当充分征求其他部门的意见。起草单位与其他部门有不同意见的，应当充分协商；经过充分协商不能取得一致意见的，起草单位应当在上报规章草案送审稿（以下简称规章送审稿）时说明情况和理由。

第十八条 起草单位应当将规章送审稿及其说明、对规章送审稿主要问题的不同意见和其他有关材料按规定报送审查。

报送审查的规章送审稿，应当由起草单位主要负责人签署；几个起草单位共同起草的规章送审稿，应当由该几个起草单位主要负责人共同签署。

规章送审稿的说明应当对制定规章的必要性、规定的主要措施、有关方面的意见及其协调处理情况等作出说明。

有关材料主要包括所规范领域的实际情况和相关数据、实践中存在的主要问题、汇总的意见、听证会笔录、调研报告、国内外有关立法资料等。

第四章 审 查

第十九条 规章送审稿由法制机构负责统一审查。法制机构主要从以下方面对送审稿进行审查：

（一）是否符合本条例第三条、第四条、第五条、第六条的规定；

（二）是否符合社会主义核心价值观的要求；

（三）是否与有关规章协调、衔接；

（四）是否正确处理有关机关、组织和公民对规章送审稿主要问题的意见；

（五）是否符合立法技术要求；

（六）需要审查的其他内容。

第二十条 规章送审稿有下列情形之一的，法制机构可以缓办或者退回起草单位：

（一）制定规章的基本条件尚不成熟或者发生重大变化的；

（二）有关机构或者部门对规章送审稿规定的主要制度存在较大争议，起草单位未与有关机构或者部门充分协商的；

（三）未按照本条例有关规定公开征求意见的；

（四）上报送审稿不符合本条例第十八条规定的。

第二十一条 法制机构应当将规章送审稿或者规章送审稿涉及的主要问题发送有关机关、组织和专家征求意见。

法制机构可以将规章送审稿或者修改稿及其说明等向社会公布，征求意见。向社会公布征求意见的期限一般不少于30日。

第二十二条 法制机构应当就规章送审稿涉及的主要问题，深入基层进行实地调查研究，听取基层有关机关、组织和公民的意见。

第二十三条 规章送审稿涉及重大利益调整的，法制机构应当进行论证咨询，广泛听取有关方面的意见。论证咨询可以采取座谈会、论证会、听证会、委托研究等多种形式。

规章送审稿涉及重大利益调整或者存在重大意见分歧，对公民、法人或者其他组织的权利义务有较大影响，人民群众普遍关注，起草单位在起草过程中未举行听证会的，法制机构经本部门或者本级人民政府批准，可以举行听证会。举行听证会的，应当依照本条例第十六条规定的程序组织。

第二十四条 有关机构或者部门对规章送审稿涉及的主要措施、管理体制、权限分工等问题有不同意见的，法制机构应当进行协调，力求达成一致意见。对有较大争议的重要立法事项，法制机构可以委托有关专家、教学科研单位、社会组织进行评估。

经过充分协调不能达成一致意见的，法制机构应当将主要问题、有关机构或者部门的意见和法制机构的意见及时报本部门或者本级人民政府领导协调，或者报本部门或者本级人民政府决定。

第二十五条 法制机构应当认真研究各方面的意见，与起草单位协商后，对规章送审稿进行修改，形成规章草案和对草案的说明。说明应当包括制定规章拟解决的主要问题、确立的主要措施以及与有关部门的协调情况等。

规章草案和说明由法制机构主要负责人签署，提出提请本部门或者本级人民政府有关会议审议的建议。

第二十六条 法制机构起草或者组织起草的规章草案，由法制机构主要负责人签署，提出提请本部门或者本级人民政府有关会议审议的建议。

第五章 决定和公布

第二十七条 部门规章应当经部务会议或者委员会会议决定。

地方政府规章应当经政府常务会议或者全体会议决定。

第二十八条 审议规章草案时，由法制机构作说明，也可以由起草单位作说明。

第二十九条 法制机构应当根据有关会议审议意见对规章草案进行修改，形成草案修改稿，报请本部门首长或者省长、自治区主席、市长、自治州州长签署命令予以公布。

第三十条 公布规章的命令应当载明该规章的制定机关、序号、规章名称、通过日期、施行日期、部门首长或者省长、自治区主席、市长、自治州州长署名以及公布日期。

部门联合规章由联合制定的部门首长共同署名公布，使用主办机关的命令序号。

第三十一条 部门规章签署公布后，及时在国务院公报或者部门公报和中国政府法制信息网以及在全国范围内发行的报纸上刊载。

地方政府规章签署公布后，及时在本级人民政府公报和中国政府法制信息网以及在本行政区域范围内发行的报纸上刊载。

在国务院公报或者部门公报和地方人民政府公报上刊登的规章文本为标准文本。

第三十二条 规章应当自公布之日起30日后施行；但是，涉及国家安全、外汇汇率、货币政策的确定以及公布后不立即施行将有碍规章施行的，可以自公布之日起施行。

第六章 解释与备案

第三十三条 规章解释权属于规章制定机关。

规章有下列情形之一的，由制定机关解释：

（一）规章的规定需要进一步明确具体含义的；

（二）规章制定后出现新的情况，需要明确适用规章依据的。

规章解释由规章制定机关的法制机构参照规章送审稿审查程序提出意见，报请制定机关批准后公布。

规章的解释同规章具有同等效力。

第三十四条 规章应当自公布之日起30日内，由法制机构依照立法法和《法规规章备案条例》的规定向有关机关备案。

第三十五条 国家机关、社会团体、企业事业组织、公民认为规章同法律、行政法规相抵触的，可以向国务院书面提出审查的建议，由国务院法制机构研究并提出处理意见，按照规定程序处理。

国家机关、社会团体、企业事业组织、公民认为设区的市、自治州的人民政府规章同法律、行政法规相抵触或者违反其他上位法的规定的，也可以向本省、自治区人民政府书面提出审查的建议，由省、自治区人民政府法制机构研究并提出处理意见，按照规定程序处理。

第七章 附 则

第三十六条 依法不具有规章制定权的县级以上地方人民政府制定、发布具有普遍约束力的决定、命令，参照本条例规定的程序执行。

第三十七条 国务院部门，省、自治区、直辖市和设区的市、自治州的人民政府，应当根据全面深化改革、经济社会发展需要以及上位法规定，及时组织开展规章清理工作。对不适应全面深化改革和经济社会发展要求、不符合上位法规定的规章，应当及时修改或者废止。

第三十八条 国务院部门，省、自治区、直辖市和设区的市、自治州的人民政府，可以组织对有关规章或者规章中的有关规定进行立法后评估，并把评估结果作为修改、废止有关规章的重要参考。

第三十九条 规章的修改、废止程序适用本条例的有关规定。

规章修改、废止后，应当及时公布。

第四十条 编辑出版正式版本、民族文版、外文版本的规章汇编，由法制机构依照《法规汇编编辑出版管理规定》的有关规定执行。

第四十一条 本条例自 2002 年 1 月 1 日起施行。

法规规章备案审查条例

（2024 年 8 月 19 日国务院第 39 次常务会议通过 2024 年 8 月 30 日中华人民共和国国务院令第 789 号公布 自 2024 年 11 月 1 日起施行）

第一条 为了规范法规、规章备案审查工作，提高备案审查能力和质量，加强对法规、规章的监督，维护社会主义法制的统一，根据《中华人民共和国立法法》的有关规定，制定本条例。

第二条 本条例所称法规，是指省、自治区、直辖市和设区的市、自治州的人民代表大会及其常务委员会依照法定权限和程序制定的地方性法规，经济特区所在地的省、市的人民代表大会及其常务委员会依照法定权限和程序制定的经济特区法规，上海市人民代表大会及其常务委员会依照法定权限和程序制定的浦东新区法规，海南省人民代表大会及其常务委员会依照法定权限和程序制定的海南自由贸易港法规，以及自治州、自治县的人民代表大会依照法定权限和程序制定的自治条例和单行条例。

本条例所称规章，包括部门规章和地方政府规章。部门规章，是指国务院各部、各委员会、中国人民银行、审计署和具有行政管理职能的直属机构以及法律规定的机构（以下统称国务院部门）根据法律和国务院的行政法规、决定、命令，在本部门的权限范围内依照《规章制定程序条例》制定的规章。地方政府规章，是指省、自治区、直辖市和设区的市、自治州的人民政府根据法律、行政法规和本省、自治区、直辖市的地方性法规，依照《规章制定程序条例》制定的规章。

第三条 法规、规章备案审查工作应当坚持中国共产党的领导，坚持以人民为中心，坚持有件必备、有备必审、有错必纠，依照法定权限和程序进行。

第四条 法规、规章公布后，应当自公布之日起30日内，依照下列规定报送备案：

（一）地方性法规、自治州和自治县的自治条例和单行条例由省、自治区、直辖市的人民代表大会常务委员会报国务院备案；

（二）部门规章由国务院部门报国务院备案，两个或者两个以上部门联合制定的规章，由主办的部门报国务院备案；

（三）省、自治区、直辖市人民政府规章由省、自治区、直辖市人民政府报国务院备案；

（四）设区的市、自治州的人民政府规章由设区的市、自治州的人民政府报国务院备案，同时报省、自治区人民政府备案；

（五）经济特区法规由经济特区所在地的省、市的人民代表大会常务委员会报国务院备案，浦东新区法规由上海市人民代表大会常务委员会报国务院备案，海南自由贸易港法规由海南省人民代表大会常务委员会报国务院备案。

第五条 国务院部门，省、自治区、直辖市和设区的市、自治州的人民政府应当依法履行规章备案职责，加强对规章备案工作的组织领导。

国务院部门法制机构，省、自治区、直辖市人民政府和设区的市、自治州的人民政府法制机构，具体负责本部门、本地方的规章备案工作。

第六条 国务院备案审查工作机构依照本条例的规定负责国务院的法规、规章备案工作，履行备案审查监督职责，健全备案审查工作制度，每年向国务院报告上一年法规、规章备案审查工作情况。

第七条 国务院备案审查工作机构应当通过备案审查衔接联动机制加强与其他机关备案审查工作机构的联系，在双重备案联动、移交处理、征求意见、会商协调、信息共享、能力提升等方面加强协作配合。

第八条 依照本条例报送国务院备案的法规、规章，径送国务院备案审查工作机构。

报送法规备案，按照全国人民代表大会常务委员会关于法规备案的有关规定执行。

报送规章备案，应当提交备案报告、规章文本和说明，并按照规定的格式装订成册，一式三份。

报送法规、规章备案，应当同时报送法规、规章的电子文本。

第九条 报送法规、规章备案，符合本条例第二条和第八条第二款、第三款、第四款规定的，国务院备案审查工作机构予以备案登记；不符合第二条规定的，不予备案登记；符合第二条规定但不符合第八条第二款、第三款、第四款规定的，暂缓办理备案登记。

暂缓办理备案登记的，由国务院备案审查工作机构通知制定机关补充报送备案或者重新报送备案；制定机关应当自收到通知之日起 15 日内按照要求补充或者重新报送备案；补充或者重新报送备案符合规定的，予以备案登记。

第十条 经备案登记的法规、规章，由国务院备案审查工作机构按月公布目录。

编辑出版法规、规章汇编的范围，应当以公布的法规、规章目录为准。

第十一条 国务院备案审查工作机构对报送备案的法规、规章进行主动审查，并可以根据需要进行专项审查。主动审查一般应当在审查程序启动后 2 个月内完成；情况疑难复杂的，为保证审查质量，可以适当延长审查期限。

国务院备案审查工作机构发现法规、规章存在涉及其他机关备案审查工作职责范围的共性问题的，可以与其他机关备案审查工作机构开展联合调研或者联合审查，共同研究提出审查意见和建议。

第十二条 国家机关、社会组织、企业事业单位、公民认为地方性法规同行政法规相抵触的，或者认为规章以及国务院各部门、省、自治区、直辖市和设区的市、自治州的人民政府发布的其他具有普遍约束力的行政决定、命令同法律、行政法规相抵触的，可以向国务院书面提出审查建议，由国务院备案审查工作机构研究并提出处理意见，按照规定程序处理。

第十三条 国务院备案审查工作机构对报送国务院备案的法规、规章，就下列事项进行审查：

（一）是否符合党中央、国务院的重大决策部署和国家重大改革方向；

（二）是否超越权限；

（三）下位法是否违反上位法的规定；

（四）地方性法规与部门规章之间或者不同规章之间对同一事项的规定不一致，是否应当改变或者撤销一方的或者双方的规定；

（五）规章的规定是否适当，规定的措施是否符合立法目的和实际情况；

（六）是否违背法定程序。

第十四条 国务院备案审查工作机构审查法规、规章时，认为需要有关的国务院部门或者地方人民政府提出意见的，有关的机关应当在规定期限内回复；认为需要法规、规章的制定机关说明有关情况的，有关的制定机关应当在规定期限内予以说明。

第十五条 国务院备案审查工作机构审查法规、规章时，可以通过座谈会、论证会、听证会、委托研究、实地调研等方式，听取国家机关、社会组织、企业事业单位、专家学者以及利益相关方的意见，并注重发挥备案审查专家委员会的作用。

第十六条 经审查，地方性法规同行政法规相抵触的，由国务院备案审查工作机构移送全国人民代表大会常务委员会工作机构研究处理；必要时由国务院提请全国人民代表大会常务委员会处理。

第十七条 地方性法规与部门规章之间对同一事项的规定不一致的，由国务院备案审查工作机构提出处理意见，报国务院依照《中华人民共和国立法法》的有关规定处理。

第十八条 经审查，认为规章应当予以纠正的，国务院备案审查工作机构可以通过与制定机关沟通、提出书面审查意见等方式，建议制定机关及时修改或者废止；或者由国务院备案审查工作机构提出处理意见报国务院决定，并通知制定机关。

第十九条 部门规章之间、部门规章与地方政府规章之间对同一事项的规定不一致的，由国务院备案审查工作机构进行协调；经协调不能取得一致意见的，由国务院备案审查工作机构提出处理意见报国务院决定，并通知制定机关。

第二十条 对《规章制定程序条例》规定的无效规章，国务院备案审查工作机构不予备案，并通知制定机关。

规章在制定技术上存在问题的，国务院备案审查工作机构可以向制定机关提出处理意见，由制定机关自行处理。

第二十一条 规章的制定机关应当自接到本条例第十八条、第十九条、第二十条规定的通知之日起30日内，将处理情况报国务院备案审查工作机构。

第二十二条 法规、规章的制定机关应当于每年1月31日前将上一年所制定的法规、规章目录报国务院备案审查工作机构。

第二十三条 对于不报送规章备案或者不按时报送规章备案的，由国务院备案审查工作机构通知制定机关，限期报送；逾期仍不报送的，给予通报，并责令限期改正。

第二十四条 国务院备案审查工作机构应当加强对省、自治区、直辖市人民政府法制机构规章备案审查工作的联系和指导，通过培训、案例指导等方式，推动省、自治区、直辖市人民政府提高规章备案审查工作能力和质量。

第二十五条 省、自治区、直辖市人民政府应当依法加强对下级行政机关发布的规章和其他具有普遍约束力的行政决定、命令的监督，依照本条例的有关规定，建立相关的备案审查制度，维护社会主义法制的统一，保证法律、法规的正确实施。

第二十六条 本条例自2024年11月1日起施行。2001年12月14日国务院发布的《法规规章备案条例》同时废止。

公平竞争审查条例

（2024年5月11日国务院第32次常务会议通过　2024年6月6日中华人民共和国国务院令第783号公布　自2024年8月1日起施行）

第一章　总　　则

第一条 为了规范公平竞争审查工作，促进市场公平竞争，优化营商环境，建设全国统一大市场，根据《中华人民共和国反垄断法》等法律，制定本条例。

第二条 起草涉及经营者经济活动的法律、行政法规、地方性法规、规章、规范性文件以及具体政策措施（以下统称政策措施），行政机关和法律、法规授权的具有管理公共事务职能的组织（以下统称起草单位）应当依照本条例规定开展公平竞争审查。

第三条 公平竞争审查工作坚持中国共产党的领导，贯彻党和国家路线方针政策和决策部署。

国家加强公平竞争审查工作，保障各类经营者依法平等使用生产要素、公平参与市场竞争。

第四条 国务院建立公平竞争审查协调机制，统筹、协调和指导全国公平竞争审查工作，研究解决公平竞争审查工作中的重大问题，评估全国公平竞争审查工作情况。

第五条 县级以上地方人民政府应当建立健全公平竞争审查工作机制，保障公平竞争审查工作力量，并将公平竞争审查工作经费纳入本级政府预算。

第六条 国务院市场监督管理部门负责指导实施公平竞争审查制度，督促有关部门和地方开展公平竞争审查工作。

县级以上地方人民政府市场监督管理部门负责在本行政区域组织实施公平竞争审查制度。

第七条 县级以上人民政府将公平竞争审查工作情况纳入法治政府建设、优化营商环境等考核评价内容。

第二章　审查标准

第八条 起草单位起草的政策措施，不得含有下列限制或者变相限制市场准入和退出的内容：

（一）对市场准入负面清单以外的行业、领域、业务等违法设置审批程序；

（二）违法设置或者授予特许经营权；

（三）限定经营、购买或者使用特定经营者提供的商品或者服务（以下统称商品）；

（四）设置不合理或者歧视性的准入、退出条件；

（五）其他限制或者变相限制市场准入和退出的内容。

第九条 起草单位起草的政策措施，不得含有下列限制商品、要素自由流动的内容：

（一）限制外地或者进口商品、要素进入本地市场，或者阻碍本地经营者迁出，商品、要素输出；

（二）排斥、限制、强制或者变相强制外地经营者在本地投资经营或者设立分支机构；

（三）排斥、限制或者变相限制外地经营者参加本地政府采购、招标投标；

（四）对外地或者进口商品、要素设置歧视性收费项目、收费标准、价格或者补贴；

（五）在资质标准、监管执法等方面对外地经营者在本地投资经营设置歧视性要求；

（六）其他限制商品、要素自由流动的内容。

第十条 起草单位起草的政策措施，没有法律、行政法规依据或者未经国务院批准，不得含有下列影响生产经营成本的内容：

（一）给予特定经营者税收优惠；

（二）给予特定经营者选择性、差异化的财政奖励或者补贴；

（三）给予特定经营者要素获取、行政事业性收费、政府性基金、社会保险费等方面的优惠；

（四）其他影响生产经营成本的内容。

第十一条 起草单位起草的政策措施，不得含有下列影响生产经营行为的内容：

（一）强制或者变相强制经营者实施垄断行为，或者为经营者实施垄断行为提供便利条件；

（二）超越法定权限制定政府指导价、政府定价，为特定经营者提供优惠价格；

（三）违法干预实行市场调节价的商品、要素的价格水平；

（四）其他影响生产经营行为的内容。

第十二条 起草单位起草的政策措施，具有或者可能具有排除、限制竞争效果，但符合下列情形之一，且没有对公平竞争影响更小的替代方案，并能够确定合理的实施期限或者终止条件的，可以出台：

（一）为维护国家安全和发展利益的；

（二）为促进科学技术进步、增强国家自主创新能力的；

（三）为实现节约能源、保护环境、救灾救助等社会公共利益的；

（四）法律、行政法规规定的其他情形。

第三章　审查机制

第十三条　拟由部门出台的政策措施，由起草单位在起草阶段开展公平竞争审查。

拟由多个部门联合出台的政策措施，由牵头起草单位在起草阶段开展公平竞争审查。

第十四条　拟由县级以上人民政府出台或者提请本级人民代表大会及其常务委员会审议的政策措施，由本级人民政府市场监督管理部门会同起草单位在起草阶段开展公平竞争审查。起草单位应当开展初审，并将政策措施草案和初审意见送市场监督管理部门审查。

第十五条　国家鼓励有条件的地区探索建立跨区域、跨部门的公平竞争审查工作机制。

第十六条　开展公平竞争审查，应当听取有关经营者、行业协会商会等利害关系人关于公平竞争影响的意见。涉及社会公众利益的，应当听取社会公众意见。

第十七条　开展公平竞争审查，应当按照本条例规定的审查标准，在评估对公平竞争影响后，作出审查结论。

适用本条例第十二条规定的，应当在审查结论中详细说明。

第十八条　政策措施未经公平竞争审查，或者经公平竞争审查认为违反本条例第八条至第十一条规定且不符合第十二条规定情形的，不得出台。

第十九条　有关部门和单位、个人对在公平竞争审查过程中知悉的国家秘密、商业秘密和个人隐私，应当依法予以保密。

第四章　监督保障

第二十条　国务院市场监督管理部门强化公平竞争审查工作监督保障，建立健全公平竞争审查抽查、举报处理、督查等机制。

第二十一条　市场监督管理部门建立健全公平竞争审查抽查机制，组织对有关政策措施开展抽查，经核查发现违反本条例规定的，应当督促起草单位进行整改。

市场监督管理部门应当向本级人民政府报告抽查情况，抽查结果可以向社会公开。

第二十二条 对违反本条例规定的政策措施，任何单位和个人可以向市场监督管理部门举报。市场监督管理部门接到举报后，应当及时处理或者转送有关部门处理。

市场监督管理部门应当向社会公开受理举报的电话、信箱或者电子邮件地址。

第二十三条 国务院定期对县级以上地方人民政府公平竞争审查工作机制建设情况、公平竞争审查工作开展情况、举报处理情况等开展督查。国务院市场监督管理部门负责具体实施。

第二十四条 起草单位未依照本条例规定开展公平竞争审查，经市场监督管理部门督促，逾期仍未整改的，上一级市场监督管理部门可以对其负责人进行约谈。

第二十五条 未依照本条例规定开展公平竞争审查，造成严重不良影响的，对起草单位直接负责的主管人员和其他直接责任人员依法给予处分。

第五章　附　　则

第二十六条 国务院市场监督管理部门根据本条例制定公平竞争审查的具体实施办法。

第二十七条 本条例自 2024 年 8 月 1 日起施行。

三、行政许可

最高人民法院关于审理行政许可案件若干问题的规定

（2009年11月9日最高人民法院审判委员会第1476次会议通过　2009年12月14日最高人民法院公告公布　自2010年1月4日起施行　法释〔2009〕20号）

为规范行政许可案件的审理，根据《中华人民共和国行政许可法》（以下简称行政许可法）、《中华人民共和国行政诉讼法》及其他有关法律规定，结合行政审判实际，对有关问题作如下规定：

第一条　公民、法人或者其他组织认为行政机关作出的行政许可决定以及相应的不作为，或者行政机关就行政许可的变更、延续、撤回、注销、撤销等事项作出的有关具体行政行为及其相应的不作为侵犯其合法权益，提起行政诉讼的，人民法院应当依法受理。

第二条　公民、法人或者其他组织认为行政机关未公开行政许可决定或者未提供行政许可监督检查记录侵犯其合法权益，提起行政诉讼的，人民法院应当依法受理。

第三条　公民、法人或者其他组织仅就行政许可过程中的告知补正申请材料、听证等通知行为提起行政诉讼的，人民法院不予受理，但导致许可程序对上述主体事实上终止的除外。

第四条　当事人不服行政许可决定提起诉讼的，以作出行政许可决定的机关为被告；行政许可依法须经上级行政机关批准，当事人对批准或者不批准行为不服一并提起诉讼的，以上级行政机关为共同被告；行政许可依法须经下级行政机关或者管理公共事务的组织初步审查并上报，当事人对不予初步审查或者不予上报不服提起诉讼的，以下级行政机关或者管理公共事务的组织为被告。

第五条 行政机关依据行政许可法第二十六条第二款规定统一办理行政许可的，当事人对行政许可行为不服提起诉讼，以对当事人作出具有实质影响的不利行为的机关为被告。

第六条 行政机关受理行政许可申请后，在法定期限内不予答复，公民、法人或者其他组织向人民法院起诉的，人民法院应当依法受理。

前款“法定期限”自行政许可申请受理之日起计算；以数据电文方式受理的，自数据电文进入行政机关指定的特定系统之日起计算；数据电文需要确认收讫的，自申请人收到行政机关的收讫确认之日起计算。

第七条 作为被诉行政许可行为基础的其他行政决定或者文书存在以下情形之一的，人民法院不予认可：

（一）明显缺乏事实根据；

（二）明显缺乏法律依据；

（三）超越职权；

（四）其他重大明显违法情形。

第八条 被告不提供或者无正当理由逾期提供证据的，与被诉行政许可行为有利害关系的第三人可以向人民法院提供；第三人对无法提供的证据，可以申请人民法院调取；人民法院在当事人无争议，但涉及国家利益、公共利益或者他人合法权益的情况下，也可以依职权调取证据。

第三人提供或者人民法院调取的证据能够证明行政许可行为合法的，人民法院应当判决驳回原告的诉讼请求。

第九条 人民法院审理行政许可案件，应当以申请人提出行政许可申请后实施的新的法律规范为依据；行政机关在旧的法律规范实施期间，无正当理由拖延审查行政许可申请至新的法律规范实施，适用新的法律规范不利于申请人的，以旧的法律规范为依据。

第十条 被诉准予行政许可决定违反当时的法律规范但符合新的法律规范的，判决确认该决定违法；准予行政许可决定不损害公共利益和利害关系人合法权益的，判决驳回原告的诉讼请求。

第十一条 人民法院审理不予行政许可决定案件，认为原告请求准予许可的理由成立，且被告没有裁量余地的，可以在判决理由写明，并判决撤销不予许可决定，责令被告重新作出决定。

第十二条 被告无正当理由拒绝原告查阅行政许可决定及有关档案材

料或者监督检查记录的，人民法院可以判决被告在法定或者合理期限内准予原告查阅。

第十三条 被告在实施行政许可过程中，与他人恶意串通共同违法侵犯原告合法权益的，应当承担连带赔偿责任；被告与他人违法侵犯原告合法权益的，应当根据其违法行为在损害发生过程和结果中所起作用等因素，确定被告的行政赔偿责任；被告已经依照法定程序履行审慎合理的审查职责，因他人行为导致行政许可决定违法的，不承担赔偿责任。

在行政许可案件中，当事人请求一并解决有关民事赔偿问题的，人民法院可以合并审理。

第十四条 行政机关依据行政许可法第八条第二款规定变更或者撤回已经生效的行政许可，公民、法人或者其他组织仅主张行政补偿的，应当先向行政机关提出申请；行政机关在法定期限或者合理期限内不予答复或者对行政机关作出的补偿决定不服的，可以依法提起行政诉讼。

第十五条 法律、法规、规章或者规范性文件对变更或者撤回行政许可的补偿标准未作规定的，一般在实际损失范围内确定补偿数额；行政许可属于行政许可法第十二条第（二）项规定情形的，一般按照实际投入的损失确定补偿数额。

第十六条 行政许可补偿案件的调解，参照最高人民法院《关于审理行政赔偿案件若干问题的规定》的有关规定办理。

第十七条 最高人民法院以前所作的司法解释凡与本规定不一致的，按本规定执行。

安全生产许可证条例

（2004年1月13日中华人民共和国国务院令第397号公布　根据2013年7月18日《国务院关于废止和修改部分行政法规的决定》第一次修订　根据2014年7月29日《国务院关于修改部分行政法规的决定》第二次修订）

第一条 为了严格规范安全生产条件，进一步加强安全生产监督管理，防止和减少生产安全事故，根据《中华人民共和国安全生产法》的有关规定，制定本条例。

第二条 国家对矿山企业、建筑施工企业和危险化学品、烟花爆竹、民用爆炸物品生产企业（以下统称企业）实行安全生产许可制度。

企业未取得安全生产许可证的，不得从事生产活动。

第三条 国务院安全生产监督管理部门负责中央管理的非煤矿矿山企业和危险化学品、烟花爆竹生产企业安全生产许可证的颁发和管理。

省、自治区、直辖市人民政府安全生产监督管理部门负责前款规定以外的非煤矿矿山企业和危险化学品、烟花爆竹生产企业安全生产许可证的颁发和管理，并接受国务院安全生产监督管理部门的指导和监督。

国家煤矿安全监察机构负责中央管理的煤矿企业安全生产许可证的颁发和管理。

在省、自治区、直辖市设立的煤矿安全监察机构负责前款规定以外的其他煤矿企业安全生产许可证的颁发和管理，并接受国家煤矿安全监察机构的指导和监督。

第四条 省、自治区、直辖市人民政府建设主管部门负责建筑施工企业安全生产许可证的颁发和管理，并接受国务院建设主管部门的指导和监督。

第五条 省、自治区、直辖市人民政府民用爆炸物品行业主管部门负责民用爆炸物品生产企业安全生产许可证的颁发和管理，并接受国务院民用爆炸物品行业主管部门的指导和监督。

第六条 企业取得安全生产许可证，应当具备下列安全生产条件：

（一）建立、健全安全生产责任制，制定完备的安全生产规章制度和操作规程；

（二）安全投入符合安全生产要求；

（三）设置安全生产管理机构，配备专职安全生产管理人员；

（四）主要负责人和安全生产管理人员经考核合格；

（五）特种作业人员经有关业务主管部门考核合格，取得特种作业操作资格证书；

（六）从业人员经安全生产教育和培训合格；

（七）依法参加工伤保险，为从业人员缴纳保险费；

（八）厂房、作业场所和安全设施、设备、工艺符合有关安全生产法律、法规、标准和规程的要求；

（九）有职业危害防治措施，并为从业人员配备符合国家标准或者行业标准的劳动防护用品；

（十）依法进行安全评价；

（十一）有重大危险源检测、评估、监控措施和应急预案；

（十二）有生产安全事故应急救援预案、应急救援组织或者应急救援人员，配备必要的应急救援器材、设备；

（十三）法律、法规规定的其他条件。

第七条 企业进行生产前，应当依照本条例的规定向安全生产许可证颁发管理机关申请领取安全生产许可证，并提供本条例第六条规定的相关文件、资料。安全生产许可证颁发管理机关应当自收到申请之日起45日内审查完毕，经审查符合本条例规定的安全生产条件的，颁发安全生产许可证；不符合本条例规定的安全生产条件的，不予颁发安全生产许可证，书面通知企业并说明理由。

煤矿企业应当以矿（井）为单位，依照本条例的规定取得安全生产许可证。

第八条 安全生产许可证由国务院安全生产监督管理部门规定统一的式样。

第九条 安全生产许可证的有效期为3年。安全生产许可证有效期满需要延期的，企业应当于期满前3个月向原安全生产许可证颁发管理机关办理延期手续。

企业在安全生产许可证有效期内，严格遵守有关安全生产的法律法规，未发生死亡事故的，安全生产许可证有效期届满时，经原安全生产许可证颁发管理机关同意，不再审查，安全生产许可证有效期延期3年。

第十条 安全生产许可证颁发管理机关应当建立、健全安全生产许可证档案管理制度，并定期向社会公布企业取得安全生产许可证的情况。

第十一条 煤矿企业安全生产许可证颁发管理机关、建筑施工企业安全生产许可证颁发管理机关、民用爆炸物品生产企业安全生产许可证颁发管理机关，应当每年向同级安全生产监督管理部门通报其安全生产许可证颁发和管理情况。

第十二条 国务院安全生产监督管理部门和省、自治区、直辖市人民政府安全生产监督管理部门对建筑施工企业、民用爆炸物品生产企业、煤矿企业取得安全生产许可证的情况进行监督。

第十三条 企业不得转让、冒用安全生产许可证或者使用伪造的安全生产许可证。

第十四条 企业取得安全生产许可证后，不得降低安全生产条件，并应当加强日常安全生产管理，接受安全生产许可证颁发管理机关的监督检查。

安全生产许可证颁发管理机关应当加强对取得安全生产许可证的企业的监督检查，发现其不再具备本条例规定的安全生产条件的，应当暂扣或者吊销安全生产许可证。

第十五条 安全生产许可证颁发管理机关工作人员在安全生产许可证颁发、管理和监督检查工作中，不得索取或者接受企业的财物，不得谋取其他利益。

第十六条 监察机关依照《中华人民共和国行政监察法》的规定，对安全生产许可证颁发管理机关及其工作人员履行本条例规定的职责实施监察。

第十七条 任何单位或者个人对违反本条例规定的行为，有权向安全生产许可证颁发管理机关或者监察机关等有关部门举报。

第十八条 安全生产许可证颁发管理机关工作人员有下列行为之一的，给予降级或者撤职的行政处分；构成犯罪的，依法追究刑事责任：

（一）向不符合本条例规定的安全生产条件的企业颁发安全生产许可证的；

（二）发现企业未依法取得安全生产许可证擅自从事生产活动，不依法处理的；

（三）发现取得安全生产许可证的企业不再具备本条例规定的安全生产条件，不依法处理的；

（四）接到对违反本条例规定行为的举报后，不及时处理的；

（五）在安全生产许可证颁发、管理和监督检查工作中，索取或者接受企业的财物，或者谋取其他利益的。

第十九条 违反本条例规定，未取得安全生产许可证擅自进行生产的，责令停止生产，没收违法所得，并处10万元以上50万元以下的罚款；造成重大事故或者其他严重后果，构成犯罪的，依法追究刑事责任。

第二十条 违反本条例规定，安全生产许可证有效期满未办理延期手续，继续进行生产的，责令停止生产，限期补办延期手续，没收违法所得，并处5万元以上10万元以下的罚款；逾期仍不办理延期手续，继续进行生产的，依照本条例第十九条的规定处罚。

第二十一条 违反本条例规定，转让安全生产许可证的，没收违法所得，处10万元以上50万元以下的罚款，并吊销其安全生产许可证；构成犯罪的，依法追究刑事责任；接受转让的，依照本条例第十九条的规定处罚。

冒用安全生产许可证或者使用伪造的安全生产许可证的，依照本条例第十九条的规定处罚。

第二十二条 本条例施行前已经进行生产的企业，应当自本条例施行之日起1年内，依照本条例的规定向安全生产许可证颁发管理机关申请办理安全生产许可证；逾期不办理安全生产许可证，或者经审查不符合本条例规定的安全生产条件，未取得安全生产许可证，继续进行生产的，依照本条例第十九条的规定处罚。

第二十三条 本条例规定的行政处罚，由安全生产许可证颁发管理机关决定。

第二十四条 本条例自公布之日起施行。

危险废物经营许可证管理办法

（2004年5月30日中华人民共和国国务院令第408号公布　根据2013年12月7日《国务院关于修改部分行政法规的决定》第一次修订　根据2016年2月6日《国务院关于修改部分行政法规的决定》第二次修订）

第一章　总　　则

第一条 为了加强对危险废物收集、贮存和处置经营活动的监督管理，防治危险废物污染环境，根据《中华人民共和国固体废物污染环境防治法》，制定本办法。

第二条 在中华人民共和国境内从事危险废物收集、贮存、处置经营活动的单位，应当依照本办法的规定，领取危险废物经营许可证。

第三条 危险废物经营许可证按照经营方式，分为危险废物收集、贮存、处置综合经营许可证和危险废物收集经营许可证。

领取危险废物综合经营许可证的单位，可以从事各类别危险废物的收集、贮存、处置经营活动；领取危险废物收集经营许可证的单位，只能从事机动车维修活动中产生的废矿物油和居民日常生活中产生的废镉镍电池的危险废物收集经营活动。

第四条 县级以上人民政府环境保护主管部门依照本办法的规定，负责危险废物经营许可证的审批颁发与监督管理工作。

第二章 申请领取危险废物经营许可证的条件

第五条 申请领取危险废物收集、贮存、处置综合经营许可证，应当具备下列条件：

（一）有3名以上环境工程专业或者相关专业中级以上职称，并有3年以上固体废物污染治理经历的技术人员；

（二）有符合国务院交通主管部门有关危险货物运输安全要求的运输工具；

（三）有符合国家或者地方环境保护标准和安全要求的包装工具，中转和临时存放设施、设备以及经验收合格的贮存设施、设备；

（四）有符合国家或者省、自治区、直辖市危险废物处置设施建设规划，符合国家或者地方环境保护标准和安全要求的处置设施、设备和配套的污染防治设施；其中，医疗废物集中处置设施，还应当符合国家有关医疗废物处置的卫生标准和要求；

（五）有与所经营的危险废物类别相适应的处置技术和工艺；

（六）有保证危险废物经营安全的规章制度、污染防治措施和事故应急救援措施；

（七）以填埋方式处置危险废物的，应当依法取得填埋场所的土地使用权。

第六条 申请领取危险废物收集经营许可证，应当具备下列条件：

（一）有防雨、防渗的运输工具；

（二）有符合国家或者地方环境保护标准和安全要求的包装工具，中转和临时存放设施、设备；

（三）有保证危险废物经营安全的规章制度、污染防治措施和事故应急救援措施。

第三章　申请领取危险废物经营许可证的程序

第七条　国家对危险废物经营许可证实行分级审批颁发。

医疗废物集中处置单位的危险废物经营许可证，由医疗废物集中处置设施所在地设区的市级人民政府环境保护主管部门审批颁发。

危险废物收集经营许可证，由县级人民政府环境保护主管部门审批颁发。

本条第二款、第三款规定之外的危险废物经营许可证，由省、自治区、直辖市人民政府环境保护主管部门审批颁发。

第八条　申请领取危险废物经营许可证的单位，应当在从事危险废物经营活动前向发证机关提出申请，并附具本办法第五条或者第六条规定条件的证明材料。

第九条　发证机关应当自受理申请之日起20个工作日内，对申请单位提交的证明材料进行审查，并对申请单位的经营设施进行现场核查。符合条件的，颁发危险废物经营许可证，并予以公告；不符合条件的，书面通知申请单位并说明理由。

发证机关在颁发危险废物经营许可证前，可以根据实际需要征求卫生、城乡规划等有关主管部门和专家的意见。

第十条　危险废物经营许可证包括下列主要内容：

（一）法人名称、法定代表人、住所；

（二）危险废物经营方式；

（三）危险废物类别；

（四）年经营规模；

（五）有效期限；

（六）发证日期和证书编号。

危险废物综合经营许可证的内容，还应当包括贮存、处置设施的地址。

第十一条　危险废物经营单位变更法人名称、法定代表人和住所的，应当自工商变更登记之日起15个工作日内，向原发证机关申请办理危险废物经营许可证变更手续。

第十二条 有下列情形之一的，危险废物经营单位应当按照原申请程序，重新申请领取危险废物经营许可证：

（一）改变危险废物经营方式的；

（二）增加危险废物类别的；

（三）新建或者改建、扩建原有危险废物经营设施的；

（四）经营危险废物超过原批准年经营规模20%以上的。

第十三条 危险废物综合经营许可证有效期为5年；危险废物收集经营许可证有效期为3年。

危险废物经营许可证有效期届满，危险废物经营单位继续从事危险废物经营活动的，应当于危险废物经营许可证有效期届满30个工作日前向原发证机关提出换证申请。原发证机关应当自受理换证申请之日起20个工作日内进行审查，符合条件的，予以换证；不符合条件的，书面通知申请单位并说明理由。

第十四条 危险废物经营单位终止从事收集、贮存、处置危险废物经营活动的，应当对经营设施、场所采取污染防治措施，并对未处置的危险废物作出妥善处理。

危险废物经营单位应当在采取前款规定措施之日起20个工作日内向原发证机关提出注销申请，由原发证机关进行现场核查合格后注销危险废物经营许可证。

第十五条 禁止无经营许可证或者不按照经营许可证规定从事危险废物收集、贮存、处置经营活动。

禁止从中华人民共和国境外进口或者经中华人民共和国过境转移电子类危险废物。

禁止将危险废物提供或者委托给无经营许可证的单位从事收集、贮存、处置经营活动。

禁止伪造、变造、转让危险废物经营许可证。

第四章 监督管理

第十六条 县级以上地方人民政府环境保护主管部门应当于每年3月

31日前将上一年度危险废物经营许可证颁发情况报上一级人民政府环境保护主管部门备案。

上级环境保护主管部门应当加强对下级环境保护主管部门审批颁发危险废物经营许可证情况的监督检查，及时纠正下级环境保护主管部门审批颁发危险废物经营许可证过程中的违法行为。

第十七条 县级以上人民政府环境保护主管部门应当通过书面核查和实地检查等方式，加强对危险废物经营单位的监督检查，并将监督检查情况和处理结果予以记录，由监督检查人员签字后归档。

公众有权查阅县级以上人民政府环境保护主管部门的监督检查记录。

县级以上人民政府环境保护主管部门发现危险废物经营单位在经营活动中有不符合原发证条件的情形的，应当责令其限期整改。

第十八条 县级以上人民政府环境保护主管部门有权要求危险废物经营单位定期报告危险废物经营活动情况。危险废物经营单位应当建立危险废物经营情况记录簿，如实记载收集、贮存、处置危险废物的类别、来源、去向和有无事故等事项。

危险废物经营单位应当将危险废物经营情况记录簿保存10年以上，以填埋方式处置危险废物的经营情况记录簿应当永久保存。终止经营活动的，应当将危险废物经营情况记录簿移交所在地县级以上地方人民政府环境保护主管部门存档管理。

第十九条 县级以上人民政府环境保护主管部门应当建立、健全危险废物经营许可证的档案管理制度，并定期向社会公布审批颁发危险废物经营许可证的情况。

第二十条 领取危险废物收集经营许可证的单位，应当与处置单位签订接收合同，并将收集的废矿物油和废镉镍电池在90个工作日内提供或者委托给处置单位进行处置。

第二十一条 危险废物的经营设施在废弃或者改作其他用途前，应当进行无害化处理。

填埋危险废物的经营设施服役期届满后，危险废物经营单位应当按照有关规定对填埋过危险废物的土地采取封闭措施，并在划定的封闭区域设置永久性标记。

第五章 法律责任

第二十二条 违反本办法第十一条规定的，由县级以上地方人民政府环境保护主管部门责令限期改正，给予警告；逾期不改正的，由原发证机关暂扣危险废物经营许可证。

第二十三条 违反本办法第十二条、第十三条第二款规定的，由县级以上地方人民政府环境保护主管部门责令停止违法行为；有违法所得的，没收违法所得；违法所得超过10万元的，并处违法所得1倍以上2倍以下的罚款；没有违法所得或者违法所得不足10万元的，处5万元以上10万元以下的罚款。

第二十四条 违反本办法第十四条第一款、第二十一条规定的，由县级以上地方人民政府环境保护主管部门责令限期改正；逾期不改正的，处5万元以上10万元以下的罚款；造成污染事故，构成犯罪的，依法追究刑事责任。

第二十五条 违反本办法第十五条第一款、第二款、第三款规定的，依照《中华人民共和国固体废物污染环境防治法》的规定予以处罚。

违反本办法第十五条第四款规定的，由县级以上地方人民政府环境保护主管部门收缴危险废物经营许可证或者由原发证机关吊销危险废物经营许可证，并处5万元以上10万元以下的罚款；构成犯罪的，依法追究刑事责任。

第二十六条 违反本办法第十八条规定的，由县级以上地方人民政府环境保护主管部门责令限期改正，给予警告；逾期不改正的，由原发证机关暂扣或者吊销危险废物经营许可证。

第二十七条 违反本办法第二十条规定的，由县级以上地方人民政府环境保护主管部门责令限期改正，给予警告；逾期不改正的，处1万元以上5万元以下的罚款，并可以由原发证机关暂扣或者吊销危险废物经营许可证。

第二十八条 危险废物经营单位被责令限期整改，逾期不整改或者经整改仍不符合原发证条件的，由原发证机关暂扣或者吊销危险废物经营许可证。

第二十九条 被依法吊销或者收缴危险废物经营许可证的单位，5年内不得再申请领取危险废物经营许可证。

第三十条 县级以上人民政府环境保护主管部门的工作人员，有下列行为之一的，依法给予行政处分；构成犯罪的，依法追究刑事责任：

（一）向不符合本办法规定条件的单位颁发危险废物经营许可证的；

（二）发现未依法取得危险废物经营许可证的单位和个人擅自从事危险废物经营活动不予查处或者接到举报后不依法处理的；

（三）对依法取得危险废物经营许可证的单位不履行监督管理职责或者发现违反本办法规定的行为不予查处的；

（四）在危险废物经营许可证管理工作中有其他渎职行为的。

第六章 附 则

第三十一条 本办法下列用语的含义：

（一）危险废物，是指列入国家危险废物名录或者根据国家规定的危险废物鉴别标准和鉴别方法认定的具有危险性的废物。

（二）收集，是指危险废物经营单位将分散的危险废物进行集中的活动。

（三）贮存，是指危险废物经营单位在危险废物处置前，将其放置在符合环境保护标准的场所或者设施中，以及为了将分散的危险废物进行集中，在自备的临时设施或者场所每批置放重量超过 5000 千克或者置放时间超过 90 个工作日的活动。

（四）处置，是指危险废物经营单位将危险废物焚烧、煅烧、熔融、烧结、裂解、中和、消毒、蒸馏、萃取、沉淀、过滤、拆解以及用其他改变危险废物物理、化学、生物特性的方法，达到减少危险废物数量、缩小危险废物体积、减少或者消除其危险成分的活动，或者将危险废物最终置于符合环境保护规定要求的场所或者设施并不再回取的活动。

第三十二条 本办法施行前，依照地方性法规、规章或者其他文件的规定已经取得危险废物经营许可证的单位，应当在原危险废物经营许可证有效期届满 30 个工作日前，依照本办法的规定重新申请领取危险废物经营许可证。逾期不办理的，不得继续从事危险废物经营活动。

第三十三条 本办法自 2004 年 7 月 1 日起施行。

药品经营和使用质量监督管理办法

（2023 年 9 月 27 日国家市场监督管理总局令第 84 号公布　自 2024 年 1 月 1 日起施行）

第一章　总　　则

第一条　为了加强药品经营和药品使用质量监督管理，规范药品经营和药品使用质量管理活动，根据《中华人民共和国药品管理法》（以下简称《药品管理法》）《中华人民共和国疫苗管理法》《中华人民共和国药品管理法实施条例》等法律、行政法规，制定本办法。

第二条　在中华人民共和国境内的药品经营、使用质量管理及其监督管理活动，应当遵守本办法。

第三条　从事药品批发或者零售活动的，应当经药品监督管理部门批准，依法取得药品经营许可证，严格遵守法律、法规、规章、标准和规范。

药品上市许可持有人可以自行销售其取得药品注册证书的药品，也可以委托药品经营企业销售。但是，药品上市许可持有人从事药品零售活动的，应当取得药品经营许可证。

其他单位从事药品储存、运输等相关活动的，应当遵守本办法相关规定。

第四条　医疗机构应当建立药品质量管理体系，对本单位药品购进、储存、使用全过程的药品质量管理负责。使用放射性药品等特殊管理的药品的，应当按规定取得相关的使用许可。

医疗机构以外的其他药品使用单位，应当遵守本办法关于医疗机构药品购进、储存、使用全过程的药品质量管理规定。

第五条　药品上市许可持有人、药品经营企业和医疗机构等应当遵守国家药品监督管理局制定的统一药品追溯标准和规范，建立并实施药品追溯制度，按照规定提供追溯信息，保证药品可追溯。

第六条　国家药品监督管理局主管全国药品经营和使用质量监督管理工作，对省、自治区、直辖市药品监督管理部门的药品经营和使用质量监督管理工作进行指导。

省、自治区、直辖市药品监督管理部门负责本行政区域内药品经营和使用质量监督管理，负责药品批发企业、药品零售连锁总部的许可、检查和处罚，以及药品上市许可持有人销售行为的检查和处罚；按职责指导设区的市级、县级人民政府承担药品监督管理职责的部门（以下简称市县级药品监督管理部门）的药品经营和使用质量监督管理工作。

市县级药品监督管理部门负责本行政区域内药品经营和使用质量监督管理，负责药品零售企业的许可、检查和处罚，以及药品使用环节质量的检查和处罚。

国家市场监督管理总局按照有关规定加强市场监管综合执法队伍的指导。

第七条 国家药品监督管理局制定药品经营质量管理规范及其现场检查指导原则。省、自治区、直辖市药品监督管理部门可以依据本办法、药品经营质量管理规范及其现场检查指导原则，结合本行政区域实际情况制定检查细则。

第二章 经营许可

第八条 从事药品批发活动的，应当具备以下条件：

（一）有与其经营范围相适应的质量管理机构和人员；企业法定代表人、主要负责人、质量负责人、质量管理部门负责人等符合规定的条件；

（二）有依法经过资格认定的药师或者其他药学技术人员；

（三）有与其经营品种和规模相适应的自营仓库、营业场所和设施设备，仓库具备实现药品入库、传送、分拣、上架、出库等操作的现代物流设施设备；

（四）有保证药品质量的质量管理制度以及覆盖药品经营、质量控制和追溯全过程的信息管理系统，并符合药品经营质量管理规范要求。

第九条 从事药品零售连锁经营活动的，应当设立药品零售连锁总部，对零售门店进行统一管理。药品零售连锁总部应当具备本办法第八条第一项、第二项、第四项规定的条件，并具备能够保证药品质量、与其经营品种和规模相适应的仓库、配送场所和设施设备。

第十条 从事药品零售活动的，应当具备以下条件：

（一）经营处方药、甲类非处方药的，应当按规定配备与经营范围和品种相适应的依法经过资格认定的药师或者其他药学技术人员。只经营乙类非处方药的，可以配备经设区的市级药品监督管理部门组织考核合格的药品销售业务人员；

（二）有与所经营药品相适应的营业场所、设备、陈列、仓储设施以及卫生环境；同时经营其他商品（非药品）的，陈列、仓储设施应当与药品分开设置；在超市等其他场所从事药品零售活动的，应当具有独立的经营区域；

（三）有与所经营药品相适应的质量管理机构或者人员，企业法定代表人、主要负责人、质量负责人等符合规定的条件；

（四）有保证药品质量的质量管理制度、符合质量管理与追溯要求的信息管理系统，符合药品经营质量管理规范要求。

第十一条 开办药品经营企业，应当在取得营业执照后，向所在地县级以上药品监督管理部门申请药品经营许可证，提交下列材料：

（一）药品经营许可证申请表；

（二）质量管理机构情况以及主要负责人、质量负责人、质量管理部门负责人学历、工作经历相关材料；

（三）药师或者其他药学技术人员资格证书以及任职文件；

（四）经营药品的方式和范围相关材料；

（五）药品质量管理规章制度以及陈列、仓储等关键设施设备清单；

（六）营业场所、设备、仓储设施及周边卫生环境等情况，营业场所、仓库平面布置图及房屋产权或者使用权相关材料；

（七）法律、法规规定的其他材料。

申请人应当对其申请材料全部内容的真实性负责。

申请人应当按照国家有关规定对申请材料中的商业秘密、未披露信息或者保密商务信息进行标注，并注明依据。

第十二条 药品监督管理部门收到药品经营许可证申请后，应当根据下列情况分别作出处理：

（一）申请事项依法不需要取得药品经营许可的，应当即时告知申请人不受理；

（二）申请事项依法不属于本部门职权范围的，应当即时作出不予受理的决定，并告知申请人向有关行政机关申请；

（三）申请材料存在可以当场更正的错误的，应当允许申请人当场更正；

（四）申请材料不齐全或者不符合形式审查要求的，应当当场或者在五日内发给申请人补正材料通知书，一次告知申请人需要补正的全部内容，逾期不告知的，自收到申请材料之日起即为受理；

（五）申请材料齐全、符合形式审查要求，或者申请人按照要求提交全部补正材料的，应当受理药品经营许可证申请。

药品监督管理部门受理或者不予受理药品经营许可证申请的，应当出具加盖本部门专用印章和注明日期的受理通知书或者不予受理通知书。

第十三条 药品监督管理部门应当自受理申请之日起二十日内作出决定。

药品监督管理部门按照药品经营质量管理规范及其现场检查指导原则、检查细则等有关规定，组织开展申报资料技术审查和现场检查。

经技术审查和现场检查，符合条件的，准予许可，并自许可决定作出之日起五日内颁发药品经营许可证；不符合条件的，作出不予许可的书面决定，并说明理由。

仅从事乙类非处方药零售活动的，申请人提交申请材料和承诺书后，符合条件的，准予许可，当日颁发药品经营许可证。自许可决定作出之日起三个月内药品监督管理部门组织开展技术审查和现场检查，发现承诺不实的，责令限期整改，整改后仍不符合条件的，撤销药品经营许可证。

第十四条 药品监督管理部门应当在网站和办公场所公示申请药品经营许可证的条件、程序、期限、需要提交的全部材料目录和申请表格式文本等。

第十五条 药品监督管理部门应当公开药品经营许可证申请的许可结果，并提供条件便利申请人查询审批进程。

未经申请人同意，药品监督管理部门、专业技术机构及其工作人员不得披露申请人提交的商业秘密、未披露信息或者保密商务信息，法律另有规定或者涉及国家安全、重大社会公共利益的除外。

第十六条 药品监督管理部门认为药品经营许可涉及公共利益的，应当向社会公告，并举行听证。

药品经营许可直接涉及申请人与他人之间重大利益关系的，药品监督管理部门作出行政许可决定前，应当告知申请人、利害关系人享有要求听证的权利。

第十七条 药品经营许可证有效期为五年，分为正本和副本。药品经营许可证样式由国家药品监督管理局统一制定。药品经营许可证电子证书与纸质证书具有同等法律效力。

第十八条 药品经营许可证应当载明许可证编号、企业名称、统一社会信用代码、经营地址、法定代表人、主要负责人、质量负责人、经营范围、经营方式、仓库地址、发证机关、发证日期、有效期等项目。

企业名称、统一社会信用代码、法定代表人等项目应当与市场监督管理部门核发的营业执照中载明的相关内容一致。

第十九条 药品经营许可证载明事项分为许可事项和登记事项。

许可事项是指经营地址、经营范围、经营方式、仓库地址。

登记事项是指企业名称、统一社会信用代码、法定代表人、主要负责人、质量负责人等。

第二十条 药品批发企业经营范围包括中药饮片、中成药、化学药、生物制品、体外诊断试剂（药品）、麻醉药品、第一类精神药品、第二类精神药品、药品类易制毒化学品、医疗用毒性药品、蛋白同化制剂、肽类激素等。其中麻醉药品、第一类精神药品、第二类精神药品、药品类易制毒化学品、医疗用毒性药品、蛋白同化制剂、肽类激素等经营范围的核定，按照国家有关规定执行。

经营冷藏冷冻等有特殊管理要求的药品的，应当在经营范围中予以标注。

第二十一条 从事药品零售活动的，应当核定经营类别，并在经营范围中予以明确。经营类别分为处方药、甲类非处方药、乙类非处方药。

药品零售企业经营范围包括中药饮片、中成药、化学药、第二类精神药品、血液制品、细胞治疗类生物制品及其他生物制品等。其中第二类精神药品、血液制品、细胞治疗类生物制品经营范围的核定，按照国家有关规定执行。

经营冷藏冷冻药品的，应当在经营范围中予以标注。

药品零售连锁门店的经营范围不得超过药品零售连锁总部的经营范围。

第二十二条 从事放射性药品经营活动的，应当按照国家有关规定申领放射性药品经营许可证。

第二十三条 变更药品经营许可证载明的许可事项的，应当向发证机关提出药品经营许可证变更申请。未经批准，不得擅自变更许可事项。

发证机关应当自受理变更申请之日起十五日内作出准予变更或者不予变更的决定。

药品零售企业被其他药品零售连锁总部收购的，按照变更药品经营许可证程序办理。

第二十四条 药品经营许可证载明的登记事项发生变化的，应当在发生变化起三十日内，向发证机关申请办理药品经营许可证变更登记。发证机关应当在十日内完成变更登记。

第二十五条 药品经营许可证载明事项发生变更的，由发证机关在副本上记录变更的内容和时间，并按照变更后的内容重新核发药品经营许可证正本。

第二十六条 药品经营许可证有效期届满需要继续经营药品的，药品经营企业应当在有效期届满前六个月至两个月期间，向发证机关提出重新审查发证申请。

发证机关按照本办法关于申请办理药品经营许可证的程序和要求进行审查，必要时开展现场检查。药品经营许可证有效期届满前，应当作出是否许可的决定。

经审查符合规定条件的，准予许可，药品经营许可证编号不变。不符合规定条件的，责令限期整改；整改后仍不符合规定条件的，不予许可，并书面说明理由。逾期未作出决定的，视为准予许可。

在有效期届满前两个月内提出重新审查发证申请的，药品经营许可证有效期届满后不得继续经营；药品监督管理部门准予许可后，方可继续经营。

第二十七条 有下列情形之一的，由发证机关依法办理药品经营许可证注销手续，并予以公告：

（一）企业主动申请注销药品经营许可证的；

（二）药品经营许可证有效期届满未申请重新审查发证的；

（三）药品经营许可依法被撤销、撤回或者药品经营许可证依法被吊销的；

（四）企业依法终止的；

（五）法律、法规规定的应当注销行政许可的其他情形。

第二十八条 药品经营许可证遗失的，应当向原发证机关申请补发。原发证机关应当及时补发药品经营许可证，补发的药品经营许可证编号和有效期限与原许可证一致。

第二十九条 任何单位或者个人不得伪造、变造、出租、出借、买卖药品经营许可证。

第三十条 药品监督管理部门应当及时更新药品经营许可证核发、重新审查发证、变更、吊销、撤销、注销等信息，并在完成后十日内予以公开。

第三章 经营管理

第三十一条 从事药品经营活动的，应当遵守药品经营质量管理规范，按照药品经营许可证载明的经营方式和经营范围，在药品监督管理部门核准的地址销售、储存药品，保证药品经营全过程符合法定要求。

药品经营企业应当建立覆盖药品经营全过程的质量管理体系。购销记录以及储存条件、运输过程、质量控制等记录应当完整准确，不得编造和篡改。

第三十二条 药品经营企业应当开展评估、验证、审核等质量管理活动，对已识别的风险及时采取有效控制措施，保证药品质量。

第三十三条 药品经营企业的法定代表人、主要负责人对药品经营活动全面负责。

药品经营企业的主要负责人、质量负责人应当符合药品经营质量管理规范规定的条件。主要负责人全面负责企业日常管理，负责配备专门的质量负责人；质量负责人全面负责药品质量管理工作，保证药品质量。

第三十四条 药品上市许可持有人将其持有的品种委托销售的，接受委托的药品经营企业应当具有相应的经营范围。受托方不得再次委托销售。药品上市许可持有人应当与受托方签订委托协议，明确约定药品质量责任等内容，对受托方销售行为进行监督。

药品上市许可持有人委托销售的，应当向其所在地省、自治区、直辖市药品监督管理部门报告；跨省、自治区、直辖市委托销售的，应当同时报告药品经营企业所在地省、自治区、直辖市药品监督管理部门。

第三十五条 药品上市许可持有人应当建立质量管理体系，对药品经营过程中药品的安全性、有效性和质量可控性负责。药品存在质量问题或者其他安全隐患的，药品上市许可持有人应当立即停止销售，告知药品经营企业和医疗机构停止销售和使用，及时依法采取召回等风险控制措施。

第三十六条 药品经营企业不得经营疫苗、医疗机构制剂、中药配方颗粒等国家禁止药品经营企业经营的药品。

药品零售企业不得销售麻醉药品、第一类精神药品、放射性药品、药品类易制毒化学品、蛋白同化制剂、肽类激素（胰岛素除外）、终止妊娠药品等国家禁止零售的药品。

第三十七条 药品上市许可持有人、药品经营企业应当加强药品采购、销售人员的管理，对其进行法律、法规、规章、标准、规范和专业知识培训，并对其药品经营行为承担法律责任。

第三十八条 药品上市许可持有人、药品批发企业销售药品时，应当向购药单位提供以下材料：

（一）药品生产许可证、药品经营许可证复印件；

（二）所销售药品批准证明文件和检验报告书复印件；

（三）企业派出销售人员授权书原件和身份证复印件；

（四）标明供货单位名称、药品通用名称、药品上市许可持有人（中药饮片标明生产企业、产地）、批准文号、产品批号、剂型、规格、有效期、销售数量、销售价格、销售日期等内容的凭证；

（五）销售进口药品的，按照国家有关规定提供相关证明文件；

（六）法律、法规要求的其他材料。

上述资料应当加盖企业印章。符合法律规定的可靠电子签名、电子印章与手写签名或者盖章具有同等法律效力。

第三十九条 药品经营企业采购药品时，应当索取、查验、留存本办法第三十八条规定的有关材料、凭证。

第四十条 药品上市许可持有人、药品经营企业购销活动中的有关资质材料和购销凭证、记录保存不得少于五年，且不少于药品有效期满后一年。

第四十一条 药品储存、运输应当严格遵守药品经营质量管理规范的要求，根据药品包装、质量特性、温度控制等要求采取有效措施，保证储存、运输过程中的药品质量安全。冷藏冷冻药品储存、运输应当按要求配备冷藏冷冻设施设备，确保全过程处于规定的温度环境，按照规定做好监测记录。

第四十二条 药品零售企业应当遵守国家处方药与非处方药分类管理制度，按规定凭处方销售处方药，处方保留不少于五年。

药品零售企业不得以买药品赠药品或者买商品赠药品等方式向公众赠送处方药、甲类非处方药。处方药不得开架销售。

药品零售企业销售药品时，应当开具标明药品通用名称、药品上市许可持有人（中药饮片标明生产企业、产地）、产品批号、剂型、规格、销售数量、销售价格、销售日期、销售企业名称等内容的凭证。

药品零售企业配备依法经过资格认定的药师或者其他药学技术人员，负责药品质量管理、处方审核和调配、合理用药指导以及不良反应信息收集与报告等工作。

药品零售企业营业时间内，依法经过资格认定的药师或者其他药学技术人员不在岗时，应当挂牌告知。未经依法经过资格认定的药师或者其他药学技术人员审核，不得销售处方药。

第四十三条 药品零售连锁总部应当建立健全质量管理体系，统一企业标识、规章制度、计算机系统、人员培训、采购配送、票据管理、药学服务标准规范等，对所属零售门店的经营活动履行管理责任。

药品零售连锁总部所属零售门店应当按照总部统一质量管理体系要求开展药品零售活动。

第四十四条 药品零售连锁总部应当加强对所属零售门店的管理，保证其持续符合药品经营质量管理规范和统一的质量管理体系要求。发现所属零售门店经营的药品存在质量问题或者其他安全隐患的，应当及时采取风险控制措施，并依法向药品监督管理部门报告。

第四十五条 药品上市许可持有人、药品经营企业委托储存、运输药品的，应当对受托方质量保证能力和风险管理能力进行评估，与其签订委托协议，约定药品质量责任、操作规程等内容，对受托方进行监督，并开展定期检查。

药品上市许可持有人委托储存的，应当按规定向药品上市许可持有人、受托方所在地省、自治区、直辖市药品监督管理部门报告。药品经营企业委托储存药品的，按照变更仓库地址办理。

第四十六条 接受委托储存药品的单位应当符合药品经营质量管理规范有关要求，并具备以下条件：

（一）有符合资质的人员，相应的药品质量管理体系文件，包括收货、验收、入库、储存、养护、出库、运输等操作规程；

（二）有与委托单位实现数据对接的计算机系统，对药品入库、出库、储存、运输和药品质量信息进行记录并可追溯，为委托方药品召回等提供支持；

（三）有符合省级以上药品监督管理部门规定的现代物流要求的药品储存场所和设施设备。

第四十七条 接受委托储存、运输药品的单位应当按照药品经营质量管理规范要求开展药品储存、运输活动，履行委托协议约定的义务，并承担相应的法律责任。受托方不得再次委托储存。

受托方再次委托运输的，应当征得委托方同意，并签订质量保证协议，确保药品运输过程符合药品经营质量管理规范要求。疫苗、麻醉药品、精神药品、医疗用毒性药品、放射性药品、药品类易制毒化学品等特殊管理的药品不得再次委托运输。

受托方发现药品存在重大质量问题的，应当立即向委托方所在地和受托方所在地药品监督管理部门报告，并主动采取风险控制措施。

第四十八条 药品批发企业跨省、自治区、直辖市设置仓库的，药品批发企业所在地省、自治区、直辖市药品监督管理部门商仓库所在地省、自治区、直辖市药品监督管理部门后，符合要求的，按照变更仓库地址办理。

药品批发企业跨省、自治区、直辖市设置的仓库，应当符合本办法第八条有关药品批发企业仓库的条件。药品批发企业应当对异地仓库实施统一的质量管理。

药品批发企业所在地省、自治区、直辖市药品监督管理部门负责对跨省、自治区、直辖市设置仓库的监督管理，仓库所在地省、自治区、直辖市药品监督管理部门负责协助日常监管。

第四十九条 因科学研究、检验检测、慈善捐助、突发公共卫生事件等有特殊购药需求的单位，向所在地设区的市级以上地方药品监督管理部门报告后，可以到指定的药品上市许可持有人或者药品经营企业购买药品。供货单位应当索取购药单位有关资质材料并做好销售记录，存档备查。

突发公共卫生事件或者其他严重威胁公众健康的紧急事件发生时，药品经营企业应当按照县级以上人民政府的应急处置规定，采取相应措施。

第五十条 药品上市许可持有人、药品经营企业通过网络销售药品的，应当遵守《药品管理法》及药品网络销售监督管理有关规定。

第四章 药品使用质量管理

第五十一条 医疗机构应当建立健全药品质量管理体系，完善药品购进、验收、储存、养护及使用等环节的质量管理制度，明确各环节中工作人员的岗位责任。

医疗机构应当设置专门部门负责药品质量管理；未设专门部门的，应当指定专人负责药品质量管理。

第五十二条 医疗机构购进药品，应当核实供货单位的药品生产许可证或者药品经营许可证、授权委托书以及药品批准证明文件、药品合格证明等有效证明文件。首次购进药品的，应当妥善保存加盖供货单位印章的上述材料复印件，保存期限不得少于五年。

医疗机构购进药品时应当索取、留存合法票据，包括税票及详细清单，清单上应当载明供货单位名称、药品通用名称、药品上市许可持有人（中药饮片标明生产企业、产地）、批准文号、产品批号、剂型、规格、销售数量、销售价格等内容。票据保存不得少于三年，且不少于药品有效期满后一年。

第五十三条 医疗机构应当建立和执行药品购进验收制度，购进药品应当逐批验收，并建立真实、完整的记录。

药品购进验收记录应当注明药品的通用名称、药品上市许可持有人（中药饮片标明生产企业、产地）、批准文号、产品批号、剂型、规格、有效期、供货单位、购进数量、购进价格、购进日期。药品购进验收记录保存不得少于三年，且不少于药品有效期满后一年。

医疗机构接受捐赠药品、从其他医疗机构调入急救药品应当遵守本条规定。

第五十四条 医疗机构应当制定并执行药品储存、养护制度，配备专用场所和设施设备储存药品，做好储存、养护记录，确保药品储存符合药品说明书标明的条件。

医疗机构应当按照有关规定，根据药品属性和类别分库、分区、分垛储存药品，并实行色标管理。药品与非药品分开存放；中药饮片、中成药、化学药、生物制品分类存放；过期、变质、被污染等的药品应当放置在不合格库（区）；麻醉药品、精神药品、医疗用毒性药品、放射性药品、药品类易制毒化学品以及易燃、易爆、强腐蚀等危险性药品应当按照相关规定存放，并采取必要的安全措施。

第五十五条 医疗机构应当制定和执行药品养护管理制度，并采取必要的控温、防潮、避光、通风、防火、防虫、防鼠、防污染等措施，保证药品质量。

医疗机构应当配备药品养护人员，定期对储存药品进行检查和养护，监测和记录储存区域的温湿度，维护储存设施设备，并建立相应的养护档案。

第五十六条 医疗机构发现使用的药品存在质量问题或者其他安全隐患的，应当立即停止使用，向供货单位反馈并及时向所在地市县级药品监督管理部门报告。市县级药品监督管理部门应当按照有关规定进行监督检查，必要时开展抽样检验。

第五十七条 医疗机构应当积极协助药品上市许可持有人、中药饮片生产企业、药品批发企业履行药品召回、追回义务。

第五十八条 医疗机构应当建立覆盖药品购进、储存、使用的全过程追溯体系，开展追溯数据校验和采集，按规定提供药品追溯信息。

第五章 监督检查

第五十九条 药品监督管理部门应当根据药品经营使用单位的质量管理，所经营和使用药品品种，检查、检验、投诉、举报等药品安全风险和信用情况，制定年度检查计划、开展监督检查并建立监督检查档案。检查计划包括检查范围、检查内容、检查方式、检查重点、检查要求、检查时限、承担检查的单位等。

药品监督管理部门应当将上一年度新开办的药品经营企业纳入本年度的监督检查计划，对其实施药品经营质量管理规范符合性检查。

第六十条 县级以上地方药品监督管理部门应当根据药品经营和使用质量管理风险，确定监督检查频次：

（一）对麻醉药品和第一类精神药品、药品类易制毒化学品经营企业检查，每半年不少于一次；

（二）对冷藏冷冻药品、血液制品、细胞治疗类生物制品、第二类精神药品、医疗用毒性药品经营企业检查，每年不少于一次；

（三）对第一项、第二项以外的药品经营企业，每年确定一定比例开展药品经营质量管理规范符合性检查，三年内对本行政区域内药品经营企业全部进行检查；

（四）对接收、储存疫苗的疾病预防控制机构、接种单位执行疫苗储存和运输管理规范情况进行检查，原则上每年不少于一次；

（五）每年确定一定比例医疗机构，对其购进、验收、储存药品管理情况进行检查，三年内对行政区域内医疗机构全部进行检查。

药品监督管理部门可结合本行政区域内工作实际，增加检查频次。

第六十一条 药品上市许可持有人、药品经营企业与受托开展药品经营相关活动的受托方不在同一省、自治区、直辖市的，委托方所在地药品监督管理部门负责对跨省、自治区、直辖市委托开展的药品经营活动实施监督管理，受托方所在地药品监督管理部门负责协助日常监管。委托方和受托方所在地药品监督管理部门应当加强信息沟通，相互通报监督检查等情况，必要时可以开展联合检查。

第六十二条 药品监督管理部门在监督检查过程中发现可能存在质量问题的药品，可以按照有关规定进行抽样检验。

第六十三条 根据监督检查情况，有证据证明可能存在药品安全隐患的，药品监督管理部门可以依法采取以下行政措施：

（一）行政告诫；

（二）责任约谈；

（三）责令限期整改；

（四）责令暂停相关药品销售和使用；

（五）责令召回药品；

（六）其他风险控制措施。

第六十四条 药品监督管理部门在监督检查过程中，发现存在涉嫌违反药品法律、法规、规章行为的，应当及时采取措施，按照职责和权限依法查处；涉嫌犯罪的，移交公安机关处理。发现涉嫌违纪线索的，移送纪检监察部门。

第六十五条　药品上市许可持有人、药品生产企业、药品经营企业和医疗机构应当积极配合药品监督管理部门实施的监督检查，如实提供与被检查事项有关的物品和记录、凭证以及医学文书等资料，不得以任何理由拒绝、逃避监督检查，不得伪造、销毁、隐匿有关证据材料，不得擅自动用查封、扣押物品。

第六章　法律责任

第六十六条　药品经营和使用质量管理的违法行为，法律、行政法规已有规定的，依照其规定。

违反本办法规定，主动消除或者减轻违法行为危害后果的；违法行为轻微并及时改正，没有造成危害后果的；初次违法且危害后果轻微并及时改正的，依据《中华人民共和国行政处罚法》第三十二条、第三十三条规定从轻、减轻或者不予处罚。有证据足以证明没有主观过错的，不予行政处罚。

第六十七条　药品经营企业未按规定办理药品经营许可证登记事项变更的，由药品监督管理部门责令限期改正；逾期不改正的，处五千元以上五万元以下罚款。

第六十八条　药品经营企业未经批准变更许可事项或者药品经营许可证超过有效期继续开展药品经营活动的，药品监督管理部门按照《药品管理法》第一百一十五条的规定给予处罚，但是，有下列情形之一，药品经营企业及时改正，不影响药品质量安全的，给予减轻处罚：

（一）药品经营企业超出许可的经营方式、经营地址从事药品经营活动的；

（二）超出经营范围经营的药品不属于疫苗、麻醉药品、精神药品、药品类易制毒化学品、医疗用毒性药品、血液制品、细胞治疗类生物制品的；

（三）药品经营许可证超过有效期但符合申请办理药品经营许可证要求的；

（四）依法可以减轻处罚的其他情形。

药品零售企业违反本办法第三十六条第二款规定，法律、行政法规已有规定的，依照法律、行政法规的规定处罚。法律、行政法规未作规定的，责令限期改正，处五万元以上十万元以下罚款；造成危害后果的，处十万元以上二十万元以下罚款。

第六十九条 有下列违反药品经营质量管理规范情形之一的，药品监督管理部门可以依据《药品管理法》第一百二十六条规定的情节严重的情形给予处罚：

（一）药品上市许可持有人委托不具备相应资质条件的企业销售药品的；

（二）药品上市许可持有人、药品批发企业将国家有专门管理要求的药品销售给个人或者不具备相应资质的单位，导致相关药品流入非法渠道或者去向不明，或者知道、应当知道购进单位将相关药品流入非法渠道仍销售药品的；

（三）药品经营质量管理和质量控制过程中，记录或者票据不真实，存在虚假欺骗行为的；

（四）对已识别的风险未及时采取有效的风险控制措施，造成严重后果的；

（五）知道或者应当知道他人从事非法药品生产、经营和使用活动，依然为其提供药品的；

（六）其他情节严重的情形。

第七十条 有下列情形之一的，由药品监督管理部门责令限期改正；逾期不改正的，处五千元以上三万元以下罚款：

（一）接受药品上市许可持有人委托销售的药品经营企业违反本办法第三十四条第一款规定再次委托销售的；

（二）药品上市许可持有人未按本办法第三十四条第一款、第三十五条规定对委托销售行为进行管理的；

（三）药品上市许可持有人、药品经营企业未按本办法第四十五条第一款规定对委托储存、运输行为进行管理的；

（四）药品上市许可持有人、药品经营企业未按本办法第三十四条第二款、第四十五条第二款规定报告委托销售、储存情况的；

（五）接受委托储存药品的受托方违反本办法第四十七条第一款规定再次委托储存药品的；

（六）接受委托运输药品的受托方违反本办法第四十七条第二款规定运输药品的；

（七）接受委托储存、运输的受托方未按本办法第四十七条第三款规定向委托方所在地和受托方所在地药品监督管理部门报告药品重大质量问题的。

第七十一条 药品上市许可持有人、药品经营企业未按本办法第三十八条、第三十九条、第四十条、第四十二条第三款规定履行购销查验义务或者开具销售凭证，违反药品经营质量管理规范的，药品监督管理部门按照《药品管理法》第一百二十六条给予处罚。

第七十二条 药品零售企业有以下情形之一的，由药品监督管理部门责令限期改正；逾期不改正的，处五千元以上五万元以下罚款；造成危害后果的，处五万元以上二十万元以下罚款：

（一）未按规定凭处方销售处方药的；

（二）以买药品赠药品或者买商品赠药品等方式向公众直接或者变相赠送处方药、甲类非处方药的；

（三）违反本办法第四十二条第五款规定的药师或者药学技术人员管理要求的。

第七十三条 医疗机构未按本办法第五十一条第二款规定设置专门质量管理部门或者人员、未按本办法第五十二条、第五十三条、第五十四条、第五十五条、第五十六条规定履行进货查验、药品储存和养护、停止使用、报告等义务的，由药品监督管理部门责令限期改正，并通报卫生健康主管部门；逾期不改正或者情节严重的，处五千元以上五万元以下罚款；造成严重后果的，处五万元以上二十万元以下罚款。

第七章 附　　则

第七十四条 国家对疫苗、血液制品、麻醉药品、精神药品、医疗用毒性药品、放射性药品、药品类易制毒化学品等的经营、使用管理另有规定的，依照其规定。

第七十五条 本办法规定的期限以工作日计算。药品经营许可中技术审查、现场检查、企业整改等所需时间不计入期限。

第七十六条 药品经营许可证编号格式为“省份简称+两位分类代码+四位地区代码+五位顺序号”。

其中两位分类代码为大写英文字母，第一位 A 表示批发企业，B 表示药品零售连锁总部，C 表示零售连锁门店，D 表示单体药品零售企业；第二位 A 表示法人企业，B 表示非法人企业。

四位地区代码为阿拉伯数字，对应企业所在地区（市、州）代码，按照国内电话区号编写，区号为四位的去掉第一个 0，区号为三位的全部保留，第四位为调整码。

第七十七条 药品批发企业，是指将购进的药品销售给药品生产企业、药品经营企业、医疗机构的药品经营企业。

药品零售连锁企业由总部、配送中心和若干个门店构成，在总部的管理下，实施规模化、集团化管理经营。

药品零售企业，是指将购进的药品直接销售给消费者的药品经营企业。

药品使用单位包括医疗机构、疾病预防控制机构等。

第七十八条 各省、自治区、直辖市药品监督管理部门可以依据本办法制定实施细则。

第七十九条 本办法自 2024 年 1 月 1 日起实施。2004 年 2 月 4 日原国家食品药品监督管理局令第 6 号公布的《药品经营许可证管理办法》和 2007 年 1 月 31 日原国家食品药品监督管理局令第 26 号公布的《药品流通监督管理办法》同时废止。

四、行政处罚

国务院关于进一步贯彻实施《中华人民共和国行政处罚法》的通知

（2021 年 11 月 15 日　国发〔2021〕26 号）

各省、自治区、直辖市人民政府，国务院各部委、各直属机构：

《中华人民共和国行政处罚法》（以下简称行政处罚法）已经十三届全国人大常委会第二十五次会议修订通过。为进一步贯彻实施行政处罚法，现就有关事项通知如下：

一、充分认识贯彻实施行政处罚法的重要意义

行政处罚法是规范政府行为的一部重要法律。贯彻实施好新修订的行政处罚法，对推进严格规范公正文明执法，保障和监督行政机关有效实施行政管理，优化法治化营商环境，保护公民、法人或者其他组织的合法权益，加快法治政府建设，推进国家治理体系和治理能力现代化，具有重要意义。新修订的行政处罚法体现和巩固了近年来行政执法领域取得的重大改革成果，回应了当前的执法实践需要，明确了行政处罚的定义，扩充了行政处罚种类，完善了行政处罚程序，强化了行政执法责任。各地区、各部门要从深入学习贯彻习近平法治思想，加快建设法治国家、法治政府、法治社会的高度，充分认识新修订的行政处罚法施行的重要意义，采取有效措施，作出具体部署，扎实做好贯彻实施工作。

二、加强学习、培训和宣传工作

（一）开展制度化规范化常态化培训。行政机关工作人员特别是领导干部要带头认真学习行政处罚法，深刻领会精神实质和内在要求，做到依法行政并自觉接受监督。各地区、各部门要将行政处罚法纳入行政执法培训内容，作为行政执法人员的必修课，使行政执法人员全面理解和准确掌握行政处罚法的规定，依法全面正确履行行政处罚职能。各地区、各部门要于2022年6月前通过多种形式完成对现有行政执法人员的教育培训，并持续做好新上岗行政执法人员培训工作。

（二）加大宣传力度。各地区、各部门要将行政处罚法宣传纳入本地区、本部门的“八五”普法规划，面向社会广泛开展宣传，增强全民法治观念，提高全民守法意识，引导各方面监督行政处罚行为、维护自身合法权益。要按照“谁执法谁普法”普法责任制的要求，落实有关属地管理责任和部门主体责任，深入开展行政执法人员、行政复议人员等以案释法活动。

三、依法规范行政处罚的设定

（三）加强立法释法有关工作。起草法律、法规、规章草案时，对违反行政管理秩序的公民、法人或者其他组织，以减损权益或者增加义务的方式实施惩戒的，要依法设定行政处罚，不得以其他行政管理措施的名义变相设定，规避行政处罚设定的要求。对上位法设定的行政处罚作出具体规定的，不得通过增减违反行政管理秩序的行为和行政处罚种类、在法定幅度之外调整罚款上下限等方式层层加码或者“立法放水”。对现行法律、法规、规章中的行政管理措施是否属于行政处罚有争议的，要依法及时予以解释答复或者提请有权机关解释答复。

（四）依法合理设定罚款数额。根据行政处罚法规定，尚未制定法律、行政法规的，国务院部门规章对违反行政管理秩序的行为，可以按照国务院规定的限额设定一定数额的罚款。部门规章设定罚款，要坚持过罚相当，罚款数额要与违法行为的事实、性质、情节以及社会危害程度相当，该严的要严，该轻的要轻。法律、行政法规对违法行为已经作出罚款规定的，部门规章必须在法律、行政法规规定的给予行政处罚的行为、种类和幅度的范围内规定。尚未制定法律、行政法规，因行政管理迫切需要依法先以部门规章设定罚款的，设定的罚款数额最高不得超过10万元，且不得超过法律、行政法规对相似违法行为的罚款数额，涉及公民生命健康安全、金融安全且有危害后果的，设定的罚款数额最高不得超过20万元；超过上述限额的，要报国务院批准。上述情况下，部门规章实施一定时间后，需要继续实施其所设定的罚款且需要上升为法律、行政法规的，有关部门要及时报请国务院提请全国人大及其常委会制定法律，或者提请国务院制定行政法规。本通知印发后，修改部门规章时，要结合实际研究调整罚款数额的必要性，该降低的要降低，确需提高的要严格依照法定程序在限额范围内提高。地方政府规章设定罚款的限额，依法由省、自治区、直辖市人大常委会规定。

（五）强化定期评估和合法性审核。国务院部门和省、自治区、直辖市人民政府及其有关部门要认真落实行政处罚定期评估制度，结合立法计划规划每5年分类、分批组织一次评估。对评估发现有不符合上位法规定、不适应经济社会发展需要、明显过罚不当、缺乏针对性和实用性等情形的行政处罚规定，要及时按照立法权限和程序自行或者建议有权机关予以修改、废止。要加强行政规范性文件合法性审核，行政规范性文件不得设定行政处罚；违法规定行政处罚的，相关规定一律无效，不得作为行政处罚依据。

四、进一步规范行政处罚的实施

（六）依法全面正确履行行政处罚职能。行政机关要坚持执法为民，通过行政处罚预防、纠正和惩戒违反行政管理秩序的行为，维护公共利益和社会秩序，保护公民、法人或者其他组织的合法权益，不得违法实施行政处罚，不得为了处罚而处罚，坚决杜绝逐利执法，严禁下达罚没指标。财政部门要加强对罚缴分离、收支两条线等制度实施情况的监督，会同司法行政等部门按规定开展专项监督检查。要持续规范行政处罚行为，推进事中事后监管法治化、制度化、规范化，坚决避免运动式执法等执法乱象。

（七）细化管辖、立案、听证、执行等程序制度。各地区、各部门要严格遵守法定程序，结合实际制定、修改行政处罚配套制度，确保行政处罚法的有关程序要求落到实处。要进一步完善地域管辖、职能管辖等规定，建立健全管辖争议解决机制。两个以上行政机关属于同一主管部门，发生行政处罚管辖争议、协商不成的，由共同的上一级主管部门指定管辖；两个以上行政机关属于不同主管部门，发生行政处罚管辖争议、协商不成的，司法行政部门要会同有关单位进行协调，在本级人民政府领导下做好指定管辖工作。要建立健全立案制度、完善立案标准，对违反行政管理秩序的行为，按规定及时立案并严格遵守办案时限要求，确保案件得到及时有效查处。确需通过立法对办案期限作出特别规定的，要符合有利于及时查清案件事实、尽快纠正违法行为、迅速恢复正常行政管理秩序的要求。要建立健全行政处罚听证程序规则，细化听证范围和流程，严格落实根据听证笔录作出行政处罚决定的规定。要逐步提高送达地址确认书的利用率，细化电子送达工作流程，大力推进通过电子支付系统缴纳罚款，加强信息安全保障和技术支撑。

（八）规范电子技术监控设备的设置和使用。行政机关设置电子技术监控设备要确保符合标准、设置合理、标志明显，严禁违法要求当事人承担或者分摊设置电子技术监控设备的费用，严禁交由市场主体设置电子技术监控设备并由市场主体直接或者间接收取罚款。除有证据证明当事人存在破坏或者恶意干扰电子技术监控设备、伪造或者篡改数据等过错的，不得因设备不正常运行给予其行政处罚。要定期对利用电子技术监控设备取证的行政处罚决定进行数据分析；对同一区域内的高频违法行为，要综合分析研判原因，推动源头治理，需要改进行政管理行为的，及时采取相应措施，杜绝以罚代管。要严格限制电子技术监控设备收集信息的使用范围，不得泄露或者向他人非法提供。

（九）坚持行政处罚宽严相济。各地区、各部门要全面推行行政裁量基准制度，规范行政处罚裁量权，确保过罚相当，防止畸轻畸重。行政机关不得在未查明违法事实的情况下，对一定区域、领域的公民、法人或者其他组织“一刀切”实施责令停产停业、责令关闭等行政处罚。各地区、各部门要按照国务院关于复制推广自由贸易试验区改革试点经验的要求，全面落实“初次违法且危害后果轻微并及时改正的，可以不予行政处罚”的规定，根据实际制定发布多个领域的包容免罚清单；对当事人违法行为依法免予行政处罚的，采取签订承诺书等方式教育、引导、督促其自觉守法。要加大食品药品、公共卫生、自然资源、生态环境、安全生产、劳动保障等关系群众切身利益的重点领域执法力度。发生重大传染病疫情等突发事件，行政机关对违反突发事件应对措施的行为依法快速、从重处罚时，也要依法合理保护当事人的合法权益。

（十）健全法律责任衔接机制。各地区、各部门要细化责令退赔违法所得制度，依法合理保护利害关系人的合法权益；当事人主动退赔，消除或者减轻违法行为危害后果的，依法予以从轻或者减轻行政处罚。要全面贯彻落实《行政执法机关移送涉嫌犯罪案件的规定》，加强行政机关和司法机关协调配合，按规定畅通案件移送渠道，完善案件移送标准和证据认定保全、信息共享、工作协助等机制，统筹解决涉案物品归口处置和检验鉴定等问题。积极推进行政执法与刑事司法衔接信息平台建设。对有案不移等，情节严重构成犯罪的，依法追究刑事责任。

五、持续改革行政处罚体制机制

（十一）纵深推进综合行政执法体制改革。省、自治区、直辖市人民政府要统筹协调推进综合行政执法改革工作，建立健全配套制度，组织编制并公开本地区综合行政执法事项清单。有条件的地区可以在统筹考虑综合性、专业性以及防范风险的基础上，积极稳妥探索开展更大范围、更多领域集中行使行政处罚权以及与之相关的行政检查权、行政强制权。建立健全综合行政执法机关与业务主管部门、其他行政机关行政执法信息互联互通共享、协作配合工作机制。同时实施相对集中行政许可权和行政处罚权的，要建立健全相关制度机制，确保有序衔接，防止出现监管真空。

（十二）积极稳妥赋权乡镇街道实施行政处罚。省、自治区、直辖市根据当地实际情况，采取授权、委托、相对集中行政处罚权等方式向能够有效承接的乡镇人民政府、街道办事处赋权，要注重听取基层意见，关注基层需求，积极稳妥、科学合理下放行政处罚权，成熟一批、下放一批，确保放得下、接得住、管得好、有监督；要定期组织评估，需要调整的及时调整。有关市、县级人民政府及其部门要加强对乡镇人民政府、街道办事处行政处罚工作的组织协调、业务指导、执法监督，建立健全评议考核等配套制度，持续开展业务培训，研究解决实际问题。乡镇人民政府、街道办事处要不断加强执法能力建设，依法实施行政处罚。

（十三）规范委托行政处罚。委托行政处罚要有法律、法规、规章依据，严格依法采用书面委托形式，委托行政机关和受委托组织要将委托书向社会公布。对已经委托行政处罚，但是不符合行政处罚法要求的，要及时清理；不符合书面委托规定、确需继续实施的，要依法及时完善相关手续。委托行政机关要向本级人民政府或者实行垂直管理的上级行政机关备案委托书，司法行政等部门要加强指导、监督。

（十四）提升行政执法合力。逐步完善联合执法机制，复制推广“综合查一次”经验，探索推行多个行政机关同一时间、针对同一执法对象开展联合检查、调查，防止执法扰民。要健全行政处罚协助制度，明确协助的实施主体、时限要求、工作程序等内容。对其他行政机关请求协助、属于自身职权范围内的事项，要积极履行协助职责，不得无故拒绝、拖延；无正当理由拒绝、拖延的，由上级行政机关责令改正，对相关责任人员依法依规予以处理。要综合运用大数据、物联网、云计算、区块链、人工智能等技术，先行推进高频行政处罚事项协助，实现违法线索互联、监管标准互通、处理结果互认。有关地区可积极探索跨区域执法一体化合作的制度机制，建立健全行政处罚预警通报机制，完善管辖、调查、执行等方面的制度机制，为全国提供可复制推广的经验。

六、加强对实施行政处罚的监督

（十五）强化行政执法监督。要加快建设省市县乡四级全覆盖的行政执法协调监督工作体系，创新监督方式，强化全方位、全流程监督，提升行政执法质量。要完善执法人员资格管理、执法行为动态监测、行政处罚案卷评查、重大问题调查督办、责任追究等制度机制，更新行政处罚文书格式文本，完善办案信息系统，加大对行政处罚的层级监督力度，切实整治有案不立、有案不移、久查不结、过罚不当、怠于执行等顽瘴痼疾，发现问题及时整改；对行政处罚实施过程中出现的同类问题，及时研究规范。要完善评议考核、统计分析制度，不得以处罚数量、罚没数额等指标作为主要考核依据。要综合评估行政处罚对维护经济社会秩序，保护公民、法人或者其他组织合法权益，提高政府管理效能的作用，探索建立行政处罚绩效评估制度。各级人民政府要不断加强行政执法协调监督队伍建设，确保力量配备、工作条件、能力水平与工作任务相适应。

各地区、各部门要把贯彻实施好新修订的行政处罚法作为当前和今后一段时期加快建设法治政府的重要抓手，切实加强和改进相关行政立法，规范行政执法，强化行政执法监督，不断提高依法行政的能力和水平。要梳理总结贯彻实施行政处罚法的经验做法，及时将重要情况和问题报送司法部。司法部要加强统筹协调监督，指导各地区、各部门抓好贯彻实施工作，组织开展行政处罚法贯彻实施情况检查，重大情况及时报国务院。此前发布的国务院文件有关规定与本通知不一致的，以本通知为准。

国务院关于进一步规范和监督罚款设定与实施的指导意见

（2024年2月9日　国发〔2024〕5号）

各省、自治区、直辖市人民政府，国务院各部委、各直属机构：

行政执法是行政机关履行政府职能、管理经济社会事务的重要方式。行政执法工作面广量大，一头连着政府，一头连着群众，直接关系群众对党和政府的信任、对法治的信心。罚款是较为常见的行政执法行为。为进一步提高罚款规定的立法、执法质量，规范和监督罚款设定与实施，现就行政法规、规章中罚款设定与实施提出以下意见。

一、总体要求

（一）指导思想。以习近平新时代中国特色社会主义思想为指导，深入学习贯彻习近平法治思想，全面贯彻落实党的二十大精神，立足新发展阶段，完整、准确、全面贯彻新发展理念，加快构建新发展格局，严格规范和有力监督罚款设定与实施，强化对违法行为的预防和惩戒作用，提升政府治理能力，维护经济社会秩序，切实保护企业和群众合法权益，优化法治化营商环境，推进国家治理体系和治理能力现代化。

（二）基本原则。坚持党的领导，把坚持和加强党的领导贯穿于规范和监督罚款设定与实施工作的全过程和各方面。坚持以人民为中心，努力让企业和群众在每一个执法行为中都能看到风清气正、从每一项执法决定中都能感受到公平正义。坚持依法行政，按照处罚法定、公正公开、过罚相当、处罚与教育相结合的要求，依法行使权力、履行职责、承担责任。坚持问题导向，着力破解企业和群众反映强烈的乱罚款等突出问题。

（三）主要目标。罚款设定更加科学，罚款实施更加规范，罚款监督更加有力，全面推进严格规范公正文明执法，企业和群众的满意度显著提升。

二、依法科学设定罚款

（四）严守罚款设定权限。法律、法规对违法行为已经作出行政处罚规定但未设定罚款的，规章不得增设罚款。法律、法规已经设定罚款但未规定罚款数额的，或者尚未制定法律、法规，因行政管理迫切需要依法先以规章设定罚款的，规章要在规定的罚款限额内作出具体规定。规章设定的罚款数额不得超过法律、法规对相似违法行为规定的罚款数额，并要根据经济社会发展情况适时调整。鼓励跨行政区域按规定联合制定统一监管制度及标准规范，协同推动罚款数额、裁量基准等相对统一。

（五）科学适用过罚相当原则。行政法规、规章新设罚款和确定罚款数额时，要坚持过罚相当，做到该宽则宽、当严则严，避免失衡。要综合运用各种管理手段，能够通过教育劝导、责令改正、信息披露等方式管理的，一般不设定罚款。实施罚款处罚无法有效进行行政管理时，要依法确定更加适当的处罚种类。设定罚款要结合违法行为的事实、性质、情节以及社会危害程度，统筹考虑经济社会发展水平、行业特点、地方实际、主观过错、获利情况、相似违法行为罚款规定等因素，区分情况、分类处理，确保有效遏制违法、激励守法。制定行政法规、规章时，可以根据行政处罚法第三十二条等规定，对当事人为盲人、又聋又哑的人或者已满 75 周岁的人等，结合具体情况明确罚款的从轻、减轻情形；根据行政处罚法第三十三条等规定，细化不予、可以不予罚款情形；参考相关法律规范对教唆未成年人等的从重处罚规定，明确罚款的从重情形。

（六）合理确定罚款数额。设定罚款要符合行政处罚法和相关法律规范的立法目的，一般要明确罚款数额，科学采用数额罚、倍数（比例）罚等方法。规定处以一定幅度的罚款时，除涉及公民生命健康安全、金融安全等情形外，罚款的最低数额与最高数额之间一般不超过 10 倍。各地区、各部门要根据地域、领域等因素，适时调整本地区、本部门规定的适用听证程序的“较大数额罚款”标准。同一行政法规、规章对不同违法行为设定罚款的要相互协调，不同行政法规、规章对同一个违法行为设定罚款的要相互衔接，避免畸高畸低。拟规定较高起罚数额的，要充分听取专家学者等各方面意见，参考不同领域的相似违法行为或者同一领域的不同违法行为的罚款数额。起草法律、行政法规、地方性法规时，需要制定涉及罚款的配套规定的，有关部门要统筹考虑、同步研究。

（七）定期评估清理罚款规定。国务院部门和省、自治区、直辖市人民政府及其有关部门在落实行政处罚定期评估制度、每 5 年分类分批组织行政处罚评估时，要重点评估设定时间较早、罚款数额较大、社会关注度较高、与企业和群众关系密切的罚款规定。对评估发现有不符合上位法规定、不适应经济社会发展需要、明显过罚不当、缺乏针对性和实用性等情形的罚款规定，要及时按照立法权限和程序自行或者建议有权机关予以修改或者废止。各地区、各部门以行政规范性文件形式对违法所得计算方式作出例外规定的，要及时清理；确有必要保留的，要依法及时通过法律、行政法规、部门规章予以明确。

（八）及时修改废止罚款规定。国务院决定取消行政法规、部门规章中设定的罚款事项的，自决定印发之日起暂时停止适用相关行政法规、部门规章中的有关罚款规定。国务院决定调整行政法规、部门规章中设定的罚款事项的，按照修改后的相关行政法规、部门规章中的有关罚款规定执行。国务院有关部门要自决定印发之日起60日内向国务院报送相关行政法规修改方案，并完成相关部门规章修改或者废止工作，部门规章需要根据修改后的行政法规调整的，要自相关行政法规公布之日起60日内完成修改或者废止工作。因特殊原因无法在上述期限内完成部门规章修改或者废止工作的，可以适当延长，但延长期限最多不得超过30日。罚款事项取消后，有关部门要依法认真研究，严格落实监管责任，着力加强事中事后监管，完善监管方法，规范监管程序，提高监管的科学性、简约性和精准性，进一步提升监管效能。

三、严格规范罚款实施

（九）坚持严格规范执法。要严格按照法律规定和违法事实实施罚款，不得随意给予顶格罚款或者高额罚款，不得随意降低对违法行为的认定门槛，不得随意扩大违法行为的范围。对违法行为的事实、性质、情节以及社会危害程度基本相似的案件，要确保罚款裁量尺度符合法定要求，避免类案不同罚。严禁逐利罚款，严禁对已超过法定追责期限的违法行为给予罚款。加大对重点领域的执法力度，对严重违法行为，要依法落实“处罚到人”要求，坚决维护企业和群众合法权益。行政机关实施处罚时应当责令当事人改正或者限期改正违法行为，不得只罚款而不纠正违法行为。

（十）坚持公正文明执法。国务院部门和省、自治区、直辖市人民政府及其有关部门要根据不同地域、领域等实际情况，科学细化行政处罚法第三十二条、第三十三条规定的适用情形。行政机关实施罚款等处罚时，要统筹考虑相关法律规范与行政处罚法的适用关系，符合行政处罚法第三十二条规定的从轻、减轻处罚或者第三十三条等规定的不予、可以不予处罚情形的，要适用行政处罚法依法作出相应处理。鼓励行政机关制定不予、可以不予、减轻、从轻、从重罚款等处罚清单，依据行政处罚法、相关法律规范定期梳理、发布典型案例，加强指导、培训。制定罚款等处罚清单或者实施罚款时，要统筹考虑法律制度与客观实际、合法性与合理性、具体条款与原则规定，确保过罚相当、法理相融。行政执法人员要文明执法，尊重和保护当事人合法权益，准确使用文明执法用语，注重提升行政执法形象，依法文明应对突发情况。行政机关要根据实际情况，细化对行政执法人员的追责免责相关办法。

（十一）坚持处罚与教育相结合。认真落实“谁执法谁普法”普法责任制，将普法教育贯穿于行政处罚全过程，引导企业和群众依法经营、自觉守法，努力预防和化解违法风险。要充分考虑社会公众的切身感受，确保罚款决定符合法理，并考虑相关事理和情理，优化罚款决定延期、分期履行制度。要依法广泛综合运用说服教育、劝导示范、指导约谈等方式，让执法既有力度又有温度。总结证券等领域经验做法，在部分领域研究、探索运用行政和解等非强制行政手段。鼓励行政机关建立与企业和群众常态化沟通机制，加强跟进帮扶指导，探索构建“预防为主、轻微免罚、重违严惩、过罚相当、事后回访”等执法模式。

（十二）持续规范非现场执法。县级以上地方人民政府有关部门、乡镇人民政府（街道办事处）要在 2024 年 12 月底前完成执法类电子技术监控设备（以下简称监控设备）清理、规范工作，及时停止使用不合法、不合规、不必要的监控设备，清理结果分别报本级人民政府、上级人民政府；每年年底前，县级以上地方人民政府有关部门、乡镇人民政府（街道办事处）要分别向本级人民政府、上级人民政府报告监控设备新增情况，司法行政部门加强执法监督。利用监控设备收集、固定违法事实的，应当经过法制和技术审核，根据监管需要确定监控设备的设置地点、间距和数量等，设置地点要有明显可见的标识，投入使用前要及时向社会公布，严禁为增加罚款收入脱离实际监管需要随意设置。要确保计量准确，未经依法检定、逾期未检定或者检定不合格的，不得使用。要充分运用大数据分析研判，对违法事实采集量、罚款数额畸高的监控设备开展重点监督，违法违规设置或者滥用监控设备的立即停用，限期核查评估整改。

四、全面强化罚款监督

（十三）深入开展源头治理。坚决防止以罚增收、以罚代管、逐利罚款等行为，严格规范罚款，推进事中事后监管法治化、制度化、规范化。对社会关注度较高、投诉举报集中、违法行为频繁发生等罚款事项，要综合分析研判，优化管理措施，不能只罚不管；行政机关不作为的，上级行政机关要加强监督，符合问责规定的，严肃问责。要坚持系统观念，对涉及公共安全和群众生命健康等行业、领域中的普遍性问题，要推动从个案办理到类案管理再到系统治理，实现"办理一案、治理一类、影响一域"。

（十四）持续加强财会审计监督。行政机关要将应当上缴的罚款收入，按照规定缴入国库，任何部门、单位和个人不得截留、私分、占用、挪用或者拖欠。对当事人不及时足额缴纳罚款的，行政机关要及时启动追缴程序，履行追缴职责。坚决防止罚款收入不合理增长，严肃查处罚款收入不真实、违规处置罚款收入等问题。财政部门要加强对罚缴分离、收支两条线等制度实施情况的监督，会同有关部门按规定开展专项监督检查。要依法加强对罚款收入的规范化管理，强化对罚款收入异常变化的监督，同一地区、同一部门罚款收入同比异常上升的，必要时开展实地核查。强化中央与地方监督上下联动，压实财政、审计等部门的监督责任。

（十五）充分发挥监督合力。各地区、各部门要健全和完善重大行政处罚备案制度和行政执法统计年报制度。县级以上地方人民政府司法行政部门要加强案卷评查等行政执法监督工作，对违法或者明显过罚不当的，要督促有关行政机关予以改正；对不及时改正的，要报请本级人民政府责令改正。拓宽监督渠道，建立行政执法监督与 12345 政务服务便民热线等监督渠道的信息共享工作机制。充分发挥行政复议化解行政争议的主渠道作用，促进行政复议案件繁简分流，依法纠正违法或者不当的罚款决定。对罚款决定被依法变更、撤销、确认违法或者确认无效的，有关行政机关和财政部门要及时办理罚款退还等手续。加大规章备案审查力度，审查发现规章违法变更法律、行政法规、地方性法规规定的罚款实施主体、对象范围、行为种类或者数额幅度的，要及时予以纠正，切实维护国家法制统一。要加强分析研判和指导监督，收集梳理高频投诉事项和网络舆情，对设定或者实施罚款中的典型违法问题予以及时通报和点名曝光，依法依规对相关人员给予处分。

各地区、各部门要将规范和监督罚款设定与实施，作为提升政府治理能力、维护公共利益和社会秩序、优化营商环境的重要抓手，认真贯彻实施行政处罚法和《国务院关于进一步贯彻实施〈中华人民共和国行政处罚法〉的通知》（国发〔2021〕26号）等，系统梳理涉及罚款事项的行政法规、规章，加快修改完善相关制度。司法部要加强统筹协调监督，组织推动完善行政处罚制度、做好有关解释答复工作，指导监督各地区、各部门抓好贯彻实施，重要情况和问题及时报国务院。

罚款决定与罚款收缴分离实施办法

（1997年11月17日中华人民共和国国务院令第235号发布 自1998年1月1日起施行）

第一条 为了实施罚款决定与罚款收缴分离，加强对罚款收缴活动的监督，保证罚款及时上缴国库，根据《中华人民共和国行政处罚法》（以下简称行政处罚法）的规定，制定本办法。

第二条 罚款的收取、缴纳及相关活动，适用本办法。

第三条 作出罚款决定的行政机关应当与收缴罚款的机构分离；但是，依照行政处罚法的规定可以当场收缴罚款的除外。

第四条 罚款必须全部上缴国库，任何行政机关、组织或者个人不得以任何形式截留、私分或者变相私分。

行政机关执法所需经费的拨付，按照国家有关规定执行。

第五条 经中国人民银行批准有代理收付款项业务的商业银行、信用合作社（以下简称代收机构），可以开办代收罚款的业务。

具体代收机构由县级以上地方人民政府组织本级财政部门、中国人民银行当地分支机构和依法具有行政处罚权的行政机关共同研究，统一确定。海关、外汇管理等实行垂直领导的依法具有行政处罚权的行政机关作出罚款决定的，具体代收机构由财政部、中国人民银行会同国务院有关部门确定。依法具有行政处罚权的国务院有关部门作出罚款决定的，具体代收机构由财政部、中国人民银行确定。

代收机构应当具备足够的代收网点，以方便当事人缴纳罚款。

第六条 行政机关应当依照本办法和国家有关规定，同代收机构签订代收罚款协议。

代收罚款协议应当包括下列事项：

（一）行政机关、代收机构名称；

（二）具体代收网点；

（三）代收机构上缴罚款的预算科目、预算级次；

（四）代收机构告知行政机关代收罚款情况的方式、期限；

（五）需要明确的其他事项。

自代收罚款协议签订之日起15日内，行政机关应当将代收罚款协议报上一级行政机关和同级财政部门备案；代收机构应当将代收罚款协议报中国人民银行或者其当地分支机构备案。

第七条 行政机关作出罚款决定的行政处罚决定书应当载明代收机构的名称、地址和当事人应当缴纳罚款的数额、期限等，并明确对当事人逾期缴纳罚款是否加处罚款。

当事人应当按照行政处罚决定书确定的罚款数额、期限，到指定的代收机构缴纳罚款。

第八条 代收机构代收罚款，应当向当事人出具罚款收据。

罚款收据的格式和印制，由财政部规定。

第九条 当事人逾期缴纳罚款，行政处罚决定书明确需要加处罚款的，代收机构应当按照行政处罚决定书加收罚款。

当事人对加收罚款有异议的，应当先缴纳罚款和加收的罚款，再依法向作出行政处罚决定的行政机关申请复议。

第十条 代收机构应当按照代收罚款协议规定的方式、期限，将当事人的姓名或者名称、缴纳罚款的数额、时间等情况书面告知作出行政处罚决定的行政机关。

第十一条 代收机构应当按照行政处罚法和国家有关规定，将代收的罚款直接上缴国库。

第十二条 国库应当按照《中华人民共和国国家金库条例》的规定，定期同财政部门和行政机关对账，以保证收受的罚款和上缴国库的罚款数额一致。

第十三条 代收机构应当在代收网点、营业时间、服务设施、缴款手续等方面为当事人缴纳罚款提供方便。

第十四条 财政部门应当向代收机构支付手续费，具体标准由财政部制定。

第十五条 法律、法规授权的具有管理公共事务职能的组织和依法受委托的组织依法作出的罚款决定与罚款收缴，适用本办法。

第十六条 本办法由财政部会同中国人民银行组织实施。

第十七条 本办法自1998年1月1日起施行。

罚款代收代缴管理办法

（1998年5月28日 财预字〔1998〕201号）

第一章 总 则

第一条 为了加强罚款收缴入库的管理，根据《中华人民共和国行政处罚法》、《罚款决定与罚款收缴分离实施办法》、《中华人民共和国国家金库条例》等有关法律、法规的规定，制定本办法。

第二条 具有行政处罚权的行政机关及法律、法规授权或依法受行政机关委托实施行政处罚的组织（以下简称行政机关），实行罚款决定与罚款收缴分离的，其罚款的收缴，适用本办法。

行政机关按法律规定实行当场收缴罚款的，其罚款的收缴，不适用本办法。

第二章 罚款代收机构

第三条 海关、外汇管理等实行垂直领导的依法具有行政处罚权的行政机关所处的罚款，由国有商业银行分支机构代收。国有商业银行代收有困难的，经财政部驻当地财政监察专员办事机构、中国人民银行当地分支机构协商确定，委托其他商业银行代收。

第四条 依法具有行政处罚权的国务院有关部门处以的罚款，由国有商业银行分支机构代收。

第五条 具有行政处罚权的地方行政机关所处的罚款，由县级以上地方人民政府组织本级财政部门、中国人民银行当地分支机构和依法具有行政处罚权的行政机关共同研究，统一确定代收机构。

第三章 罚款收据

第六条 代收机构代收罚款，必须使用全国统一格式的“代收罚款收据”。

第七条 “代收罚款收据”一式四联（每联规格：9.5公分×17.5公分，具体格式附后）：

第一联，收据（白纸黑油墨），由代收机构收款盖章后退缴款人。

第二联，存根（白纸红油墨），由代收机构收款盖章后作收入凭证留存。

第三联，回执（白纸绿油墨），代收机构收款盖章后退作出处罚决定的行政机关。

第四联，报查（白纸紫油墨），代收机构收款盖章后，随一般缴款书的第五联（报查联）送国库，国库收款后送财政部门。

第八条 “代收罚款收据”由省级政府财政部门按统一格式指定企业印制，其他任何单位和个人不得印制。

“代收罚款收据”由省级财政部门负责组织发放。财政部门必须保证供应，并不得向领取收据的单位收取费用。

第四章 罚款收缴

第九条 代收机构应根据与行政机关签订的代收罚款协议，严格履行代收代缴罚款义务，加强对罚款代收工作的管理。经办人对单位和个人缴纳罚款，应认真办理，不得拒收罚款。

第十条 代收机构应根据行政机关的行政处罚决定书决定的罚款数额收取罚款。对逾期缴纳罚款的单位和个人，行政处罚决定书明确需要加处罚款的，根据逾期天数加收罚款。行政处罚决定书没有明确需要加处罚款的，代收机构不得自行加收罚款。

第十一条 代收机构代收的罚款，应统一使用“待结算财政款项”科目的“待报解预算收入（罚款收入）”专户核算，并于当日办理缴库；当日来不及办理的，应于次日（节假日顺延）办理，不得占压、挪用。

代收机构不参加票据交换、罚款不能直接缴入当地国库的，代收机构应于当日将代收的罚款（附“代收罚款收据”三、四联）上划管辖行。管辖行对上划的罚款，应于当日或次日（节假日顺延）办理缴库。

第十二条 代收机构代收的罚款和代收机构管辖行收到上划的罚款，应按行政机关的隶属关系和罚款收入的预算科目、预算级次就地缴入中央国库和地方国库。代收机构或管辖行在办理缴库时，应填写“一般缴款书”，其中，“缴款单位”一栏，“全称”按行政机关全称填写，其他各项，根据《中华人民共和国国家金库条例》及其实施细则的要求填写。

缴款书第一联，代收机构盖章后连同代收罚款收据第三联送作出处罚决定的行政机关；第二联，代收机构留作付款凭证。第三–五联（附“代收罚款收据”第四联），由代收机构或管辖行通过票据交换，送当地国库。国库收款盖章后，第三联留存作收入凭证；第四、五联（附代收罚款收据第四联）按预算级次分送财政部门：属于中央的罚款收入，退财政部驻当地财政监察专员办事机构；属于地方的罚款收入，退同级财政部门；属于中央与地方分成的罚款收入，代收罚款收据第四联和缴款书第五联退财政部驻当地财政监察专员办事机构，缴款书第四联退地方同级财政部门。

第十三条 代收机构只办理罚款的代收与缴库。凡错缴和多缴的罚款，以及经行政机关复议后不应处罚的罚款须办理退付的，应由作出处罚决定的行政机关提出申请，报经同级财政部门（缴入中央国库的，报财政部驻当地财政监察专员办事机构）审查批准后，由财政部门开具收入退还书，分别从中央国库和地方国库退付。代收机构不得从罚款收入中冲退。

第五章 代收手续费

第十四条 财政部门按代收机构管辖行缴入国库罚款总额 0.5% 的比例，按季支付手续费。其中，缴入中央国库的，手续费由各地财政监察专员办事机构支付，缴入地方国库的，由地方同级财政部门支付。

第十五条 代收机构应于每季终了后 3 日内，将上季代收并缴入中央和地方国库的各项罚款分别汇总，填写罚款汇总表（格式附后），分送财政部驻各地财政监察专员办事机构和地方财政部门、作出处罚决定的行政机关核对。财政监察专员办事机构和地方财政部门收到代收机构报送的罚款汇总表，应与国库转来的缴款书及所附“代收罚款收据”进行核对，审核完毕按实际入库数支付上季手续费。

第六章 监 督

第十六条 作出罚款决定的行政机关财务部门应按月与委托的代收机构就罚款收入的代收情况进行对账，对未到指定代收机构缴纳罚款的，应责成被处罚单位和个人缴纳并加处罚款。

第十七条 各级财政部门应按月与国库、作出罚款决定的行政机关就罚款收入的收缴情况进行对账检查，对账中发现的问题，应通知有关单位及时纠正。

第十八条 各级国库有权对代收机构代收罚款的情况进行监督检查。对违反规定，拒收和占压、挪用代收罚款收入的，应依法进行处理。

第十九条 各级财政部门对同级行政机关罚款的收缴情况，有权进行监督检查，对违反规定拒不执行罚款决定与罚款收缴分离规定，截留、挪用应缴罚款收入的，应按《国务院关于违反财政法规处罚的暂行规定》予以处理。

第二十条 代收机构、行政机关应按照国库和财政部门的要求，如实提供必要的资料，认真配合国库、财政机关的检查工作。

第二十一条 代收机构不履行代收协议所规定义务的，由确定代收机构的部门取消其代收罚款的资格，并按规定重新确定代收机构。

第七章 附 则

第二十二条 人民法院和人民检察院所处罚款的收缴，比照本办法的规定办理。

第二十三条 税务部门所处税收罚款的收缴，仍按现行办法办理。

第二十四条 各地财政监察专员办事机构支付罚款代收手续费以及其他相关费用，由财政部驻各省、自治区、直辖市、计划单列市财政监察专员办事处根据实际应付数按季汇总报财政部。经财政部与中央总金库核对无误后，由财政部下拨到各财政监察专员办事处，各专员办事处转拨到所属办事机构。

第二十五条 本办法由财政部会同中国人民银行解释。

第二十六条 本办法自颁布之日起实行。其他有关罚款收缴的规定与本办法不一致的，以本办法为准。

违反行政事业性收费和罚没收入收支两条线管理规定行政处分暂行规定

（2000年2月12日中华人民共和国国务院令第281号发布 自发布之日起施行）

第一条 为了严肃财经纪律，加强廉政建设，落实行政事业性收费和罚没收入“收支两条线”管理，促进依法行政，根据法律、行政法规和国家有关规定，制定本规定。

第二条 国家公务员和法律、行政法规授权行使行政事业性收费或者罚没职能的事业单位的工作人员有违反“收支两条线”管理规定行为的，依照本规定给予行政处分。

第三条 本规定所称“行政事业性收费”，是指下列属于财政性资金的收入：

（一）依据法律、行政法规、国务院有关规定、国务院财政部门与计划部门共同发布的规章或者规定以及省、自治区、直辖市的地方性法规、政府规章或者规定和省、自治区、直辖市人民政府财政部门与计划（物价）部门共同发布的规定所收取的各项收费；

（二）法律、行政法规和国务院规定的以及国务院财政部门按照国家有关规定批准的政府性基金、附加。

事业单位因提供服务收取的经营服务性收费不属于行政事业性收费。

第四条 本规定所称“罚没收入”，是指法律、行政法规授权的执行处罚的部门依法实施处罚取得的罚没款和没收物品的折价收入。

第五条 违反规定，擅自设立行政事业性收费项目或者设置罚没处罚的，对直接负责的主管人员和其他直接责任人员给予降级或者撤职处分。

第六条 违反规定，擅自变更行政事业性收费或者罚没范围、标准的，对直接负责的主管人员和其他直接责任人员给予记大过处分；情节严重的，给予降级或者撤职处分。

第七条 对行政事业性收费项目审批机关已经明令取消或者降低标准的收费项目，仍按原定项目或者标准收费的，对直接负责的主管人员和其他直接责任人员给予记大过处分；情节严重的，给予降级或者撤职处分。

第八条 下达或者变相下达罚没指标的，对直接负责的主管人员和其他直接责任人员给予降级或者撤职处分。

第九条 违反《收费许可证》规定实施行政事业性收费的，对直接负责的主管人员和其他直接责任人员给予警告处分；情节严重的，给予记过或者记大过处分。

第十条 违反财政票据管理规定实施行政事业性收费、罚没的，对直接负责的主管人员和其他直接责任人员给予降级或者撤职处分；以实施行政事业性收费、罚没的名义收取钱物，不出具任何票据的，给予开除处分。

第十一条 违反罚款决定与罚款收缴分离的规定收缴罚款的，对直接负责的主管人员和其他直接责任人员给予记大过或者降级处分。

第十二条 不履行行政事业性收费、罚没职责，应收不收、应罚不罚，经批评教育仍不改正的，对直接负责的主管人员和其他直接责任人员给予警告处分；情节严重的，给予记过或者记大过处分。

第十三条 不按照规定将行政事业性收费纳入单位财务统一核算、管理的，对直接负责的主管人员和其他直接责任人员给予记过处分；情节严重的，给予记大过或者降级处分。

第十四条 不按照规定将行政事业性收费缴入国库或者预算外资金财政专户的，对直接负责的主管人员和其他直接责任人员给予记大过处分；情节严重的，给予降级或者撤职处分。

不按照规定将罚没收入上缴国库的，依照前款规定给予处分。

第十五条 违反规定，擅自开设银行账户的，对直接负责的主管人员和其他直接责任人员给予降级处分；情节严重的，给予撤职或者开除处分。

第十六条 截留、挪用、坐收坐支行政事业性收费、罚没收入的，对直接负责的主管人员和其他直接责任人员给予降级处分；情节严重的，给予撤职或者开除处分。

第十七条 违反规定，将行政事业性收费、罚没收入用于提高福利补贴标准或者扩大福利补贴范围、滥发奖金实物、挥霍浪费或者有其他超标准支出行为的，对直接负责的主管人员和其他直接责任人员给予记大过处分；情节严重的，给予降级或者撤职处分。

第十八条 不按照规定编制预算外资金收支计划、单位财务收支计划和收支决算的，对直接负责的主管人员和其他直接责任人员给予记过处分；情节严重的，给予记大过或者降级处分。

第十九条 不按照预算和批准的收支计划核拨财政资金，贻误核拨对象正常工作的，对直接负责的主管人员和其他直接责任人员给予记过处分；情节严重的，给予记大过或者降级处分。

第二十条 对坚持原则抵制违法违纪的行政事业性收费、罚没行为的单位或者个人打击报复的，给予降级处分；情节严重的，给予撤职或者开除处分。

第二十一条 实施行政处分的权限以及不服行政处分的申诉，按照国家有关规定办理。

第二十二条 违反本规定，构成犯罪的，依法追究刑事责任。

第二十三条 本规定自发布之日起施行。

安全生产违法行为行政处罚办法

（2007年11月30日国家安全生产监督管理总局令第15号公布　根据2015年4月2日《国家安全监管总局关于修改〈生产安全事故报告和调查处理条例〉罚款处罚暂行规定等四部规章的决定》修订）

第一章　总　　则

第一条 为了制裁安全生产违法行为，规范安全生产行政处罚工作，依照行政处罚法、安全生产法及其他有关法律、行政法规的规定，制定本办法。

第二条 县级以上人民政府安全生产监督管理部门对生产经营单位及其有关人员在生产经营活动中违反有关安全生产的法律、行政法规、部门规章、国家标准、行业标准和规程的违法行为（以下统称安全生产违法行为）实施行政处罚，适用本办法。

煤矿安全监察机构依照本办法和煤矿安全监察行政处罚办法，对煤矿、煤矿安全生产中介机构等生产经营单位及其有关人员的安全生产违法行为实施行政处罚。

有关法律、行政法规对安全生产违法行为行政处罚的种类、幅度或者决定机关另有规定的，依照其规定。

第三条 对安全生产违法行为实施行政处罚，应当遵循公平、公正、公开的原则。

安全生产监督管理部门或者煤矿安全监察机构（以下统称安全监管监察部门）及其行政执法人员实施行政处罚，必须以事实为依据。行政处罚应当与安全生产违法行为的事实、性质、情节以及社会危害程度相当。

第四条 生产经营单位及其有关人员对安全监管监察部门给予的行政处罚，依法享有陈述权、申辩权和听证权；对行政处罚不服的，有权依法申请行政复议或者提起行政诉讼；因违法给予行政处罚受到损害的，有权依法申请国家赔偿。

第二章 行政处罚的种类、管辖

第五条 安全生产违法行为行政处罚的种类：

（一）警告；

（二）罚款；

（三）没收违法所得、没收非法开采的煤炭产品、采掘设备；

（四）责令停产停业整顿、责令停产停业、责令停止建设、责令停止施工；

（五）暂扣或者吊销有关许可证，暂停或者撤销有关执业资格、岗位证书；

（六）关闭；

（七）拘留；

（八）安全生产法律、行政法规规定的其他行政处罚。

第六条 县级以上安全监管监察部门应当按照本章的规定，在各自的职责范围内对安全生产违法行为行政处罚行使管辖权。

安全生产违法行为的行政处罚，由安全生产违法行为发生地的县级以上安全监管监察部门管辖。中央企业及其所属企业、有关人员的安全生产违法行为的行政处罚，由安全生产违法行为发生地的设区的市级以上安全监管监察部门管辖。

暂扣、吊销有关许可证和暂停、撤销有关执业资格、岗位证书的行政处罚，由发证机关决定。其中，暂扣有关许可证和暂停有关执业资格、岗位证书的期限一般不得超过6个月；法律、行政法规另有规定的，依照其规定。

给予关闭的行政处罚，由县级以上安全监管监察部门报请县级以上人民政府按照国务院规定的权限决定。

给予拘留的行政处罚，由县级以上安全监管监察部门建议公安机关依照治安管理处罚法的规定决定。

第七条 两个以上安全监管监察部门因行政处罚管辖权发生争议的，由其共同的上一级安全监管监察部门指定管辖。

第八条 对报告或者举报的安全生产违法行为，安全监管监察部门应当受理；发现不属于自己管辖的，应当及时移送有管辖权的部门。

受移送的安全监管监察部门对管辖权有异议的，应当报请共同的上一级安全监管监察部门指定管辖。

第九条 安全生产违法行为涉嫌犯罪的，安全监管监察部门应当将案件移送司法机关，依法追究刑事责任；尚不够刑事处罚但依法应当给予行政处罚的，由安全监管监察部门管辖。

第十条 上级安全监管监察部门可以直接查处下级安全监管监察部门管辖的案件，也可以将自己管辖的案件交由下级安全监管监察部门管辖。

下级安全监管监察部门可以将重大、疑难案件报请上级安全监管监察部门管辖。

第十一条 上级安全监管监察部门有权对下级安全监管监察部门违法或者不适当的行政处罚予以纠正或者撤销。

第十二条 安全监管监察部门根据需要，可以在其法定职权范围内委托符合《行政处罚法》第十九条规定条件的组织或者乡、镇人民政府以及街道办事处、开发区管理机构等地方人民政府的派出机构实施行政处罚。受委托的单位在委托范围内，以委托的安全监管监察部门名义实施行政 21

处罚。

委托的安全监管监察部门应当监督检查受委托的单位实施行政处罚，并对其实施行政处罚的后果承担法律责任。

第三章　行政处罚的程序

第十三条　安全生产行政执法人员在执行公务时，必须出示省级以上安全生产监督管理部门或者县级以上地方人民政府统一制作的有效行政执法证件。其中对煤矿进行安全监察，必须出示国家安全生产监督管理总局统一制作的煤矿安全监察员证。

第十四条　安全监管监察部门及其行政执法人员在监督检查时发现生产经营单位存在事故隐患的，应当按照下列规定采取现场处理措施：

（一）能够立即排除的，应当责令立即排除；

（二）重大事故隐患排除前或者排除过程中无法保证安全的，应当责令从危险区域撤出作业人员，并责令暂时停产停业、停止建设、停止施工或者停止使用相关设施、设备，限期排除隐患。

隐患排除后，经安全监管监察部门审查同意，方可恢复生产经营和使用。

本条第一款第（二）项规定的责令暂时停产停业、停止建设、停止施工或者停止使用相关设施、设备的期限一般不超过6个月；法律、行政法规另有规定的，依照其规定。

第十五条　对有根据认为不符合安全生产的国家标准或者行业标准的在用设施、设备、器材，违法生产、储存、使用、经营、运输的危险物品，以及违法生产、储存、使用、经营危险物品的作业场所，安全监管监察部门应当依照《行政强制法》的规定予以查封或者扣押。查封或者扣押的期限不得超过30日，情况复杂的，经安全监管监察部门负责人批准，最多可以延长30日，并在查封或者扣押期限内作出处理决定：

（一）对违法事实清楚、依法应当没收的非法财物予以没收；

（二）法律、行政法规规定应当销毁的，依法销毁；

（三）法律、行政法规规定应当解除查封、扣押的，作出解除查封、扣押的决定。

实施查封、扣押，应当制作并当场交付查封、扣押决定书和清单。

第十六条　安全监管监察部门依法对存在重大事故隐患的生产经营单

位作出停产停业、停止施工、停止使用相关设施、设备的决定，生产经营单位应当依法执行，及时消除事故隐患。生产经营单位拒不执行，有发生生产安全事故的现实危险的，在保证安全的前提下，经本部门主要负责人批准，安全监管监察部门可以采取通知有关单位停止供电、停止供应民用爆炸物品等措施，强制生产经营单位履行决定。通知应当采用书面形式，有关单位应当予以配合。

安全监管监察部门依照前款规定采取停止供电措施，除有危及生产安全的紧急情形外，应当提前24小时通知生产经营单位。生产经营单位依法履行行政决定、采取相应措施消除事故隐患的，安全监管监察部门应当及时解除前款规定的措施。

第十七条 生产经营单位被责令限期改正或者限期进行隐患排除治理的，应当在规定限期内完成。因不可抗力无法在规定限期内完成的，应当在进行整改或者治理的同时，于限期届满前10日内提出书面延期申请，安全监管监察部门应当在收到申请之日起5日内书面答复是否准予延期。

生产经营单位提出复查申请或者整改、治理限期届满的，安全监管监察部门应当自申请或者限期届满之日起10日内进行复查，填写复查意见书，由被复查单位和安全监管监察部门复查人员签名后存档。逾期未整改、未治理或者整改、治理不合格的，安全监管监察部门应当依法给予行政处罚。

第十八条 安全监管监察部门在作出行政处罚决定前，应当填写行政处罚告知书，告知当事人作出行政处罚决定的事实、理由、依据，以及当事人依法享有的权利，并送达当事人。当事人应当在收到行政处罚告知书之日起3日内进行陈述、申辩，或者依法提出听证要求，逾期视为放弃上述权利。

第十九条 安全监管监察部门应当充分听取当事人的陈述和申辩，对当事人提出的事实、理由和证据，应当进行复核；当事人提出的事实、理由和证据成立的，安全监管监察部门应当采纳。

安全监管监察部门不得因当事人陈述或者申辩而加重处罚。

第二十条 安全监管监察部门对安全生产违法行为实施行政处罚，应当符合法定程序，制作行政执法文书。

第一节 简易程序

第二十一条 违法事实确凿并有法定依据，对个人处以50元以下罚款、对生产经营单位处以1千元以下罚款或者警告的行政处罚的，安全生产行政执法人员可以当场作出行政处罚决定。

第二十二条 安全生产行政执法人员当场作出行政处罚决定，应当填写预定格式、编有号码的行政处罚决定书并当场交付当事人。

安全生产行政执法人员当场作出行政处罚决定后应当及时报告，并在5日内报所属安全监管监察部门备案。

第二节 一般程序

第二十三条 除依照简易程序当场作出的行政处罚外，安全监管监察部门发现生产经营单位及其有关人员有应当给予行政处罚的行为的，应当予以立案，填写立案审批表，并全面、客观、公正地进行调查，收集有关证据。对确需立即查处的安全生产违法行为，可以先行调查取证，并在5日内补办立案手续。

第二十四条 对已经立案的案件，由立案审批人指定两名或者两名以上安全生产行政执法人员进行调查。

有下列情形之一的，承办案件的安全生产行政执法人员应当回避：

（一）本人是本案的当事人或者当事人的近亲属的；

（二）本人或者其近亲属与本案有利害关系的；

（三）与本人有其他利害关系，可能影响案件的公正处理的。

安全生产行政执法人员的回避，由派出其进行调查的安全监管监察部门的负责人决定。进行调查的安全监管监察部门负责人的回避，由该部门负责人集体讨论决定。回避决定作出之前，承办案件的安全生产行政执法人员不得擅自停止对案件的调查。

第二十五条 进行案件调查时，安全生产行政执法人员不得少于两名。当事人或者有关人员应当如实回答安全生产行政执法人员的询问，并协助调查或者检查，不得拒绝、阻挠或者提供虚假情况。

询问或者检查应当制作笔录。笔录应当记载时间、地点、询问和检查情况，并由被询问人、被检查单位和安全生产行政执法人员签名或者盖章；

被询问人、被检查单位要求补正的，应当允许。被询问人或者被检查单位拒绝签名或者盖章的，安全生产行政执法人员应当在笔录上注明原因并签名。

第二十六条 安全生产行政执法人员应当收集、调取与案件有关的原始凭证作为证据。调取原始凭证确有困难的，可以复制，复制件应当注明“经核对与原件无异”的字样和原始凭证存放的单位及其处所，并由出具证据的人员签名或者单位盖章。

第二十七条 安全生产行政执法人员在收集证据时，可以采取抽样取证的方法；在证据可能灭失或者以后难以取得的情况下，经本单位负责人批准，可以先行登记保存，并应当在7日内作出处理决定：

（一）违法事实成立依法应当没收的，作出行政处罚决定，予以没收；依法应当扣留或者封存的，予以扣留或者封存；

（二）违法事实不成立，或者依法不应当予以没收、扣留、封存的，解除登记保存。

第二十八条 安全生产行政执法人员对与案件有关的物品、场所进行勘验检查时，应当通知当事人到场，制作勘验笔录，并由当事人核对无误后签名或者盖章。当事人拒绝到场的，可以邀请在场的其他人员作证，并在勘验笔录中注明原因并签名；也可以采用录音、录像等方式记录有关物品、场所的情况后，再进行勘验检查。

第二十九条 案件调查终结后，负责承办案件的安全生产行政执法人员应当填写案件处理呈批表，连同有关证据材料一并报本部门负责人审批。

安全监管监察部门负责人应当及时对案件调查结果进行审查，根据不同情况，分别作出以下决定：

（一）确有应受行政处罚的违法行为的，根据情节轻重及具体情况，作出行政处罚决定；

（二）违法行为轻微，依法可以不予行政处罚的，不予行政处罚；

（三）违法事实不能成立，不得给予行政处罚；

（四）违法行为涉嫌犯罪的，移送司法机关处理。

对严重安全生产违法行为给予责令停产停业整顿、责令停产停业、责令停止建设、责令停止施工、吊销有关许可证、撤销有关执业资格或者岗位证书、5万元以上罚款、没收违法所得、没收非法开采的煤炭产品或者采掘设备价值5万元以上的行政处罚的，应当由安全监管监察部门的负责人集体讨论决定。

第三十条 安全监管监察部门依照本办法第二十九条的规定给予行政处罚，应当制作行政处罚决定书。行政处罚决定书应当载明下列事项：

（一）当事人的姓名或者名称、地址或者住址；

（二）违法事实和证据；

（三）行政处罚的种类和依据；

（四）行政处罚的履行方式和期限；

（五）不服行政处罚决定，申请行政复议或者提起行政诉讼的途径和期限；

（六）作出行政处罚决定的安全监管监察部门的名称和作出决定的日期。

行政处罚决定书必须盖有作出行政处罚决定的安全监管监察部门的印章。

第三十一条 行政处罚决定书应当在宣告后当场交付当事人；当事人不在场的，安全监管监察部门应当在7日内依照民事诉讼法的有关规定，将行政处罚决定书送达当事人或者其他的法定受送达人：

（一）送达必须有送达回执，由受送达人在送达回执上注明收到日期，签名或者盖章；

（二）送达应当直接送交受送达人。受送达人是个人的，本人不在交他的同住成年家属签收，并在行政处罚决定书送达回执的备注栏内注明与受送达人的关系；

（三）受送达人是法人或者其他组织的，应当由法人的法定代表人、其他组织的主要负责人或者该法人、组织负责收件的人签收；

（四）受送达人指定代收人的，交代收人签收并注明受当事人委托的情况；

（五）直接送达确有困难的，可以挂号邮寄送达，也可以委托当地安全监管监察部门代为送达，代为送达的安全监管监察部门收到文书后，必须立即交受送达人签收；

（六）当事人或者他的同住成年家属拒绝接收的，送达人应当邀请有关基层组织或者所在单位的代表到场，说明情况，在行政处罚决定书送达回执上记明拒收的事由和日期，由送达人、见证人签名或者盖章，把行政处罚决定书留在受送达人的住所；也可以把行政处罚决定书留在受送达人的住所，并采用拍照、录像等方式记录送达过程，即视为送达；

（七）受送达人下落不明，或者用以上方式无法送达的，可以公告送达，自公告发布之日起经过60日，即视为送达。公告送达，应当在案卷中注明原因和经过。

安全监管监察部门送达其他行政处罚执法文书，按照前款规定办理。

第三十二条 行政处罚案件应当自立案之日起30日内作出行政处罚决定；由于客观原因不能完成的，经安全监管监察部门负责人同意，可以延长，但不得超过90日；特殊情况需进一步延长的，应当经上一级安全监管监察部门批准，可延长至180日。

第三节 听证程序

第三十三条 安全监管监察部门作出责令停产停业整顿、责令停产停业、吊销有关许可证、撤销有关执业资格、岗位证书或者较大数额罚款的行政处罚决定之前，应当告知当事人有要求举行听证的权利；当事人要求听证的，安全监管监察部门应当组织听证，不得向当事人收取听证费用。

前款所称较大数额罚款，为省、自治区、直辖市人大常委会或者人民政府规定的数额；没有规定数额的，其数额对个人罚款为2万元以上，对生产经营单位罚款为5万元以上。

第三十四条 当事人要求听证的，应当在安全监管监察部门依照本办法第十八条规定告知后3日内以书面方式提出。

第三十五条 当事人提出听证要求后，安全监管监察部门应当在收到书面申请之日起15日内举行听证会，并在举行听证会的7日前，通知当事人举行听证的时间、地点。

当事人应当按期参加听证。当事人有正当理由要求延期的，经组织听证的安全监管监察部门负责人批准可以延期1次；当事人未按期参加听证，并且未事先说明理由的，视为放弃听证权利。

第三十六条 听证参加人由听证主持人、听证员、案件调查人员、当事人及其委托代理人、书记员组成。

听证主持人、听证员、书记员应当由组织听证的安全监管监察部门负责人指定的非本案调查人员担任。

当事人可以委托1至2名代理人参加听证，并提交委托书。

第三十七条 除涉及国家秘密、商业秘密或者个人隐私外，听证应当公开举行。

第三十八条 当事人在听证中的权利和义务：

（一）有权对案件涉及的事实、适用法律及有关情况进行陈述和申辩；

（二）有权对案件调查人员提出的证据质证并提出新的证据；

（三）如实回答主持人的提问；

（四）遵守听证会场纪律，服从听证主持人指挥。

第三十九条 听证按照下列程序进行：

（一）书记员宣布听证会场纪律、当事人的权利和义务。听证主持人宣布案由，核实听证参加人名单，宣布听证开始；

（二）案件调查人员提出当事人的违法事实、出示证据，说明拟作出的行政处罚的内容及法律依据；

（三）当事人或者其委托代理人对案件的事实、证据、适用的法律等进行陈述和申辩，提交新的证据材料；

（四）听证主持人就案件的有关问题向当事人、案件调查人员、证人询问；

（五）案件调查人员、当事人或者其委托代理人相互辩论；

（六）当事人或者其委托代理人作最后陈述；

（七）听证主持人宣布听证结束。

听证笔录应当当场交当事人核对无误后签名或者盖章。

第四十条 有下列情形之一的，应当中止听证：

（一）需要重新调查取证的；

（二）需要通知新证人到场作证的；

（三）因不可抗力无法继续进行听证的。

第四十一条 有下列情形之一的，应当终止听证：

（一）当事人撤回听证要求的；

（二）当事人无正当理由不按时参加听证的；

（三）拟作出的行政处罚决定已经变更，不适用听证程序的。

第四十二条 听证结束后，听证主持人应当依据听证情况，填写听证会报告书，提出处理意见并附听证笔录报安全监管监察部门负责人审查。安全监管监察部门依照本办法第二十八条的规定作出决定。

第四章　行政处罚的适用

第四十三条　生产经营单位的决策机构、主要负责人、个人经营的投资人（包括实际控制人，下同）未依法保证下列安全生产所必需的资金投入之一，致使生产经营单位不具备安全生产条件的，责令限期改正，提供必需的资金，可以对生产经营单位处 1 万元以上 3 万元以下罚款，对生产经营单位的主要负责人、个人经营的投资人处 5000 元以上 1 万元以下罚款；逾期未改正的，责令生产经营单位停产停业整顿：

（一）提取或者使用安全生产费用；

（二）用于配备劳动防护用品的经费；

（三）用于安全生产教育和培训的经费；

（四）国家规定的其他安全生产所必须的资金投入。

生产经营单位主要负责人、个人经营的投资人有前款违法行为，导致发生生产安全事故的，依照《生产安全事故罚款处罚规定（试行）》的规定给予处罚。

第四十四条　生产经营单位的主要负责人未依法履行安全生产管理职责，导致生产安全事故发生的，依照《生产安全事故罚款处罚规定（试行）》的规定给予处罚。

第四十五条　生产经营单位及其主要负责人或者其他人员有下列行为之一的，给予警告，并可以对生产经营单位处 1 万元以上 3 万元以下罚款，对其主要负责人、其他有关人员处 1 千元以上 1 万元以下的罚款：

（一）违反操作规程或者安全管理规定作业的；

（二）违章指挥从业人员或者强令从业人员违章、冒险作业的；

（三）发现从业人员违章作业不加制止的；

（四）超过核定的生产能力、强度或者定员进行生产的；

（五）对被查封或者扣押的设施、设备、器材、危险物品和作业场所，擅自启封或者使用的；

（六）故意提供虚假情况或者隐瞒存在的事故隐患以及其他安全问题的；

（七）拒不执行安全监管监察部门依法下达的安全监管监察指令的。

第四十六条 危险物品的生产、经营、储存单位以及矿山、金属冶炼单位有下列行为之一的，责令改正，并可以处1万元以上3万元以下的罚款：

（一）未建立应急救援组织或者生产经营规模较小、未指定兼职应急救援人员的；

（二）未配备必要的应急救援器材、设备和物资，并进行经常性维护、保养，保证正常运转的。

第四十七条 生产经营单位与从业人员订立协议，免除或者减轻其对从业人员因生产安全事故伤亡依法应承担的责任的，该协议无效；对生产经营单位的主要负责人、个人经营的投资人按照下列规定处以罚款：

（一）在协议中减轻因生产安全事故伤亡对从业人员依法应承担的责任的，处2万元以上5万元以下的罚款；

（二）在协议中免除因生产安全事故伤亡对从业人员依法应承担的责任的，处5万元以上10万元以下的罚款。

第四十八条 生产经营单位不具备法律、行政法规和国家标准、行业标准规定的安全生产条件，经责令停产停业整顿仍不具备安全生产条件的，安全监管监察部门应当提请有管辖权的人民政府予以关闭；人民政府决定关闭的，安全监管监察部门应当依法吊销其有关许可证。

第四十九条 生产经营单位转让安全生产许可证的，没收违法所得，吊销安全生产许可证，并按照下列规定处以罚款：

（一）接受转让的单位和个人未发生生产安全事故的，处10万元以上30万元以下的罚款；

（二）接受转让的单位和个人发生生产安全事故但没有造成人员死亡的，处30万元以上40万元以下的罚款；

（三）接受转让的单位和个人发生人员死亡生产安全事故的，处40万元以上50万元以下的罚款。

第五十条 知道或者应当知道生产经营单位未取得安全生产许可证或者其他批准文件擅自从事生产经营活动，仍为其提供生产经营场所、运输、保管、仓储等条件的，责令立即停止违法行为，有违法所得的，没收违法所得，并处违法所得1倍以上3倍以下的罚款，但是最高不得超过3万元；没有违法所得的，并处5千元以上1万元以下的罚款。

第五十一条 生产经营单位及其有关人员弄虚作假，骗取或者勾结、串通行政审批工作人员取得安全生产许可证书及其他批准文件的，撤销许可及批准文件，并按照下列规定处以罚款：

（一）生产经营单位有违法所得的，没收违法所得，并处违法所得1倍以上3倍以下的罚款，但是最高不得超过3万元；没有违法所得的，并处5千元以上1万元以下的罚款；

（二）对有关人员处1千元以上1万元以下的罚款。

有前款规定违法行为的生产经营单位及其有关人员在3年内不得再次申请该行政许可。

生产经营单位及其有关人员未依法办理安全生产许可证书变更手续的，责令限期改正，并对生产经营单位处1万元以上3万元以下的罚款，对有关人员处1千元以上5千元以下的罚款。

第五十二条 未取得相应资格、资质证书的机构及其有关人员从事安全评价、认证、检测、检验工作，责令停止违法行为，并按照下列规定处以罚款：

（一）机构有违法所得的，没收违法所得，并处违法所得1倍以上3倍以下的罚款，但是最高不得超过3万元；没有违法所得的，并处5千元以上1万元以下的罚款；

（二）有关人员处5千元以上1万元以下的罚款。

第五十三条 生产经营单位及其有关人员触犯不同的法律规定，有两个以上应当给予行政处罚的安全生产违法行为的，安全监管监察部门应当适用不同的法律规定，分别裁量，合并处罚。

第五十四条 对同一生产经营单位及其有关人员的同一安全生产违法行为，不得给予两次以上罚款的行政处罚。

第五十五条 生产经营单位及其有关人员有下列情形之一的，应当从重处罚：

（一）危及公共安全或者其他生产经营单位安全的，经责令限期改正，逾期未改正的；

（二）一年内因同一违法行为受到两次以上行政处罚的；

（三）拒不整改或者整改不力，其违法行为呈持续状态的；

（四）拒绝、阻碍或者以暴力威胁行政执法人员的。

第五十六条 生产经营单位及其有关人员有下列情形之一的，应当依法从轻或者减轻行政处罚：

（一）已满14周岁不满18周岁的公民实施安全生产违法行为的；

（二）主动消除或者减轻安全生产违法行为危害后果的；

（三）受他人胁迫实施安全生产违法行为的；

（四）配合安全监管监察部门查处安全生产违法行为，有立功表现的；

（五）主动投案，向安全监管部门如实交待自己的违法行为的；

（六）具有法律、行政法规规定的其他从轻或者减轻处罚情形的。

有从轻处罚情节的，应当在法定处罚幅度的中档以下确定行政处罚标准，但不得低于法定处罚幅度的下限。

本条第一款第四项所称的立功表现，是指当事人有揭发他人安全生产违法行为，并经查证属实；或者提供查处其他安全生产违法行为的重要线索，并经查证属实；或者阻止他人实施安全生产违法行为；或者协助司法机关抓捕其他违法犯罪嫌疑人的行为。

安全生产违法行为轻微并及时纠正，没有造成危害后果的，不予行政处罚。

第五章 行政处罚的执行和备案

第五十七条 安全监管监察部门实施行政处罚时，应当同时责令生产经营单位及其有关人员停止、改正或者限期改正违法行为。

第五十八条 本办法所称的违法所得，按照下列规定计算：

（一）生产、加工产品的，以生产、加工产品的销售收入作为违法所得；

（二）销售商品的，以销售收入作为违法所得；

（三）提供安全生产中介、租赁等服务的，以服务收入或者报酬作为违法所得；

（四）销售收入无法计算的，按当地同类同等规模的生产经营单位的平均销售收入计算；

（五）服务收入、报酬无法计算的，按照当地同行业同种服务的平均收入或者报酬计算。

第五十九条 行政处罚决定依法作出后，当事人应当在行政处罚决定的期限内，予以履行；当事人逾期不履的，作出行政处罚决定的安全监管监察部门可以采取下列措施：

（一）到期不缴纳罚款的，每日按罚款数额的3%加处罚款，但不得超过罚款数额；

（二）根据法律规定，将查封、扣押的设施、设备、器材和危险物品拍卖所得价款抵缴罚款；

（三）申请人民法院强制执行。

当事人对行政处罚决定不服申请行政复议或者提起行政诉讼的，行政处罚不停止执行，法律另有规定的除外。

第六十条 安全生产行政执法人员当场收缴罚款的，应当出具省、自治区、直辖市财政部门统一制发的罚款收据；当场收缴的罚款，应当自收缴罚款之日起2日内，交至所属安全监管监察部门；安全监管监察部门应当在2日内将罚款缴付指定的银行。

第六十一条 除依法应当予以销毁的物品外，需要将查封、扣押的设施、设备、器材和危险物品拍卖抵缴罚款的，依照法律或者国家有关规定处理。销毁物品，依照国家有关规定处理；没有规定的，经县级以上安全监管监察部门负责人批准，由两名以上安全生产行政执法人员监督销毁，并制作销毁记录。处理物品，应当制作清单。

第六十二条 罚款、没收违法所得的款项和没收非法开采的煤炭产品、采掘设备，必须按照有关规定上缴，任何单位和个人不得截留、私分或者变相私分。

第六十三条 县级安全生产监督管理部门处以5万元以上罚款、没收违法所得、没收非法生产的煤炭产品或者采掘设备价值5万元以上、责令停产停业、停止建设、停止施工、停产停业整顿、吊销有关资格、岗位证书或者许可证的行政处罚的，应当自作出行政处罚决定之日起10日内报设区的市级安全生产监督管理部门备案。

第六十四条 设区的市级安全生产监管监察部门处以10万元以上罚款、没收违法所得、没收非法生产的煤炭产品或者采掘设备价值10万元以上、责令停产停业、停止建设、停止施工、停产停业整顿、吊销有关资格、岗位证书或者许可证的行政处罚的，应当自作出行政处罚决定之日起10日内报省级安全监管监察部门备案。

第六十五条 省级安全监管监察部门处以50万元以上罚款、没收违法所得、没收非法生产的煤炭产品或者采掘设备价值50万元以上、责令停产停业、停止建设、停止施工、停产停业整顿、吊销有关资格、岗位证书或者许可证的行政处罚的，应当自作出行政处罚决定之日起10日内报国家安全生产监督管理总局或者国家煤矿安全监察局备案。

对上级安全监管监察部门交办案件给予行政处罚的，由决定行政处罚的安全监管监察部门自作出行政处罚决定之日起10日内报上级安全监管监察部门备案。

第六十六条 行政处罚执行完毕后，案件材料应当按照有关规定立卷归档。

案卷立案归档后，任何单位和个人不得擅自增加、抽取、涂改和销毁案卷材料。未经安全监管监察部门负责人批准，任何单位和个人不得借阅案卷。

第六章 附 则

第六十七条 安全生产监督管理部门所用的行政处罚文书式样，由国家安全生产监督管理总局统一制定。

煤矿安全监察机构所用的行政处罚文书式样，由国家煤矿安全监察局统一制定。

第六十八条 本办法所称的生产经营单位，是指合法和非法从事生产或者经营活动的基本单元，包括企业法人、不具备企业法人资格的合伙组织、个体工商户和自然人等生产经营主体。

第六十九条 本办法自2008年1月1日起施行。原国家安全生产监督管理局（国家煤矿安全监察局）2003年5月19日公布的《安全生产违法行为行政处罚办法》、2001年4月27日公布的《煤矿安全监察程序暂行规定》同时废止。

无证无照经营查处办法

（2017年8月6日中华人民共和国国务院令第684号公布　自2017年10月1日起施行）

第一条　为了维护社会主义市场经济秩序，促进公平竞争，保护经营者和消费者的合法权益，制定本办法。

第二条　任何单位或者个人不得违反法律、法规、国务院决定的规定，从事无证无照经营。

第三条　下列经营活动，不属于无证无照经营：

（一）在县级以上地方人民政府指定的场所和时间，销售农副产品、日常生活用品，或者个人利用自己的技能从事依法无须取得许可的便民劳务活动；

（二）依照法律、行政法规、国务院决定的规定，从事无须取得许可或者办理注册登记的经营活动。

第四条　县级以上地方人民政府负责组织、协调本行政区域的无证无照经营查处工作，建立有关部门分工负责、协调配合的无证无照经营查处工作机制。

第五条　经营者未依法取得许可从事经营活动的，由法律、法规、国务院决定规定的部门予以查处；法律、法规、国务院决定没有规定或者规定不明确的，由省、自治区、直辖市人民政府确定的部门予以查处。

第六条　经营者未依法取得营业执照从事经营活动的，由履行工商行政管理职责的部门（以下称工商行政管理部门）予以查处。

第七条　经营者未依法取得许可且未依法取得营业执照从事经营活动的，依照本办法第五条的规定予以查处。

第八条　工商行政管理部门以及法律、法规、国务院决定规定的部门和省、自治区、直辖市人民政府确定的部门（以下统称查处部门）应当依法履行职责，密切协同配合，利用信息网络平台加强信息共享；发现不属于本部门查处职责的无证无照经营，应当及时通报有关部门。

第九条 任何单位或者个人有权向查处部门举报无证无照经营。

查处部门应当向社会公开受理举报的电话、信箱或者电子邮件地址，并安排人员受理举报，依法予以处理。对实名举报的，查处部门应当告知处理结果，并为举报人保密。

第十条 查处部门依法查处无证无照经营，应当坚持查处与引导相结合、处罚与教育相结合的原则，对具备办理证照的法定条件、经营者有继续经营意愿的，应当督促、引导其依法办理相应证照。

第十一条 县级以上人民政府工商行政管理部门对涉嫌无照经营进行查处，可以行使下列职权：

（一）责令停止相关经营活动；

（二）向与涉嫌无照经营有关的单位和个人调查了解有关情况；

（三）进入涉嫌从事无照经营的场所实施现场检查；

（四）查阅、复制与涉嫌无照经营有关的合同、票据、账簿以及其他有关资料。

对涉嫌从事无照经营的场所，可以予以查封；对涉嫌用于无照经营的工具、设备、原材料、产品（商品）等物品，可以予以查封、扣押。

对涉嫌无证经营进行查处，依照相关法律、法规的规定采取措施。

第十二条 从事无证经营的，由查处部门依照相关法律、法规的规定予以处罚。

第十三条 从事无照经营的，由工商行政管理部门依照相关法律、行政法规的规定予以处罚。法律、行政法规对无照经营的处罚没有明确规定的，由工商行政管理部门责令停止违法行为，没收违法所得，并处1万元以下的罚款。

第十四条 明知属于无照经营而为经营者提供经营场所，或者提供运输、保管、仓储等条件的，由工商行政管理部门责令停止违法行为，没收违法所得，可以处5000元以下的罚款。

第十五条 任何单位或者个人从事无证无照经营的，由查处部门记入信用记录，并依照相关法律、法规的规定予以公示。

第十六条 妨害查处部门查处无证无照经营，构成违反治安管理行为的，由公安机关依照《中华人民共和国治安管理处罚法》的规定予以处罚。

第十七条 查处部门及其工作人员滥用职权、玩忽职守、徇私舞弊的，对负有责任的领导人员和直接责任人员依法给予处分。

第十八条 违反本办法规定，构成犯罪的，依法追究刑事责任。

第十九条 本办法自2017年10月1日起施行。2003年1月6日国务院公布的《无照经营查处取缔办法》同时废止。

市场监督管理行政处罚程序规定

（2018年12月21日国家市场监督管理总局令第2号公布　根据2021年7月2日国家市场监督管理总局令第42号第一次修订　根据2022年9月29日国家市场监督管理总局令第61号第二次修订）

第一章　总　　则

第一条 为了规范市场监督管理行政处罚程序，保障市场监督管理部门依法实施行政处罚，保护自然人、法人和其他组织的合法权益，根据《中华人民共和国行政处罚法》《中华人民共和国行政强制法》等法律、行政法规，制定本规定。

第二条 市场监督管理部门实施行政处罚，适用本规定。

第三条 市场监督管理部门实施行政处罚，应当遵循公正、公开的原则，坚持处罚与教育相结合，做到事实清楚、证据确凿、适用依据正确、程序合法、处罚适当。

第四条 市场监督管理部门实施行政处罚实行回避制度。参与案件办理的有关人员与案件有直接利害关系或者有其他关系可能影响公正执法的，应当回避。市场监督管理部门主要负责人的回避，由市场监督管理部门负责人集体讨论决定；市场监督管理部门其他负责人的回避，由市场监督管理部门主要负责人决定；其他有关人员的回避，由市场监督管理部门负责人决定。

回避决定作出之前，不停止案件调查。

第五条 市场监督管理部门及参与案件办理的有关人员对实施行政处罚过程中知悉的国家秘密、商业秘密和个人隐私应当依法予以保密。

第六条 上级市场监督管理部门对下级市场监督管理部门实施行政处罚，应当加强监督。

各级市场监督管理部门对本部门内设机构及其派出机构、受委托组织实施行政处罚，应当加强监督。

第二章 管 辖

第七条 行政处罚由违法行为发生地的县级以上市场监督管理部门管辖。法律、行政法规、部门规章另有规定的，从其规定。

第八条 县级、设区的市级市场监督管理部门依职权管辖本辖区内发生的行政处罚案件。法律、法规、规章规定由省级以上市场监督管理部门管辖的，从其规定。

第九条 市场监督管理部门派出机构在本部门确定的权限范围内以本部门的名义实施行政处罚，法律、法规授权以派出机构名义实施行政处罚的除外。

县级以上市场监督管理部门可以在法定权限内书面委托符合《中华人民共和国行政处罚法》规定条件的组织实施行政处罚。受委托组织在委托范围内，以委托行政机关名义实施行政处罚；不得再委托其他任何组织或者个人实施行政处罚。

委托书应当载明委托的具体事项、权限、期限等内容。委托行政机关和受委托组织应当将委托书向社会公布。

第十条 网络交易平台经营者和通过自建网站、其他网络服务销售商品或者提供服务的网络交易经营者的违法行为由其住所地县级以上市场监督管理部门管辖。

平台内经营者的违法行为由其实际经营地县级以上市场监督管理部门管辖。网络交易平台经营者住所地县级以上市场监督管理部门先行发现违法线索或者收到投诉、举报的，也可以进行管辖。

第十一条 对利用广播、电影、电视、报纸、期刊、互联网等大众传播媒介发布违法广告的行为实施行政处罚，由广告发布者所在地市场监督管理部门管辖。广告发布者所在地市场监督管理部门管辖异地广告主、广告经营者有困难的，可以将广告主、广告经营者的违法情况移送广告主、广告经营者所在地市场监督管理部门处理。

对于互联网广告违法行为，广告主所在地、广告经营者所在地市场监督管理部门先行发现违法线索或者收到投诉、举报的，也可以进行管辖。

对广告主自行发布违法互联网广告的行为实施行政处罚，由广告主所在地市场监督管理部门管辖。

第十二条 对当事人的同一违法行为，两个以上市场监督管理部门都有管辖权的，由最先立案的市场监督管理部门管辖。

第十三条 两个以上市场监督管理部门因管辖权发生争议的，应当自发生争议之日起七个工作日内协商解决，协商不成的，报请共同的上一级市场监督管理部门指定管辖；也可以直接由共同的上一级市场监督管理部门指定管辖。

第十四条 市场监督管理部门发现立案查处的案件不属于本部门管辖的，应当将案件移送有管辖权的市场监督管理部门。受移送的市场监督管理部门对管辖权有异议的，应当报请共同的上一级市场监督管理部门指定管辖，不得再自行移送。

第十五条 上级市场监督管理部门认为必要时，可以将本部门管辖的案件交由下级市场监督管理部门管辖。法律、法规、规章明确规定案件应当由上级市场监督管理部门管辖的，上级市场监督管理部门不得将案件交由下级市场监督管理部门管辖。

上级市场监督管理部门认为必要时，可以直接查处下级市场监督管理部门管辖的案件，也可以将下级市场监督管理部门管辖的案件指定其他下级市场监督管理部门管辖。

下级市场监督管理部门认为依法由其管辖的案件存在特殊原因，难以办理的，可以报请上一级市场监督管理部门管辖或者指定管辖。

第十六条 报请上一级市场监督管理部门管辖或者指定管辖的，上一级市场监督管理部门应当在收到报送材料之日起七个工作日内确定案件的管辖部门。

第十七条 市场监督管理部门发现立案查处的案件属于其他行政管理部门管辖的，应当及时依法移送其他有关部门。

市场监督管理部门发现违法行为涉嫌犯罪的，应当及时将案件移送司法机关，并对涉案物品以及与案件有关的其他材料依照有关规定办理交接手续。

第三章　行政处罚的普通程序

第十八条　市场监督管理部门对依据监督检查职权或者通过投诉、举报、其他部门移送、上级交办等途径发现的违法行为线索，应当自发现线索或者收到材料之日起十五个工作日内予以核查，由市场监督管理部门负责人决定是否立案；特殊情况下，经市场监督管理部门负责人批准，可以延长十五个工作日。法律、法规、规章另有规定的除外。

检测、检验、检疫、鉴定以及权利人辨认或者鉴别等所需时间，不计入前款规定期限。

第十九条　经核查，符合下列条件的，应当立案：

（一）有证据初步证明存在违反市场监督管理法律、法规、规章的行为；

（二）依据市场监督管理法律、法规、规章应当给予行政处罚；

（三）属于本部门管辖；

（四）在给予行政处罚的法定期限内。

决定立案的，应当填写立案审批表，由办案机构负责人指定两名以上具有行政执法资格的办案人员负责调查处理。

第二十条　经核查，有下列情形之一的，可以不予立案：

（一）违法行为轻微并及时改正，没有造成危害后果；

（二）初次违法且危害后果轻微并及时改正；

（三）当事人有证据足以证明没有主观过错，但法律、行政法规另有规定的除外；

（四）依法可以不予立案的其他情形。

决定不予立案的，应当填写不予立案审批表。

第二十一条　办案人员应当全面、客观、公正、及时进行案件调查，收集、调取证据，并依照法律、法规、规章的规定进行检查。

首次向当事人收集、调取证据的，应当告知其享有陈述权、申辩权以及申请回避的权利。

第二十二条　办案人员调查或者进行检查时不得少于两人，并应当主动向当事人或者有关人员出示执法证件。

第二十三条　办案人员应当依法收集证据。证据包括：

（一）书证；

（二）物证；

（三）视听资料；

（四）电子数据；

（五）证人证言；

（六）当事人的陈述；

（七）鉴定意见；

（八）勘验笔录、现场笔录。

立案前核查或者监督检查过程中依法取得的证据材料，可以作为案件的证据使用。

对于移送的案件，移送机关依职权调查收集的证据材料，可以作为案件的证据使用。

上述证据，应当符合法律、法规、规章关于证据的规定，并经查证属实，才能作为认定案件事实的根据。以非法手段取得的证据，不得作为认定案件事实的根据。

第二十四条 收集、调取的书证、物证应当是原件、原物。调取原件、原物有困难的，可以提取复制件、影印件或者抄录件，也可以拍摄或者制作足以反映原件、原物外形或者内容的照片、录像。复制件、影印件、抄录件和照片、录像由证据提供人核对无误后注明与原件、原物一致，并注明出证日期、证据出处，同时签名或者盖章。

第二十五条 收集、调取的视听资料应当是有关资料的原始载体。调取视听资料原始载体有困难的，可以提取复制件，并注明制作方法、制作时间、制作人等。声音资料应当附有该声音内容的文字记录。

第二十六条 收集、调取的电子数据应当是有关数据的原始载体。收集电子数据原始载体有困难的，可以采用拷贝复制、委托分析、书式固定、拍照录像等方式取证，并注明制作方法、制作时间、制作人等。

市场监督管理部门可以利用互联网信息系统或者设备收集、固定违法行为证据。用来收集、固定违法行为证据的互联网信息系统或者设备应当符合相关规定，保证所收集、固定电子数据的真实性、完整性。

市场监督管理部门可以指派或者聘请具有专门知识的人员，辅助办案人员对案件关联的电子数据进行调查取证。

市场监督管理部门依照法律、行政法规规定利用电子技术监控设备收集、固定违法事实的，依照《中华人民共和国行政处罚法》有关规定执行。

第二十七条 在中华人民共和国领域外形成的公文书证，应当经所在国公证机关证明，或者履行中华人民共和国与该所在国订立的有关条约中规定的证明手续。涉及身份关系的证据，应当经所在国公证机关证明，并经中华人民共和国驻该国使领馆认证，或者履行中华人民共和国与该所在国订立的有关条约中规定的证明手续。

在中华人民共和国香港特别行政区、澳门特别行政区和台湾地区形成的证据，应当履行相关的证明手续。

外文书证或者外国语视听资料等证据应当附有由具有翻译资质的机构翻译的或者其他翻译准确的中文译本，由翻译机构盖章或者翻译人员签名。

第二十八条 对有违法嫌疑的物品或者场所进行检查时，应当通知当事人到场。办案人员应当制作现场笔录，载明时间、地点、事件等内容，由办案人员、当事人签名或者盖章。

第二十九条 办案人员可以询问当事人及其他有关单位和个人。询问应当个别进行。询问应当制作笔录，询问笔录应当交被询问人核对；对阅读有困难的，应当向其宣读。笔录如有差错、遗漏，应当允许其更正或者补充。涂改部分应当由被询问人签名、盖章或者以其他方式确认。经核对无误后，由被询问人在笔录上逐页签名、盖章或者以其他方式确认。办案人员应当在笔录上签名。

第三十条 办案人员可以要求当事人及其他有关单位和个人在一定期限内提供证明材料或者与涉嫌违法行为有关的其他材料，并由材料提供人在有关材料上签名或者盖章。

市场监督管理部门在查处侵权假冒等案件过程中，可以要求权利人对涉案产品是否为权利人生产或者其许可生产的产品进行辨认，也可以要求其对有关事项进行鉴别。

第三十一条 市场监督管理部门抽样取证时，应当通知当事人到场。办案人员应当制作抽样记录，对样品加贴封条，开具清单，由办案人员、当事人在封条和相关记录上签名或者盖章。

通过网络、电话购买等方式抽样取证的，应当采取拍照、截屏、录音、录像等方式对交易过程、商品拆包查验及封样等过程进行记录。

法律、法规、规章或者国家有关规定对实施抽样机构的资质或者抽样方式有明确要求的，市场监督管理部门应当委托相关机构或者按照规定方式抽取样品。

第三十二条 为查明案情，需要对案件中专门事项进行检测、检验、检疫、鉴定的，市场监督管理部门应当委托具有法定资质的机构进行；没有法定资质机构的，可以委托其他具备条件的机构进行。检测、检验、检疫、鉴定结果应当告知当事人。

第三十三条 在证据可能灭失或者以后难以取得的情况下，市场监督管理部门可以对与涉嫌违法行为有关的证据采取先行登记保存措施。采取或者解除先行登记保存措施，应当经市场监督管理部门负责人批准。

情况紧急，需要当场采取先行登记保存措施的，办案人员应当在二十四小时内向市场监督管理部门负责人报告，并补办批准手续。市场监督管理部门负责人认为不应当采取先行登记保存措施的，应当立即解除。

第三十四条 先行登记保存有关证据，应当当场清点，开具清单，由当事人和办案人员签名或者盖章，交当事人一份，并当场交付先行登记保存证据通知书。

先行登记保存期间，当事人或者有关人员不得损毁、销毁或者转移证据。

第三十五条 对于先行登记保存的证据，应当在七个工作日内采取以下措施：

（一）根据情况及时采取记录、复制、拍照、录像等证据保全措施；

（二）需要检测、检验、检疫、鉴定的，送交检测、检验、检疫、鉴定；

（三）依据有关法律、法规规定可以采取查封、扣押等行政强制措施的，决定采取行政强制措施；

（四）违法事实成立，应当予以没收的，作出行政处罚决定，没收违法物品；

（五）违法事实不成立，或者违法事实成立但依法不应当予以查封、扣押或者没收的，决定解除先行登记保存措施。

逾期未采取相关措施的，先行登记保存措施自动解除。

第三十六条 市场监督管理部门可以依据法律、法规的规定采取查封、扣押等行政强制措施。采取或者解除行政强制措施，应当经市场监督管理部门负责人批准。

情况紧急，需要当场采取行政强制措施的，办案人员应当在二十四小时内向市场监督管理部门负责人报告，并补办批准手续。市场监督管理部门负责人认为不应当采取行政强制措施的，应当立即解除。

第三十七条 市场监督管理部门实施行政强制措施应当依照《中华人民共和国行政强制法》规定的程序进行，并当场交付实施行政强制措施决定书和清单。

第三十八条 查封、扣押的期限不得超过三十日；情况复杂的，经市场监督管理部门负责人批准，可以延长，但是延长期限不得超过三十日。法律、行政法规另有规定的除外。

延长查封、扣押的决定应当及时书面告知当事人，并说明理由。

对物品需要进行检测、检验、检疫、鉴定的，查封、扣押的期间不包括检测、检验、检疫、鉴定的期间。检测、检验、检疫、鉴定的期间应当明确，并书面告知当事人。

第三十九条 扣押当事人托运的物品，应当制作协助扣押通知书，通知有关单位协助办理，并书面通知当事人。

第四十条 对当事人家存或者寄存的涉嫌违法物品，需要扣押的，责令当事人取出；当事人拒绝取出的，应当会同当地有关部门或者单位将其取出，并办理扣押手续。

第四十一条 查封、扣押的场所、设施或者财物应当妥善保管，不得使用或者损毁；市场监督管理部门可以委托第三人保管，第三人不得损毁或者擅自转移、处置。

查封的场所、设施或者财物，应当加贴市场监督管理部门封条，任何人不得随意动用。

除法律、法规另有规定外，容易损毁、灭失、变质、保管困难或者保管费用过高、季节性商品等不宜长期保存的物品，在确定为罚没财物前，经权利人同意或者申请，并经市场监督管理部门负责人批准，在采取相关措施留存证据后，可以依法先行处置；权利人不明确的，可以依法公告，公告期满后仍没有权利人同意或者申请的，可以依法先行处置。先行处置所得款项按照涉案现金管理。

第四十二条 有下列情形之一的，市场监督管理部门应当及时作出解除查封、扣押决定：

（一）当事人没有违法行为；

（二）查封、扣押的场所、设施或者财物与违法行为无关；

（三）对违法行为已经作出处理决定，不再需要查封、扣押；

（四）查封、扣押期限已经届满；

（五）其他不再需要采取查封、扣押措施的情形。

解除查封、扣押应当立即退还财物，并由办案人员和当事人在财物清单上签名或者盖章。市场监督管理部门已将财物依法先行处置并有所得款项的，应当退还所得款项。先行处置明显不当，给当事人造成损失的，应当给予补偿。

当事人下落不明或者无法确定涉案物品所有人的，应当按照本规定第八十二条第五项规定的公告送达方式告知领取。公告期满仍无人领取的，经市场监督管理部门负责人批准，将涉案物品上缴或者依法拍卖后将所得款项上缴国库。

第四十三条 办案人员在调查取证过程中，无法通知当事人，当事人不到场或者拒绝接受调查，当事人拒绝签名、盖章或者以其他方式确认的，办案人员应当在笔录或者其他材料上注明情况，并采取录音、录像等方式记录，必要时可以邀请有关人员作为见证人。

第四十四条 进行现场检查、询问当事人及其他有关单位和个人、抽样取证、采取先行登记保存措施、实施查封或者扣押等行政强制措施时，按照有关规定采取拍照、录音、录像等方式记录现场情况。

第四十五条 市场监督管理部门在办理行政处罚案件时，确需有关机关或者其他市场监督管理部门协助调查取证的，应当出具协助调查函。

收到协助调查函的市场监督管理部门对属于本部门职权范围的协助事项应当予以协助，在接到协助调查函之日起十五个工作日内完成相关工作。需要延期完成的，应当在期限届满前告知提出协查请求的市场监督管理部门。

第四十六条 有下列情形之一的，经市场监督管理部门负责人批准，中止案件调查：

（一）行政处罚决定须以相关案件的裁判结果或者其他行政决定为依据，而相关案件尚未审结或者其他行政决定尚未作出的；

（二）涉及法律适用等问题，需要送请有权机关作出解释或者确认的；

（三）因不可抗力致使案件暂时无法调查的；

（四）因当事人下落不明致使案件暂时无法调查的；

（五）其他应当中止调查的情形。

中止调查的原因消除后，应当立即恢复案件调查。

第四十七条 因涉嫌违法的自然人死亡或者法人、其他组织终止，并且无权利义务承受人等原因，致使案件调查无法继续进行的，经市场监督管理部门负责人批准，案件终止调查。

第四十八条 案件调查终结，办案机构应当撰写调查终结报告。案件调查终结报告包括以下内容：

（一）当事人的基本情况；

（二）案件来源、调查经过及采取行政强制措施的情况；

（三）调查认定的事实及主要证据；

（四）违法行为性质；

（五）处理意见及依据；

（六）自由裁量的理由等其他需要说明的事项。

第四十九条 办案机构应当将调查终结报告连同案件材料，交由市场监督管理部门审核机构进行审核。

审核分为法制审核和案件审核。

办案人员不得作为审核人员。

第五十条 对情节复杂或者重大违法行为给予行政处罚的下列案件，在市场监督管理部门负责人作出行政处罚的决定之前，应当由从事行政处罚决定法制审核的人员进行法制审核；未经法制审核或者审核未通过的，不得作出决定：

（一）涉及重大公共利益的；

（二）直接关系当事人或者第三人重大权益，经过听证程序的；

（三）案件情况疑难复杂、涉及多个法律关系的；

（四）法律、法规规定应当进行法制审核的其他情形。

前款第二项规定的案件，在听证程序结束后进行法制审核。

县级以上市场监督管理部门可以对第一款的法制审核案件范围作出具体规定。

第五十一条 法制审核由市场监督管理部门法制机构或者其他机构负责实施。

市场监督管理部门中初次从事行政处罚决定法制审核的人员，应当通过国家统一法律职业资格考试取得法律职业资格。

第五十二条 除本规定第五十条第一款规定以外适用普通程序的案件，应当进行案件审核。

案件审核由市场监督管理部门办案机构或者其他机构负责实施。

市场监督管理部门派出机构以自己的名义实施行政处罚的案件，由派出机构负责案件审核。

第五十三条 审核的主要内容包括：

（一）是否具有管辖权；

（二）当事人的基本情况是否清楚；

（三）案件事实是否清楚、证据是否充分；

（四）定性是否准确；

（五）适用依据是否正确；

（六）程序是否合法；

（七）处理是否适当。

第五十四条 审核机构对案件进行审核，区别不同情况提出书面意见和建议：

（一）对事实清楚、证据充分、定性准确、适用依据正确、程序合法、处理适当的案件，同意案件处理意见；

（二）对定性不准、适用依据错误、程序不合法、处理不当的案件，建议纠正；

（三）对事实不清、证据不足的案件，建议补充调查；

（四）认为有必要提出的其他意见和建议。

第五十五条 审核机构应当自接到审核材料之日起十个工作日内完成审核。特殊情况下，经市场监督管理部门负责人批准可以延长。

第五十六条 审核机构完成审核并退回案件材料后，对于拟给予行政处罚的案件，办案机构应当将案件材料、行政处罚建议及审核意见报市场监督管理部门负责人批准，并依法履行告知等程序；对于建议给予其他行政处理的案件，办案机构应当将案件材料、审核意见报市场监督管理部门负责人审查决定。

第五十七条 拟给予行政处罚的案件，市场监督管理部门在作出行政处罚决定之前，应当书面告知当事人拟作出的行政处罚内容及事实、理由、依据，并告知当事人依法享有陈述权、申辩权。拟作出的行政处罚属于听证范围的，还应当告知当事人有要求听证的权利。法律、法规规定在行政处罚决定作出前需责令当事人退还多收价款的，一并告知拟责令退还的数额。

当事人自告知书送达之日起五个工作日内，未行使陈述、申辩权，未要求听证的，视为放弃此权利。

第五十八条 市场监督管理部门在告知当事人拟作出的行政处罚决定后，应当充分听取当事人的意见，对当事人提出的事实、理由和证据进行复核。当事人提出的事实、理由或者证据成立的，市场监督管理部门应当予以采纳，不得因当事人陈述、申辩或者要求听证而给予更重的行政处罚。

第五十九条 法律、法规要求责令当事人退还多收价款的，市场监督管理部门应当在听取当事人意见后作出行政处罚决定前，向当事人发出责令退款通知书，责令当事人限期退还。难以查找多付价款的消费者或者其他经营者的，责令公告查找。

第六十条 市场监督管理部门负责人经对案件调查终结报告、审核意见、当事人陈述和申辩意见或者听证报告等进行审查，根据不同情况，分别作出以下决定：

（一）确有依法应当给予行政处罚的违法行为的，根据情节轻重及具体情况，作出行政处罚决定；

（二）确有违法行为，但有依法不予行政处罚情形的，不予行政处罚；

（三）违法事实不能成立的，不予行政处罚；

（四）不属于市场监督管理部门管辖的，移送其他行政管理部门处理；

（五）违法行为涉嫌犯罪的，移送司法机关。

对本规定第五十条第一款规定的案件，拟给予行政处罚的，应当由市场监督管理部门负责人集体讨论决定。

第六十一条 对当事人的违法行为依法不予行政处罚的，市场监督管理部门应当对当事人进行教育。

第六十二条 市场监督管理部门作出行政处罚决定，应当制作行政处罚决定书，并加盖本部门印章。行政处罚决定书的内容包括：

（一）当事人的姓名或者名称、地址等基本情况；

（二）违反法律、法规、规章的事实和证据；

（三）当事人陈述、申辩的采纳情况及理由；

（四）行政处罚的内容和依据；

（五）行政处罚的履行方式和期限；

（六）申请行政复议、提起行政诉讼的途径和期限；

（七）作出行政处罚决定的市场监督管理部门的名称和作出决定的日期。

第六十三条 市场监督管理部门作出的具有一定社会影响的行政处罚决定应当按照有关规定向社会公开。

公开的行政处罚决定被依法变更、撤销、确认违法或者确认无效的，市场监督管理部门应当在三个工作日内撤回行政处罚决定信息并公开说明理由。

第六十四条 适用普通程序办理的案件应当自立案之日起九十日内作出处理决定。因案情复杂或者其他原因，不能在规定期限内作出处理决定的，经市场监督管理部门负责人批准，可以延长三十日。案情特别复杂或者有其他特殊情况，经延期仍不能作出处理决定的，应当由市场监督管理部门负责人集体讨论决定是否继续延期，决定继续延期的，应当同时确定延长的合理期限。

案件处理过程中，中止、听证、公告和检测、检验、检疫、鉴定、权利人辨认或者鉴别、责令退还多收价款等时间不计入前款所指的案件办理期限。

第六十五条 发生重大传染病疫情等突发事件，为了控制、减轻和消除突发事件引起的社会危害，市场监督管理部门对违反突发事件应对措施的行为，依法快速、从重处罚。

第四章 行政处罚的简易程序

第六十六条 违法事实确凿并有法定依据，对自然人处以二百元以下、对法人或者其他组织处以三千元以下罚款或者警告的行政处罚的，可以当场作出行政处罚决定。法律另有规定的，从其规定。

第六十七条 适用简易程序当场查处违法行为，办案人员应当向当事人出示执法证件，当场调查违法事实，收集必要的证据，填写预定格式、编有号码的行政处罚决定书。

行政处罚决定书应当由办案人员签名或者盖章，并当场交付当事人。当事人拒绝签收的，应当在行政处罚决定书上注明。

第六十八条 当场制作的行政处罚决定书应当载明当事人的基本情况、违法行为、行政处罚依据、处罚种类、罚款数额、缴款途径和期限、救济途径和期限、部门名称、时间、地点，并加盖市场监督管理部门印章。

第六十九条 办案人员在行政处罚决定作出前，应当告知当事人拟作出的行政处罚内容及事实、理由、依据，并告知当事人有权进行陈述和申辩。当事人进行陈述和申辩的，办案人员应当记入笔录。

第七十条 适用简易程序查处案件的有关材料，办案人员应当在作出行政处罚决定之日起七个工作日内交至所在的市场监督管理部门归档保存。

第五章 执行与结案

第七十一条 行政处罚决定依法作出后，当事人应当在行政处罚决定书载明的期限内予以履行。

当事人对行政处罚决定不服申请行政复议或者提起行政诉讼的，行政处罚不停止执行，法律另有规定的除外。

第七十二条 市场监督管理部门对当事人作出罚款、没收违法所得行政处罚的，当事人应当自收到行政处罚决定书之日起十五日内，通过指定银行或者电子支付系统缴纳罚没款。有下列情形之一的，可以由办案人员当场收缴罚款：

（一）当场处以一百元以下罚款的；

（二）当场对自然人处以二百元以下、对法人或者其他组织处以三千元以下罚款，不当场收缴事后难以执行的；

（三）在边远、水上、交通不便地区，当事人向指定银行或者通过电子支付系统缴纳罚款确有困难，经当事人提出的。

办案人员当场收缴罚款的，必须向当事人出具国务院财政部门或者省、自治区、直辖市财政部门统一制发的专用票据。

第七十三条 办案人员当场收缴的罚款，应当自收缴罚款之日起二个工作日内交至所在市场监督管理部门。在水上当场收缴的罚款，应当自抵岸之日起二个工作日内交至所在市场监督管理部门。市场监督管理部门应当在二个工作日内将罚款缴付指定银行。

第七十四条 当事人确有经济困难，需要延期或者分期缴纳罚款的，应当提出书面申请。经市场监督管理部门负责人批准，同意当事人暂缓或者分期缴纳罚款的，市场监督管理部门应当书面告知当事人暂缓或者分期的期限。

第七十五条 当事人逾期不缴纳罚款的，市场监督管理部门可以每日按罚款数额的百分之三加处罚款，加处罚款的数额不得超出罚款的数额。

第七十六条 当事人在法定期限内不申请行政复议或者提起行政诉讼，又不履行行政处罚决定，且在收到催告书十个工作日后仍不履行行政处罚决定的，市场监督管理部门可以在期限届满之日起三个月内依法申请人民法院强制执行。

市场监督管理部门批准延期、分期缴纳罚款的，申请人民法院强制执行的期限，自暂缓或者分期缴纳罚款期限结束之日起计算。

第七十七条 适用普通程序的案件有以下情形之一的，办案机构应当在十五个工作日内填写结案审批表，经市场监督管理部门负责人批准后，予以结案：

（一）行政处罚决定执行完毕的；

（二）人民法院裁定终结执行的；

（三）案件终止调查的；

（四）作出本规定第六十条第一款第二项至五项决定的；

（五）其他应予结案的情形。

第七十八条 结案后，办案人员应当将案件材料按照档案管理的有关规定立卷归档。案卷归档应当一案一卷、材料齐全、规范有序。

案卷可以分正卷、副卷。正卷按照下列顺序归档：

（一）立案审批表；

（二）行政处罚决定书及送达回证；

（三）对当事人制发的其他法律文书及送达回证；

（四）证据材料；

（五）听证笔录；

（六）财物处理单据；

（七）其他有关材料。

副卷按照下列顺序归档：

（一）案源材料；

（二）调查终结报告；

（三）审核意见；

（四）听证报告；

（五）结案审批表；

（六）其他有关材料。

案卷的保管和查阅，按照档案管理的有关规定执行。

第七十九条 市场监督管理部门应当依法以文字、音像等形式，对行政处罚的启动、调查取证、审核、决定、送达、执行等进行全过程记录，依照本规定第七十八条的规定归档保存。

第六章 期间、送达

第八十条 期间以时、日、月计算，期间开始的时或者日不计算在内。期间不包括在途时间。期间届满的最后一日为法定节假日的，以法定节假日后的第一日为期间届满的日期。

第八十一条 市场监督管理部门送达行政处罚决定书，应当在宣告后当场交付当事人。当事人不在场的，应当在七个工作日内按照本规定第八十二条、第八十三条的规定，将行政处罚决定书送达当事人。

第八十二条 市场监督管理部门送达执法文书，应当按照下列方式进行：

（一）直接送达的，由受送达人在送达回证上注明签收日期，并签名或者盖章，受送达人在送达回证上注明的签收日期为送达日期。受送达人是自然人的，本人不在时交其同住成年家属签收；受送达人是法人或者其他组织的，应当由法人的法定代表人、其他组织的主要负责人或者该法人、其他组织负责收件的人签收；受送达人有代理人的，可以送交其代理人签收；受送达人已向市场监督管理部门指定代收人的，送交代收人签收。受送达人的同住成年家属，法人或者其他组织负责收件的人，代理人或者代收人在送达回证上签收的日期为送达日期。

（二）受送达人或者其同住成年家属拒绝签收的，市场监督管理部门可以邀请有关基层组织或者所在单位的代表到场，说明情况，在送达回证上载明拒收事由和日期，由送达人、见证人签名或者以其他方式确认，将执法文书留在受送达人的住所；也可以将执法文书留在受送达人的住所，并采取拍照、录像等方式记录送达过程，即视为送达。

（三）经受送达人同意并签订送达地址确认书，可以采用手机短信、传真、电子邮件、即时通讯账号等能够确认其收悉的电子方式送达执法文书，市场监督管理部门应当通过拍照、截屏、录音、录像等方式予以记录，手机短信、传真、电子邮件、即时通讯信息等到达受送达人特定系统的日期为送达日期。

（四）直接送达有困难的，可以邮寄送达或者委托当地市场监督管理部门、转交其他部门代为送达。邮寄送达的，以回执上注明的收件日期为送达日期；委托、转交送达的，受送达人的签收日期为送达日期。

（五）受送达人下落不明或者采取上述方式无法送达的，可以在市场监督管理部门公告栏和受送达人住所地张贴公告，也可以在报纸或者市场监督管理部门门户网站等刊登公告。自公告发布之日起经过三十日，即视为送达。公告送达，应当在案件材料中载明原因和经过。在市场监督管理部门公告栏和受送达人住所地张贴公告的，应当采取拍照、录像等方式记录张贴过程。

第八十三条　市场监督管理部门可以要求受送达人签署送达地址确认书，送达至受送达人确认的地址，即视为送达。受送达人送达地址发生变更的，应当及时书面告知市场监督管理部门；未及时告知的，市场监督管理部门按原地址送达，视为依法送达。

因受送达人提供的送达地址不准确、送达地址变更未书面告知市场监督管理部门，导致执法文书未能被受送达人实际接收的，直接送达的，执法文书留在该地址之日为送达之日；邮寄送达的，执法文书被退回之日为送达之日。

第七章　附　　则

第八十四条　本规定中的“以上”“以下”“内”均包括本数。

第八十五条　国务院药品监督管理部门和省级药品监督管理部门实施行政处罚，适用本规定。

法律、法规授权的履行市场监督管理职能的组织实施行政处罚，适用本规定。

对违反《中华人民共和国反垄断法》规定的行为实施行政处罚的程序，按照国务院市场监督管理部门专项规定执行。专项规定未作规定的，参照本规定执行。

第八十六条　行政处罚文书格式范本，由国务院市场监督管理部门统一制定。各省级市场监督管理部门可以参照文书格式范本，制定本行政区域适用的行政处罚文书格式并自行印制。

第八十七条　本规定自 2019 年 4 月 1 日起施行。1996 年 9 月 18 日原国家技术监督局令第 45 号公布的《技术监督行政处罚委托实施办法》、2001 年 4 月 9 日原国家质量技术监督局令第 16 号公布的《质量技术监督罚没物品管理和处置办法》、2007 年 9 月 4 日原国家工商行政管理总局令第 28 号公布的《工商行政管理机关行政处罚程序规定》、2011 年 3 月 2 日原国家质量监督检验检疫总局令第 137 号公布的《质量技术监督行政处罚程序规定》、2011 年 3 月 2 日原国家质量监督检验检疫总局令第 138 号公布的《质量技术监督行政处罚案件审理规定》、2014 年 4 月 28 日原国家食品药品监督管理总局令第 3 号公布的《食品药品行政处罚程序规定》同时废止。

五、行政强制

最高人民法院关于行政机关申请法院强制执行处罚决定时效问题的答复

（2019年9月10日）

李光：

您好！《关于行政机关申请法院强制执行处罚（罚款）时效问题的咨询》收悉。您提出的“行政机关对违法相对人作出行政处罚（罚款）后，当事人不履行处罚决定，行政机关应该采取何种程序执行罚款，在什么时候可以申请法院强制执行”等问题，涉及非诉强制执行的依据、程序和申请期限等法律规定。经研究，答复如下：

非诉强制执行涉及行政强制和法院执行等重要法律程序，应严格遵守《中华人民共和国行政强制法》和《中华人民共和国行政诉讼法》等法律规定的条件、程序和期限。

关于非诉强制执行的依据。《中华人民共和国行政强制法》第十三条规定：“行政强制执行由法律设定。法律没有规定行政机关强制执行的，作出行政决定的行政机关应当申请人民法院强制执行”。《中华人民共和国行政诉讼法》第九十七条规定：“公民、法人或者其他组织对行政行为在法定期限内不提起诉讼又不履行的，行政机关可以申请人民法院强制执行，或者依法强制执行”。上述规定对公民、法人或其他组织不履行未提起过行政诉讼的行政行为，规定了两种强制执行途径。一是有法律、法规授权的行政机关可以依法强制执行；二是没有法律、法规授权的行政机关可在法定期限内申请人民法院强制执行。您咨询的内容，属于第二种情况。

关于非诉强制执行程序和申请期限。《中华人民共和国行政强制法》第五十三条规定，当事人在法定期限内不申请行政复议或者提起行政诉讼，又不履行行政决定的，没有行政强制执行权的行政机关可以自期限届满之日起三个月内，申请人民法院强制执行。2018年《最高人民法院关于适用〈中华人民共和国行政诉讼法〉的解释》第一百五十六条规定："没有强制执行权的行政机关申请人民法院强制执行其行政行为，应当自被执行人的法定起诉期限届满之日起三个月内提出。逾期申请的，除有正当理由外，人民法院不予受理"。法律之所以规定了较长的申请期限，是考虑到非诉强制执行对行政相对人权益影响大，需要通过司法的执行审查或充分保障当事人救济权利的期限利益，以最大限度地防止行政强制权的滥用。

感谢您对人民法院执行工作的关心和支持！

最高人民法院关于违法的建筑物、构筑物、设施等强制拆除问题的批复

（2013年3月25日最高人民法院审判委员会第1572次会议通过　2013年3月27日最高人民法院公告公布　自2013年4月3日起施行　法释〔2013〕5号）

北京市高级人民法院：

根据行政强制法和城乡规划法有关规定精神，对涉及违反城乡规划法的违法建筑物、构筑物、设施等的强制拆除，法律已经授予行政机关强制执行权，人民法院不受理行政机关提出的非诉行政执行申请。

最高人民法院关于正确确定强制拆除行政诉讼案件被告及起诉期限的批复

（2024年6月3日最高人民法院审判委员会第1921次会议通过　2024年8月7日最高人民法院公告公布　自2024年8月8日起施行　法释〔2024〕8号）

宁夏回族自治区高级人民法院：

你院关于如何理解《中华人民共和国行政诉讼法》第四十六条规定的

“知道或者应当知道作出行政行为”与《最高人民法院关于适用〈中华人民共和国行政诉讼法〉的解释》第六十四条中“知道或者应当知道行政行为内容”等的请示收悉。经研究，批复如下：

公民、法人或者其他组织对强制拆除其建筑物或者其他设施不服提起诉讼的，以作出强制拆除决定的行政机关为被告；没有强制拆除决定书的，以具体实施强制拆除行为的行政机关为被告；未收到强制拆除决定书，实施强制拆除行为的主体不明确的，可以以现有证据初步证明实施强制拆除行为的行政机关为被告。人民法院在案件审理过程中，认为原告起诉的被告不适格且能够确定适格被告的，应当告知原告变更被告；原告拒绝变更的，应当裁定驳回起诉。人民法院经审查各方当事人提供的证据或者依职权调查后，仍不能确定适格被告的，可以依据《中华人民共和国行政诉讼法》第六十六条的规定，视情将有关材料移送有关机关调查并裁定中止诉讼。

《中华人民共和国行政诉讼法》第四十六条规定的六个月起诉期限与《最高人民法院关于适用〈中华人民共和国行政诉讼法〉的解释》第六十四条规定的一年起诉期限，应当从公民、法人或者其他组织知道或者应当知道行政行为内容且知道或者应当知道该行为实施主体之日起计算。被告主张原告自知道或者应当知道行政行为内容及实施主体之日起已经超过法定起诉期限的，应当承担举证责任。

此复。

最高人民法院关于办理申请人民法院强制执行国有土地上房屋征收补偿决定案件若干问题的规定

（2012年2月27日最高人民法院审判委员会第1543次会议通过　2012年3月26日最高人民法院公告公布　自2012年4月10日起施行　法释〔2012〕4号）

为依法正确办理市、县级人民政府申请人民法院强制执行国有土地上房屋征收补偿决定（以下简称征收补偿决定）案件，维护公共利益，保障被征收房屋所有权人的合法权益，根据《中华人民共和国行政诉讼法》、

《中华人民共和国行政强制法》、《国有土地上房屋征收与补偿条例》（以下简称《条例》）等有关法律、行政法规规定，结合审判实际，制定本规定。

第一条 申请人民法院强制执行征收补偿决定案件，由房屋所在地基层人民法院管辖，高级人民法院可以根据本地实际情况决定管辖法院。

第二条 申请机关向人民法院申请强制执行，除提供《条例》第二十八条规定的强制执行申请书及附具材料外，还应当提供下列材料：

（一）征收补偿决定及相关证据和所依据的规范性文件；

（二）征收补偿决定送达凭证、催告情况及房屋被征收人、直接利害关系人的意见；

（三）社会稳定风险评估材料；

（四）申请强制执行的房屋状况；

（五）被执行人的姓名或者名称、住址及与强制执行相关的财产状况等具体情况；

（六）法律、行政法规规定应当提交的其他材料。

强制执行申请书应当由申请机关负责人签名，加盖申请机关印章，并注明日期。

强制执行的申请应当自被执行人的法定起诉期限届满之日起三个月内提出；逾期申请的，除有正当理由外，人民法院不予受理。

第三条 人民法院认为强制执行的申请符合形式要件且材料齐全的，应当在接到申请后五日内立案受理，并通知申请机关；不符合形式要件或者材料不全的应当限期补正，并在最终补正的材料提供后五日内立案受理；不符合形式要件或者逾期无正当理由不补正材料的，裁定不予受理。

申请机关对不予受理的裁定有异议的，可以自收到裁定之日起十五日内向上一级人民法院申请复议，上一级人民法院应当自收到复议申请之日起十五日内作出裁定。

第四条 人民法院应当自立案之日起三十日内作出是否准予执行的裁定；有特殊情况需要延长审查期限的，由高级人民法院批准。

第五条 人民法院在审查期间，可以根据需要调取相关证据、询问当事人、组织听证或者进行现场调查。

第六条 征收补偿决定存在下列情形之一的，人民法院应当裁定不准予执行：

（一）明显缺乏事实根据；

（二）明显缺乏法律、法规依据；

（三）明显不符合公平补偿原则，严重损害被执行人合法权益，或者使被执行人基本生活、生产经营条件没有保障；

（四）明显违反行政目的，严重损害公共利益；

（五）严重违反法定程序或者正当程序；

（六）超越职权；

（七）法律、法规、规章等规定的其他不宜强制执行的情形。

人民法院裁定不准予执行的，应当说明理由，并在五日内将裁定送达申请机关。

第七条 申请机关对不准予执行的裁定有异议的，可以自收到裁定之日起十五日内向上一级人民法院申请复议，上一级人民法院应当自收到复议申请之日起三十日内作出裁定。

第八条 人民法院裁定准予执行的，应当在五日内将裁定送达申请机关和被执行人，并可以根据实际情况建议申请机关依法采取必要措施，保障征收与补偿活动顺利实施。

第九条 人民法院裁定准予执行的，一般由作出征收补偿决定的市、县级人民政府组织实施，也可以由人民法院执行。

第十条 《条例》施行前已依法取得房屋拆迁许可证的项目，人民法院裁定准予执行房屋拆迁裁决的，参照本规定第九条精神办理。

第十一条 最高人民法院以前所作的司法解释与本规定不一致的，按本规定执行。

行政执法机关移送涉嫌犯罪案件的规定

（2001年7月9日中华人民共和国国务院令第310号公布　根据2020年8月7日《国务院关于修改〈行政执法机关移送涉嫌犯罪案件的规定〉的决定》修订）

第一条　为了保证行政执法机关向公安机关及时移送涉嫌犯罪案件，依法惩罚破坏社会主义市场经济秩序罪、妨害社会管理秩序罪以及其他罪，保障社会主义建设事业顺利进行，制定本规定。

第二条　本规定所称行政执法机关，是指依照法律、法规或者规章的规定，对破坏社会主义市场经济秩序、妨害社会管理秩序以及其他违法行为具有行政处罚权的行政机关，以及法律、法规授权的具有管理公共事务职能、在法定授权范围内实施行政处罚的组织。

第三条　行政执法机关在依法查处违法行为过程中，发现违法事实涉及的金额、违法事实的情节、违法事实造成的后果等，根据刑法关于破坏社会主义市场经济秩序罪、妨害社会管理秩序罪等罪的规定和最高人民法院、最高人民检察院关于破坏社会主义市场经济秩序罪、妨害社会管理秩序罪等罪的司法解释以及最高人民检察院、公安部关于经济犯罪案件的追诉标准等规定，涉嫌构成犯罪，依法需要追究刑事责任的，必须依照本规定向公安机关移送。

知识产权领域的违法案件，行政执法机关根据调查收集的证据和查明的案件事实，认为存在犯罪的合理嫌疑，需要公安机关采取措施进一步获取证据以判断是否达到刑事案件立案追诉标准的，应当向公安机关移送。

第四条　行政执法机关在查处违法行为过程中，必须妥善保存所收集的与违法行为有关的证据。

行政执法机关对查获的涉案物品，应当如实填写涉案物品清单，并按照国家有关规定予以处理。对易腐烂、变质等不宜或者不易保管的涉案物品，应当采取必要措施，留取证据；对需要进行检验、鉴定的涉案物品，应当由法定检验、鉴定机构进行检验、鉴定，并出具检验报告或者鉴定结论。

第五条 行政执法机关对应当向公安机关移送的涉嫌犯罪案件，应当立即指定2名或者2名以上行政执法人员组成专案组专门负责，核实情况后提出移送涉嫌犯罪案件的书面报告，报经本机关正职负责人或者主持工作的负责人审批。

行政执法机关正职负责人或者主持工作的负责人应当自接到报告之日起3日内作出批准移送或者不批准移送的决定。决定批准的，应当在24小时内向同级公安机关移送；决定不批准的，应当将不予批准的理由记录在案。

第六条 行政执法机关向公安机关移送涉嫌犯罪案件，应当附有下列材料：

（一）涉嫌犯罪案件移送书；

（二）涉嫌犯罪案件情况的调查报告；

（三）涉案物品清单；

（四）有关检验报告或者鉴定结论；

（五）其他有关涉嫌犯罪的材料。

第七条 公安机关对行政执法机关移送的涉嫌犯罪案件，应当在涉嫌犯罪案件移送书的回执上签字；其中，不属于本机关管辖的，应当在24小时内转送有管辖权的机关，并书面告知移送案件的行政执法机关。

第八条 公安机关应当自接受行政执法机关移送的涉嫌犯罪案件之日起3日内，依照刑法、刑事诉讼法以及最高人民法院、最高人民检察院关于立案标准和公安部关于公安机关办理刑事案件程序的规定，对所移送的案件进行审查。认为有犯罪事实，需要追究刑事责任，依法决定立案的，应当书面通知移送案件的行政执法机关；认为没有犯罪事实，或者犯罪事实显著轻微，不需要追究刑事责任，依法不予立案的，应当说明理由，并书面通知移送案件的行政执法机关，相应退回案卷材料。

第九条 行政执法机关接到公安机关不予立案的通知书后，认为依法应当由公安机关决定立案的，可以自接到不予立案通知书之日起3日内，提请作出不予立案决定的公安机关复议，也可以建议人民检察院依法进行立案监督。

作出不予立案决定的公安机关应当自收到行政执法机关提请复议的文件之日起3日内作出立案或者不予立案的决定，并书面通知移送案件的行政执法机关。移送案件的行政执法机关对公安机关不予立案的复议决定仍有异议的，应当自收到复议决定通知书之日起 3 日内建议人民检察院依法进行立案监督。

公安机关应当接受人民检察院依法进行的立案监督。

第十条 行政执法机关对公安机关决定不予立案的案件，应当依法作出处理；其中，依照有关法律、法规或者规章的规定应当给予行政处罚的，应当依法实施行政处罚。

第十一条 行政执法机关对应当向公安机关移送的涉嫌犯罪案件，不得以行政处罚代替移送。

行政执法机关向公安机关移送涉嫌犯罪案件前已经作出的警告，责令停产停业，暂扣或者吊销许可证、暂扣或者吊销执照的行政处罚决定，不停止执行。

依照行政处罚法的规定，行政执法机关向公安机关移送涉嫌犯罪案件前，已经依法给予当事人罚款的，人民法院判处罚金时，依法折抵相应罚金。

第十二条 行政执法机关对公安机关决定立案的案件，应当自接到立案通知书之日起3 日内将涉案物品以及与案件有关的其他材料移交公安机关，并办结交接手续；法律、行政法规另有规定的，依照其规定。

第十三条 公安机关对发现的违法行为，经审查，没有犯罪事实，或者立案侦查后认为犯罪事实显著轻微，不需要追究刑事责任，但依法应当追究行政责任的，应当及时将案件移送同级行政执法机关，有关行政执法机关应当依法作出处理。

第十四条 行政执法机关移送涉嫌犯罪案件，应当接受人民检察院和监察机关依法实施的监督。

任何单位和个人对行政执法机关违反本规定，应当向公安机关移送涉嫌犯罪案件而不移送的，有权向人民检察院、监察机关或者上级行政执法机关举报。

第十五条 行政执法机关违反本规定，隐匿、私分、销毁涉案物品的，由本级或者上级人民政府，或者实行垂直管理的上级行政执法机关，对其正职负责人根据情节轻重，给予降级以上的处分；构成犯罪的，依法追究刑事责任。

对前款所列行为直接负责的主管人员和其他直接责任人员，比照前款的规定给予处分；构成犯罪的，依法追究刑事责任。

第十六条 行政执法机关违反本规定，逾期不将案件移送公安机关的，由本级或者上级人民政府，或者实行垂直管理的上级行政执法机关，责令限期移送，并对其正职负责人或者主持工作的负责人根据情节轻重，给予记过以上的处分；构成犯罪的，依法追究刑事责任。

行政执法机关违反本规定，对应当向公安机关移送的案件不移送，或者以行政处罚代替移送的，由本级或者上级人民政府，或者实行垂直管理的上级行政执法机关，责令改正，给予通报；拒不改正的，对其正职负责人或者主持工作的负责人给予记过以上的处分；构成犯罪的，依法追究刑事责任。

对本条第一款、第二款所列行为直接负责的主管人员和其他直接责任人员，分别比照前两款的规定给予处分；构成犯罪的，依法追究刑事责任。

第十七条 公安机关违反本规定，不接受行政执法机关移送的涉嫌犯罪案件，或者逾期不作出立案或者不予立案的决定的，除由人民检察院依法实施立案监督外，由本级或者上级人民政府责令改正，对其正职负责人根据情节轻重，给予记过以上的处分；构成犯罪的，依法追究刑事责任。

对前款所列行为直接负责的主管人员和其他直接责任人员，比照前款的规定给予处分；构成犯罪的，依法追究刑事责任。

第十八条 有关机关存在本规定第十五条、第十六条、第十七条所列违法行为，需要由监察机关依法给予违法的公职人员政务处分的，该机关及其上级主管机关或者有关人民政府应当依照有关规定将相关案件线索移送监察机关处理。

第十九条 行政执法机关在依法查处违法行为过程中，发现公职人员有贪污贿赂、失职渎职或者利用职权侵犯公民人身权利和民主权利等违法行为，涉嫌构成职务犯罪的，应当依照刑法、刑事诉讼法、监察法等法律规定及时将案件线索移送监察机关或者人民检察院处理。

第二十条 本规定自公布之日起施行。

六、行政复议

中华人民共和国行政复议法实施条例

（2007年5月23日国务院第177次常务会议通过　2007年5月29日中华人民共和国国务院令第499号公布　自2007年8月1日起施行）

第一章　总　　则

第一条　为了进一步发挥行政复议制度在解决行政争议、建设法治政府、构建社会主义和谐社会中的作用，根据《中华人民共和国行政复议法》（以下简称行政复议法），制定本条例。

第二条　各级行政复议机关应当认真履行行政复议职责，领导并支持本机关负责法制工作的机构（以下简称行政复议机构）依法办理行政复议事项，并依照有关规定配备、充实、调剂专职行政复议人员，保证行政复议机构的办案能力与工作任务相适应。

6 **第三条**　行政复议机构除应当依照行政复议法第三条的规定履行职责外，还应当履行下列职责：

× （一）依照行政复议法第十八条的规定转送有关行政复议申请；

72 （二）办理行政复议法第二十九条规定的行政赔偿等事项；

（三）按照职责权限，督促行政复议申请的受理和行政复议决定的履行；

（四）办理行政复议、行政应诉案件统计和重大行政复议决定备案事项；

（五）办理或者组织办理未经行政复议直接提起行政诉讼的行政应诉事项；

（六）研究行政复议工作中发现的问题，及时向有关机关提出改进建议，重大问题及时向行政复议机关报告。

第四条 专职行政复议人员应当具备与履行行政复议职责相适应的品行、专业知识和业务能力，并取得相应资格。具体办法由国务院法制机构会同国务院有关部门规定。

第二章 行政复议申请

第一节 申 请 人

第五条 依照行政复议法和本条例的规定申请行政复议的公民、法人或者其他组织为申请人。

第六条 合伙企业申请行政复议的，应当以核准登记的企业为申请人，由执行合伙事务的合伙人代表该企业参加行政复议；其他合伙组织申请行政复议的，由合伙人共同申请行政复议。

前款规定以外的不具备法人资格的其他组织申请行政复议的，由该组织的主要负责人代表该组织参加行政复议；没有主要负责人的，由共同推选的其他成员代表该组织参加行政复议。

第七条 股份制企业的股东大会、股东代表大会、董事会认为行政机关作出的具体行政行为侵犯企业合法权益的，可以以企业的名义申请行政复议。

第八条 同一行政复议案件申请人超过 5 人的，推选 1 至 5 名代表参加行政复议。

第九条 行政复议期间，行政复议机构认为申请人以外的公民、法人或者其他组织与被审查的具体行政行为有利害关系的，可以通知其作为第三人参加行政复议。

行政复议期间，申请人以外的公民、法人或者其他组织与被审查的具体行政行为有利害关系的，可以向行政复议机构申请作为第三人参加行政复议。

第三人不参加行政复议，不影响行政复议案件的审理。

第十条 申请人、第三人可以委托 1 至 2 名代理人参加行政复议。申请人、第三人委托代理人的，应当向行政复议机构提交授权委托书。授权委托书应当载明委托事项、权限和期限。公民在特殊情况下无法书面委托的，可以口头委托。口头委托的，行政复议机构应当核实并记录在卷。申请人、第三人解除或者变更委托的，应当书面报告行政复议机构。

第二节　被申请人

第十一条　公民、法人或者其他组织对行政机关的具体行政行为不服，依照行政复议法和本条例的规定申请行政复议的，作出该具体行政行为的行政机关为被申请人。

第十二条　行政机关与法律、法规授权的组织以共同的名义作出具体行政行为的，行政机关和法律、法规授权的组织为共同被申请人。

行政机关与其他组织以共同名义作出具体行政行为的，行政机关为被申请人。

第十三条　下级行政机关依照法律、法规、规章规定，经上级行政机关批准作出具体行政行为的，批准机关为被申请人。

第十四条　行政机关设立的派出机构、内设机构或者其他组织，未经法律、法规授权，对外以自己名义作出具体行政行为的，该行政机关为被申请人。

第三节　行政复议申请期限

20 **第十五条**　行政复议法第九条第一款规定的行政复议申请期限的计算，依照下列规定办理：

（一）当场作出具体行政行为的，自具体行政行为作出之日起计算；

（二）载明具体行政行为的法律文书直接送达的，自受送达人签收之日起计算；

（三）载明具体行政行为的法律文书邮寄送达的，自受送达人在邮件签收单上签收之日起计算；没有邮件签收单的，自受送达人在送达回执上签名之日起计算；

（四）具体行政行为依法通过公告形式告知受送达人的，自公告规定的期限届满之日起计算；

（五）行政机关作出具体行政行为时未告知公民、法人或者其他组织，事后补充告知的，自该公民、法人或者其他组织收到行政机关补充告知的通知之日起计算；

（六）被申请人能够证明公民、法人或者其他组织知道具体行政行为的，自证据材料证明其知道具体行政行为之日起计算。

行政机关作出具体行政行为，依法应当向有关公民、法人或者其他组织送达法律文书而未送达的，视为该公民、法人或者其他组织不知道该具体行政行为。

第十六条 公民、法人或者其他组织依照行政复议法第六条第（八）项、第（九）项、第（十）项的规定申请行政机关履行法定职责，行政机关未履行的，行政复议申请期限依照下列规定计算：

（一）有履行期限规定的，自履行期限届满之日起计算；

（二）没有履行期限规定的，自行政机关收到申请满60日起计算。

公民、法人或者其他组织在紧急情况下请求行政机关履行保护人身权、财产权的法定职责，行政机关不履行的，行政复议申请期限不受前款规定的限制。

第十七条 行政机关作出的具体行政行为对公民、法人或者其他组织的权利、义务可能产生不利影响的，应当告知其申请行政复议的权利、行政复议机关和行政复议申请期限。

第四节 行政复议申请的提出

第十八条 申请人书面申请行政复议的，可以采取当面递交、邮寄或者传真等方式提出行政复议申请。

有条件的行政复议机构可以接受以电子邮件形式提出的行政复议申请。

第十九条 申请人书面申请行政复议的，应当在行政复议申请书中载明下列事项：

（一）申请人的基本情况，包括：公民的姓名、性别、年龄、身份证号码、工作单位、住所、邮政编码；法人或者其他组织的名称、住所、邮政编码和法定代表人或者主要负责人的姓名、职务；

（二）被申请人的名称；

（三）行政复议请求、申请行政复议的主要事实和理由；

（四）申请人的签名或者盖章；

（五）申请行政复议的日期。

第二十条 申请人口头申请行政复议的，行政复议机构应当依照本条例第十九条规定的事项，当场制作行政复议申请笔录交申请人核对或者向申请人宣读，并由申请人签字确认。

第二十一条 有下列情形之一的，申请人应当提供证明材料：

（一）认为被申请人不履行法定职责的，提供曾经要求被申请人履行法定职责而被申请人未履行的证明材料；

（二）申请行政复议时一并提出行政赔偿请求的，提供受具体行政行为侵害而造成损害的证明材料；

（三）法律、法规规定需要申请人提供证据材料的其他情形。

第二十二条 申请人提出行政复议申请时错列被申请人的，行政复议机构应当告知申请人变更被申请人。

第二十三条 申请人对两个以上国务院部门共同作出的具体行政行为
26 不服的，依照行政复议法第十四条的规定，可以向其中任何一个国务院部门提出行政复议申请，由作出具体行政行为的国务院部门共同作出行政复议决定。

第二十四条 申请人对经国务院批准实行省以下垂直领导的部门作出的具体行政行为不服的，可以选择向该部门的本级人民政府或者上一级主管部门申请行政复议；省、自治区、直辖市另有规定的，依照省、自治区、直辖市的规定办理。

23 **第二十五条** 申请人依照行政复议法第三十条第二款的规定申请行政复议的，应当向省、自治区、直辖市人民政府提出行政复议申请。

13 **第二十六条** 依照行政复议法第七条的规定，申请人认为具体行政行为所依据的规定不合法的，可以在对具体行政行为申请行政复议的同时一并提出对该规定的审查申请；申请人在对具体行政行为提出行政复议申请时尚不知道该具体行政行为所依据的规定的，可以在行政复议机关作出行政复议决定前向行政复议机关提出对该规定的审查申请。

第三章 行政复议受理

第二十七条 公民、法人或者其他组织认为行政机关的具体行政行为侵犯其合法权益提出行政复议申请，除不符合行政复议法和本条例规定的申请条件的，行政复议机关必须受理。

第二十八条 行政复议申请符合下列规定的，应当予以受理：

（一）有明确的申请人和符合规定的被申请人；

（二）申请人与具体行政行为有利害关系；

（三）有具体的行政复议请求和理由；

（四）在法定申请期限内提出；

（五）属于行政复议法规定的行政复议范围；

（六）属于收到行政复议申请的行政复议机构的职责范围；

（七）其他行政复议机关尚未受理同一行政复议申请，人民法院尚未受理同一主体就同一事实提起的行政诉讼。

第二十九条 行政复议申请材料不齐全或者表述不清楚的，行政复议机构可以自收到该行政复议申请之日起5日内书面通知申请人补正。补正通知应当载明需要补正的事项和合理的补正期限。无正当理由逾期不补正的，视为申请人放弃行政复议申请。补正申请材料所用时间不计入行政复议审理期限。

第三十条 申请人就同一事项向两个或者两个以上有权受理的行政机关申请行政复议的，由最先收到行政复议申请的行政机关受理；同时收到行政复议申请的，由收到行政复议申请的行政机关在10日内协商确定；协商不成的，由其共同上一级行政机关在10日内指定受理机关。协商确定或者指定受理机关所用时间不计入行政复议审理期限。

第三十一条 依照行政复议法第二十条的规定，上级行政机关认为行政复议机关不予受理行政复议申请的理由不成立的，可以先行督促其受理；经督促仍不受理的，应当责令其限期受理，必要时也可以直接受理；认为行政复议申请不符合法定受理条件的，应当告知申请人。 35

第四章　行政复议决定

第三十二条 行政复议机构审理行政复议案件，应当由2名以上行政复议人员参加。

第三十三条 行政复议机构认为必要时，可以实地调查核实证据；对重大、复杂的案件，申请人提出要求或者行政复议机构认为必要时，可以采取听证的方式审理。

第三十四条 行政复议人员向有关组织和人员调查取证时，可以查阅、复制、调取有关文件和资料，向有关人员进行询问。

调查取证时，行政复议人员不得少于2人，并应当向当事人或者有关人员出示证件。被调查单位和人员应当配合行政复议人员的工作，不得拒绝或者阻挠。

需要现场勘验的，现场勘验所用时间不计入行政复议审理期限。

第三十五条 行政复议机关应当为申请人、第三人查阅有关材料提供必要条件。

第三十六条 依照行政复议法第十四条的规定申请原级行政复议的案件，由原承办具体行政行为有关事项的部门或者机构提出书面答复，并提交作出具体行政行为的证据、依据和其他有关材料。

第三十七条 行政复议期间涉及专门事项需要鉴定的，当事人可以自行委托鉴定机构进行鉴定，也可以申请行政复议机构委托鉴定机构进行鉴定。鉴定费用由当事人承担。鉴定所用时间不计入行政复议审理期限。

第三十八条 申请人在行政复议决定作出前自愿撤回行政复议申请的，经行政复议机构同意，可以撤回。

申请人撤回行政复议申请的，不得再以同一事实和理由提出行政复议申请。但是，申请人能够证明撤回行政复议申请违背其真实意思表示的除外。

第三十九条 行政复议期间被申请人改变原具体行政行为的，不影响行政复议案件的审理。但是，申请人依法撤回行政复议申请的除外。

第四十条 公民、法人或者其他组织对行政机关行使法律、法规规定的自由裁量权作出的具体行政行为不服申请行政复议，申请人与被申请人在行政复议决定作出前自愿达成和解的，应当向行政复议机构提交书面和解协议；和解内容不损害社会公共利益和他人合法权益的，行政复议机构应当准许。

第四十一条 行政复议期间有下列情形之一，影响行政复议案件审理的，行政复议中止：

（一）作为申请人的自然人死亡，其近亲属尚未确定是否参加行政复议的；

（二）作为申请人的自然人丧失参加行政复议的能力，尚未确定法定代理人参加行政复议的；

（三）作为申请人的法人或者其他组织终止，尚未确定权利义务承受人的；

（四）作为申请人的自然人下落不明或者被宣告失踪的；

（五）申请人、被申请人因不可抗力，不能参加行政复议的；

（六）案件涉及法律适用问题，需要有权机关作出解释或者确认的；

（七）案件审理需要以其他案件的审理结果为依据，而其他案件尚未审结的；

（八）其他需要中止行政复议的情形。

行政复议中止的原因消除后，应当及时恢复行政复议案件的审理。

行政复议机构中止、恢复行政复议案件的审理，应当告知有关当事人。

第四十二条　行政复议期间有下列情形之一的，行政复议终止：

（一）申请人要求撤回行政复议申请，行政复议机构准予撤回的；

（二）作为申请人的自然人死亡，没有近亲属或者其近亲属放弃行政复议权利的；

（三）作为申请人的法人或者其他组织终止，其权利义务的承受人放弃行政复议权利的；

（四）申请人与被申请人依照本条例第四十条的规定，经行政复议机构准许达成和解的；

（五）申请人对行政拘留或者限制人身自由的行政强制措施不服申请行政复议后，因申请人同一违法行为涉嫌犯罪，该行政拘留或者限制人身自由的行政强制措施变更为刑事拘留的。

依照本条例第四十一条第一款第（一）项、第（二）项、第（三）项规定中止行政复议，满60日行政复议中止的原因仍未消除的，行政复议终止。

第四十三条　依照行政复议法第二十八条第一款第（一）项规定，具 68
体行政行为认定事实清楚，证据确凿，适用依据正确，程序合法，内容适当的，行政复议机关应当决定维持。

第四十四条　依照行政复议法第二十八条第一款第（二）项规定，被 66
申请人不履行法定职责的，行政复议机关应当决定其在一定期限内履行法定职责。

第四十五条　具体行政行为有行政复议法第二十八条第一款第（三） 64
项规定情形之一的，行政复议机关应当决定撤销、变更该具体行政行为或者确认该具体行政行为违法；决定撤销该具体行政行为或者确认该具体行政行为违法的，可以责令被申请人在一定期限内重新作出具体行政行为。

第四十六条　被申请人未依照行政复议法第二十三条的规定提出书面 47
答复、提交当初作出具体行政行为的证据、依据和其他有关材料的，视为 48

该具体行政行为没有证据、依据，行政复议机关应当决定撤销该具体行政行为。

第四十七条 具体行政行为有下列情形之一，行政复议机关可以决定变更：

（一）认定事实清楚，证据确凿，程序合法，但是明显不当或者适用依据错误的；

（二）认定事实不清，证据不足，但是经行政复议机关审理查明事实清楚，证据确凿的。

第四十八条 有下列情形之一的，行政复议机关应当决定驳回行政复议申请：

（一）申请人认为行政机关不履行法定职责申请行政复议，行政复议机关受理后发现该行政机关没有相应法定职责或者在受理前已经履行法定职责的；

（二）受理行政复议申请后，发现该行政复议申请不符合行政复议法和本条例规定的受理条件的。

上级行政机关认为行政复议机关驳回行政复议申请的理由不成立的，应当责令其恢复审理。

64 **第四十九条** 行政复议机关依照行政复议法第二十八条的规定责令被申请人重新作出具体行政行为的，被申请人应当在法律、法规、规章规定的期限内重新作出具体行政行为；法律、法规、规章未规定期限的，重新作出具体行政行为的期限为60日。

公民、法人或者其他组织对被申请人重新作出的具体行政行为不服，可以依法申请行政复议或者提起行政诉讼。

第五十条 有下列情形之一的，行政复议机关可以按照自愿、合法的原则进行调解：

（一）公民、法人或者其他组织对行政机关行使法律、法规规定的自由裁量权作出的具体行政行为不服申请行政复议的；

（二）当事人之间的行政赔偿或者行政补偿纠纷。

当事人经调解达成协议的，行政复议机关应当制作行政复议调解书。调解书应当载明行政复议请求、事实、理由和调解结果，并加盖行政复议机关印章。行政复议调解书经双方当事人签字，即具有法律效力。

调解未达成协议或者调解书生效前一方反悔的，行政复议机关应当及时作出行政复议决定。

第五十一条 行政复议机关在申请人的行政复议请求范围内，不得作出对申请人更为不利的行政复议决定。

第五十二条 第三人逾期不起诉又不履行行政复议决定的，依照行政复议法第三十三条的规定处理。

第五章 行政复议指导和监督

第五十三条 行政复议机关应当加强对行政复议工作的领导。

行政复议机构在本级行政复议机关的领导下，按照职责权限对行政复议工作进行督促、指导。

第五十四条 县级以上各级人民政府应当加强对所属工作部门和下级人民政府履行行政复议职责的监督。

行政复议机关应当加强对其行政复议机构履行行政复议职责的监督。

第五十五条 县级以上地方各级人民政府应当建立健全行政复议工作责任制，将行政复议工作纳入本级政府目标责任制。

第五十六条 县级以上地方各级人民政府应当按照职责权限，通过定期组织检查、抽查等方式，对所属工作部门和下级人民政府行政复议工作进行检查，并及时向有关方面反馈检查结果。

第五十七条 行政复议期间行政复议机关发现被申请人或者其他下级行政机关的相关行政行为违法或者需要做好善后工作的，可以制作行政复议意见书。有关机关应当自收到行政复议意见书之日起60日内将纠正相关行政违法行为或者做好善后工作的情况通报行政复议机构。

行政复议期间行政复议机构发现法律、法规、规章实施中带有普遍性的问题，可以制作行政复议建议书，向有关机关提出完善制度和改进行政执法的建议。

第五十八条 县级以上各级人民政府行政复议机构应当定期向本级人民政府提交行政复议工作状况分析报告。

第五十九条 下级行政复议机关应当及时将重大行政复议决定报上级行政复议机关备案。

第六十条 各级行政复议机构应当定期组织对行政复议人员进行业务

培训，提高行政复议人员的专业素质。

第六十一条 各级行政复议机关应当定期总结行政复议工作，对在行政复议工作中做出显著成绩的单位和个人，依照有关规定给予表彰和奖励。

第六章 法律责任

第六十二条 被申请人在规定期限内未按照行政复议决定的要求重新作出具体行政行为，或者违反规定重新作出具体行政行为的，依照行政复议
83 议法第三十七条的规定追究法律责任。

第六十三条 拒绝或者阻挠行政复议人员调查取证、查阅、复制、调取有关文件和资料的，对有关责任人员依法给予处分或者治安处罚；构成犯罪的，依法追究刑事责任。

第六十四条 行政复议机关或者行政复议机构不履行行政复议法和本条例规定的行政复议职责，经有权监督的行政机关督促仍不改正的，对直接负责的主管人员和其他直接责任人员依法给予警告、记过、记大过的处分；造成严重后果的，依法给予降级、撤职、开除的处分。

第六十五条 行政机关及其工作人员违反行政复议法和本条例规定的，行政复议机构可以向人事、监察部门提出对有关责任人员的处分建议，也可以将有关人员违法的事实材料直接转送人事、监察部门处理；接受转送的人事、监察部门应当依法处理，并将处理结果通报转送的行政复议机构。

第七章 附　　则

第六十六条 本条例自2007年8月1日起施行。

国务院办公厅关于国务院行政复议案件处理程序若干问题的通知

（2001年5月14日　国办发〔2001〕38号）

各省、自治区、直辖市人民政府，国务院各部委、各直属机构：

26 根据《中华人民共和国行政复议法》（以下简称行政复议法）第十四

条的规定，对国务院部门或者省、自治区、直辖市人民政府（以下简称省部级行政机关）的具体行政行为不服的，向作出该具体行政行为的省部级行政机关申请行政复议；对行政复议决定不服的，可以申请国务院最终裁决。行政复议法第三条规定，行政复议机关负责法制工作的机构具体办理行政复议事项。为了保障行政复议法全面贯彻实施，促进各省部级行政机关依法行政，从严治政，进一步规范行政复议案件的有关处理程序，经国务院同意，现将有关事项通知如下：

一、向国务院提出的行政复议申请，不符合法定条件，依法不应当受理的，授权国务院法制办公室依法处理。

二、向国务院提出的行政复议申请，符合法定条件，依法应当受理的，授权国务院法制办公室按照下列程序办理：

经国务院法制办公室审查，依法应当维持省部级行政机关原级行政复议决定以及认定抽象行政行为合法的，一般不再报请国务院审批，由国务院法制办公室依法办理；但是，影响重大的，应当报请国务院审批。

经国务院法制办公室审查，依法应当撤销、变更省部级行政机关原级行政复议决定或者认定抽象行政行为不合法的，由国务院法制办公室与有关行政机关协商。经协商达成一致意见，有关行政机关同意自行改正的，一般不再报请国务院审批；意见不一致，有关行政机关不同意改正的，由国务院法制办公室报请国务院审批。

对只涉及行政复议案件程序的事项，一般由国务院法制办公室依法处理；但是，涉及重大、敏感案件的程序问题，应当及时请示国务院。

三、启用“中华人民共和国国务院行政复议专用章”。国务院法制办公室具体办理行政复议案件，出具有关法律文书时，应当加盖“中华人民共和国国务院行政复议专用章”。

四、对国务院受理的行政复议案件和审查的抽象行政行为，有关省部级行政机关应当严格按照行政复议法的规定，及时提出书面答复，并提供证据、依据和其他有关材料，配合国务院法制办公室办理行政复议事项。

各地方、各部门要结合本地方、本部门的实际情况，认真研究落实，严格依法开展行政复议的各项工作，进一步加强政府法制建设，提高依法行政水平。

最高人民法院关于贯彻实施新修订的《中华人民共和国行政复议法》若干问题的意见（试行）

（2024年2月6日　法办〔2024〕63号）

为贯彻新修订的《中华人民共和国行政复议法》（以下简称新行政复议法），保证各级人民法院公正、及时审理涉行政复议案件，解决行政争议，依据《中华人民共和国行政诉讼法》及有关法律、司法解释，制定本意见。

一、深刻认识新行政复议法的重要意义

新行政复议法深入贯彻落实习近平总书记关于行政复议工作的重要指示精神和党中央改革行政复议体制的重大决策部署，各级人民法院要认真践行习近平新时代中国特色社会主义思想，深入学习贯彻习近平法治思想和习近平总书记关于“把非诉讼纠纷解决机制挺在前面”的重要指示精神，依法支持行政复议主渠道作用的发挥，依法审理包括涉行政复议在内的各类行政案件，依法做好行政诉讼与行政复议两种行政争议救济渠道的衔接工作。要围绕“公正与效率”工作主题，牢固树立新时代能动司法理念，形成行政诉讼与行政复议共同推进行政争议实质化解的合力，切实发挥行政审判最终裁判作用，促进诉源治理，提升国家治理水平，推进法治政府建设，厚植党的执政根基。

二、认真学习宣传新行政复议法的规定精神

（一）开展广泛深入学习。各级人民法院要积极开展新行政复议法专题学习，要将新行政复议法学习列入年度培训计划。要通过专项培训、府院联合培训等方式，确保行政审判工作人员全员培训，确保正确把握新行政复议法精神，落实新行政复议法规定，发挥新行政复议法功能。

（二）加大普法宣传力度。各级人民法院要积极参与新行政复议法的宣传，把新行政复议法纳入人民法院普法宣传重点内容。以多种方式、多种渠道开展宣传活动，通过宣传涉行政复议典型案例，积极引导当事人优先选择行政复议途径解决行政争议，提升人民群众对行政复议解决行政争议的认同度，让人民群众感受到新行政复议法为民解纷的温度和力度。

三、扎实推进新行政复议法的有效落实

（一）依法受理涉行政复议案件。各级人民法院要积极引导当事人选择最优的解决争议途径。对属于人民法院受案范围的行政案件，可以引导公民、法人或者其他组织先向行政复议机关申请行政复议；对同一行政行为，部分当事人选择行政复议，部分当事人选择行政诉讼的，也可以引导当事人先行复议。要充分保障当事人的诉讼权和参与权。应当依法保障与行政复议有利害关系的案外人的起诉权利；在行政复议机关改变原行政行为单独作被告的行政诉讼案件中，作出原行政行为的行政机关可以作为第三人参加诉讼。

（二）依法审理涉行政复议案件。要正确把握证据的审查认定，原告或者第三人在行政程序中依法应当提供而无正当理由没有提供、在行政复议程序中提供的证据，人民法院对行政复议机关不予采纳证据的行为，一般应予支持。对于原告或者第三人、作出原行政行为的行政机关在行政复议程序中无正当理由未向行政复议机关提交而在行政诉讼中提交的证据，人民法院可以不予采纳。

（三）依法监督支持行政复议工作。要依照行政诉讼法的规定对行政复议决定进行合法性审查并作出裁判。原行政行为合法但不适当，行政复议决定超期或者程序违法的，人民法院可以判决撤销行政复议决定或者确认行政复议决定违法，同时判决驳回原告针对原行政行为的诉讼请求；行政复议决定合法的，人民法院可以判决驳回原告针对原行政行为及行政复议决定的诉讼请求。要依法支持行政机关自我纠错。公民、法人或者其他组织对行政复议维持决定及原行政行为一并提起行政诉讼，作出原行政行为的行政机关经行政复议机关同意，在人民法院作出裁判前撤销或者改变原行政行为，且不损害国家利益、社会公共利益和他人合法权益的，人民法院应予准许。

（四）推进诉源治理工作走深、走实。要正确领会新行政复议法规定的调解原则的重大意义，充分发挥行政机关负责人出庭应诉、复议机关作共同被告等制度的作用，积极调动和发挥行政复议机关在调解、和解方面的能力优势，使更多的行政争议通过调解、和解途径实质化解。要坚持和发展新时代“枫桥经验”，充分依靠地方党委、政府，扎实推进诉源治理，推动行政争议多元解决机制走深、走实。

四、加强新行政复议法贯彻落实的组织保障

（一）构建府院良性互动机制。进一步加强行政审判与行政复议的衔接配合工作，通过联席会议、工作会商、联合调研等方式，提高人民法院与行政复议机关沟通的有效性、及时性。就重点领域、重点类型行政争议开展调研，形成行政审判与行政复议合力实质化解行政争议的工作机制。进一步发挥典型案例作用，将“监督就是支持、支持就是监督”理念落到实处，人民法院与行政复议机构可以共同发布典型案例，统一相关行政管理领域的行政复议、行政审判标准，从源头上预防和化解行政争议。

（二）完善制度保障。建立完善行政审判与行政复议工作人员沟通交流机制，通过行政审判和行政复议工作人员短期交流任职，增进了解、促进共识、统一理念。构建信息共享机制，就行政复议、行政审判工作情况报告、重要信息、典型案例、规范性文件与司法解释、行政复议意见与司法建议等相互交换，形成行政复议与行政审判衔接工作的常态化机制。

各级人民法院要认真贯彻落实新行政复议法，以行政复议法的修订和实施为契机，不断更新行政审判工作理念，优化行政审判体制机制，提升行政审判工作质效。要及时总结贯彻实施新行政复议法的经验做法，梳理在贯彻实施新行政复议法过程中存在的问题，并于2024年底向最高人民法院报送本地区本年度学习宣传和贯彻落实新行政复议法的情况。

七、行政诉讼

1. 综　合

最高人民法院关于适用《中华人民共和国行政诉讼法》的解释

（2017年11月13日最高人民法院审判委员会第1726次会议通过　2018年2月6日最高人民法院公告公布　自2018年2月8日起施行　法释〔2018〕1号）

为正确适用《中华人民共和国行政诉讼法》（以下简称行政诉讼法），结合人民法院行政审判工作实际，制定本解释。

一、受案范围

第一条　公民、法人或者其他组织对行政机关及其工作人员的行政行为不服，依法提起诉讼的，属于人民法院行政诉讼的受案范围。

下列行为不属于人民法院行政诉讼的受案范围：

（一）公安、国家安全等机关依照刑事诉讼法的明确授权实施的行为；

（二）调解行为以及法律规定的仲裁行为；

（三）行政指导行为；

（四）驳回当事人对行政行为提起申诉的重复处理行为；

（五）行政机关作出的不产生外部法律效力的行为；

（六）行政机关为作出行政行为而实施的准备、论证、研究、层报、咨询等过程性行为；

（七）行政机关根据人民法院的生效裁判、协助执行通知书作出的执行行为，但行政机关扩大执行范围或者采取违法方式实施的除外；

（八）上级行政机关基于内部层级监督关系对下级行政机关作出的听取报告、执法检查、督促履责等行为；

（九）行政机关针对信访事项作出的登记、受理、交办、转送、复查、复核意见等行为；

（十）对公民、法人或者其他组织权利义务不产生实际影响的行为。

第二条 行政诉讼法第十三条第一项规定的“国家行为”，是指国务院、中央军事委员会、国防部、外交部等根据宪法和法律的授权，以国家的名义实施的有关国防和外交事务的行为，以及经宪法和法律授权的国家机关宣布紧急状态等行为。

行政诉讼法第十三条第二项规定的“具有普遍约束力的决定、命令”，是指行政机关针对不特定对象发布的能反复适用的规范性文件。

行政诉讼法第十三条第三项规定的“对行政机关工作人员的奖惩、任免等决定”，是指行政机关作出的涉及行政机关工作人员公务员权利义务的决定。

行政诉讼法第十三条第四项规定的“法律规定由行政机关最终裁决的行政行为”中的“法律”，是指全国人民代表大会及其常务委员会制定、通过的规范性文件。

二、管　　辖

第三条 各级人民法院行政审判庭审理行政案件和审查行政机关申请执行其行政行为的案件。

专门人民法院、人民法庭不审理行政案件，也不审查和执行行政机关申请执行其行政行为的案件。铁路运输法院等专门人民法院审理行政案件，应当执行行政诉讼法第十八条第二款的规定。

第四条 立案后，受诉人民法院的管辖权不受当事人住所地改变、追加被告等事实和法律状态变更的影响。

第五条 有下列情形之一的，属于行政诉讼法第十五条第三项规定的“本辖区内重大、复杂的案件”：

（一）社会影响重大的共同诉讼案件；

（二）涉外或者涉及香港特别行政区、澳门特别行政区、台湾地区的案件；

（三）其他重大、复杂案件。

第六条 当事人以案件重大复杂为由，认为有管辖权的基层人民法院不宜行使管辖权或者根据行政诉讼法第五十二条的规定，向中级人民法院起诉，中级人民法院应当根据不同情况在七日内分别作出以下处理：

（一）决定自行审理；

（二）指定本辖区其他基层人民法院管辖；

（三）书面告知当事人向有管辖权的基层人民法院起诉。

第七条 基层人民法院对其管辖的第一审行政案件，认为需要由中级人民法院审理或者指定管辖的，可以报请中级人民法院决定。中级人民法院应当根据不同情况在七日内分别作出以下处理：

（一）决定自行审理；

（二）指定本辖区其他基层人民法院管辖；

（三）决定由报请的人民法院审理。

第八条 行政诉讼法第十九条规定的“原告所在地”，包括原告的户籍所在地、经常居住地和被限制人身自由地。

对行政机关基于同一事实，既采取限制公民人身自由的行政强制措施，又采取其他行政强制措施或者行政处罚不服的，由被告所在地或者原告所在地的人民法院管辖。

第九条 行政诉讼法第二十条规定的“因不动产提起的行政诉讼”是指因行政行为导致不动产物权变动而提起的诉讼。

不动产已登记的，以不动产登记簿记载的所在地为不动产所在地；不动产未登记的，以不动产实际所在地为不动产所在地。

第十条 人民法院受理案件后，被告提出管辖异议的，应当在收到起诉状副本之日起十五日内提出。

对当事人提出的管辖异议，人民法院应当进行审查。异议成立的，裁定将案件移送有管辖权的人民法院；异议不成立的，裁定驳回。

人民法院对管辖异议审查后确定有管辖权的，不因当事人增加或者变更诉讼请求等改变管辖，但违反级别管辖、专属管辖规定的除外。

第十一条 有下列情形之一的，人民法院不予审查：

（一）人民法院发回重审或者按第一审程序再审的案件，当事人提出管辖异议的；

（二）当事人在第一审程序中未按照法律规定的期限和形式提出管辖异议，在第二审程序中提出的。

三、诉讼参加人

第十二条 有下列情形之一的，属于行政诉讼法第二十五条第一款规定的“与行政行为有利害关系”：

（一）被诉的行政行为涉及其相邻权或者公平竞争权的；

（二）在行政复议等行政程序中被追加为第三人的；

（三）要求行政机关依法追究加害人法律责任的；

（四）撤销或者变更行政行为涉及其合法权益的；

（五）为维护自身合法权益向行政机关投诉，具有处理投诉职责的行政机关作出或者未作出处理的；

（六）其他与行政行为有利害关系的情形。

第十三条 债权人以行政机关对债务人所作的行政行为损害债权实现为由提起行政诉讼的，人民法院应当告知其就民事争议提起民事诉讼，但行政机关作出行政行为时依法应予保护或者应予考虑的除外。

第十四条 行政诉讼法第二十五条第二款规定的“近亲属”，包括配偶、父母、子女、兄弟姐妹、祖父母、外祖父母、孙子女、外孙子女和其他具有扶养、赡养关系的亲属。

公民因被限制人身自由而不能提起诉讼的，其近亲属可以依其口头或者书面委托以该公民的名义提起诉讼。近亲属起诉时无法与被限制人身自由的公民取得联系，近亲属可以先行起诉，并在诉讼中补充提交委托证明。

第十五条 合伙企业向人民法院提起诉讼的，应当以核准登记的字号为原告。未依法登记领取营业执照的个人合伙的全体合伙人为共同原告；全体合伙人可以推选代表人，被推选的代表人，应当由全体合伙人出具推选书。

个体工商户向人民法院提起诉讼的，以营业执照上登记的经营者为原告。有字号的，以营业执照上登记的字号为原告，并应当注明该字号经营者的基本信息。

第十六条 股份制企业的股东大会、股东会、董事会等认为行政机关作出的行政行为侵犯企业经营自主权的，可以企业名义提起诉讼。

联营企业、中外合资或者合作企业的联营、合资、合作各方，认为联营、合资、合作企业权益或者自己一方合法权益受行政行为侵害的，可以自己的名义提起诉讼。

非国有企业被行政机关注销、撤销、合并、强令兼并、出售、分立或者改变企业隶属关系的，该企业或者其法定代表人可以提起诉讼。

第十七条　事业单位、社会团体、基金会、社会服务机构等非营利法人的出资人、设立人认为行政行为损害法人合法权益的，可以自己的名义提起诉讼。

第十八条　业主委员会对于行政机关作出的涉及业主共有利益的行政行为，可以自己的名义提起诉讼。

业主委员会不起诉的，专有部分占建筑物总面积过半数或者占总户数过半数的业主可以提起诉讼。

第十九条　当事人不服经上级行政机关批准的行政行为，向人民法院提起诉讼的，以在对外发生法律效力的文书上署名的机关为被告。

第二十条　行政机关组建并赋予行政管理职能但不具有独立承担法律责任能力的机构，以自己的名义作出行政行为，当事人不服提起诉讼的，应当以组建该机构的行政机关为被告。

法律、法规或者规章授权行使行政职权的行政机关内设机构、派出机构或者其他组织，超出法定授权范围实施行政行为，当事人不服提起诉讼的，应当以实施该行为的机构或者组织为被告。

没有法律、法规或者规章规定，行政机关授权其内设机构、派出机构或者其他组织行使行政职权的，属于行政诉讼法第二十六条规定的委托。当事人不服提起诉讼的，应当以该行政机关为被告。

第二十一条　当事人对由国务院、省级人民政府批准设立的开发区管理机构作出的行政行为不服提起诉讼的，以该开发区管理机构为被告；对由国务院、省级人民政府批准设立的开发区管理机构所属职能部门作出的行政行为不服提起诉讼的，以其职能部门为被告；对其他开发区管理机构所属职能部门作出的行政行为不服提起诉讼的，以开发区管理机构为被告；开发区管理机构没有行政主体资格的，以设立该机构的地方人民政府为被告。

第二十二条 行政诉讼法第二十六条第二款规定的“复议机关改变原行政行为”，是指复议机关改变原行政行为的处理结果。复议机关改变原行政行为所认定的主要事实和证据、改变原行政行为所适用的规范依据，但未改变原行政行为处理结果的，视为复议机关维持原行政行为。

复议机关确认原行政行为无效，属于改变原行政行为。

复议机关确认原行政行为违法，属于改变原行政行为，但复议机关以违反法定程序为由确认原行政行为违法的除外。

第二十三条 行政机关被撤销或者职权变更，没有继续行使其职权的行政机关的，以其所属的人民政府为被告；实行垂直领导的，以垂直领导的上一级行政机关为被告。

第二十四条 当事人对村民委员会或者居民委员会依据法律、法规、规章的授权履行行政管理职责的行为不服提起诉讼的，以村民委员会或者居民委员会为被告。

当事人对村民委员会、居民委员会受行政机关委托作出的行为不服提起诉讼的，以委托的行政机关为被告。

当事人对高等学校等事业单位以及律师协会、注册会计师协会等行业协会依据法律、法规、规章的授权实施的行政行为不服提起诉讼的，以该事业单位、行业协会为被告。

当事人对高等学校等事业单位以及律师协会、注册会计师协会等行业协会受行政机关委托作出的行为不服提起诉讼的，以委托的行政机关为被告。

第二十五条 市、县级人民政府确定的房屋征收部门组织实施房屋征收与补偿工作过程中作出行政行为，被征收人不服提起诉讼的，以房屋征收部门为被告。

征收实施单位受房屋征收部门委托，在委托范围内从事的行为，被征收人不服提起诉讼的，应当以房屋征收部门为被告。

第二十六条 原告所起诉的被告不适格，人民法院应当告知原告变更被告；原告不同意变更的，裁定驳回起诉。

应当追加被告而原告不同意追加的，人民法院应当通知其以第三人的身份参加诉讼，但行政复议机关作共同被告的除外。

第二十七条 必须共同进行诉讼的当事人没有参加诉讼的，人民法院应当依法通知其参加；当事人也可以向人民法院申请参加。

人民法院应当对当事人提出的申请进行审查，申请理由不成立的，裁定驳回；申请理由成立的，书面通知其参加诉讼。

前款所称的必须共同进行诉讼，是指按照行政诉讼法第二十七条的规定，当事人一方或者双方为两人以上，因同一行政行为发生行政争议，人民法院必须合并审理的诉讼。

第二十八条　人民法院追加共同诉讼的当事人时，应当通知其他当事人。应当追加的原告，已明确表示放弃实体权利的，可不予追加；既不愿意参加诉讼，又不放弃实体权利的，应追加为第三人，其不参加诉讼，不能阻碍人民法院对案件的审理和裁判。

第二十九条　行政诉讼法第二十八条规定的“人数众多”，一般指十人以上。

根据行政诉讼法第二十八条的规定，当事人一方人数众多的，由当事人推选代表人。当事人推选不出的，可以由人民法院在起诉的当事人中指定代表人。

行政诉讼法第二十八条规定的代表人为二至五人。代表人可以委托一至二人作为诉讼代理人。

第三十条　行政机关的同一行政行为涉及两个以上利害关系人，其中一部分利害关系人对行政行为不服提起诉讼，人民法院应当通知没有起诉的其他利害关系人作为第三人参加诉讼。

与行政案件处理结果有利害关系的第三人，可以申请参加诉讼，或者由人民法院通知其参加诉讼。人民法院判决其承担义务或者减损其权益的第三人，有权提出上诉或者申请再审。

行政诉讼法第二十九条规定的第三人，因不能归责于本人的事由未参加诉讼，但有证据证明发生法律效力的判决、裁定、调解书损害其合法权益的，可以依照行政诉讼法第九十条的规定，自知道或者应当知道其合法权益受到损害之日起六个月内，向上一级人民法院申请再审。

第三十一条　当事人委托诉讼代理人，应当向人民法院提交由委托人签名或者盖章的授权委托书。委托书应当载明委托事项和具体权限。公民在特殊情况下无法书面委托的，也可以由他人代书，并由自己捺印等方式确认，人民法院应当核实并记录在卷；被诉行政机关或者其他有义务协助的机关拒绝人民法院向被限制人身自由的公民核实的，视为委托成立。当事人解除或者变更委托的，应当书面报告人民法院。

第三十二条 依照行政诉讼法第三十一条第二款第二项规定，与当事人有合法劳动人事关系的职工，可以当事人工作人员的名义作为诉讼代理人。以当事人的工作人员身份参加诉讼活动，应当提交以下证据之一加以证明：

（一）缴纳社会保险记录凭证；

（二）领取工资凭证；

（三）其他能够证明其为当事人工作人员身份的证据。

第三十三条 根据行政诉讼法第三十一条第二款第三项规定，有关社会团体推荐公民担任诉讼代理人的，应当符合下列条件：

（一）社会团体属于依法登记设立或者依法免予登记设立的非营利性法人组织；

（二）被代理人属于该社会团体的成员，或者当事人一方住所地位于该社会团体的活动地域；

（三）代理事务属于该社会团体章程载明的业务范围；

（四）被推荐的公民是该社会团体的负责人或者与该社会团体有合法劳动人事关系的工作人员。

专利代理人经中华全国专利代理人协会推荐，可以在专利行政案件中担任诉讼代理人。

四、证　　据

第三十四条 根据行政诉讼法第三十六条第一款的规定，被告申请延期提供证据的，应当在收到起诉状副本之日起十五日内以书面方式向人民法院提出。人民法院准许延期提供的，被告应当在正当事由消除后十五日内提供证据。逾期提供的，视为被诉行政行为没有相应的证据。

第三十五条 原告或者第三人应当在开庭审理前或者人民法院指定的交换证据清单之日提供证据。因正当事由申请延期提供证据的，经人民法院准许，可以在法庭调查中提供。逾期提供证据的，人民法院应当责令其说明理由；拒不说明理由或者理由不成立的，视为放弃举证权利。

原告或者第三人在第一审程序中无正当事由未提供而在第二审程序中

提供的证据，人民法院不予接纳。

第三十六条 当事人申请延长举证期限，应当在举证期限届满前向人民法院提出书面申请。

申请理由成立的，人民法院应当准许，适当延长举证期限，并通知其他当事人。申请理由不成立的，人民法院不予准许，并通知申请人。

第三十七条 根据行政诉讼法第三十九条的规定，对当事人无争议，但涉及国家利益、公共利益或者他人合法权益的事实，人民法院可以责令当事人提供或者补充有关证据。

第三十八条 对于案情比较复杂或者证据数量较多的案件，人民法院可以组织当事人在开庭前向对方出示或者交换证据，并将交换证据清单的情况记录在卷。

当事人在庭前证据交换过程中没有争议并记录在卷的证据，经审判人员在庭审中说明后，可以作为认定案件事实的依据。

第三十九条 当事人申请调查收集证据，但该证据与待证事实无关联、对证明待证事实无意义或者其他无调查收集必要的，人民法院不予准许。

第四十条 人民法院在证人出庭作证前应当告知其如实作证的义务以及作伪证的法律后果。

证人因履行出庭作证义务而支出的交通、住宿、就餐等必要费用以及误工损失，由败诉一方当事人承担。

第四十一条 有下列情形之一，原告或者第三人要求相关行政执法人员出庭说明的，人民法院可以准许：

（一）对现场笔录的合法性或者真实性有异议的；

（二）对扣押财产的品种或者数量有异议的；

（三）对检验的物品取样或者保管有异议的；

（四）对行政执法人员身份的合法性有异议的；

（五）需要出庭说明的其他情形。

第四十二条 能够反映案件真实情况、与待证事实相关联、来源和形式符合法律规定的证据，应当作为认定案件事实的根据。

第四十三条 有下列情形之一的，属于行政诉讼法第四十三条第三款规定的“以非法手段取得的证据”：

（一）严重违反法定程序收集的证据材料；

（二）以违反法律强制性规定的手段获取且侵害他人合法权益的证据材料；

（三）以利诱、欺诈、胁迫、暴力等手段获取的证据材料。

第四十四条 人民法院认为有必要的，可以要求当事人本人或者行政机关执法人员到庭，就案件有关事实接受询问。在询问之前，可以要求其签署保证书。

保证书应当载明据实陈述、如有虚假陈述愿意接受处罚等内容。当事人或者行政机关执法人员应当在保证书上签名或者捺印。

负有举证责任的当事人拒绝到庭、拒绝接受询问或者拒绝签署保证书，待证事实又欠缺其他证据加以佐证的，人民法院对其主张的事实不予认定。

第四十五条 被告有证据证明其在行政程序中依照法定程序要求原告或者第三人提供证据，原告或者第三人依法应当提供而没有提供，在诉讼程序中提供的证据，人民法院一般不予采纳。

第四十六条 原告或者第三人确有证据证明被告持有的证据对原告或者第三人有利的，可以在开庭审理前书面申请人民法院责令行政机关提交。

申请理由成立的，人民法院应当责令行政机关提交，因提交证据所产生的费用，由申请人预付。行政机关无正当理由拒不提交的，人民法院可以推定原告或者第三人基于该证据主张的事实成立。

持有证据的当事人以妨碍对方当事人使用为目的，毁灭有关证据或者实施其他致使证据不能使用行为的，人民法院可以推定对方当事人基于该证据主张的事实成立，并可依照行政诉讼法第五十九条规定处理。

第四十七条 根据行政诉讼法第三十八条第二款的规定，在行政赔偿、补偿案件中，因被告的原因导致原告无法就损害情况举证的，应当由被告就该损害情况承担举证责任。

对于各方主张损失的价值无法认定的，应当由负有举证责任的一方当事人申请鉴定，但法律、法规、规章规定行政机关在作出行政行为时依法应当评估或者鉴定的除外；负有举证责任的当事人拒绝申请鉴定的，由其承担不利的法律后果。

当事人的损失因客观原因无法鉴定的，人民法院应当结合当事人的主张和在案证据，遵循法官职业道德，运用逻辑推理和生活经验、生活常识等，酌情确定赔偿数额。

五、期间、送达

第四十八条 期间包括法定期间和人民法院指定的期间。

期间以时、日、月、年计算。期间开始的时和日，不计算在期间内。

期间届满的最后一日是节假日的，以节假日后的第一日为期间届满的日期。

期间不包括在途时间，诉讼文书在期满前交邮的，视为在期限内发送。

第四十九条 行政诉讼法第五十一条第二款规定的立案期限，因起诉状内容欠缺或者有其他错误通知原告限期补正的，从补正后递交人民法院的次日起算。由上级人民法院转交下级人民法院立案的案件，从受诉人民法院收到起诉状的次日起算。

第五十条 行政诉讼法第八十一条、第八十三条、第八十八条规定的审理期限，是指从立案之日起至裁判宣告、调解书送达之日止的期间，但公告期间、鉴定期间、调解期间、中止诉讼期间、审理当事人提出的管辖异议以及处理人民法院之间的管辖争议期间不应计算在内。

再审案件按照第一审程序或者第二审程序审理的，适用行政诉讼法第八十一条、第八十八条规定的审理期限。审理期限自再审立案的次日起算。

基层人民法院申请延长审理期限，应当直接报请高级人民法院批准，同时报中级人民法院备案。

第五十一条 人民法院可以要求当事人签署送达地址确认书，当事人确认的送达地址为人民法院法律文书的送达地址。

当事人同意电子送达的，应当提供并确认传真号、电子信箱等电子送达地址。

当事人送达地址发生变更的，应当及时书面告知受理案件的人民法院；未及时告知的，人民法院按原地址送达，视为依法送达。

人民法院可以通过国家邮政机构以法院专递方式进行送达。

第五十二条 人民法院可以在当事人住所地以外向当事人直接送达诉讼文书。当事人拒绝签署送达回证的，采用拍照、录像等方式记录送达过程即视为送达。审判人员、书记员应当在送达回证上注明送达情况并签名。

六、起诉与受理

第五十三条 人民法院对符合起诉条件的案件应当立案，依法保障当事人行使诉讼权利。

对当事人依法提起的诉讼，人民法院应当根据行政诉讼法第五十一条的规定接收起诉状。能够判断符合起诉条件的，应当当场登记立案；当场不能判断是否符合起诉条件的，应当在接收起诉状后七日内决定是否立案；七日内仍不能作出判断的，应当先予立案。

第五十四条 依照行政诉讼法第四十九条的规定，公民、法人或者其他组织提起诉讼时应当提交以下起诉材料：

（一）原告的身份证明材料以及有效联系方式；

（二）被诉行政行为或者不作为存在的材料；

（三）原告与被诉行政行为具有利害关系的材料；

（四）人民法院认为需要提交的其他材料。

由法定代理人或者委托代理人代为起诉的，还应当在起诉状中写明或者在口头起诉时向人民法院说明法定代理人或者委托代理人的基本情况，并提交法定代理人或者委托代理人的身份证明和代理权限证明等材料。

第五十五条 依照行政诉讼法第五十一条的规定，人民法院应当就起诉状内容和材料是否完备以及是否符合行政诉讼法规定的起诉条件进行审查。

起诉状内容或者材料欠缺的，人民法院应当给予指导和释明，并一次性全面告知当事人需要补正的内容、补充的材料及期限。在指定期限内补正并符合起诉条件的，应当登记立案。当事人拒绝补正或者经补正仍不符合起诉条件的，退回诉状并记录在册；坚持起诉的，裁定不予立案，并载明不予立案的理由。

第五十六条 法律、法规规定应当先申请复议，公民、法人或者其他组织未申请复议直接提起诉讼的，人民法院裁定不予立案。

依照行政诉讼法第四十五条的规定，复议机关不受理复议申请或者在法定期限内不作出复议决定，公民、法人或者其他组织不服，依法向人民法院提起诉讼的，人民法院应当依法立案。

第五十七条 法律、法规未规定行政复议为提起行政诉讼必经程序，公民、法人或者其他组织既提起诉讼又申请行政复议的，由先立案的机关管辖；同时立案的，由公民、法人或者其他组织选择。公民、法人或者其他组织已经申请行政复议，在法定复议期间内又向人民法院提起诉讼的，人民法院裁定不予立案。

第五十八条 法律、法规未规定行政复议为提起行政诉讼必经程序，公民、法人或者其他组织向复议机关申请行政复议后，又经复议机关同意撤回复议申请，在法定起诉期限内对原行政行为提起诉讼的，人民法院应当依法立案。

第五十九条 公民、法人或者其他组织向复议机关申请行政复议后，复议机关作出维持决定的，应当以复议机关和原行为机关为共同被告，并以复议决定送达时间确定起诉期限。

第六十条 人民法院裁定准许原告撤诉后，原告以同一事实和理由重新起诉的，人民法院不予立案。

准予撤诉的裁定确有错误，原告申请再审的，人民法院应当通过审判监督程序撤销原准予撤诉的裁定，重新对案件进行审理。

第六十一条 原告或者上诉人未按规定的期限预交案件受理费，又不提出缓交、减交、免交申请，或者提出申请未获批准的，按自动撤诉处理。在按撤诉处理后，原告或者上诉人在法定期限内再次起诉或者上诉，并依法解决诉讼费预交问题的，人民法院应予立案。

第六十二条 人民法院判决撤销行政机关的行政行为后，公民、法人或者其他组织对行政机关重新作出的行政行为不服向人民法院起诉的，人民法院应当依法立案。

第六十三条 行政机关作出行政行为时，没有制作或者没有送达法律文书，公民、法人或者其他组织只要能证明行政行为存在，并在法定期限内起诉的，人民法院应当依法立案。

第六十四条 行政机关作出行政行为时，未告知公民、法人或者其他组织起诉期限的，起诉期限从公民、法人或者其他组织知道或者应当知道起诉期限之日起计算，但从知道或者应当知道行政行为内容之日起最长不得超过一年。

复议决定未告知公民、法人或者其他组织起诉期限的，适用前款规定。

第六十五条 公民、法人或者其他组织不知道行政机关作出的行政行为内容的，其起诉期限从知道或者应当知道该行政行为内容之日起计算，但最长不得超过行政诉讼法第四十六条第二款规定的起诉期限。

第六十六条 公民、法人或者其他组织依照行政诉讼法第四十七条第一款的规定，对行政机关不履行法定职责提起诉讼的，应当在行政机关履行法定职责期限届满之日起六个月内提出。

第六十七条 原告提供被告的名称等信息足以使被告与其他行政机关相区别的，可以认定为行政诉讼法第四十九条第二项规定的“有明确的被告”。

起诉状列写被告信息不足以认定明确的被告的，人民法院可以告知原告补正；原告补正后仍不能确定明确的被告的，人民法院裁定不予立案。

第六十八条 行政诉讼法第四十九条第三项规定的“有具体的诉讼请求”是指：

（一）请求判决撤销或者变更行政行为；

（二）请求判决行政机关履行特定法定职责或者给付义务；

（三）请求判决确认行政行为违法；

（四）请求判决确认行政行为无效；

（五）请求判决行政机关予以赔偿或者补偿；

（六）请求解决行政协议争议；

（七）请求一并审查规章以下规范性文件；

（八）请求一并解决相关民事争议；

（九）其他诉讼请求。

当事人单独或者一并提起行政赔偿、补偿诉讼的，应当有具体的赔偿、补偿事项以及数额；请求一并审查规章以下规范性文件的，应当提供明确的文件名称或者审查对象；请求一并解决相关民事争议的，应当有具体的民事诉讼请求。

当事人未能正确表达诉讼请求的，人民法院应当要求其明确诉讼请求。

第六十九条 有下列情形之一，已经立案的，应当裁定驳回起诉：

（一）不符合行政诉讼法第四十九条规定的；

（二）超过法定起诉期限且无行政诉讼法第四十八条规定情形的；

（三）错列被告且拒绝变更的；

（四）未按照法律规定由法定代理人、指定代理人、代表人为诉讼行为的；

（五）未按照法律、法规规定先向行政机关申请复议的；

（六）重复起诉的；

（七）撤回起诉后无正当理由再行起诉的；

（八）行政行为对其合法权益明显不产生实际影响的；

（九）诉讼标的已为生效裁判或者调解书所羁束的；

（十）其他不符合法定起诉条件的情形。

前款所列情形可以补正或者更正的，人民法院应当指定期间责令补正或者更正；在指定期间已经补正或者更正的，应当依法审理。

人民法院经过阅卷、调查或者询问当事人，认为不需要开庭审理的，可以迳行裁定驳回起诉。

第七十条 起诉状副本送达被告后，原告提出新的诉讼请求的，人民法院不予准许，但有正当理由的除外。

七、审理与判决

第七十一条 人民法院适用普通程序审理案件，应当在开庭三日前用传票传唤当事人。对证人、鉴定人、勘验人、翻译人员，应当用通知书通知其到庭。当事人或者其他诉讼参与人在外地的，应当留有必要的在途时间。

第七十二条 有下列情形之一的，可以延期开庭审理：

（一）应当到庭的当事人和其他诉讼参与人有正当理由没有到庭的；

（二）当事人临时提出回避申请且无法及时作出决定的；

（三）需要通知新的证人到庭，调取新的证据，重新鉴定、勘验，或者需要补充调查的；

（四）其他应当延期的情形。

第七十三条 根据行政诉讼法第二十七条的规定，有下列情形之一的，人民法院可以决定合并审理：

（一）两个以上行政机关分别对同一事实作出行政行为，公民、法人或者其他组织不服向同一人民法院起诉的；

（二）行政机关就同一事实对若干公民、法人或者其他组织分别作出行政行为，公民、法人或者其他组织不服分别向同一人民法院起诉的；

（三）在诉讼过程中，被告对原告作出新的行政行为，原告不服向同一人民法院起诉的；

（四）人民法院认为可以合并审理的其他情形。

第七十四条 当事人申请回避，应当说明理由，在案件开始审理时提出；回避事由在案件开始审理后知道的，应当在法庭辩论终结前提出。

被申请回避的人员，在人民法院作出是否回避的决定前，应当暂停参与本案的工作，但案件需要采取紧急措施的除外。

对当事人提出的回避申请，人民法院应当在三日内以口头或者书面形式作出决定。对当事人提出的明显不属于法定回避事由的申请，法庭可以依法当庭驳回。

申请人对驳回回避申请决定不服的，可以向作出决定的人民法院申请复议一次。复议期间，被申请回避的人员不停止参与本案的工作。对申请人的复议申请，人民法院应当在三日内作出复议决定，并通知复议申请人。

第七十五条 在一个审判程序中参与过本案审判工作的审判人员，不得再参与该案其他程序的审判。

发回重审的案件，在一审法院作出裁判后又进入第二审程序的，原第二审程序中合议庭组成人员不受前款规定的限制。

第七十六条 人民法院对于因一方当事人的行为或者其他原因，可能使行政行为或者人民法院生效裁判不能或者难以执行的案件，根据对方当事人的申请，可以裁定对其财产进行保全、责令其作出一定行为或者禁止其作出一定行为；当事人没有提出申请的，人民法院在必要时也可以裁定采取上述保全措施。

人民法院采取保全措施，可以责令申请人提供担保；申请人不提供担保的，裁定驳回申请。

人民法院接受申请后，对情况紧急的，必须在四十八小时内作出裁定；裁定采取保全措施的，应当立即开始执行。

当事人对保全的裁定不服的，可以申请复议；复议期间不停止裁定的执行。

第七十七条 利害关系人因情况紧急，不立即申请保全将会使其合法权益受到难以弥补的损害的，可以在提起诉讼前向被保全财产所在地、被申请人住所地或者对案件有管辖权的人民法院申请采取保全措施。申请人应当提供担保，不提供担保的，裁定驳回申请。

人民法院接受申请后，必须在四十八小时内作出裁定；裁定采取保全措施的，应当立即开始执行。

申请人在人民法院采取保全措施后三十日内不依法提起诉讼的，人民法院应当解除保全。

当事人对保全的裁定不服的，可以申请复议；复议期间不停止裁定的执行。

第七十八条 保全限于请求的范围，或者与本案有关的财物。

财产保全采取查封、扣押、冻结或者法律规定的其他方法。人民法院保全财产后，应当立即通知被保全人。

财产已被查封、冻结的，不得重复查封、冻结。

涉及财产的案件，被申请人提供担保的，人民法院应当裁定解除保全。

申请有错误的，申请人应当赔偿被申请人因保全所遭受的损失。

第七十九条 原告或者上诉人申请撤诉，人民法院裁定不予准许的，原告或者上诉人经传票传唤无正当理由拒不到庭，或者未经法庭许可中途退庭的，人民法院可以缺席判决。

第三人经传票传唤无正当理由拒不到庭，或者未经法庭许可中途退庭的，不发生阻止案件审理的效果。

根据行政诉讼法第五十八条的规定，被告经传票传唤无正当理由拒不到庭，或者未经法庭许可中途退庭的，人民法院可以按期开庭或者继续开庭审理，对到庭的当事人诉讼请求、双方的诉辩理由以及已经提交的证据及其他诉讼材料进行审理后，依法缺席判决。

第八十条 原告或者上诉人在庭审中明确拒绝陈述或者以其他方式拒绝陈述，导致庭审无法进行，经法庭释明法律后果后仍不陈述意见的，视为放弃陈述权利，由其承担不利的法律后果。

当事人申请撤诉或者依法可以按撤诉处理的案件，当事人有违反法律的行为需要依法处理的，人民法院可以不准许撤诉或者不按撤诉处理。

法庭辩论终结后原告申请撤诉，人民法院可以准许，但涉及到国家利益和社会公共利益的除外。

第八十一条 被告在一审期间改变被诉行政行为的，应当书面告知人民法院。

原告或者第三人对改变后的行政行为不服提起诉讼的，人民法院应当就改变后的行政行为进行审理。

被告改变原违法行政行为，原告仍要求确认原行政行为违法的，人民法院应当依法作出确认判决。

原告起诉被告不作为，在诉讼中被告作出行政行为，原告不撤诉的，人民法院应当就不作为依法作出确认判决。

第八十二条 当事人之间恶意串通，企图通过诉讼等方式侵害国家利益、社会公共利益或者他人合法权益的，人民法院应当裁定驳回起诉或者判决驳回其请求，并根据情节轻重予以罚款、拘留；构成犯罪的，依法追究刑事责任。

第八十三条 行政诉讼法第五十九条规定的罚款、拘留可以单独适用，也可以合并适用。

对同一妨害行政诉讼行为的罚款、拘留不得连续适用。发生新的妨害行政诉讼行为的，人民法院可以重新予以罚款、拘留。

第八十四条 人民法院审理行政诉讼法第六十条第一款规定的行政案件，认为法律关系明确、事实清楚，在征得当事人双方同意后，可以迳行调解。

第八十五条 调解达成协议，人民法院应当制作调解书。调解书应当写明诉讼请求、案件的事实和调解结果。

调解书由审判人员、书记员署名，加盖人民法院印章，送达双方当事人。

调解书经双方当事人签收后，即具有法律效力。调解书生效日期根据最后收到调解书的当事人签收的日期确定。

第八十六条 人民法院审理行政案件，调解过程不公开，但当事人同意公开的除外。

经人民法院准许，第三人可以参加调解。人民法院认为有必要的，可以通知第三人参加调解。

调解协议内容不公开，但为保护国家利益、社会公共利益、他人合法权益，人民法院认为确有必要公开的除外。

当事人一方或者双方不愿调解、调解未达成协议的，人民法院应当及时判决。

当事人自行和解或者调解达成协议后，请求人民法院按照和解协议或者调解协议的内容制作判决书的，人民法院不予准许。

第八十七条 在诉讼过程中，有下列情形之一的，中止诉讼：

（一）原告死亡，须等待其近亲属表明是否参加诉讼的；

（二）原告丧失诉讼行为能力，尚未确定法定代理人的；

（三）作为一方当事人的行政机关、法人或者其他组织终止，尚未确定权利义务承受人的；

（四）一方当事人因不可抗力的事由不能参加诉讼的；

（五）案件涉及法律适用问题，需要送请有权机关作出解释或者确认的；

（六）案件的审判须以相关民事、刑事或者其他行政案件的审理结果为依据，而相关案件尚未审结的；

（七）其他应当中止诉讼的情形。

中止诉讼的原因消除后，恢复诉讼。

第八十八条 在诉讼过程中，有下列情形之一的，终结诉讼：

（一）原告死亡，没有近亲属或者近亲属放弃诉讼权利的；

（二）作为原告的法人或者其他组织终止后，其权利义务的承受人放弃诉讼权利的。

因本解释第八十七条第一款第一、二、三项原因中止诉讼满九十日仍无人继续诉讼的，裁定终结诉讼，但有特殊情况的除外。

第八十九条 复议决定改变原行政行为错误，人民法院判决撤销复议决定时，可以一并责令复议机关重新作出复议决定或者判决恢复原行政行为的法律效力。

第九十条 人民法院判决被告重新作出行政行为，被告重新作出的行政行为与原行政行为的结果相同，但主要事实或者主要理由有改变的，不属于行政诉讼法第七十一条规定的情形。

人民法院以违反法定程序为由，判决撤销被诉行政行为的，行政机关重新作出行政行为不受行政诉讼法第七十一条规定的限制。

行政机关以同一事实和理由重新作出与原行政行为基本相同的行政行为，人民法院应当根据行政诉讼法第七十条、第七十一条的规定判决撤销或者部分撤销，并根据行政诉讼法第九十六条的规定处理。

第九十一条 原告请求被告履行法定职责的理由成立，被告违法拒绝履行或者无正当理由逾期不予答复的，人民法院可以根据行政诉讼法第七十二条的规定，判决被告在一定期限内依法履行原告请求的法定职责；尚需被告调查或者裁量的，应当判决被告针对原告的请求重新作出处理。

第九十二条 原告申请被告依法履行支付抚恤金、最低生活保障待遇或者社会保险待遇等给付义务的理由成立，被告依法负有给付义务而拒绝或者拖延履行义务的，人民法院可以根据行政诉讼法第七十三条的规定，判决被告在一定期限内履行相应的给付义务。

第九十三条 原告请求被告履行法定职责或者依法履行支付抚恤金、最低生活保障待遇或者社会保险待遇等给付义务，原告未先向行政机关提出申请的，人民法院裁定驳回起诉。

人民法院经审理认为原告所请求履行的法定职责或者给付义务明显不属于行政机关权限范围的，可以裁定驳回起诉。

第九十四条 公民、法人或者其他组织起诉请求撤销行政行为，人民法院经审查认为行政行为无效的，应当作出确认无效的判决。

公民、法人或者其他组织起诉请求确认行政行为无效，人民法院审查认为行政行为不属于无效情形，经释明，原告请求撤销行政行为的，应当继续审理并依法作出相应判决；原告请求撤销行政行为但超过法定起诉期限的，裁定驳回起诉；原告拒绝变更诉讼请求的，判决驳回其诉讼请求。

第九十五条 人民法院经审理认为被诉行政行为违法或者无效，可能给原告造成损失，经释明，原告请求一并解决行政赔偿争议的，人民法院可以就赔偿事项进行调解；调解不成的，应当一并判决。人民法院也可以告知其就赔偿事项另行提起诉讼。

第九十六条 有下列情形之一，且对原告依法享有的听证、陈述、申辩等重要程序性权利不产生实质损害的，属于行政诉讼法第七十四条第一款第二项规定的“程序轻微违法”：

（一）处理期限轻微违法；

（二）通知、送达等程序轻微违法；

（三）其他程序轻微违法的情形。

第九十七条 原告或者第三人的损失系由其自身过错和行政机关的违法行政行为共同造成的，人民法院应当依据各方行为与损害结果之间有无因果关系以及在损害发生和结果中作用力的大小，确定行政机关相应的赔偿责任。

第九十八条 因行政机关不履行、拖延履行法定职责，致使公民、法人或者其他组织的合法权益遭受损害的，人民法院应当判决行政机关承担行政赔偿责任。在确定赔偿数额时，应当考虑该不履行、拖延履行法定职责的行为在损害发生过程和结果中所起的作用等因素。

第九十九条 有下列情形之一的，属于行政诉讼法第七十五条规定的"重大且明显违法"：

（一）行政行为实施主体不具有行政主体资格；

（二）减损权利或者增加义务的行政行为没有法律规范依据；

（三）行政行为的内容客观上不可能实施；

（四）其他重大且明显违法的情形。

第一百条 人民法院审理行政案件，适用最高人民法院司法解释的，应当在裁判文书中援引。

人民法院审理行政案件，可以在裁判文书中引用合法有效的规章及其他规范性文件。

第一百零一条 裁定适用于下列范围：

（一）不予立案；

（二）驳回起诉；

（三）管辖异议；

（四）终结诉讼；

（五）中止诉讼；

（六）移送或者指定管辖；

（七）诉讼期间停止行政行为的执行或者驳回停止执行的申请；

（八）财产保全；

（九）先予执行；

（十）准许或者不准许撤诉；

（十一）补正裁判文书中的笔误；

（十二）中止或者终结执行；

（十三）提审、指令再审或者发回重审；

（十四）准许或者不准许执行行政机关的行政行为；

（十五）其他需要裁定的事项。

对第一、二、三项裁定，当事人可以上诉。

裁定书应当写明裁定结果和作出该裁定的理由。裁定书由审判人员、书记员署名，加盖人民法院印章。口头裁定的，记入笔录。

第一百零二条 行政诉讼法第八十二条规定的行政案件中的“事实清楚”，是指当事人对争议的事实陈述基本一致，并能提供相应的证据，无须人民法院调查收集证据即可查明事实；“权利义务关系明确”，是指行政法律关系中权利和义务能够明确区分；“争议不大”，是指当事人对行政行为的合法性、责任承担等没有实质分歧。

第一百零三条 适用简易程序审理的行政案件，人民法院可以用口头通知、电话、短信、传真、电子邮件等简便方式传唤当事人、通知证人、送达裁判文书以外的诉讼文书。

以简便方式送达的开庭通知，未经当事人确认或者没有其他证据证明当事人已经收到的，人民法院不得缺席判决。

第一百零四条 适用简易程序案件的举证期限由人民法院确定，也可以由当事人协商一致并经人民法院准许，但不得超过十五日。被告要求书面答辩的，人民法院可以确定合理的答辩期间。

人民法院应当将举证期限和开庭日期告知双方当事人，并向当事人说明逾期举证以及拒不到庭的法律后果，由双方当事人在笔录和开庭传票的送达回证上签名或者捺印。

当事人双方均表示同意立即开庭或者缩短举证期限、答辩期间的，人民法院可以立即开庭审理或者确定近期开庭。

第一百零五条 人民法院发现案情复杂，需要转为普通程序审理的，应当在审理期限届满前作出裁定并将合议庭组成人员及相关事项书面通知双方当事人。

案件转为普通程序审理的，审理期限自人民法院立案之日起计算。

第一百零六条 当事人就已经提起诉讼的事项在诉讼过程中或者裁判生效后再次起诉，同时具有下列情形的，构成重复起诉：

（一）后诉与前诉的当事人相同；

（二）后诉与前诉的诉讼标的相同；

（三）后诉与前诉的诉讼请求相同，或者后诉的诉讼请求被前诉裁判所包含。

第一百零七条 第一审人民法院作出判决和裁定后，当事人均提起上诉的，上诉各方均为上诉人。

诉讼当事人中的一部分人提出上诉，没有提出上诉的对方当事人为被上诉人，其他当事人依原审诉讼地位列明。

第一百零八条 当事人提出上诉，应当按照其他当事人或者诉讼代表人的人数提出上诉状副本。

原审人民法院收到上诉状，应当在五日内将上诉状副本发送其他当事人，对方当事人应当在收到上诉状副本之日起十五日内提出答辩状。

原审人民法院应当在收到答辩状之日起五日内将副本发送上诉人。对方当事人不提出答辩状的，不影响人民法院审理。

原审人民法院收到上诉状、答辩状，应当在五日内连同全部案卷和证据，报送第二审人民法院；已经预收的诉讼费用，一并报送。

第一百零九条 第二审人民法院经审理认为原审人民法院不予立案或者驳回起诉的裁定确有错误且当事人的起诉符合起诉条件的，应当裁定撤销原审人民法院的裁定，指令原审人民法院依法立案或者继续审理。

第二审人民法院裁定发回原审人民法院重新审理的行政案件，原审人民法院应当另行组成合议庭进行审理。

原审判决遗漏了必须参加诉讼的当事人或者诉讼请求的，第二审人民法院应当裁定撤销原审判决，发回重审。

原审判决遗漏行政赔偿请求，第二审人民法院经审查认为依法不应当予以赔偿的，应当判决驳回行政赔偿请求。

原审判决遗漏行政赔偿请求，第二审人民法院经审理认为依法应当予以赔偿的，在确认被诉行政行为违法的同时，可以就行政赔偿问题进行调解；调解不成的，应当就行政赔偿部分发回重审。

当事人在第二审期间提出行政赔偿请求的，第二审人民法院可以进行调解；调解不成的，应当告知当事人另行起诉。

第一百一十条 当事人向上一级人民法院申请再审，应当在判决、裁定或者调解书发生法律效力后六个月内提出。有下列情形之一的，自知道或者应当知道之日起六个月内提出：

（一）有新的证据，足以推翻原判决、裁定的；

（二）原判决、裁定认定事实的主要证据是伪造的；

（三）据以作出原判决、裁定的法律文书被撤销或者变更的；

（四）审判人员审理该案件时有贪污受贿、徇私舞弊、枉法裁判行为的。

第一百一十一条 当事人申请再审的，应当提交再审申请书等材料。人民法院认为有必要的，可以自收到再审申请书之日起五日内将再审申请书副本发送对方当事人。对方当事人应当自收到再审申请书副本之日起十五日内提交书面意见。人民法院可以要求申请人和对方当事人补充有关材料，询问有关事项。

第一百一十二条 人民法院应当自再审申请案件立案之日起六个月内审查，有特殊情况需要延长的，由本院院长批准。

第一百一十三条 人民法院根据审查再审申请案件的需要决定是否询问当事人；新的证据可能推翻原判决、裁定的，人民法院应当询问当事人。

第一百一十四条 审查再审申请期间，被申请人及原审其他当事人依法提出再审申请的，人民法院应当将其列为再审申请人，对其再审事由一并审查，审查期限重新计算。经审查，其中一方再审申请人主张的再审事由成立的，应当裁定再审。各方再审申请人主张的再审事由均不成立的，一并裁定驳回再审申请。

第一百一十五条 审查再审申请期间，再审申请人申请人民法院委托鉴定、勘验的，人民法院不予准许。

审查再审申请期间，再审申请人撤回再审申请的，是否准许，由人民法院裁定。

再审申请人经传票传唤，无正当理由拒不接受询问的，按撤回再审申请处理。

人民法院准许撤回再审申请或者按撤回再审申请处理后，再审申请人再次申请再审的，不予立案，但有行政诉讼法第九十一条第二项、第三项、第七项、第八项规定情形，自知道或者应当知道之日起六个月内提出的除外。

第一百一十六条 当事人主张的再审事由成立，且符合行政诉讼法和本解释规定的申请再审条件的，人民法院应当裁定再审。

当事人主张的再审事由不成立，或者当事人申请再审超过法定申请再审期限、超出法定再审事由范围等不符合行政诉讼法和本解释规定的申请再审条件的，人民法院应当裁定驳回再审申请。

第一百一十七条 有下列情形之一的，当事人可以向人民检察院申请抗诉或者检察建议：

（一）人民法院驳回再审申请的；

（二）人民法院逾期未对再审申请作出裁定的；

（三）再审判决、裁定有明显错误的。

人民法院基于抗诉或者检察建议作出再审判决、裁定后，当事人申请再审的，人民法院不予立案。

第一百一十八条 按照审判监督程序决定再审的案件，裁定中止原判决、裁定、调解书的执行，但支付抚恤金、最低生活保障费或者社会保险待遇的案件，可以不中止执行。

上级人民法院决定提审或者指令下级人民法院再审的，应当作出裁定，裁定应当写明中止原判决的执行；情况紧急的，可以将中止执行的裁定口头通知负责执行的人民法院或者作出生效判决、裁定的人民法院，但应当在口头通知后十日内发出裁定书。

第一百一十九条 人民法院按照审判监督程序再审的案件，发生法律效力的判决、裁定是由第一审法院作出的，按照第一审程序审理，所作的判决、裁定，当事人可以上诉；发生法律效力的判决、裁定是由第二审法院作出的，按照第二审程序审理，所作的判决、裁定，是发生法律效力的判决、裁定；上级人民法院按照审判监督程序提审的，按照第二审程序审理，所作的判决、裁定是发生法律效力的判决、裁定。

人民法院审理再审案件，应当另行组成合议庭。

第一百二十条 人民法院审理再审案件应当围绕再审请求和被诉行政行为合法性进行。当事人的再审请求超出原审诉讼请求，符合另案诉讼条件的，告知当事人可以另行起诉。

被申请人及原审其他当事人在庭审辩论结束前提出的再审请求，符合本解释规定的申请期限的，人民法院应当一并审理。

人民法院经再审，发现已经发生法律效力的判决、裁定损害国家利益、社会公共利益、他人合法权益的，应当一并审理。

第一百二十一条 再审审理期间，有下列情形之一的，裁定终结再审程序：

（一）再审申请人在再审期间撤回再审请求，人民法院准许的；

（二）再审申请人经传票传唤，无正当理由拒不到庭的，或者未经法庭许可中途退庭，按撤回再审请求处理的；

（三）人民检察院撤回抗诉的；

（四）其他应当终结再审程序的情形。

因人民检察院提出抗诉裁定再审的案件，申请抗诉的当事人有前款规定的情形，且不损害国家利益、社会公共利益或者他人合法权益的，人民法院裁定终结再审程序。

再审程序终结后，人民法院裁定中止执行的原生效判决自动恢复执行。

第一百二十二条 人民法院审理再审案件，认为原生效判决、裁定确有错误，在撤销原生效判决或者裁定的同时，可以对生效判决、裁定的内容作出相应裁判，也可以裁定撤销生效判决或者裁定，发回作出生效判决、裁定的人民法院重新审理。

第一百二十三条 人民法院审理二审案件和再审案件，对原审法院立案、不予立案或者驳回起诉错误的，应当分别情况作如下处理：

（一）第一审人民法院作出实体判决后，第二审人民法院认为不应当立案的，在撤销第一审人民法院判决的同时，可以迳行驳回起诉；

（二）第二审人民法院维持第一审人民法院不予立案裁定错误的，再审法院应当撤销第一审、第二审人民法院裁定，指令第一审人民法院受理；

（三）第二审人民法院维持第一审人民法院驳回起诉裁定错误的，再审法院应当撤销第一审、第二审人民法院裁定，指令第一审人民法院审理。

第一百二十四条 人民检察院提出抗诉的案件，接受抗诉的人民法院应当自收到抗诉书之日起三十日内作出再审的裁定；有行政诉讼法第九十一条第二、三项规定情形之一的，可以指令下一级人民法院再审，但经该下一级人民法院再审过的除外。

人民法院在审查抗诉材料期间，当事人之间已经达成和解协议的，人民法院可以建议人民检察院撤回抗诉。

第一百二十五条 人民检察院提出抗诉的案件，人民法院再审开庭时，应当在开庭三日前通知人民检察院派员出庭。

第一百二十六条 人民法院收到再审检察建议后，应当组成合议庭，在三个月内进行审查，发现原判决、裁定、调解书确有错误，需要再审的，依照行政诉讼法第九十二条规定裁定再审，并通知当事人；经审查，决定不予再审的，应当书面回复人民检察院。

第一百二十七条 人民法院审理因人民检察院抗诉或者检察建议裁定再审的案件，不受此前已经作出的驳回当事人再审申请裁定的限制。

八、行政机关负责人出庭应诉

第一百二十八条 行政诉讼法第三条第三款规定的行政机关负责人，包括行政机关的正职、副职负责人以及其他参与分管的负责人。

行政机关负责人出庭应诉的，可以另行委托一至二名诉讼代理人。行政机关负责人不能出庭的，应当委托行政机关相应的工作人员出庭，不得仅委托律师出庭。

第一百二十九条 涉及重大公共利益、社会高度关注或者可能引发群体性事件等案件以及人民法院书面建议行政机关负责人出庭的案件，被诉行政机关负责人应当出庭。

被诉行政机关负责人出庭应诉的，应当在当事人及其诉讼代理人基本情况、案件由来部分予以列明。

行政机关负责人有正当理由不能出庭应诉的，应当向人民法院提交情况说明，并加盖行政机关印章或者由该机关主要负责人签字认可。

行政机关拒绝说明理由的，不发生阻止案件审理的效果，人民法院可以向监察机关、上一级行政机关提出司法建议。

第一百三十条 行政诉讼法第三条第三款规定的“行政机关相应的工作人员”，包括该行政机关具有国家行政编制身份的工作人员以及其他依法履行公职的人员。

被诉行政行为是地方人民政府作出的，地方人民政府法制工作机构的工作人员，以及被诉行政行为具体承办机关工作人员，可以视为被诉人民政府相应的工作人员。

第一百三十一条 行政机关负责人出庭应诉的，应当向人民法院提交能够证明该行政机关负责人职务的材料。

行政机关委托相应的工作人员出庭应诉的，应当向人民法院提交加盖行政机关印章的授权委托书，并载明工作人员的姓名、职务和代理权限。

第一百三十二条 行政机关负责人和行政机关相应的工作人员均不出庭，仅委托律师出庭的或者人民法院书面建议行政机关负责人出庭应诉，行政机关负责人不出庭应诉的，人民法院应当记录在案和在裁判文书中载明，并可以建议有关机关依法作出处理。

九、复议机关作共同被告

第一百三十三条 行政诉讼法第二十六条第二款规定的“复议机关决定维持原行政行为”，包括复议机关驳回复议申请或者复议请求的情形，但以复议申请不符合受理条件为由驳回的除外。

第一百三十四条 复议机关决定维持原行政行为的，作出原行政行为的行政机关和复议机关是共同被告。原告只起诉作出原行政行为的行政机关或者复议机关的，人民法院应当告知原告追加被告。原告不同意追加的，人民法院应当将另一机关列为共同被告。

行政复议决定既有维持原行政行为内容，又有改变原行政行为内容或者不予受理申请内容的，作出原行政行为的行政机关和复议机关为共同被告。

复议机关作共同被告的案件，以作出原行政行为的行政机关确定案件的级别管辖。

第一百三十五条 复议机关决定维持原行政行为的，人民法院应当在审查原行政行为合法性的同时，一并审查复议决定的合法性。

作出原行政行为的行政机关和复议机关对原行政行为合法性共同承担举证责任，可以由其中一个机关实施举证行为。复议机关对复议决定的合法性承担举证责任。

复议机关作共同被告的案件，复议机关在复议程序中依法收集和补充的证据，可以作为人民法院认定复议决定和原行政行为合法的依据。

第一百三十六条 人民法院对原行政行为作出判决的同时，应当对复议决定一并作出相应判决。

人民法院依职权追加作出原行政行为的行政机关或者复议机关为共同被告的，对原行政行为或者复议决定可以作出相应判决。

人民法院判决撤销原行政行为和复议决定的，可以判决作出原行政行为的行政机关重新作出行政行为。

人民法院判决作出原行政行为的行政机关履行法定职责或者给付义务的，应当同时判决撤销复议决定。

原行政行为合法、复议决定违法的，人民法院可以判决撤销复议决定或者确认复议决定违法，同时判决驳回原告针对原行政行为的诉讼请求。

原行政行为被撤销、确认违法或者无效，给原告造成损失的，应当由作出原行政行为的行政机关承担赔偿责任；因复议决定加重损害的，由复议机关对加重部分承担赔偿责任。

原行政行为不符合复议或者诉讼受案范围等受理条件，复议机关作出维持决定的，人民法院应当裁定一并驳回对原行政行为和复议决定的起诉。

十、相关民事争议的一并审理

第一百三十七条 公民、法人或者其他组织请求一并审理行政诉讼法第六十一条规定的相关民事争议，应当在第一审开庭审理前提出；有正当理由的，也可以在法庭调查中提出。

第一百三十八条 人民法院决定在行政诉讼中一并审理相关民事争议，或者案件当事人一致同意相关民事争议在行政诉讼中一并解决，人民法院准许的，由受理行政案件的人民法院管辖。

公民、法人或者其他组织请求一并审理相关民事争议，人民法院经审查发现行政案件已经超过起诉期限，民事案件尚未立案的，告知当事人另行提起民事诉讼；民事案件已经立案的，由原审判组织继续审理。

人民法院在审理行政案件中发现民事争议为解决行政争议的基础，当事人没有请求人民法院一并审理相关民事争议的，人民法院应当告知当事人依法申请一并解决民事争议。当事人就民事争议另行提起民事诉讼并已立案的，人民法院应当中止行政诉讼的审理。民事争议处理期间不计算在行政诉讼审理期限内。

第一百三十九条 有下列情形之一的，人民法院应当作出不予准许一并审理民事争议的决定，并告知当事人可以依法通过其他渠道主张权利：

（一）法律规定应当由行政机关先行处理的；

（二）违反民事诉讼法专属管辖规定或者协议管辖约定的；

（三）约定仲裁或者已经提起民事诉讼的；

（四）其他不宜一并审理民事争议的情形。

对不予准许的决定可以申请复议一次。

第一百四十条 人民法院在行政诉讼中一并审理相关民事争议的，民事争议应当单独立案，由同一审判组织审理。

人民法院审理行政机关对民事争议所作裁决的案件，一并审理民事争议的，不另行立案。

第一百四十一条 人民法院一并审理相关民事争议，适用民事法律规范的相关规定，法律另有规定的除外。

当事人在调解中对民事权益的处分，不能作为审查被诉行政行为合法性的根据。

第一百四十二条 对行政争议和民事争议应当分别裁判。

当事人仅对行政裁判或者民事裁判提出上诉的，未上诉的裁判在上诉期满后即发生法律效力。第一审人民法院应当将全部案卷一并移送第二审人民法院，由行政审判庭审理。第二审人民法院发现未上诉的生效裁判确有错误的，应当按照审判监督程序再审。

第一百四十三条 行政诉讼原告在宣判前申请撤诉的，是否准许由人民法院裁定。人民法院裁定准许行政诉讼原告撤诉，但其对已经提起的一并审理相关民事争议不撤诉的，人民法院应当继续审理。

第一百四十四条 人民法院一并审理相关民事争议，应当按行政案件、民事案件的标准分别收取诉讼费用。

十一、规范性文件的一并审查

第一百四十五条 公民、法人或者其他组织在对行政行为提起诉讼时一并请求对所依据的规范性文件审查的，由行政行为案件管辖法院一并审查。

第一百四十六条 公民、法人或者其他组织请求人民法院一并审查行政诉讼法第五十三条规定的规范性文件，应当在第一审开庭审理前提出；有正当理由的，也可以在法庭调查中提出。

第一百四十七条 人民法院在对规范性文件审查过程中，发现规范性文件可能不合法的，应当听取规范性文件制定机关的意见。

制定机关申请出庭陈述意见的，人民法院应当准许。

行政机关未陈述意见或者未提供相关证明材料的，不能阻止人民法院对规范性文件进行审查。

第一百四十八条 人民法院对规范性文件进行一并审查时，可以从规范性文件制定机关是否超越权限或者违反法定程序、作出行政行为所依据的条款以及相关条款等方面进行。

有下列情形之一的，属于行政诉讼法第六十四条规定的“规范性文件不合法”：

（一）超越制定机关的法定职权或者超越法律、法规、规章的授权范围的；

（二）与法律、法规、规章等上位法的规定相抵触的；

（三）没有法律、法规、规章依据，违法增加公民、法人和其他组织义务或者减损公民、法人和其他组织合法权益的；

（四）未履行法定批准程序、公开发布程序，严重违反制定程序的；

（五）其他违反法律、法规以及规章规定的情形。

第一百四十九条 人民法院经审查认为行政行为所依据的规范性文件合法的，应当作为认定行政行为合法的依据；经审查认为规范性文件不合法的，不作为人民法院认定行政行为合法的依据，并在裁判理由中予以阐明。作出生效裁判的人民法院应当向规范性文件的制定机关提出处理建议，并可以抄送制定机关的同级人民政府、上一级行政机关、监察机关以及规范性文件的备案机关。

规范性文件不合法的，人民法院可以在裁判生效之日起三个月内，向规范性文件制定机关提出修改或者废止该规范性文件的司法建议。

规范性文件由多个部门联合制定的，人民法院可以向该规范性文件的主办机关或者共同上一级行政机关发送司法建议。

接收司法建议的行政机关应当在收到司法建议之日起六十日内予以书面答复。情况紧急的，人民法院可以建议制定机关或者其上一级行政机关立即停止执行该规范性文件。

第一百五十条 人民法院认为规范性文件不合法的，应当在裁判生效后报送上一级人民法院进行备案。涉及国务院部门、省级行政机关制定的规范性文件，司法建议还应当分别层报最高人民法院、高级人民法院备案。

第一百五十一条 各级人民法院院长对本院已经发生法律效力的判决、裁定，发现规范性文件合法性认定错误，认为需要再审的，应当提交审判委员会讨论。

最高人民法院对地方各级人民法院已经发生法律效力的判决、裁定，上级人民法院对下级人民法院已经发生法律效力的判决、裁定，发现规范性文件合法性认定错误的，有权提审或者指令下级人民法院再审。

十二、执　　行

第一百五十二条　对发生法律效力的行政判决书、行政裁定书、行政赔偿判决书和行政调解书，负有义务的一方当事人拒绝履行的，对方当事人可以依法申请人民法院强制执行。

人民法院判决行政机关履行行政赔偿、行政补偿或者其他行政给付义务，行政机关拒不履行的，对方当事人可以依法向法院申请强制执行。

第一百五十三条　申请执行的期限为二年。申请执行时效的中止、中断，适用法律有关规定。

申请执行的期限从法律文书规定的履行期间最后一日起计算；法律文书规定分期履行的，从规定的每次履行期间的最后一日起计算；法律文书中没有规定履行期限的，从该法律文书送达当事人之日起计算。

逾期申请的，除有正当理由外，人民法院不予受理。

第一百五十四条　发生法律效力的行政判决书、行政裁定书、行政赔偿判决书和行政调解书，由第一审人民法院执行。

第一审人民法院认为情况特殊，需要由第二审人民法院执行的，可以报请第二审人民法院执行；第二审人民法院可以决定由其执行，也可以决定由第一审人民法院执行。

第一百五十五条　行政机关根据行政诉讼法第九十七条的规定申请执行其行政行为，应当具备以下条件：

（一）行政行为依法可以由人民法院执行；

（二）行政行为已经生效并具有可执行内容；

（三）申请人是作出该行政行为的行政机关或者法律、法规、规章授权的组织；

（四）被申请人是该行政行为所确定的义务人；

（五）被申请人在行政行为确定的期限内或者行政机关催告期限内未履行义务；

（六）申请人在法定期限内提出申请；

（七）被申请执行的行政案件属于受理执行申请的人民法院管辖。

行政机关申请人民法院执行，应当提交行政强制法第五十五条规定的相关材料。

人民法院对符合条件的申请，应当在五日内立案受理，并通知申请人；对不符合条件的申请，应当裁定不予受理。行政机关对不予受理裁定有异议，在十五日内向上一级人民法院申请复议的，上一级人民法院应当在收到复议申请之日起十五日内作出裁定。

第一百五十六条 没有强制执行权的行政机关申请人民法院强制执行其行政行为，应当自被执行人的法定起诉期限届满之日起三个月内提出。逾期申请的，除有正当理由外，人民法院不予受理。

第一百五十七条 行政机关申请人民法院强制执行其行政行为的，由申请人所在地的基层人民法院受理；执行对象为不动产的，由不动产所在地的基层人民法院受理。

基层人民法院认为执行确有困难的，可以报请上级人民法院执行；上级人民法院可以决定由其执行，也可以决定由下级人民法院执行。

第一百五十八条 行政机关根据法律的授权对平等主体之间民事争议作出裁决后，当事人在法定期限内不起诉又不履行，作出裁决的行政机关在申请执行的期限内未申请人民法院强制执行的，生效行政裁决确定的权利人或者其继承人、权利承受人在六个月内可以申请人民法院强制执行。

享有权利的公民、法人或者其他组织申请人民法院强制执行生效行政裁决，参照行政机关申请人民法院强制执行行政行为的规定。

第一百五十九条 行政机关或者行政行为确定的权利人申请人民法院强制执行前，有充分理由认为被执行人可能逃避执行的，可以申请人民法院采取财产保全措施。后者申请强制执行的，应当提供相应的财产担保。

第一百六十条 人民法院受理行政机关申请执行其行政行为的案件后，应当在七日内由行政审判庭对行政行为的合法性进行审查，并作出是否准予执行的裁定。

人民法院在作出裁定前发现行政行为明显违法并损害被执行人合法权益的，应当听取被执行人和行政机关的意见，并自受理之日起三十日内作出是否准予执行的裁定。

需要采取强制执行措施的，由本院负责强制执行非诉行政行为的机构执行。

第一百六十一条 被申请执行的行政行为有下列情形之一的，人民法院应当裁定不准予执行：

（一）实施主体不具有行政主体资格的；

（二）明显缺乏事实根据的；

（三）明显缺乏法律、法规依据的；

（四）其他明显违法并损害被执行人合法权益的情形。

行政机关对不准予执行的裁定有异议，在十五日内向上一级人民法院申请复议的，上一级人民法院应当在收到复议申请之日起三十日内作出裁定。

十三、附　　则

第一百六十二条 公民、法人或者其他组织对 2015 年 5 月 1 日之前作出的行政行为提起诉讼，请求确认行政行为无效的，人民法院不予立案。

第一百六十三条 本解释自 2018 年 2 月 8 日起施行。

本解释施行后，《最高人民法院关于执行〈中华人民共和国行政诉讼法〉若干问题的解释》（法释〔2000〕8 号）、《最高人民法院关于适用〈中华人民共和国行政诉讼法〉若干问题的解释》（法释〔2015〕9 号）同时废止。最高人民法院以前发布的司法解释与本解释不一致的，不再适用。

最高人民法院印发《关于行政案件案由的暂行规定》的通知

（2020 年 12 月 25 日　法发〔2020〕44 号）

各省、自治区、直辖市高级人民法院，解放军军事法院，新疆维吾尔自治区高级人民法院生产建设兵团分院：

《最高人民法院关于行政案件案由的暂行规定》已于 2020 年 12 月 7 日由最高人民法院审判委员会第 1820 次会议讨论通过，自 2021 年 1 月 1 日起施行,《最高人民法院关于规范行政案件案由的通知》(法发〔2004〕2 号,以下简称 2004 年案由通知)同时废止。现将《最高人民法院关于行政案件案由的暂行规定》(以下简称《暂行规定》)印发给你们,并将适用《暂行规定》的有关问题通知如下。

一、认真学习和准确适用《暂行规定》

行政案件案由是行政案件名称的核心组成部分,起到明确被诉对象、区分案件性质、提示法律适用、引导当事人正确行使诉讼权利等作用。准确确定行政案件案由,有利于人民法院在行政立案、审判中准确确定被诉行政行为、正确适用法律,有利于提高行政审判工作的规范化程度,有利于提高行政案件司法统计的准确性和科学性,有利于为人民法院司法决策提供更有价值的参考,有利于提升人民法院服务大局、司法为民的能力和水平。各级人民法院要认真组织学习《暂行规定》,全面准确领会,确保该规定得到正确实施。

二、准确把握案由的基本结构

根据行政诉讼法和相关行政法律规范的规定,遵循简洁、明确、规范、开放的原则,行政案件案由按照被诉行政行为确定,表述为“××(行政行为)”。例如,不服行政机关作出的行政拘留处罚提起的行政诉讼,案件案由表述为“行政拘留”。

此次起草《暂行规定》时,案由基本结构中删除了 2004 年案由通知规定的“行政管理范围”。司法统计时,可以通过提取被告行政机关要素,确定和掌握相关行政管理领域某类行政案件的基本情况。

三、准确把握案由的适用范围

《暂行规定》适用于行政案件的立案、审理、裁判、执行的各阶段,也适用于一审、二审、申请再审和再审等诉讼程序。在立案阶段,人民法院可以根据起诉状所列被诉行政行为确定初步案由。在审理、裁判阶段,人民法院发现初步确定的案由不准确时,可以重新确定案由。二审、申请再审、再审程序中发现原审案由不准确的,人民法院应当重新确定案由。在执行阶段,人民法院应当采用据以执行的生效法律文书确定的结案案由。

案件卷宗封面、开庭传票、送达回证等材料上应当填写案由。司法统计一般以生效法律文书确定的案由为准,也可以根据统计目的的实际需要,按照相应诉讼阶段或者程序确定的案由进行统计。

四、准确理解案由的确定规则

（一）行政案件案由分为三级

1. 一级案由。行政案件的一级案由为“行政行为”，是指行政机关与行政职权相关的所有作为和不作为。

2. 二、三级案由的确定和分类。二、三级案由是对一级案由的细化。目前我国法律、法规对行政机关作出的行政行为并无明确的分类标准。三级案由主要是按照法律法规等列举的行政行为名称，以及行政行为涉及的权利内容等进行划分。目前列举的二级案由主要包括：行政处罚、行政强制措施、行政强制执行、行政许可、行政征收或者征用、行政登记、行政确认、行政给付、行政允诺、行政征缴、行政奖励、行政收费、政府信息公开、行政批复、行政处理、行政复议、行政裁决、行政协议、行政补偿、行政赔偿及不履行职责、公益诉讼。

3. 优先适用三级案由。人民法院在确定行政案件案由时，应当首先适用三级案由；无对应的三级案由时，适用二级案由；二级案由仍然无对应的名称，适用一级案由。例如，起诉行政机关作出的罚款行政处罚，该案案由只能按照三级案由确定为“罚款”，不能适用二级或者一级案由。

（二）起诉多个被诉行政行为案件案由的确定

在同一个案件中存在多个被诉行政行为时，可以并列适用不同的案由。例如，起诉行政机关作出的罚款、行政拘留、没收违法所得的行政处罚时，该案案由表述为“罚款、行政拘留及没收违法所得”。如果是两个以上的被诉行政行为，其中一个行政行为适用三级案由，另一个只能适用二级案由的，可以并列适用不同层级的案由。

（三）不可诉行为案件案由的确定

当事人对不属于行政诉讼受案范围的行政行为或者民事行为、刑事侦查行为等提起行政诉讼的案件，人民法院根据《中华人民共和国行政诉讼法》第十三条和《最高人民法院关于适用〈中华人民共和国行政诉讼法〉的解释》第一条第二款规定中的相关表述确定案由，具体表述为：国防外交行为、发布决定命令行为、奖惩任免行为、最终裁决行为、刑事司法行为、行政调解行为、仲裁行为、行政指导行为、重复处理行为、执行生效裁判行为、信访处理行为等。例如，起诉行政机关行政指导行为的案件，案由表述为“行政指导行为”。应当注意的是，“内部层级监督行为”“过程性行为”均是对行政行为性质的概括，在确定案件案由时还应根据被诉行为名称来确定。对于前述规定没有列举，但法律、法规、规章或者司法解释有明确的法定名称表述的案件，以法定名称表述案由；尚无法律、法规、规章或者司法解释明确法定名称的行为或事项，人民法院可以通过概括当事人诉讼请求所指向的行为或者事项确定案由，例如，起诉行政机关要求为其子女安排工作的案件，案由表述为“安排子女工作”。

五、关于几种特殊行政案件案由确定规则

（一）行政复议案件

行政复议机关成为行政诉讼被告，主要有三种情形：一是行政复议机关不予受理或者程序性驳回复议申请；二是行政复议机关改变（包括撤销）原行政行为；三是行政复议机关维持原行政行为或者实体上驳回复议申请。第一、二种情形下，行政复议机关单独作被告，按《暂行规定》基本结构确定案由即可。第三种情形下，行政复议机关和原行政行为作出机关是共同被告，此类案件案由表述为“××（行政行为）及行政复议”。例如，起诉某市人民政府维持该市某局作出的政府信息公开答复的案件，案由表述为“政府信息公开及行政复议”。

（二）行政协议案件

确定行政协议案件案由时，须将行政协议名称予以列明。当事人一并提出行政赔偿、解除协议或者继续履行协议等请求的，要在案由中一并列出。例如，起诉行政机关解除公交线路特许经营协议，请求赔偿损失并判令继续履行协议的案件，案由表述为“单方解除公交线路特许经营协议及行政赔偿、继续履行”。

（三）行政赔偿案件

行政赔偿案件分为一并提起行政赔偿案件和单独提起行政赔偿案件两类。一并提起行政赔偿案件，案由表述为“××（行政行为）及行政赔偿”。例如，起诉行政机关行政拘留一并请求赔偿限制人身自由损失的案件，案由表述为“行政拘留及行政赔偿”。单独提起行政赔偿案件，案由表述为“行政赔偿”。例如，起诉行政机关赔偿违法强制拆除房屋损失的案件，案由表述为“行政赔偿”。

（四）一并审查规范性文件案件

一并审查规范性文件案件涉及被诉行政行为和规范性文件两个审查对

象，此类案件案由表述为“××（行政行为）及规范性文件审查”。例如，起诉行政机关作出的强制拆除房屋行为，同时对相关的规范性文件不服一并提起行政诉讼的案件，案由表述为“强制拆除房屋及规范性文件审查”。

（五）行政公益诉讼案件

行政公益诉讼案件案由按照“××（行政行为）”后缀“公益诉讼”的模式确定，表述为“××（行政行为）公益诉讼”。例如，人民检察院对行政机关不履行查处环境违法行为法定职责提起行政公益诉讼的案件，案由表述为“不履行查处环境违法行为职责公益诉讼”。

（六）不履行法定职责案件

“不履行法定职责”是指负有法定职责的行政机关在依法应当履职的情况下消极不作为，从而使得行政相对人权益得不到保护或者无法实现的违法状态。未依法履责、不完全履责、履责不当和迟延履责等以作为方式实施的违法履责行为，均不属于不履行法定职责。

在不履行法定职责案件案由中要明确行政机关应当履行的法定职责内容，表述为“不履行××职责”。例如，起诉行政机关不履行行政处罚职责案件，案由表述为“不履行行政处罚职责”。此处法定职责内容一般按照二级案由表述即可。确有必要的，不履行法定职责案件也可细化到三级案由，例如“不履行罚款职责”。

（七）申请执行人民法院生效法律文书案件

申请执行人民法院生效法律文书案件，案由由“申请执行”加行政诉讼案由后缀“判决”“裁定”或者“调解书”构成。例如，人民法院作出变更罚款决定的生效判决后，行政机关申请人民法院执行该判决的案件，案由表述为“申请执行罚款判决”。

（八）非诉行政执行案件

非诉行政执行案件案由表述为“申请执行××（行政行为）”。其中，“××（行政行为）”应当优先适用三级案由表述。例如，行政机关作出责令退还非法占用土地的行政决定后，行政相对人未履行退还土地义务，行政机关申请人民法院强制执行的案件，案由表述为“申请执行责令退还非法占用土地决定”。

六、应注意的问题

（一）各级人民法院要正确认识行政案件案由的性质与功能，不得将

《暂行规定》等同于行政诉讼的受理条件或者范围。判断被诉行政行为是否属于行政诉讼受案范围，必须严格依据行政诉讼法及相关司法解释的规定。

（二）由于行政管理领域及行政行为种类众多，《暂行规定》仅能在二、三级案由中列举人民法院受理的常见案件中被诉行政行为种类或者名称，无法列举所有被诉行政行为。为了确保行政案件案由表述的规范统一以及司法统计的科学性、准确性，各级人民法院应当严格按照《暂行规定》表述案由。对于《暂行规定》未列举案由的案件，可依据相关法律、法规、规章及司法解释对被诉行政行为的表述来确定案由，不得使用“其他”或者“其他行政行为”概括案由。

（三）行政案件的名称表述应当与案由的表述保持一致，一般表述为“××（原告）诉××（行政机关）××（行政行为）案”，不得表述为“××（原告）与××（行政机关）××行政纠纷案”。

（四）知识产权授权确权和涉及垄断的行政案件案由按照《最高人民法院关于增加部分行政案件案由的通知》（法〔2019〕261号）等规定予以确定。

对于适用《暂行规定》过程中遇到的问题和情况，请及时层报最高人民法院。

最高人民法院关于行政案件案由的暂行规定

（2020年12月7日最高人民法院审判委员会第1820次会议通过　自2021年1月1日起施行）

为规范人民法院行政立案、审判、执行工作，正确适用法律，统一确定行政案件案由，根据《中华人民共和国行政诉讼法》及相关法律法规和司法解释的规定，结合行政审判工作实际，对行政案件案由规定如下：

一级案由

行政行为

二级、三级案由

（一）行政处罚

1. 警告
2. 通报批评
3. 罚款
4. 没收违法所得
5. 没收非法财物
6. 暂扣许可证件
7. 吊销许可证件
8. 降低资质等级
9. 责令关闭
10. 责令停产停业
11. 限制开展生产经营活动
12. 限制从业
13. 行政拘留
14. 不得申请行政许可
15. 责令限期拆除

（二）行政强制措施

16. 限制人身自由
17. 查封场所、设施或者财物
18. 扣押财物
19. 冻结存款、汇款
20. 冻结资金、证券
21. 强制隔离戒毒
22. 留置
23. 采取保护性约束措施

（三）行政强制执行

24. 加处罚款或者滞纳金
25. 划拨存款、汇款
26. 拍卖查封、扣押的场所、设施或者财物

27. 处理查封、扣押的场所、设施或者财物
28. 排除妨碍
29. 恢复原状
30. 代履行
31. 强制拆除房屋或者设施
32. 强制清除地上物
（四）行政许可
33. 工商登记
34. 社会团体登记
35. 颁发机动车驾驶证
36. 特许经营许可
37. 建设工程规划许可
38. 建筑工程施工许可
39. 矿产资源许可
40. 药品注册许可
41. 医疗器械许可
42. 执业资格许可
（五）行政征收或者征用
43. 征收或者征用房屋
44. 征收或者征用土地
45. 征收或者征用动产
（六）行政登记
46. 房屋所有权登记
47. 集体土地所有权登记
48. 森林、林木所有权登记
49. 矿业权登记
50. 土地承包经营权登记
51. 建设用地使用权登记
52. 宅基地使用权登记
53. 海域使用权登记
54. 水利工程登记

55. 居住权登记
56. 地役权登记
57. 不动产抵押登记
58. 动产抵押登记
59. 质押登记
60. 机动车所有权登记
61. 船舶所有权登记
62. 户籍登记
63. 婚姻登记
64. 收养登记
65. 税务登记

（七）行政确认

66. 基本养老保险资格或者待遇认定
67. 基本医疗保险资格或者待遇认定
68. 失业保险资格或者待遇认定
69. 工伤保险资格或者待遇认定
70. 生育保险资格或者待遇认定
71. 最低生活保障资格或者待遇认定
72. 确认保障性住房分配资格
73. 颁发学位证书或者毕业证书

（八）行政给付

74. 给付抚恤金
75. 给付基本养老金
76. 给付基本医疗保险金
77. 给付失业保险金
78. 给付工伤保险金
79. 给付生育保险金
80. 给付最低生活保障金

（九）行政允诺

81. 兑现奖金
82. 兑现优惠

（十）行政征缴
83. 征缴税款
84. 征缴社会抚养费
85. 征缴社会保险费
86. 征缴污水处理费
87. 征缴防空地下室易地建设费
88. 征缴水土保持补偿费
89. 征缴土地闲置费
90. 征缴土地复垦费
91. 征缴耕地开垦费
（十一）行政奖励
92. 授予荣誉称号
93. 发放奖金
（十二）行政收费
94. 证照费
95. 车辆通行费
96. 企业注册登记费
97. 不动产登记费
98. 船舶登记费
99. 考试考务费
（十三）政府信息公开
（十四）行政批复
（十五）行政处理
100. 责令退还非法占用土地
101. 责令交还土地
102. 责令改正
103. 责令采取补救措施
104. 责令停止建设
105. 责令恢复原状
106. 责令公开
107. 责令召回

108. 责令暂停生产
109. 责令暂停销售
110. 责令暂停使用
111. 有偿收回国有土地使用权
112. 退学决定

（十六）行政复议

113. 不予受理行政复议申请决定
114. 驳回行政复议申请决定
115. ××（行政行为）及行政复议
116. 改变原行政行为的行政复议决定

（十七）行政裁决

117. 土地、矿藏、水流、荒地或者滩涂权属确权
118. 林地、林木、山岭权属确权
119. 海域使用权确权
120. 草原权属确权
121. 水利工程权属确权
122. 企业资产性质确认

（十八）行政协议

123. 订立××（行政协议）
124. 单方变更××（行政协议）
125. 单方解除××（行政协议）
126. 不依法履行××（行政协议）
127. 未按约定履行××（行政协议）
128. ××（行政协议）行政补偿
129. ××（行政协议）行政赔偿
130. 撤销××（行政协议）
131. 解除××（行政协议）
132. 继续履行××（行政协议）
133. 确认××（行政协议）无效或有效

（十九）行政补偿

134. 房屋征收或者征用补偿

135. 土地征收或者征用补偿

136. 动产征收或者征用补偿

137. 撤回行政许可补偿

138. 收回国有土地使用权补偿

139. 规划变更补偿

140. 移民安置补偿

（二十）行政赔偿

（二十一）不履行××职责

（二十二）××（行政行为）公益诉讼

最高人民法院关于审理行政协议案件若干问题的规定

（2019年11月12日最高人民法院审判委员会第1781次会议通过　2019年11月27日最高人民法院公告公布　自2020年1月1日起施行　法释〔2019〕17号）

为依法公正、及时审理行政协议案件，根据《中华人民共和国行政诉讼法》等法律的规定，结合行政审判工作实际，制定本规定。

第一条　行政机关为了实现行政管理或者公共服务目标，与公民、法人或者其他组织协商订立的具有行政法上权利义务内容的协议，属于行政诉讼法第十二条第一款第十一项规定的行政协议。

第二条　公民、法人或者其他组织就下列行政协议提起行政诉讼的，人民法院应当依法受理：

（一）政府特许经营协议；

（二）土地、房屋等征收征用补偿协议；

（三）矿业权等国有自然资源使用权出让协议；

（四）政府投资的保障性住房的租赁、买卖等协议；

（五）符合本规定第一条规定的政府与社会资本合作协议；

（六）其他行政协议。

第三条 因行政机关订立的下列协议提起诉讼的，不属于人民法院行政诉讼的受案范围：

（一）行政机关之间因公务协助等事由而订立的协议；

（二）行政机关与其工作人员订立的劳动人事协议。

第四条 因行政协议的订立、履行、变更、终止等发生纠纷，公民、法人或者其他组织作为原告，以行政机关为被告提起行政诉讼的，人民法院应当依法受理。

因行政机关委托的组织订立的行政协议发生纠纷的，委托的行政机关是被告。

第五条 下列与行政协议有利害关系的公民、法人或者其他组织提起行政诉讼的，人民法院应当依法受理：

（一）参与招标、拍卖、挂牌等竞争性活动，认为行政机关应当依法与其订立行政协议但行政机关拒绝订立，或者认为行政机关与他人订立行政协议损害其合法权益的公民、法人或者其他组织；

（二）认为征收征用补偿协议损害其合法权益的被征收征用土地、房屋等不动产的用益物权人、公房承租人；

（三）其他认为行政协议的订立、履行、变更、终止等行为损害其合法权益的公民、法人或者其他组织。

第六条 人民法院受理行政协议案件后，被告就该协议的订立、履行、变更、终止等提起反诉的，人民法院不予准许。

第七条 当事人书面协议约定选择被告所在地、原告所在地、协议履行地、协议订立地、标的物所在地等与争议有实际联系地点的人民法院管辖的，人民法院从其约定，但违反级别管辖和专属管辖的除外。

第八条 公民、法人或者其他组织向人民法院提起民事诉讼，生效法律文书以涉案协议属于行政协议为由裁定不予立案或者驳回起诉，当事人又提起行政诉讼的，人民法院应当依法受理。

第九条 在行政协议案件中，行政诉讼法第四十九条第三项规定的“有具体的诉讼请求”是指：

（一）请求判决撤销行政机关变更、解除行政协议的行政行为，或者确认该行政行为违法；

（二）请求判决行政机关依法履行或者按照行政协议约定履行义务；

（三）请求判决确认行政协议的效力；

（四）请求判决行政机关依法或者按照约定订立行政协议；

（五）请求判决撤销、解除行政协议；

（六）请求判决行政机关赔偿或者补偿；

（七）其他有关行政协议的订立、履行、变更、终止等诉讼请求。

第十条 被告对于自己具有法定职权、履行法定程序、履行相应法定职责以及订立、履行、变更、解除行政协议等行为的合法性承担举证责任。

原告主张撤销、解除行政协议的，对撤销、解除行政协议的事由承担举证责任。

对行政协议是否履行发生争议的，由负有履行义务的当事人承担举证责任。

第十一条 人民法院审理行政协议案件，应当对被告订立、履行、变更、解除行政协议的行为是否具有法定职权、是否滥用职权、适用法律法规是否正确、是否遵守法定程序、是否明显不当、是否履行相应法定职责进行合法性审查。

原告认为被告未依法或者未按照约定履行行政协议的，人民法院应当针对其诉讼请求，对被告是否具有相应义务或者履行相应义务等进行审查。

第十二条 行政协议存在行政诉讼法第七十五条规定的重大且明显违法情形的，人民法院应当确认行政协议无效。

人民法院可以适用民事法律规范确认行政协议无效。

行政协议无效的原因在一审法庭辩论终结前消除的，人民法院可以确认行政协议有效。

第十三条 法律、行政法规规定应当经过其他机关批准等程序后生效的行政协议，在一审法庭辩论终结前未获得批准的，人民法院应当确认该协议未生效。

行政协议约定被告负有履行批准程序等义务而被告未履行，原告要求被告承担赔偿责任的，人民法院应予支持。

第十四条 原告认为行政协议存在胁迫、欺诈、重大误解、显失公平等情形而请求撤销，人民法院经审理认为符合法律规定可撤销情形的，可以依法判决撤销该协议。

第十五条 行政协议无效、被撤销或者确定不发生效力后，当事人因行政协议取得的财产，人民法院应当判决予以返还；不能返还的，判决折价补偿。

因被告的原因导致行政协议被确认无效或者被撤销，可以同时判决责令被告采取补救措施；给原告造成损失的，人民法院应当判决被告予以赔偿。

第十六条 在履行行政协议过程中，可能出现严重损害国家利益、社会公共利益的情形，被告作出变更、解除协议的行政行为后，原告请求撤销该行为，人民法院经审理认为该行为合法的，判决驳回原告诉讼请求；给原告造成损失的，判决被告予以补偿。

被告变更、解除行政协议的行政行为存在行政诉讼法第七十条规定情形的，人民法院判决撤销或者部分撤销，并可以责令被告重新作出行政行为。

被告变更、解除行政协议的行政行为违法，人民法院可以依据行政诉讼法第七十八条的规定判决被告继续履行协议、采取补救措施；给原告造成损失的，判决被告予以赔偿。

第十七条 原告请求解除行政协议，人民法院认为符合约定或者法定解除情形且不损害国家利益、社会公共利益和他人合法权益的，可以判决解除该协议。

第十八条 当事人依据民事法律规范的规定行使履行抗辩权的，人民法院应予支持。

第十九条 被告未依法履行、未按照约定履行行政协议，人民法院可以依据行政诉讼法第七十八条的规定，结合原告诉讼请求，判决被告继续履行，并明确继续履行的具体内容；被告无法履行或者继续履行无实际意义的，人民法院可以判决被告采取相应的补救措施；给原告造成损失的，判决被告予以赔偿。

原告要求按照约定的违约金条款或者定金条款予以赔偿的，人民法院应予支持。

第二十条 被告明确表示或者以自己的行为表明不履行行政协议，原告在履行期限届满之前向人民法院起诉请求其承担违约责任的，人民法院应予支持。

第二十一条 被告或者其他行政机关因国家利益、社会公共利益的需要依法行使行政职权，导致原告履行不能、履行费用明显增加或者遭受损失，原告请求判令被告给予补偿的，人民法院应予支持。

第二十二条 原告以被告违约为由请求人民法院判令其承担违约责任，人民法院经审理认为行政协议无效的，应当向原告释明，并根据原告变更后的诉讼请求判决确认行政协议无效；因被告的行为造成行政协议无效的，人民法院可以依法判决被告承担赔偿责任。原告经释明后拒绝变更诉讼请求的，人民法院可以判决驳回其诉讼请求。

第二十三条 人民法院审理行政协议案件，可以依法进行调解。

人民法院进行调解时，应当遵循自愿、合法原则，不得损害国家利益、社会公共利益和他人合法权益。

第二十四条 公民、法人或者其他组织未按照行政协议约定履行义务，经催告后不履行，行政机关可以作出要求其履行协议的书面决定。公民、法人或者其他组织收到书面决定后在法定期限内未申请行政复议或者提起行政诉讼，且仍不履行，协议内容具有可执行性的，行政机关可以向人民法院申请强制执行。

法律、行政法规规定行政机关对行政协议享有监督协议履行的职权，公民、法人或者其他组织未按照约定履行义务，经催告后不履行，行政机关可以依法作出处理决定。公民、法人或者其他组织在收到该处理决定后在法定期限内未申请行政复议或者提起行政诉讼，且仍不履行，协议内容具有可执行性的，行政机关可以向人民法院申请强制执行。

第二十五条 公民、法人或者其他组织对行政机关不依法履行、未按照约定履行行政协议提起诉讼的，诉讼时效参照民事法律规范确定；对行政机关变更、解除行政协议等行政行为提起诉讼的，起诉期限依照行政诉讼法及其司法解释确定。

第二十六条 行政协议约定仲裁条款的，人民法院应当确认该条款无效，但法律、行政法规或者我国缔结、参加的国际条约另有规定的除外。

第二十七条 人民法院审理行政协议案件，应当适用行政诉讼法的规定；行政诉讼法没有规定的，参照适用民事诉讼法的规定。

人民法院审理行政协议案件，可以参照适用民事法律规范关于民事合同的相关规定。

第二十八条 2015 年 5 月 1 日后订立的行政协议发生纠纷的，适用行政诉讼法及本规定。

2015年5月1日前订立的行政协议发生纠纷的，适用当时的法律、行政法规及司法解释。

第二十九条 本规定自2020年1月1日起施行。最高人民法院以前发布的司法解释与本规定不一致的，适用本规定。

最高人民法院关于行政机关负责人出庭应诉若干问题的规定

（2020年3月23日最高人民法院审判委员会第1797次会议通过 2020年6月22日最高人民法院公告公布 自2020年7月1日起施行 法释〔2020〕3号）

为进一步规范行政机关负责人出庭应诉活动，根据《中华人民共和国行政诉讼法》等法律规定，结合人民法院行政审判工作实际，制定本规定。

第一条 行政诉讼法第三条第三款规定的被诉行政机关负责人应当出庭应诉，是指被诉行政机关负责人依法应当在第一审、第二审、再审等诉讼程序中出庭参加诉讼，行使诉讼权利，履行诉讼义务。

法律、法规、规章授权独立行使行政职权的行政机关内设机构、派出机构或者其他组织的负责人出庭应诉，适用本规定。

应当追加为被告而原告不同意追加，人民法院通知以第三人身份参加诉讼的行政机关，其负责人出庭应诉活动参照前款规定。

第二条 行政诉讼法第三条第三款规定的被诉行政机关负责人，包括行政机关的正职、副职负责人、参与分管被诉行政行为实施工作的副职级别的负责人以及其他参与分管的负责人。

被诉行政机关委托的组织或者下级行政机关的负责人，不能作为被诉行政机关负责人出庭。

第三条 有共同被告的行政案件，可以由共同被告协商确定行政机关负责人出庭应诉；也可以由人民法院确定。

第四条 对于涉及食品药品安全、生态环境和资源保护、公共卫生安全等重大公共利益，社会高度关注或者可能引发群体性事件等的案件，人民法院应当通知行政机关负责人出庭应诉。

有下列情形之一，需要行政机关负责人出庭的，人民法院可以通知行政机关负责人出庭应诉：

（一）被诉行政行为涉及公民、法人或者其他组织重大人身、财产权益的；

（二）行政公益诉讼；

（三）被诉行政机关的上级机关规范性文件要求行政机关负责人出庭应诉的；

（四）人民法院认为需要通知行政机关负责人出庭应诉的其他情形。

第五条 人民法院在向行政机关送达的权利义务告知书中，应当一并告知行政机关负责人出庭应诉的法定义务及相关法律后果等事项。

人民法院通知行政机关负责人出庭的，应当在开庭三日前送达出庭通知书，并告知行政机关负责人不出庭可能承担的不利法律后果。

行政机关在庭审前申请更换出庭应诉负责人且不影响正常开庭的，人民法院应当准许。

第六条 行政机关负责人出庭应诉的，应当于开庭前向人民法院提交出庭应诉负责人的身份证明。身份证明应当载明该负责人的姓名、职务等基本信息，并加盖行政机关印章。

人民法院应当对出庭应诉负责人的身份证明进行审查，经审查认为不符合条件，可以补正的，应当告知行政机关予以补正；不能补正或者补正可能影响正常开庭的，视为行政机关负责人未出庭应诉。

第七条 对于同一审级需要多次开庭的同一案件，行政机关负责人到庭参加一次庭审的，一般可以认定其已经履行出庭应诉义务，但人民法院通知行政机关负责人再次出庭的除外。

行政机关负责人在一个审理程序中出庭应诉，不免除其在其他审理程序出庭应诉的义务。

第八条 有下列情形之一的，属于行政诉讼法第三条第三款规定的行政机关负责人不能出庭的情形：

（一）不可抗力；

（二）意外事件；

（三）需要履行他人不能代替的公务；

（四）无法出庭的其他正当事由。

第九条 行政机关负责人有正当理由不能出庭的，应当提交相关证明材料，并加盖行政机关印章或者由该机关主要负责人签字认可。

人民法院应当对行政机关负责人不能出庭的理由以及证明材料进行审查。

行政机关负责人有正当理由不能出庭，行政机关申请延期开庭审理的，人民法院可以准许；人民法院也可以依职权决定延期开庭审理。

第十条 行政诉讼法第三条第三款规定的相应的工作人员，是指被诉行政机关中具体行使行政职权的工作人员。

行政机关委托行使行政职权的组织或者下级行政机关的工作人员，可以视为行政机关相应的工作人员。

人民法院应当参照本规定第六条第二款的规定，对行政机关相应的工作人员的身份证明进行审查。

第十一条 诉讼参与人参加诉讼活动，应当依法行使诉讼权利，履行诉讼义务，遵守法庭规则，自觉维护诉讼秩序。

行政机关负责人或者行政机关委托的相应工作人员在庭审过程中应当就案件情况进行陈述、答辩、提交证据、辩论、发表最后意见，对所依据的规范性文件进行解释说明。

行政机关负责人出庭应诉的，应当就实质性解决行政争议发表意见。

诉讼参与人和其他人以侮辱、谩骂、威胁等方式扰乱法庭秩序的，人民法院应当制止，并根据行政诉讼法第五十九条规定进行处理。

第十二条 有下列情形之一的，人民法院应当向监察机关、被诉行政机关的上一级行政机关提出司法建议：

（一）行政机关负责人未出庭应诉，且未说明理由或者理由不成立的；

（二）行政机关有正当理由申请延期开庭审理，人民法院准许后再次开庭审理时行政机关负责人仍未能出庭应诉，且无正当理由的；

（三）行政机关负责人和行政机关相应的工作人员均不出庭应诉的；

（四）行政机关负责人未经法庭许可中途退庭的；

（五）人民法院在庭审中要求行政机关负责人就有关问题进行解释或者说明，行政机关负责人拒绝解释或者说明，导致庭审无法进行的。

有前款情形之一的，人民法院应当记录在案并在裁判文书中载明。

第十三条 当事人对行政机关具有本规定第十二条第一款情形提出异议的，人民法院可以在庭审笔录中载明，不影响案件的正常审理。

原告以行政机关具有本规定第十二条第一款情形为由拒不到庭、未经法庭许可中途退庭的，人民法院可以按照撤诉处理。

原告以行政机关具有本规定第十二条第一款情形为由在庭审中明确拒绝陈述或者以其他方式拒绝陈述，导致庭审无法进行，经法庭释明法律后果后仍不陈述意见的，人民法院可以视为放弃陈述权利，由其承担相应的法律后果。

第十四条 人民法院可以通过适当形式将行政机关负责人出庭应诉情况向社会公开。

人民法院可以定期将辖区内行政机关负责人出庭应诉情况进行统计、分析、评价，向同级人民代表大会常务委员会报告，向同级人民政府进行通报。

第十五条 本规定自2020年7月1日起施行。

最高人民法院关于正确确定县级以上地方人民政府行政诉讼被告资格若干问题的规定

（2021年2月22日最高人民法院审判委员会第1832次会议通过 2021年3月25日最高人民法院公告公布 自2021年4月1日起施行 法释〔2021〕5号）

为准确适用《中华人民共和国行政诉讼法》，依法正确确定县级以上地方人民政府的行政诉讼被告资格，结合人民法院行政审判工作实际，制定本解释。

第一条 法律、法规、规章规定属于县级以上地方人民政府职能部门的行政职权，县级以上地方人民政府通过听取报告、召开会议、组织研究、下发文件等方式进行指导，公民、法人或者其他组织不服县级以上地方人民政府的指导行为提起诉讼的，人民法院应当释明，告知其以具体实施行政行为的职能部门为被告。

第二条 县级以上地方人民政府根据城乡规划法的规定，责成有关职能部门对违法建筑实施强制拆除，公民、法人或者其他组织不服强制拆除行为提起诉讼，人民法院应当根据行政诉讼法第二十六条第一款的规定，以作出强制拆除决定的行政机关为被告；没有强制拆除决定书的，以具体实施强制拆除行为的职能部门为被告。

第三条 公民、法人或者其他组织对集体土地征收中强制拆除房屋等行为不服提起诉讼的，除有证据证明系县级以上地方人民政府具体实施外，人民法院应当根据行政诉讼法第二十六条第一款的规定，以作出强制拆除决定的行政机关为被告；没有强制拆除决定书的，以具体实施强制拆除等行为的行政机关为被告。

县级以上地方人民政府已经作出国有土地上房屋征收与补偿决定，公民、法人或者其他组织不服具体实施房屋征收与补偿工作中的强制拆除房屋等行为提起诉讼的，人民法院应当根据行政诉讼法第二十六条第一款的规定，以作出强制拆除决定的行政机关为被告；没有强制拆除决定书的，以县级以上地方人民政府确定的房屋征收部门为被告。

第四条 公民、法人或者其他组织向县级以上地方人民政府申请履行法定职责或者给付义务，法律、法规、规章规定该职责或者义务属于下级人民政府或者相应职能部门的行政职权，县级以上地方人民政府已经转送下级人民政府或者相应职能部门处理并告知申请人，申请人起诉要求履行法定职责或者给付义务的，以下级人民政府或者相应职能部门为被告。

第五条 县级以上地方人民政府确定的不动产登记机构或者其他实际履行该职责的职能部门按照《不动产登记暂行条例》的规定办理不动产登记，公民、法人或者其他组织不服提起诉讼的，以不动产登记机构或者实际履行该职责的职能部门为被告。

公民、法人或者其他组织对《不动产登记暂行条例》实施之前由县级以上地方人民政府作出的不动产登记行为不服提起诉讼的，以继续行使其职权的不动产登记机构或者实际履行该职责的职能部门为被告。

第六条 县级以上地方人民政府根据《中华人民共和国政府信息公开条例》的规定，指定具体机构负责政府信息公开日常工作，公民、法人或者其他组织对该指定机构以自己名义所作的政府信息公开行为不服提起诉讼的，以该指定机构为被告。

第七条 被诉行政行为不是县级以上地方人民政府作出，公民、法人或者其他组织以县级以上地方人民政府作为被告的，人民法院应当予以指导和释明，告知其向有管辖权的人民法院起诉；公民、法人或者其他组织经人民法院释明仍不变更的，人民法院可以裁定不予立案，也可以将案件移送有管辖权的人民法院。

第八条 本解释自2021年4月1日起施行。本解释施行后，最高人民法院此前作出的相关司法解释与本解释相抵触的，以本解释为准。

最高人民法院办公厅关于印发《行政审判办案指南（一）》的通知

（2014年2月24日　法办〔2014〕17号）

各省、自治区、直辖市高级人民法院，解放军军事法院，新疆维吾尔自治区高级人民法院生产建设兵团分院：

为统一司法裁判尺度，明确法律适用标准，让人民群众在每一个司法案件中都感受到公平正义，我们将对各地行政审判实践中具有前沿性、普遍性、典型性的案例及问题进行归纳研究，定期编发《行政审判办案指南》。现将《行政审判指南（一）》印发给你们，请转发至各级法院，供各地在行政案件审理中参考运用。

特此通知。

附：

行政审判办案指南（一）

一、受案范围

1. 会议纪要的可诉性问题

行政机关的内部会议纪要不可诉。但其直接对公民、法人或者其他组织的权利义务产生实际影响，且通过送达等途径外化的，属于可诉的具体行政行为。(1号) ①（注①：最高人民法院行政审判庭编写的《中国行政审判案例》相关案例编号，下同。具明该号便于各级人民法院审判人员对照参考具体案例，全面准确理解本指南要旨。

2. 规范性文件包含具体行政行为内容时的可诉性问题

行政机关发布的具有普遍约束力的规范性文件不可诉，但包含具体行政行为内容的，该部分内容具有可诉性。(44号)

3. 行政处理过程中特定事实之确认的可诉性问题

行政机关委托有关社会组织就特定事实作出确认，并将其作为行政处理决定事实根据的，该确认行为不可诉。(40号)

行政机关依职权就特定事实作出确认，并将其作为行政处理决定事实根据的，该确认行为不能成为独立的诉讼客体，但其直接对公民、法人或者其他组织的权利义务产生实质影响的具有可诉性。(43号)

4. 国有土地使用权拍卖行为的可诉性问题

土地管理部门出让国有土地使用权之前作出的拍卖公告等相关拍卖行为属于可诉的行政行为。(45号)

5. 延长行政许可期限行为的可诉性问题

延长行政许可期限的行为是独立于相关行政许可的行政行为，具有可诉性。在此类案件中，人民法院应当着重审查许可期限延长的理由是否合法、与此前的许可内容是否一致，以及相关行政许可是否存在重大、明显违法等情形。(42号)

二、诉讼参加人

6. 受行政行为潜在影响者的原告资格问题

公民、法人或其他组织认为行政行为对自身合法权益具有潜在的不利影响，如果这种影响以通常标准判断可以预见，则其对该行政行为具有原告资格。(2号)

7. 物权转移登记案件中债权人的原告资格问题

行政机关依债务人申请作出的物权转移登记行为，债权人一般不具有起诉的原告资格，但该登记所涉不动产或者动产因抵押、裁判执行等因素与债权产生特定联系的除外。(3号、49号)

8. 房屋转移登记案件中房屋使用人的原告资格问题

房屋使用人具有起诉房屋转移登记行为的原告资格，但其已被依法确认无权占有房屋的，原告资格随着其与房屋转移登记行为之间法律上利害关系的消失而消失。(48号)

9. 高等院校的适格被告问题

高等院校依据法律、法规授权作出颁发学历、学位证书以及开除学籍等影响学生受教育权利的行政行为，当事人不服提起行政诉讼的，以高等院校为被告。(5号、9号)

三、证据

10. “知道具体行政行为内容”的证明问题

被告或者第三人认为原告在特定时间已经知道具体行政行为内容，但其就此提供的证据无法排除合理怀疑且原告否认的，可以推定原告当时不知道具体行政行为内容。(8号)

11. 行政裁决申请事实的举证问题

最高人民法院《关于行政诉讼证据若干问题的规定》第四条第二款关于“在起诉被告不作为的案件中，原告应当提供其在行政程序中曾经提出申请的证据材料”之规定，针对的是申请人起诉的情形。被申请人起诉时，只要证明存在申请人申请裁决的事实，即可视为满足该款规定的举证要求。(52号)

12. 简易行政程序情形下执法人员陈述的证明力问题

被诉行政行为适用简易程序，只有一名执法人员从事执法活动的，该执法人员就有关事实所作的陈述具有比原告陈述更高的证明力，但其陈述存在明显影响证明力的瑕疵的除外。(6号)

四、起诉和受理

13. 行政复议机关作出不予受理决定时的起诉与受理问题

行政复议机关作出不予受理决定，并不表明原行政行为经过复议。在复议前置的情况下，当事人起诉不予受理决定的，应当依法受理；起诉原具体行政行为的，应当裁定不予受理。在法律没有规定复议前置的情况下，当事人在不予受理决定和原行政行为之间择一起诉的，应当依法受理。(4号、50号)

14. 行政复议机关受理逾期申请对起诉期限的影响问题

当事人逾期申请复议，行政复议机关决定维持原行政行为，当事人对

原行政行为不服提起诉讼，人民法院认为逾期申请复议无正当理由且起诉已超出法定期限的，裁定不予受理。(51号)

五、审理和判决

15. 行政登记案件中被告履行审查义务情况的认定问题

人民法院在审理行政登记案件中，应当以登记机关的法定职责和专业能力为标准，对其是否尽到合理审慎的审查义务作出认定。(10号)

16. 视为申请人放弃申请的认定问题

行政机关要求申请人补正相关材料，申请人以无须补正为由请求继续处理的，行政机关应当依据现有申请材料作出相应处理；简单地视为放弃申请的，构成不履行法定职责。(53号)

17. 行政处罚作出过程中法律规定发生变化时的选择适用问题

被诉行政处罚决定作出过程中新法开始施行的，一般按照实体从旧、程序从新的原则作出处理，但新法对原告更有利的除外。(57号)

18. 与旧法配套的实施细则在新法实施后的适用问题

新法实施后，与之配套的实施细则尚未颁行前，原有细则与新法不相抵触的内容可以适用。(13号)

19. 行政事业性收费免收规定的适用问题

行政机关因建设单位未依法定要求建设防空地下室而向其征收的易地建设费，系由建设单位应尽的法定义务转化而来的行政事业性收费，不适用有关部委规章中关于经济适用住房建设项目免收各种行政事业性收费的规定。(60号)

20. 行政机关对被追究刑事责任的当事人能否再予处罚的问题

行政机关将案件移送司法机关追究刑事责任后，不宜再就当事人的同一违法事实作出与刑事处理性质相同的行政处罚。(14号)

21. 行政机关自设义务可否归入法定职责的问题

行政机关在职权范围内以公告、允诺等形式为自己设定的义务，可以作为人民法院判断其是否对原告负有法定职责的依据。(22号、55号、56号、78号)

22. 履责判决内容具体化的问题

被告不履行法定职责，人民法院认为应当履行且无裁量余地的，可以直接判决其作出特定行政行为。(77号)

六、法律原则的运用

23. 最小侵害原则的运用问题

行政机关未选择对相对人损害较小的执法方式达成执法目的，迳行作出被诉行政行为给相对人造成不必要的较大损害的，可以认定被诉行为违法。但在损害较小的方式不能奏效时，行政机关作出被诉行政行为给相对人造成较大损害的，不宜认定违法。(18 号、19 号)

24. 正当程序原则的运用问题

行政机关作出对利害关系人产生不利影响的行政决定前，未给予该利害关系人申辩机会的，不符合正当程序原则；由此可能损害利害关系人合法权益的，人民法院可以认定被诉行政行为违反法定程序。(20 号)

25. 行政裁量过程中考虑因素的确定问题

行政机关在作出无偿收回闲置土地决定时未考虑相对人是否存在免责事由、在作出房屋征收或者拆迁补偿决定时未考虑老年人等特定被拆迁人群体的合理需求的，属于遗漏应当考虑的因素，人民法院可以据此认定被诉行政行为违法。(68 号、71 号)

七、若干重要领域

26. 工伤认定相关法定要件的理解问题

（1）“职工”应当包括用人单位聘用的超过法定退休年龄的人员。(69 号)

（2）“工作原因”应当包括因履行工作职责、完成工作任务、遵从单位安排等与工作存在直接关系的事项。(31 号、34 号、35 号、70 号)

（3）“上下班途中”应包括职工在合理时间内为上下班而往返于居住地和工作单位之间的合理路径。(33 号)

（4）申请工伤认定的“1 年期限”可因不归责于申请人的正当事由中止或者中断。(36 号、37 号、63 号)

（5）职工的旁系近亲属在职工因工伤死亡且无直系亲属时，具有申请工伤认定的资格。(64 号)

27. 土地、城建类行政案件审查标准问题

在房屋征收（拆迁）案件中，城市房屋合法附着的土地超出容积率的部分应当按照市场评估价格予以补偿。(16 号)

在强制拆除违法建筑的案件中，相对人表明仍需使用建筑材料的，行政机关负有返还义务；行政机关无正当理由拒绝返还的，人民法院可以判

决确认违法，并要求行政机关承担相应的赔偿责任。(79号)

28. 不予公开信息案件审理和判决的有关问题

行政机关以申请公开的信息属于国家秘密、商业秘密、个人隐私或者危及“三安全一稳定”为由不予公开的，应当证明申请公开的信息符合《保密法》《反不正当竞争法》以及其他相关法律规范规定的要件。对于能够区分处理而没有区分处理的，人民法院可以在判决中指明需要区分的内容并责令被告重新作出处理。(23号、25号、76号)

八、行政赔偿

29. 混合过错情况下行政许可机关的赔偿责任认定问题

相对人的损失系由其自身过错和行政机关的违法许可行为共同造成的，应依据各方行为与损害结果之间有无因果关系及在损害发生和结果中所起作用的大小，合理确定行政机关的赔偿责任。(29号)

最高人民法院关于进一步保护和规范当事人依法行使行政诉权的若干意见

(2017年8月31日　法发〔2017〕25号)

新行政诉讼法和立案登记制同步实施以来，各级人民法院坚持司法为民的工作宗旨，进一步强化诉权保护意识，着力从制度上、源头上、根本上解决人民群众反映强烈的“立案难”问题，对依法应当受理的案件有案必立、有诉必理，人民群众的行政诉权得到了充分保护，立案渠道全面畅通，新行政诉讼法实施和立案登记制改革取得了重大成果。但与此同时，阻碍当事人依法行使诉权的现象尚未完全消除；一些当事人滥用诉权，浪费司法资源的现象日益增多。为了更好地保护和规范当事人依法行使诉权，引导当事人合理表达诉求，促进行政争议实质化解，结合行政审判工作实际，提出如下意见：

一、进一步强化诉权保护意识，积极回应人民群众合理期待，有力保障当事人依法合理行使诉权

1. 各级人民法院要高度重视诉权保护，坚持以宪法和法律为依据，以满足人民群众需求为导向，以实质化解行政争议为目标，对于依法应当受理的行政案件，一律登记立案，做到有案必立、有诉必理，切实维护和保障公民、法人和其他组织依法提起行政诉讼的权利。

2. 要切实转变观念，严格贯彻新行政诉讼法的规定，坚决落实立案登记制度，对于符合法定起诉条件的，应当当场登记立案。严禁在法律规定之外，以案件疑难复杂、部门利益权衡、影响年底结案等为由，不接收诉状或者接收诉状后不出具书面凭证。

3. 要不断提高保护公民、法人和其他组织依法行使诉权的意识，对于需要当事人补充起诉材料的，应当一次性全面告知当事人需要补正的内容、补充的材料及补正期限等；对于当事人欠缺法律知识的，人民法院必须做好诉讼引导和法律释明工作。

4. 要坚决清理限制当事人诉权的“土政策”，避免在立案环节进行过度审查，违法将当事人提起诉讼的依据是否充分、事实是否清楚、证据是否确凿、法律关系是否明确等作为立案条件。对于不能当场作出立案决定的，应当严格按照行政诉讼法和司法解释的规定，在七日内决定是否立案。人民法院在七日内既不立案、又不作出不予立案裁定，也未要求当事人补正起诉材料的，当事人可以向上一级人民法院起诉，上一级人民法院认为符合起诉条件的，应当立案、审理或指定其他下级人民法院立案、审理。

5. 对于属于人民法院受案范围的行政案件，人民法院发现没有管辖权的，应当告知当事人向有管辖权的人民法院起诉；已经立案的，应当移送有管辖权的人民法院。对于不属于复议前置的案件，人民法院不得以当事人的起诉未经行政机关复议为由不予立案或者不接收起诉材料。当事人的起诉可能超过起诉期限的，人民法院应当进行认真审查，确因不可抗力或者不可归责于当事人自身原因耽误起诉期限的，人民法院不得以超过起诉期限为由不予立案。

6. 要进一步提高诉讼服务能力，充分利用“大数据”“互联网+”“人工智能”等现代技术，继续推进诉讼服务大厅、诉讼服务网络、12368 热线、智能服务平台等建设，不断创新工作理念，完善服务举措，为人民群众递交材料、办理手续、领取文书以及立案指导、咨询解答、信息查询等提供一站式、立体化服务，为人民群众依法行使诉权提供优质、便捷、高效的诉讼引导和服务。

7. 要依法保障经济困难和诉讼实施能力较差的当事人的诉权。通过法律援助、司法救助等方式，让行使诉权确有困难的当事人能够顺利进入法院参与诉讼。要积极建立与律师协会、法律援助中心等单位的沟通交流和联动机制，为当事人提供及时有效的法律援助，提高当事人的诉讼实施能力。

8. 要严格执行中共中央办公厅、国务院办公厅印发的《领导干部干预司法活动、插手具体案件处理的记录、通报和责任追究规定》和中央政法委印发的《司法机关内部人员过问案件的记录和责任追究规定》，及时制止和纠正干扰依法立案、故意拖延立案、人为控制立案等违法违规行为。对于阻碍和限制当事人依法行使诉权、干预人民法院依法受理和审理行政案件的机关和个人，人民法院应当如实记录，并按规定报送同级党委政法委，同时可以向其上级机关或监察机关进行通报、提出处理建议。

二、正确引导当事人依法行使诉权，严格规制恶意诉讼和无理缠诉等滥诉行为

9. 要正确理解立案登记制的精神实质，在防止过度审查的同时，也要注意坚持必要审查。人民法院除对新行政诉讼法第四十九条规定的起诉条件依法进行审查外，对于起诉事项没有经过法定复议前置程序处理、起诉确已超过法定起诉期限、起诉人与行政行为之间确实没有利害关系等明显不符合法定起诉条件的，人民法院依法不予立案，但应当向当事人说明不予立案的理由。

10. 要引导当事人依法行使诉权，对于没有新的事实和理由，针对同一事项重复、反复提起诉讼，或者反复提起行政复议继而提起诉讼等违反“一事不再理”原则的起诉，人民法院依法不予立案，并向当事人说明不予立案的理由。当事人针对行政机关未设定其权利义务的重复处理行为、说明性告知行为及过程性行为提起诉讼的，人民法院依法不予立案，并向当事人做好释明工作，避免给当事人造成不必要的诉累。

11. 要准确把握新行政诉讼法第二十五条第一款规定的“利害关系”的法律内涵，依法审查行政机关的行政行为是否确与当事人权利义务的增减得失密切相关，当事人在诉讼中是否确实具有值得保护的实际权益，不得虚化、弱化利害关系的起诉条件。对于确与行政行为有利害关系的起诉，人民法院应当予以立案。

12. 当事人因请求上级行政机关监督和纠正下级行政机关的行政行为，不服上级行政机关作出的处理、答复或者未作处理等层级监督行为提起诉讼，或者不服上级行政机关对下级行政机关作出的通知、命令、答复、回函等内部指示行为提起诉讼的，人民法院在裁定不予立案的同时，可以告知当事人可以依法直接对下级行政机关的行政行为提起诉讼。上述行为如果设定了当事人的权利义务或者对当事人权利义务产生了实际影响，人民法院应当予以立案。

13. 当事人因投诉、举报、检举或者反映问题等事项不服行政机关作出的行政行为而提起诉讼的，人民法院应当认真审查当事人与其投诉、举报、检举或者反映问题等事项之间是否具有利害关系，对于确有利害关系的，应当依法予以立案，不得一概不予受理。对于明显不具有诉讼利益、无法或者没有必要通过司法渠道进行保护的起诉，比如当事人向明显不具有事务、地域或者级别管辖权的行政机关投诉、举报、检举或者反映问题，不服行政机关作出的处理、答复或者未作处理等行为提起诉讼的，人民法院依法不予立案。

14. 要正确区分当事人请求保护合法权益和进行信访之间的区别，防止将当事人请求行政机关履行法定职责当作信访行为对待。当事人因不服信访工作机构依据《信访条例》作出的处理意见、复查意见、复核意见或者不履行《信访条例》规定的职责提起诉讼的，人民法院依法不予立案。但信访答复行为重新设定了当事人的权利义务或者对当事人权利义务产生实际影响的，人民法院应当予以立案。

15. 要依法制止滥用诉权、恶意诉讼等行为。滥用诉权、恶意诉讼消耗行政资源，挤占司法资源，影响公民、法人和其他组织诉权的正常行使，损害司法权威，阻碍法治进步。对于以危害国家主权和领土完整、危害国家安全、破坏国家统一和民族团结、破坏国家宗教政策为目的的起诉，人民法院依法不予立案；对于极个别当事人不以保护合法权益为目的，长期、反复提起大量诉讼，滋扰行政机关，扰乱诉讼秩序的，人民法院依法不予立案。

16. 要充分尊重和保护公民、法人或者其他组织的知情权，依法及时审理当事人提起的涉及申请政府信息公开的案件。但对于当事人明显违反

《中华人民共和国政府信息公开条例》立法目的，反复、大量提出政府信息公开申请进而提起行政诉讼，或者当事人提起的诉讼明显没有值得保护的与其自身合法权益相关的实际利益，人民法院依法不予立案。公民、法人或者其他组织申请公开已经公布或其已经知晓的政府信息，或者请求行政机关制作、搜集政府信息或对已有政府信息进行汇总、分析、加工等，不服行政机关作出的处理、答复或者未作处理等行为提起诉讼的，人民法院依法不予立案。

17. 在认定滥用诉权、恶意诉讼的情形时，应当从严掌握标准，要从当事人提起诉讼的数量、周期、目的以及是否具有正当利益等角度，审查其是否具有滥用诉权、恶意诉讼的主观故意。对于属于滥用诉权、恶意诉讼的当事人，要探索建立有效机制，依法及时有效制止。

2. 立案和管辖

最高人民法院关于人民法院登记立案若干问题的规定

（2015 年 4 月 13 日最高人民法院审判委员会第 1647 次会议通过　2015 年 4 月 15 日最高人民法院公告公布　自 2015 年 5 月 1 日起施行　法释〔2015〕8 号）

为保护公民、法人和其他组织依法行使诉权，实现人民法院依法、及时受理案件，根据《中华人民共和国民事诉讼法》《中华人民共和国行政诉讼法》《中华人民共和国刑事诉讼法》等法律规定，制定本规定。

第一条　人民法院对依法应该受理的一审民事起诉、行政起诉和刑事自诉，实行立案登记制。

第二条　对起诉、自诉，人民法院应当一律接收诉状，出具书面凭证并注明收到日期。

对符合法律规定的起诉、自诉，人民法院应当当场予以登记立案。

对不符合法律规定的起诉、自诉，人民法院应当予以释明。

第三条 人民法院应当提供诉状样本，为当事人书写诉状提供示范和指引。

当事人书写诉状确有困难的，可以口头提出，由人民法院记入笔录。符合法律规定的，予以登记立案。

第四条 民事起诉状应当记明以下事项：

（一）原告的姓名、性别、年龄、民族、职业、工作单位、住所、联系方式，法人或者其他组织的名称、住所和法定代表人或者主要负责人的姓名、职务、联系方式；

（二）被告的姓名、性别、工作单位、住所等信息，法人或者其他组织的名称、住所等信息；

（三）诉讼请求和所根据的事实与理由；

（四）证据和证据来源；

（五）有证人的，载明证人姓名和住所。

行政起诉状参照民事起诉状书写。

第五条 刑事自诉状应当记明以下事项：

（一）自诉人或者代为告诉人、被告人的姓名、性别、年龄、民族、文化程度、职业、工作单位、住址、联系方式；

（二）被告人实施犯罪的时间、地点、手段、情节和危害后果等；

（三）具体的诉讼请求；

（四）致送的人民法院和具状时间；

（五）证据的名称、来源等；

（六）有证人的，载明证人的姓名、住所、联系方式等。

第六条 当事人提出起诉、自诉的，应当提交以下材料：

（一）起诉人、自诉人是自然人的，提交身份证明复印件；起诉人、自诉人是法人或者其他组织的，提交营业执照或者组织机构代码证复印件、法定代表人或者主要负责人身份证明书；法人或者其他组织不能提供组织机构代码的，应当提供组织机构被注销的情况说明；

（二）委托起诉或者代为告诉的，应当提交授权委托书、代理人身份证明、代为告诉人身份证明等相关材料；

（三）具体明确的足以使被告或者被告人与他人相区别的姓名或者名称、住所等信息；

（四）起诉状原本和与被告或者被告人及其他当事人人数相符的副本；

（五）与诉请相关的证据或者证明材料。

第七条 当事人提交的诉状和材料不符合要求的，人民法院应当一次性书面告知在指定期限内补正。

当事人在指定期限内补正的，人民法院决定是否立案的期间，自收到补正材料之日起计算。

当事人在指定期限内没有补正的，退回诉状并记录在册；坚持起诉、自诉的，裁定或者决定不予受理、不予立案。

经补正仍不符合要求的，裁定或者决定不予受理、不予立案。

第八条 对当事人提出的起诉、自诉，人民法院当场不能判定是否符合法律规定的，应当作出以下处理：

（一）对民事、行政起诉，应当在收到起诉状之日起七日内决定是否立案；

（二）对刑事自诉，应当在收到自诉状次日起十五日内决定是否立案；

（三）对第三人撤销之诉，应当在收到起诉状之日起三十日内决定是否立案；

（四）对执行异议之诉，应当在收到起诉状之日起十五日内决定是否立案。

人民法院在法定期间内不能判定起诉、自诉是否符合法律规定的，应当先行立案。

第九条 人民法院对起诉、自诉不予受理或者不予立案的，应当出具书面裁定或者决定，并载明理由。

第十条 人民法院对下列起诉、自诉不予登记立案：

（一）违法起诉或者不符合法律规定的；

（二）涉及危害国家主权和领土完整的；

（三）危害国家安全的；

（四）破坏国家统一和民族团结的；

（五）破坏国家宗教政策的；

（六）所诉事项不属于人民法院主管的。

第十一条 登记立案后，当事人未在法定期限内交纳诉讼费的，按撤诉处理，但符合法律规定的缓、减、免交诉讼费条件的除外。

第十二条 登记立案后，人民法院立案庭应当及时将案件移送审判庭审理。

第十三条 对立案工作中存在的不接收诉状、接收诉状后不出具书面凭证，不一次性告知当事人补正诉状内容，以及有案不立、拖延立案、干扰立案、既不立案又不作出裁定或者决定等违法违纪情形，当事人可以向受诉人民法院或者上级人民法院投诉。

人民法院应当在受理投诉之日起十五日内，查明事实，并将情况反馈当事人。发现违法违纪行为的，依法依纪追究相关人员责任；构成犯罪的，依法追究刑事责任。

第十四条 为方便当事人行使诉权，人民法院提供网上立案、预约立案、巡回立案等诉讼服务。

第十五条 人民法院推动多元化纠纷解决机制建设，尊重当事人选择人民调解、行政调解、行业调解、仲裁等多种方式维护权益，化解纠纷。

第十六条 人民法院依法维护登记立案秩序，推进诉讼诚信建设。对干扰立案秩序、虚假诉讼的，根据民事诉讼法、行政诉讼法有关规定予以罚款、拘留；构成犯罪的，依法追究刑事责任。

第十七条 本规定的“起诉”，是指当事人提起民事、行政诉讼；“自诉”，是指当事人提起刑事自诉。

第十八条 强制执行和国家赔偿申请登记立案工作，按照本规定执行。

上诉、申请再审、刑事申诉、执行复议和国家赔偿申诉案件立案工作，不适用本规定。

第十九条 人民法庭登记立案工作，按照本规定执行。

第二十条 本规定自 2015 年 5 月 1 日起施行。以前有关立案的规定与本规定不一致的，按照本规定执行。

最高人民法院关于行政申请再审案件立案程序的规定

（2016年11月21日最高人民法院审判委员会第1700次会议通过　2017年10月13日最高人民法院公告公布　自2018年1月1日起施行　法释〔2017〕18号）

为依法保障当事人申请再审权利，规范人民法院行政申请再审案件立案工作，根据《中华人民共和国行政诉讼法》等有关规定，结合审判工作实际，制定本规定。

第一条　再审申请应当符合以下条件：

（一）再审申请人是生效裁判文书列明的当事人，或者其他因不能归责于本人的事由未被裁判文书列为当事人，但与行政行为有利害关系的公民、法人或者其他组织；

（二）受理再审申请的法院是作出生效裁判的上一级人民法院；

（三）申请再审的裁判属于行政诉讼法第九十条规定的生效裁判；

（四）申请再审的事由属于行政诉讼法第九十一条规定的情形。

第二条　申请再审，有下列情形之一的，人民法院不予立案：

（一）再审申请被驳回后再次提出申请的；

（二）对再审判决、裁定提出申请的；

（三）在人民检察院对当事人的申请作出不予提出检察建议或者抗诉决定后又提出申请的；

前款第一项、第二项规定情形，人民法院应当告知当事人可以向人民检察院申请检察建议或者抗诉。

第三条　委托他人代为申请再审的，诉讼代理人应为下列人员：

（一）律师、基层法律服务工作者；

（二）当事人的近亲属或者工作人员；

（三）当事人所在社区、单位以及有关社会团体推荐的公民。

第四条　申请再审，应当提交下列材料：

（一）再审申请书，并按照被申请人及原审其他当事人的人数提交副本；

（二）再审申请人是自然人的，应当提交身份证明复印件；再审申请人是法人或者其他组织的，应当提交营业执照复印件、组织机构代码证书复印件、法定代表人或者主要负责人身份证明；法人或者其他组织不能提供组织机构代码证书复印件的，应当提交情况说明；

（三）委托他人代为申请再审的，应当提交授权委托书和代理人身份证明；

（四）原审判决书、裁定书、调解书，或者与原件核对无异的复印件；

（五）法律、法规规定需要提交的其他材料。

第五条 当事人申请再审，一般还应提交下列材料：

（一）一审起诉状复印件、二审上诉状复印件；

（二）在原审诉讼过程中提交的主要证据材料；

（三）支持再审申请事由和再审请求的证据材料；

（四）行政机关作出相关行政行为的证据材料；

（五）其向行政机关提出申请，但行政机关不作为的相关证据材料；

（六）认为需要提交的其他材料。

第六条 再审申请人提交再审申请书等材料时，应当填写送达地址确认书，并可同时附上相关材料的电子文本。

第七条 再审申请书应当载明下列事项：

（一）再审申请人、被申请人及原审其他当事人的基本情况。当事人是自然人的，应列明姓名、性别、出生日期、民族、住址及有效联系电话、通讯地址；当事人是法人或者其他组织的，应列明名称、住所地和法定代表人或者主要负责人的姓名、职务及有效联系电话、通讯地址；

（二）原审人民法院的名称，原审判决、裁定或者调解书的案号；

（三）具体的再审请求；

（四）申请再审的具体法定事由及事实、理由；

（五）受理再审申请的人民法院名称；

（六）再审申请人的签名、捺印或者盖章；

（七）递交再审申请书的日期。

第八条 再审申请人提交的再审申请书等材料符合上述要求的，人民法院应当出具《诉讼材料收取清单》，注明收到材料日期，并加盖专用收件章。《诉讼材料收取清单》一式两份，一份由人民法院入卷，一份由再审申请人留存。

第九条 再审申请人提出的再审申请不符合本规定的，人民法院应当当场告知再审申请人。

再审申请人提交的再审申请书等材料不符合要求的，人民法院应当将材料退回再审申请人，并一次性全面告知其在指定的合理期限内予以补正。再审申请人无正当理由逾期不予补正且仍坚持申请再审的，人民法院应当裁定驳回其再审申请。

人民法院不得因再审申请人未提交本规定第五条规定的相关材料，认定其提交的材料不符合要求。

第十条 对符合上述条件的再审申请，人民法院应当及时立案，并应自收到符合条件的再审申请书等材料之日起五日内向再审申请人发送受理通知书，同时向被申请人及原审其他当事人发送应诉通知书、再审申请书副本及送达地址确认书。

因通讯地址不详等原因，受理通知书、应诉通知书、再审申请书副本等材料未送达当事人的，不影响案件的审查。

被申请人可以在收到再审申请书副本之日起十五日内向人民法院提出书面答辩意见，被申请人未提出书面答辩意见的，不影响人民法院审查。

第十一条 再审申请人向原审人民法院申请再审或者越级申请再审的，原审人民法院或者有关上级人民法院应当告知其向作出生效裁判的人民法院的上一级法院提出。

第十二条 当事人申请再审，应当在判决、裁定、调解书发生法律效力后六个月内提出。

申请再审期间为人民法院向当事人送达裁判文书之日起至再审申请人向上一级人民法院申请再审之日止。

申请再审期间为不变期间，不适用中止、中断、延长的规定。

再审申请人对2015年5月1日行政诉讼法实施前已经发生法律效力的判决、裁定、调解书申请再审的，人民法院依据《最高人民法院关于执行〈中华人民共和国行政诉讼法〉若干问题的解释》第七十三条规定的2年确定申请再审的期间，但该期间在2015年10月31日尚未届满的，截止至2015年10月31日。

第十三条 人民法院认为再审申请不符合法定申请再审期间要求的，应当告知再审申请人。

再审申请人认为未超过法定期间的，人民法院可以要求其在十日内提交生效裁判文书的送达回证复印件或其他能够证明裁判文书实际生效日期的相应证据材料。再审申请人拒不提交上述证明材料或逾期未提交，或者提交的证据材料不足以证明申请再审未超过法定期间的，人民法院裁定驳回再审申请。

第十四条 再审申请人申请撤回再审申请，尚未立案的，人民法院退回已提交材料并记录在册；已经立案的，人民法院裁定是否准许撤回再审申请。人民法院准许撤回再审申请或者按撤回再审申请处理后，再审申请人再次申请再审的，人民法院不予立案，但有行政诉讼法第九十一条第二项、第三项、第七项、第八项规定等情形，自知道或者应当知道之日起六个月内提出的除外。

第十五条 本规定自2018年1月1日起施行，最高人民法院以前发布的有关规定与本规定不符的，按照本规定执行。

最高人民法院关于开展行政案件相对集中管辖试点工作的通知

（2013年1月4日 法〔2013〕3号）

各省、自治区、直辖市高级人民法院，新疆维吾尔自治区高级人民法院生产建设兵团分院：

为深入贯彻党的十八大精神，充分发挥法治在国家治理和社会管理中的重要作用，确保人民法院依法独立公正行使行政审判权，充分保护公民、法人和其他组织的合法权益，维护国家法制统一、尊严、权威，最高人民法院决定在部分中级人民法院辖区内开展行政案件相对集中管辖试点工作。现就有关问题通知如下：

一、提高对试点工作重要性的认识

行政诉讼制度是新时期正确处理人民内部矛盾，完善党和政府主导的维护群众权益的重要机制之一，是畅通和规范群众诉求表达的重要渠道。行政诉讼法实施以来，各级人民法院审理了一大批行政案件，妥善化解了大量行政争议，为保障和促进经济社会科学发展、维护社会和谐稳定作出了重要贡献。但是由于有的地方司法环境欠佳，案件的受理和审理往往受到不当干预；有的地区行政案件不均衡，有的法院受案不多甚至无案可办；有的法院因怕惹麻烦而不愿意受理行政案件。人民法院不能依法受理行政案件，并独立公正地行使审判权，不仅损害司法的权威，最终也将损害法律和国家的权威，动摇党的执政基础。近年来，党中央和社会各界高度关注人民法院为确保依法独立公正行使审判权进行的改革与探索。部分地方人民法院在当地党委、人大、政府的支持配合下，以行政案件管辖制度改革为突破口，通过提级管辖、指定管辖、交叉管辖和相对集中管辖等方式，在现行法律框架下实现了司法审判区域与行政管理区域的有限分离，使行政审判制度及时有效化解行政争议、妥善处理人民内部矛盾的功能得以正常发挥。这些探索和实践，有利于依法治国基本方略全面落实，有利于回应和保障人民群众的司法诉求，有利于推进法治政府建设，也有利于改善行政审判司法环境、统一司法标准、促进司法公正。最高人民法院在总结各地经验的基础上，决定在部分中级人民法院辖区内开展行政案件相对集中管辖试点工作。各级人民法院要充分认识试点工作的重要意义，将其作为完善我国行政诉讼制度、进一步深化司法体制改革的重要措施，切实加强组织领导，认真研究具体实施方案，确保试点工作的顺利开展并取得实效。

二、做好试点法院的遴选工作

行政案件相对集中管辖，就是将部分基层人民法院管辖的一审行政案件，通过上级人民法院统一指定的方式，交由其他基层人民法院集中管辖的制度。各高级人民法院应当结合本地实际，确定1—2个中级人民法院进行试点。试点中级人民法院要根据本辖区具体情况，确定2—3个基层人民法院为集中管辖法院，集中管辖辖区内其他基层人民法院管辖的行政诉讼案件；集中管辖法院不宜审理的本地行政机关为被告的案件，可以将原由其管辖的部分或者全部案件交由其他集中管辖法院审理。非集中管辖法院的行政审判庭仍予保留，主要负责非诉行政执行案件等有关工作，同时协助、配合集中管辖法院做好本地区行政案件的协调、处理工作。集中管辖法院的选择，应当考虑司法环境较好、行政案件数量较多、行政审判力量较强、经济社会发展水平较高等因素，并制定试点方案报请高级人民法院决定。

三、落实试点工作保障措施

试点工作涉及机构编制、人员调配、物资保障等多方面问题。各高级人民法院、开展试点的中级人民法院以及相关基层人民法院，要主动向当地党委、人大、政府汇报，通报试点工作的重要意义和主要做法，力争各方面的理解与配合，并在党委领导、人大监督和政府的支持下，积极有序开展试点工作。集中管辖法院要研究落实试点工作保障措施，配齐配强行政审判人员，行政审判庭设置不少于两个合议庭，所需审判人员可以在所属中级人民法院辖区内择优调配，也可以其他方式选调充实。要结合试点工作需要，做好集中管辖法院行政审判庭的办公用房、办公设备、车辆等物资保障，为开展试点工作提供必要的物质条件。

四、贯彻司法便民原则

试点工作应当坚持和体现以人为本、便民利民原则。确定集中管辖法院，要充分考虑其所处地理位置和交通条件，尽可能方便当事人参与诉讼。试点中级人民法院辖区内各基层人民法院的立案窗口，要免费提供试点工作相关的宣传和释明材料，便于公众了解试点情况，指导当事人正确行使诉讼权利、参与诉讼活动。当事人向非集中管辖法院提起诉讼的，应当告知其向管辖法院起诉，或者在收到起诉状后及时将相关材料移送集中管辖法院。要充分考虑当事人诉讼的便利性，尽可能通过到当地调查取证、巡回审判等方式，减轻当事人诉讼负担。

五、加强组织领导和宣传

各高级人民法院和试点中级人民法院要加强对试点工作的组织领导，及时出台试点方案，支持、指导、监督集中管辖法院做好试点工作。要指导、监督集中管辖法院与其他法院的合理分工与配合，共同做好案件的受理、审理、执行和息诉稳控工作。对试点工作中存在的困难和问题，要适时进行调研和解决。试点工作中取得的经验和遇到的问题，要及时层报上级法院。试点中级人民法院要及时将集中管辖法院及其管辖范围以适当方式进行公告，充分利用各种形式向社会各界广泛宣传试点工作，争取对试点工作的理解、关心和支持。

各高级人民法院应当在2013年3月底前，将试点中级人民法院名单及其试点方案报最高人民法院。

最高人民法院关于海关行政处罚案件诉讼管辖问题的解释

（2002年1月28日最高人民法院审判委员会第1209次会议通过　2002年1月30日最高人民法院公告公布　自2002年2月7日起施行　法释〔2002〕4号）

为规范海事法院的受理案件范围，根据《中华人民共和国行政诉讼法》的有关规定，现就海关行政处罚案件的诉讼管辖问题解释如下：

相对人不服海关作出的行政处罚决定提起诉讼的案件，由有管辖权的地方人民法院依照《中华人民共和国行政诉讼法》的有关规定审理。相对人向海事法院提起诉讼的，海事法院不予受理。

最高人民法院办公厅关于海事行政案件管辖问题的通知

（2003年8月11日　法办〔2003〕253号）

各省、自治区、直辖市高级人民法院，新疆维吾尔自治区高级人民法院生产建设兵团分院：

为规范海事行政案件的管辖问题，根据我院审判委员会第1282次会议决定，特通知如下：

一、行政案件、行政赔偿案件和审查行政机关申请执行其具体行政行为的案件仍由各级人民法院行政审判庭审理。海事等专门人民法院不审理行政案件、行政赔偿案件，亦不审查和执行行政机关申请执行其具体行政行为的案件。

二、本通知下发之前，海事法院已经受理的海事行政案件、行政赔偿案件，继续由海事法院审理；海事法院已作出的生效行政判决或者行政裁定的法律效力不受影响。

最高人民法院关于国有资产产权管理行政案件管辖问题的解释

（2001年1月10日最高人民法院审判委员会第1156次会议通过　2001年2月16日最高人民法院公告公布　自2001年2月21日起施行　法释〔2001〕6号）

为了正确适用《中华人民共和国行政诉讼法》第十七条、第十九条的 18
规定，现对国有资产产权管理行政案件的管辖问题作出如下解释： 20

当事人因国有资产产权界定行为提起行政诉讼的，应当根据不同情况确定管辖法院。产权界定行为直接针对不动产作出的，由不动产所在地人民法院管辖。产权界定行为针对包含不动产在内的整体产权作出的，由最初作出产权界定的行政机关所在地人民法院管辖；经过复议的案件，复议机关改变原产权界定行为的，也可以由复议机关所在地人民法院管辖。

3. 证　据

最高人民法院关于行政诉讼证据若干问题的规定

（2002年6月4日最高人民法院审判委员会第1224次会议通过　2002年7月24日最高人民法院公告公布　自2002年10月1日起施行　法释〔2002〕21号）

为准确认定案件事实，公正、及时地审理行政案件，根据《中华人民共和国行政诉讼法》（以下简称行政诉讼法）等有关法律规定，结合行政审判实际，制定本规定。

一、举证责任分配和举证期限

34 57 **第一条** 根据行政诉讼法第三十二条和第四十三条的规定，被告对作出的具体行政行为负有举证责任，应当在收到起诉状副本之日起10日内，提供据以作出被诉具体行政行为的全部证据和所依据的规范性文件。被告不提供或者无正当理由逾期提供证据的，视为被诉具体行政行为没有相应的证据。

被告因不可抗力或者客观上不能控制的其他正当事由，不能在前款规定的期限内提供证据的，应当在收到起诉状副本之日起10日内向人民法院提出延期提供证据的书面申请。人民法院准许延期提供的，被告应当在正当事由消除后10日内提供证据。逾期提供的，视为被诉具体行政行为没有相应的证据。

第二条 原告或者第三人提出其在行政程序中没有提出的反驳理由或者证据的，经人民法院准许，被告可以在第一审程序中补充相应的证据。

35 **第三条** 根据行政诉讼法第三十三条的规定，在诉讼过程中，被告及其诉讼代理人不得自行向原告和证人收集证据。

第四条 公民、法人或者其他组织向人民法院起诉时，应当提供其符合起诉条件的相应的证据材料。

在起诉被告不作为的案件中，原告应当提供其在行政程序中曾经提出申请的证据材料。但有下列情形的除外：

（一）被告应当依职权主动履行法定职责的；

（二）原告因被告受理申请的登记制度不完备等正当事由不能提供相关证据材料并能够作出合理说明的。

被告认为原告起诉超过法定期限的，由被告承担举证责任。

第五条 在行政赔偿诉讼中，原告应当对被诉具体行政行为造成损害的事实提供证据。

第六条 原告可以提供证明被诉具体行政行为违法的证据。原告提供的证据不成立的，不免除被告对被诉具体行政行为合法性的举证责任。

第七条 原告或者第三人应当在开庭审理前或者人民法院指定的交换证据之日提供证据。因正当事由申请延期提供证据的，经人民法院准许，可以在法庭调查中提供。逾期提供证据的，视为放弃举证权利。

原告或者第三人在第一审程序中无正当事由未提供而在第二审程序中提供的证据，人民法院不予接纳。

第八条 人民法院向当事人送达受理案件通知书或者应诉通知书时，应当告知其举证范围、举证期限和逾期提供证据的法律后果，并告知因正当事由不能按期提供证据时应当提出延期提供证据的申请。

第九条 根据行政诉讼法第三十四条第一款的规定，人民法院有权要求当事人提供或者补充证据。 39

对当事人无争议，但涉及国家利益、公共利益或者他人合法权益的事实，人民法院可以责令当事人提供或者补充有关证据。

二、提供证据的要求

第十条 根据行政诉讼法第三十一条第一款第（一）项的规定，当事人向人民法院提供书证的，应当符合下列要求： 33

（一）提供书证的原件，原本、正本和副本均属于书证的原件。提供原件确有困难的，可以提供与原件核对无误的复印件、照片、节录本；

（二）提供由有关部门保管的书证原件的复制件、影印件或者抄录件的，应当注明出处，经该部门核对无异后加盖其印章；

（三）提供报表、图纸、会计账册、专业技术资料、科技文献等书证的，应当附有说明材料；

（四）被告提供的被诉具体行政行为所依据的询问、陈述、谈话类笔录，应当有行政执法人员、被询问人、陈述人、谈话人签名或者盖章。

法律、法规、司法解释和规章对书证的制作形式另有规定的，从其规定。

第十一条 根据行政诉讼法第三十一条第一款第（二）项的规定，当事人向人民法院提供物证的，应当符合下列要求： 33

（一）提供原物。提供原物确有困难的，可以提供与原物核对无误的复制件或者证明该物证的照片、录像等其他证据；

（二）原物为数量较多的种类物的，提供其中的一部分。

第十二条 根据行政诉讼法第三十一条第一款第（三）项的规定，当事人向人民法院提供计算机数据或者录音、录像等视听资料的，应当符合下列要求： 33

（一）提供有关资料的原始载体。提供原始载体确有困难的，可以提供复制件；

（二）注明制作方法、制作时间、制作人和证明对象等；

（三）声音资料应当附有该声音内容的文字记录。

33 **第十三条** 根据行政诉讼法第三十一条第一款第（四）项的规定，当事人向人民法院提供证人证言的，应当符合下列要求：

（一）写明证人的姓名、年龄、性别、职业、住址等基本情况；

（二）有证人的签名，不能签名的，应当以盖章等方式证明；

（三）注明出具日期；

（四）附有居民身份证复印件等证明证人身份的文件。

33 **第十四条** 根据行政诉讼法第三十一条第一款第（六）项的规定，被告向人民法院提供的在行政程序中采用的鉴定结论，应当载明委托人和委托鉴定的事项、向鉴定部门提交的相关材料、鉴定的依据和使用的科学技术手段、鉴定部门和鉴定人鉴定资格的说明，并应有鉴定人的签名和鉴定部门的盖章。通过分析获得的鉴定结论，应当说明分析过程。

33 **第十五条** 根据行政诉讼法第三十一条第一款第（七）项的规定，被告向人民法院提供的现场笔录，应当载明时间、地点和事件等内容，并由执法人员和当事人签名。当事人拒绝签名或者不能签名的，应当注明原因。有其他人在现场的，可由其他人签名。

法律、法规和规章对现场笔录的制作形式另有规定的，从其规定。

第十六条 当事人向人民法院提供的在中华人民共和国领域外形成的证据，应当说明来源，经所在国公证机关证明，并经中华人民共和国驻该国使领馆认证，或者履行中华人民共和国与证据所在国订立的有关条约中规定的证明手续。

当事人提供的在中华人民共和国香港特别行政区、澳门特别行政区和台湾地区内形成的证据，应当具有按照有关规定办理的证明手续。

第十七条 当事人向人民法院提供外文书证或者外国语视听资料的，应当附有由具有翻译资质的机构翻译的或者其他翻译准确的中文译本，由翻译机构盖章或者翻译人员签名。

第十八条 证据涉及国家秘密、商业秘密或者个人隐私的，提供人应当作出明确标注，并向法庭说明，法庭予以审查确认。

第十九条 当事人应当对其提交的证据材料分类编号，对证据材料的来源、证明对象和内容作简要说明，签名或者盖章，注明提交日期。

第二十条 人民法院收到当事人提交的证据材料，应当出具收据，注明证据的名称、份数、页数、件数、种类等以及收到的时间，由经办人员签名或者盖章。

第二十一条 对于案情比较复杂或者证据数量较多的案件，人民法院可以组织当事人在开庭前向对方出示或者交换证据，并将交换证据的情况记录在卷。

三、调取和保全证据

第二十二条 根据行政诉讼法第三十四条第二款的规定，有下列情形 40
之一的，人民法院有权向有关行政机关以及其他组织、公民调取证据：

（一）涉及国家利益、公共利益或者他人合法权益的事实认定的；

（二）涉及依职权追加当事人、中止诉讼、终结诉讼、回避等程序性事项的。

第二十三条 原告或者第三人不能自行收集，但能够提供确切线索的，可以申请人民法院调取下列证据材料：

（一）由国家有关部门保存而须由人民法院调取的证据材料；

（二）涉及国家秘密、商业秘密、个人隐私的证据材料；

（三）确因客观原因不能自行收集的其他证据材料。

人民法院不得为证明被诉具体行政行为的合法性，调取被告在作出具体行政行为时未收集的证据。

第二十四条 当事人申请人民法院调取证据的，应当在举证期限内提交调取证据申请书。

调取证据申请书应当写明下列内容：

（一）证据持有人的姓名或者名称、住址等基本情况；

（二）拟调取证据的内容；

（三）申请调取证据的原因及其要证明的案件事实。

第二十五条 人民法院对当事人调取证据的申请，经审查符合调取证据条件的，应当及时决定调取；不符合调取证据条件的，应当向当事人或者其诉讼代理人送达通知书，说明不准许调取的理由。当事人及其诉讼代理人可以在收到通知书之日起三日内向受理申请的人民法院书面申请复议一次。人民法院应当在收到复议申请之日起五日内作出答复。

人民法院根据当事人申请，经调取未能取得相应证据的，应当告知申请人并说明原因。

第二十六条 人民法院需要调取的证据在异地的，可以书面委托证据所在地人民法院调取。受托人民法院应当在收到委托书后，按照委托要求及时完成调取证据工作，送交委托人民法院。受托人民法院不能完成委托内容的，应当告知委托的人民法院并说明原因。

42 **第二十七条** 当事人根据行政诉讼法第三十六条的规定向人民法院申请保全证据的，应当在举证期限届满前以书面形式提出，并说明证据的名称和地点、保全的内容和范围、申请保全的理由等事项。

当事人申请保全证据的，人民法院可以要求其提供相应的担保。

法律、司法解释规定诉前保全证据的，依照其规定办理。

42 **第二十八条** 人民法院依照行政诉讼法第三十六条规定保全证据的，可以根据具体情况，采取查封、扣押、拍照、录音、录像、复制、鉴定、勘验、制作询问笔录等保全措施。

人民法院保全证据时，可以要求当事人或者其诉讼代理人到场。

第二十九条 原告或者第三人有证据或者有正当理由表明被告据以认定案件事实的鉴定结论可能有错误，在举证期限内书面申请重新鉴定的，人民法院应予准许。

第三十条 当事人对人民法院委托的鉴定部门作出的鉴定结论有异议申请重新鉴定，提出证据证明存在下列情形之一的，人民法院应予准许：

（一）鉴定部门或者鉴定人不具有相应的鉴定资格的；

（二）鉴定程序严重违法的；

（三）鉴定结论明显依据不足的；

（四）经过质证不能作为证据使用的其他情形。

对有缺陷的鉴定结论，可以通过补充鉴定、重新质证或者补充质证等方式解决。

第三十一条 对需要鉴定的事项负有举证责任的当事人，在举证期限内无正当理由不提出鉴定申请、不预交鉴定费用或者拒不提供相关材料，致使对案件争议的事实无法通过鉴定结论予以认定的，应当对该事实承担举证不能的法律后果。

第三十二条 人民法院对委托或者指定的鉴定部门出具的鉴定书，应当审查是否具有下列内容：

（一）鉴定的内容；

（二）鉴定时提交的相关材料；

（三）鉴定的依据和使用的科学技术手段；

（四）鉴定的过程；

（五）明确的鉴定结论；

（六）鉴定部门和鉴定人鉴定资格的说明；

（七）鉴定人及鉴定部门签名盖章。

前款内容欠缺或者鉴定结论不明确的，人民法院可以要求鉴定部门予以说明、补充鉴定或者重新鉴定。

第三十三条 人民法院可以依当事人申请或者依职权勘验现场。

勘验现场时，勘验人必须出示人民法院的证件，并邀请当地基层组织或者当事人所在单位派人参加。当事人或其成年亲属应当到场，拒不到场的，不影响勘验的进行，但应当在勘验笔录中说明情况。

第三十四条 审判人员应当制作勘验笔录，记载勘验的时间、地点、勘验人、在场人、勘验的经过和结果，由勘验人、当事人、在场人签名。

勘验现场时绘制的现场图，应当注明绘制的时间、方位、绘制人姓名和身份等内容。

当事人对勘验结论有异议的，可以在举证期限内申请重新勘验，是否准许由人民法院决定。

四、证据的对质辨认和核实

第三十五条 证据应当在法庭上出示，并经庭审质证。未经庭审质证的证据，不能作为定案的依据。

当事人在庭前证据交换过程中没有争议并记录在卷的证据，经审判人员在庭审中说明后，可以作为认定案件事实的依据。

第三十六条 经合法传唤，因被告无正当理由拒不到庭而需要依法缺席判决的，被告提供的证据不能作为定案的依据，但当事人在庭前交换证据中没有争议的证据除外。

第三十七条 涉及国家秘密、商业秘密和个人隐私或者法律规定的其他应当保密的证据，不得在开庭时公开质证。

第三十八条 当事人申请人民法院调取的证据，由申请调取证据的当事人在庭审中出示，并由当事人质证。

人民法院依职权调取的证据，由法庭出示，并可就调取该证据的情况进行说明，听取当事人意见。

第三十九条 当事人应当围绕证据的关联性、合法性和真实性，针对证据有无证明效力以及证明效力大小，进行质证。

经法庭准许，当事人及其代理人可以就证据问题相互发问，也可以向证人、鉴定人或者勘验人发问。

当事人及其代理人相互发问，或者向证人、鉴定人、勘验人发问时，发问的内容应当与案件事实有关联，不得采用引诱、威胁、侮辱等语言或者方式。

第四十条 对书证、物证和视听资料进行质证时，当事人应当出示证据的原件或者原物。但有下列情况之一的除外：

（一）出示原件或者原物确有困难并经法庭准许可以出示复制件或者复制品；

（二）原件或者原物已不存在，可以出示证明复制件、复制品与原件、原物一致的其他证据。

视听资料应当当庭播放或者显示，并由当事人进行质证。

第四十一条 凡是知道案件事实的人，都有出庭作证的义务。有下列情形之一的，经人民法院准许，当事人可以提交书面证言：

（一）当事人在行政程序或者庭前证据交换中对证人证言无异议的；

（二）证人因年迈体弱或者行动不便无法出庭的；

（三）证人因路途遥远、交通不便无法出庭的；

（四）证人因自然灾害等不可抗力或者其他意外事件无法出庭的；

（五）证人因其他特殊原因确实无法出庭的。

第四十二条 不能正确表达意志的人不能作证。

根据当事人申请，人民法院可以就证人能否正确表达意志进行审查或者交由有关部门鉴定。必要时，人民法院也可以依职权交由有关部门鉴定。

第四十三条 当事人申请证人出庭作证的，应当在举证期限届满前提出，并经人民法院许可。人民法院准许证人出庭作证的，应当在开庭审理前通知证人出庭作证。

当事人在庭审过程中要求证人出庭作证的，法庭可以根据审理案件的具体情况，决定是否准许以及是否延期审理。

第四十四条 有下列情形之一，原告或者第三人可以要求相关行政执法人员作为证人出庭作证：

（一）对现场笔录的合法性或者真实性有异议的；

（二）对扣押财产的品种或者数量有异议的；

（三）对检验的物品取样或者保管有异议的；

（四）对行政执法人员的身份的合法性有异议的；

（五）需要出庭作证的其他情形。

第四十五条 证人出庭作证时，应当出示证明其身份的证件。法庭应当告知其诚实作证的法律义务和作伪证的法律责任。

出庭作证的证人不得旁听案件的审理。法庭询问证人时，其他证人不得在场，但组织证人对质的除外。

第四十六条 证人应当陈述其亲历的具体事实。证人根据其经历所作的判断、推测或者评论，不能作为定案的依据。

第四十七条 当事人要求鉴定人出庭接受询问的，鉴定人应当出庭。鉴定人因正当事由不能出庭的，经法庭准许，可以不出庭，由当事人对其书面鉴定结论进行质证。

鉴定人不能出庭的正当事由，参照本规定第四十一条的规定。

对于出庭接受询问的鉴定人，法庭应当核实其身份、与当事人及案件的关系，并告知鉴定人如实说明鉴定情况的法律义务和故意作虚假说明的法律责任。

第四十八条 对被诉具体行政行为涉及的专门性问题，当事人可以向法庭申请由专业人员出庭进行说明，法庭也可以通知专业人员出庭说明。必要时，法庭可以组织专业人员进行对质。

当事人对出庭的专业人员是否具备相应专业知识、学历、资历等专业资格等有异议的，可以进行询问。由法庭决定其是否可以作为专业人员出庭。

专业人员可以对鉴定人进行询问。

第四十九条 法庭在质证过程中，对与案件没有关联的证据材料，应予排除并说明理由。

法庭在质证过程中，准许当事人补充证据的，对补充的证据仍应进行质证。

法庭对经过庭审质证的证据，除确有必要外，一般不再进行质证。

第五十条 在第二审程序中，对当事人依法提供的新的证据，法庭应当进行质证；当事人对第一审认定的证据仍有争议的，法庭也应当进行质证。

第五十一条 按照审判监督程序审理的案件，对当事人依法提供的新的证据，法庭应当进行质证；因原判决、裁定认定事实的证据不足而提起再审所涉及的主要证据，法庭也应当进行质证。

第五十二条 本规定第五十条和第五十一条中的“新的证据”是指以下证据：

（一）在一审程序中应当准予延期提供而未获准许的证据；

（二）当事人在一审程序中依法申请调取而未获准许或者未取得，人民法院在第二审程序中调取的证据；

（三）原告或者第三人提供的在举证期限届满后发现的证据。

五、证据的审核认定

第五十三条 人民法院裁判行政案件，应当以证据证明的案件事实为依据。

第五十四条 法庭应当对经过庭审质证的证据和无需质证的证据进行逐一审查和对全部证据综合审查，遵循法官职业道德，运用逻辑推理和生活经验，进行全面、客观和公正地分析判断，确定证据材料与案件事实之间的证明关系，排除不具有关联性的证据材料，准确认定案件事实。

第五十五条 法庭应当根据案件的具体情况，从以下方面审查证据的合法性：

（一）证据是否符合法定形式；

（二）证据的取得是否符合法律、法规、司法解释和规章的要求；

（三）是否有影响证据效力的其他违法情形。

第五十六条 法庭应当根据案件的具体情况，从以下方面审查证据的真实性：

（一）证据形成的原因；

（二）发现证据时的客观环境；

（三）证据是否为原件、原物，复制件、复制品与原件、原物是否相符；

（四）提供证据的人或者证人与当事人是否具有利害关系；

（五）影响证据真实性的其他因素。

第五十七条 下列证据材料不能作为定案依据：

（一）严重违反法定程序收集的证据材料；

（二）以偷拍、偷录、窃听等手段获取侵害他人合法权益的证据材料；

（三）以利诱、欺诈、胁迫、暴力等不正当手段获取的证据材料；

（四）当事人无正当事由超出举证期限提供的证据材料；

（五）在中华人民共和国领域以外或者在中华人民共和国香港特别行政区、澳门特别行政区和台湾地区形成的未办理法定证明手续的证据材料；

（六）当事人无正当理由拒不提供原件、原物，又无其他证据印证，且对方当事人不予认可的证据的复制件或者复制品；

（七）被当事人或者他人进行技术处理而无法辨明真伪的证据材料；

（八）不能正确表达意志的证人提供的证言；

（九）不具备合法性和真实性的其他证据材料。

第五十八条 以违反法律禁止性规定或者侵犯他人合法权益的方法取得的证据，不能作为认定案件事实的依据。

第五十九条 被告在行政程序中依照法定程序要求原告提供证据，原告依法应当提供而拒不提供，在诉讼程序中提供的证据，人民法院一般不予采纳。

第六十条 下列证据不能作为认定被诉具体行政行为合法的依据：

（一）被告及其诉讼代理人在作出具体行政行为后或者在诉讼程序中自行收集的证据；

（二）被告在行政程序中非法剥夺公民、法人或者其他组织依法享有的陈述、申辩或者听证权利所采用的证据；

（三）原告或者第三人在诉讼程序中提供的、被告在行政程序中未作为具体行政行为依据的证据。

第六十一条 复议机关在复议程序中收集和补充的证据，或者作出原具体行政行为的行政机关在复议程序中未向复议机关提交的证据，不能作为人民法院认定原具体行政行为合法的依据。

第六十二条 对被告在行政程序中采纳的鉴定结论，原告或者第三人提出证据证明有下列情形之一的，人民法院不予采纳：

（一）鉴定人不具备鉴定资格；

（二）鉴定程序严重违法；

（三）鉴定结论错误、不明确或者内容不完整。

第六十三条 证明同一事实的数个证据，其证明效力一般可以按照下列情形分别认定：

（一）国家机关以及其他职能部门依职权制作的公文文书优于其他书证；

（二）鉴定结论、现场笔录、勘验笔录、档案材料以及经过公证或者登记的书证优于其他书证、视听资料和证人证言；

（三）原件、原物优于复制件、复制品；

（四）法定鉴定部门的鉴定结论优于其他鉴定部门的鉴定结论；

（五）法庭主持勘验所制作的勘验笔录优于其他部门主持勘验所制作的勘验笔录；

（六）原始证据优于传来证据；

（七）其他证人证言优于与当事人有亲属关系或者其他密切关系的证人提供的对该当事人有利的证言；

（八）出庭作证的证人证言优于未出庭作证的证人证言；

（九）数个种类不同、内容一致的证据优于一个孤立的证据。

第六十四条 以有形载体固定或者显示的电子数据交换、电子邮件以及其他数据资料，其制作情况和真实性经对方当事人确认，或者以公证等其他有效方式予以证明的，与原件具有同等的证明效力。

第六十五条 在庭审中一方当事人或者其代理人在代理权限范围内对另一方当事人陈述的案件事实明确表示认可的，人民法院可以对该事实予以认定。但有相反证据足以推翻的除外。

第六十六条 在行政赔偿诉讼中，人民法院主持调解时当事人为达成调解协议而对案件事实的认可，不得在其后的诉讼中作为对其不利的证据。

第六十七条 在不受外力影响的情况下，一方当事人提供的证据，对方当事人明确表示认可的，可以认定该证据的证明效力；对方当事人予以否认，但不能提供充分的证据进行反驳的，可以综合全案情况审查认定该证据的证明效力。

第六十八条 下列事实法庭可以直接认定：

（一）众所周知的事实；

（二）自然规律及定理；

（三）按照法律规定推定的事实；

（四）已经依法证明的事实；

（五）根据日常生活经验法则推定的事实。

前款（一）、（三）、（四）、（五）项，当事人有相反证据足以推翻的除外。

第六十九条 原告确有证据证明被告持有的证据对原告有利，被告无正当事由拒不提供的，可以推定原告的主张成立。

第七十条 生效的人民法院裁判文书或者仲裁机构裁决文书确认的事实，可以作为定案依据。但是如果发现裁判文书或者裁决文书认定的事实有重大问题的，应当中止诉讼，通过法定程序予以纠正后恢复诉讼。

第七十一条 下列证据不能单独作为定案依据：

（一）未成年人所作的与其年龄和智力状况不相适应的证言；

（二）与一方当事人有亲属关系或者其他密切关系的证人所作的对该当事人有利的证言，或者与一方当事人有不利关系的证人所作的对该当事人不利的证言；

（三）应当出庭作证而无正当理由不出庭作证的证人证言；

（四）难以识别是否经过修改的视听资料；

（五）无法与原件、原物核对的复制件或者复制品；

（六）经一方当事人或者他人改动，对方当事人不予认可的证据材料；

（七）其他不能单独作为定案依据的证据材料。

第七十二条 庭审中经过质证的证据，能够当庭认定的，应当当庭认定；不能当庭认定的，应当在合议庭合议时认定。

人民法院应当在裁判文书中阐明证据是否采纳的理由。

第七十三条 法庭发现当庭认定的证据有误，可以按照下列方式纠正：

（一）庭审结束前发现错误的，应当重新进行认定；

（二）庭审结束后宣判前发现错误的，在裁判文书中予以更正并说明理由，也可以再次开庭予以认定；

（三）有新的证据材料可能推翻已认定的证据的，应当再次开庭予以认定。

六、附　　则

第七十四条　证人、鉴定人及其近亲属的人身和财产安全受法律保护。

人民法院应当对证人、鉴定人的住址和联系方式予以保密。

第七十五条　证人、鉴定人因出庭作证或者接受询问而支出的合理费用，由提供证人、鉴定人的一方当事人先行支付，由败诉一方当事人承担。

59 **第七十六条**　证人、鉴定人作伪证的，依照行政诉讼法第四十九条第一款第（二）项的规定追究其法律责任。

第七十七条　诉讼参与人或者其他人有对审判人员或者证人、鉴定人、勘验人及其近亲属实施威胁、侮辱、殴打、骚扰或者打击报复等妨碍行政
59 诉讼行为的，依照行政诉讼法第四十九条第一款第（三）项、第（五）项或者第（六）项的规定追究其法律责任。

第七十八条　对应当协助调取证据的单位和个人，无正当理由拒不履行协助义务的，依照行政诉讼法第四十九条第一款第（五）项的规定追究其法律责任。

第七十九条　本院以前有关行政诉讼的司法解释与本规定不一致的，以本规定为准。

第八十条　本规定自2002年10月1日起施行。2002年10月1日尚未审结的一审、二审和再审行政案件不适用本规定。

本规定施行前已经审结的行政案件，当事人以违反本规定为由申请再审的，人民法院不予支持。

本规定施行后按照审判监督程序决定再审的行政案件，适用本规定。

4. 诉讼程序

最高人民法院关于开展行政诉讼简易程序试点工作的通知

（2010年11月17日　法〔2010〕446号）

各省、自治区、直辖市高级人民法院，新疆维吾尔自治区高级人民法院生产建设兵团分院：

为保障和方便当事人依法行使诉讼权利，减轻当事人诉讼负担，保证人民法院公正、及时审理行政案件，经中央批准，现就在部分基层人民法院开展行政诉讼简易程序试点工作的有关问题通知如下：

一、下列第一审行政案件中，基本事实清楚、法律关系简单、权利义务明确的，可以适用简易程序审理：

（一）涉及财产金额较小，或者属于行政机关当场作出决定的行政征收、行政处罚、行政给付、行政许可、行政强制等案件；

（二）行政不作为案件；

（三）当事人各方自愿选择适用简易程序，经人民法院审查同意的案件。

发回重审、按照审判监督程序再审的案件不适用简易程序。

二、适用简易程序审理的案件，被告应当在收到起诉状副本或者口头起诉笔录副本之日起10日内提交答辩状，并提供作出行政行为时的证据、依据。被告在期限届满前提交上述材料的，人民法院可以提前安排开庭日期。

三、适用简易程序审理的案件，经当事人同意，人民法院可以实行独任审理。

四、人民法院可以采取电话、传真、电子邮件、委托他人转达等简便方式传唤当事人。经人民法院合法传唤，原告无正当理由拒不到庭的，视为撤诉；被告无正当理由拒不到庭的，可以缺席审判。

前述传唤方式，没有证据证明或者未经当事人确认已经收到传唤内容的，不得按撤诉处理或者缺席审判。

五、适用简易程序审理的案件，一般应当一次开庭并当庭宣判。法庭调查和辩论可以围绕主要争议问题进行，庭审环节可以适当简化或者合并。

六、适用简易程序审理的行政案件，应当在立案之日起45日内结案。

七、当事人就适用简易程序提出异议且理由成立的，或者人民法院认为不宜继续适用简易程序的，应当转入普通程序审理。

八、最高人民法院确定的行政审判联系点法院（不包括中级人民法院）可以开展行政诉讼简易程序试点。

各高级人民法院可以选择法治环境较好、行政审判力量较强和行政案件数量较多的基层人民法院开展行政诉讼简易程序试点，并报最高人民法院备案。

最高人民法院关于行政诉讼撤诉若干问题的规定

（2007年12月17日最高人民法院审判委员会第1441次会议通过　2008年1月14日最高人民法院公告公布　自2008年2月1日起施行　法释〔2008〕2号）

为妥善化解行政争议，依法审查行政诉讼中行政机关改变被诉具体行政行为及当事人申请撤诉的行为，根据《中华人民共和国行政诉讼法》制定本规定。

第一条　人民法院经审查认为被诉具体行政行为违法或者不当，可以在宣告判决或者裁定前，建议被告改变其所作的具体行政行为。

第二条　被告改变被诉具体行政行为，原告申请撤诉，符合下列条件的，人民法院应当裁定准许：

（一）申请撤诉是当事人真实意思表示；

（二）被告改变被诉具体行政行为，不违反法律、法规的禁止性规定，不超越或者放弃职权，不损害公共利益和他人合法权益；

（三）被告已经改变或者决定改变被诉具体行政行为，并书面告知人民法院；

（四）第三人无异议。

第三条 有下列情形之一的，属于行政诉讼法第五十一条规定的“被 62
告改变其所作的具体行政行为”：

（一）改变被诉具体行政行为所认定的主要事实和证据；

（二）改变被诉具体行政行为所适用的规范依据且对定性产生影响；

（三）撤销、部分撤销或者变更被诉具体行政行为处理结果。

第四条 有下列情形之一的，可以视为“被告改变其所作的具体行政行为”：

（一）根据原告的请求依法履行法定职责；

（二）采取相应的补救、补偿等措施；

（三）在行政裁决案件中，书面认可原告与第三人达成的和解。

第五条 被告改变被诉具体行政行为，原告申请撤诉，有履行内容且履行完毕的，人民法院可以裁定准许撤诉；不能即时或者一次性履行的，人民法院可以裁定准许撤诉，也可以裁定中止审理。

第六条 准许撤诉裁定可以载明被告改变被诉具体行政行为的主要内容及履行情况，并可以根据案件具体情况，在裁定理由中明确被诉具体行政行为全部或者部分不再执行。

第七条 申请撤诉不符合法定条件，或者被告改变被诉具体行政行为后当事人不撤诉的，人民法院应当及时作出裁判。

第八条 第二审或者再审期间行政机关改变被诉具体行政行为，当事人申请撤回上诉或者再审申请的，参照本规定。

准许撤回上诉或者再审申请的裁定可以载明行政机关改变被诉具体行政行为的主要内容及履行情况，并可以根据案件具体情况，在裁定理由中明确被诉具体行政行为或者原裁判全部或者部分不再执行。

第九条 本院以前所作的司法解释及规范性文件，凡与本规定不一致的，按本规定执行。

最高人民法院关于行政诉讼应诉若干问题的通知

（2016年7月28日　法〔2016〕260号）

各省、自治区、直辖市高级人民法院，解放军军事法院，新疆维吾尔自治区高级人民法院生产建设兵团分院：

中央全面深化改革领导小组于2015年10月13日讨论通过了《关于加强和改进行政应诉工作的意见》（以下简称《意见》），明确提出行政机关要支持人民法院受理和审理行政案件，保障公民、法人和其他组织的起诉权利，认真做好答辩举证工作，依法履行出庭应诉职责，配合人民法院做好开庭审理工作。2016年6月27日，国务院办公厅以国办发〔2016〕54号文形式正式发布了《意见》。《意见》的出台，对于人民法院进一步做好行政案件的受理、审理和执行工作，全面发挥行政审判职能，有效监督行政机关依法行政，提高领导干部学法用法的能力，具有重大意义。根据行政诉讼法的相关规定，为进一步规范和促进行政应诉工作，现就有关问题通知如下：

一、充分认识规范行政诉讼应诉的重大意义

推动行政机关负责人出庭应诉，是贯彻落实修改后的行政诉讼法的重要举措；规范行政诉讼应诉，是保障行政诉讼法有效实施，全面推进依法行政，加快建设法治政府的重要举措。为贯彻落实《中共中央关于全面推进依法治国若干重大问题的决定》关于“健全行政机关依法出庭应诉、支持法院受理行政案件、尊重并执行法院生效裁判的制度”的要求，《意见》从“高度重视行政应诉工作”“支持人民法院依法受理和审理行政案件”“认真做好答辩举证工作”“依法履行出庭应诉职责”“积极履行人民法院生效裁判”等十个方面对加强和改进行政应诉工作提出明确要求，作出具体部署。《意见》是我国首个全面规范行政应诉工作的专门性文件，各级人民法院要结合行政诉讼法的规定精神，全面把握《意见》内容，深刻领会精神实质，充分认识《意见》出台的重大意义，确保《意见》在人民法院行政审判领域落地生根。要及时向当地党委、人大汇报《意见》贯彻落实情况，加强与政府的沟通联系，支持地方党委政府出台本地区的具体实施办法，细化完善相关工作制度，促进行政机关做好出庭应诉工作。

二、依法做好行政案件受理和审理工作

严格执行行政诉讼法和《最高人民法院关于人民法院登记立案若干问题的规定》，进一步强化行政诉讼中的诉权保护，不得违法限缩受案范围、违法增设起诉条件，严禁以反复要求起诉人补正起诉材料的方式变相拖延、拒绝立案。对于不接收起诉状、接收起诉状后不出具书面凭证，以及不一次性告知当事人需要补正的起诉状内容的，要依照《人民法院审判人员违法审判责任追究办法（试行）》《人民法院工作人员处分条例》等相关规定，对直接负责的主管人员和其他直接责任人员依法依纪作出处理。坚决抵制干扰、阻碍人民法院依法受理和审理行政案件的各种违法行为，对领导干部或者行政机关以开协调会、发文件或者口头要求等任何形式明示或者暗示人民法院不受理案件、不判决行政机关败诉、不履行人民法院生效裁判的，要严格贯彻落实《领导干部干预司法活动、插手具体案件处理的记录、通报和责任追究规定》《司法机关内部人员过问案件的记录和责任追究规定》，全面、如实做好记录工作，做到全程留痕，有据可查。

三、依法推进行政机关负责人出庭应诉

准确理解行政诉讼法和相关司法解释的有关规定，正确把握行政机关负责人出庭应诉的基本要求，依法推进行政机关负责人出庭应诉工作。一是出庭应诉的行政机关负责人，既包括正职负责人，也包括副职负责人以及其他参与分管的负责人。二是行政机关负责人不能出庭的，应当委托行政机关相应的工作人员出庭，不得仅委托律师出庭。三是涉及重大公共利益、社会高度关注或者可能引发群体性事件等案件以及人民法院书面建议行政机关负责人出庭的案件，被诉行政机关负责人应当出庭。四是行政诉讼法第三条第三款规定的“行政机关相应的工作人员”，包括该行政机关具有国家行政编制身份的工作人员以及其他依法履行公职的人员。被诉行政行为是人民政府作出的，人民政府所属法制工作机构的工作人员，以及被诉行政行为具体承办机关的工作人员，也可以视为被诉人民政府相应的工作人员。

行政机关负责人和行政机关相应的工作人员均不出庭，仅委托律师出庭的；或者人民法院书面建议行政机关负责人出庭应诉，行政机关负责人不出庭应诉的，人民法院应当记录在案并在裁判文书中载明，可以依照行政诉讼法第六十六条第二款的规定予以公告，建议任免机关、监察机关或者上一级行政机关对相关责任人员严肃处理。

四、为行政机关依法履行出庭应诉职责提供必要条件

各级人民法院要在坚持依法独立公正行使审判权、平等保护各方当事人诉讼权利的前提下，加强与政府法制部门和行政执法机关的联系，探索建立行政审判和行政应诉联络工作机制，及时沟通、协调行政机关负责人出庭建议书发送和庭审时间等具体事宜，切实贯彻行政诉讼法和《意见》规定的精神，稳步推进行政机关出庭应诉工作。要为行政机关负责人、工作人员、政府法律顾问和公职律师依法履行出庭应诉职责提供必要的保障和相应的便利。要正确理解行政行为合法性审查原则，行政复议机关和作出原行政行为的行政机关为共同被告的，可以根据具体情况确定由一个机关实施举证行为，确保庭审的针对性，提高庭审效率。改革案件审理模式，推广繁简分流，实现简案快审、繁案精审，减轻当事人的诉讼负担。对符合《最高人民法院关于适用〈中华人民共和国行政诉讼法〉若干问题的解释》第三条第二款规定的案件，人民法院认为不需要开庭审理的，可以径行裁定驳回起诉。要及时就行政机关出庭应诉和行政执法工作中的问题和不足提出司法建议，及时向政府法制部门通报司法建议落实和反馈情况，从源头上预防和化解争议。要积极参与行政应诉教育培训工作，提高行政机关负责人、行政执法人员等相关人员的行政应诉能力。

五、支持行政机关建立健全依法行政考核体系

人民法院要支持当地党委政府建立和完善依法行政考核体系，结合行政审判工作实际提出加强和改进行政应诉工作的意见和建议。对本地区行政机关出庭应诉工作和依法行政考核指标的实施情况、运行成效等，人民法院可以通过司法建议、白皮书等适当形式，及时向行政机关作出反馈、评价，并可以适当方式将本地区行政机关出庭应诉情况向社会公布，促进发挥考核指标的倒逼作用。

地方各级人民法院要及时总结本通知贯彻实施过程中形成的好经验好做法；对贯彻实施中遇到的困难和问题，要及时层报最高人民法院。

最高人民法院关于行政案件申诉复查和再审工作分工的通知

（2012年8月31日　法发〔2012〕18号）

各省、自治区、直辖市高级人民法院，新疆维吾尔自治区高级人民法院生产建设兵团分院：

为进一步规范人民法院行政案件申诉复查和再审工作分工，提高行政审判的质量和效率，现就有关问题通知如下：

行政申诉和申请再审案件，经立案庭审查，符合立卷复查条件的，立案后统一由各级人民法院行政审判庭负责复查和再审。裁定不予受理案件的申诉复查和再审工作由立案庭负责。当事人向作出生效裁判的人民法院申诉或申请再审，符合立卷复查条件的，立案后由审判监督庭负责复查和再审。

本通知自2013年1月1日起施行。届时尚未办结的案件仍由原审判业务部门负责办理。

特此通知。

5. 法律适用

最高人民法院关于审理工伤保险行政案件若干问题的规定

（2014年4月21日最高人民法院审判委员会第1613次会议通过　2014年6月18日最高人民法院公告公布　自2014年9月1日起施行　法释〔2014〕9号）

为正确审理工伤保险行政案件，根据《中华人民共和国社会保险法》《中华人民共和国劳动法》《中华人民共和国行政诉讼法》《工伤保险条例》

及其他有关法律、行政法规规定，结合行政审判实际，制定本规定。

第一条 人民法院审理工伤认定行政案件，在认定是否存在《工伤保险条例》第十四条第（六）项“本人主要责任”、第十六条第（二）项“醉酒或者吸毒”和第十六条第（三）项“自残或者自杀”等情形时，应当以有权机构出具的事故责任认定书、结论性意见和人民法院生效裁判等法律文书为依据，但有相反证据足以推翻事故责任认定书和结论性意见的除外。

前述法律文书不存在或者内容不明确，社会保险行政部门就前款事实作出认定的，人民法院应当结合其提供的相关证据依法进行审查。

《工伤保险条例》第十六条第（一）项“故意犯罪”的认定，应当以刑事侦查机关、检察机关和审判机关的生效法律文书或者结论性意见为依据。

第二条 人民法院受理工伤认定行政案件后，发现原告或者第三人在提起行政诉讼前已经就是否存在劳动关系申请劳动仲裁或者提起民事诉讼的，应当中止行政案件的审理。

第三条 社会保险行政部门认定下列单位为承担工伤保险责任单位的，人民法院应予支持：

（一）职工与两个或两个以上单位建立劳动关系，工伤事故发生时，职工为之工作的单位为承担工伤保险责任的单位；

（二）劳务派遣单位派遣的职工在用工单位工作期间因工伤亡的，派遣单位为承担工伤保险责任的单位；

（三）单位指派到其他单位工作的职工因工伤亡的，指派单位为承担工伤保险责任的单位；

（四）用工单位违反法律、法规规定将承包业务转包给不具备用工主体资格的组织或者自然人，该组织或者自然人聘用的职工从事承包业务时因工伤亡的，用工单位为承担工伤保险责任的单位；

（五）个人挂靠其他单位对外经营，其聘用的人员因工伤亡的，被挂靠单位为承担工伤保险责任的单位。

前款第（四）、（五）项明确的承担工伤保险责任的单位承担赔偿责任或者社会保险经办机构从工伤保险基金支付工伤保险待遇后，有权向相关组织、单位和个人追偿。

第四条 社会保险行政部门认定下列情形为工伤的，人民法院应予支持：

（一）职工在工作时间和工作场所内受到伤害，用人单位或者社会保险行政部门没有证据证明是非工作原因导致的；

（二）职工参加用人单位组织或者受用人单位指派参加其他单位组织的活动受到伤害的；

（三）在工作时间内，职工来往于多个与其工作职责相关的工作场所之间的合理区域因工受到伤害的；

（四）其他与履行工作职责相关，在工作时间及合理区域内受到伤害的。

第五条　社会保险行政部门认定下列情形为“因工外出期间”的，人民法院应予支持：

（一）职工受用人单位指派或者因工作需要在工作场所以外从事与工作职责有关的活动期间；

（二）职工受用人单位指派外出学习或者开会期间；

（三）职工因工作需要的其他外出活动期间。

职工因工外出期间从事与工作或者受用人单位指派外出学习、开会无关的个人活动受到伤害，社会保险行政部门不认定为工伤的，人民法院应予支持。

第六条　对社会保险行政部门认定下列情形为“上下班途中”的，人民法院应予支持：

（一）在合理时间内往返于工作地与住所地、经常居住地、单位宿舍的合理路线的上下班途中；

（二）在合理时间内往返于工作地与配偶、父母、子女居住地的合理路线的上下班途中；

（三）从事属于日常工作生活所需要的活动，且在合理时间和合理路线的上下班途中；

（四）在合理时间内其他合理路线的上下班途中。

第七条　由于不属于职工或者其近亲属自身原因超过工伤认定申请期限的，被耽误的时间不计算在工伤认定申请期限内。

有下列情形之一耽误申请时间的，应当认定为不属于职工或者其近亲属自身原因：

（一）不可抗力；

（二）人身自由受到限制；

（三）属于用人单位原因；

（四）社会保险行政部门登记制度不完善；

（五）当事人对是否存在劳动关系申请仲裁、提起民事诉讼。

第八条 职工因第三人的原因受到伤害，社会保险行政部门以职工或者其近亲属已经对第三人提起民事诉讼或者获得民事赔偿为由，作出不予受理工伤认定申请或者不予认定工伤决定的，人民法院不予支持。

职工因第三人的原因受到伤害，社会保险行政部门已经作出工伤认定，职工或者其近亲属未对第三人提起民事诉讼或者尚未获得民事赔偿，起诉要求社会保险经办机构支付工伤保险待遇的，人民法院应予支持。

职工因第三人的原因导致工伤，社会保险经办机构以职工或者其近亲属已经对第三人提起民事诉讼为由，拒绝支付工伤保险待遇的，人民法院不予支持，但第三人已经支付的医疗费用除外。

第九条 因工伤认定申请人或者用人单位隐瞒有关情况或者提供虚假材料，导致工伤认定错误的，社会保险行政部门可以在诉讼中依法予以更正。

工伤认定依法更正后，原告不申请撤诉，社会保险行政部门在作出原工伤认定时有过错的，人民法院应当判决确认违法；社会保险行政部门无过错的，人民法院可以驳回原告诉讼请求。

第十条 最高人民法院以前颁布的司法解释与本规定不一致的，以本规定为准。

最高人民法院关于审理涉及农村集体土地行政案件若干问题的规定

（2011年5月9日最高人民法院审判委员会第1522次会议通过　2011年8月7日最高人民法院公告公布　自2011年9月5日起施行　法释〔2011〕20号）

为正确审理涉及农村集体土地的行政案件，根据《中华人民共和国物权法》、《中华人民共和国土地管理法》和《中华人民共和国行政诉讼法》等有关法律规定，结合行政审判实际，制定本规定。

第一条 农村集体土地的权利人或者利害关系人（以下简称土地权利人）认为行政机关作出的涉及农村集体土地的行政行为侵犯其合法权益，提起诉讼的，属于人民法院行政诉讼的受案范围。

第二条 土地登记机构根据人民法院生效裁判文书、协助执行通知书或者仲裁机构的法律文书办理的土地权属登记行为，土地权利人不服提起诉讼的，人民法院不予受理，但土地权利人认为登记内容与有关文书内容不一致的除外。

第三条 村民委员会或者农村集体经济组织对涉及农村集体土地的行政行为不起诉的，过半数的村民可以以集体经济组织名义提起诉讼。

农村集体经济组织成员全部转为城镇居民后，对涉及农村集体土地的行政行为不服的，过半数的原集体经济组织成员可以提起诉讼。

第四条 土地使用权人或者实际使用人对行政机关作出涉及其使用或实际使用的集体土地的行政行为不服的，可以以自己的名义提起诉讼。

第五条 土地权利人认为土地储备机构作出的行为侵犯其依法享有的农村集体土地所有权或使用权，向人民法院提起诉讼的，应当以土地储备机构所隶属的土地管理部门为被告。

第六条 土地权利人认为乡级以上人民政府作出的土地确权决定侵犯其依法享有的农村集体土地所有权或者使用权，经复议后向人民法院提起诉讼的，人民法院应当依法受理。

法律、法规规定应当先申请行政复议的土地行政案件，复议机关作出不受理复议申请的决定或者以不符合受理条件为由驳回复议申请，复议申请人不服的，应当以复议机关为被告向人民法院提起诉讼。

第七条 土地权利人认为行政机关作出的行政处罚、行政强制措施等行政行为侵犯其依法享有的农村集体土地所有权或者使用权，直接向人民法院提起诉讼的，人民法院应当依法受理。

第八条 土地权属登记（包括土地权属证书）在生效裁判和仲裁裁决中作为定案证据，利害关系人对该登记行为提起诉讼的，人民法院应当依法受理。

第九条 涉及农村集体土地的行政决定以公告方式送达的，起诉期限自公告确定的期限届满之日起计算。

第十条 土地权利人对土地管理部门组织实施过程中确定的土地补偿

有异议，直接向人民法院提起诉讼的，人民法院不予受理，但应当告知土地权利人先申请行政机关裁决。

第十一条 土地权利人以土地管理部门超过两年对非法占地行为进行处罚违法，向人民法院起诉的，人民法院应当按照行政处罚法第二十九条第二款的规定处理。

第十二条 征收农村集体土地时涉及被征收土地上的房屋及其他不动
243 产的，土地权利人可以请求依照物权法第四十二条第二款的规定给予补偿。

征收农村集体土地时未就被征收土地上的房屋及其他不动产进行安置补偿，补偿安置时房屋所在地已纳入城市规划区，土地权利人请求参照执行国有土地上房屋征收补偿标准的，人民法院一般应予支持，但应当扣除已经取得的土地补偿费。

第十三条 在审理土地行政案件中，人民法院经当事人同意进行协调的期间，不计算在审理期限内。当事人不同意继续协商的，人民法院应当及时审理，并恢复计算审理期限。

第十四条 县级以上人民政府土地管理部门根据土地管理法实施条例第四十五条的规定，申请人民法院执行其作出的责令交出土地决定的，应当符合下列条件：

（一）征收土地方案已经有权机关依法批准；

（二）市、县人民政府和土地管理部门已经依照土地管理法和土地管理法实施条例规定的程序实施征地行为；

（三）被征收土地所有权人、使用人已经依法得到安置补偿或者无正当理由拒绝接受安置补偿，且拒不交出土地，已经影响到征收工作的正常进行；

（四）符合最高人民法院《关于执行〈中华人民共和国行政诉讼法〉
× 若干问题的解释》第八十六条规定的条件。

人民法院对符合条件的申请，应当予以受理，并通知申请人；对不符合条件的申请，应当裁定不予受理。

第十五条 最高人民法院以前所作的司法解释与本规定不一致的，以本规定为准。

最高人民法院关于审理政府信息公开行政案件若干问题的规定

（2010 年 12 月 13 日最高人民法院审判委员会第 1505 次会议通过 2011 年 7 月 29 日最高人民法院公告公布 自 2011 年 8 月 13 日起施行 法释〔2011〕17 号）

为正确审理政府信息公开行政案件，根据《中华人民共和国行政诉讼法》、《中华人民共和国政府信息公开条例》等法律、行政法规的规定，结合行政审判实际，制定本规定。

第一条 公民、法人或者其他组织认为下列政府信息公开工作中的具体行政行为侵犯其合法权益，依法提起行政诉讼的，人民法院应当受理：

（一）向行政机关申请获取政府信息，行政机关拒绝提供或者逾期不予答复的；

（二）认为行政机关提供的政府信息不符合其在申请中要求的内容或者法律、法规规定的适当形式的；

（三）认为行政机关主动公开或者依他人申请公开政府信息侵犯其商业秘密、个人隐私的；

（四）认为行政机关提供的与其自身相关的政府信息记录不准确，要求该行政机关予以更正，该行政机关拒绝更正、逾期不予答复或者不予转送有权机关处理的；

（五）认为行政机关在政府信息公开工作中的其他具体行政行为侵犯其合法权益的。

公民、法人或者其他组织认为政府信息公开行政行为侵犯其合法权益造成损害的，可以一并或单独提起行政赔偿诉讼。

第二条 公民、法人或者其他组织对下列行为不服提起行政诉讼的，人民法院不予受理：

（一）因申请内容不明确，行政机关要求申请人作出更改、补充且对申请人权利义务不产生实际影响的告知行为；

（二）要求行政机关提供政府公报、报纸、杂志、书籍等公开出版物，行政机关予以拒绝的；

（三）要求行政机关为其制作、搜集政府信息，或者对若干政府信息进行汇总、分析、加工，行政机关予以拒绝的；

（四）行政程序中的当事人、利害关系人以政府信息公开名义申请查阅案卷材料，行政机关告知其应当按照相关法律、法规的规定办理的。

第三条 公民、法人或者其他组织认为行政机关不依法履行主动公开政府信息义务，直接向人民法院提起诉讼的，应当告知其先向行政机关申请获取相关政府信息。对行政机关的答复或者逾期不予答复不服的，可以向人民法院提起诉讼。

第四条 公民、法人或者其他组织对国务院部门、地方各级人民政府及县级以上地方人民政府部门依申请公开政府信息行政行为不服提起诉讼的，以作出答复的机关为被告；逾期未作出答复的，以受理申请的机关为被告。

公民、法人或者其他组织对主动公开政府信息行政行为不服提起诉讼的，以公开该政府信息的机关为被告。

公民、法人或者其他组织对法律、法规授权的具有管理公共事务职能的组织公开政府信息的行为不服提起诉讼的，以该组织为被告。

有下列情形之一的，应当以在对外发生法律效力的文书上署名的机关为被告：

（一）政府信息公开与否的答复依法报经有权机关批准的；

（二）政府信息是否可以公开系由国家保密行政管理部门或者省、自治区、直辖市保密行政管理部门确定的；

（三）行政机关在公开政府信息前与有关行政机关进行沟通、确认的。

第五条 被告拒绝向原告提供政府信息的，应当对拒绝的根据以及履行法定告知和说明理由义务的情况举证。

因公共利益决定公开涉及商业秘密、个人隐私政府信息的，被告应当对认定公共利益以及不公开可能对公共利益造成重大影响的理由进行举证和说明。

被告拒绝更正与原告相关的政府信息记录的，应当对拒绝的理由进行举证和说明。

被告能够证明政府信息涉及国家秘密，请求在诉讼中不予提交的，人民法院应当准许。

被告主张政府信息不存在，原告能够提供该政府信息系由被告制作或者保存的相关线索的，可以申请人民法院调取证据。

被告以政府信息与申请人自身生产、生活、科研等特殊需要无关为由不予提供的，人民法院可以要求原告对特殊需要事由作出说明。

原告起诉被告拒绝更正政府信息记录的，应当提供其向被告提出过更正申请以及政府信息与其自身相关且记录不准确的事实根据。

第六条 人民法院审理政府信息公开行政案件，应当视情采取适当的审理方式，以避免泄露涉及国家秘密、商业秘密、个人隐私或者法律规定的其他应当保密的政府信息。

第七条 政府信息由被告的档案机构或者档案工作人员保管的，适用《中华人民共和国政府信息公开条例》的规定。

政府信息已经移交各级国家档案馆的，依照有关档案管理的法律、行政法规和国家有关规定执行。

第八条 政府信息涉及国家秘密、商业秘密、个人隐私的，人民法院应当认定属于不予公开范围。

政府信息涉及商业秘密、个人隐私，但权利人同意公开，或者不公开可能对公共利益造成重大影响的，不受前款规定的限制。

第九条 被告对依法应当公开的政府信息拒绝或者部分拒绝公开的，人民法院应当撤销或者部分撤销被诉不予公开决定，并判决被告在一定期限内公开。尚需被告调查、裁量的，判决其在一定期限内重新答复。

被告提供的政府信息不符合申请人要求的内容或者法律、法规规定的适当形式的，人民法院应当判决被告按照申请人要求的内容或者法律、法规规定的适当形式提供。

人民法院经审理认为被告不予公开的政府信息内容可以作区分处理的，应当判决被告限期公开可以公开的内容。

被告依法应当更正而不更正与原告相关的政府信息记录的，人民法院应当判决被告在一定期限内更正。尚需被告调查、裁量的，判决其在一定期限内重新答复。被告无权更正的，判决其转送有权更正的行政机关处理。

第十条 被告对原告要求公开或者更正政府信息的申请无正当理由逾

期不予答复的，人民法院应当判决被告在一定期限内答复。原告一并请求判决被告公开或者更正政府信息且理由成立的，参照第九条的规定处理。

第十一条 被告公开政府信息涉及原告商业秘密、个人隐私且不存在公共利益等法定事由的，人民法院应当判决确认公开政府信息的行为违法，并可以责令被告采取相应的补救措施；造成损害的，根据原告请求依法判决被告承担赔偿责任。政府信息尚未公开的，应当判决行政机关不得公开。

诉讼期间，原告申请停止公开涉及其商业秘密、个人隐私的政府信息，人民法院经审查认为公开该政府信息会造成难以弥补的损失，并且停止公开

开不损害公共利益的，可以依照《中华人民共和国行政诉讼法》第四十四条的规定，裁定暂时停止公开。

第十二条 有下列情形之一，被告已经履行法定告知或者说明理由义务的，人民法院应当判决驳回原告的诉讼请求：

（一）不属于政府信息、政府信息不存在、依法属于不予公开范围或者依法不属于被告公开的；

（二）申请公开的政府信息已经向公众公开，被告已经告知申请人获取该政府信息的方式和途径的；

（三）起诉被告逾期不予答复，理由不成立的；

（四）以政府信息侵犯其商业秘密、个人隐私为由反对公开，理由不成立的；

（五）要求被告更正与其自身相关的政府信息记录，理由不成立的；

（六）不能合理说明申请获取政府信息系根据自身生产、生活、科研等特殊需要，且被告据此不予提供的；

（七）无法按照申请人要求的形式提供政府信息，且被告已通过安排申请人查阅相关资料、提供复制件或者其他适当形式提供的；

（八）其他应当判决驳回诉讼请求的情形。

第十三条 最高人民法院以前所作的司法解释及规范性文件，凡与本规定不一致的，按本规定执行。

最高人民法院关于审理房屋登记案件若干问题的规定

（2010年8月2日最高人民法院审判委员会第1491次会议通过　2010年11月5日最高人民法院公告公布　自2010年11月18日起施行　法释〔2010〕15号）

为正确审理房屋登记案件，根据《中华人民共和国物权法》、《中华人民共和国城市房地产管理法》、《中华人民共和国行政诉讼法》等有关法律规定，结合行政审判实际，制定本规定。

第一条　公民、法人或者其他组织对房屋登记机构的房屋登记行为以及与查询、复制登记资料等事项相关的行政行为或者相应的不作为不服，提起行政诉讼的，人民法院应当依法受理。

第二条　房屋登记机构根据人民法院、仲裁委员会的法律文书或者有权机关的协助执行通知书以及人民政府的征收决定办理的房屋登记行为，公民、法人或者其他组织不服提起行政诉讼的，人民法院不予受理，但公民、法人或者其他组织认为登记与有关文书内容不一致的除外。

房屋登记机构作出未改变登记内容的换发、补发权属证书、登记证明或者更新登记簿的行为，公民、法人或者其他组织不服提起行政诉讼的，人民法院不予受理。

房屋登记机构在行政诉讼法施行前作出的房屋登记行为，公民、法人或者其他组织不服提起行政诉讼的，人民法院不予受理。

第三条　公民、法人或者其他组织对房屋登记行为不服提起行政诉讼的，不受下列情形的影响：

（一）房屋灭失；

（二）房屋登记行为已被登记机构改变；

（三）生效法律文书将房屋权属证书、房屋登记簿或者房屋登记证明作为定案证据采用。

第四条　房屋登记机构为债务人办理房屋转移登记，债权人不服提起诉讼，符合下列情形之一的，人民法院应当依法受理：

（一）以房屋为标的物的债权已办理预告登记的；

（二）债权人为抵押权人且房屋转让未经其同意的；

（三）人民法院依债权人申请对房屋采取强制执行措施并已通知房屋登记机构的；

（四）房屋登记机构工作人员与债务人恶意串通的。

第五条 同一房屋多次转移登记，原房屋权利人、原利害关系人对首次转移登记行为提起行政诉讼的，人民法院应当依法受理。

原房屋权利人、原利害关系人对首次转移登记行为及后续转移登记行为一并提起行政诉讼的，人民法院应当依法受理；人民法院判决驳回原告就在先转移登记行为提出的诉讼请求，或者因保护善意第三人确认在先房屋登记行为违法的，应当裁定驳回原告对后续转移登记行为的起诉。

原房屋权利人、原利害关系人未就首次转移登记行为提起行政诉讼，对后续转移登记行为提起行政诉讼的，人民法院不予受理。

第六条 人民法院受理房屋登记行政案件后，应当通知没有起诉的下列利害关系人作为第三人参加行政诉讼：

（一）房屋登记簿上载明的权利人；

（二）被诉异议登记、更正登记、预告登记的权利人；

（三）人民法院能够确认的其他利害关系人。

第七条 房屋登记行政案件由房屋所在地人民法院管辖，但有下列情形之一的也可由被告所在地人民法院管辖：

（一）请求房屋登记机构履行房屋转移登记、查询、复制登记资料等职责的；

（二）对房屋登记机构收缴房产证行为提起行政诉讼的；

（三）对行政复议改变房屋登记行为提起行政诉讼的。

第八条 当事人以作为房屋登记行为基础的买卖、共有、赠与、抵押、婚姻、继承等民事法律关系无效或者应当撤销为由，对房屋登记行为提起行政诉讼的，人民法院应当告知当事人先行解决民事争议，民事争议处理期间不计算在行政诉讼起诉期限内；已经受理的，裁定中止诉讼。

第九条 被告对被诉房屋登记行为的合法性负举证责任。被告保管证据原件的，应当在法庭上出示。被告不保管原件的，应当提交与原件核对一致的复印件、复制件并作出说明。当事人对被告提交的上述证据提出异议的，应当提供相应的证据。

第十条 被诉房屋登记行为合法的，人民法院应当判决驳回原告的诉讼请求。

第十一条 被诉房屋登记行为涉及多个权利主体或者房屋可分，其中部分主体或者房屋的登记违法应予撤销的，可以判决部分撤销。

被诉房屋登记行为违法，但该行为已被登记机构改变的，判决确认被诉行为违法。

被诉房屋登记行为违法，但判决撤销将给公共利益造成重大损失或者房屋已为第三人善意取得的，判决确认被诉行为违法，不撤销登记行为。

第十二条 申请人提供虚假材料办理房屋登记，给原告造成损害，房屋登记机构未尽合理审慎职责的，应当根据其过错程度及其在损害发生中所起作用承担相应的赔偿责任。

第十三条 房屋登记机构工作人员与第三人恶意串通违法登记，侵犯原告合法权益的，房屋登记机构与第三人承担连带赔偿责任。

第十四条 最高人民法院以前所作的相关的司法解释，凡与本规定不一致的，以本规定为准。

农村集体土地上的房屋登记行政案件参照本规定。

最高人民法院关于审理商标授权确权行政案件若干问题的规定

（2016年12月12日最高人民法院审判委员会第1703次会议通过　根据2020年12月23日最高人民法院审判委员会第1823次会议通过的《最高人民法院关于修改〈最高人民法院关于审理侵犯专利权纠纷案件应用法律若干问题的解释（二）〉等十八件知识产权类司法解释的决定》修正　2020年12月29日最高人民法院公告公布　自2021年1月1日起施行　法释〔2020〕19号）

为正确审理商标授权确权行政案件，根据《中华人民共和国商标法》

《中华人民共和国行政诉讼法》等法律规定，结合审判实践，制定本规定。

第一条 本规定所称商标授权确权行政案件，是指相对人或者利害关系人因不服国家知识产权局作出的商标驳回复审、商标不予注册复审、商标撤销复审、商标无效宣告及无效宣告复审等行政行为，向人民法院提起诉讼的案件。

第二条 人民法院对商标授权确权行政行为进行审查的范围，一般应根据原告的诉讼请求及理由确定。原告在诉讼中未提出主张，但国家知识产权局相关认定存在明显不当的，人民法院在各方当事人陈述意见后，可以对相关事由进行审查并作出裁判。

第三条 商标法第十条第一款第（一）项规定的同中华人民共和国的国家名称等“相同或者近似”，是指商标标志整体上与国家名称等相同或者近似。

对于含有中华人民共和国的国家名称等，但整体上并不相同或者不相近似的标志，如果该标志作为商标注册可能导致损害国家尊严的，人民法院可以认定属于商标法第十条第一款第（八）项规定的情形。

第四条 商标标志或者其构成要素带有欺骗性，容易使公众对商品的质量等特点或者产地产生误认，国家知识产权局认定其属于2001年修正的商标法第十条第一款第（七）项规定情形的，人民法院予以支持。

第五条 商标标志或者其构成要素可能对我国社会公共利益和公共秩序产生消极、负面影响的，人民法院可以认定其属于商标法第十条第一款第（八）项规定的“其他不良影响”。

将政治、经济、文化、宗教、民族等领域公众人物姓名等申请注册为商标，属于前款所指的“其他不良影响”。

第六条 商标标志由县级以上行政区划的地名或者公众知晓的外国地名和其他要素组成，如果整体上具有区别于地名的含义，人民法院应当认定其不属于商标法第十条第二款所指情形。

第七条 人民法院审查诉争商标是否具有显著特征，应当根据商标所指定使用商品的相关公众的通常认识，判断该商标整体上是否具有显著特征。商标标志中含有描述性要素，但不影响其整体具有显著特征的；或者描述性标志以独特方式加以表现，相关公众能够以其识别商品来源的，应当认定其具有显著特征。

第八条 诉争商标为外文标志时，人民法院应当根据中国境内相关公众的通常认识，对该外文商标是否具有显著特征进行审查判断。标志中外文的固有含义可能影响其在指定使用商品上的显著特征，但相关公众对该固有含义的认知程度较低，能够以该标志识别商品来源的，可以认定其具有显著特征。

第九条 仅以商品自身形状或者自身形状的一部分作为三维标志申请注册商标，相关公众一般情况下不易将其识别为指示商品来源标志的，该三维标志不具有作为商标的显著特征。

该形状系申请人所独创或者最早使用并不能当然导致其具有作为商标的显著特征。

第一款所称标志经过长期或者广泛使用，相关公众能够通过该标志识别商品来源的，可以认定该标志具有显著特征。

第十条 诉争商标属于法定的商品名称或者约定俗成的商品名称的，人民法院应当认定其属于商标法第十一条第一款第（一）项所指的通用名称。依据法律规定或者国家标准、行业标准属于商品通用名称的，应当认定为通用名称。相关公众普遍认为某一名称能够指代一类商品的，应当认定为约定俗成的通用名称。被专业工具书、辞典等列为商品名称的，可以作为认定约定俗成的通用名称的参考。

约定俗成的通用名称一般以全国范围内相关公众的通常认识为判断标准。对于由于历史传统、风土人情、地理环境等原因形成的相关市场固定的商品，在该相关市场内通用的称谓，人民法院可以认定为通用名称。

诉争商标申请人明知或者应知其申请注册的商标为部分区域内约定俗成的商品名称的，人民法院可以视其申请注册的商标为通用名称。

人民法院审查判断诉争商标是否属于通用名称，一般以商标申请日时的事实状态为准。核准注册时事实状态发生变化的，以核准注册时的事实状态判断其是否属于通用名称。

第十一条 商标标志只是或者主要是描述、说明所使用商品的质量、主要原料、功能、用途、重量、数量、产地等的，人民法院应当认定其属于商标法第十一条第一款第（二）项规定的情形。商标标志或者其构成要素暗示商品的特点，但不影响其识别商品来源功能的，不属于该项所规定的情形。

第十二条 当事人依据商标法第十三条第二款主张诉争商标构成对其未注册的驰名商标的复制、摹仿或者翻译而不应予以注册或者应予无效的，人民法院应当综合考量如下因素以及因素之间的相互影响，认定是否容易导致混淆：

（一）商标标志的近似程度；

（二）商品的类似程度；

（三）请求保护商标的显著性和知名程度；

（四）相关公众的注意程度；

（五）其他相关因素。

商标申请人的主观意图以及实际混淆的证据可以作为判断混淆可能性的参考因素。

第十三条 当事人依据商标法第十三条第三款主张诉争商标构成对其已注册的驰名商标的复制、摹仿或者翻译而不应予以注册或者应予无效的，人民法院应当综合考虑如下因素，以认定诉争商标的使用是否足以使相关公众认为其与驰名商标具有相当程度的联系，从而误导公众，致使驰名商标注册人的利益可能受到损害：

（一）引证商标的显著性和知名程度；

（二）商标标志是否足够近似；

（三）指定使用的商品情况；

（四）相关公众的重合程度及注意程度；

（五）与引证商标近似的标志被其他市场主体合法使用的情况或者其他相关因素。

第十四条 当事人主张诉争商标构成对其已注册的驰名商标的复制、摹仿或者翻译而不应予以注册或者应予无效，国家知识产权局依据商标法第三十条规定裁决支持其主张的，如果诉争商标注册未满五年，人民法院在当事人陈述意见之后，可以按照商标法第三十条规定进行审理；如果诉争商标注册已满五年，应当适用商标法第十三条第三款进行审理。

第十五条 商标代理人、代表人或者经销、代理等销售代理关系意义上的代理人、代表人未经授权，以自己的名义将与被代理人或者被代表人的商标相同或者近似的商标在相同或者类似商品上申请注册的，人民法院适用商标法第十五条第一款的规定进行审理。

在为建立代理或者代表关系的磋商阶段，前款规定的代理人或者代表人将被代理人或者被代表人的商标申请注册的，人民法院适用商标法第十五条第一款的规定进行审理。

商标申请人与代理人或者代表人之间存在亲属关系等特定身份关系的，可以推定其商标注册行为系与该代理人或者代表人恶意串通，人民法院适用商标法第十五条第一款的规定进行审理。

第十六条 以下情形可以认定为商标法第十五条第二款中规定的“其他关系”：

（一）商标申请人与在先使用人之间具有亲属关系；

（二）商标申请人与在先使用人之间具有劳动关系；

（三）商标申请人与在先使用人营业地址邻近；

（四）商标申请人与在先使用人曾就达成代理、代表关系进行过磋商，但未形成代理、代表关系；

（五）商标申请人与在先使用人曾就达成合同、业务往来关系进行过磋商，但未达成合同、业务往来关系。

第十七条 地理标志利害关系人依据商标法第十六条主张他人商标不应予以注册或者应予无效，如果诉争商标指定使用的商品与地理标志产品并非相同商品，而地理标志利害关系人能够证明诉争商标使用在该产品上仍然容易导致相关公众误认为该产品来源于该地区并因此具有特定的质量、信誉或者其他特征的，人民法院予以支持。

如果该地理标志已经注册为集体商标或者证明商标，集体商标或者证明商标的权利人或者利害关系人可选择依据该条或者另行依据商标法第十三条、第三十条等主张权利。

第十八条 商标法第三十二条规定的在先权利，包括当事人在诉争商标申请日之前享有的民事权利或者其他应予保护的合法权益。诉争商标核准注册时在先权利已不存在的，不影响诉争商标的注册。

第十九条 当事人主张诉争商标损害其在先著作权的，人民法院应当依照著作权法等相关规定，对所主张的客体是否构成作品、当事人是否为著作权人或者其他有权主张著作权的利害关系人以及诉争商标是否构成对著作权的侵害等进行审查。

商标标志构成受著作权法保护的作品的，当事人提供的涉及商标标志的设计底稿、原件、取得权利的合同、诉争商标申请日之前的著作权登记证书等，均可以作为证明著作权归属的初步证据。

商标公告、商标注册证等可以作为确定商标申请人为有权主张商标标志著作权的利害关系人的初步证据。

第二十条 当事人主张诉争商标损害其姓名权，如果相关公众认为该商标标志指代了该自然人，容易认为标记有该商标的商品系经过该自然人许可或者与该自然人存在特定联系的，人民法院应当认定该商标损害了该自然人的姓名权。

当事人以其笔名、艺名、译名等特定名称主张姓名权，该特定名称具有一定的知名度，与该自然人建立了稳定的对应关系，相关公众以其指代该自然人的，人民法院予以支持。

第二十一条 当事人主张的字号具有一定的市场知名度，他人未经许可申请注册与该字号相同或者近似的商标，容易导致相关公众对商品来源产生混淆，当事人以此主张构成在先权益的，人民法院予以支持。

当事人以具有一定市场知名度并已与企业建立稳定对应关系的企业名称的简称为依据提出主张的，适用前款规定。

第二十二条 当事人主张诉争商标损害角色形象著作权的，人民法院按照本规定第十九条进行审查。

对于著作权保护期限内的作品，如果作品名称、作品中的角色名称等具有较高知名度，将其作为商标使用在相关商品上容易导致相关公众误认为其经过权利人的许可或者与权利人存在特定联系，当事人以此主张构成在先权益的，人民法院予以支持。

第二十三条 在先使用人主张商标申请人以不正当手段抢先注册其在先使用并有一定影响的商标的，如果在先使用商标已经有一定影响，而商标申请人明知或者应知该商标，即可推定其构成“以不正当手段抢先注册”。但商标申请人举证证明其没有利用在先使用商标商誉的恶意的除外。

在先使用人举证证明其在先商标有一定的持续使用时间、区域、销售量或者广告宣传的，人民法院可以认定为有一定影响。

在先使用人主张商标申请人在与其不相类似的商品上申请注册其在先使用并有一定影响的商标，违反商标法第三十二条规定的，人民法院不予支持。

第二十四条 以欺骗手段以外的其他方式扰乱商标注册秩序、损害公共利益、不正当占用公共资源或者谋取不正当利益的，人民法院可以认定其属于商标法第四十四条第一款规定的“其他不正当手段”。

第二十五条 人民法院判断诉争商标申请人是否“恶意注册”他人驰名商标，应综合考虑引证商标的知名度、诉争商标申请人申请诉争商标的理由以及使用诉争商标的具体情形来判断其主观意图。引证商标知名度高、诉争商标申请人没有正当理由的，人民法院可以推定其注册构成商标法第四十五条第一款所指的“恶意注册”。

第二十六条 商标权人自行使用、他人经许可使用以及其他不违背商标权人意志的使用，均可认定为商标法第四十九条第二款所称的使用。

实际使用的商标标志与核准注册的商标标志有细微差别，但未改变其显著特征的，可以视为注册商标的使用。

没有实际使用注册商标，仅有转让或者许可行为；或者仅是公布商标注册信息、声明享有注册商标专用权的，不认定为商标使用。

商标权人有真实使用商标的意图，并且有实际使用的必要准备，但因其他客观原因尚未实际使用注册商标的，人民法院可以认定其有正当理由。

第二十七条 当事人主张国家知识产权局下列情形属于行政诉讼法第七十条第（三）项规定的“违反法定程序”的，人民法院予以支持：

（一）遗漏当事人提出的评审理由，对当事人权利产生实际影响的；

（二）评审程序中未告知合议组成员，经审查确有应当回避事由而未回避的；

（三）未通知适格当事人参加评审，该方当事人明确提出异议的；

（四）其他违反法定程序的情形。

第二十八条 人民法院审理商标授权确权行政案件的过程中，国家知识产权局对诉争商标予以驳回、不予核准注册或者予以无效宣告的事由不复存在的，人民法院可以依据新的事实撤销国家知识产权局相关裁决，并判令其根据变更后的事实重新作出裁决。

第二十九条 当事人依据在原行政行为之后新发现的证据，或者在原行政程序中因客观原因无法取得或在规定的期限内不能提供的证据，或者新的法律依据提出的评审申请，不属于以“相同的事实和理由”再次提出评审申请。

在商标驳回复审程序中，国家知识产权局以申请商标与引证商标不构成使用在同一种或者类似商品上的相同或者近似商标为由准予申请商标初步审定公告后，以下情形不视为“以相同的事实和理由”再次提出评审申请：

（一）引证商标所有人或者利害关系人依据该引证商标提出异议，国家知识产权局予以支持，被异议商标申请人申请复审的；

（二）引证商标所有人或者利害关系人在申请商标获准注册后依据该引证商标申请宣告其无效的。

第三十条 人民法院生效裁判对于相关事实和法律适用已作出明确认定，相对人或者利害关系人对于国家知识产权局依据该生效裁判重新作出的裁决提起诉讼的，人民法院依法裁定不予受理；已经受理的，裁定驳回起诉。

第三十一条 本规定自2017年3月1日起施行。人民法院依据2001年修正的商标法审理的商标授权确权行政案件可参照适用本规定。

最高人民法院关于审理反补贴行政案件应用法律若干问题的规定

（2002年9月11日最高人民法院审判委员会第1242次会议通过　2002年11月21日最高人民法院公告公布　自2003年1月1日起施行　法释〔2002〕36号）

为依法公正地审理反补贴行政案件，根据《中华人民共和国行政诉讼法》及其他有关法律的规定，制定本规定。

第一条 人民法院依法受理对下列反补贴行政行为提起的行政诉讼：

（一）有关补贴及补贴金额、损害及损害程度的终裁决定；

（二）有关是否征收反补贴税以及追溯征收的决定；

（三）有关保留、修改或者取消反补贴税以及承诺的复审决定；

（四）依照法律、行政法规规定可以起诉的其他反补贴行政行为。

第二条 与反补贴行政行为具有法律上利害关系的个人或者组织为利

害关系人，可以依照行政诉讼法及其他有关法律、行政法规的规定，向人民法院提起行政诉讼。

前款所称利害关系人，是指向国务院主管机关提出反补贴调查书面申请的申请人，有关出口经营者和进口经营者及其他具有法律上利害关系的自然人、法人或者其他组织。

第三条 反补贴行政案件的被告，应当是作出相应被诉反补贴行政行为的国务院主管部门。

第四条 与被诉反补贴行政行为具有法律上利害关系的其他国务院主管部门，可以作为第三人参加诉讼。

第五条 第一审反补贴行政案件由下列人民法院管辖：

（一）被告所在地高级人民法院指定的中级人民法院；

（二）被告所在地高级人民法院。

第六条 人民法院依照行政诉讼法及其他有关反补贴的法律、行政法规，参照国务院部门规章，对被诉反补贴行政行为的事实问题和法律问题，进行合法性审查。

第七条 被告对其作出的被诉反补贴行政行为负举证责任，应当提供作出反补贴行政行为的证据和所依据的规范性文件。

人民法院依据被告的案卷记录审查被诉反补贴行政行为的合法性。被告在作出被诉反补贴行政行为时没有记入案卷的事实材料，不能作为认定该行为合法的根据。

第八条 原告对其主张的事实有责任提供证据。经人民法院依照法定程序审查，原告提供的证据具有关联性、合法性和真实性的，可以作为定案的根据。

被告在反补贴行政调查程序中依照法定程序要求原告提供证据，原告无正当理由拒不提供、不如实提供或者以其他方式严重妨碍调查，而在诉讼程序中提供的证据，人民法院不予采纳。

第九条 在反补贴行政调查程序中，利害关系人无正当理由拒不提供证据、不如实提供证据或者以其他方式严重妨碍调查的，国务院主管部门根据能够获得的证据得出的事实结论，可以认定为证据充分。

第十条 人民法院审理反补贴行政案件，根据不同情况，分别作出以下判决：

（一）被诉反补贴行政行为证据确凿，适用法律、行政法规正确，符合法定程序的，判决维持；

（二）被诉反补贴行政行为有下列情形之一的，判决撤销或者部分撤销，并可以判决被告重新作出反补贴行政行为：

1. 主要证据不足的；

2. 适用法律、行政法规错误的；

3. 违反法定程序的；

4. 超越职权的；

5. 滥用职权的。

（三）依照法律或者司法解释规定作出的其他判决。

第十一条 人民法院审理反补贴行政案件，可以参照有关涉外民事诉讼程序的规定。

第十二条 本规定自2003年1月1日起实施。

最高人民法院关于审理反倾销行政案件应用法律若干问题的规定

（2002年9月11日最高人民法院审判委员会第1242次会议通过 2002年11月21日最高人民法院公告公布 自2003年1月1日起施行 法释〔2002〕35号）

为依法公正地审理反倾销行政案件，根据《中华人民共和国行政诉讼法》及其他有关法律的规定，制定本规定。

第一条 人民法院依法受理对下列反倾销行政行为提起的行政诉讼：

（一）有关倾销及倾销幅度、损害及损害程度的终裁决定；

（二）有关是否征收反倾销税的决定以及追溯征收、退税、对新出口经营者征税的决定；

（三）有关保留、修改或者取消反倾销税以及价格承诺的复审决定；

（四）依照法律、行政法规规定可以起诉的其他反倾销行政行为。

第二条 与反倾销行政行为具有法律上利害关系的个人或者组织为利

害关系人，可以依照行政诉讼法及其他有关法律、行政法规的规定，向人民法院提起行政诉讼。

前款所称利害关系人，是指向国务院主管部门提出反倾销调查书面申请的申请人，有关出口经营者和进口经营者及其他具有法律上利害关系的自然人、法人或者其他组织。

第三条 反倾销行政案件的被告，应当是作出相应被诉反倾销行政行为的国务院主管部门。

第四条 与被诉反倾销行政行为具有法律上利害关系的其他国务院主管部门，可以作为第三人参加诉讼。

第五条 第一审反倾销行政案件由下列人民法院管辖：

（一）被告所在地高级人民法院指定的中级人民法院；

（二）被告所在地高级人民法院。

第六条 人民法院依照行政诉讼法及其他有关反倾销的法律、行政法规，参照国务院部门规章，对被诉反倾销行政行为的事实问题和法律问题，进行合法性审查。

第七条 被告对其作出的被诉反倾销行政行为负举证责任，应当提供作出反倾销行政行为的证据和所依据的规范性文件。

人民法院依据被告的案卷记录审查被诉反倾销行政行为的合法性。被告在作出被诉反倾销行政行为时没有记入案卷的事实材料，不能作为认定该行为合法的根据。

第八条 原告对其主张的事实有责任提供证据。经人民法院依照法定程序审查，原告提供的证据具有关联性、合法性和真实性的，可以作为定案的根据。

被告在反倾销行政调查程序中依照法定程序要求原告提供证据，原告无正当理由拒不提供、不如实提供或者以其他方式严重妨碍调查，而在诉讼程序中提供的证据，人民法院不予采纳。

第九条 在反倾销行政调查程序中，利害关系人无正当理由拒不提供证据、不如实提供证据或者以其他方式严重妨碍调查的，国务院主管部门根据能够获得的证据得出的事实结论，可以认定为证据充分。

第十条 人民法院审理反倾销行政案件，根据不同情况，分别作出以下判决：

（一）被诉反倾销行政行为证据确凿，适用法律、行政法规正确，符合法定程序的，判决维持；

（二）被诉反倾销行政行为有下列情形之一的，判决撤销或者部分撤销，并可以判决被告重新作出反倾销行政行为：

1. 主要证据不足的；

2. 适用法律、行政法规错误的；

3. 违反法定程序的；

4. 超越职权的；

5. 滥用职权的。

（三）依照法律或者司法解释规定作出的其他判决。

第十一条 人民法院审理反倾销行政案件，可以参照有关涉外民事诉讼程序的规定。

第十二条 本规定自2003年1月1日起实施。

最高人民法院关于审理国际贸易行政案件若干问题的规定

（2002年8月27日最高人民法院审判委员会第1239次会议通过　2002年8月27日最高人民法院公告公布　自2002年10月1日起施行　法释〔2002〕27号）

为依法公正及时地审理国际贸易行政案件，根据《中华人民共和国行政诉讼法》（以下简称行政诉讼法）、《中华人民共和国立法法》（以下简称立法法）以及其他有关法律的规定，制定本规定。

第一条 下列案件属于本规定所称国际贸易行政案件：

（一）有关国际货物贸易的行政案件；

（二）有关国际服务贸易的行政案件；

（三）与国际贸易有关的知识产权行政案件；

（四）其他国际贸易行政案件。

第二条 人民法院行政审判庭依法审理国际贸易行政案件。

第三条 自然人、法人或者其他组织认为中华人民共和国具有国家行政职权的机关和组织及其工作人员（以下统称行政机关）有关国际贸易的具体行政行为侵犯其合法权益的，可以依照行政诉讼法以及其他有关法律、法规的规定，向人民法院提起行政诉讼。

第四条 当事人的行为发生在新法生效之前，行政机关在新法生效之后对该行为作出行政处理决定的，当事人可以依照新法的规定提起行政诉讼。

第五条 第一审国际贸易行政案件由具有管辖权的中级以上人民法院管辖。

第六条 人民法院审理国际贸易行政案件，应当依照行政诉讼法，并根据案件具体情况，从以下方面对被诉具体行政行为进行合法性审查：

（一）主要证据是否确实、充分；

（二）适用法律、法规是否正确；

（三）是否违反法定程序；

（四）是否超越职权；

（五）是否滥用职权；

（六）行政处罚是否显失公正；

（七）是否不履行或者拖延履行法定职责。

第七条 根据行政诉讼法第五十二条第一款及立法法第六十三条第一款和第二款规定，人民法院审理国际贸易行政案件，应当依据中华人民共和国法律、行政法规以及地方立法机关在法定立法权限范围内制定的有关或者影响国际贸易的地方性法规。地方性法规适用于本行政区域内发生的国际贸易行政案件。

第八条 根据行政诉讼法第五十三条第一款及立法法第七十一条、第七十二条和第七十三条规定，人民法院审理国际贸易行政案件，参照国务院部门根据法律和国务院的行政法规、决定、命令，在本部门权限范围内制定的有关或者影响国际贸易的部门规章，以及省、自治区、直辖市和省、自治区的人民政府所在地的市、经济特区所在地的市、国务院批准的较大的市的人民政府根据法律、行政法规和地方性法规制定的有关或者影响国际贸易的地方政府规章。

63 80 81 82

第九条 人民法院审理国际贸易行政案件所适用的法律、行政法规的具体条文存在两种以上的合理解释，其中有一种解释与中华人民共和国缔结或者参加的国际条约的有关规定相一致的，应当选择与国际条约的有关规定相一致的解释，但中华人民共和国声明保留的条款除外。

第十条 外国人、无国籍人、外国组织在中华人民共和国进行国际贸易行政诉讼，同中华人民共和国公民、组织有同等的诉讼权利和义务，但
99 有行政诉讼法第七十一条第二款规定的情形的，适用对等原则。

第十一条 涉及香港特别行政区、澳门特别行政区和台湾地区当事人的国际贸易行政案件，参照本规定处理。

第十二条 本规定自2002年10月1日起施行。

6. 诉讼监督

人民检察院行政诉讼监督规则

（2021年4月8日最高人民检察院第十三届检察委员会第65次会议通过 2021年7月27日最高人民检察院公告公布 自2021年9月1日起施行）

第一章 总 则

第一条 为了保障和规范人民检察院依法履行行政诉讼监督职责，根据《中华人民共和国行政诉讼法》《中华人民共和国民事诉讼法》《中华人民共和国人民检察院组织法》和其他有关规定，结合人民检察院工作实际，制定本规则。

第二条 人民检察院依法独立行使检察权，通过办理行政诉讼监督案件，监督人民法院依法审判和执行，促进行政机关依法行使职权，维护司法公正和司法权威，维护国家利益和社会公共利益，保护公民、法人和其他组织的合法权益，推动行政争议实质性化解，保障国家法律的统一正确实施。

第三条 人民检察院通过提出抗诉、检察建议等方式，对行政诉讼实

行法律监督。

第四条 人民检察院对行政诉讼实行法律监督，应当以事实为根据，以法律为准绳，坚持公开、公平、公正，依法全面审查，监督和支持人民法院、行政机关依法行使职权。

第五条 人民检察院办理行政诉讼监督案件，应当实行繁简分流，繁案精办、简案快办。

人民检察院办理行政诉讼监督案件，应当加强智慧借助，对于重大、疑难、复杂问题，可以向专家咨询或者组织专家论证，听取专家意见建议。

第六条 人民检察院办理行政诉讼监督案件，应当查清案件事实、辨明是非，综合运用监督纠正、公开听证、释法说理、司法救助等手段，开展行政争议实质性化解工作。

第七条 负责控告申诉检察、行政检察、案件管理的部门分别承担行政诉讼监督案件的受理、办理、管理工作，各部门互相配合，互相制约。

当事人不服人民法院生效行政赔偿判决、裁定、调解书的案件，由负责行政检察的部门办理，适用本规则规定。

第八条 人民检察院办理行政诉讼监督案件，由检察官、检察长、检察委员会在各自职权范围内对办案事项作出决定，并依照规定承担相应司法责任。

检察官在检察长领导下开展工作。重大办案事项，由检察长决定。检察长可以根据案件情况，提交检察委员会讨论决定。其他办案事项，检察长可以自行决定，也可以委托检察官决定。

本规则对应当由检察长或者检察委员会决定的重大办案事项有明确规定的，依照本规则的规定；本规则没有明确规定的，省级人民检察院可以制定有关规定，报最高人民检察院批准。

以人民检察院名义制发的法律文书，由检察长签发；属于检察官职权范围内决定事项的，检察长可以授权检察官签发。

重大、疑难、复杂或者有社会影响的案件，应当向检察长报告。

第九条 人民检察院办理行政诉讼监督案件，根据案件情况，可以由一名检察官独任办理，也可以由两名以上检察官组成办案组办理。由检察官办案组办理的，检察长应当指定一名检察官担任主办检察官，组织、指挥办案组办理案件。

检察官办理行政诉讼监督案件，可以根据需要配备检察官助理、书记员、司法警察、检察技术人员等检察辅助人员。检察辅助人员依照有关规定承担相应的检察辅助事务。

第十条 最高人民检察院领导地方各级人民检察院和专门人民检察院的行政诉讼监督工作，上级人民检察院领导下级人民检察院的行政诉讼监督工作。

上级人民检察院认为下级人民检察院的决定错误的，有权指令下级人民检察院纠正，或者依法撤销、变更。上级人民检察院的决定，应当以书面形式作出，下级人民检察院应当执行。下级人民检察院对上级人民检察院的决定有不同意见的，可以在执行的同时向上级人民检察院报告。

上级人民检察院可以依法统一调用辖区的检察人员办理行政诉讼监督案件，调用的决定应当以书面形式作出。被调用的检察官可以代表办理案件的人民检察院履行相关检察职责。

第十一条 人民检察院检察长或者检察长委托的副检察长在同级人民法院审判委员会讨论行政诉讼监督案件或者其他与行政诉讼监督工作有关的议题时，可以依照有关规定列席会议。

第十二条 检察人员办理行政诉讼监督案件，应当秉持客观公正的立场，自觉接受监督。

检察人员不得违反规定与当事人、律师、特殊关系人、中介组织接触、交往。

检察人员有收受贿赂、徇私枉法等行为的，应当追究纪律责任和法律责任。

检察人员对过问或者干预、插手行政诉讼监督案件办理等重大事项的行为，应当依照有关规定全面、如实、及时记录、报告。

第二章 回　　避

第十三条 检察人员办理行政诉讼监督案件，有下列情形之一的，应当自行回避，当事人有权申请他们回避：

（一）是本案当事人或者当事人、委托代理人近亲属的；

（二）担任过本案的证人、委托代理人、审判人员、行政执法人员的；

（三）与本案有利害关系的；

（四）与本案当事人、委托代理人有其他关系，可能影响对案件公正办理的。

检察人员接受当事人、委托代理人请客送礼及其他利益，或者违反规定会见当事人、委托代理人，当事人有权申请他们回避。

上述规定，适用于书记员、翻译人员、鉴定人、勘验人等。

第十四条 检察人员自行回避的，可以口头或者书面方式提出，并说明理由。口头提出申请的，应当记录在卷。

第十五条 当事人申请回避，应当在人民检察院作出提出抗诉或者检察建议等决定前以口头或者书面方式提出，并说明理由。口头提出申请的，应当记录在卷。依照本规则第十三条第二款规定提出回避申请的，应当提供相关证据。

被申请回避的人员在人民检察院作出是否回避的决定前，应当暂停参与本案工作，但案件需要采取紧急措施的除外。

第十六条 检察长的回避，由检察委员会讨论决定；检察人员和其他人员的回避，由检察长决定。检察委员会讨论检察长回避问题时，由副检察长主持，检察长不得参加。

第十七条 人民检察院对当事人提出的回避申请，应当在三日内作出决定，并通知申请人。对明显不属于法定回避事由的申请，可以当场驳回，并记录在卷。

申请人对驳回回避申请的决定不服的，可以在接到决定时向原决定机关申请复议一次。人民检察院应当在三日内作出复议决定，并通知复议申请人。复议期间，被申请回避的人员不停止参与本案工作。

第三章　受　　理

第十八条 人民检察院受理行政诉讼监督案件的途径包括：

（一）当事人向人民检察院申请监督；

（二）当事人以外的公民、法人或者其他组织向人民检察院控告；

（三）人民检察院依职权发现。

第十九条 有下列情形之一的，当事人可以向人民检察院申请监督：

（一）人民法院驳回再审申请或者逾期未对再审申请作出裁定，当事人对已经发生法律效力的行政判决、裁定、调解书，认为确有错误的；

（二）认为再审行政判决、裁定确有错误的；

（三）认为行政审判程序中审判人员存在违法行为的；

（四）认为人民法院行政案件执行活动存在违法情形的。

当事人死亡或者终止的，其权利义务承继者可以依照前款规定向人民检察院申请监督。

第二十条 当事人依照本规则第十九条第一款第一项、第二项规定向人民检察院申请监督，应当在人民法院送达驳回再审申请裁定之日或者再审判决、裁定发生法律效力之日起六个月内提出；对人民法院逾期未对再审申请作出裁定的，应当在再审申请审查期限届满之日起六个月内提出。

当事人依照本规则第十九条第一款第一项、第二项规定向人民检察院申请监督，具有下列情形之一的，应当在知道或者应当知道之日起六个月内提出：

（一）有新的证据，足以推翻原生效判决、裁定的；

（二）原生效判决、裁定认定事实的主要证据系伪造的；

（三）据以作出原生效判决、裁定的法律文书被撤销或者变更的；

（四）审判人员在审理该案件时有贪污受贿、徇私舞弊、枉法裁判行为的。

当事人依照本规则第十九条第一款第三项、第四项向人民检察院申请监督，应当在知道或者应当知道审判人员违法行为或者执行活动违法情形发生之日起六个月内提出。

本条规定的期间为不变期间，不适用中止、中断、延长的规定。

第二十一条 当事人向人民检察院申请监督，应当提交监督申请书、身份证明、相关法律文书及证据材料。提交证据材料的，应当附证据清单。

申请监督材料不齐备的，人民检察院应当要求申请人限期补齐，并一次性明确告知应当补齐的全部材料以及逾期未按要求补齐视为撤回监督申请的法律后果。申请人逾期未补齐主要材料的，视为撤回监督申请。

第二十二条 本规则第二十一条规定的监督申请书应当记明下列事项：

（一）申请人的姓名、性别、年龄、民族、职业、工作单位、住址、有效联系方式，法人或者其他组织的名称、住所和法定代表人或者主要负责人的姓名、职务、有效联系方式；

（二）其他当事人的姓名、性别、工作单位、住址、有效联系方式等信息，法人或者其他组织的名称、住所、法定代表人或者主要负责人的姓名、职务、有效联系方式等信息；

（三）申请监督请求；

（四）申请监督的具体法定情形及事实、理由。

申请人应当按照其他当事人的人数提交监督申请书副本。

第二十三条 本规则第二十一条规定的身份证明包括：

（一）公民的居民身份证、军官证、士兵证、护照等能够证明本人身份的有效证件；

（二）法人或者其他组织的统一社会信用代码证书或者营业执照、法定代表人或者主要负责人的身份证明等有效证照。

对当事人提交的身份证明，人民检察院经核对无误留存复印件。

第二十四条 本规则第二十一条规定的相关法律文书是指人民法院在该案件诉讼过程中作出的全部判决书、裁定书、决定书、调解书等法律文书。

第二十五条 当事人申请监督，可以依照《中华人民共和国行政诉讼法》的规定委托代理人。

第二十六条 当事人申请监督同时符合下列条件的，人民检察院应当受理：

（一）符合本规则第十九条的规定；

（二）符合本规则第二十条的规定；

（三）申请人提供的材料符合本规则第二十一条至第二十四条的规定；

（四）属于本院受理案件范围；

（五）不具有本规则规定的不予受理情形。

第二十七条 当事人向人民检察院申请监督，有下列情形之一的，人民检察院不予受理：

（一）当事人对生效行政判决、裁定、调解书未向人民法院申请再审的；

（二）当事人申请再审超过法律规定的期限的；

（三）人民法院在法定期限内正在对再审申请进行审查的；

（四）人民法院已经裁定再审且尚未审结的；

（五）人民检察院已经审查终结作出决定的；

（六）行政判决、裁定、调解书是人民法院根据人民检察院的抗诉或者再审检察建议再审后作出的；

（七）申请监督超过本规则第二十条规定的期限的；

（八）根据法律规定可以对人民法院的执行活动提出异议、申请复议或者提起诉讼，当事人、利害关系人、案外人没有提出异议、申请复议或者提起诉讼的，但有正当理由或者人民检察院依职权监督的除外；

（九）当事人提出有关执行的异议、申请复议、申诉或者提起诉讼后，人民法院已经受理并正在审查处理的，但超过法定期限未作出处理的除外；

（十）其他不应当受理的情形。

第二十八条 当事人对已经发生法律效力的行政判决、裁定、调解书向人民检察院申请监督的，由作出生效判决、裁定、调解书的人民法院所在地同级人民检察院负责控告申诉检察的部门受理。

第二十九条 当事人认为行政审判程序中审判人员存在违法行为或者执行活动存在违法情形，向人民检察院申请监督的，由审理、执行案件的人民法院所在地同级人民检察院负责控告申诉检察的部门受理。

当事人不服审理、执行案件人民法院的上级人民法院作出的复议裁定、决定等，向人民检察院申请监督的，由作出复议裁定、决定等的人民法院所在地同级人民检察院负责控告申诉检察的部门受理。

第三十条 人民检察院不依法受理当事人监督申请的，当事人可以向上一级人民检察院申请监督。上一级人民检察院认为当事人监督申请符合受理条件的，应当指令下一级人民检察院受理，必要时也可以直接受理。

第三十一条 人民检察院负责控告申诉检察的部门对监督申请，应当在七日内根据以下情形作出处理，并答复申请人：

（一）符合受理条件的，应当依照本规则规定作出受理决定；

（二）不属于本院受理案件范围的，应当告知申请人向有关人民检察院申请监督；

（三）不属于人民检察院主管范围的，告知申请人向有关机关反映；

（四）不符合受理条件，且申请人不撤回监督申请的，可以决定不予受理。

第三十二条 负责控告申诉检察的部门应当在决定受理之日起三日内制作《受理通知书》，发送申请人，并告知其权利义务。

需要通知其他当事人的，应当将《受理通知书》和监督申请书副本发送其他当事人，并告知其权利义务。其他当事人可以在收到监督申请书副本之日起十五日内提出书面意见；不提出意见的，不影响人民检察院对案件的审查。

第三十三条 负责控告申诉检察的部门应当在决定受理之日起三日内将案件材料移送本院负责行政检察的部门，同时将《受理通知书》抄送本院负责案件管理的部门。负责控告申诉检察的部门收到其他当事人提交的书面意见等材料，应当及时移送负责行政检察的部门。

第三十四条 当事人以外的公民、法人或者其他组织认为人民法院行政审判程序中审判人员存在违法行为或者执行活动存在违法情形的，可以向同级人民检察院控告。控告由人民检察院负责控告申诉检察的部门受理。

负责控告申诉检察的部门对收到的控告，应当依照《人民检察院信访工作规定》等办理。

第三十五条 负责控告申诉检察的部门可以依照《人民检察院信访工作规定》，向下级人民检察院交办涉及行政诉讼监督的信访案件。

第三十六条 人民检察院在履行职责中发现行政案件有下列情形之一的，应当依职权监督：

（一）损害国家利益或者社会公共利益的；

（二）审判人员、执行人员审理和执行行政案件时有贪污受贿、徇私舞弊、枉法裁判等行为的；

（三）依照有关规定需要人民检察院跟进监督的；

（四）人民检察院作出的不支持监督申请决定确有错误的；

（五）其他确有必要进行监督的。

人民检察院对行政案件依职权监督，不受当事人是否申请再审的限制。

第三十七条 下级人民检察院提请抗诉、提请其他监督等案件，由上一级人民检察院负责案件管理的部门受理。

依职权监督的案件，负责行政检察的部门应当到负责案件管理的部门登记受理。

第三十八条 负责案件管理的部门接收案件材料后，应当在三日内登记并将案件材料和案件登记表移送负责行政检察的部门；案件材料不符合规定的，应当要求补齐。

负责案件管理的部门登记受理后，需要通知当事人的，负责行政检察的部门应当制作《受理通知书》，并在三日内发送当事人。

第四章 审　　查

第一节 一般规定

第三十九条 人民检察院负责行政检察的部门负责对受理后的行政诉讼监督案件进行审查。

第四十条 负责行政检察的部门收到负责控告申诉检察、案件管理的部门移送的行政诉讼监督案件后，应当按照随机分案为主、指定分案为辅的原则，确定承办案件的独任检察官或者检察官办案组。

第四十一条 上级人民检察院可以将受理的行政诉讼监督案件交由下级人民检察院办理，并限定办理期限。交办的案件应当制作《交办通知书》，并将有关材料移送下级人民检察院。下级人民检察院应当依法办理，在规定期限内提出处理意见并报送上级人民检察院，上级人民检察院应当在法定期限内作出决定。

上级人民检察院交办案件需要通知当事人的，应当制作通知文书，并发送当事人。

第四十二条 上级人民检察院认为确有必要的，可以办理下级人民检察院受理的行政诉讼监督案件。

下级人民检察院受理的行政诉讼监督案件，认为需要由上级人民检察院办理的，可以报请上级人民检察院办理。

最高人民检察院、省级人民检察院根据实质性化解行政争议等需要，可以指定下级人民检察院办理案件。

第四十三条 人民检察院审查行政诉讼监督案件，应当围绕申请人的申请监督请求、争议焦点、本规则第三十六条规定的情形以及发现的其他违法情形，对行政诉讼活动进行全面审查。其他当事人在人民检察院作出决定前也申请监督的，应当将其列为申请人，对其申请监督请求一并审查。

第四十四条 人民检察院在审查行政诉讼监督案件期间收到申请人或者其他当事人提交的证据材料的，应当出具收据。

第四十五条 被诉行政机关以外的当事人对不能自行收集的证据，在原审中向人民法院申请调取，人民法院应当调取而未予以调取，在诉讼监督阶段向人民检察院申请调取，符合下列情形之一的，人民检察院可以调取：

（一）由国家机关保存只能由国家机关调取的证据；

（二）涉及国家秘密、商业秘密和个人隐私的证据；

（三）确因客观原因不能自行收集的其他证据。

当事人依照前款规定申请调取证据，人民检察院认为与案件事实无关联、对证明案件事实无意义或者其他无调取收集必要的，不予调取。

第四十六条 人民检察院应当告知当事人有申请回避的权利，并告知办理行政诉讼监督案件的检察人员、书记员等的姓名、法律职务。

第四十七条 人民检察院审查案件，应当听取当事人意见，调查核实有关情况，必要时可以举行听证，也可以听取专家意见。

对于当事人委托律师担任代理人的，人民检察院应当听取代理律师意见，尊重和支持代理律师依法履行职责，依法为代理律师履职提供相关协助和便利，保障代理律师执业权利。

第四十八条 人民检察院可以采取当面、视频、电话、传真、电子邮件、由当事人提交书面意见等方式听取当事人意见。

听取意见的内容包括：

（一）申请人认为生效行政判决、裁定、调解书符合再审情形的主要事实和理由；

（二）申请人认为人民法院行政审判程序中审判人员违法的事实和理由；

（三）申请人认为人民法院行政案件执行活动违法的事实和理由；

（四）其他当事人针对申请人申请监督请求所提出的意见及理由；

（五）行政机关作出行政行为的事实和理由；

（六）申请人与其他当事人有无和解意愿；

（七）其他需要听取的意见。

第四十九条 人民检察院审查案件，可以依照有关规定调阅人民法院的诉讼卷宗、执行卷宗。

通过拷贝电子卷、查阅、复制、摘录等方式能够满足办案需要的，可以不调阅卷宗。

对于人民法院已经结案尚未归档的行政案件，正在办理或者已经结案尚未归档的执行案件，人民检察院可以直接到办理部门查阅、复制、拷贝、摘录案件材料，不调阅卷宗。

在对生效行政判决、裁定或者调解书的监督案件进行审查过程中，需要调取人民法院正在办理的其他案件材料的，人民检察院可以商办理案件的人民法院调取。

第五十条 人民检察院审查案件，对于事实认定、法律适用的重大、疑难、复杂问题，可以采用以下方式听取专家意见：

（一）召开专家论证会；

（二）口头或者书面咨询；

（三）其他咨询或者论证方式。

第五十一条 人民检察院办理行政诉讼监督案件，应当全面检索相关指导性案例、典型案例和关联案例，并在审查终结报告中作出说明。

第五十二条 承办检察官对审查认定的事实负责。审查终结后，应当制作审查终结报告。审查终结报告应当全面、客观、公正地叙述案件事实，依照法律提出明确的处理意见。

第五十三条 承办检察官办理案件过程中，可以提请负责行政检察的部门负责人召集检察官联席会议讨论。

负责行政检察的部门负责人对本部门的办案活动进行监督管理。需要报请检察长决定的事项和需要向检察长报告的案件，应当先由部门负责人审核。部门负责人可以主持召开检察官联席会议进行讨论，也可以直接报请检察长决定或者向检察长报告。

检察官联席会议讨论情况和意见应当如实记录，由参加会议的检察官签名后附卷保存。讨论结果供办案参考。

第五十四条 检察长不同意检察官意见的，可以要求检察官复核，也可以直接作出决定，或者提请检察委员会讨论决定。

检察官执行检察长决定时，认为决定错误的，应当书面提出意见。检察长不改变原决定的，检察官应当执行。

第五十五条 人民检察院对审查终结的案件，应当区分情况依法作出下列决定：

（一）提出再审检察建议；

（二）提请抗诉或者提请其他监督；

（三）提出抗诉；

（四）提出检察建议；

（五）不支持监督申请；

（六）终结审查。

对于负责控告申诉检察的部门受理的当事人申请监督案件，负责行政检察的部门应当将案件办理结果告知负责控告申诉检察的部门。

第五十六条 人民检察院受理当事人申请对人民法院已经发生法律效力的行政判决、裁定、调解书监督的案件，应当在三个月内审查终结并作出决定，但调卷、鉴定、评估、审计、专家咨询等期间不计入审查期限。

有需要调查核实、实质性化解行政争议及其他特殊情况需要延长审查期限的，由本院检察长批准。

人民检察院受理当事人申请对行政审判程序中审判人员违法行为监督的案件和申请对行政案件执行活动监督的案件的审查期限，参照第一款、第二款规定执行。

第五十七条 人民检察院办理行政诉讼监督案件，在当面听取当事人意见、调查核实、举行听证、出席法庭时，可以依照有关规定指派司法警察执行职务。

第二节 调查核实

第五十八条 人民检察院因履行法律监督职责的需要，有下列情形之一的，可以向当事人或者案外人调查核实有关情况：

（一）行政判决、裁定、调解书可能存在法律规定需要监督的情形，仅通过阅卷及审查现有材料难以认定的；

（二）行政审判程序中审判人员可能存在违法行为的；

（三）人民法院行政案件执行活动可能存在违法情形的；

（四）被诉行政行为及相关行政行为可能违法的；

（五）行政相对人、权利人合法权益未得到依法实现的；

（六）其他需要调查核实的情形。

人民检察院不得为证明行政行为的合法性调取行政机关作出行政行为时未收集的证据。

第五十九条 人民检察院通过阅卷以及调查核实难以认定有关事实的，可以听取人民法院相关审判、执行人员的意见，全面了解案件审判、执行的相关事实和理由。

第六十条 人民检察院可以采取以下调查核实措施：

（一）查询、调取、复制相关证据材料；

（二）询问当事人、有关知情人员或者其他相关人员；

（三）咨询专业人员、相关部门或者行业协会等对专门问题的意见；

（四）委托鉴定、评估、审计；

（五）勘验物证、现场；

（六）查明案件事实所需要采取的其他措施。

检察人员应当保守国家秘密和工作秘密，对调查核实中知悉的商业秘密和个人隐私予以保密。

人民检察院调查核实，不得采取限制人身自由和查封、扣押、冻结财产等强制性措施。

第六十一条 有下列情形之一的，人民检察院可以向银行业金融机构查询、调取、复制相关证据材料：

（一）可能损害国家利益、社会公共利益的；

（二）审判、执行人员可能存在违法行为的；

（三）当事人有伪造证据、恶意串通损害他人合法权益可能的。

人民检察院可以依照有关规定指派具备相应资格的检察技术人员对行政诉讼监督案件中的鉴定意见等技术性证据进行专门审查，并出具审查意见。

第六十二条 人民检察院可以就专门性问题书面或者口头咨询有关专业人员、相关部门或者行业协会的意见。口头咨询的，应当制作笔录，由接受咨询的专业人员签名或者盖章。拒绝签名盖章的，应当记明情况。

人民检察院对专门性问题认为需要鉴定、评估、审计的，可以委托具备资格的机构进行鉴定、评估、审计。在诉讼过程中已经进行过鉴定、评估、审计的，除确有必要外，一般不再委托鉴定、评估、审计。

第六十三条 人民检察院认为确有必要的，可以勘验物证或者现场。勘验人应当出示人民检察院的证件，并邀请当地基层组织或者当事人所在单位派人参加。当事人或者当事人的成年家属应当到场，拒不到场的，不影响勘验的进行。

勘验人应当将勘验情况和结果制作笔录，由勘验人、当事人和被邀参加人签名或者盖章。

第六十四条 需要调查核实的，由承办检察官在职权范围内决定，或者报检察长决定。

第六十五条 人民检察院调查核实，应当由二人以上共同进行。

调查笔录经被调查人校阅后，由调查人、被调查人签名或者盖章。被调查人拒绝签名盖章的，应当记明情况。

第六十六条 人民检察院可以指令下级人民检察院或者委托外地人民检察院调查核实。

人民检察院指令调查或者委托调查的，应当发送《指令调查通知书》或者《委托调查函》，载明调查核实事项、证据线索及要求。受指令或者受委托人民检察院收到《指令调查通知书》或者《委托调查函》后，应当在十五日内完成调查核实工作并书面回复。因客观原因不能完成调查的，应当在上述期限内书面回复指令或者委托的人民检察院。

人民检察院到外地调查的，当地人民检察院应当配合。

第六十七条 人民检察院调查核实，有关单位和个人应当配合。拒绝或者妨碍人民检察院调查核实的，人民检察院可以向有关单位或者其上级主管机关提出检察建议，责令纠正，必要时可以通报同级政府、监察机关；涉嫌违纪违法犯罪的，依照规定移送有关机关处理。

第三节 听　　证

第六十八条 人民检察院审查行政诉讼监督案件，在事实认定、法律适用、案件处理等方面存在较大争议，或者有重大社会影响，需要当面听取当事人和其他相关人员意见的，可以召开听证会。

第六十九条 人民检察院召开听证会，可以邀请与案件没有利害关系的人大代表、政协委员、人民监督员、特约检察员、专家咨询委员、人民调解员或者当事人所在单位、居住地的居民委员会、村民委员会成员以及专家、学者、律师等其他社会人士担任听证员。

人民检察院应当邀请人民监督员参加听证会，依照有关规定接受人民监督员监督。

第七十条 人民检察院决定召开听证会的，应当做好以下准备工作：

（一）制定听证方案，确定听证会参加人；

（二）在听证三日前告知听证会参加人案由、听证时间和地点；

（三）告知当事人主持听证会的检察官及听证员的姓名、身份。

第七十一条 当事人和其他相关人员应当按时参加听证会。当事人无正当理由缺席或者未经许可中途退席的，听证程序是否继续进行，由主持人决定。

第七十二条 听证会由检察官主持，书记员负责记录，司法警察负责维持秩序。

听证过程应当全程录音录像。经检察长批准，人民检察院可以通过中国检察听证网和其他公共媒体，对听证会进行图文、音频、视频直播或者录播。

第七十三条 听证会应当围绕行政诉讼监督案件中的事实认定和法律适用等问题进行。

对当事人提交的有争议的或者新的证据材料和人民检察院调查取得的证据，应当充分听取各方当事人的意见。

第七十四条 听证会一般按照下列步骤进行：

（一）承办案件的检察官介绍案件情况和需要听证的问题；

（二）申请人陈述申请监督请求、事实和理由；

（三）其他当事人发表意见；

（四）申请人和其他当事人提交新证据的，应当出示并予以说明；

（五）出示人民检察院调查取得的证据；

（六）案件各方当事人陈述对听证中所出示证据的意见；

（七）听证员、检察官向申请人和其他当事人提问；

（八）当事人发表最后陈述意见；

（九）主持人对听证会进行总结。

第七十五条 听证应当制作笔录，经参加听证的人员校阅后，由参加听证的人员签名。拒绝签名的，应当记明情况。

听证会结束后，主持人可以组织听证员对事实认定、法律适用和案件处理等进行评议，并制作评议笔录，由主持人、听证员签名。

听证员的意见是人民检察院依法处理案件的重要参考。

第七十六条 参加听证的人员应当服从听证主持人指挥。

对违反听证秩序的，人民检察院可以予以批评教育，责令退出听证场所；对哄闹、冲击听证场所，侮辱、诽谤、威胁、殴打他人等严重扰乱听证秩序的，依法追究相应法律责任。

第四节 简易案件办理

第七十七条 行政诉讼监督案件具有下列情形之一的，可以确定为简易案件：

（一）原一审人民法院适用简易程序审理的；

（二）案件事实清楚，法律关系简单的。

地方各级人民检察院可以结合本地实际确定简易案件具体情形。

第七十八条 审查简易案件，承办检察官通过审查监督申请书等材料即可以认定案件事实的，可以直接制作审查终结报告，提出处理建议。

审查过程中发现案情复杂或者需要调查核实，不宜适用简易程序的，转为普通案件办理程序。

第七十九条 办理简易案件，不适用延长审查期限的规定。

简易案件的审查终结报告、审批程序应当简化。

第五节 中止审查和终结审查

第八十条 有下列情形之一的，人民检察院可以中止审查：

（一）申请监督的公民死亡，需要等待继承人表明是否继续申请监督的；

（二）申请监督的法人或者其他组织终止，尚未确定权利义务承受人的；

（三）本案必须以另一案的处理结果为依据，而另一案尚未审结的；

（四）其他可以中止审查的情形。

中止审查的，应当制作《中止审查决定书》，并发送当事人。中止审查的原因消除后，应当及时恢复审查。

第八十一条 有下列情形之一的，人民检察院应当终结审查：

（一）人民法院已经裁定再审或者已经纠正违法行为的；

（二）申请人撤回监督申请，且不损害国家利益、社会公共利益或者他人合法权益的；

（三）申请人在与其他当事人达成的和解协议中声明放弃申请监督权

利，且不损害国家利益、社会公共利益或者他人合法权益的；

（四）申请监督的公民死亡，没有继承人或者继承人放弃申请，且没有发现其他应当监督的违法情形的；

（五）申请监督的法人或者其他组织终止，没有权利义务承受人或者权利义务承受人放弃申请，且没有发现其他应当监督的违法情形的；

（六）发现已经受理的案件不符合受理条件的；

（七）人民检察院依职权发现的案件，经审查不需要监督的；

（八）其他应当终结审查的情形。

终结审查的，应当制作《终结审查决定书》，需要通知当事人的，发送当事人。

第五章　对生效行政判决、裁定、调解书的监督

第一节　一般规定

第八十二条　申请人提供的新证据以及人民检察院调查取得的证据，能够证明原判决、裁定确有错误的，应当认定为《中华人民共和国行政诉讼法》第九十一条第二项规定的情形，但原审被诉行政机关无正当理由逾期提供证据的除外。

第八十三条　有下列情形之一的，应当认定为《中华人民共和国行政诉讼法》第九十一条第三项规定的“认定事实的主要证据不足”：

（一）认定的事实没有证据支持，或者认定的事实所依据的证据虚假的；

（二）认定的事实所依据的主要证据不合法的；

（三）对认定事实的主要证据有无证明力、证明力大小或者证明对象的判断违反证据规则、逻辑推理或者经验法则的；

（四）认定事实的主要证据不足的其他情形。

第八十四条　有下列情形之一，导致原判决、裁定结果确有错误的，应当认定为《中华人民共和国行政诉讼法》第九十一条第四项规定的“适用法律、法规确有错误”：

（一）适用的法律、法规与案件性质明显不符的；

（二）适用的法律、法规已经失效或者尚未施行的；

（三）违反《中华人民共和国立法法》规定的法律适用规则的；

（四）违背法律、法规的立法目的和基本原则的；

（五）应当适用的法律、法规未适用的；

（六）适用法律、法规错误的其他情形。

第八十五条 有下列情形之一的，应当认定为《中华人民共和国行政诉讼法》第九十一条第五项规定的“违反法律规定的诉讼程序，可能影响公正审判”：

（一）审判组织的组成不合法的；

（二）依法应当回避的审判人员没有回避的；

（三）未经合法传唤缺席判决的；

（四）无诉讼行为能力人未经法定代理人代为诉讼的；

（五）遗漏应当参加诉讼的当事人的；

（六）违反法律规定，剥夺当事人辩论权、上诉权等重大诉讼权利的；

（七）其他严重违反法定程序的情形。

第八十六条 有下列情形之一的，应当认定为本规则第八十五条第一项规定的“审判组织的组成不合法”：

（一）应当组成合议庭审理的案件独任审判的；

（二）再审、发回重审的案件没有另行组成合议庭的；

（三）审理案件的人员不具有审判资格的；

（四）审判组织或者人员不合法的其他情形。

第八十七条 有下列情形之一的，应当认定为本规则第八十五条第六项规定的“违反法律规定，剥夺当事人辩论权”：

（一）不允许或者严重限制当事人行使辩论权利的；

（二）应当开庭审理而未开庭审理的；

（三）违反法律规定送达起诉状副本或者上诉状副本，致使当事人无法行使辩论权利的；

（四）违法剥夺当事人辩论权利的其他情形。

第二节 提出再审检察建议和提请抗诉、提出抗诉

第八十八条 地方各级人民检察院发现同级人民法院已经发生法律效力的行政判决、裁定有下列情形之一的，可以向同级人民法院提出再审检察建议：

（一）不予立案或者驳回起诉确有错误的；

（二）有新的证据，足以推翻原判决、裁定的；

（三）原判决、裁定认定事实的主要证据不足、未经质证或者系伪造的；

（四）违反法律规定的诉讼程序，可能影响公正审判的；

（五）原判决、裁定遗漏诉讼请求的；

（六）据以作出原判决、裁定的法律文书被撤销或者变更的。

第八十九条 符合本规则第八十八条规定的案件有下列情形之一的，地方各级人民检察院应当提请上一级人民检察院抗诉：

（一）判决、裁定是经同级人民法院再审后作出的；

（二）判决、裁定是经同级人民法院审判委员会讨论作出的；

（三）其他不适宜由同级人民法院再审纠正的。

第九十条 地方各级人民检察院发现同级人民法院已经发生法律效力的行政判决、裁定具有下列情形之一的，应当提请上一级人民检察院抗诉：

（一）原判决、裁定适用法律、法规确有错误的；

（二）审判人员在审理该案件时有贪污受贿、徇私舞弊、枉法裁判行为的。

审判人员在审理该案件时有贪污受贿、徇私舞弊、枉法裁判行为，是指已经由生效刑事法律文书或者纪律处分决定所确认的行为。

第九十一条 地方各级人民检察院发现同级人民法院已经发生法律效力的行政调解书损害国家利益或者社会公共利益的，可以向同级人民法院提出再审检察建议，也可以提请上一级人民检察院抗诉。

第九十二条 人民检察院提出再审检察建议，应当制作《再审检察建议书》，在决定之日起十五日内将《再审检察建议书》连同案件卷宗移送同级人民法院，并制作通知文书，发送当事人。

人民检察院提出再审检察建议，应当经本院检察委员会决定，并在提出再审检察建议之日起五日内将《再审检察建议书》及审查终结报告等案件材料报上一级人民检察院备案。上一级人民检察院认为下级人民检察院发出的《再审检察建议书》错误或者不当的，应当指令下级人民检察院撤回或者变更。

第九十三条 人民检察院提请抗诉，应当制作《提请抗诉报告书》，在决定之日起十五日内将《提请抗诉报告书》连同案件卷宗等材料报送上一级人民检察院，并制作通知文书，发送当事人。

第九十四条 最高人民检察院对各级人民法院已经发生法律效力的行政判决、裁定、调解书，上级人民检察院对下级人民法院已经发生法律效力的行政判决、裁定、调解书，发现有《中华人民共和国行政诉讼法》第九十一条、第九十三条规定情形的，应当向同级人民法院提出抗诉。

人民检察院提出抗诉后，接受抗诉的人民法院未在法定期限内作出审判监督的相关裁定的，人民检察院可以采取询问、走访等方式进行督促，并制作工作记录。人民法院对抗诉案件裁定再审后，对于人民法院在审判活动中存在违反法定审理期限等违法情形的，依照本规则第六章规定办理。

人民检察院提出抗诉的案件，接受抗诉的人民法院将案件交下一级人民法院再审，下一级人民法院审理后作出的再审判决、裁定仍符合抗诉条件且存在明显错误的，原提出抗诉的人民检察院可以再次提出抗诉。

第九十五条 人民检察院提出抗诉，应当制作《抗诉书》，在决定之日起十五日内将《抗诉书》连同案件卷宗移送同级人民法院，并由接受抗诉的人民法院向当事人送达再审裁定时一并送达《抗诉书》。

人民检察院应当制作决定抗诉的通知文书，发送当事人。上级人民检察院可以委托提请抗诉的人民检察院将通知文书发送当事人。

第九十六条 人民检察院认为当事人不服人民法院生效行政判决、裁定、调解书的监督申请不符合监督条件，应当制作《不支持监督申请决定书》，在决定之日起十五日内发送当事人。

下级人民检察院提请抗诉的案件，上级人民检察院可以委托提请抗诉的人民检察院将《不支持监督申请决定书》发送当事人。

第九十七条 人民检察院办理行政诉讼监督案件，发现地方性法规同行政法规相抵触的，或者认为规章以及国务院各部门、省、自治区、直辖市和设区的市、自治州的人民政府发布的其他具有普遍约束力的行政决定、命令同法律、行政法规相抵触的，可以层报最高人民检察院，由最高人民检察院向国务院书面提出审查建议。

第三节 出席法庭

第九十八条 人民检察院提出抗诉的案件，人民法院再审时，人民检察院应当派员出席法庭，并全程参加庭审活动。

接受抗诉的人民法院将抗诉案件交下级人民法院再审的，提出抗诉的人民检察院可以指令再审人民法院的同级人民检察院派员出庭。

第九十九条 检察人员在出庭前，应当做好以下准备工作：

（一）进一步熟悉案情，掌握证据情况；

（二）深入研究与本案有关的法律问题；

（三）拟定出示和说明证据的计划；

（四）对可能出现证据真实性、合法性和关联性争议的，拟定应对方案并准备相关材料；

（五）做好其他出庭准备工作。

第一百条 检察人员出席再审法庭的任务是：

（一）宣读抗诉书；

（二）对人民检察院调查取得的证据予以出示和说明；

（三）经审判长许可，对证据采信、法律适用和案件情况予以说明，针对争议焦点，客观、公正、全面地阐述法律监督意见；

（四）对法庭审理中违反诉讼程序的情况予以记录；

（五）依法从事其他诉讼活动。

出席法庭的检察人员发现庭审活动违反诉讼程序的，应当待休庭或者庭审结束之后，及时向检察长报告。人民检察院对违反诉讼程序的庭审活动提出检察建议，应当由人民检察院在庭审后提出。

第一百零一条 当事人或者其他参加庭审人员在庭审中有哄闹法庭，对检察机关或者出庭检察人员有侮辱、诽谤、威胁等不当言论或者行为，法庭未予制止的，出庭检察人员应当建议法庭即时制止；情节严重的，应当建议法庭依照规定予以处理，并在庭审结束后向检察长报告。

第一百零二条 人民法院开庭审理人民检察院提出再审检察建议的案件，人民检察院派员出席再审法庭的，参照适用本节规定。

人民检察院派员出席法庭的再审案件公开审理的，可以协调人民法院安排人民监督员旁听。

第六章　对行政审判程序中审判人员违法行为的监督

第一百零三条 人民检察院依法对人民法院下列行政审判程序中审判人员违法行为进行监督：

（一）第一审普通程序；

（二）简易程序；

（三）第二审程序；

（四）审判监督程序。

《中华人民共和国行政诉讼法》第九十三条第三款的规定适用于法官、人民陪审员、法官助理、书记员。

第一百零四条 人民检察院发现人民法院行政审判活动有下列情形之一的，应当向同级人民法院提出检察建议：

（一）判决、裁定确有错误，但不适用再审程序纠正的；

（二）调解违反自愿原则或者调解协议内容违反法律的；

（三）对公民、法人或者其他组织提起的诉讼未在法定期限内决定是否立案的；

（四）当事人依照《中华人民共和国行政诉讼法》第五十二条规定向上一级人民法院起诉，上一级人民法院未按该规定处理的；

（五）审理案件适用审判程序错误的；

（六）保全、先予执行、停止执行或者不停止执行行政行为裁定违反法律规定的；

（七）诉讼中止或者诉讼终结违反法律规定的；

（八）违反法定审理期限的；

（九）对当事人采取罚款、拘留等妨害行政诉讼的强制措施违反法律规定的；

（十）违反法律规定送达的；

（十一）其他违反法律规定的情形。

第一百零五条 人民检察院发现同级人民法院行政审判程序中审判人员有《中华人民共和国法官法》第四十六条等规定的违法行为且可能影响案件公正审判、执行的，应当向同级人民法院提出检察建议。

第一百零六条 人民检察院依照本章规定提出检察建议，应当经检察长批准或者检察委员会决定，制作《检察建议书》，在决定之日起十五日内将《检察建议书》连同案件卷宗移送同级人民法院。当事人申请监督的案件，人民检察院应当制作通知文书，发送申请人。

第一百零七条 人民检察院认为当事人申请监督的行政审判程序中审

判人员违法行为认定依据不足的，应当作出不支持监督申请的决定，并在决定之日起十五日内制作《不支持监督申请决定书》，发送申请人。

第七章　对行政案件执行活动的监督

第一百零八条　人民检察院对人民法院行政案件执行活动实行法律监督。

第一百零九条　人民检察院发现人民法院执行裁定、决定等有下列情形之一的，应当向同级人民法院提出检察建议：

（一）提级管辖、指定管辖或者对管辖异议的裁定违反法律规定的；

（二）裁定受理、不予受理、中止执行、终结执行、终结本次执行程序、恢复执行、执行回转等违反法律规定的；

（三）变更、追加执行主体错误的；

（四）裁定采取财产调查、控制、处置等措施违反法律规定的；

（五）审查执行异议、复议以及案外人异议作出的裁定违反法律规定的；

（六）决定罚款、拘留、暂缓执行等事项违反法律规定的；

（七）执行裁定、决定等违反法定程序的；

（八）对行政机关申请强制执行的行政行为作出准予执行或者不准予执行的裁定违反法律规定的；

（九）执行裁定、决定等有其他违法情形的。

第一百一十条　人民检察院发现人民法院在执行活动中违反规定采取调查、查封、扣押、冻结、评估、拍卖、变卖、保管、发还财产，以及信用惩戒等执行实施措施的，应当向同级人民法院提出检察建议。

第一百一十一条　人民检察院发现人民法院有下列不履行或者怠于履行执行职责情形之一的，应当向同级人民法院提出检察建议：

（一）对依法应当受理的执行申请不予受理又不依法作出不予受理裁定的；

（二）对已经受理的执行案件不依法作出执行裁定、无正当理由未在法定期限内采取执行措施或者执行结案的；

（三）违法不受理执行异议、复议或者受理后逾期未作出裁定、决定的；

（四）暂缓执行、停止执行、中止执行的原因消失后，不按规定恢复执行的；

（五）依法应当变更或者解除执行措施而不变更、解除的；

（六）对拒绝履行行政判决、裁定、调解书的行政机关未依照《中华人民共和国行政诉讼法》第九十六条规定采取执行措施的；

（七）其他不履行或者怠于履行执行职责行为的。

第一百一十二条 人民检察院认为人民法院在行政案件执行活动中可能存在怠于履行职责情形的，可以向人民法院发出《说明案件执行情况通知书》，要求说明案件的执行情况及理由，并在十五日内书面回复人民检察院。

第一百一十三条 人民检察院依照本章规定提出检察建议，适用本规则第一百零六条的规定。

第一百一十四条 对于当事人申请的执行监督案件，人民检察院认为人民法院执行活动不存在违法情形的，应当作出不支持监督申请的决定，并在决定之日起十五日内制作《不支持监督申请决定书》，发送申请人。

第一百一十五条 人民检察院发现同级人民法院行政案件执行活动中执行人员存在违法行为的，参照本规则第六章有关规定执行。

第八章 案件管理

第一百一十六条 人民检察院负责案件管理的部门对行政诉讼监督案件的受理、期限、程序、质量等进行管理、监督、预警。

第一百一十七条 负责案件管理的部门对以本院名义制发行政诉讼监督法律文书实施监督管理。

第一百一十八条 负责案件管理的部门发现本院办案活动有下列情形之一的，应当及时提出纠正意见：

（一）法律文书制作、使用不符合法律和有关规定的；

（二）违反办案期限有关规定的；

（三）侵害当事人、委托代理人诉讼权利的；

（四）未依法对行政诉讼活动中的违法行为履行法律监督职责的；

（五）其他应当提出纠正意见的情形。

情节轻微的，可以口头提示；情节较重的，应当发送《案件流程监控通知书》，提示办案部门及时查明情况并予以纠正；情节严重的，应当同时向检察长报告。

负责行政检察的部门收到《案件流程监控通知书》后，应当在十日内将核查情况书面回复负责案件管理的部门。

第九章　其他规定

第一百一十九条　人民检察院发现人民法院在多起同一类行政案件中有下列情形之一的，可以提出检察建议：

（一）同类问题适用法律不一致的；

（二）适用法律存在同类错误的；

（三）其他同类违法行为。

人民检察院发现有关单位的工作制度、管理方法、工作程序违法或者不当，需要改正、改进的，可以提出检察建议。

第一百二十条　人民检察院依照有关规定提出改进工作、完善治理的检察建议，对同类违法情形，应当制发一份检察建议。

第一百二十一条　人民检察院办理行政诉讼监督案件，可以对行政诉讼监督情况进行年度或者专题分析，向人民法院、行政机关通报，向党委、人大报告。通报、报告包括以下内容：

（一）审判机关、行政机关存在的普遍性问题和突出问题；

（二）审判机关、行政机关存在的苗头性、倾向性问题或者某方面问题的特点和趋势；

（三）促进依法行政、公正司法的意见和建议；

（四）认为需要通报、报告的其他情形。

第一百二十二条　人民检察院可以针对行政诉讼监督中的普遍性问题或者突出问题，组织开展专项监督活动。

第一百二十三条　人民检察院负责行政检察的部门在履行职责过程中，发现涉嫌违纪违法犯罪以及需要追究司法责任的行为，经检察长批准，应当及时将相关线索及材料移送有管辖权的机关或者部门。

人民检察院其他职能部门在履行职责中发现符合本规则规定的应当依职权监督的行政诉讼监督案件线索，应当及时向负责行政检察的部门通报。

第一百二十四条　人民法院对行政诉讼监督案件作出再审判决、裁定或者其他处理决定后，提出监督意见的人民检察院应当对处理结果进行审查，并填写《行政诉讼监督案件处理结果审查登记表》。

第一百二十五条 有下列情形之一的，人民检察院可以依照有关规定跟进监督或者提请上级人民检察院监督：

（一）人民法院审理行政抗诉案件作出的判决、裁定、调解书仍符合抗诉条件且存在明显错误的；

（二）人民法院、行政机关对人民检察院提出的检察建议未在规定的期限内作出处理并书面回复的；

（三）人民法院、行政机关对检察建议的处理错误的。

第一百二十六条 地方各级人民检察院对适用法律确属疑难、复杂，本院难以决断的重大行政诉讼监督案件，可以向上一级人民检察院请示。

请示案件依照最高人民检察院关于办理下级人民检察院请示件、下级人民检察院向最高人民检察院报送公文的相关规定办理。

第一百二十七条 人民检察院发现作出的相关决定确有错误或者有其他情形需要撤回、变更的，应当经检察长批准或者检察委员会决定。

第一百二十八条 人民法院对人民检察院监督行为提出书面异议的，人民检察院应当在规定期限内将处理结果书面回复人民法院。人民法院对回复意见仍有异议，并通过上一级人民法院向上一级人民检察院提出的，上一级人民检察院认为人民法院异议正确，应当要求下级人民检察院及时纠正。

第一百二十九条 制作行政诉讼监督法律文书，应当符合规定的格式。

行政诉讼监督法律文书的格式另行制定。

第一百三十条 人民检察院可以参照《中华人民共和国行政诉讼法》《中华人民共和国民事诉讼法》有关规定发送法律文书。

第一百三十一条 人民检察院发现制作的法律文书存在笔误的，应当作出《补正决定书》予以补正。

第一百三十二条 人民检察院办理行政诉讼监督案件，应当依照规定立卷归档。

第一百三十三条 人民检察院办理行政诉讼监督案件，不收取案件受理费。申请复印、鉴定、审计、勘验等产生的费用由申请人直接支付给有关机构或者单位，人民检察院不得代收代付。

第一百三十四条 人民检察院办理行政诉讼监督案件，对于申请人诉求具有一定合理性，但通过法律途径难以解决，且生活困难的，可以依法给予司法救助。

对于未纳入国家司法救助范围或者实施国家司法救助后仍然面临生活困难的申请人，可以引导其依照相关规定申请社会救助。

第十章 附 则

第一百三十五条 人民检察院办理行政诉讼监督案件，本规则没有规定的，适用《人民检察院民事诉讼监督规则》的相关规定。

第一百三十六条 人民检察院办理行政诉讼监督案件，向有关单位和部门提出检察建议，本规则没有规定的，适用《人民检察院检察建议工作规定》的相关规定。

第一百三十七条 本规则自2021年9月1日起施行，《人民检察院行政诉讼监督规则（试行）》同时废止。本院之前公布的其他规定与本规则内容不一致的，以本规则为准。

最高人民检察院关于最高人民检察院检察委员会审议民事行政抗诉案件范围的规定

（2004年7月27日最高人民检察院第十届检察委员会第24次会议审议通过 2004年12月10日发布）

为规范和加强民事行政抗诉工作，保证依法有效地行使检察权，根据相关法律及《最高人民检察院检察委员会议事规则》的规定，现将需提交检察委员会审议决定的民事行政抗诉案件范围确定如下：

一、一方或者双方当事人人数众多，反映强烈，事关社会稳定的；

二、行政诉讼中被告是国务院部委或者省级人民政府的；

三、涉讼标的额巨大，对当地经济将产生重大影响的；

四、拟对最高人民法院生效判决、裁定提出抗诉的；

五、涉嫌民事、行政审判人员枉法裁判的；

六、涉案法律关系较为典型，对全国检察机关办案有指导意义的；

七、新闻媒体、社会公众广泛关注，事关司法工作社会评价的；

八、上级领导机关督办以及全国人大代表、政协委员广泛关注的重大案件；

九、分管检察长认为需要提交检察委员会讨论的其他案件。

除上述九类案件之外，拟由最高人民检察院依法提出抗诉的，原则上由民事行政检察厅报请分管检察长审批。

最高人民法院、最高人民检察院关于对民事审判活动与行政诉讼实行法律监督的若干意见（试行）

（2011年3月10日　高检会〔2011〕1号）

第一条　为了完善检察机关对民事审判活动、行政诉讼实行法律监督的范围和程序，维护司法公正，根据宪法和法律，结合司法实践，制定本意见。

第二条　根据《中华人民共和国民事诉讼法》第十四条和《中华人民共和国行政诉讼法》第十条的规定，人民检察院对民事审判活动、行政诉讼实行法律监督。 11

第三条　人民检察院对于已经发生法律效力的判决、裁定、调解，有下列情形之一的，可以向当事人或者案外人调查核实：

（一）可能损害国家利益、社会公共利益的；

（二）民事诉讼的当事人或者行政诉讼的原告、第三人在原审中因客观原因不能自行收集证据，书面申请人民法院调查收集，人民法院应当调查收集而未调查收集的；

（三）民事审判、行政诉讼活动违反法定程序，可能影响案件正确判决、裁定的。

第四条　当事人在一审判决、裁定生效前向人民检察院申请抗诉的，人民检察院应当告知其依照法律规定提出上诉。当事人对可以上诉的一审判决、裁定在发生法律效力后提出申诉的，应当说明未提出上诉的理由；没有正当理由的，不予受理。

第五条 最高人民检察院对各级人民法院已经发生法律效力的民事判决、裁定，上级人民检察院对下级人民法院已经发生法律效力的民事判决、
207 裁定，经过立案审查，发现有《中华人民共和国民事诉讼法》第一百七十九条规定情形之一，符合抗诉条件的，应当依照《中华人民共和国民事诉
215 讼法》第一百八十七条之规定，向同级人民法院提出抗诉。

人民检察院发现人民法院已经发生法律效力的行政判决和不予受理、驳回起诉、管辖权异议等行政裁定，有《中华人民共和国行政诉讼法》
93 第六十四条规定情形的，应当提出抗诉。

第六条 人民检察院发现人民法院已经发生法律效力的民事调解、行政赔偿调解损害国家利益、社会公共利益的，应当提出抗诉。

第七条 地方各级人民检察院对符合本意见第五条、第六条规定情形的判决、裁定、调解，经检察委员会决定，可以向同级人民法院提出再审检察建议。

人民法院收到再审检察建议后，应当在三个月内进行审查并将审查结果书面回复人民检察院。人民法院认为需要再审的，应当通知当事人。人民检察院认为人民法院不予再审的决定不当的，应当提请上级人民检察院提出抗诉。

第八条 人民法院裁定驳回再审申请后，当事人又向人民检察院申诉的，人民检察院对驳回再审申请的裁定不应当提出抗诉。人民检察院经审查认为原生效判决、裁定、调解符合抗诉条件的，应当提出抗诉。人民法院经审理查明，抗诉事由与被驳回的当事人申请再审事由实质相同的，可以判决维持原判。

第九条 人民法院的审判活动有本意见第五条、第六条以外违反法律规定情形，不适用再审程序的，人民检察院应当向人民法院提出检察建议。

当事人认为人民法院的审判活动存在前款规定情形，经提出异议人民法院未予纠正，向人民检察院申诉的，人民检察院应当受理。

第十条 人民检察院提出检察建议的，人民法院应当在一个月内作出处理并将处理情况书面回复人民检察院。

人民检察院对人民法院的回复意见有异议的，可以通过上一级人民检察院向上一级人民法院提出。上一级人民法院认为人民检察院的意见正确的，应当监督下级人民法院及时纠正。

第十一条 人民检察院办理行政申诉案件，发现行政机关有违反法律规定、可能影响人民法院公正审理的行为，应当向行政机关提出检察建议，并将相关情况告知人民法院。

第十二条 人民检察院办理民事、行政申诉案件，经审查认为人民法院的审判活动合法、裁判正确的，应当及时将审查结果告知相关当事人并说明理由，做好服判息诉工作。

人民检察院办理民事申诉、行政赔偿诉讼申诉案件，当事人双方有和解意愿、符合和解条件的，可以建议当事人自行和解。

第十三条 人民法院审理抗诉案件，应当通知人民检察院派员出席法庭。

检察人员出席再审法庭的任务是：

（一）宣读抗诉书；

（二）对人民检察院依职权调查收集的、包括有利于和不利于申诉人的证据予以出示，并对当事人提出的问题予以说明。

检察人员发现庭审活动违法的，应当待庭审结束或者休庭之后，向检察长报告，以人民检察院的名义提出检察建议。

第十四条 人民检察院办理民事、行政诉讼监督案件，应当依法履行法律监督职责，严格遵守办案规则以及相关检察纪律规范，不得谋取任何私利，不得滥用监督权力。

第十五条 人民法院发现检察监督行为违反法律或者检察纪律的，可以向人民检察院提出书面建议，人民检察院应当在一个月内将处理结果书面回复人民法院；人民法院对于人民检察院的回复意见有异议的，可以通过上一级人民法院向上一级人民检察院提出。上一级人民检察院认为人民法院建议正确的，应当要求下级人民检察院及时纠正。

第十六条 人民检察院和人民法院应当建立相应的沟通协调机制，及时解决实践中出现的相关问题。

最高人民法院　最高人民检察院关于规范办理行政再审检察建议案件若干问题的意见

（2024年8月20日　高检发〔2024〕9号）

为规范人民法院、人民检察院办理行政再审检察建议案件程序，推进落实《中共中央关于加强新时代检察机关法律监督工作的意见》，提升法律监督质效和司法公信力，促进司法公正和依法行政，根据《中华人民共和国行政诉讼法》等法律规定，结合司法实践，制定本意见。

第一条　行政再审检察建议是人民检察院对生效行政判决、裁定、调解书实施法律监督的重要方式。人民法院、人民检察院应当严格按照《中华人民共和国行政诉讼法》有关再审检察建议的规定，依法规范履行审判和法律监督职责。人民检察院要坚持法定性与必要性相结合的监督标准，增强监督的及时性与实效性，规范适用再审检察建议；人民法院要坚持依法接受监督，增强接受监督的主动性与自觉性，及时办理行政再审检察建议案件，共同维护司法公正。

第二条　人民检察院发现同级人民法院生效行政判决、裁定有《中华人民共和国行政诉讼法》第九十一条规定情形之一的，或者调解书有损害国家利益、社会公共利益情形的，可以向同级人民法院提出再审检察建议；地方各级人民检察院提出再审检察建议的，应当报上一级人民检察院备案。

第三条　人民检察院对同级人民法院再审或者审判委员会讨论后作出的生效行政判决、裁定、调解书，不适用提出再审检察建议的方式进行监督。

人民法院生效行政判决、裁定、调解书存在的笔误或者表述瑕疵不属于提出再审检察建议的情形，人民检察院可以提出改进工作建议。

第四条　人民检察院提出再审检察建议，一般应当经检察委员会讨论决定。存在特殊情形的，人民检察院可与同级人民法院会商解决。

第五条　人民检察院提出再审检察建议，应当将再审检察建议书连同检察案件材料一并移送同级人民法院。

再审检察建议书应当载明案件相关情况、监督意见并列明原判决、裁定、调解书存在《中华人民共和国行政诉讼法》第九十三条、《最高人民法院关于适用〈中华人民共和国行政诉讼法〉的解释》第一百一十七条规定的情形。

人民检察院提出再审检察建议案件不符合前述规定的，人民法院参照《最高人民法院关于适用〈中华人民共和国民事诉讼法〉的解释》第四百一十四条规定处理。

第六条　人民法院应当自收到符合条件的再审检察建议书和相关检察案件材料之日起七日内编立案号，纳入案件流程管理，依法进行审查，并告知人民检察院。

人民法院已作出驳回再审申请裁定的，不影响人民法院受理同级人民检察院提出的再审检察建议。

人民检察院提出再审检察建议的案件同级人民法院已经裁定再审但尚未审结的，人民法院应当将再审检察建议并入再审案件一并审理，并函告人民检察院。案件已被上级人民法院裁定再审但尚未审结的，同级人民法院可以将再审检察建议书及检察案件材料报送上级人民法院并告知提出再审检察建议的人民检察院。

第七条　人民法院对行政再审检察建议案件，应当组成合议庭，在三个月内审查完毕。有特殊情况需要延长的，应当依照相关审批程序延长审查期限。

在原审判程序中参与过本案审判工作的审判人员，不得再参与该行政再审检察建议案件的办理。

第八条　人民法院对行政再审检察建议案件，一般采取审查人民检察院移交的案件材料、调阅原审案件卷宗等方式进行书面审查。经审查，案件可能启动再审或者存在其他确有必要情形的，应当询问当事人。

第九条　人民法院对行政再审检察建议案件经审查认为原判决、裁定、调解书确有错误，决定采纳检察建议启动再审的，再审裁定书应当载明监督机关及行政再审检察建议文号。裁定书应当送交同级人民检察院。

人民法院经审查决定不予再审的，应当在决定作出之日起十日内书面回复人民检察院并述明理由。人民检察院可以适当方式将人民法院不予再审结果告知申请人。

第十条 人民法院采纳再审检察建议启动再审的行政案件，参照《最高人民法院关于适用〈中华人民共和国民事诉讼法〉的解释》第四百零二条第一款第三项、第四项规定的程序开庭审理。有下列情形之一的，人民检察院可以派员出席法庭：

（一）人民检察院认为原案的处理损害国家利益或者社会公共利益的；

（二）人民检察院调查核实的证据需要向法庭出示的；

（三）具有重大社会影响等其他确有出庭必要的。

人民检察院派员出席法庭的，人民法院可以参照《最高人民法院关于适用〈中华人民共和国民事诉讼法〉的解释》第四百零二条第一款第二项规定的程序开庭审理。

人民法院开庭审理人民检察院提出再审检察建议的案件，人民检察院派员出席再审法庭的，适用《人民检察院行政诉讼监督规则》第一百零二条的规定。

第十一条 人民法院采纳再审检察建议启动再审的行政案件，应当将再审后作出的判决书、裁定书、调解书自作出之日起十日内送交同级人民检察院。

第十二条 人民法院、人民检察院应当建立实质性化解行政争议的协同机制，共同做好行政再审检察建议案件的调解和矛盾化解工作。

人民检察院在案件审查阶段促成行政争议实质性化解后，行政机关不履行约定义务的，可以制发检察建议或者建议人民法院制发司法建议，督促落实。

人民法院对行政再审检察建议案件审查期间，行政争议已实质性化解不需要继续审查的，人民法院应当书面告知人民检察院。

第十三条 人民法院、人民检察院应当建立常态化工作联系机制。对群众关注度高、关系民生焦点、社会反响强烈或者涉政策性、群体性等可能影响社会稳定的案件，以及重大、疑难、复杂、敏感案件，人民法院、人民检察院在办理过程中，应当加强相互沟通，依法妥善处理。

第十四条 人民法院、人民检察院应当定期开展行政再审检察建议工作综合分析和通报，推动审判监督和检察监督工作良性互动，提升行政再审检察建议案件办理质效。

地方各级人民法院、人民检察院在实践中遇到新情况、新问题可先行会商，并将相关问题及应对措施及时层报最高人民法院、最高人民检察院。

关于人民检察院在履行行政诉讼监督职责中开展行政违法行为监督工作的意见

（2024年4月7日　高检发办字〔2024〕74号）

为深入贯彻党的二十大精神，全面落实《中共中央关于全面推进依法治国若干重大问题的决定》《中共中央关于加强新时代检察机关法律监督工作的意见》和《中华人民共和国行政诉讼法》等法律规定，在履行行政诉讼监督职责中积极稳妥开展行政违法行为监督工作，结合检察工作实际，提出如下意见。

一、提高政治站位，切实增强推进行政违法行为监督工作的自觉性、规范性与科学性

1. 重要意义。党的十八届四中全会通过的《中共中央关于全面推进依法治国若干重大问题的决定》明确提出，“检察机关在履行职责中发现行政机关违法行使职权或者不行使职权的行为，应该督促其纠正。”《中共中央关于加强新时代检察机关法律监督工作的意见》对“全面深化行政检察监督”作出部署，重申党的十八届四中全会决定提出的改革举措，要求检察机关“在履行法律监督职责中发现行政机关违法行使职权或者不行使职权的，可以依照法律规定制发检察建议等督促其纠正”。党的二十大报告强调“加强检察机关法律监督工作”。最高检印发《关于推进行刑双向衔接和行政违法行为监督构建检察监督与行政执法衔接制度的意见》，要求“积极推动行政违法行为监督工作”。在全面依法治国、建设法治中国新形势下，推进在履行行政诉讼监督职责中开展行政违法行为监督工作，对于深入贯彻习近平法治思想，落实以人民为中心的司法理念，加强检察机关法律监督，共同促进严格执法、公正司法，促进法治政府建设，推进国家治理体系和治理能力现代化具有重要意义。

2. 指导思想。各级人民检察院要坚持以习近平新时代中国特色社会主义思想为指导，深入贯彻习近平法治思想，全面落实《中共中央关于加强新时代检察机关法律监督工作的意见》，深刻领悟“两个确立”的决定性意义，不断增强“四个意识”，坚定“四个自信”，做到“两个维护”，自觉将思想和行动统一到党中央的决策部署上来，全面深化行政检察监督，促进行政机关严格规范公正文明执法，助力法治国家、法治政府、法治社会一体建设，保障国家法律统一正确实施，以检察工作现代化服务保障中国式现代化。

3. 工作原则。人民检察院在履行行政诉讼监督职责中开展行政违法行为监督，应当坚持下列原则：

——坚持党的领导。认真贯彻落实党的二十大关于“加强检察机关法律监督工作”的要求，紧紧围绕服务党和国家发展大局谋划和推进行政违法行为监督工作。向党委及其政法委汇报在履行行政诉讼监督职责中开展行政违法行为监督工作的情况，推动解决遇到的困难和问题。

——坚持以人民为中心。坚持人民至上，顺应新时代人民群众在民主、法治、公平、正义、安全、环境等方面更高水平、内涵更丰富的需求，把服务大局、司法为民融入到行政违法行为监督办案的每一个环节，着力解决人民群众急难愁盼问题，切实保护公民、法人和其他组织等行政相对人的合法权益，增强人民群众的获得感、幸福感、安全感。

——坚持依法规范监督。恪守人民检察院法律监督职能定位，秉持客观公正立场，尊重行政权运行规律，坚持有限监督，准确把握在履行行政诉讼监督职责中行政违法行为监督的范围、方式和程序，以事实为根据，以法律为准绳，实行案件化办理，遵循谦抑原则，不介入正在进行的行政程序，不代行行政权力，不替代行政诉讼。

——坚持精准监督。强化系统观念，聚焦对执法理念、政策导向、法律适用具有引领、创新、规范价值的典型案件办理，通过调查核实、公开听证、智慧借助等方式进行精细化审查，在准确认定行政行为违法事实、准确适用法律的基础上，提出切实可行的检察建议，并注重类案监督和专项监督，实现办理一案治理一片的效果。

——坚持监督与支持并重。在履行行政诉讼监督职责中发现行政机关违法行使职权或者不行使职权的，敢于监督，善于监督，有力监督；对于行政机关合法行政行为，依法支持，促进行政机关依法行政。

——坚持推进协同监督。积极争取党委领导、人大监督、政府和有关部门支持，推进在履行行政诉讼监督职责中的行政违法行为监督与行政执法监督、行政复议、行政诉讼等制度有机贯通、相互协调，充分发挥各自功能，形成监督合力，增强监督实效。

二、准确把握监督范围、标准和重点

4. 监督范围。人民检察院在履行行政诉讼监督职责中，发现行政机关违法行使职权或者不行使职权，符合下列条件且确有必要的，可以启动行政违法行为监督程序，依法督促其纠正：

（1）办理行政裁判结果监督案件，认为被诉行政行为存在违法情形，但不宜提出抗诉或者再审检察建议的；

（2）办理行政裁判结果监督案件，发现被诉行政行为的关联行政行为存在违法情形的；

（3）办理行政审判程序中审判人员违法行为监督案件，发现被诉行政行为及关联行政行为存在违法情形的；

（4）办理行政诉讼执行监督案件，发现被诉行政机关不依法履行人民法院生效判决确定的义务的；

（5）办理行政非诉执行监督案件，发现行政机关申请人民法院强制执行的行政行为及关联行政行为存在违法情形的；

（6）法律规定的其他应予监督的情形。

对于发现的行政违法行为损害国家利益和社会公共利益，具有可诉性的，依法按照行政公益诉讼程序办理。

就同一违法情形，通过行政公益诉讼已经督促行政机关纠正违法，并且实现行政相对人权利救济的，不再启动监督程序。

5. 监督标准。人民检察院经审查，有下列情形之一的，属于本意见规定的“行政机关违法行使职权或者不行使职权”：

（1）超越职权的；

（2）主要证据不足的；

（3）适用法律、法规错误的；

（4）违反法定程序的；

（5）明显不当的；

（6）不履行或怠于履行职权的。

6. 监督重点。人民检察院在履行行政诉讼监督职责中开展行政违法行为监督，应当立足行政诉讼法关于“保护公民、法人和其他组织合法权益、监督行政机关依法行使职权”的目的和任务，始终围绕中心、服务大局，瞄准严重影响经济社会高质量发展的难点、人民群众反映强烈的热点、社会治理中的堵点等重点问题，紧盯与国家重大战略实施、民生民利保障、营商环境建设等密切相关的重点领域，聚焦影响行政相对人合法权益的行政争议，加大对情节严重的行政乱作为不作为的监督力度。

三、规范案件管辖与线索管理

7. 案件管辖。人民检察院办理在履行行政诉讼监督职责中的行政违法行为监督案件，由行政机关对应的同级人民检察院管辖。行政机关为县级以上人民政府，由上一级人民检察院管辖更为适宜的，也可以由上一级人民检察院管辖。上级人民检察院可以根据办案需要，将下级人民检察院管辖的行政违法行为监督案件指定本辖区内其他人民检察院办理。上级人民检察院认为确有必要的，可以办理下级人民检察院管辖的行政违法行为监督案件。下级人民检察院认为需要由上级人民检察院办理的，可以报请上级人民检察院决定。

人民检察院对管辖权发生争议的，由发生争议的人民检察院协商解决。协商不成的，报共同的上级人民检察院指定管辖。

8. 线索发现。人民检察院行政检察部门办理行政诉讼监督案件，应当依照《人民检察院行政诉讼监督规则》的规定对被诉行政行为及关联行政行为是否存在违法情形进行调查核实，在审查终结报告中对行政诉讼监督案件提出明确的处理意见的同时，还应当对是否发现行政违法行为监督线索及如何处理线索提出明确的意见。

人民检察院对行政裁判结果监督案件决定提出抗诉或者再审检察建议，要求人民法院对被诉行政行为确认违法、确认无效、撤销、变更、要求履行法定职责或给付义务的，不再针对被诉行政行为违法情形启动行政违法行为监督程序。

9. 线索处理。人民检察院行政检察部门办理行政诉讼监督案件发现行政违法行为监督线索，区分下列情形作出处理：

（1）认为行政违法行为监督线索属于本院管辖，并符合本意见规定的监督范围的，由本院行政检察部门办理；

（2）认为行政违法行为监督线索属于其他人民检察院管辖的，应当依照《人民检察院内部移送法律监督线索工作规定》制作《线索移送表》，连同相关材料，经行政检察部门负责人审批后，向本院案件管理部门移送；

（3）依照《中华人民共和国行政诉讼法》《人民检察院公益诉讼办案规则》的规定，属于行政公益诉讼案件的，应当依照《人民检察院内部移送法律监督线索工作规定》向本院案件管理部门移送。

人民检察院行政检察部门办理行政诉讼监督案件发现行政执法机关对涉嫌犯罪案件应当移送公安机关立案侦查而不移送，或者公安机关可能存在应当立案而不立案情形的，应当依照《人民检察院内部移送法律监督线索工作规定》向本院案件管理部门移送。

四、严格办理程序

10. 个案受理。行政检察部门应当将行政违法行为监督线索录入全国检察业务应用系统。承办检察官应当对行政违法行为监督线索进行审查评估，必要时可以进行初步调查，在一个月内提出受理或者不受理的意见。经审查，行政行为属于监督范围，可能符合本意见规定的监督标准的，报请检察长批准决定受理后，交由案件管理部门登记。

11. 类案受理。人民检察院在履行行政诉讼监督职责中对行政违法行为监督案件决定受理前发现同一行政机关多个同一性质的行政行为可能存在违法情形的，应当作为一个案件受理。在提出检察建议前发现其他同一性质的行政违法行为的，应当与已受理案件一并处理。

12. 调查核实。人民检察院办理在履行行政诉讼监督职责中的行政违法行为监督案件，应当加强调查核实，调查和收集行政机关违法行使职权或者不行使职权的证据，必要时可以举行听证或者听取专家意见。调查核实的方式依照《人民检察院行政诉讼监督规则》的有关规定执行。

人民检察院调查和收集证据，不得采取限制人身自由和查封、扣押、冻结财产等强制性措施。

检察人员调查和收集证据应当保守国家秘密和工作秘密，对调查和收集证据中知悉的商业秘密和个人隐私予以保密。

13. 处理决定。承办检察官审查终结后，应当制作行政违法行为监督案件审查终结报告。审查终结报告应当全面、客观、公正地叙述案件事实，依照法律提出明确的处理意见。人民检察院对审查终结的行政违法行为监督案件，应当区分情况分别作出提出检察建议、移送有关部门处理或者终结审查的决定。

14. 提出检察建议。人民检察院认为行政机关存在违法行使职权或者不行使职权情形的，经检察长批准或者检察委员会研究决定，可以依照《人民检察院检察建议工作规定》制发检察建议等督促其纠正。

（1）对于行政机关违反法律规定的行为或者不作为，可以依法向行政机关提出检察建议；

（2）对于行政机关社会治理工作存在《人民检察院检察建议工作规定》列举情形的，可以提出社会治理的检察建议；

（3）行政机关既存在违法行使职权或者不行使职权的问题，又存在社会治理方面的问题需要改进的，可以在督促行政机关纠正违法或者履行职责的检察建议中一并提出。

省级以下人民检察院办理在履行行政诉讼监督职责中的行政违法行为监督案件，拟向县级以上人民政府提出检察建议的，报省级人民检察院审批。省级人民检察院办理的行政违法行为监督案件，拟向省级人民政府提出检察建议的，报最高人民检察院审批。

对同一行政机关行政行为同类违法情形，应当制发一份检察建议。人民检察院可以将检察建议书抄送被建议行政机关本级的人大常委会、人民政府及监察机关或者上一级行政机关。

15. 终结审查。有下列情形之一的，人民检察院应当终结审查：

（1）未发现行政机关有违法行使职权或者不行使职权情形的；

（2）行政机关已经自行纠正行政违法行为或者已经依法履行法定职责、给付义务的；

（3）行政相对人或者利害关系人与行政机关就可调解的行政事项已经达成和解协议，且不损害国家利益、社会公共利益或者他人合法权益的；

（4）其他应当终结审查的情形。

终结审查的，应当制作《终结审查决定书》。

16. 移送有关部门处理。人民检察院在办理行政违法行为监督案件中发现属于纪检监察机关管辖的公职人员涉嫌职务违法犯罪线索的，依照《关于人民检察院向纪检监察机关移送问题线索工作的实施意见》规定的移送程序办理；发现属于人民检察院侦查部门管辖的司法工作人员相关涉嫌职务犯罪线索的，依照《人民检察院内部移送法律监督线索工作规定》的移送程序办理；发现涉嫌其他刑事犯罪线索的，移送公安机关依法处理。

17. 办理期限。人民检察院办理行政违法行为监督案件，应当自决定受理之日起三个月内审查终结并作出决定，但调卷、鉴定、审计等期间不计入审查期限。有特殊情况需要延长审查期限的，由本院检察长批准。

18. 跟踪反馈。人民检察院应当采取询问、走访等方式对发出的检察建议及时予以跟踪督促。对未按期回复、回复情况与实际不符、未整改的，可以提请上一级人民检察院跟进监督，或者向行政机关本级纪检监察机关和上一级行政机关通报，必要时可以向地方党委、人大常委会报告。相关责任人员涉嫌违纪违法的，将案件线索移送纪检监察机关。

行政检察部门应当将办理结果及时书面告知移送案件线索的相关部门。

19. 请示报告和备案。人民检察院办理重大、疑难、复杂以及有重大社会影响的案件，应当依照相关规定向上一级人民检察院报告。人民检察院向行政机关发出的检察建议书，应当于五日内依照《人民检察院检察建议工作规定》报上一级人民检察院备案。

20. 参照办理。人民检察院行政检察部门在行政执法和刑事司法反向衔接工作中，发现行政主管机关违法行使职权或者不行使职权的，参照本意见办理。

未成年人检察、知识产权检察等综合履职部门在履行职责中发现行政违法行为监督案件的，依照本意见规定办理。

五、完善配套工作机制

21. 信息共享机制。完善检察机关与行政执法机关、公安机关、审判机关、司法行政机关执法司法信息共享、案情通报、案件移送制度。

22. 司法责任制。人民检察院办理行政违法行为监督案件实行司法责任制，承办检察官对案件事实认定和提出的处理意见负责。向其他机关提出检察建议、移送线索等办案事项，可以召开检察官联席会议讨论，经部门负责人审核后，报检察长决定。对于重大复杂疑难或者在当地有较大影响的案件，由检察长提交检察委员会讨论决定。

23. 一体化办案机制。上级人民检察院应当加强对下级人民检察院行政违法行为监督业务指导，发挥案件提办、督办、交办机制作用，需要异地检察机关配合的，异地检察机关应当提供必要的协助。各级人民检察院检察长应当加强统一领导，畅通部门间线索移送渠道，发挥不同业务部门专业性优势，增强监督效能。

24. 协同机制。推进刑事检察、民事检察、行政检察、公益诉讼检察深度融合发展，优化检察机关内部统筹协调机制，完善“四大检察”协调配合、线索移送管理机制。建立健全人民检察院听取行政机关意见制度。强化系统观念，协同参与政府开展的行政执法监督、案件评查等活动，开展行政违法行为监督，形成监督合力，增强监督实效。

六、加强组织领导

25. 加强工作指导。各省级人民检察院要精心部署，统筹谋划，结合本地实际，制定具体可行的实施意见、工作指引、操作规程。上级人民检察院要加强督促检查，研究确定监督重点，加强案例指导，指导各地工作开展，确保监督质量和效果。

26. 积极争取支持。积极争取党委、人大的重视与支持，定期或者不定期报告行政违法行为监督工作情况，协同参与党委及其政法委开展的执法监督，人大常委会开展的执法检查，确保在党的领导和人大监督下积极稳妥推进。

27. 加强理论研究。注重在实践中总结经验，提供可借鉴可复制模式。突出改革意识和问题导向，加强与学术界的沟通、交流，深入研究行政违法行为监督的理论基础、职权配置和运行规律。加强立法研究，适时推动相关法律修改完善。

28. 充实加强行政检察力量。各级人民检察院尤其是市县两级人民检察院，应当根据行政违法行为监督开展情况，及时配齐配强行政检察人员。

29. 做好舆论引导。正确把握宣传导向和严格执行宣传纪律，坚持双赢多赢共赢，及时回应社会关切，正确引导社会预期，为在履行行政诉讼监督职责中的行政违法行为监督工作发展营造良好的舆论环境。

八、行政赔偿

中华人民共和国国家赔偿法（节录）

（1994年5月12日第八届全国人民代表大会常务委员会第七次会议通过　根据2010年4月29日第十一届全国人民代表大会常务委员会第十四次会议《关于修改〈中华人民共和国国家赔偿法〉的决定》第一次修正　根据2012年10月26日第十一届全国人民代表大会常务委员会第二十九次会议《关于修改〈中华人民共和国国家赔偿法〉的决定》第二次修正）

……

第二章　行政赔偿

第一节　赔偿范围

第三条　【侵犯人身权的行政赔偿范围】行政机关及其工作人员在行使行政职权时有下列侵犯人身权情形之一的，受害人有取得赔偿的权利：

（一）违法拘留或者违法采取限制公民人身自由的行政强制措施的；

（二）非法拘禁或者以其他方法非法剥夺公民人身自由的；

（三）以殴打、虐待等行为或者唆使、放纵他人以殴打、虐待等行为造成公民身体伤害或者死亡的；

（四）违法使用武器、警械造成公民身体伤害或者死亡的；

（五）造成公民身体伤害或者死亡的其他违法行为。

第四条　【侵犯财产权的行政赔偿范围】行政机关及其工作人员在行使行政职权时有下列侵犯财产权情形之一的，受害人有取得赔偿的权利：

（一）违法实施罚款、吊销许可证和执照、责令停产停业、没收财物等行政处罚的；

（二）违法对财产采取查封、扣押、冻结等行政强制措施的；

（三）违法征收、征用财产的；

（四）造成财产损害的其他违法行为。

第五条　【行政侵权中的免责情形】属于下列情形之一的，国家不承担赔偿责任：

（一）行政机关工作人员与行使职权无关的个人行为；

（二）因公民、法人和其他组织自己的行为致使损害发生的；

（三）法律规定的其他情形。

第二节　赔偿请求人和赔偿义务机关

第六条　【行政赔偿请求人】受害的公民、法人和其他组织有权要求赔偿。

受害的公民死亡，其继承人和其他有扶养关系的亲属有权要求赔偿。

受害的法人或者其他组织终止的，其权利承受人有权要求赔偿。

第七条　【行政赔偿义务机关】行政机关及其工作人员行使行政职权侵犯公民、法人和其他组织的合法权益造成损害的，该行政机关为赔偿义务机关。

两个以上行政机关共同行使行政职权时侵犯公民、法人和其他组织的合法权益造成损害的，共同行使行政职权的行政机关为共同赔偿义务机关。

法律、法规授权的组织在行使授予的行政权力时侵犯公民、法人和其他组织的合法权益造成损害的，被授权的组织为赔偿义务机关。

受行政机关委托的组织或者个人在行使受委托的行政权力时侵犯公民、法人和其他组织的合法权益造成损害的，委托的行政机关为赔偿义务机关。

赔偿义务机关被撤销的，继续行使其职权的行政机关为赔偿义务机关；没有继续行使其职权的行政机关的，撤销该赔偿义务机关的行政机关为赔偿义务机关。

第八条　【经过行政复议的赔偿义务机关】经复议机关复议的，最初造成侵权行为的行政机关为赔偿义务机关，但复议机关的复议决定加重损害的，复议机关对加重的部分履行赔偿义务。

第三节　赔偿程序

第九条　【赔偿请求人要求行政赔偿的途径】赔偿义务机关有本法第三条、第四条规定情形之一的，应当给予赔偿。

赔偿请求人要求赔偿，应当先向赔偿义务机关提出，也可以在申请行政复议或者提起行政诉讼时一并提出。

第十条　【行政赔偿的共同赔偿义务机关】赔偿请求人可以向共同赔偿义务机关中的任何一个赔偿义务机关要求赔偿，该赔偿义务机关应当先予赔偿。

第十一条　【根据损害提出数项赔偿要求】赔偿请求人根据受到的不同损害，可以同时提出数项赔偿要求。

第十二条　【赔偿请求人递交赔偿申请书】要求赔偿应当递交申请书，申请书应当载明下列事项：

（一）受害人的姓名、性别、年龄、工作单位和住所，法人或者其他组织的名称、住所和法定代表人或者主要负责人的姓名、职务；

（二）具体的要求、事实根据和理由；

（三）申请的年、月、日。

赔偿请求人书写申请书确有困难的，可以委托他人代书；也可以口头申请，由赔偿义务机关记入笔录。

赔偿请求人不是受害人本人的，应当说明与受害人的关系，并提供相应证明。

赔偿请求人当面递交申请书的，赔偿义务机关应当当场出具加盖本行政机关专用印章并注明收讫日期的书面凭证。申请材料不齐全的，赔偿义务机关应当当场或者在五日内一次性告知赔偿请求人需要补正的全部内容。

第十三条　【行政赔偿义务机关作出赔偿决定】赔偿义务机关应当自收到申请之日起两个月内，作出是否赔偿的决定。赔偿义务机关作出赔偿决定，应当充分听取赔偿请求人的意见，并可以与赔偿请求人就赔偿方式、赔偿项目和赔偿数额依照本法第四章的规定进行协商。

赔偿义务机关决定赔偿的，应当制作赔偿决定书，并自作出决定之日起十日内送达赔偿请求人。

赔偿义务机关决定不予赔偿的，应当自作出决定之日起十日内书面通知赔偿请求人，并说明不予赔偿的理由。

第十四条 【赔偿请求人向法院提起诉讼】赔偿义务机关在规定期限内未作出是否赔偿的决定，赔偿请求人可以自期限届满之日起三个月内，向人民法院提起诉讼。

赔偿请求人对赔偿的方式、项目、数额有异议的，或者赔偿义务机关作出不予赔偿决定的，赔偿请求人可以自赔偿义务机关作出赔偿或者不予赔偿决定之日起三个月内，向人民法院提起诉讼。

第十五条 【举证责任】人民法院审理行政赔偿案件，赔偿请求人和赔偿义务机关对自己提出的主张，应当提供证据。

赔偿义务机关采取行政拘留或者限制人身自由的强制措施期间，被限制人身自由的人死亡或者丧失行为能力的，赔偿义务机关的行为与被限制人身自由的人的死亡或者丧失行为能力是否存在因果关系，赔偿义务机关应当提供证据。

第十六条 【行政追偿】赔偿义务机关赔偿损失后，应当责令有故意或者重大过失的工作人员或者受委托的组织或者个人承担部分或者全部赔偿费用。

对有故意或者重大过失的责任人员，有关机关应当依法给予处分；构成犯罪的，应当依法追究刑事责任。

……

第四章 赔偿方式和计算标准

第三十二条 【赔偿方式】国家赔偿以支付赔偿金为主要方式。

能够返还财产或者恢复原状的，予以返还财产或者恢复原状。

第三十三条 【人身自由的国家赔偿标准】侵犯公民人身自由的，每日赔偿金按照国家上年度职工日平均工资计算。

第三十四条 【生命健康权的国家赔偿标准】侵犯公民生命健康权的，赔偿金按照下列规定计算：

（一）造成身体伤害的，应当支付医疗费、护理费，以及赔偿因误工减少的收入。减少的收入每日的赔偿金按照国家上年度职工日平均工资计算，最高额为国家上年度职工年平均工资的五倍；

（二）造成部分或者全部丧失劳动能力的，应当支付医疗费、护理费、残疾生活辅助具费、康复费等因残疾而增加的必要支出和继续治疗所必需的费用，以及残疾赔偿金。残疾赔偿金根据丧失劳动能力的程度，按照国家规定的伤残等级确定，最高不超过国家上年度职工年平均工资的二十倍。造成全部丧失劳动能力的，对其扶养的无劳动能力的人，还应当支付生活费；

（三）造成死亡的，应当支付死亡赔偿金、丧葬费，总额为国家上年度职工年平均工资的二十倍。对死者生前扶养的无劳动能力的人，还应当支付生活费。

前款第二项、第三项规定的生活费的发放标准，参照当地最低生活保障标准执行。被扶养的人是未成年人的，生活费给付至十八周岁止；其他无劳动能力的人，生活费给付至死亡时止。

第三十五条　【精神损害的国家赔偿标准】有本法第三条或者第十七条规定情形之一，致人精神损害的，应当在侵权行为影响的范围内，为受害人消除影响，恢复名誉，赔礼道歉；造成严重后果的，应当支付相应的精神损害抚慰金。

第三十六条　【财产权的国家赔偿标准】侵犯公民、法人和其他组织的财产权造成损害的，按照下列规定处理：

（一）处罚款、罚金、追缴、没收财产或者违法征收、征用财产的，返还财产；

（二）查封、扣押、冻结财产的，解除对财产的查封、扣押、冻结，造成财产损坏或者灭失的，依照本条第三项、第四项的规定赔偿；

（三）应当返还的财产损坏的，能够恢复原状的恢复原状，不能恢复原状的，按照损害程度给付相应的赔偿金；

（四）应当返还的财产灭失的，给付相应的赔偿金；

（五）财产已经拍卖或者变卖的，给付拍卖或者变卖所得的价款；变卖的价款明显低于财产价值的，应当支付相应的赔偿金；

（六）吊销许可证和执照、责令停产停业的，赔偿停产停业期间必要的经常性费用开支；

（七）返还执行的罚款或者罚金、追缴或者没收的金钱，解除冻结的存款或者汇款的，应当支付银行同期存款利息；

（八）对财产权造成其他损害的，按照直接损失给予赔偿。

第三十七条　【国家赔偿费用】赔偿费用列入各级财政预算。

赔偿请求人凭生效的判决书、复议决定书、赔偿决定书或者调解书，向赔偿义务机关申请支付赔偿金。

赔偿义务机关应当自收到支付赔偿金申请之日起七日内，依照预算管理权限向有关的财政部门提出支付申请。财政部门应当自收到支付申请之日起十五日内支付赔偿金。

赔偿费用预算与支付管理的具体办法由国务院规定。

……

国家赔偿费用管理条例

（2010 年 12 月 29 日国务院第 138 次常务会议通过　2011 年 1 月 17 日中华人民共和国国务院令第 589 号公布　自公布之日起施行）

第一条　为了加强国家赔偿费用管理，保障公民、法人和其他组织享有依法取得国家赔偿的权利，促进国家机关依法行使职权，根据《中华人民共和国国家赔偿法》（以下简称国家赔偿法），制定本条例。

第二条　本条例所称国家赔偿费用，是指依照国家赔偿法的规定，应当向赔偿请求人赔偿的费用。

第三条　国家赔偿费用由各级人民政府按照财政管理体制分级负担。

各级人民政府应当根据实际情况，安排一定数额的国家赔偿费用，列入本级年度财政预算。当年需要支付的国家赔偿费用超过本级年度财政预算安排的，应当按照规定及时安排资金。

第四条　国家赔偿费用由各级人民政府财政部门统一管理。

国家赔偿费用的管理应当依法接受监督。

第五条　赔偿请求人申请支付国家赔偿费用的，应当向赔偿义务机关提出书面申请，并提交与申请有关的生效判决书、复议决定书、赔偿决定书或者调解书以及赔偿请求人的身份证明。

赔偿请求人书写申请书确有困难的，可以委托他人代书；也可以口头申请，由赔偿义务机关如实记录，交赔偿请求人核对或者向赔偿请求人宣读，并由赔偿请求人签字确认。

第六条 申请材料真实、有效、完整的，赔偿义务机关收到申请材料即为受理。赔偿义务机关受理申请的，应当书面通知赔偿请求人。

申请材料不完整的，赔偿义务机关应当当场或者在3个工作日内一次告知赔偿请求人需要补正的全部材料。赔偿请求人按照赔偿义务机关的要求提交补正材料的，赔偿义务机关收到补正材料即为受理。未告知需要补正材料的，赔偿义务机关收到申请材料即为受理。

申请材料虚假、无效，赔偿义务机关决定不予受理的，应当书面通知赔偿请求人并说明理由。

第七条 赔偿请求人对赔偿义务机关不予受理决定有异议的，可以自收到书面通知之日起10日内向赔偿义务机关的上一级机关申请复核。上一级机关应当自收到复核申请之日起5个工作日内依法作出决定。

上一级机关认为不予受理决定错误的，应当自作出复核决定之日起3个工作日内通知赔偿义务机关受理，并告知赔偿请求人。赔偿义务机关应当在收到通知后立即受理。

上一级机关维持不予受理决定的，应当自作出复核决定之日起3个工作日内书面通知赔偿请求人并说明理由。

第八条 赔偿义务机关应当自受理赔偿请求人支付申请之日起7日内，依照预算管理权限向有关财政部门提出书面支付申请，并提交下列材料：

（一）赔偿请求人请求支付国家赔偿费用的申请；

（二）生效的判决书、复议决定书、赔偿决定书或者调解书；

（三）赔偿请求人的身份证明。

第九条 财政部门收到赔偿义务机关申请材料后，应当根据下列情况分别作出处理：

（一）申请的国家赔偿费用依照预算管理权限不属于本财政部门支付的，应当在3个工作日内退回申请材料并书面通知赔偿义务机关向有管理权限的财政部门申请；

（二）申请材料符合要求的，收到申请即为受理，并书面通知赔偿义务机关；

（三）申请材料不符合要求的，应当在3个工作日内一次告知赔偿义务机关需要补正的全部材料。赔偿义务机关应当在5个工作日内按照要求提交全部补正材料，财政部门收到补正材料即为受理。

第十条 财政部门应当自受理申请之日起15日内，按照预算和财政国库管理的有关规定支付国家赔偿费用。

财政部门发现赔偿项目、计算标准违反国家赔偿法规定的，应当提交作出赔偿决定的机关或者其上级机关依法处理、追究有关人员的责任。

第十一条 财政部门自支付国家赔偿费用之日起3个工作日内告知赔偿义务机关、赔偿请求人。

第十二条 赔偿义务机关应当依照国家赔偿法第十六条、第三十一条的规定，责令有关工作人员、受委托的组织或者个人承担或者向有关工作人员追偿部分或者全部国家赔偿费用。

赔偿义务机关依照前款规定作出决定后，应当书面通知有关财政部门。

有关工作人员、受委托的组织或者个人应当依照财政收入收缴的规定上缴应当承担或者被追偿的国家赔偿费用。

第十三条 赔偿义务机关、财政部门及其工作人员有下列行为之一，根据《财政违法行为处罚处分条例》的规定处理、处分；构成犯罪的，依法追究刑事责任：

（一）以虚报、冒领等手段骗取国家赔偿费用的；

（二）违反国家赔偿法规定的范围和计算标准实施国家赔偿造成财政资金损失的；

（三）不依法支付国家赔偿费用的；

（四）截留、滞留、挪用、侵占国家赔偿费用的；

（五）未依照规定责令有关工作人员、受委托的组织或者个人承担国家赔偿费用或者向有关工作人员追偿国家赔偿费用的；

（六）未依照规定将应当承担或者被追偿的国家赔偿费用及时上缴财政的。

第十四条 本条例自公布之日起施行。1995年1月25日国务院发布的《国家赔偿费用管理办法》同时废止。

最高人民法院关于审理行政赔偿案件若干问题的规定

（2021 年 12 月 6 日最高人民法院审判委员会第 1855 次会议通过　2022 年 3 月 20 日最高人民法院公告公布　自 2022 年 5 月 1 日起施行　法释〔2022〕10 号）

为保护公民、法人和其他组织的合法权益，监督行政机关依法履行行政赔偿义务，确保人民法院公正、及时审理行政赔偿案件，实质化解行政赔偿争议，根据《中华人民共和国行政诉讼法》（以下简称行政诉讼法）《中华人民共和国国家赔偿法》（以下简称国家赔偿法）等法律规定，结合行政审判工作实际，制定本规定。

一、受案范围

第一条　国家赔偿法第三条、第四条规定的“其他违法行为”包括以下情形：

（一）不履行法定职责行为；

（二）行政机关及其工作人员在履行行政职责过程中作出的不产生法律效果，但事实上损害公民、法人或者其他组织人身权、财产权等合法权益的行为。

第二条　依据行政诉讼法第一条、第十二条第一款第十二项和国家赔偿法第二条规定，公民、法人或者其他组织认为行政机关及其工作人员违法行使行政职权对其劳动权、相邻权等合法权益造成人身、财产损害的，可以依法提起行政赔偿诉讼。

第三条　赔偿请求人不服赔偿义务机关下列行为的，可以依法提起行政赔偿诉讼：

（一）确定赔偿方式、项目、数额的行政赔偿决定；

（二）不予赔偿决定；

（三）逾期不作出赔偿决定；

（四）其他有关行政赔偿的行为。

第四条 法律规定由行政机关最终裁决的行政行为被确认违法后，赔偿请求人可以单独提起行政赔偿诉讼。

第五条 公民、法人或者其他组织认为国防、外交等国家行为或者行政机关制定发布行政法规、规章或者具有普遍约束力的决定、命令侵犯其合法权益造成损害，向人民法院提起行政赔偿诉讼的，不属于人民法院行政赔偿诉讼的受案范围。

二、诉讼当事人

第六条 公民、法人或者其他组织一并提起行政赔偿诉讼中的当事人地位，按照其在行政诉讼中的地位确定，行政诉讼与行政赔偿诉讼当事人不一致的除外。

第七条 受害的公民死亡，其继承人和其他有扶养关系的人可以提起行政赔偿诉讼，并提供该公民死亡证明、赔偿请求人与死亡公民之间的关系证明。

受害的公民死亡，支付受害公民医疗费、丧葬费等合理费用的人可以依法提起行政赔偿诉讼。

有权提起行政赔偿诉讼的法人或者其他组织分立、合并、终止，承受其权利的法人或者其他组织可以依法提起行政赔偿诉讼。

第八条 两个以上行政机关共同实施侵权行政行为造成损害的，共同侵权行政机关为共同被告。赔偿请求人坚持对其中一个或者几个侵权机关提起行政赔偿诉讼，以被起诉的机关为被告，未被起诉的机关追加为第三人。

第九条 原行政行为造成赔偿请求人损害，复议决定加重损害的，复议机关与原行政行为机关为共同被告。赔偿请求人坚持对作出原行政行为机关或者复议机关提起行政赔偿诉讼，以被起诉的机关为被告，未被起诉的机关追加为第三人。

第十条 行政机关依据行政诉讼法第九十七条的规定申请人民法院强制执行其行政行为，因据以强制执行的行政行为违法而发生行政赔偿诉讼的，申请强制执行的行政机关为被告。

三、证　　据

第十一条　行政赔偿诉讼中，原告应当对行政行为造成的损害提供证据；因被告的原因导致原告无法举证的，由被告承担举证责任。

人民法院对于原告主张的生产和生活所必需物品的合理损失，应当予以支持；对于原告提出的超出生产和生活所必需的其他贵重物品、现金损失，可以结合案件相关证据予以认定。

第十二条　原告主张其被限制人身自由期间受到身体伤害，被告否认相关损害事实或者损害与违法行政行为存在因果关系的，被告应当提供相应的证据证明。

四、起诉与受理

第十三条　行政行为未被确认为违法，公民、法人或者其他组织提起行政赔偿诉讼的，人民法院应当视为提起行政诉讼时一并提起行政赔偿诉讼。

行政行为已被确认为违法，并符合下列条件的，公民、法人或者其他组织可以单独提起行政赔偿诉讼：

（一）原告具有行政赔偿请求资格；

（二）有明确的被告；

（三）有具体的赔偿请求和受损害的事实根据；

（四）赔偿义务机关已先行处理或者超过法定期限不予处理；

（五）属于人民法院行政赔偿诉讼的受案范围和受诉人民法院管辖；

（六）在法律规定的起诉期限内提起诉讼。

第十四条　原告提起行政诉讼时未一并提起行政赔偿诉讼，人民法院审查认为可能存在行政赔偿的，应当告知原告可以一并提起行政赔偿诉讼。

原告在第一审庭审终结前提起行政赔偿诉讼，符合起诉条件的，人民法院应当依法受理；原告在第一审庭审终结后、宣判前提起行政赔偿诉讼的，是否准许由人民法院决定。

原告在第二审程序或者再审程序中提出行政赔偿请求的，人民法院可以组织各方调解；调解不成的，告知其另行起诉。

第十五条　公民、法人或者其他组织应当自知道或者应当知道行政行为侵犯其合法权益之日起两年内，向赔偿义务机关申请行政赔偿。赔偿义务机关在收到赔偿申请之日起两个月内未作出赔偿决定的，公民、法人或者其他组织可以依照行政诉讼法有关规定提起行政赔偿诉讼。

第十六条 公民、法人或者其他组织提起行政诉讼时一并请求行政赔偿的，适用行政诉讼法有关起诉期限的规定。

第十七条 公民、法人或者其他组织仅对行政复议决定中的行政赔偿部分有异议，自复议决定书送达之日起十五日内提起行政赔偿诉讼的，人民法院应当依法受理。

行政机关作出有赔偿内容的行政复议决定时，未告知公民、法人或者其他组织起诉期限的，起诉期限从公民、法人或者其他组织知道或者应当知道起诉期限之日起计算，但从知道或者应当知道行政复议决定内容之日起最长不得超过一年。

第十八条 行政行为被有权机关依照法定程序撤销、变更、确认违法或无效，或者实施行政行为的行政机关工作人员因该行为被生效法律文书或监察机关政务处分确认为渎职、滥用职权的，属于本规定所称的行政行为被确认为违法的情形。

第十九条 公民、法人或者其他组织一并提起行政赔偿诉讼，人民法院经审查认为行政诉讼不符合起诉条件的，对一并提起的行政赔偿诉讼，裁定不予立案；已经立案的，裁定驳回起诉。

第二十条 在涉及行政许可、登记、征收、征用和行政机关对民事争议所作的裁决的行政案件中，原告提起行政赔偿诉讼的同时，有关当事人申请一并解决相关民事争议的，人民法院可以一并审理。

五、审理和判决

第二十一条 两个以上行政机关共同实施违法行政行为，或者行政机关及其工作人员与第三人恶意串通作出的违法行政行为，造成公民、法人或者其他组织人身权、财产权等合法权益实际损害的，应当承担连带赔偿责任。

一方承担连带赔偿责任后，对于超出其应当承担部分，可以向其他连带责任人追偿。

第二十二条 两个以上行政机关分别实施违法行政行为造成同一损害，

每个行政机关的违法行为都足以造成全部损害的，各个行政机关承担连带赔偿责任。

两个以上行政机关分别实施违法行政行为造成同一损害的，人民法院应当根据其违法行政行为在损害发生和结果中的作用大小，确定各自承担相应的行政赔偿责任；难以确定责任大小的，平均承担责任。

第二十三条 由于第三人提供虚假材料，导致行政机关作出的行政行为违法，造成公民、法人或者其他组织损害的，人民法院应当根据违法行政行为在损害发生和结果中的作用大小，确定行政机关承担相应的行政赔偿责任；行政机关已经尽到审慎审查义务的，不承担行政赔偿责任。

第二十四条 由于第三人行为造成公民、法人或者其他组织损害的，应当由第三人依法承担侵权赔偿责任；第三人赔偿不足、无力承担赔偿责任或者下落不明，行政机关又未尽保护、监管、救助等法定义务的，人民法院应当根据行政机关未尽法定义务在损害发生和结果中的作用大小，确定其承担相应的行政赔偿责任。

第二十五条 由于不可抗力等客观原因造成公民、法人或者其他组织损害，行政机关不依法履行、拖延履行法定义务导致未能及时止损或者损害扩大的，人民法院应当根据行政机关不依法履行、拖延履行法定义务行为在损害发生和结果中的作用大小，确定其承担相应的行政赔偿责任。

第二十六条 有下列情形之一的，属于国家赔偿法第三十五条规定的“造成严重后果”：

（一）受害人被非法限制人身自由超过六个月；

（二）受害人经鉴定为轻伤以上或者残疾；

（三）受害人经诊断、鉴定为精神障碍或者精神残疾，且与违法行政行为存在关联；

（四）受害人名誉、荣誉、家庭、职业、教育等方面遭受严重损害，且与违法行政行为存在关联。

有下列情形之一的，可以认定为后果特别严重：

（一）受害人被限制人身自由十年以上；

（二）受害人死亡；

（三）受害人经鉴定为重伤或者残疾一至四级，且生活不能自理；

（四）受害人经诊断、鉴定为严重精神障碍或者精神残疾一至二级，生活不能自理，且与违法行政行为存在关联。

第二十七条 违法行政行为造成公民、法人或者其他组织财产损害，不能返还财产或者恢复原状的，按照损害发生时该财产的市场价格计算损失。市场价格无法确定，或者该价格不足以弥补公民、法人或者其他组织损失的，可以采用其他合理方式计算。

违法征收征用土地、房屋，人民法院判决给予被征收人的行政赔偿，不得少于被征收人依法应当获得的安置补偿权益。

第二十八条 下列损失属于国家赔偿法第三十六条第六项规定的"停产停业期间必要的经常性费用开支"：

（一）必要留守职工的工资；

（二）必须缴纳的税款、社会保险费；

（三）应当缴纳的水电费、保管费、仓储费、承包费；

（四）合理的房屋场地租金、设备租金、设备折旧费；

（五）维系停产停业期间运营所需的其他基本开支。

第二十九条 下列损失属于国家赔偿法第三十六条第八项规定的"直接损失"：

（一）存款利息、贷款利息、现金利息；

（二）机动车停运期间的营运损失；

（三）通过行政补偿程序依法应当获得的奖励、补贴等；

（四）对财产造成的其他实际损失。

第三十条 被告有国家赔偿法第三条规定情形之一，致人精神损害的，人民法院应当判决其在违法行政行为影响的范围内，为受害人消除影响、恢复名誉、赔礼道歉；消除影响、恢复名誉和赔礼道歉的履行方式，可以双方协商，协商不成的，人民法院应当责令被告以适当的方式履行。造成严重后果的，应当判决支付相应的精神损害抚慰金。

第三十一条 人民法院经过审理认为被告对公民、法人或者其他组织造成财产损害的，判决被告限期返还财产、恢复原状；无法返还财产、恢复原状的，判决被告限期支付赔偿金和相应的利息损失。

人民法院审理行政赔偿案件，可以对行政机关赔偿的方式、项目、标准等予以明确，赔偿内容确定的，应当作出具有赔偿金额等给付内容的判决；行政赔偿决定对赔偿数额的确定确有错误的，人民法院判决予以变更。

第三十二条 有下列情形之一的，人民法院判决驳回原告的行政赔偿请求：

（一）原告主张的损害没有事实根据的；

（二）原告主张的损害与违法行政行为没有因果关系的；

（三）原告的损失已经通过行政补偿等其他途径获得充分救济的；

（四）原告请求行政赔偿的理由不能成立的其他情形。

六、其　　他

第三十三条 本规定自2022年5月1日起施行。《最高人民法院关于审理行政赔偿案件若干问题的规定》（法发〔1997〕10号）同时废止。

本规定实施前本院发布的司法解释与本规定不一致的，以本规定为准。

最高人民法院关于审理国家赔偿案件确定精神损害赔偿责任适用法律若干问题的解释

（2021年2月7日最高人民法院审判委员会第1831次会议通过　2021年3月24日最高人民法院公告公布　自2021年4月1日起施行　法释〔2021〕3号）

为正确适用《中华人民共和国国家赔偿法》有关规定，合理确定精神损害赔偿责任，结合国家赔偿审判实际，制定本解释。

第一条 公民以人身权受到侵犯为由提出国家赔偿申请，依照国家赔偿法第三十五条的规定请求精神损害赔偿的，适用本解释。

法人或者非法人组织请求精神损害赔偿的，人民法院不予受理。

第二条 公民以人身权受到侵犯为由提出国家赔偿申请，未请求精神损害赔偿，或者未同时请求消除影响、恢复名誉、赔礼道歉以及精神损害抚慰金的，人民法院应当向其释明。经释明后不变更请求，案件审结后又基于同一侵权事实另行提出申请的，人民法院不予受理。

第三条 赔偿义务机关有国家赔偿法第三条、第十七条规定情形之一，依法应当承担国家赔偿责任的，可以同时认定该侵权行为致人精神损害。

但是赔偿义务机关有证据证明该公民不存在精神损害，或者认定精神损害违背公序良俗的除外。

第四条 侵权行为致人精神损害，应当为受害人消除影响、恢复名誉或者赔礼道歉；侵权行为致人精神损害并造成严重后果，应当在支付精神损害抚慰金的同时，视案件具体情形，为受害人消除影响、恢复名誉或者赔礼道歉。

消除影响、恢复名誉与赔礼道歉，可以单独适用，也可以合并适用，并应当与侵权行为的具体方式和造成的影响范围相当。

第五条 人民法院可以根据案件具体情况，组织赔偿请求人与赔偿义务机关就消除影响、恢复名誉或者赔礼道歉的具体方式进行协商。

协商不成作出决定的，应当采用下列方式：

（一）在受害人住所地或者所在单位发布相关信息；

（二）在侵权行为直接影响范围内的媒体上予以报道；

（三）赔偿义务机关有关负责人向赔偿请求人赔礼道歉。

第六条 决定为受害人消除影响、恢复名誉或者赔礼道歉的，应当载入决定主文。

赔偿义务机关在决定作出前已为受害人消除影响、恢复名誉或者赔礼道歉，或者原侵权案件的纠正被媒体广泛报道，客观上已经起到消除影响、恢复名誉作用，且符合本解释规定的，可以在决定书中予以说明。

第七条 有下列情形之一的，可以认定为国家赔偿法第三十五条规定的“造成严重后果”：

（一）无罪或者终止追究刑事责任的人被羁押六个月以上；

（二）受害人经鉴定为轻伤以上或者残疾；

（三）受害人经诊断、鉴定为精神障碍或者精神残疾，且与侵权行为存在关联；

（四）受害人名誉、荣誉、家庭、职业、教育等方面遭受严重损害，且与侵权行为存在关联。

受害人无罪被羁押十年以上；受害人死亡；受害人经鉴定为重伤或者残疾一至四级，且生活不能自理；受害人经诊断、鉴定为严重精神障碍或者精神残疾一至二级，生活不能自理，且与侵权行为存在关联的，可以认定为后果特别严重。

第八条 致人精神损害，造成严重后果的，精神损害抚慰金一般应当在国家赔偿法第三十三条、第三十四条规定的人身自由赔偿金、生命健康赔偿金总额的百分之五十以下（包括本数）酌定；后果特别严重，或者虽然不具有本解释第七条第二款规定情形，但是确有证据证明前述标准不足以抚慰的，可以在百分之五十以上酌定。

第九条 精神损害抚慰金的具体数额，应当在兼顾社会发展整体水平的同时，参考下列因素合理确定：

（一）精神受到损害以及造成严重后果的情况；

（二）侵权行为的目的、手段、方式等具体情节；

（三）侵权机关及其工作人员的违法、过错程度、原因力比例；

（四）原错判罪名、刑罚轻重、羁押时间；

（五）受害人的职业、影响范围；

（六）纠错的事由以及过程；

（七）其他应当考虑的因素。

第十条 精神损害抚慰金的数额一般不少于一千元；数额在一千元以上的，以千为计数单位。

赔偿请求人请求的精神损害抚慰金少于一千元，且其请求事由符合本解释规定的造成严重后果情形，经释明不予变更的，按照其请求数额支付。

第十一条 受害人对损害事实和后果的发生或者扩大有过错的，可以根据其过错程度减少或者不予支付精神损害抚慰金。

第十二条 决定中载明的支付精神损害抚慰金及其他责任承担方式，赔偿义务机关应当履行。

第十三条 人民法院审理国家赔偿法第三十八条所涉侵犯公民人身权的国家赔偿案件，以及作为赔偿义务机关审查处理国家赔偿案件，涉及精神损害赔偿的，参照本解释规定。

第十四条 本解释自2021年4月1日起施行。本解释施行前的其他有关规定与本解释不一致的，以本解释为准。

最高人民法院关于审理民事、行政诉讼中司法赔偿案件适用法律若干问题的解释

（2016年2月15日最高人民法院审判委员会第1678次会议通过　2016年9月7日最高人民法院公告公布　自2016年10月1日起施行　法释〔2016〕20号）

根据《中华人民共和国国家赔偿法》及有关法律规定，结合人民法院国家赔偿工作实际，现就人民法院赔偿委员会审理民事、行政诉讼中司法赔偿案件的若干法律适用问题解释如下：

第一条　人民法院在民事、行政诉讼过程中，违法采取对妨害诉讼的强制措施、保全措施、先予执行措施，或者对判决、裁定及其他生效法律文书执行错误，侵犯公民、法人和其他组织合法权益并造成损害的，赔偿请求人可以依法向人民法院申请赔偿。

第二条　违法采取对妨害诉讼的强制措施，包括以下情形：

（一）对没有实施妨害诉讼行为的人采取罚款或者拘留措施的；

（二）超过法律规定金额采取罚款措施的；

（三）超过法律规定期限采取拘留措施的；

（四）对同一妨害诉讼的行为重复采取罚款、拘留措施的；

（五）其他违法情形。

第三条　违法采取保全措施，包括以下情形：

（一）依法不应当采取保全措施而采取的；

（二）依法不应当解除保全措施而解除，或者依法应当解除保全措施而不解除的；

（三）明显超出诉讼请求的范围采取保全措施的，但保全财产为不可分割物且被保全人无其他财产或者其他财产不足以担保债权实现的除外；

（四）在给付特定物之诉中，对与案件无关的财物采取保全措施的；

（五）违法保全案外人财产的；

（六）对查封、扣押、冻结的财产不履行监管职责，造成被保全财产

毁损、灭失的；

（七）对季节性商品或者鲜活、易腐烂变质以及其他不宜长期保存的物品采取保全措施，未及时处理或者违法处理，造成物品毁损或者严重贬值的；

（八）对不动产或者船舶、航空器和机动车等特定动产采取保全措施，未依法通知有关登记机构不予办理该保全财产的变更登记，造成该保全财产所有权被转移的；

（九）违法采取行为保全措施的；

（十）其他违法情形。

第四条 违法采取先予执行措施，包括以下情形：

（一）违反法律规定的条件和范围先予执行的；

（二）超出诉讼请求的范围先予执行的；

（三）其他违法情形。

第五条 对判决、裁定及其他生效法律文书执行错误，包括以下情形：

（一）执行未生效法律文书的；

（二）超出生效法律文书确定的数额和范围执行的；

（三）对已经发现的被执行人的财产，故意拖延执行或者不执行，导致被执行财产流失的；

（四）应当恢复执行而不恢复，导致被执行财产流失的；

（五）违法执行案外人财产的；

（六）违法将案件执行款物执行给其他当事人或者案外人的；

（七）违法对抵押物、质物或者留置物采取执行措施，致使抵押权人、质权人或者留置权人的优先受偿权无法实现的；

（八）对执行中查封、扣押、冻结的财产不履行监管职责，造成财产毁损、灭失的；

（九）对季节性商品或者鲜活、易腐烂变质以及其他不宜长期保存的物品采取执行措施，未及时处理或者违法处理，造成物品毁损或者严重贬值的；

（十）对执行财产应当拍卖而未依法拍卖的，或者应当由资产评估机构评估而未依法评估，违法变卖或者以物抵债的；

（十一）其他错误情形。

第六条 人民法院工作人员在民事、行政诉讼过程中，有殴打、虐待或者唆使、放纵他人殴打、虐待等行为，以及违法使用武器、警械，造成公民身体伤害或者死亡的，适用国家赔偿法第十七条第四项、第五项的规定予以赔偿。

第七条 具有下列情形之一的，国家不承担赔偿责任：

108 110 244

（一）属于民事诉讼法第一百零五条、第一百零七条第二款和第二百三十三条规定情形的；

（二）申请执行人提供执行标的物错误的，但人民法院明知该标的物错误仍予以执行的除外；

（三）人民法院依法指定的保管人对查封、扣押、冻结的财产违法动用、隐匿、毁损、转移或者变卖的；

（四）人民法院工作人员与行使职权无关的个人行为；

（五）因不可抗力、正当防卫和紧急避险造成损害后果的；

（六）依法不应由国家承担赔偿责任的其他情形。

第八条 因多种原因造成公民、法人和其他组织合法权益损害的，应当根据人民法院及其工作人员行使职权的行为对损害结果的发生或者扩大所起的作用等因素，合理确定赔偿金额。

第九条 受害人对损害结果的发生或者扩大也有过错的，应当根据其过错对损害结果的发生或者扩大所起的作用等因素，依法减轻国家赔偿责任。

第十条 公民、法人和其他组织的损失，已经在民事、行政诉讼过程中获得赔偿、补偿的，对该部分损失，国家不承担赔偿责任。

第十一条 人民法院及其工作人员在民事、行政诉讼过程中，具有本解释第二条、第六条规定情形，侵犯公民人身权的，应当依照国家赔偿法第三十三条、第三十四条的规定计算赔偿金。致人精神损害的，应当依照国家赔偿法第三十五条的规定，在侵权行为影响的范围内，为受害人消除影响、恢复名誉、赔礼道歉；造成严重后果的，还应当支付相应的精神损害抚慰金。

第十二条 人民法院及其工作人员在民事、行政诉讼过程中，具有本解释第二条至第五条规定情形，侵犯公民、法人和其他组织的财产权并造成损害的，应当依照国家赔偿法第三十六条的规定承担赔偿责任。

财产不能恢复原状或者灭失的，应当按照侵权行为发生时的市场价格计算损失；市场价格无法确定或者该价格不足以弥补受害人所受损失的，可以采用其他合理方式计算损失。

第十三条 人民法院及其工作人员对判决、裁定及其他生效法律文书执行错误，且对公民、法人或者其他组织的财产已经依照法定程序拍卖或者变卖的，应当给付拍卖或者变卖所得的价款。

人民法院违法拍卖，或者变卖价款明显低于财产价值的，应当依照本解释第十二条的规定支付相应的赔偿金。

第十四条 国家赔偿法第三十六条第六项规定的停产停业期间必要的经常性费用开支，是指法人、其他组织和个体工商户为维系停产停业期间运营所需的基本开支，包括留守职工工资、必须缴纳的税费、水电费、房屋场地租金、设备租金、设备折旧费等必要的经常性费用。

第十五条 国家赔偿法第三十六条第七项规定的银行同期存款利息，以作出生效赔偿决定时中国人民银行公布的一年期人民币整存整取定期存款基准利率计算，不计算复利。

应当返还的财产属于金融机构合法存款的，对存款合同存续期间的利息按照合同约定利率计算。

应当返还的财产系现金的，比照本条第一款规定支付利息。

第十六条 依照国家赔偿法第三十六条规定返还的财产系国家批准的金融机构贷款的，除贷款本金外，还应当支付该贷款借贷状态下的贷款利息。

第十七条 用益物权人、担保物权人、承租人或者其他合法占有使用财产的人，依据国家赔偿法第三十八条规定申请赔偿的，人民法院应当依照《最高人民法院关于国家赔偿案件立案工作的规定》予以审查立案。

第十八条 人民法院在民事、行政诉讼过程中，违法采取对妨害诉讼的强制措施、保全措施、先予执行措施，或者对判决、裁定及其他生效法律文书执行错误，系因上一级人民法院复议改变原裁决所致的，由该上一级人民法院作为赔偿义务机关。

第十九条 公民、法人或者其他组织依据国家赔偿法第三十八条规定申请赔偿的，应当在民事、行政诉讼程序或者执行程序终结后提出，但下列情形除外：

（一）人民法院已依法撤销对妨害诉讼的强制措施的；

（二）人民法院采取对妨害诉讼的强制措施，造成公民身体伤害或者死亡的；

（三）经诉讼程序依法确认不属于被保全人或者被执行人的财产，且无法在相关诉讼程序或者执行程序中予以补救的；

（四）人民法院生效法律文书已确认相关行为违法，且无法在相关诉讼程序或者执行程序中予以补救的；

（五）赔偿请求人有证据证明其请求与民事、行政诉讼程序或者执行程序无关的；

（六）其他情形。

赔偿请求人依据前款规定，在民事、行政诉讼程序或者执行程序终结后申请赔偿的，该诉讼程序或者执行程序期间不计入赔偿请求时效。

第二十条 人民法院赔偿委员会审理民事、行政诉讼中的司法赔偿案件，有下列情形之一的，相应期间不计入审理期限：

（一）需要向赔偿义务机关、有关人民法院或者其他国家机关调取案卷或者其他材料的；

（二）人民法院赔偿委员会委托鉴定、评估的。

第二十一条 人民法院赔偿委员会审理民事、行政诉讼中的司法赔偿案件，应当对人民法院及其工作人员行使职权的行为是否符合法律规定，赔偿请求人主张的损害事实是否存在，以及该职权行为与损害事实之间是否存在因果关系等事项一并予以审查。

第二十二条 本解释自2016年10月1日起施行。本解释施行前最高人民法院发布的司法解释与本解释不一致的，以本解释为准。

最高人民法院关于国家赔偿案件立案工作的规定

（2011年12月26日最高人民法院审判委员会第1537次会议通过　2012年1月13日最高人民法院公告公布　自2012年2月15日起施行　法释〔2012〕1号）

为保障公民、法人和其他组织依法行使请求国家赔偿的权利，保证人民法院及时、准确审查受理国家赔偿案件，根据《中华人民共和国国家赔偿法》及有关法律规定，现就人民法院国家赔偿案件立案工作规定如下：

第一条 本规定所称国家赔偿案件，是指国家赔偿法第十七条、第十八条、第二十一条、第三十八条规定的下列案件：

（一）违反刑事诉讼法的规定对公民采取拘留措施的，或者依照刑事诉讼法规定的条件和程序对公民采取拘留措施，但是拘留时间超过刑事诉讼法规定的时限，其后决定撤销案件、不起诉或者判决宣告无罪终止追究刑事责任的；

（二）对公民采取逮捕措施后，决定撤销案件、不起诉或者判决宣告无罪终止追究刑事责任的；

（三）二审改判无罪，以及二审发回重审后作无罪处理的；

（四）依照审判监督程序再审改判无罪，原判刑罚已经执行的；

（五）刑讯逼供或者以殴打、虐待等行为或者唆使、放纵他人以殴打、虐待等行为造成公民身体伤害或者死亡的；

（六）违法使用武器、警械造成公民身体伤害或者死亡的；

（七）在刑事诉讼过程中违法对财产采取查封、扣押、冻结、追缴等措施的；

（八）依照审判监督程序再审改判无罪，原判罚金、没收财产已经执行的；

（九）在民事诉讼、行政诉讼过程中，违法采取对妨害诉讼的强制措施、保全措施或者对判决、裁定及其他生效法律文书执行错误，造成损害的。

第二条 赔偿请求人向作为赔偿义务机关的人民法院提出赔偿申请，或者依照国家赔偿法第二十四条、第二十五条的规定向人民法院赔偿委员会提出赔偿申请的，收到申请的人民法院根据本规定予以审查立案。

第三条 赔偿请求人当面递交赔偿申请的，收到申请的人民法院应当依照国家赔偿法第十二条的规定，当场出具加盖本院专用印章并注明收讫日期的书面凭证。

赔偿请求人以邮寄等形式提出赔偿申请的，收到申请的人民法院应当及时登记审查。

申请材料不齐全的，收到申请的人民法院应当在五日内一次性告知赔偿请求人需要补正的全部内容。收到申请的时间自人民法院收到补正材料之日起计算。

第四条 赔偿请求人向作为赔偿义务机关的人民法院提出赔偿申请，收到申请的人民法院经审查认为其申请符合下列条件的，应予立案：

（一）赔偿请求人具备法律规定的主体资格；

（二）本院是赔偿义务机关；

（三）有具体的申请事项和理由；

（四）属于本规定第一条规定的情形。

第五条 赔偿请求人对作为赔偿义务机关的人民法院作出的是否赔偿的决定不服，依照国家赔偿法第二十四条的规定向其上一级人民法院赔偿委员会提出赔偿申请，收到申请的人民法院经审查认为其申请符合下列条件的，应予立案：

（一）有赔偿义务机关作出的是否赔偿的决定书；

（二）符合法律规定的请求期间，因不可抗力或者其他障碍未能在法定期间行使请求权的情形除外。

第六条 作为赔偿义务机关的人民法院逾期未作出是否赔偿的决定，赔偿请求人依照国家赔偿法第二十四条的规定向其上一级人民法院赔偿委员会提出赔偿申请，收到申请的人民法院经审查认为其申请符合下列条件的，应予立案：

（一）赔偿请求人具备法律规定的主体资格；

（二）被申请的赔偿义务机关是法律规定的赔偿义务机关；

（三）有具体的申请事项和理由；

（四）属于本规定第一条规定的情形；

（五）有赔偿义务机关已经收到赔偿申请的收讫凭证或者相应证据；

（六）符合法律规定的请求期间，因不可抗力或者其他障碍未能在法定期间行使请求权的情形除外。

第七条 赔偿请求人对行使侦查、检察职权的机关以及看守所、监狱管理机关作出的决定不服，经向其上一级机关申请复议，对复议机关的复议决定仍不服，依照国家赔偿法第二十五条的规定向复议机关所在地的同级人民法院赔偿委员会提出赔偿申请，收到申请的人民法院经审查认为其申请符合下列条件的，应予立案：

（一）有复议机关的复议决定书；

（二）符合法律规定的请求期间，因不可抗力或者其他障碍未能在法定期间行使请求权的情形除外。

第八条 复议机关逾期未作出复议决定，赔偿请求人依照国家赔偿法第二十五条的规定向复议机关所在地的同级人民法院赔偿委员会提出赔偿申请，收到申请的人民法院经审查认为其申请符合下列条件的，应予立案：

（一）赔偿请求人具备法律规定的主体资格；

（二）被申请的赔偿义务机关、复议机关是法律规定的赔偿义务机关、复议机关；

（三）有具体的申请事项和理由；

（四）属于本规定第一条规定的情形；

（五）有赔偿义务机关、复议机关已经收到赔偿申请的收讫凭证或者相应证据；

（六）符合法律规定的请求期间，因不可抗力或者其他障碍未能在法定期间行使请求权的情形除外。

第九条 人民法院应当在收到申请之日起七日内决定是否立案。

决定立案的，人民法院应当在立案之日起五日内向赔偿请求人送达受理案件通知书。属于人民法院赔偿委员会审理的国家赔偿案件，还应当同时向赔偿义务机关、复议机关送达受理案件通知书、国家赔偿申请书或者《申请赔偿登记表》副本。

经审查不符合立案条件的，人民法院应当在七日内作出不予受理决定，并应当在作出决定之日起十日内送达赔偿请求人。

第十条 赔偿请求人对复议机关或者作为赔偿义务机关的人民法院作出的决定不予受理的文书不服，依照国家赔偿法第二十四条、第二十五条的规定向人民法院赔偿委员会提出赔偿申请，收到申请的人民法院可以依照本规定第六条、第八条予以审查立案。

经审查认为原不予受理错误的，人民法院赔偿委员会可以直接审查并作出决定，必要时也可以交由复议机关或者作为赔偿义务机关的人民法院作出决定。

第十一条 自本规定施行之日起，《最高人民法院关于刑事赔偿和非刑事司法赔偿案件立案工作的暂行规定（试行）》即行废止；本规定施行前本院发布的司法解释与本规定不一致的，以本规定为准。

最高人民法院关于国家赔偿监督程序若干问题的规定

（2017年2月27日最高人民法院审判委员会第1711次会议审议通过　2017年4月20日最高人民法院公告公布　自2017年5月1日起施行　法释〔2017〕9号）

为了保障赔偿请求人和赔偿义务机关的申诉权，规范国家赔偿监督程序，根据《中华人民共和国国家赔偿法》及有关法律规定，结合国家赔偿工作实际，制定本规定。

第一条　依照国家赔偿法第三十条的规定，有下列情形之一的，适用本规定予以处理：

（一）赔偿请求人或者赔偿义务机关认为赔偿委员会生效决定确有错误，向上一级人民法院赔偿委员会提出申诉的；

（二）赔偿委员会生效决定违反国家赔偿法规定，经本院院长决定或者上级人民法院指令重新审理，以及上级人民法院决定直接审理的；

（三）最高人民检察院对各级人民法院赔偿委员会生效决定，上级人民检察院对下级人民法院赔偿委员会生效决定，发现违反国家赔偿法规定，向同级人民法院赔偿委员会提出重新审查意见的。

行政赔偿案件的审判监督依照行政诉讼法的相关规定执行。

第二条　赔偿请求人或者赔偿义务机关对赔偿委员会生效决定，认为确有错误的，可以向上一级人民法院赔偿委员会提出申诉。申诉审查期间，不停止生效决定的执行。

第三条　赔偿委员会决定生效后，赔偿请求人死亡或者其主体资格终止的，其权利义务承继者可以依法提出申诉。

赔偿请求人死亡，依法享有继承权的同一顺序继承人有数人时，其中一人或者部分人申诉的，申诉效力及于全体；但是申请撤回申诉或者放弃赔偿请求的，效力不及于未明确表示撤回申诉或者放弃赔偿请求的其他继承人。

赔偿义务机关被撤销或者职权变更的，继续行使其职权的机关可以依法提出申诉。

第四条 赔偿请求人、法定代理人可以委托一至二人作为代理人代为申诉。申诉代理人的范围包括：

（一）律师、基层法律服务工作者；

（二）赔偿请求人的近亲属或者工作人员；

（三）赔偿请求人所在社区、单位以及有关社会团体推荐的公民。

赔偿义务机关可以委托本机关工作人员、法律顾问、律师一至二人代为申诉。

第五条 赔偿请求人或者赔偿义务机关申诉，应当提交以下材料：

（一）申诉状。申诉状应当写明申诉人和被申诉人的基本信息，申诉的法定事由，以及具体的请求、事实和理由；书写申诉状确有困难的，可以口头申诉，由人民法院记入笔录。

（二）身份证明及授权文书。赔偿请求人申诉的，自然人应当提交身份证明，法人或者其他组织应当提交营业执照、组织机构代码证书、法定代表人或者主要负责人身份证明；赔偿义务机关申诉的，应当提交法定代表人或者主要负责人身份证明；委托他人申诉的，应当提交授权委托书和代理人身份证明。

（三）法律文书。即赔偿义务机关、复议机关及赔偿委员会作出的决定书等法律文书。

（四）其他相关材料。以有新的证据证明原决定认定的事实确有错误为由提出申诉的，应当同时提交相关证据材料。

申诉材料不符合前款规定的，人民法院应当一次性告知申诉人需要补正的全部内容及补正期限。补正期限一般为十五日，最长不超过一个月。申诉人对必要材料拒绝补正或者未能在规定期限内补正的，不予审查。收到申诉材料的时间自人民法院收到补正后的材料之日起计算。

第六条 申诉符合下列条件的，人民法院应当在收到申诉材料之日起七日内予以立案：

（一）申诉人具备本规定的主体资格；

（二）受理申诉的人民法院是作出生效决定的人民法院的上一级人民法院；

（三）提交的材料符合本规定第五条的要求。

申诉不符合上述规定的，人民法院不予受理并应当及时告知申诉人。

第七条 赔偿请求人或者赔偿义务机关申诉，有下列情形之一的，人民法院不予受理：

（一）赔偿委员会驳回申诉后，申诉人再次提出申诉的；

（二）赔偿请求人对作为赔偿义务机关的人民法院作出的决定不服，未在法定期限内向其上一级人民法院赔偿委员会申请作出赔偿决定，在赔偿义务机关的决定发生法律效力后直接向人民法院赔偿委员会提出申诉的；

（三）赔偿请求人、赔偿义务机关对最高人民法院赔偿委员会作出的决定不服提出申诉的；

（四）赔偿请求人对行使侦查、检察职权的机关以及看守所主管机关、监狱管理机关作出的决定，未在法定期限内向其上一级机关申请复议，或者申请复议后复议机关逾期未作出决定或者复议机关已作出复议决定，但赔偿请求人未在法定期限内向复议机关所在地的同级人民法院赔偿委员会申请作出赔偿决定，在赔偿义务机关、复议机关的相关决定生效后直接向人民法院赔偿委员会申诉的。

第八条 赔偿委员会对于立案受理的申诉案件，应当着重围绕申诉人的申诉事由进行审查。必要时，应当对原决定认定的事实、证据和适用法律进行全面审查。

第九条 赔偿委员会审查申诉案件采取书面审查的方式，根据需要可以听取申诉人和被申诉人的陈述和申辩。

第十条 赔偿委员会审查申诉案件，一般应当在三个月内作出处理，至迟不得超过六个月。有特殊情况需要延长的，由本院院长批准。

第十一条 有下列情形之一的，应当决定重新审理：

（一）有新的证据，足以推翻原决定的；

（二）原决定认定的基本事实缺乏证据证明的；

（三）原决定认定事实的主要证据是伪造的；

（四）原决定适用法律确有错误的；

（五）原决定遗漏赔偿请求，且确实违反国家赔偿法规定的；

（六）据以作出原决定的法律文书被撤销或者变更的；

（七）审判人员在审理该案时有贪污受贿、徇私舞弊、枉法裁判行为的；

（八）原审理程序违反法律规定，可能影响公正审理的。

第十二条 申诉人在申诉阶段提供新的证据，应当说明逾期提供的理由。

申诉人提供的新的证据，能够证明原决定认定的基本事实或者处理结果错误的，应当认定为本规定第十一条第一项规定的情形。

第十三条 赔偿委员会经审查，对申诉人的申诉按照下列情形分别处理：

（一）申诉人主张的重新审理事由成立，且符合国家赔偿法和本规定的申诉条件的，决定重新审理。重新审理包括上级人民法院赔偿委员会直接审理或者指令原审人民法院赔偿委员会重新审理。

（二）申诉人主张的重新审理事由不成立，或者不符合国家赔偿法和本规定的申诉条件的，书面驳回申诉。

（三）原决定不予受理或者驳回赔偿申请错误的，撤销原决定，指令原审人民法院赔偿委员会依法审理。

第十四条 人民法院院长发现本院赔偿委员会生效决定违反国家赔偿法规定，认为需要重新审理的，应当提交审判委员会讨论决定。

最高人民法院对各级人民法院赔偿委员会生效决定，上级人民法院对下级人民法院赔偿委员会生效决定，发现违反国家赔偿法规定的，有权决定直接审理或者指令下级人民法院赔偿委员会重新审理。

第十五条 最高人民检察院对各级人民法院赔偿委员会生效决定，上级人民检察院对下级人民法院赔偿委员会生效决定，向同级人民法院赔偿委员会提出重新审查意见的，同级人民法院赔偿委员会应当决定直接审理，并将决定书送达提出意见的人民检察院。

第十六条 赔偿委员会重新审理案件，适用国家赔偿法和相关司法解释关于赔偿委员会审理程序的规定；本规定依据国家赔偿法和相关法律对重新审理程序有特别规定的，适用本规定。

原审人民法院赔偿委员会重新审理案件，应当另行指定审判人员。

第十七条 决定重新审理的案件，可以根据案件情形中止原决定的执行。

第十八条 赔偿委员会重新审理案件，采取书面审理的方式，必要时可以向有关单位和人员调查情况、收集证据，听取申诉人、被申诉人或者赔偿请求人、赔偿义务机关的陈述和申辩。有本规定第十一条第一项、第三项情形，或者赔偿委员会认为确有必要的，可以组织申诉人、被申诉人或者赔偿请求人、赔偿义务机关公开质证。

对于人民检察院提出意见的案件，赔偿委员会组织质证时应当通知提出意见的人民检察院派员出席。

第十九条 赔偿委员会重新审理案件，应当对原决定认定的事实、证据和适用法律进行全面审理。

第二十条 赔偿委员会重新审理的案件，应当在两个月内依法作出决定。

第二十一条 案件经重新审理后，应当根据下列情形分别处理：

（一）原决定认定事实清楚、适用法律正确的，应当维持原决定；

（二）原决定认定事实、适用法律虽有瑕疵，但决定结果正确的，应当在决定中纠正瑕疵后予以维持；

（三）原决定认定事实、适用法律错误，导致决定结果错误的，应当撤销、变更、重新作出决定；

（四）原决定违反国家赔偿法规定，对不符合案件受理条件的赔偿申请进行实体处理的，应当撤销原决定，驳回赔偿申请；

（五）申诉人、被申诉人或者赔偿请求人、赔偿义务机关经协商达成协议的，赔偿委员会依法审查并确认后，应当撤销原决定，根据协议作出新决定。

第二十二条 赔偿委员会重新审理后作出的决定，应当及时送达申诉人、被申诉人或者赔偿请求人、赔偿义务机关和提出意见的人民检察院。

第二十三条 在申诉审查或者重新审理期间，有下列情形之一的，赔偿委员会应当决定中止审查或者审理：

（一）申诉人、被申诉人或者原赔偿请求人、原赔偿义务机关死亡或者终止，尚未确定权利义务承继者的；

（二）申诉人、被申诉人或者赔偿请求人丧失行为能力，尚未确定法定代理人的；

（三）宣告无罪的案件，人民法院决定再审或者人民检察院按照审判监督程序提出抗诉的；

（四）申诉人、被申诉人或者赔偿请求人、赔偿义务机关因不可抗拒的事由，在法定审限内不能参加案件处理的；

（五）其他应当中止的情形。

中止的原因消除后，赔偿委员会应当及时恢复审查或者审理，并通知申诉人、被申诉人或者赔偿请求人、赔偿义务机关和提出意见的人民检察院。

第二十四条 在申诉审查期间，有下列情形之一的，赔偿委员会应当决定终结审查：

（一）申诉人死亡或者终止，无权利义务承继者或者权利义务承继者声明放弃申诉的；

（二）据以申请赔偿的撤销案件决定、不起诉决定或者无罪判决被撤销的；

（三）其他应当终结的情形。

在重新审理期间，有上述情形或者人民检察院撤回意见的，赔偿委员会应当决定终结审理。

第二十五条 申诉人在申诉审查或者重新审理期间申请撤回申诉的，赔偿委员会应当依法审查并作出是否准许的决定。

赔偿委员会准许撤回申诉后，申诉人又重复申诉的，不予受理，但有本规定第十一条第一项、第三项、第六项、第七项规定情形，自知道或者应当知道该情形之日起六个月内提出的除外。

第二十六条 赔偿请求人在重新审理期间申请撤回赔偿申请的，赔偿委员会应当依法审查并作出是否准许的决定。准许撤回赔偿申请的，应当一并撤销原决定。

赔偿委员会准许撤回赔偿申请的决定送达后，赔偿请求人又重复申请国家赔偿的，不予受理。

第二十七条 本规定自 2017 年 5 月 1 日起施行。最高人民法院以前发布的司法解释和规范性文件，与本规定不一致的，以本规定为准。

最高人民法院关于人民法院赔偿委员会审理国家赔偿案件适用精神损害赔偿若干问题的意见

（2014年7月29日　法发〔2014〕14号）

2010年4月29日第十一届全国人大常委会第十四次会议审议通过的《全国人民代表大会常务委员会关于修改〈中华人民共和国国家赔偿法〉的决定》，扩大了消除影响、恢复名誉、赔礼道歉的适用范围，增加了有关精神损害抚慰金的规定，实现了国家赔偿中精神损害赔偿制度的重大发展。国家赔偿法第三十五条规定："有本法第三条或者第十七条规定情形之一，致人精神损害的，应当在侵权行为影响的范围内，为受害人消除影响，恢复名誉，赔礼道歉；造成严重后果的，应当支付相应的精神损害抚慰金。"为依法充分保障公民权益，妥善处理国家赔偿纠纷，现就人民法院赔偿委员会审理国家赔偿案件适用精神损害赔偿若干问题，提出以下意见：

一、充分认识精神损害赔偿的重要意义

现行国家赔偿法与1994年国家赔偿法相比，吸收了多年来理论及实践探索与发展的成果，在责任范围和责任方式等方面对精神损害赔偿进行了完善和发展，有效提升了对公民人身权益的保护水平。人民法院赔偿委员会要充分认识国家赔偿中的精神损害赔偿制度的重要意义，将贯彻落实该项制度作为"完善人权司法保障制度"的重要内容，正确适用国家赔偿法第三十五条等相关法律规定，依法处理赔偿请求人提出的精神损害赔偿申请，妥善化解国家赔偿纠纷，切实尊重和保障人权。

二、严格遵循精神损害赔偿的适用原则

人民法院赔偿委员会适用精神损害赔偿条款，应当严格遵循以下原则：一是依法赔偿原则。严格依照国家赔偿法的规定，不得扩大或者缩小精神损害赔偿的适用范围，不得增加或者减少其适用条件。二是综合裁量原则。综合考虑个案中侵权行为的致害情况，侵权机关及其工作人员的违法、过错程度等相关因素，准确认定精神损害赔偿责任。三是合理平衡原则。坚持同等情况同等对待，不同情况区别处理，适当考虑个案及地区差异，兼顾社会发展整体水平和当地居民生活水平。

三、准确把握精神损害赔偿的前提条件和构成要件

人民法院赔偿委员会适用精神损害赔偿条款，应当以公民的人身权益遭受侵犯为前提条件，并审查是否满足以下责任构成要件：行使侦查、检察、审判职权的机关以及看守所、监狱管理机关及其工作人员在行使职权时有国家赔偿法第十七条规定的侵权行为；致人精神损害；侵权行为与精神损害事实及后果之间存在因果关系。

四、依法认定“致人精神损害”和“造成严重后果”

人民法院赔偿委员会适用精神损害赔偿条款，应当严格依法认定侵权行为是否“致人精神损害”以及是否“造成严重后果”。一般情形下，人民法院赔偿委员会应当综合考虑受害人人身自由、生命健康受到侵害的情况，精神受损情况，日常生活、工作学习、家庭关系、社会评价受到影响的情况，并考量社会伦理道德、日常生活经验等因素，依法认定侵权行为是否致人精神损害以及是否造成严重后果。

受害人因侵权行为而死亡、残疾（含精神残疾）或者所受伤害经有合法资质的机构鉴定为重伤或者诊断、鉴定为严重精神障碍的，人民法院赔偿委员会应当认定侵权行为致人精神损害并且造成严重后果。

五、妥善处理两种责任方式的内在关系

人民法院赔偿委员会适用精神损害赔偿条款，应当妥善处理“消除影响，恢复名誉，赔礼道歉”与“支付相应的精神损害抚慰金”两种责任方式的内在关系。

侵权行为致人精神损害但未造成严重后果的，人民法院赔偿委员会应当根据案件具体情况决定由赔偿义务机关为受害人消除影响、恢复名誉或者向其赔礼道歉。

侵权行为致人精神损害且造成严重后果的，人民法院赔偿委员会除依照前述规定决定由赔偿义务机关为受害人消除影响、恢复名誉或者向其赔礼道歉外，还应当决定由赔偿义务机关支付相应的精神损害抚慰金。

六、正确适用“消除影响，恢复名誉，赔礼道歉”责任方式

人民法院赔偿委员会适用精神损害赔偿条款，要注意“消除影响、恢复名誉”与“赔礼道歉”作为非财产责任方式，既可以单独适用，也可以合并适用。其中，消除影响、恢复名誉应当公开进行。人民法院赔偿委员会可以根据赔偿义务机关与赔偿请求人协商的情况，或者根据侵权行为直接影响所及、受害人住所地、经常居住地等因素确定履行范围，决定由赔偿义务机关以适当方式公开为受害人消除影响、恢复名誉。人民法院赔偿委员会决定由赔偿义务机关公开赔礼道歉的，参照前述规定执行。

赔偿义务机关在案件审理终结前已经履行消除影响、恢复名誉或者赔礼道歉义务，人民法院赔偿委员会可以在国家赔偿决定书中予以说明，不再写入决定主文。人民法院赔偿委员会决定由赔偿义务机关为受害人消除影响、恢复名誉或者向其赔礼道歉的，赔偿义务机关应当自收到人民法院赔偿委员会国家赔偿决定书之日起三十日内主动履行消除影响、恢复名誉或者赔礼道歉义务。

赔偿义务机关逾期未履行的，赔偿请求人可以向作出生效国家赔偿决定的赔偿委员会所在法院申请强制执行。强制执行产生的费用由赔偿义务机关负担。

七、综合酌定“精神损害抚慰金”的具体数额

人民法院赔偿委员会适用精神损害赔偿条款，决定采用“支付相应的精神损害抚慰金”方式的，应当综合考虑以下因素确定精神损害抚慰金的具体数额：精神损害事实和严重后果的具体情况；侵权机关及其工作人员的违法、过错程度；侵权的手段、方式等具体情节；罪名、刑罚的轻重；纠错的环节及过程；赔偿请求人住所地或者经常居住地平均生活水平；赔偿义务机关所在地平均生活水平；其他应当考虑的因素。

人民法院赔偿委员会确定精神损害抚慰金的具体数额，还应当注意体现法律规定的“抚慰”性质，原则上不超过依照国家赔偿法第三十三条、第三十四条所确定的人身自由赔偿金、生命健康赔偿金总额的百分之三十五，最低不少于一千元。

受害人对精神损害事实和严重后果的产生或者扩大有过错的，可以根据其过错程度减少或者不予支付精神损害抚慰金。

八、认真做好法律释明工作

人民法院赔偿委员会发现赔偿请求人在申请国家赔偿时仅就人身自由或者生命健康所受侵害提出赔偿申请，没有同时就精神损害提出赔偿申请的，应当向其释明国家赔偿法第三十五条的内容，并将相关情况记录在案。在案件终结后，赔偿请求人基于同一事实、理由，就同一赔偿义务机关另行提出精神损害赔偿申请的，人民法院一般不予受理。

九、其他国家赔偿案件的参照适用

人民法院审理国家赔偿法第三条、第三十八条规定的涉及侵犯人身权的国家赔偿案件，以及人民法院办理涉及侵犯人身权的自赔案件，需要适用精神损害赔偿条款的，参照本意见处理。

典型案例

指导案例178号：北海市乃志海洋科技有限公司诉北海市海洋与渔业局行政处罚案

（最高人民法院审判委员会讨论通过 2021年12月1日发布）

关键词

行政/行政处罚/非法围海、填海/海岸线保护/海洋生态环境/共同违法认定/从轻或者减轻行政处罚

裁判要点

1. 行为人未依法取得海域使用权，在海岸线向海一侧以平整场地及围堰护岸等方式，实施筑堤围割海域，将海域填成土地并形成有效岸线，改变海域自然属性的用海活动可以认定为构成非法围海、填海。

2. 同一海域内，行为人在无共同违法意思联络的情形下，先后各自以其独立的行为进行围海、填海，并造成不同损害后果的，不属于共同违法的情形。行政机关认定各行为人的上述行为已构成独立的行政违法行为，并对各行为人进行相互独立的行政处罚，人民法院应予支持。对于同一海域内先后存在两个以上相互独立的非法围海、填海行为，行为人应各自承担相应的行政法律责任，在后的违法行为不因在先的违法行为适用从轻或者减轻行政处罚的有关规定。

相关法条

《中华人民共和国行政处罚法》（2021年1月22日修订）第32条（本案适用的是2017年9月1日修订的《中华人民共和国行政处罚法》第27条）

《中华人民共和国海域使用管理法》第42条

基本案情

北海市乃志海洋科技有限公司（以下简称乃志公司）诉称：其未实施围海、填海行为，实施该行为的主体是北海市渔沣海水养殖有限公司（以下简称渔沣公司）。即使认定其存在非法围海、填海行为，因其与渔沣公司在同一海域内实施了占用海域行为，应由所有实施违法行为的主体共同承担责任，对其从轻或减轻处罚。北海市海洋与渔业局（以下简称海洋渔业局）以乃志公司非法占用并实施围海、填海0.38公顷海域，作出缴纳海域使用金十五倍罚款的行政处罚，缺乏事实和法律依据，属于从重处罚，请求撤销该行政处罚决定。

海洋渔业局辩称：现场调查笔录及照片等证据证实乃志公司实施了围海造地的行为，其分别对乃志公司和渔沣公司的违法行为进行了查处，确定乃志公司缴纳罚款数额符合法律规定。

法院经审理查明：2013年6月1日，渔沣公司与北海市铁山港区兴港镇石头埠村小组签订《农村土地租赁合同》，约定石头埠村小组将位于石头埠村海边的空地租给渔沣公司管理使用，该地块位于石头埠村海边左邻避风港右靠北林码头，与海堤公路平齐，沿街边100米，沿海上进深145米，共21.78亩，作为海产品冷冻场地。合同涉及租用的海边空地实际位置在海岸线之外。同年7至9月间，渔沣公司雇请他人抽取海沙填到涉案海域，形成沙堆。2016年5月12日，乃志公司与渔沣公司签订《土地承包合同转让协议》，乃志公司取得渔沣公司在原合同中的权利。同年7月至9月间，乃志公司在未依法取得海域使用权的情况下，对其租赁的海边空地（实为海滩涂）利用机械和车辆从外运来泥土、建筑废料进行场地平整，建设临时码头，形成陆域，准备建设冷冻厂。

2017年10月，海洋渔业局对该围海、填海施工行为进行立案查处，测定乃志公司填占海域面积为0.38公顷。经听取乃志公司陈述申辩意见，召开听证会，并经两次会审，海洋渔业局作出北海渔处罚〔2017〕09号行政处罚决定书，对乃志公司作出行政处罚：责令退还非法占用海域，恢复海域原状，并处非法占用海域期间内该海域面积应缴纳海域使用金十五倍计人民币256.77万元的罚款。乃志公司不服，提起行政诉讼，请求撤销该行政处罚决定。

裁判结果

北海海事法院于2018年9月17日作出（2018）桂72行初2号行政判决，驳回原告乃志公司的诉讼请求。宣判后，乃志公司提出上诉。广西壮族自治区高级人民法院于2019年6月26日作出（2018）桂行终1163号行政判决：驳回上诉，维持原判。

裁判理由

法院生效裁判认为：乃志公司占用的海边空地在海岸线（天然岸线）之外向海一侧，实为海滩涂。其公司使用自有铲车、勾机等机械，从外运来泥土和建筑废料对渔沣公司吹填形成的沙堆进行平整、充实，形成临时码头，并在临时码头西南面新填了部分海域，建造了临时码头北面靠海一侧的沙袋围堰和护岸设施。上述平整填充场地以及围堰护岸等行为，导致海域自然属性改变，形成有效岸线，属于围海、填海行为。乃志公司未取得案涉0.38公顷海域的合法使用权，在该区域内进行围海、填海，构成非法围海、填海。

渔沣公司与乃志公司均在案涉海域进行了一定的围海、填海活动，但二者的违法行为具有可分性和独立性，并非共同违法行为。首先，渔沣公司与乃志公司既无共同违法的意思联络，亦非共同实施违法行为。从时间上分析，渔沣公司系于2013年7月至9月间雇请他人抽取海沙填到涉案海域，形成沙堆。而乃志公司系于2016年5月12日通过签订转让协议的方式取得渔沣公司在原合同中的权利，并于2016年7月至9月期间对涉案海域进行场地平整，建设临时码头，形成陆域。二者进行围海、填海活动的时间间隔较远，相互独立，并无彼此配合的情形。其次，渔沣公司与乃志公司的违法性质不同。渔沣公司仅是抽取海沙填入涉案海域，形成沙堆，其行为违法程度较轻。而乃志公司已对涉案海域进行了围堰和场地平整，并建设临时码头，形成了陆域，其行为违法情节更严重，性质更为恶劣。再次，渔沣公司与乃志公司的行为所造成的损害后果不同。渔沣公司的行为尚未完全改变涉案海域的海洋环境，而乃志公司对涉案海域进行围堰及场地平整，设立临时码头，形成了陆域，其行为已完全改变了涉案海域的海洋生态环境，构成了非法围海、填海，损害后果更为严重。海洋渔业局认定乃志公司与渔沣公司的违法行为相互独立并分别立案查处，有事实及法律依据，并无不当。乃志公司主张海洋渔业局存在选择性执法，以及渔沣公司应当与其共同承担责任的抗辩意见不能成立。

乃志公司被查处后并未主动采取措施减轻或消除其围海、填海造地的危害后果，不存在从轻或减轻处罚的情形，故乃志公司主张从轻或减轻行政处罚，缺乏法律依据。乃志公司平整和围填涉案海域，占填海域面积为0.38公顷，其行为改变了该海域的自然属性，形成陆域，对近海生态造成不利的影响。海洋渔业局依据海域使用管理法第四十二条规定的"处非法占用海域期间内该海域面积应缴纳的海域使用金十倍以上二十倍以下的罚款"，决定按十五倍处罚，未违反行政处罚法关于行政处罚适用的相关规定，符合中国海监总队《关于进一步规范海洋行政处罚裁量权行使的若干意见》对于行政处罚幅度中的一般处罚，并非从重处罚，作出罚款人民币256.77万元的处罚决定，认定事实清楚，适用法律并无不当。

指导案例137号：
云南省剑川县人民检察院诉剑川县森林公安局怠于履行法定职责环境行政公益诉讼案

（最高人民法院审判委员会讨论通过 2019年12月26日发布）

关键词

行政/环境行政公益诉讼/怠于履行法定职责/审查标准

裁判要点

环境行政公益诉讼中，人民法院应当以相对人的违法行为是否得到有效制止，行政机关是否充分、及时、有效采取法定监管措施，以及国家利益或者社会公共利益是否得到有效保护，作为审查行政机关是否履行法定职责的标准。

相关法条

1.《中华人民共和国森林法》第13条、第20条

2.《中华人民共和国森林法实施条例》第43条

3.《中华人民共和国行政诉讼法》第70条、第74条

基本案情

2013年1月，剑川县居民王寿全受玉鑫公司的委托在国有林区开挖公路，被剑川县红旗林业局护林人员发现并制止，剑川县林业局接报后交剑川县森林公安局进行查处。剑川县森林公安局于2013年2月20日向王寿全送达了林业行政处罚听证权利告知书，并于同年2月27日向王寿全送达了剑川县林业局剑林罚书字（2013）第（288）号林业行政处罚决定书。行政处罚决定书载明：玉鑫公司在未取得合法的林地征占用手续的情况下，委托王寿全于2013年1月13日至19日期间，在13林班21、22小班之间用挖掘机开挖公路长度为494.8米、平均宽度为4.5米、面积为2226.6平方米，共计3.34亩。根据《中华人民共和国森林法实施条例》第四十三条第一款规定，决定对王寿全及玉鑫公司给予如下行政处罚：1. 责令限期恢复原状；2. 处非法改变用途林地每平方米10元的罚款，即22266.00元。2013年3月29日玉鑫公司交纳了罚款后，剑川县森林公安局即对该案予以结案。其后直到2016年11月9日，剑川县森林公安局没有督促玉鑫公司和王寿全履行“限期恢复原状”的行政义务，所破坏的森林植被至今没有得到恢复。

2016年11月9日，剑川县人民检察院向剑川县森林公安局发出检察建议，建议依法履行职责，认真落实行政处罚决定，采取有效措施，恢复森林植被。2016年12月8日，剑川县森林公安局回复称自接到《检察建议书》后，即刻进行认真研究，采取了积极的措施，并派民警到王寿全家对剑林罚书字（2013）第（288）号处罚决定第一项责令限期恢复原状进行催告，鉴于王寿全死亡，执行终止。对玉鑫公司，剑川县森林公安局没有向其发出催告书。

另查明，剑川县森林公安局为剑川县林业局所属的正科级机构，2013年年初，剑川县林业局向其授权委托办理本县境内的所有涉及林业、林地处罚的林政处罚案件。2013年9月27日，云南省人民政府《关于云南省林业部门相对集中林业行政处罚权工作方案的批复》，授权各级森林公安机关在全省范围内开展相对集中林业行政处罚权工作，同年11月20日，经云

南省人民政府授权，云南省人民政府法制办公室对森林公安机关行政执法主体资格单位及执法权限进行了公告，剑川县森林公安局也是具有行政执法主体资格和执法权限的单位之一，同年12月11日，云南省林业厅发出通知，决定自2014年1月1日起，各级森林公安机关依法行使省政府批准的62项林业行政处罚权和11项行政强制权。

裁判结果

云南省剑川县人民法院于2017年6月19日作出（2017）云2931行初1号行政判决：一、确认被告剑川县森林公安局怠于履行剑林罚书字（2013）第（288）号处罚决定第一项内容的行为违法；二、责令被告剑川县森林公安局继续履行法定职责。宣判后，当事人服判息诉，均未提起上诉，判决已发生法律效力，剑川县森林公安局也积极履行了判决。

裁判理由

法院生效裁判认为，公益诉讼人提起本案诉讼符合最高人民法院《人民法院审理人民检察院提起公益诉讼试点工作实施办法》及最高人民检察院《人民检察院提起公益诉讼试点工作实施办法》规定的行政公益诉讼受案范围，符合起诉条件。《中华人民共和国行政诉讼法》第二十六条第六款规定："行政机关被撤销或者职权变更的，继续行使其职权的行政机关是被告"，2013年9月27日，云南省人民政府《关于云南省林业部门相对集中林业行政处罚权工作方案的批复》授权各级森林公安机关相对集中行使林业行政部门的部分行政处罚权，因此，根据规定剑川县森林公安局行使原来由剑川县林业局行使的林业行政处罚权，是适格的被告主体。本案中，剑川县森林公安局在查明玉鑫公司及王寿全擅自改变林地的事实后，以剑川县林业局名义作出对玉鑫公司和王寿全责令限期恢复原状和罚款22266.00元的行政处罚决定符合法律规定，但在玉鑫公司缴纳罚款后三年多时间里没有督促玉鑫公司和王寿全对破坏的林地恢复原状，也没有代为履行，致使玉鑫公司和王寿全擅自改变的林地至今没有恢复原状，且未提供证据证明有相关合法、合理的事由，其行为显然不当，是怠于履行法定职责的行为。行政处罚决定没有执行完毕，剑川县森林公安局依法应该继续履行法定职责，采取有效措施，督促行政相对人限期恢复被改变林地的原状。

指导案例136号：吉林省白山市人民检察院诉白山市江源区卫生和计划生育局、白山市江源区中医院环境公益诉讼案

（最高人民法院审判委员会讨论通过 2019年12月26日发布）

关键词

行政/环境行政公益诉讼/环境民事公益诉讼/分别立案/一并审理

裁判要点

人民法院在审理人民检察院提起的环境行政公益诉讼案件时，对人民检察院就同一污染环境行为提起的环境民事公益诉讼，可以参照行政诉讼法及其司法解释规定，采取分别立案、一并审理、分别判决的方式处理。

相关法条

《中华人民共和国行政诉讼法》第61条

基本案情

白山市江源区中医院新建综合楼时，未建设符合环保要求的污水处理设施即投入使用。吉林省白山市人民检察院发现该线索后，进行了调查。调查发现白山市江源区中医院通过渗井、渗坑排放医疗污水。经对其排放的医疗污水及渗井周边土壤取样检验，化学需氧量、五日生化需氧量、悬浮物、总余氯等均超过国家标准。还发现白山市江源区卫生和计划生育局在白山市江源区中医院未提交环评合格报告的情况下，对其《医疗机构职业许可证》校验为合格，且对其违法排放医疗污水的行为未及时制止，存在违法行为。检察机关在履行了提起公益诉讼的前置程序后，诉至法院，请求：1. 确认被告白山市江源区卫生和计划生育局于2015年5月18日为第三人白山市江源区中医院校验《医疗机构执业许可证》的行为违法；2. 判令白山市江源区卫生和计划生育局履行法定监管职责，责令白山市江源

区卫生和计划生育局限期对白山市江源区中医院的医疗污水净化处理设施进行整改；3. 判令白山市江源区中医院立即停止违法排放医疗污水。

裁判结果

白山市中级人民法院于2016年7月15日以（2016）吉06行初4号行政判决，确认被告白山市江源区卫生和计划生育局于2015年5月18日对第三人白山市江源区中医院《医疗机构执业许可证》校验合格的行政行为违法；责令被告白山市江源区卫生和计划生育局履行监管职责，监督第三人白山市江源区中医院在三个月内完成医疗污水处理设施的整改。同日，白山市中级人民法院作出（2016）吉06民初19号民事判决，判令被告白山市江源区中医院立即停止违法排放医疗污水。一审宣判后，各方均未上诉，判决已经发生法律效力。

裁判理由

法院生效裁判认为，根据国务院《医疗机构管理条例》第五条及第四十条的规定，白山市江源区卫生和计划生育局对辖区内医疗机构具有监督管理的法定职责。《吉林省医疗机构审批管理办法（试行）》第四十四条规定，医疗机构申请校验时应提交校验申请、执业登记项目变更情况、接受整改情况、环评合格报告等材料。白山市江源区卫生和计划生育局在白山市江源区中医院未提交环评合格报告的情况下，对其《医疗机构职业许可证》校验为合格，违反上述规定，该校验行为违法。白山市江源区中医院违法排放医疗污水，导致周边地下水及土壤存在重大污染风险。白山市江源区卫生和计划生育局作为卫生行政主管部门，未及时制止，其怠于履行监管职责的行为违法。白山市江源区中医院通过渗井、渗坑违法排放医疗污水，且污水处理设施建设完工及环评验收需要一定的时间，故白山市江源区卫生和计划生育局应当继续履行监管职责，督促白山市江源区中医院污水处理工程及时完工，达到环评要求并投入使用，符合《吉林省医疗机构审批管理办法（试行）》第四十四条规定的校验医疗机构执业许可证的条件。

《中华人民共和国侵权责任法》第六十五条、第六十六条规定，因污 1229 1230
染环境造成损害的，污染者应当承担侵权责任。因污染环境发生纠纷，污染者应当就法律规定的不承担责任或者减轻责任的情形及其行为与损害之间不存在因果关系承担举证责任。本案中，根据公益诉讼人的举证和查明的相关事实，可以确定白山市江源区中医院未安装符合环保要求的污水处理设备，通过渗井、渗坑实施了排放医疗污水的行为。从检测机构的检测结果及检测意见可知，其排放的医疗污水，对附近地下水及周边土壤存在重大环境污染风险。白山市江源区中医院虽辩称其未建设符合环保要求的排污设备系因政府对公办医院投入建设资金不足所致，但该理由不能否定其客观上实施了排污行为，产生了周边地下水及土壤存在重大环境污染风险的损害结果，以及排污行为与损害结果存在因果关系的基本事实。且环境污染具有不可逆的特点，故作出立即停止违法排放医疗污水的判决。

指导案例101号：罗元昌诉重庆市彭水苗族土家族自治县地方海事处政府信息公开案

（最高人民法院审判委员会讨论通过 2018年12月19日发布）

关键词

行政/政府信息公开/信息不存在/检索义务

裁判要点

在政府信息公开案件中，被告以政府信息不存在为由答复原告的，人民法院应审查被告是否已经尽到充分合理的查找、检索义务。原告提交了该政府信息系由被告制作或者保存的相关线索等初步证据后，若被告不能提供相反证据，并举证证明已尽到充分合理的查找、检索义务的，人民法院不予支持被告有关政府信息不存在的主张。

相关法条

《中华人民共和国政府信息公开条例》第2条、第13条

基本案情

原告罗元昌是兴运2号船的船主，在乌江流域从事航运、采砂等业务。2014年11月17日，罗元昌因诉重庆大唐国际彭水水电开发有限公司财产

损害赔偿纠纷案需要，通过邮政特快专递向被告重庆市彭水苗族土家族自治县地方海事处（以下简称“彭水县地方海事处”）邮寄书面政府信息公开申请书，具体申请的内容为：1. 公开彭水苗族土家族自治县港航管理处（以下简称“彭水县港航处”）、彭水县地方海事处的设立、主要职责、内设机构和人员编制的文件。2. 公开下列事故的海事调查报告等所有事故材料：兴运2号在2008年5月18日、2008年9月30日的2起安全事故及鑫源306号、鑫源308号、高谷6号、荣华号等船舶在2008年至2010年发生的安全事故。

彭水县地方海事处于2014年11月19日签收后，未在法定期限内对罗元昌进行答复，罗元昌向彭水苗族土家族自治县人民法院（以下简称“彭水县法院”）提起行政诉讼。2015年1月23日，彭水县地方海事处作出（2015）彭海处告字第006号《政府信息告知书》，载明：一是对申请公开的彭水县港航处、彭水县地方海事处的内设机构名称等信息告知罗元昌获取的方式和途径；二是对申请公开的海事调查报告等所有事故材料经查该政府信息不存在。彭水县法院于2015年3月31日对该案作出（2015）彭法行初字第00008号行政判决，确认彭水县地方海事处在收到罗元昌的政府信息公开申请后未在法定期限内进行答复的行为违法。

2015年4月22日，罗元昌以彭水县地方海事处作出的（2015）彭海处告字第006号《政府信息告知书》不符合法律规定，且与事实不符为由，提起行政诉讼，请求撤销彭水县地方海事处作出的（2015）彭海处告字第006号《政府信息告知书》，并由彭水县地方海事处向罗元昌公开海事调查报告等涉及兴运2号船的所有事故材料。

另查明，罗元昌提交了涉及兴运2号船于2008年5月18日在彭水高谷长滩子发生整船搁浅事故以及于2008年9月30日在彭水高谷煤炭沟发生沉没事故的《乌江彭水水电站断航碍航问题调查评估报告》《彭水县地方海事处关于近两年因乌江彭水万足电站不定时蓄水造成船舶搁浅事故的情况报告》《重庆市发展和改革委员会关于委托开展乌江彭水水电站断航碍航问题调查评估的函（渝发改能函〔2009〕562号）》等材料。在案件二审审理期间，彭水县地方海事处主动撤销了其作出的（2015）彭海处告字第006号《政府信息告知书》，但罗元昌仍坚持诉讼。

裁判结果

重庆市彭水苗族土家族自治县人民法院于2015年6月5日作出(2015)彭法行初字第00039号行政判决，驳回罗元昌的诉讼请求。罗元昌不服一审判决，提起上诉。重庆市第四中级人民法院于2015年9月18日作出（2015）渝四中法行终字第00050号行政判决，撤销（2015）彭法行初字第00039号行政判决；确认彭水苗族土家族自治县地方海事处于2015年1月23日作出的（2015）彭海处告字第006号《政府信息告知书》行政行为违法。

裁判理由

法院生效裁判认为：《中华人民共和国政府信息公开条例》第十三条规定，除本条例第九条、第十条、第十一条、第十二条规定的行政机关主动公开的政府信息外，公民、法人或者其他组织还可以根据自身生产、生活、科研等特殊需要，向国务院部门、地方各级人民政府及县级以上地方人民政府部门申请获取相关政府信息。彭水县地方海事处作为行政机关，负有对罗元昌提出的政府信息公开申请作出答复和提供政府信息的法定职责。根据《中华人民共和国政府信息公开条例》第二条"本条例所称政府信息，是指行政机关在履行职责过程中制作或者获取的，以一定形式记录、保存的信息"的规定，罗元昌申请公开彭水县港航处、彭水县地方海事处的设立、主要职责、内设机构和人员编制的文件，属于彭水县地方海事处在履行职责过程中制作或者获取的，以一定形式记录、保存的信息，当属政府信息。彭水县地方海事处已为罗元昌提供了彭水编发（2008）11号《彭水苗族土家族自治县机构编制委员会关于对县港航管理机构编制进行调整的通知》的复制件，明确载明了彭水县港航处、彭水县地方海事处的机构性质、人员编制、主要职责、内设机构等事项，罗元昌已知晓，予以确认。

罗元昌申请公开涉及兴运2号船等船舶发生事故的海事调查报告等所有事故材料的信息，根据《中华人民共和国内河交通事故调查处理规定》的相关规定，船舶在内河发生事故的调查处理属于海事管理机构的职责，其在事故调查处理过程中制作或者获取的，以一定形式记录、保存的信息属于政府信息。彭水县地方海事处作为彭水县的海事管理机构，负有对彭水县行政区域内发生的内河交通事故进行立案调查处理的职责，其在事故调查处理过程中制作或者获取的，以一定形式记录、保存的信息属于政府信息。罗元昌提交了兴运2号船于2008年5月18日在彭水高谷长滩子发生整船搁浅事故以及于2008年9月30日在彭水高谷煤炭沟发生沉没事故的相关线索，而彭水县地方海事处作出的（2015）彭海处告字第006号《政府信息告知书》第二项告知罗元昌申请公开的该项政府信息不存在，仅有彭水县地方海事处的自述，没有提供印证证据证明其尽到了查询、翻阅和搜索的义务。故彭水县地方海事处作出的（2015）彭海处告字第006号《政府信息告知书》违法，应当予以撤销。在案件二审审理期间，彭水县地方海事处主动撤销了其作出的（2015）彭海处告字第006号《政府信息告知书》，罗元昌仍坚持诉讼。根据《中华人民共和国行政诉讼法》第七十四条第二款第二项之规定，判决确认彭水县地方海事处作出的政府信息告知行为违法。

指导案例91号：
沙明保等诉马鞍山市花山区人民政府房屋强制拆除行政赔偿案

（最高人民法院审判委员会讨论通过2017年11月15日发布）

关键词

行政/行政赔偿/强制拆除/举证责任/市场合理价值

裁判要点

在房屋强制拆除引发的行政赔偿案件中，原告提供了初步证据，但因行政机关的原因导致原告无法对房屋内物品损失举证，行政机关亦因未依法进行财产登记、公证等措施无法对房屋内物品损失举证的，人民法院对原告未超出市场价值的符合生活常理的房屋内物品的赔偿请求，应当予以支持。

相关法条

《中华人民共和国行政诉讼法》第38条第2款

基本案情

2011年12月5日，安徽省人民政府作出皖政地〔2011〕769号《关于马鞍山市2011年第35批次城市建设用地的批复》，批准征收马鞍山市花山区霍里街道范围内农民集体建设用地10.04公顷，用于城市建设。2011年12月23日，马鞍山市人民政府作出2011年37号《马鞍山市人民政府征收土地方案公告》，将安徽省人民政府的批复内容予以公告，并载明征地方案由花山区人民政府实施。苏月华名下的花山区霍里镇丰收村丰收村民组B11-3房屋在本次征收范围内。苏月华于2011年9月13日去世，其生前将该房屋处置给四原告所有。原告古宏英系苏月华的女儿，原告沙明保、沙明虎、沙明莉系苏月华的外孙。在实施征迁过程中，征地单位分别制作了《马鞍山市国家建设用地征迁费用补偿表》、《马鞍山市征迁住房货币化安置（产权调换）备案表》，对苏月华户房屋及地上附着物予以登记补偿，原告古宏英的丈夫领取了安置补偿款。2012年年初，被告组织相关部门将苏月华户房屋及地上附着物拆除。原告沙明保等四人认为马鞍山市花山区人民政府非法将上述房屋拆除，侵犯了其合法财产权，故提起诉讼，请求人民法院判令马鞍山市花山区人民政府赔偿房屋损失、装潢损失、房租损失共计282.7680万元；房屋内物品损失共计10万元，主要包括衣物、家具、家电、手机等5万元；实木雕花床5万元。

马鞍山市中级人民法院判决驳回原告沙明保等四人的赔偿请求。沙明保等四人不服，上诉称：1. 2012年初，马鞍山市花山区人民政府对案涉农民集体土地进行征收，未征求公众意见，上诉人亦不知以何种标准予以补偿；2. 2012年8月1日，马鞍山市花山区人民政府对上诉人的房屋进行拆除的行为违法，事前未达成协议，未告知何时拆迁，屋内财产未搬离、未清点，所造成的财产损失应由马鞍山市花山区人民政府承担举证责任；3. 2012年8月27日，上诉人沙明保、沙明虎、沙明莉的父亲沙开金受胁迫在补偿表上签字，但其父沙开金对房屋并不享有权益且该补偿表系房屋被拆后所签。综上，请求二审法院撤销一审判决，支持其赔偿请求。

马鞍山市花山区人民政府未作书面答辩。

裁判结果

马鞍山市中级人民法院于2015年7月20日作出（2015）马行赔初字

第00004号行政赔偿判决：驳回沙明保等四人的赔偿请求。宣判后，沙明保等四人提出上诉，安徽省高级人民法院于2015年11月24日作出（2015）皖行赔终字第00011号行政赔偿判决：撤销马鞍山市中级人民法院（2015）马行赔初字第00004号行政赔偿判决；判令马鞍山市花山区人民政府赔偿上诉人沙明保等四人房屋内物品损失8万元。

裁判理由

法院生效裁判认为：根据《中华人民共和国土地管理法实施条例》第四十五条的规定，土地行政主管部门责令限期交出土地，被征收人拒不交出的，申请人民法院强制执行。马鞍山市花山区人民政府提供的证据不能证明原告自愿交出了被征土地上的房屋，其在土地行政主管部门未作出责令交出土地决定亦未申请人民法院强制执行的情况下，对沙明保等四人的房屋组织实施拆除，行为违法。关于被拆房屋内物品损失问题，根据《中华人民共和国行政诉讼法》第三十八条第二款之规定，在行政赔偿、补偿的案件中，原告应当对行政行为造成的损害提供证据。因被告的原因导致原告无法举证的，由被告承担举证责任。马鞍山市花山区人民政府组织拆除上诉人的房屋时，未依法对屋内物品登记保全，未制作物品清单并交上诉人签字确认，致使上诉人无法对物品受损情况举证，故该损失是否存在、具体损失情况等，依法应由马鞍山市花山区人民政府承担举证责任。上诉人主张的屋内物品5万元包括衣物、家具、家电、手机等，均系日常生活必需品，符合一般家庭实际情况，且被上诉人亦未提供证据证明这些物品不存在，故对上诉人主张的屋内物品种类、数量及价值应予认定。上诉人主张实木雕花床价值为5万元，已超出市场正常价格范围，其又不能确定该床的材质、形成时间、与普通实木雕花床有何不同等，法院不予支持。但出于最大限度保护被侵权人的合法权益考虑，结合目前普通实木雕花床的市场价格，按“就高不就低”的原则，综合酌定该实木雕花床价值为3万元。综上，法院作出如上判决。

指导案例60号：盐城市奥康食品有限公司东台分公司诉盐城市东台工商行政管理局工商行政处罚案

（最高人民法院审判委员会讨论通过 2016年5月20日发布）

关键词

行政/行政处罚/食品安全标准/食品标签/食品说明书

裁判要点

1. 食品经营者在食品标签、食品说明书上特别强调添加、含有一种或多种有价值、有特性的配料、成分，应标示所强调配料、成分的添加量或含量，未标示的，属于违反《中华人民共和国食品安全法》的行为，工商行政管理部门依法对其实施行政处罚的，人民法院应予支持。

2. 所谓"强调"，是指通过名称、色差、字体、字号、图形、排列顺序、文字说明、同一内容反复出现或多个内容都指向同一事物等形式进行着重标识。所谓"有价值、有特性的配料"，是指不同于一般配料的特殊配料，对人体有较高的营养作用，其市场价格、营养成分往往高于其他配料。

相关法条

《中华人民共和国食品安全法》第20条、第42条第1款（该法于2015年4月24日修订，新法相关法条为第26条、第67条第1款）

基本案情

原告盐城市奥康食品有限公司东台分公司（以下简称奥康公司）诉称：2012年5月15日，被告盐城市东台工商行政管理局（以下简称东台工商局）作出东工商案字〔2012〕第00298号《行政处罚决定书》，认定原告销售的金龙鱼橄榄原香食用调和油没有标明橄榄油的含量，违反了GB7718-2004《预包装食品标签通则》的规定，责令其改正，并处以合计60000元的罚没款。原告认为，其经营的金龙鱼橄榄原香食用调和油标签上的“橄榄原香”是对产品物理属性的客观描述，并非对某种配料的强调，不需要标明含量或者添加量。橄榄油是和其他配料菜籽油、大豆油相同的普通食用油配料，并无特殊功效或价值，不是“有价值、有特性的配料”。本案应适用《中华人民共和国食品安全法》（以下简称《食品安全法》）规定的国务院卫生行政部门颁布的食品安全国家标准，而被告适用的GB7718-2004《预包装食品标签通则》并不是食品安全国家标准，适用法律错误。综上，请求法院判决撤销被告对其作出的涉案行政处罚决定书。

被告东台工商局辩称：原告奥康公司经营的金龙鱼牌橄榄原香食用调和油标签正面突出“橄榄”二字，配有橄榄图形，吊牌写明“添加了来自意大利的100%特级初榨橄榄油”，但未注明添加量，这就属于食品标签上特别强调添加某种有价值、有特性配料而未标示添加量的情形。GB7718-2004《预包装食品标签通则》作为食品标签强制性标准，在《食品安全法》生效后，即被视为食品安全标准之一，直至被GB7718-2011《预包装食品标签管理通则》替代。因此，其所作出的行政处罚决定定性准确，合理适当，程序合法，请求法院予以维持。

法院经审理查明：2011年9月1日至2012年2月29日，奥康公司购进净含量5升的金龙鱼牌橄榄原香食用调和油290瓶，加价销售给千家惠超市，获得销售收入34800元，净利润2836.9元。2012年2月21日，东台工商局行政执法人员在千家惠超市检查时，发现上述金龙鱼牌橄榄原香食用调和油未标示橄榄油的添加量。上述金龙鱼牌橄榄原香食用调和油名称为“橄榄原香食用调和油”，其标签上有“橄榄”二字，配有橄榄图形，标签侧面标示“配料：菜籽油、大豆油、橄榄油”等内容，吊牌上写明：“金龙鱼橄榄原香食用调和油，添加了来自意大利的100%特级初榨橄榄油，洋溢着淡淡的橄榄果清香。除富含多种维生素、单不饱和脂肪酸等健康物质外，其橄榄原生精华含有多本酚等天然抗氧化成分，满足自然健康的高品质生活追求。”

东台工商局于2012年2月27日立案调查，并于5月9日向原告奥康公司送达行政处罚听证告知书。原告在法定期限内未提出陈述和申辩，也未要求举行听证。5月15日被告向原告送达东工商案字〔2012〕第298号行政处罚决定书，认定原告经营标签不符合《食品安全法》规定的食品，属于食品标签上特别强调添加某种有价值、有特性配料而未标示添加量的情形，依照《中华人民共和国行政处罚法》《食品安全法》规定，作出责令改正、没收违法所得2836.9元和罚款57163.1元，合计罚没款60000元的行政处罚。原告不服，申请行政复议，盐城市工商行政管理局复议维持该处罚决定。

裁判结果

江苏省东台市人民法院于2012年12月15日作出（2012）东行初字第0068号行政判决：维持东台工商局2012年5月15日作出的东工商案字〔2012〕第00298号《行政处罚决定书》。宣判后，奥康公司向江苏省盐城市中级人民法院提起上诉。江苏省盐城市中级人民法院于2013年5月9日作出（2013）盐行终字第0032号行政判决，维持一审判决。

裁判理由

法院生效裁判认为：《食品安全法》第二十条第四项规定，食品安全标准应当包括对与食品安全、营养有关的标签、标识、说明书的要求。第二十二条规定，本法规定的食品安全国家标准公布前，食品生产经营者应当按照现行食用农产品质量安全标准、食品卫生标准、食品质量标准和有关食品的行业标准生产经营食品。GB7718-2004《预包装食品标签通则》由国家质量监督检验检疫总局和国家标准化管理委员会制定，于2005年10月1日实施；《食品安全法》于2009年6月1日实施，新版的GB7718-2011《预包装食品标签管理通则》是由国务院卫生行政部门制定，且明确是食品安全国家标准，于2012年4月20日实施。本案原告奥康公司违法行为发生在2011年9月至2012年2月，GB7718-2004《预包装食品标签通则》属于当时的食品安全国家标准之一。因此，被告东台工商局适用GB7718-2004《预包装食品标签通则》对原告作出行政处罚，并无不当。

GB7718-2004《预包装食品标签通则》规定："预包装食品标签的所有内容，不得以虚假、使消费者误解或欺骗性的文字、图形等方式介绍食品；也不得利用字号大小或色差误导消费者。""如果在食品标签或食品说明书上特别强调添加了某种或数种有价值、有特性的配料，应标示所强调配料的添加量。"这里所指的"强调"，是特别着重或着重提出，一般意义上，通过名称、色差、字体、字号、图形、排列顺序、文字说明、同一内容反复出现或多个内容都指向同一事物等形式表现，均可理解为对某事物的强调。“有价值、有特性的配料”，是指对人体有较高的营养作用，配料本身不同于一般配料的特殊配料。通常理解，此种配料的市场价格或营养成分应高于其他配料。本案中，原告奥康公司认为“橄榄原香”是对产品物理属性的客观描述，并非对某种配料的强调，但从原告销售的金龙鱼牌橄榄原香食用调和油的外包装来看，其标签上以图形、字体、文字说明等方式突出了“橄榄”二字，强调了该食用调和油添加了橄榄油的配料，且在吊牌（食品标签的组成部分）上有“添加了来自意大利的100%特级初榨橄榄油”等文字叙述，显而易见地向消费者强调该产品添加了橄榄油的配料，该做法本身实际上就是强调“橄榄”在该产品中的价值和特性。一般来说，橄榄油的市场价格或营养作用均高于一般的大豆油、菜籽油等，因此，如在食用调和油中添加了橄榄油，可以认定橄榄油是“有价值、有特性的配料”。因此，奥康公司未标示橄榄油的添加量，属于违反食品安全标准的行为。东台工商局所作行政处罚决定具有事实和法律依据，应予维持。

指导案例 26 号：
李健雄诉广东省交通运输厅政府信息公开案

（最高人民法院审判委员会讨论通过 2014 年 1 月 26 日发布）

关键词

行政 政府信息公开 网络申请逾期答复

裁判要点

公民、法人或者其他组织通过政府公众网络系统向行政机关提交政府信息公开申请的，如该网络系统未作例外说明，则系统确认申请提交成功的日期应当视为行政机关收到政府信息公开申请之日。行政机关对于该申请的内部处理流程，不能成为行政机关延期处理的理由，逾期作出答复的，应当确认为违法。

相关法条

《中华人民共和国政府信息公开条例》第二十四条

基本案情

原告李健雄诉称：其于2011年6月1日通过广东省人民政府公众网络系统向被告广东省交通运输厅提出政府信息公开申请，根据《中华人民共
33 和国政府信息公开条例》（以下简称《政府信息公开条例》）第二十四条第二款的规定，被告应在当月23日①前答复原告，但被告未在法定期限内答复及提供所申请的政府信息，故请求法院判决确认被告未在法定期限内答复的行为违法。

被告广东省交通运输厅辩称：原告申请政府信息公开通过的是广东省人民政府公众网络系统，即省政府政务外网（以下简称省外网），而非被告的内部局域网（以下简称厅内网）。按规定，被告将广东省人民政府“政府信息网上依申请公开系统”的后台办理设置在厅内网。由于被告的厅内网与互联网、省外网物理隔离，互联网、省外网数据都无法直接进入厅内网处理，需通过网闸以数据“摆渡”方式接入厅内网办理，因此被告工作人员未能立即发现原告在广东省人民政府公众网络系统中提交的申请，
33 致使被告未能及时受理申请。根据《政府信息公开条例》第二十四条、《国务院办公厅关于做好施行〈中华人民共和国政府信息公开条例〉准备工作的通知》等规定，政府信息公开中的申请受理并非以申请人提交申请为准，而是以行政机关收到申请为准。原告称2011年6月1日向被告申请政府信息公开，但被告未收到该申请，被告正式收到并确认受理的日期是7月28日，并按规定向原告发出了《受理回执》。8月4日，被告向原告当场送达《关于政府信息公开的答复》和《政府信息公开答复书》，距离受理日仅5个工作日，并未超出法定答复期限。因原告在政府公众网络系统递交的申请未能被及时发现并被受理应视为不可抗力和客观原因造成，不应计算在答复期限内，故请求法院依法驳回原告的诉讼请求。

法院经审理查明：2011年6月1日，原告李健雄通过广东省人民政府公众网络系统向被告广东省交通运输厅递交了政府信息公开申请，申请获取广州广园客运站至佛冈的客运里程数等政府信息。政府公众网络系统以申请编号11xxx011予以确认，并通过短信通知原告确认该政府信息公开申请提交成功。7月28日，被告作出受理记录确认上述事实，并于8月4日

① 2019年4月3日，《政府信息公开条例》已将答复期限由15个工作日改为20个工作日。

向原告送达《关于政府信息公开的答复》和《政府信息公开答复书》。庭审中被告确认原告基于生活生产需要获取上述信息，原告确认8月4日收到被告作出的《关于政府信息公开的答复》和《政府信息公开答复书》。

裁判结果

广州市越秀区人民法院于2011年8月24日作出（2011）越法行初字第252号行政判决：确认被告广东省交通运输厅未依照《政府信息公开条例》第二十四条规定的期限对原告李健雄2011年6月1日申请其公开广州广园客运站至佛冈客运里程数的政府信息作出答复违法。

裁判理由

法院生效裁判认为：《政府信息公开条例》第二十四条规定："行政机关收到政府信息公开申请，能够当场答复的，应当当场予以答复。行政机关不能当场答复的，应当自收到申请之日起15个工作日内予以答复；如需延长答复期限的，应当经政府信息公开工作机构负责人同意，并告知申请人，延长答复的期限最长不得超过15个工作日。"本案原告于2011年6月1日通过广东省人民政府公众网络系统向被告提交了政府信息公开申请，申请公开广州广园客运站至佛冈的客运里程数。政府公众网络系统生成了相应的电子申请编号，并向原告手机发送了申请提交成功的短信。被告确认收到上述申请并认可原告是基于生活生产需要获取上述信息，却于2011年8月4日才向原告作出《关于政府信息公开的答复》和《政府信息公开答复书》，已超过了上述规定的答复期限。由于广东省人民政府"政府信息网上依申请公开系统"作为政府信息申请公开平台所应当具有的整合性与权威性，如未作例外说明，则从该平台上递交成功的申请应视为相关行政机关已收到原告通过互联网提出的政府信息公开申请。至于外网与内网、上下级行政机关之间对于该申请的流转，属于行政机关内部管理事务，不能成为行政机关延期处理的理由。被告认为原告是向政府公众网络系统提交的申请，因其厅内网与互联网、省外网物理隔离而无法及时发现原告申请，应以其2011年7月28日发现原告申请为收到申请日期而没有超过答复期限的理由不能成立。因此，原告通过政府公众网络系统提交政府信息公开申请的，该网络系统确认申请提交成功的日期应当视为被告收到申请之日，被告逾期作出答复的，应当确认为违法。 33

指导案例22号：魏永高、陈守志诉来安县人民政府收回土地使用权批复案

【关键词】

行政诉讼　受案范围　批复

【裁判要点】

地方人民政府对其所属行政管理部门的请示作出的批复，一般属于内部行政行为，不可对此提起诉讼。但行政管理部门直接将该批复付诸实施并对行政相对人的权利义务产生了实际影响，行政相对人对该批复不服提起诉讼的，人民法院应当依法受理。

【相关法条】

《中华人民共和国行政诉讼法》第十一条

【相关法条】

2010年8月31日，安徽省来安县国土资源和房产管理局向来安县人民政府报送《关于收回国有土地使用权的请示》，请求收回该县永阳东路与塔山中路部分地块土地使用权。9月6日，来安县人民政府作出《关于同意收回永阳东路与塔山中路部分地块国有土地使用权的批复》。来安县国土资源和房产管理局收到该批复后，没有依法制作并向原土地使用权人送达收回土地使用权决定，而直接交由来安县土地储备中心付诸实施。魏永高、陈守志的房屋位于被收回使用权的土地范围内，其对来安县人民政府收回国有土地使用权批复不服，提起行政复议。2011年9月20日，滁州市人民政府作出《行政复议决定书》，维持来安县人民政府的批复。魏永高、陈守志仍不服，提起行政诉讼，请求人民法院撤销来安县人民政府上述批复。

【裁判结果】

滁州市中级人民法院于2011年12月23日作出（2011）滁行初字第6号行政裁定：驳回魏永高、陈守志的起诉。魏永高、陈守志提出上诉，安

徽省高级人民法院于2012年9月10日作出（2012）皖行终字第14号行政裁定：一、撤销滁州市中级人民法院（2011）滁行初字第6号行政裁定；二、指令滁州市中级人民法院继续审理本案。

【裁判理由】

法院生效裁判认为：根据《土地储备管理办法》和《安徽省国有土地储备办法》以收回方式储备国有土地的程序规定，来安县国土资源行政主管部门在来安县人民政府作出批准收回国有土地使用权方案批复后，应当向原土地使用权人送达对外发生法律效力的收回国有土地使用权通知。来安县人民政府的批复属于内部行政行为，不向相对人送达，对相对人的权利义务尚未产生实际影响，一般不属于行政诉讼的受案范围。但本案中，来安县人民政府作出批复后，来安县国土资源行政主管部门没有制作并送达对外发生效力的法律文书，即直接交来安县土地储备中心根据该批复实施拆迁补偿安置行为，对原土地使用权人的权利义务产生了实际影响；原土地使用权人也通过申请政府信息公开知道了该批复的内容，并对批复提起了行政复议，复议机关作出复议决定时也告知了诉权，该批复已实际执行并外化为对外发生法律效力的具体行政行为。因此，对该批复不服提起行政诉讼的，人民法院应当依法受理。

附 录

全国人民代表大会常务委员会关于修改《中华人民共和国建筑法》等八部法律的决定（节录）

（2019年4月23日第十三届全国人民代表大会常务委员会第十次会议通过 2019年4月23日中华人民共和国主席令第29号公布 《中华人民共和国商标法》的修改条款自2019年11月1日起施行，其他法律的修改条款自本决定公布之日起施行）

第十三届全国人民代表大会常务委员会第十次会议决定：

……

八、对《中华人民共和国行政许可法》作出修改

（一）将第五条修改为："设定和实施行政许可，应当遵循公开、公平、公正、非歧视的原则。

"有关行政许可的规定应当公布；未经公布的，不得作为实施行政许可的依据。行政许可的实施和结果，除涉及国家秘密、商业秘密或者个人隐私的外，应当公开。未经申请人同意，行政机关及其工作人员、参与专家评审等的人员不得披露申请人提交的商业秘密、未披露信息或者保密商务信息，法律另有规定或者涉及国家安全、重大社会公共利益的除外；行政机关依法公开申请人前述信息的，允许申请人在合理期限内提出异议。

"符合法定条件、标准的，申请人有依法取得行政许可的平等权利，行政机关不得歧视任何人。"

（二）第三十一条增加一款，作为第二款："行政机关及其工作人员不得以转让技术作为取得行政许可的条件；不得在实施行政许可的过程中，直接或者间接地要求转让技术。"

（三）将第七十二条修改为："行政机关及其工作人员违反本法的规定，有下列情形之一的，由其上级行政机关或者监察机关责令改正；情节严重的，对直接负责的主管人员和其他直接责任人员依法给予行政处分：

"（一）对符合法定条件的行政许可申请不予受理的；

"（二）不在办公场所公示依法应当公示的材料的；

"（三）在受理、审查、决定行政许可过程中，未向申请人、利害关系人履行法定告知义务的；

"（四）申请人提交的申请材料不齐全、不符合法定形式，不一次告知申请人必须补正的全部内容的；

"（五）违法披露申请人提交的商业秘密、未披露信息或者保密商务信息的；

"（六）以转让技术作为取得行政许可的条件，或者在实施行政许可的过程中直接或者间接地要求转让技术的；

"（七）未依法说明不受理行政许可申请或者不予行政许可的理由的；

"（八）依法应当举行听证而不举行听证的。"

《中华人民共和国商标法》的修改条款自2019年11月1日起施行，其他法律的修改条款自本决定公布之日起施行。

《中华人民共和国建筑法》《中华人民共和国消防法》《中华人民共和国电子签名法》《中华人民共和国城乡规划法》《中华人民共和国车船税法》《中华人民共和国商标法》《中华人民共和国反不正当竞争法》《中华人民共和国行政许可法》根据本决定作相应修改，重新公布。

全国人民代表大会常务委员会关于修改《中华人民共和国法官法》等八部法律的决定（节录）

（2017年9月1日第十二届全国人民代表大会常务委员会第二十九次会议通过　2017年9月1日中华人民共和国主席令第76号公布　自2018年1月1日起施行）

第十二届全国人民代表大会常务委员会第二十九次会议决定：

……

七、对《中华人民共和国行政复议法》作出修改

6 在第三条中增加一款，作为第二款："行政机关中初次从事行政复议的人员，应当通过国家统一法律职业资格考试取得法律职业资格。"

八、对《中华人民共和国行政处罚法》作出修改

在第三十八条中增加一款，作为第三款："在行政机关负责人作出决定之前，应当由从事行政处罚决定审核的人员进行审核。行政机关中初次从事行政处罚决定审核的人员，应当通过国家统一法律职业资格考试取得法律职业资格。"

本决定自2018年1月1日起施行。

《中华人民共和国法官法》《中华人民共和国检察官法》《中华人民共和国公务员法》《中华人民共和国律师法》《中华人民共和国公证法》《中华人民共和国仲裁法》《中华人民共和国行政复议法》《中华人民共和国行政处罚法》根据本决定作相应修改，重新公布。

全国人民代表大会常务委员会关于修改部分法律的决定（节录）

（2009年8月27日第十一届全国人民代表大会常务委员会第十次会议通过　2009年8月27日中华人民共和国主席令第18号公布　自公布之日起施行）

第十一届全国人民代表大会常务委员会第十次会议决定：

……

二、对下列法律和法律解释中关于“征用”的规定作出修改

……

（二）将下列法律中的“征用”修改为“征收”

……

20.《中华人民共和国行政复议法》第三十条

……

三、对下列法律中关于刑事责任的规定作出修改

（一）将下列法律中的“依照刑法第×条的规定”、“比照刑法第×条的规定”修改为“依照刑法有关规定”

……

40.《中华人民共和国行政处罚法》第六十一条

……

四、对下列法律和有关法律问题的决定中关于治安管理处罚的规定作出修改

（一）将下列法律和有关法律问题的决定中引用的“治安管理处罚条例”修改为“治安管理处罚法”

……

72.《中华人民共和国行政处罚法》第四十二条

……

全国人民代表大会常务委员会关于修改《中华人民共和国民事诉讼法》和《中华人民共和国行政诉讼法》的决定（节录）

（2017年6月27日第十二届全国人民代表大会常务委员会第二十八次会议通过　2017年6月27日中华人民共和国主席令第71号公布　自2017年7月1日起施行）

第十二届全国人民代表大会常务委员会第二十八次会议决定：

……

二、对《中华人民共和国行政诉讼法》作出修改

第二十五条增加一款，作为第四款："人民检察院在履行职责中发现生态环境和资源保护、食品药品安全、国有财产保护、国有土地使用权出让等领域负有监督管理职责的行政机关违法行使职权或者不作为，致使国家利益或者社会公共利益受到侵害的，应当向行政机关提出检察建议，督促其依法履行职责。行政机关不依法履行职责的，人民检察院依法向人民法院提起诉讼。"

本决定自2017年7月1日起施行。

《中华人民共和国民事诉讼法》和《中华人民共和国行政诉讼法》根据本决定作相应修改，重新公布。

全国人民代表大会常务委员会关于修改《中华人民共和国行政诉讼法》的决定

（2014 年 11 月 1 日第十二届全国人民代表大会常务委员会第十一次会议通过　2014 年 11 月 1 日中华人民共和国主席令第 15 号公布　自 2015 年 5 月 1 日起施行）

第十二届全国人民代表大会常务委员会第十一次会议决定对《中华人民共和国行政诉讼法》作如下修改：

一、将第一条修改为："为保证人民法院公正、及时审理行政案件，解决行政争议，保护公民、法人和其他组织的合法权益，监督行政机关依法行使职权，根据宪法，制定本法。"

二、第二条增加一款，作为第二款："前款所称行政行为，包括法律、法规、规章授权的组织作出的行政行为。"

三、增加一条，作为第三条："人民法院应当保障公民、法人和其他组织的起诉权利，对应当受理的行政案件依法受理。

"行政机关及其工作人员不得干预、阻碍人民法院受理行政案件。

"被诉行政机关负责人应当出庭应诉。不能出庭的，应当委托行政机关相应的工作人员出庭。"

四、将第十一条改为第十二条，将第一款修改为："人民法院受理公民、法人或者其他组织提起的下列诉讼：

"（一）对行政拘留、暂扣或者吊销许可证和执照、责令停产停业、没收违法所得、没收非法财物、罚款、警告等行政处罚不服的；

"（二）对限制人身自由或者对财产的查封、扣押、冻结等行政强制措施和行政强制执行不服的；

"（三）申请行政许可，行政机关拒绝或者在法定期限内不予答复，或者对行政机关作出的有关行政许可的其他决定不服的；

"（四）对行政机关作出的关于确认土地、矿藏、水流、森林、山岭、草原、荒地、滩涂、海域等自然资源的所有权或者使用权的决定不服的；

“（五）对征收、征用决定及其补偿决定不服的；

“（六）申请行政机关履行保护人身权、财产权等合法权益的法定职责，行政机关拒绝履行或者不予答复的；

“（七）认为行政机关侵犯其经营自主权或者农村土地承包经营权、农村土地经营权的；

“（八）认为行政机关滥用行政权力排除或者限制竞争的；

“（九）认为行政机关违法集资、摊派费用或者违法要求履行其他义务的；

“（十）认为行政机关没有依法支付抚恤金、最低生活保障待遇或者社会保险待遇的；

“（十一）认为行政机关不依法履行、未按照约定履行或者违法变更、解除政府特许经营协议、土地房屋征收补偿协议等协议的；

“（十二）认为行政机关侵犯其他人身权、财产权等合法权益的。”

五、将第十四条改为第十五条，修改为：“中级人民法院管辖下列第一审行政案件：

“（一）对国务院部门或者县级以上地方人民政府所作的行政行为提起诉讼的案件；

“（二）海关处理的案件；

“（三）本辖区内重大、复杂的案件；

“（四）其他法律规定由中级人民法院管辖的案件。”

六、将第十七条改为第十八条，修改为：“行政案件由最初作出行政行为的行政机关所在地人民法院管辖。经复议的案件，也可以由复议机关所在地人民法院管辖。

“经最高人民法院批准，高级人民法院可以根据审判工作的实际情况，确定若干人民法院跨行政区域管辖行政案件。”

七、将第二十条改为第二十一条，修改为：“两个以上人民法院都有管辖权的案件，原告可以选择其中一个人民法院提起诉讼。原告向两个以上有管辖权的人民法院提起诉讼的，由最先立案的人民法院管辖。”

八、将第二十一条改为第二十二条，修改为：“人民法院发现受理的案件不属于本院管辖的，应当移送有管辖权的人民法院，受移送的人民法院应当受理。受移送的人民法院认为受移送的案件按照规定不属于本院管辖的，应当报请上级人民法院指定管辖，不得再自行移送。”

九、将第二十三条改为第二十四条，修改为：“上级人民法院有权审理下级人民法院管辖的第一审行政案件。

“下级人民法院对其管辖的第一审行政案件，认为需要由上级人民法院审理或者指定管辖的，可以报请上级人民法院决定。”

十、将第二十四条改为第二十五条，将第一款修改为：“行政行为的相对人以及其他与行政行为有利害关系的公民、法人或者其他组织，有权提起诉讼。”

十一、将第二十五条改为第二十六条，将第二款修改为：“经复议的案件，复议机关决定维持原行政行为的，作出原行政行为的行政机关和复议机关是共同被告；复议机关改变原行政行为的，复议机关是被告。”

增加一款，作为第三款：“复议机关在法定期限内未作出复议决定，公民、法人或者其他组织起诉原行政行为的，作出原行政行为的行政机关是被告；起诉复议机关不作为的，复议机关是被告。”

将第四款改为第五款，修改为：“行政机关委托的组织所作的行政行为，委托的行政机关是被告。”

将第五款改为第六款，修改为：“行政机关被撤销或者职权变更的，继续行使其职权的行政机关是被告。”

十二、将第二十六条改为第二十七条，修改为：“当事人一方或者双方为二人以上，因同一行政行为发生的行政案件，或者因同类行政行为发生的行政案件、人民法院认为可以合并审理并经当事人同意的，为共同诉讼。”

十三、增加一条，作为第二十八条：“当事人一方人数众多的共同诉讼，可以由当事人推选代表人进行诉讼。代表人的诉讼行为对其所代表的当事人发生效力，但代表人变更、放弃诉讼请求或者承认对方当事人的诉讼请求，应当经被代表的当事人同意。”

十四、将第二十七条改为第二十九条，修改为：“公民、法人或者其他组织同被诉行政行为有利害关系但没有提起诉讼，或者同案件处理结果有利害关系的，可以作为第三人申请参加诉讼，或者由人民法院通知参加诉讼。

“人民法院判决第三人承担义务或者减损第三人权益的，第三人有权依法提起上诉。”

十五、将第二十九条改为第三十一条，修改为：“当事人、法定代理人，可以委托一至二人作为诉讼代理人。

“下列人员可以被委托为诉讼代理人：

“（一）律师、基层法律服务工作者；

“（二）当事人的近亲属或者工作人员；

“（三）当事人所在社区、单位以及有关社会团体推荐的公民。”

十六、将第三十条改为第三十二条，修改为：“代理诉讼的律师，有权按照规定查阅、复制本案有关材料，有权向有关组织和公民调查，收集与本案有关的证据。对涉及国家秘密、商业秘密和个人隐私的材料，应当依照法律规定保密。

“当事人和其他诉讼代理人有权按照规定查阅、复制本案庭审材料，但涉及国家秘密、商业秘密和个人隐私的内容除外。”

十七、将第三十一条改为第三十三条，修改为：“证据包括：

“（一）书证；

“（二）物证；

“（三）视听资料；

“（四）电子数据；

“（五）证人证言；

“（六）当事人的陈述；

“（七）鉴定意见；

“（八）勘验笔录、现场笔录。

“以上证据经法庭审查属实，才能作为认定案件事实的根据。”

十八、将第三十二条改为第三十四条，增加一款，作为第二款：“被告不提供或者无正当理由逾期提供证据，视为没有相应证据。但是，被诉行政行为涉及第三人合法权益，第三人提供证据的除外。”

十九、将第三十三条改为第三十五条，修改为：“在诉讼过程中，被告及其诉讼代理人不得自行向原告、第三人和证人收集证据。”

二十、增加三条，作为第三十六条、第三十七条、第三十八条：

“第三十六条　被告在作出行政行为时已经收集了证据，但因不可抗力等正当事由不能提供的，经人民法院准许，可以延期提供。

“原告或者第三人提出了其在行政处理程序中没有提出的理由或者证据的，经人民法院准许，被告可以补充证据。

“第三十七条　原告可以提供证明行政行为违法的证据。原告提供的证据不成立的，不免除被告的举证责任。

“第三十八条　在起诉被告不履行法定职责的案件中，原告应当提供其向被告提出申请的证据。但有下列情形之一的除外：

“（一）被告应当依职权主动履行法定职责的；

“（二）原告因正当理由不能提供证据的。

“在行政赔偿、补偿的案件中，原告应当对行政行为造成的损害提供证据。因被告的原因导致原告无法举证的，由被告承担举证责任。”

二十一、将第三十四条改为两条，作为第三十九条、第四十条，修改为：

“第三十九条　人民法院有权要求当事人提供或者补充证据。

“第四十条　人民法院有权向有关行政机关以及其他组织、公民调取证据。但是，不得为证明行政行为的合法性调取被告作出行政行为时未收集的证据。”

二十二、增加一条，作为第四十一条：“与本案有关的下列证据，原告或者第三人不能自行收集的，可以申请人民法院调取：

“（一）由国家机关保存而须由人民法院调取的证据；

“（二）涉及国家秘密、商业秘密和个人隐私的证据；

“（三）确因客观原因不能自行收集的其他证据。”

二十三、增加一条，作为第四十三条：“证据应当在法庭上出示，并由当事人互相质证。对涉及国家秘密、商业秘密和个人隐私的证据，不得在公开开庭时出示。

“人民法院应当按照法定程序，全面、客观地审查核实证据。对未采纳的证据应当在裁判文书中说明理由。

“以非法手段取得的证据，不得作为认定案件事实的根据。”

二十四、将第三十七条改为第四十四条，修改为：“对属于人民法院受案范围的行政案件，公民、法人或者其他组织可以先向行政机关申请复议，对复议决定不服的，再向人民法院提起诉讼；也可以直接向人民法院提起诉讼。

“法律、法规规定应当先向行政机关申请复议，对复议决定不服再向人民法院提起诉讼的，依照法律、法规的规定。”

二十五、将第三十八条改为第四十五条，修改为：“公民、法人或者其他组织不服复议决定的，可以在收到复议决定书之日起十五日内向人民法院提起诉讼。复议机关逾期不作决定的，申请人可以在复议期满之日起十五日内向人民法院提起诉讼。法律另有规定的除外。”

二十六、将第三十九条改为第四十六条，修改为：“公民、法人或者其他组织直接向人民法院提起诉讼的，应当自知道或者应当知道作出行政行为之日起六个月内提出。法律另有规定的除外。

“因不动产提起诉讼的案件自行政行为作出之日起超过二十年，其他案件自行政行为作出之日起超过五年提起诉讼的，人民法院不予受理。”

二十七、增加一条，作为第四十七条：“公民、法人或者其他组织申请行政机关履行保护其人身权、财产权等合法权益的法定职责，行政机关在接到申请之日起两个月内不履行的，公民、法人或者其他组织可以向人民法院提起诉讼。法律、法规对行政机关履行职责的期限另有规定的，从其规定。

“公民、法人或者其他组织在紧急情况下请求行政机关履行保护其人身权、财产权等合法权益的法定职责，行政机关不履行的，提起诉讼不受前款规定期限的限制。”

二十八、将第四十条改为第四十八条，修改为：“公民、法人或者其他组织因不可抗力或者其他不属于其自身的原因耽误起诉期限的，被耽误的时间不计算在起诉期限内。

“公民、法人或者其他组织因前款规定以外的其他特殊情况耽误起诉期限的，在障碍消除后十日内，可以申请延长期限，是否准许由人民法院决定。”

二十九、将第四十一条改为第四十九条，将第一项修改为：“（一）原告是符合本法第二十五条规定的公民、法人或者其他组织；”

三十、增加一条，作为第五十条：“起诉应当向人民法院递交起诉状，并按照被告人数提出副本。

“书写起诉状确有困难的，可以口头起诉，由人民法院记入笔录，出具注明日期的书面凭证，并告知对方当事人。”

三十一、将第四十二条改为两条，作为第五十一条、第五十二条，修改为：

“第五十一条　人民法院在接到起诉状时对符合本法规定的起诉条件的，应当登记立案。

“对当场不能判定是否符合本法规定的起诉条件的，应当接收起诉状，出具注明收到日期的书面凭证，并在七日内决定是否立案。不符合起诉条件的，作出不予立案的裁定。裁定书应当载明不予立案的理由。原告对裁定不服的，可以提起上诉。

“起诉状内容欠缺或者有其他错误的，应当给予指导和释明，并一次性告知当事人需要补正的内容。不得未经指导和释明即以起诉不符合条件为由不接收起诉状。

“对于不接收起诉状、接收起诉状后不出具书面凭证，以及不一次性告知当事人需要补正的起诉状内容的，当事人可以向上级人民法院投诉，上级人民法院应当责令改正，并对直接负责的主管人员和其他直接责任人员依法给予处分。

“第五十二条　人民法院既不立案，又不作出不予立案裁定的，当事人可以向上一级人民法院起诉。上一级人民法院认为符合起诉条件的，应当立案、审理，也可以指定其他下级人民法院立案、审理。”

三十二、增加一条，作为第五十三条：“公民、法人或者其他组织认为行政行为所依据的国务院部门和地方人民政府及其部门制定的规范性文件不合法，在对行政行为提起诉讼时，可以一并请求对该规范性文件进行审查。

“前款规定的规范性文件不含规章。”

三十三、将第七章分为五节，增加节名，规定：“第一节　一般规定”，内容为第五十四条至第六十六条；“第二节　第一审普通程序”，内容为第六十七条至第八十一条；“第三节　简易程序”，内容为第八十二条至第八十四条；“第四节　第二审程序”，内容为第八十五条至第八十九条；“第五节　审判监督程序”，内容为第九十条至第九十三条。

三十四、将第四十三条改为第六十七条，将第一款修改为：“人民法院应当在立案之日起五日内，将起诉状副本发送被告。被告应当在收到起诉状副本之日起十五日内向人民法院提交作出行政行为的证据和所依据的规范性文件，并提出答辩状。人民法院应当在收到答辩状之日起五日内，将答辩状副本发送原告。”

三十五、将第四十四条改为第五十六条，修改为：“诉讼期间，不停止行政行为的执行。但有下列情形之一的，裁定停止执行：

“（一）被告认为需要停止执行的；

“（二）原告或者利害关系人申请停止执行，人民法院认为该行政行为的执行会造成难以弥补的损失，并且停止执行不损害国家利益、社会公共利益的；

“（三）人民法院认为该行政行为的执行会给国家利益、社会公共利益造成重大损害的；

“（四）法律、法规规定停止执行的。

“当事人对停止执行或者不停止执行的裁定不服的，可以申请复议一次。”

三十六、将第四十五条改为第五十四条，增加一款，作为第二款：“涉及商业秘密的案件，当事人申请不公开审理的，可以不公开审理。”

三十七、将第四十七条改为第五十五条，将第四款修改为：“院长担任审判长时的回避，由审判委员会决定；审判人员的回避，由院长决定；其他人员的回避，由审判长决定。当事人对决定不服的，可以申请复议一次。”

三十八、增加一条，作为第五十七条：“人民法院对起诉行政机关没有依法支付抚恤金、最低生活保障金和工伤、医疗社会保险金的案件，权利义务关系明确、不先予执行将严重影响原告生活的，可以根据原告的申请，裁定先予执行。

“当事人对先予执行裁定不服的，可以申请复议一次。复议期间不停止裁定的执行。”

三十九、将第四十八条改为第五十八条，修改为：“经人民法院传票传唤，原告无正当理由拒不到庭，或者未经法庭许可中途退庭的，可以按照撤诉处理；被告无正当理由拒不到庭，或者未经法庭许可中途退庭的，可以缺席判决。”

四十、将第四十九条改为第五十九条，修改为：“诉讼参与人或者其他人有下列行为之一的，人民法院可以根据情节轻重，予以训诫、责令具结悔过或者处一万元以下的罚款、十五日以下的拘留；构成犯罪的，依法追究刑事责任：

“（一）有义务协助调查、执行的人，对人民法院的协助调查决定、协助执行通知书，无故推拖、拒绝或者妨碍调查、执行的；

“（二）伪造、隐藏、毁灭证据或者提供虚假证明材料，妨碍人民法院审理案件的；

“（三）指使、贿买、胁迫他人作伪证或者威胁、阻止证人作证的；

“（四）隐藏、转移、变卖、毁损已被查封、扣押、冻结的财产的；

“（五）以欺骗、胁迫等非法手段使原告撤诉的；

“（六）以暴力、威胁或者其他方法阻碍人民法院工作人员执行职务，或者以哄闹、冲击法庭等方法扰乱人民法院工作秩序的；

“（七）对人民法院审判人员或者其他工作人员、诉讼参与人、协助调查和执行的人员恐吓、侮辱、诽谤、诬陷、殴打、围攻或者打击报复的。

“人民法院对有前款规定的行为之一的单位，可以对其主要负责人或者直接责任人员依照前款规定予以罚款、拘留；构成犯罪的，依法追究刑事责任。

“罚款、拘留须经人民法院院长批准。当事人不服的，可以向上一级人民法院申请复议一次。复议期间不停止执行。”

四十一、将第五十条改为第六十条，修改为：“人民法院审理行政案件，不适用调解。但是，行政赔偿、补偿以及行政机关行使法律、法规规定的自由裁量权的案件可以调解。

“调解应当遵循自愿、合法原则，不得损害国家利益、社会公共利益和他人合法权益。”

四十二、增加一条，作为第六十一条：“在涉及行政许可、登记、征收、征用和行政机关对民事争议所作的裁决的行政诉讼中，当事人申请一并解决相关民事争议的，人民法院可以一并审理。

“在行政诉讼中，人民法院认为行政案件的审理需以民事诉讼的裁判为依据的，可以裁定中止行政诉讼。”

四十三、将第五十三条改为第六十三条第三款，修改为：“人民法院审理行政案件，参照规章。”

四十四、增加两条，作为第六十四条、第六十五条：

“第六十四条　人民法院在审理行政案件中，经审查认为本法第五十三条规定的规范性文件不合法的，不作为认定行政行为合法的依据，并向制定机关提出处理建议。

“第六十五条　人民法院应当公开发生法律效力的判决书、裁定书，供公众查阅，但涉及国家秘密、商业秘密和个人隐私的内容除外。”

四十五、将第五十四条改为四条，作为第六十九条、第七十条、第七十二条、第七十七条，修改为：

“第六十九条　行政行为证据确凿，适用法律、法规正确，符合法定程序的，或者原告申请被告履行法定职责或者给付义务理由不成立的，人民法院判决驳回原告的诉讼请求。

“第七十条　行政行为有下列情形之一的，人民法院判决撤销或者部分撤销，并可以判决被告重新作出行政行为：

“（一）主要证据不足的；

“（二）适用法律、法规错误的；

“（三）违反法定程序的；

“（四）超越职权的；

“（五）滥用职权的；

“（六）明显不当的。

“第七十二条　人民法院经过审理，查明被告不履行法定职责的，判决被告在一定期限内履行。

“第七十七条　行政处罚明显不当，或者其他行政行为涉及对款额的确定、认定确有错误的，人民法院可以判决变更。

“人民法院判决变更，不得加重原告的义务或者减损原告的权益。但利害关系人同为原告，且诉讼请求相反的除外。”

四十六、增加七条，作为第七十三条、第七十四条、第七十五条、第七十六条、第七十八条、第七十九条、第八十条：

“第七十三条　人民法院经过审理，查明被告依法负有给付义务的，判决被告履行给付义务。

“第七十四条　行政行为有下列情形之一的，人民法院判决确认违法，但不撤销行政行为：

“（一）行政行为依法应当撤销，但撤销会给国家利益、社会公共利益造成重大损害的；

“（二）行政行为程序轻微违法，但对原告权利不产生实际影响的。

“行政行为有下列情形之一，不需要撤销或者判决履行的，人民法院判决确认违法：

“（一）行政行为违法，但不具有可撤销内容的；

“（二）被告改变原违法行政行为，原告仍要求确认原行政行为违法的；

“（三）被告不履行或者拖延履行法定职责，判决履行没有意义的。

“第七十五条　行政行为有实施主体不具有行政主体资格或者没有依据等重大且明显违法情形，原告申请确认行政行为无效的，人民法院判决确认无效。

“第七十六条　人民法院判决确认违法或者无效的，可以同时判决责令被告采取补救措施；给原告造成损失的，依法判决被告承担赔偿责任。

“第七十八条　被告不依法履行、未按照约定履行或者违法变更、解除本法第十二条第一款第十一项规定的协议的，人民法院判决被告承担继续履行、采取补救措施或者赔偿损失等责任。

“被告变更、解除本法第十二条第一款第十一项规定的协议合法，但未依法给予补偿的，人民法院判决给予补偿。

“第七十九条　复议机关与作出原行政行为的行政机关为共同被告的案件，人民法院应当对复议决定和原行政行为一并作出裁判。

“第八十条　人民法院对公开审理和不公开审理的案件，一律公开宣告判决。

“当庭宣判的，应当在十日内发送判决书；定期宣判的，宣判后立即发给判决书。

“宣告判决时，必须告知当事人上诉权利、上诉期限和上诉的人民法院。”

四十七、将第五十六条改为第六十六条，修改为：“人民法院在审理行政案件中，认为行政机关的主管人员、直接责任人员违法违纪的，应当将有关材料移送监察机关、该行政机关或者其上一级行政机关；认为有犯罪行为的，应当将有关材料移送公安、检察机关。

“人民法院对被告经传票传唤无正当理由拒不到庭，或者未经法庭许可中途退庭的，可以将被告拒不到庭或者中途退庭的情况予以公告，并可以向监察机关或者被告的上一级行政机关提出依法给予其主要负责人或者直接责任人员处分的司法建议。”

四十八、将第五十七条改为第八十一条，修改为：“人民法院应当在立案之日起六个月内作出第一审判决。有特殊情况需要延长的，由高级人民法院批准，高级人民法院审理第一审案件需要延长的，由最高人民法院批准。”

四十九、增加三条，作为第八十二条、第八十三条、第八十四条：

“第八十二条　人民法院审理下列第一审行政案件，认为事实清楚、权利义务关系明确、争议不大的，可以适用简易程序：

“（一）被诉行政行为是依法当场作出的；

“（二）案件涉及款额二千元以下的；

“（三）属于政府信息公开案件的。

“除前款规定以外的第一审行政案件，当事人各方同意适用简易程序的，可以适用简易程序。

“发回重审、按照审判监督程序再审的案件不适用简易程序。

“第八十三条　适用简易程序审理的行政案件，由审判员一人独任审理，并应当在立案之日起四十五日内审结。

“第八十四条　人民法院在审理过程中，发现案件不宜适用简易程序的，裁定转为普通程序。”

五十、将第五十九条改为第八十六条，修改为：“人民法院对上诉案件，应当组成合议庭，开庭审理。经过阅卷、调查和询问当事人，对没有提出新的事实、证据或者理由，合议庭认为不需要开庭审理的，也可以不开庭审理。”

五十一、增加一条，作为第八十七条：“人民法院审理上诉案件，应当对原审人民法院的判决、裁定和被诉行政行为进行全面审查。”

五十二、将第六十条改为第八十八条，修改为：“人民法院审理上诉案件，应当在收到上诉状之日起三个月内作出终审判决。有特殊情况需要延长的，由高级人民法院批准，高级人民法院审理上诉案件需要延长的，由最高人民法院批准。”

五十三、将第六十一条改为第八十九条，修改为：“人民法院审理上诉案件，按照下列情形，分别处理：

“（一）原判决、裁定认定事实清楚，适用法律、法规正确的，判决或者裁定驳回上诉，维持原判决、裁定；

“（二）原判决、裁定认定事实错误或者适用法律、法规错误的，依法改判、撤销或者变更；

“（三）原判决认定基本事实不清、证据不足的，发回原审人民法院重审，或者查清事实后改判；

“（四）原判决遗漏当事人或者违法缺席判决等严重违反法定程序的，裁定撤销原判决，发回原审人民法院重审。

“原审人民法院对发回重审的案件作出判决后，当事人提起上诉的，第二审人民法院不得再次发回重审。

“人民法院审理上诉案件，需要改变原审判决的，应当同时对被诉行政行为作出判决。”

五十四、将第六十二条改为第九十条，修改为：“当事人对已经发生法律效力的判决、裁定，认为确有错误的，可以向上一级人民法院申请再审，但判决、裁定不停止执行。”

五十五、增加一条，作为第九十一条：“当事人的申请符合下列情形之一的，人民法院应当再审：

“（一）不予立案或者驳回起诉确有错误的；

“（二）有新的证据，足以推翻原判决、裁定的；

“（三）原判决、裁定认定事实的主要证据不足、未经质证或者系伪造的；

“（四）原判决、裁定适用法律、法规确有错误的；

“（五）违反法律规定的诉讼程序，可能影响公正审判的；

“（六）原判决、裁定遗漏诉讼请求的；

“（七）据以作出原判决、裁定的法律文书被撤销或者变更的；

“（八）审判人员在审理该案件时有贪污受贿、徇私舞弊、枉法裁判行为的。”

五十六、将第六十三条改为第九十二条，修改为：“各级人民法院院长对本院已经发生法律效力的判决、裁定，发现有本法第九十一条规定情形之一，或者发现调解违反自愿原则或者调解书内容违法，认为需要再审的，应当提交审判委员会讨论决定。

“最高人民法院对地方各级人民法院已经发生法律效力的判决、裁定，上级人民法院对下级人民法院已经发生法律效力的判决、裁定，发现有本法第九十一条规定情形之一，或者发现调解违反自愿原则或者调解书内容违法的，有权提审或者指令下级人民法院再审。”

五十七、将第六十四条改为第九十三条，修改为：“最高人民检察院对各级人民法院已经发生法律效力的判决、裁定，上级人民检察院对下级人民法院已经发生法律效力的判决、裁定，发现有本法第九十一条规定情形之一，或者发现调解书损害国家利益、社会公共利益的，应当提出抗诉。

“地方各级人民检察院对同级人民法院已经发生法律效力的判决、裁定，发现有本法第九十一条规定情形之一，或者发现调解书损害国家利益、社会公共利益的，可以向同级人民法院提出检察建议，并报上级人民检察院备案；也可以提请上级人民检察院向同级人民法院提出抗诉。

“各级人民检察院对审判监督程序以外的其他审判程序中审判人员的违法行为，有权向同级人民法院提出检察建议。”

五十八、将第六十五条改为三条，作为第九十四条、第九十五条、第九十六条，修改为：

“第九十四条　当事人必须履行人民法院发生法律效力的判决、裁定、调解书。

“第九十五条　公民、法人或者其他组织拒绝履行判决、裁定、调解书的，行政机关或者第三人可以向第一审人民法院申请强制执行，或者由行政机关依法强制执行。

“第九十六条　行政机关拒绝履行判决、裁定、调解书的，第一审人民法院可以采取下列措施：

“（一）对应当归还的罚款或者应当给付的款额，通知银行从该行政机关的账户内划拨；

“（二）在规定期限内不履行的，从期满之日起，对该行政机关负责人按日处五十元至一百元的罚款；

“（三）将行政机关拒绝履行的情况予以公告；

“（四）向监察机关或者该行政机关的上一级行政机关提出司法建议。

接受司法建议的机关，根据有关规定进行处理，并将处理情况告知人民法院；

“（五）拒不履行判决、裁定、调解书，社会影响恶劣的，可以对该行政机关直接负责的主管人员和其他直接责任人员予以拘留；情节严重，构成犯罪的，依法追究刑事责任。”

五十九、增加一条，作为第一百零一条：“人民法院审理行政案件，关于期间、送达、财产保全、开庭审理、调解、中止诉讼、终结诉讼、简易程序、执行等，以及人民检察院对行政案件受理、审理、裁判、执行的监督，本法没有规定的，适用《中华人民共和国民事诉讼法》的相关规定。”

六十、将本法相关条文中的“具体行政行为”修改为“行政行为”。

六十一、将第四十六条改为第六十八条，第五十五条改为第七十一条。删去第三十五条、第九章的章名、第六十七条、第六十八条、第六十九条、第七十二条。

本决定自2015年5月1日起施行。

《中华人民共和国行政诉讼法》根据本决定作相应修改，重新公布。

历年条文序号对照表

历年行政处罚法条文序号对照表
(1996年—2009年—2017年—2021年)①

【使用说明：此表横向阅读；(增) 表示该条文为新增条文；(删) 表示该条文已被删去；下划线是方便读者查找该条；(1) (2) (3) 表示此条被一分为二或一分为三。】

2021年 行政处罚法	2017年 行政处罚法	2009年 行政处罚法	1996年 行政处罚法
第1条	第1条	第1条	第1条
第2条(增)			
第3条	第2条	第2条	第2条
第4条	第3条(1)	第3条(1)	第3条(1)
第5条	第4条	第4条	第4条
第6条	第5条	第5条	第5条
第7条	第6条	第6条	第6条
第8条	第7条	第7条	第7条
第9条	第8条	第8条	第8条
第10条	第9条	第9条	第9条
第11条	第10条	第10条	第10条
第12条	第11条	第11条	第11条

① 此表是对《行政处罚法》历年条文序号的整体梳理，一为方便读者遇到旧法快速准确定位到新法，二为方便读者了解新法是如何从旧法延续而来。

2021 年 行政处罚法	2017 年 行政处罚法	2009 年 行政处罚法	1996 年 行政处罚法
第 13 条	第 12 条	第 12 条	第 12 条
第 14 条	第 13 条	第 13 条	第 13 条
第 15 条(增)			
第 16 条	第 14 条	第 14 条	第 14 条
第 17 条	第 15 条	第 15 条	第 15 条
第 18 条	第 16 条	第 16 条	第 16 条
第 19 条	第 17 条	第 17 条	第 17 条
第 20 条	第 18 条	第 18 条	第 18 条
第 21 条	第 19 条	第 19 条	第 19 条
第 22 条	第 20 条	第 20 条	第 20 条
第 23 条(增)			
第 24 条(增)			
第 25 条	第 21 条	第 21 条	第 21 条
第 26 条(增)			
第 27 条	第 22 条	第 22 条	第 22 条
第 28 条	第 23 条	第 23 条	第 23 条
第 29 条	第 24 条	第 24 条	第 24 条
第 30 条	第 25 条	第 25 条	第 25 条
第 31 条	第 26 条	第 26 条	第 26 条
第 32 条	第 27 条(1)	第 27 条(1)	第 27 条(1)
第 33 条	第 27 条(2)	第 27 条(2)	第 27 条(2)
第 34 条(增)			
第 35 条	第 28 条	第 28 条	第 28 条
第 36 条	第 29 条	第 29 条	第 29 条

2021 年 行政处罚法	2017 年 行政处罚法	2009 年 行政处罚法	1996 年 行政处罚法
第 37 条(增)			
第 38 条	第 3 条(2)	第 3 条(2)	第 3 条(2)
第 39 条(增)			
第 40 条	第 30 条	第 30 条	第 30 条
第 41 条(增)			
第 42 条(增)			
第 43 条	第 37 条(3)	第 37 条(3)	第 37 条(3)
第 44 条	第 31 条	第 31 条	第 31 条
第 45 条	第 32 条	第 32 条	第 32 条
第 46 条(增)			
第 47 条(增)			
第 48 条(增)			
第 49 条(增)			
第 50 条(增)			
第 51 条	第 33 条(1)	第 33 条(1)	第 33 条(1)
第 52 条	第 34 条	第 34 条	第 34 条
第 53 条	第 33 条(2)	第 33 条(2)	第 33 条(2)
	第 35 条(删)	第 35 条(删)	第 35 条(删)
第 54 条	第 36 条	第 36 条	第 36 条
第 55 条	第 37 条(1)	第 37 条(1)	第 37 条(1)
第 56 条	第 37 条(2)	第 37 条(2)	第 37 条(2)
第 57 条	第 38 条(1)(2)	第 38 条(1)(2)	第 38 条(1)(2)
第 58 条	第 38 条(3)	第 38 条(3)	第 38 条(3)
第 59 条	第 39 条	第 39 条	第 39 条

2021年 行政处罚法	**2017年 行政处罚法**	**2009年 行政处罚法**	**1996年 行政处罚法**
第60条(增)			
第61条	第40条	第40条	第40条
第62条	第41条	第41条	第41条
第63条	第42条(1)	第42条(1)	第42条(1)
第64条	第42条(2)	第42条(2)	第42条(2)
第65条	第43条	第43条	第43条
第66条	第44条 第52条	第44条 第52条	第44条 第52条
第67条	第46条	第46条	第46条
第68条	第47条	第47条	第47条
第69条	第48条	第48条	第48条
第70条	第49条	第49条	第49条
第71条	第50条	第50条	第50条
第72条	第51条	第51条	第51条
第73条	第45条	第45条	第45条
第74条	第53条	第53条	第53条
第75条	第54条	第54条	第54条
第76条	第55条	第55条	第55条
第77条	第56条	第56条	第56条
第78条	第57条	第57条	第57条
第79条	第58条	第58条	第58条
第80条	第59条	第59条	第59条
第81条	第60条	第60条	第60条
第82条	第61条	第61条	第61条

2021年 行政处罚法	2017年 行政处罚法	2009年 行政处罚法	1996年 行政处罚法
第83条	第62条	第62条	第62条
第84条(增)			
第85条(增)			
	第63条(删)	第63条(删)	第63条(删)
第86条	第64条	第64条	第64条

历年行政复议法条文序号对照表（1999年—2009年—2017年—2023年）[①]

【使用说明：此表横向阅读；（增）表示该条文为新增条文；（删）表示该条文已被删去；下划线是方便读者查找该条；（1）（2）（3）表示此条被一分为二或一分为三。】

2023年 行政复议法	2017年 行政复议法	2009年 行政复议法	1999年 行政复议法
第1条	第1条	第1条	第1条
第2条	第2条	第2条	第2条
第3条	第4条	第4条	第4条
第4条	第3条(1)		
第5条(增)			
第6条	第3条(2)	第3条	第3条
第7条	第39条		
第8条(增)			
第9条(增)			
第10条	第5条	第5条	第5条
第11条	第6条	第6条	第6条
第12条	第8条		
第13条	第7条	第7条	第7条
第14条	第10条(1)(2)	第10条(1)(2)	第10条(1)(2)
第15条(增)			

① 此表是对《行政复议法》历年条文序号的整体梳理，一为方便读者遇到旧法快速准确定位到新法，二为方便读者了解新法是如何从旧法延续而来。

2023 年 行政复议法	2017 年 行政复议法	2009 年 行政复议法	1999 年 行政复议法
第 16 条	第 10 条(3)	第 10 条(3)	第 10 条(3)
第 17 条	第 10 条(5)	第 10 条(5)	第 10 条(5)
第 18 条(增)			
第 19 条	第 10 条(4) 第 15 条(1)第 4 项、 第 5 项	第 10 条(4) 第 15 条(1)第 4 项、 第 5 项	第 10 条(4) 第 15 条(1)第 4 项、 第 5 项
第 20 条	第 9 条	第 9 条	第 9 条
第 21 条(增)			
第 22 条	第 11 条	第 11 条	第 11 条
第 23 条	第 30 条		
第 24 条	第 12 条(1)、 第 13 条、 第 15 条(1)第 1 项	第 12 条(1)、 第 13 条、 第 15 条(1)第 1 项	第 12 条(1)、 第 13 条、 第 15 条(1)第 1 项
第 25 条	第 14 条、 第 15 条第(1)款 第 2 项、3 项	第 12 条(1)、 第 13 条、 第 15 条(1)第 1 项	第 12 条(1)、 第 13 条、 第 15 条(1)第 1 项
第 26 条	第 14 条	第 14 条	第 14 条
第 27 条	第 12 条(2)	第 12 条(2)	第 12 条(2)
第 28 条(增)			
第 29 条	第 16 条	第 16 条	第 16 条
第 30 条	第 17 条	第 17 条	第 17 条
第 31 条(增)			
第 32 条(增)			
第 33 条(增)			
第 33 条(增)			
第 34 条	第 19 条	第 19 条	第 19 条

2023年 行政复议法	2017年 行政复议法	2009年 行政复议法	1999年 行政复议法
第35条	第20条	第20条	第20条
第36条(增)			
第37条(增)			
第38条(增)			
第39条(增)			
第40条(增)			
第41条	第25条	第25条	第25条
第42条	第21条	第21条	第21条
第43条(增)			
第44条(增)			
第45条(增)			
第46条	第24条	第24条	第24条
第47条	第23条(2)	第23条(2)	第23条(2)
第48条	第23条(1)	第23条(1)	第23条(1)
第49条	第22条	第22条	第22条
第50条(增)			
第51条(增)			
第52条(增)			
第53条(增)			
第54条(增)			
第55条(增)			
第56条	第26条	第26条	第26条
第57条	第27条	第27条	第27条
第58条(增)			

2023 年 行政复议法	2017 年 行政复议法	2009 年 行政复议法	1999 年 行政复议法
第 59 条(增)			
第 60 条(增)			
第 61 条	第 28 条(1)	第 28 条(1)	第 28 条(1)
第 62 条	第 31 条(1)	第 31 条(1)	第 31 条(1)
第 63 条	第 28 条(1)第 3 项	第 28 条(1)第 3 项	第 28 条(1)第 3 项
第 64 条	第 28 条(1)第 3 项、第 28 条(2)	第 28 条(1)第 3 项、第 28 条(2)	第 28 条(1)第 3 项、第 28 条(2)
第 65 条	第 28 条(1)第 3 项	第 28 条(1)第 3 项	第 28 条(1)第 3 项
第 66 条	第 28 条(1)第 2 项	第 28 条(1)第 2 项	第 28 条(1)第 2 项
第 67 条(增)			
第 68 条	第 28 条(1)第 1 项	第 28 条(1)第 1 项	第 28 条(1)第 1 项
第 69 条(增)			
第 70 条	第 28 条(1)第 4 项	第 28 条(1)第 4 项	第 28 条(1)第 4 项
第 71 条(增)			
第 72 条	第 29 条	第 29 条	第 29 条
第 73 条(增)			
第 74 条(增)			
第 75 条	第 31 条(2)(3)	第 31 条(2)(3)	第 31 条(2)(3)
第 76 条(增)			
第 77 条	第 32 条	第 32 条	第 32 条
第 78 条	第 33 条	第 33 条	第 33 条
第 79 条(增)			
第 80 条	第 34 条	第 34 条	第 34 条
第 81 条	第 35 条	第 35 条	第 35 条

2023 年 行政复议法	2017 年 行政复议法	2009 年 行政复议法	1999 年 行政复议法
第 82 条	第 36 条	第 36 条	第 36 条
第 83 条	第 37 条	第 37 条	第 37 条
第 84 条(增)			
第 85 条	第 38 条	第 38 条	第 38 条
第 86 条(增)			
第 87 条	第 39 条第 1 句	第 39 条第 1 句	第 39 条第 1 句
第 88 条	第 40 条	第 40 条	第 40 条
第 89 条	第 41 条	第 41 条	第 41 条
	第 42 条(删)	第 42 条(删)	第 42 条(删)
第 90 条	第 43 条	第 43 条	第 43 条

历年行政诉讼法条文序号对照表
（1989 年—2014 年—2017 年）[1]

【使用说明：此表横向阅读；（增）表示该条文为新增条文；（删）表示该条文已被删去；下划线是方便读者查找该条；(1)(2)(3)表示此条被一分为二或一分为三。】

2017 年 行政诉讼法	2014 年 行政诉讼法	1989 年 行政诉讼法
第 1 条	第 1 条	第 1 条
第 2 条	第 2 条	第 2 条
第 3 条	第 3 条(增)	
第 4 条	第 4 条	第 3 条
第 5 条	第 5 条	第 4 条
第 6 条	第 6 条	第 5 条
第 7 条	第 7 条	第 6 条
第 8 条	第 8 条	第 7 条
第 9 条	第 9 条	第 8 条
第 10 条	第 10 条	第 9 条
第 11 条	第 11 条	第 10 条
第 12 条	第 12 条	第 11 条
第 13 条	第 13 条	第 12 条
第 14 条	第 14 条	第 13 条
第 15 条	第 15 条	第 14 条

① 此表是对《行政诉讼法》历年条文序号的整体梳理，一为方便读者遇到旧法快速准确定位到新法，二为方便读者了解新法是如何从旧法延续而来。

2017 年 行政诉讼法	2014 年 行政诉讼法	1989 年 行政诉讼法
第 16 条	第 16 条	第 15 条
第 17 条	第 17 条	第 16 条
第 18 条	第 18 条	第 17 条
第 19 条	第 19 条	第 18 条
第 20 条	第 20 条	第 19 条
第 21 条	第 21 条	第 20 条
第 22 条	第 22 条	第 21 条
第 23 条	第 23 条	第 22 条
第 24 条	第 24 条	第 23 条
第 25 条	第 25 条	第 24 条
第 26 条	第 26 条	第 25 条
第 27 条	第 27 条	第 26 条
第 28 条	第 28 条(增)	
第 29 条	第 29 条	第 27 条
第 30 条	第 30 条	第 28 条
第 31 条	第 31 条	第 29 条
第 32 条	第 32 条	第 30 条
第 33 条	第 33 条	第 31 条
第 34 条	第 34 条	第 32 条
第 35 条	第 35 条	第 33 条
第 36 条	第 36 条(增)	
第 37 条	第 37 条(增)	
第 38 条	第 38 条(增)	
第 39 条	第 39 条	第 34 条(1)

2017 年 行政诉讼法	2014 年 行政诉讼法	1989 年 行政诉讼法
第 40 条	第 40 条	第 34 条(2)
		第 35 条(删)
第 41 条	第 41 条(增)	
第 42 条	第 42 条	第 36 条
第 43 条	第 43 条(增)	
第 44 条	第 44 条	第 37 条
第 45 条	第 45 条	第 38 条
第 46 条	第 46 条	第 39 条
第 47 条	第 47 条(增)	
第 48 条	第 48 条	第 40 条
第 49 条	第 49 条	第 41 条
第 50 条	第 50 条(增)	
第 51 条	第 51 条	第 42 条
第 52 条	第 52 条(增)	
第 53 条	第 53 条(增)	
第 54 条	第 54 条	第 45 条
第 55 条	第 55 条	第 47 条
第 56 条	第 56 条	第 44 条
第 57 条	第 57 条(增)	
第 58 条	第 58 条	第 48 条
第 59 条	第 59 条	第 49 条
第 60 条	第 60 条	第 50 条
第 61 条	第 61 条(增)	
第 62 条	第 62 条	第 51 条

2017 年 **行政诉讼法**	**2014 年** **行政诉讼法**	**1989 年** **行政诉讼法**
第 63 条	第 63 条	第 52 条 第 53 条
第 64 条	第 64 条(增)	
第 65 条	第 65 条(增)	
第 66 条	第 66 条	第 56 条
第 67 条	第 67 条	第 43 条
第 68 条	第 68 条	第 46 条
第 69 条	第 69 条	第 54 条(1)
第 70 条	第 70 条	第 54 条(2)
第 71 条	第 71 条	第 55 条
第 72 条	第 72 条(增)	
第 73 条	第 73 条(增)	
第 74 条	第 74 条(增)	
第 75 条	第 75 条(增)	
第 76 条	第 76 条(增)	
第 77 条	第 77 条(增)	
第 78 条	第 78 条(增)	
第 79 条	第 79 条(增)	
第 80 条	第 80 条(增)	
第 81 条	第 81 条	第 57 条
第 82 条	第 82 条(增)	
第 83 条	第 83 条(增)	
第 84 条	第 84 条(增)	
第 85 条	第 85 条	第 58 条

2017 年 行政诉讼法	2014 年 行政诉讼法	1989 年 行政诉讼法
第 86 条	第 86 条	第 59 条
第 87 条	第 87 条(增)	
第 88 条	第 88 条	第 60 条
第 89 条	第 89 条	第 61 条
第 90 条	第 90 条	第 62 条
第 91 条	第 91 条(增)	
第 92 条	第 92 条	第 63 条
第 93 条	第 93 条	第 64 条
第 94 条	第 94 条	第 65 条(1)
第 95 条	第 95 条	第 65 条(2)
第 96 条	第 96 条	第 65 条(3)
第 97 条	第 97 条	第 66 条
		第 67 条(删)
		第 68 条(删)
		第 69 条(删)
第 98 条	第 98 条	第 70 条
第 99 条	第 99 条	第 71 条
		第 72 条(删)
第 100 条	第 100 条	第 73 条
第 101 条	第 101 条(增)	
第 102 条	第 102 条	第 74 条
第 103 条	第 103 条	第 75 条